제임스 조지 프레이저(1854~1941)

미나타르족이 전쟁에서 승리한 뒤 추는 머리가죽 춤 보드머. 1840.

감염주술은 접촉으로써 전달되므로 어떤 사람의 본질은 그 몸의 일부를 통해서 전해진다고 믿는다. 북아메리카 인디언들 대부분이 그랬지만 미나타르족 또한 적의 힘은 그 머리가죽에서 빼앗을 수 있다고 믿었다.

11세기 독일 황제 하인리히 2세 어의 대성당 비장품(반베르크 주교구 미술관)
이 어의에는 우주의 중심축인 왕을 상징하는 태양과 별자리가 그려져 있다. 이 어의를 입은 왕은 회전하는 우주 공간의 중심축이 된다.

왕좌에 앉은 이집트 왕 투탕카멘
젊은 왕 투탕카멘은 죽은 뒤의 변화될 모습을 암시한다. 이집트 왕은 신의 아들이지만, 죽음을 피해갈 수는 없다. 죽은 뒤 세월이 지나면 '신들의 뼈는 은으로, 육체는 황금으로, 머리카락은 유리로' 변했다(프레이저).

오시리스—테베의 사자의 서 BC 1250.
이집트의 죽은 자들의 왕인 오시리스는 식물의 신이다. 그리하여 피부색이 녹색이다. 살아 있는 자의 지배자를 상징하는 것을 손에 쥔 녹색 피부의 오시리스가 죽은 자의 왕으로서 왕좌에 앉아 있다.

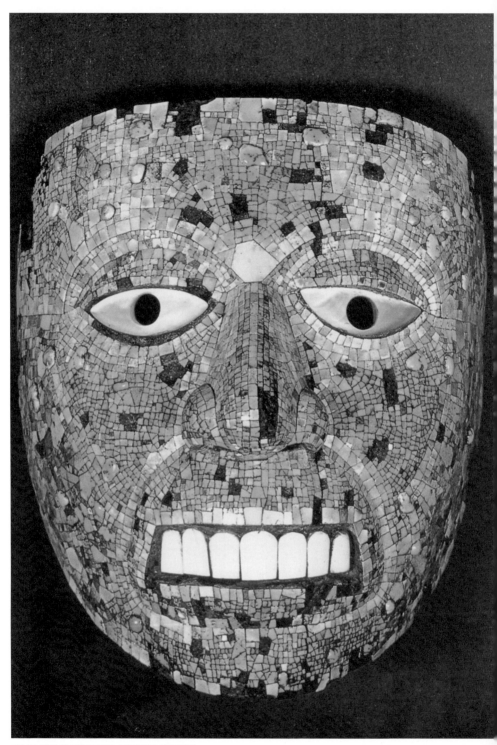

멕시코 빛의 신 케찰코아틀-멕시코의 신 죽이기
15세기 터키석으로 만든 모자이크. 눈은 진주조개, 이는 하얀 조개껍데기로 만들었다. 멕시코의 다른 신들과 마찬가지로 인간의 모습으로 바꾼 다음 케찰코아틀에게 제물로 바쳤다. 왕이 죽으면 이런 가면을 씌우고 매장했다.

〈죽음의 승리〉 브뤼겔.
정화와 재해-매우 위급한 상황에서 불을 피우는 관습은 중세부터 유럽에서 행해졌다. 그 목적은 모든 재앙과, 공동
사회를 덮쳐온 재해를 피하기 위해서였다. 그것은 최후의 수단이며 스스로 할 수 있는 마지막 노력이기도 했다.

THE GOLDEN BOUGH

A STUDY IN MAGIC AND RELIGION

THIRD EDITION

SIR JAMES GEORGE FRAZER, O.M.

PART I

THE MAGIC ART AND
THE EVOLUTION OF KINGS

VOL. I

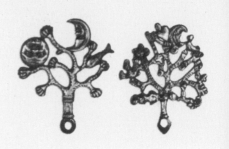

▲시무라타 19세기
시무라타는 마술의 심볼이 달린 은제 운향 작은 가지로 디아나 숭배의 흔적

◀《황금가지》(1890~1915) 표지
프레이저는 출판사에 보내는 편지에 "표지는 겨우살이를, 권두화에는 터너의 황금가지 동판화를 넣어줄 것"을 주문했다.

▼《황금가지》 권두화 및 속표지

THE MAGIC ART

AND THE EVOLUTION OF KINGS

BY

SIR JAMES GEORGE FRAZER
Hon. D.C.L., Oxford; Hon. LL.D., Glasgow;
Hon. Litt.D., Durham;
Fellow of Trinity College, Cambridge.

IN TWO VOLUMES
VOL. I

NEW YORK
THE MACMILLAN COMPANY
1935

세계사상전집079
James George Frazer
THE GOLDEN BOUGH
황금가지 I
J.G. 프레이저/신상웅 옮김

동서문화사

마술사나 주술사가 인간을 도와주거나 지켜 주는 특별한 힘을 가진 것은, 보이지 않는 정령과 교신을 하거나 싸울 수 있기 때문이다. 이 그림은 16세기 플로리다의 주술사가 새와 같이 하늘 을 나는 자세로 그려져 있다. 드 브리, 「아메리카」, 1590.

머리글

이 책의 본디 목적은 아리키아(Aricia) 디아나(Diana) 여신의 사제직 계승과 관련된 특별한 규칙을 설명하는 데에 있었다. 30여 년 전 내가 이 문제를 풀어 나가려고 했을 때는 매우 간단하게 해석해낼 수 있으리라 생각했다. 그러나 결론을 정확하게 내리고 또, 이해할 만한 결론을 얻기 위해서 나는 이제까지 거의 언급되지 않았던, 보다 보편적인 몇 가지 문제를 살펴볼 필요가 있음을 알게 되었다. 판을 거듭하면서 이러한 문제들과 이와 관련된 논제들의 검토로 차츰 더 많은 페이지가 필요해졌다. 또 여러 연구 분야로 갈라지게 되어 초판 때의 2권이 12권으로 늘어나게 되었다.

그러자 나는 이 책을 보다 쉽게 간추려 출판해 달라는 요청을 자주 듣게 되었다. 이를 따르고, 이 책을 많은 독자가 읽을 수 있도록 이 간추린 판에 주요 원리와 또 이를 뚜렷하게 설명할 수 있는 충분한 실례를 담으려 노력했다. 해설 부분도 조금씩 줄였으나 대부분 그대로 두었다. 하지만 가능한 한 원문을 살리려고 많은 각주와 정확한 출처를 생략할 수밖에 없었다. 그러므로 특정 논술의 출처를 확인하고자 하는 독자는 온전한 참고문헌이 제공된 열두 권짜리 이 책을 참고하기 바란다.

이 축약본에서는 새로운 자료나 최종판에서 밝힌 견해를 덧붙이거나 바꾸지 않았다. 왜냐하면 그동안 내가 손에 넣은 자료는 모두 이제까지의 결론을 재확인하거나 이때까지 원리에 새로운 설명을 해 주었기 때문이다. 예를 들면 왕들을 어떤 일정한 기간이 지난 뒤, 또는 그들의 건강과 힘이 기울어졌을 때에 죽이는 관습이 여기저기 널리 퍼져 있음을 지적하는 실례를 중간중간에 끼워넣었다. 이와 같은 제한된 왕권에 대한 예가 남부 러시아에 있는 강력한 중세기적 왕국 하자르(Khazar)이다. 이 나라 왕들은 어느 한 기간이 끝나거나 심한 가뭄·기근·패전과 같은 재앙이 왕들의 자연적 힘의 쇠퇴로 여겨지면 언제나 살해되었다. 옛 아랍인 여행가들 이야기에 나오는 하자르 왕들의 조직적인

살해에 대한 증거를 다른 논문에서 다루었다.[1]

나는 아프리카에서도 왕들의 살해에 대한 서로 비슷한 관습이 있었다는 새 자료를 발견했다. 아마 이 가운데서 가장 주목할 만한 것은, 어떤 민족에서 해마다 모의왕을 선출하는 부뇨로(Bunyoro)일 것이다. 모의로 뽑힌 이 왕은 선왕의 화신으로 여겨져, 선왕의 부인들과 함께 선왕 묘소에서 살았다. 이렇게 1주일 동안 왕 노릇을 하다가 그는 교살되었다.[2] 이 관습은 고대 바빌로니아 사카이아(Sacaea) 축제와 매우 비슷하다. 이 축제에서 모의로 선출된 왕은 진짜 왕의 옷을 입고 후궁들과 즐기는 등 5일 동안 왕 노릇을 한 뒤 옷을 벗긴 채 매를 맞고 죽임 당했다. 이 의식은 최근 어떤 아시리아 비문[3]에 의해서 새로운 주목을 받았다. 이 비문은 내가 전에 사카이아 축제가 신년 축제였고 유대민족의 부림(Purim)절[4]의 기원이었다고 한 설명을 뒷받침해 주는 것이기도 하다. 아리키아의 사제왕들과 비슷한 다른 사례들도 최근 발견되었다. 이는 아프리카 사제들과 왕들에 대한 것이다. 이들은 2년 또는 7년의 기간이 끝나면 살해되곤 했다. 이들은 이 기간 중에 강력한 자의 습격을 받아 살해되었는데, 거의 살해자가 사제직이나 왕권을 이었다.[5]

이 같은 관습 사례들로 보아, 아리키아 숲의 디아나 사제직 계승에 대한 규칙을 예외로 규정할 수는 없다. 그리고 이 제도의 가장 흔하고 유사한 실례가 아프리카에서 발견되고 있다. 그렇다고 얼마나 아프리카가 이탈리아에 영향을 끼쳤는지, 또는 남유럽에서 아프리카인이 어느 정도까지 거주했는지 나는 판단할 수 없다. 선사시대에 두 대륙 사이의 관계는 아직도 모두 밝혀지지 않았

---

*1 프레이저(J.G. Frazer), 「하자르 왕들의 살해The Killing of the Khazar Kings, 1977」, 「민속Folk lore」, vol. 28(1917), pp. 382−407.

*2 R.J. Roscoe, 「중앙아프리카의 영혼The Soul of Central Africa」(London, 1922), p. 200. 프레이저, 「중앙아프리카의 맥키 민속 탐험대The Mackie Ethnological Expedition to Central Africa」, 「인간Man」, vol. 20(1920), p. 181.

*3 침메른(H. Zimmern), 「바빌로니아 신년축제에 대하여Zum Babylonischen Neujahrsfest」 (Leipzig, 1918). 세이스(A.H. Sayce), 「아시아 왕국사회지Journal of the Royal Asiatic Society」, 1921년 7월호, pp. 440−442.

*4 프레이저, 「황금가지The Golden Bough」, 제6부 '속죄양' pp. 354 이하 및 412 이하.

*5 탈보트(P.A. Talbot), 「아프리카 사회지Journal of the African Society」, 1916년 7월호, pp. 309 이하. 앞서 서술한 책, 「민속Folk lore」, vol. 26(1916). pp. 79 이하. 팔머(H.R. Palmer), 「아프리카 사회지」, 1912년 7월호, pp. 403, pp. 407 이하.

으며, 오늘날까지 연구과제로 주어졌기 때문이다.

이 제도에 대한 나의 설명이 타당한지 여부는 미래에 맡길 수밖에 없다. 나는 보다 훌륭한 설명이 있다면, 언제든지 내 주장을 철회할 용의가 있다. 하지만 이 책을 축약본이라는 새로운 형태로 독자에게 공개함에 있어서 나는 내 의도에 대한 세간의 잘못된 이해들에 대해 스스로를 변호하고자 한다. 나는 벌써부터 그런 오해를 바로 잡으려고 애써 왔다.

내가 이 책에서 나무 숭배에 대해 상세하게 설명하더라도 그것은 종교사에서 나무 숭배의 중요성을 과장하기 위해서가 아니다. 그리고 나무 숭배에서 신화의 모든 체계를 이야기하려는 것은 더더욱 아니다. 그 이유는 오로지 '숲의 왕'이라는 칭호를 가진 사제의 중요성을 설명할 때, 그리고 성스러운 숲 속의 나무 한 그루에서 가지 하나(황금가지)를 꺾는 것이 그 '숲의 왕'의 직무 가운데 하나라는 것을 설명하려고 할 때, 나무 숭배라는 주제를 무시할 수 없었기 때문이다. 나는 나무 숭배가 종교의 진화에 가장 중요하다고는 여기지 않는다. 나무 숭배는 원시 종교의 생성에 가장 큰 요인이 되었다고 생각되는데, 이는 죽은 자에 대한 공포 때문이었을 것으로 생각한다.

이처럼 뚜렷하게 밝힌 이상 내가 오류를 저질렀을 뿐만 아니라, 터무니없이 불합리하다고 생각하는 신화를 믿고 있다는 비난은 받지 않게 되기를 바란다. 그러나 나는 착오의 괴물 히드라(hydra)에 사로잡혀 있기 때문에, 그 괴물의 머리 하나를 벤 다음에 다른 머리, 또는 같은 머리가 다시 싹트는 것을 막을 수는 없다. 다만 공정한 지성을 지니고 있는 독자들이 나의 단호한 선언을 염두에 두어 내 견해에 대한 심각한 오해를 바로잡기를 기대할 뿐이다.

1922년 6월
런던, 템플 브릭코트 1번지에서
J.G. 프레이저

황금가지 I II

차례

황금가지 I

머리글

황금가지 II

제1장
숲의 왕

1 디아나와 비르비우스

풍경화가 터너의 그림 「황금가지 *The Golden Bough*」를 모르는 사람은 없을 것이다. 그 그림은 옛 사람들이 '디아나(Diana)의 거울'이라고 불렀던, 네미(Nemi) 숲 조그만 호수를 환상적으로 그린 것이다. 터너는 호수 풍경에 그의 거룩한 마음을 담아 황금빛으로 뒤덮힌 자연을 아름답게 표현했다. 알바 산 언덕 초록빛 분지에 둘러싸인 이 고요한 호수를 한 번 본 사람은 누구나 그것을 영원히 잊지 못할 것이다. 이 호반에 잠든 두 곳의 전형적인 이탈리아 마을들, 또 호수까지 가파르게 뻗친 계단식 정원을 가진 이탈리아 궁전도 그 호수 풍정의 고요함과 쓸쓸함을 깨뜨리지는 못한다. 디아나는 오늘도 이 고독한 호수를 떠나지 못하고 남아, 그 숲 속을 떠돌고 있을지도 모른다.

그 옛날 이 숲의 풍경은 불가사의한 비극이 되풀이되던 무대였다. 호수 북쪽에는 오늘날 네미 마을이 있는데, 그곳의 깎아지른 듯한 절벽 바로 아래 '디아나 네모렌시스', 즉 '숲의 디아나'라는 신성한 숲과 그 성소가 있다. 이 호수와 숲은 때로 아리키아 호수와 아리키아 숲으로도 불렸다. 그러나 아리키아 마을_(오늘날
라리치아)은 3마일쯤 떨어져서 알바 산 끄트머리에 자리잡고 있었고, 그 산 중턱의 작은 분화구와 같은 웅덩이에 고인 호수 마을과는 가파른 절벽으로 분리되어 있었다.

이 거룩한 숲 속에는 무성한 나무 한 그루가 서 있었는데, 그 주위에서는 하루내내, 또 한밤중에도 떠돌고 있는 무시무시한 사람 형상이 보였다. 그의 손에는 언제나 칼집에서 빼어 든 칼이 쥐어 있었다. 그는 마치 언제 적의 습격을 받을지 모른다는 듯 방심하지 않고 자신의 주위를 경계한다. 그는 사제이자 살인자였다. 그가 경계하는 사나이는 머잖아 그를 죽이고, 그를 대신하여 사제직을 맡게 되어 있었다. 이것이 성소의 규칙이었다. 후보자는 사제를 죽여야만 그 사제직을 이을 수 있고, 그렇게 사제가 되면 자기보다 더 강하고 교활한 자가 나타나 죽임당하기 전까지는 사제직을 맡을 수 있다.

이 불안정한 상황에서 그가 누리는 지위에는 사제직과 함께 왕의 칭호도 포함된다. 그러나 그보다 더 불안한 밤을 지새우거나, 또는 더 무서운 악몽에 시달리는 왕은 아마 여태껏 없었을 것이다. 해마다 여름이나 겨울, 갠 날이나 궂은 날이나 할 것 없이 그는 이 외로운 감시를 계속해야 했고, 잠시라도 선잠이 들었다가는 자신의 목숨을 내놓아야 할 판이었다. 최소한의 경계가 느슨해지거나 힘과 검술이 조금만 떨어져도 그는 위험에 빠지게 된다. 또한 나이 들어 백발이 되는 것은 사형집행 영장을 받는 것과 다름없다. 이 성소에 참배하는 온화하고 경건한 순례자들에게는 이 남자의 모습이 화창한 날씨에 갑자기 먹구름이 태양을 가릴 때처럼, 이 아름다운 풍경을 어둡게 만드는 듯이 보였을 것이다.

꿈꾸는 듯한 이탈리아 하늘, 여름철 나무들이 드리우는 얼룩진 그늘, 햇빛에 물거품이 이는 잔물결, 그것들은 섬뜩하고 불길한 사나이의 모습과는 도무지 어울리지 않는다. 차라리 낙엽이 자꾸만 쌓이고 저물어 가는 한 해를 노래하는 바람의 노래로 온통 을씨년스러운 가을밤에, 나그네가 목격한 날이 저문 정경을 떠올리게 한다. 그것은 쓸쓸한 음악에 맞춘 음산한 그림이다. 숲의 배경은 어두워 보이고, 하늘은 낮게 드리워져 금세라도 폭풍우가 몰아칠 듯 가지가 바람에 나부낀다. 낙엽이 발밑에서 부스럭거리고, 차가운 물이 강기슭을 찰싹이고, 뜬구름 사이에 걸린 푸른 달이 나무 사이에 비치며 어두웠다 밝았다 하는 가운데 검은 그림자 하나가 번쩍이는 칼을 들고, 이리저리 걸어다니고 있다.

이 사제직 계승의 이상한 규칙은 고대 그리스·로마에서도 그 유례를 찾아볼 수 없다. 따라서 어떤 설명을 끌어올 수도 없다. 이에 대한 설명을 찾으려면, 고대 그리스·로마보다 더 먼 옛날로 거슬러 올라가야 한다. 이런 관습이 원시 시대의 냄새를 지닌 채 로마 제국 시대에까지 남아 있어, 마치 깨끗이 손질한 잔디밭에 우뚝 서 있는 자연의 바위처럼, 그 무렵의 세련된 이탈리아 사회의 변두리에 우뚝 서 있었음을 아무도 부인치 못할 것이다. 이 관습에 대한 설명의 실마리는 그 관습이 소박하고 원시적이라는 점에서 찾을 수 있다. 그것으로 우리는 설명할 수 있다는 희망을 갖게 된다. 인간의 초기 역사에 대한 연구들이 근대에 많이 이루어졌는데, 얼마쯤 겉으로 드러난 차이가 있긴 하지만, 인간의 정신이 오늘날이든 원시시대든 그 근본은 비슷하며 소박한 삶의 철학이 다듬어져 오늘과 같은 인간 정신으로 발전되었다고 보는 것이 마땅할 것이다.

따라서 우리가 네미의 사제직에 대한 원시적 관습이 다른 곳에도 있었음을 밝힐 수 있다면, 그리고 그런 제도를 만들어 낸 동기를 파헤칠 수 있다면, 또 그 동기가 널리 인간 사회에서 작용하고 여러 다른 환경 속에서 비슷한 제도를 만들어 낼 수 있다면, 끝으

네미의 디아나 신전에서 발굴된 테라코타 장식벽. 캐슬 박물관, 노팅엄

로 이런 동기와 거기서 비롯된 몇몇 제도들이 고대 그리스·로마에 이어졌음을 설명할 수 있다면, 그때에 비로소 이와 같은 동기가 머나먼 옛날에 네미의 사제직 규칙을 만들게 했음을 결론지을 수 있다. 물론 이와 같은 추론은 어떻게 사제직이 생겨났는가에 대한 직접적 증거가 부족하기 때문에 결코 증명될 수는 없다. 그러나 이것은 내가 예를 든 여러 조건을 만족시키는 정도로 얼마쯤 이해될 수는 있을 것이다. 이 책의 목적은 이런 여러 조건에 알맞은 것을 찾아서 네미 사제직에 대한 효과적인 설명을 제시하는 데에 있다.

나는 이 문제를 우리가 얻은 몇 가지 사실과 전설을 이야기하는 데서부터 시작하려고 한다. 한 설화에 따르면 네미의 디아나 숭배는 오레스테스(Orestes)가 제도화했다고 한다. 그는 타우리스(Tauris) 반도(크리미아)의 왕 토아스를 죽인 뒤에 그 누이동생을 데리고 이탈리아로 도망치면서, 타우리스의 디아나 여신상을 나뭇단 속에 감춰 가지고 왔다. 오레스테스가 죽은 뒤에 그 뼈가 아리키아에서 로마로 옮겨져, 카피톨리누스 언덕 위의 콩코드 사원 옆에 있는 사투르누스(Saturnus) 신전 앞에 묻혔다.

타우리스 반도의 디아나에게서 유래되었다고 하는 전설의 저 피비린내 나는 의식은 고전 문학 독자들에게 잘 알려진 내용이다. 즉 그 해안에 상륙하는 이방인은 누구나 이 디아나 제단 위에 제물로 바쳐졌다. 그런데 이 의식이 이

탈리아에서는 조금 부드러운 형식을 취했다. 예를 들어 네미 성역 안에는 나무 한 그루가 있었는데, 누구도 그 가지를 꺾어서는 안 되었다. 다만 도망쳐 온 노예에게만 그 가지 하나를 꺾는 것이 허용되었을 뿐이다. 나뭇가지를 꺾는 데 성공하면 사제와 결전을 벌일 수 있는 자격이 주어진다. 그래서 그 사제를 죽이면 그에게는 '숲의 왕(Rex Nemorensis)'이라는 칭호와 통치권이 주어진다. 고대인들의 일치된 의견에 따르면, 이 운명의 가지야말로 아이네이아스(Aeneas)가 죽음의 세계로 모험 여행을 감행했을 때 시빌(무당)의 명령에 따라 꺾은 황금가지와 다름없다는 것이다. 그리고 이 노예의 도망은 바로 오레스테스의 도망을 상징한다. 노예와 사제의 결투는 앞에 언급한 타우리스 반도의 디아나에 바쳤던 인간 제물의 흔적으로 보인다. 검술로 직위를 잇는 규정은 로마 제국 시대까지 지켜졌다. 이 전설의 또 다른 종류 가운데 네미 사제가 너무 오랫동안 그 직책에 머물러 있을 때, 칼리굴라 황제가 그보다 더 강한 악당을 고용해서 네미 사제를 죽이는 이야기가 나오는 것을 보아도 짐작할 수 있다. 그리고 안토니누스 시대에 이탈리아를 방문했던 한 그리스인 여행가가 그 무렵까지도 네미 사제직은 결투의 승리자에게 주어지는 포상이었다고 말한 것을 보아도 알 수 있다.

네미에서의 디아나 숭배에는 주요한 특징 몇 가지가 있다. 그곳에서 발견된 제물로 미루어 보아 디아나는 사냥의 여신, 나아가 남녀에게 자손을 내려주고 산모가 순산하도록 축복하는 존재로 여겨진 듯하다. 그리고 그 의식 때에는 불이 가장 중요한 역할을 했던 것으로 보인다. 1년 중 가장 더운 때인 8월 13일에 치러지는 축제 때 수많은 횃불이 그 거룩한 숲을 밝히고 붉은 불꽃이 연못에 반사되었다. 그리고 그날은 이탈리아 전국을 통틀어 모든 가정들이 화롯가에서 거룩한 의식을 올렸다. 실제로 그 여신이 손에 횃불을 높이 쳐들고 있는 모습을 그린 청동상도 그 성소 안에서 발견되었다. 또 디아나에게 소망을 빌어 소원을 이룬 여자들은 신에게 충성을 맹세하는 의식을 거행하여 화관을 쓰고 횃불을 들어 이 성소로 향했을 것이다.

어떤 사람이 클라우디우스 황제와 그 가족의 평안을 위해 꺼지지 않는 등을 네미의 작은 신전에 헌납했다. 낮은 신분의 사람들에게 이와 비슷한 역할을 한 것으로 짐작되는 테라코타(terra-cotta) 등불도 이 거룩한 숲에서 발견되었다. 만일 우리의 짐작이 맞다면, 이는 교회에 신성한 초를 헌납하는 가톨릭 관습과 매우 비슷한 점이 있다. 또 네미의 디아나가 지녔던 '베스타(Vesta)'라는 칭호는 그 성소에서 성화가 꺼지지 않고 타오르고 있음을 의미한다. 그 신전의 동북쪽 구석에 있는 큰 원형 지하실은 3단으로 되어 있고, 모자이크로 포장된 흔적이 있다. 아마도 로마 광장에 있는 베스타 원형 신전처럼 베스타적인 성격을 지녀 디아나의 둥근 신전을 받들고 있었던 것으로 추측된다. 여기에서는 성화가 베스타 여사제(Vesta Virgin)들에 의해서 지켜졌을 것이다. 그 이유는 테라코타에 있는 베스타 신상 중 머리가 발견되었고, 여사제들이 꺼지지 않는 불을 지키고 숭배하는 의식이 라티움 지방에 먼 옛날부터 최근까지 흔히 행해졌기 때문이다. 또한 이 여신의 축제 때 사냥개에게 관을 씌웠고, 들짐승들을 사냥하지 못하게 하였다.

청년들은 여신에게 경의를 표하고자 정화 의식을 치렀다. 포도주가 나오고, 새끼 산양이 나오고, 나뭇잎 접시에 담은 뜨거운 과자와, 가지에 주렁주렁 달린 사과 등으로 연회가 베풀어졌다.

그러나 디아나만이 네미의 성스러운 숲에 군림한 것은 아니었다. 작은 두 신이 그 숲의 성소를 공유했는데, 하나는 맑은 물의 요정인 에게리아(Egeria)였다. 이 여신은 현무암에서 솟아나와 흰 거품을 일으키며 아름답고 작은 폭포가 되어 레 몰레(Le Mole) 호수로 떨어지는 맑은 물의 정령이다. 레 몰레에는 오늘날 네미 마을에서 쓰는 물레방아가 세워져 있다. 자갈 위를 흐르는 그 물의 깨끗함은 가끔 그 물을 마셔 보았다는 시인 오비디우스에 의해 묘사된다. 임신한 여자들은 에게리아에게 제물을 바쳤는데, 에게리아도 디아나와 마찬가지로 순산의 축복을 주는 것으로 믿었기 때문이다. 전설에 따르면, 에게리아는 슬기로운 누마(Numa) 왕의 아내, 또는 연인이었다는데, 누마 왕이 이 성스러운 숲 속 깊숙한 곳에서 에게리아와 남몰래 만났으며, 누마 왕이 에게리아의 신성과 교합함으로써 얻는 영감으로 로마인들에게 율법을 반포했다고 한다.

플루타르코스(Plutarkchos)는 이 전설을 여신과 인간과의 사랑을 말해 주는 다른 전설, 예를 들면 키벨레(Cybele) 여신과 달의 아름다운 청년 아티스의 사랑, 혹은 달의 여신과 엔디미온(Endymion)과의 사랑과 비교한다. 이 연인들이 서로 만나는 밀회 장소는 네미의 성스러운 숲 속이 아니고, 에게리아의 샘물이 어두운 동굴에서 흘러나오는 로마의 포르타 카페나의 외곽에 있는 숲이라는 이야기가 있다. 날마다 로마의 베스타 성처녀들은 이 샘의 물을 물항아리에 담아 머리로 이고와서, 그 물로 베스타의 신전을 깨끗이 씻어 냈다고 한다. 2세기 무렵 유베날리스(Juvenalis) 시대에 이 자연의 동굴은 대리석으로 둘러싸였고, 이 신성한 숲은 집시처럼 떠돌고 지내던 가난한 유대인들에게 더럽혀졌다. 우리는 네미 호수에 떨어지는 물의 이야기가 본래의 에게리아 여신과 관계가 있을 것으로 상상할 수 있다. 최초의 이주민들이 알바 산 언덕에서 티베르 강변으로 흘러왔을 때, 이 물 정령도 함께 데리고 와 성문 밖 숲 속에 새로운 거처를 정했다고 추측해도 좋을 것이다. 이 성소 안의 숲 속에서 발굴된 욕실의 잔해들과, 인체의 각 부분을 표시하는 수많은 테라코타 모형들은 이 에게리아의 샘물이 환자의 병을 고치는 데 널리 쓰였다는 것을 짐작케 한다. 오늘날에도 유럽의 많은 지방에서 행해지는 관습과 같이, 그즈음의 환자들은 자기의 환부 모형을 여신에게 바침으로써 치료에 대한 소망을 나타내거나 감사의 뜻을 표시하거나 했을 것이다. 오늘날에도 사람들은 이 샘물이 치료의 효능을 지닌 것으로 믿는다.

네미에 거처하는 또 하나의 등급이 낮은 신은 비르비우스(Virbius)였다. 전설에 따르면, 이 신은 순결하고 멋있는 그리스의 젊은 영웅 히폴리투스(Hippolytus)에 해당한다. 이 영웅은 반인반마인 키론(Chiron)에게 사냥술을 배운 뒤에, 유일한 벗으로 처녀 사냥꾼 아르테미스(Artemis : 디아나에 해당하는 그리스의 여신)와 함께 평생 들짐승을 뒤쫓으며 숲 속에서 지냈다. 그는 아르테미스와의 교제를 자랑하며 다른 여신들의 사랑을 거절했으나, 이것이 그의 파멸을 불러일으키는 화근이 되었다. 즉 그의 경멸에 화가 난 아프로디테 여신은 히폴리투스의 계모인 파이드라(Phaedra)에게 그를 사랑하게끔 감정을 불어넣었다. 이 사랑을 그가 거절하자 계모는 그의 부친 테세우스에게 거짓을 고했다. 테세우스는 그녀의 고자질을 믿고 자기 아들의 잘못에 앙갚음하도록 그의 아버지 포세이돈에게 빌었다. 그래서 히폴리투스가 이륜마차를 타고 사로니코스 해변을 달리고 있을 때, 바다의 신 포세이돈은 파도 속에서 사나운 황소를 내보냈다. 이에 놀란 말들이 날뛰었고, 히폴리투스는 마차에서 떨어져 질질 끌려 가다가 끝내 말발굽에 깔려 죽고 말았다.

그런데 디아나는 히폴리투스에 대한 열렬한 사랑 때문에 의사인 아스클레피오스(Asklepios)를 설득해 약초를 얻어내고, 그 약초로 히폴리투스를 다시 살아나게 했다. 이에 유피테르(Jupiter) 신은 죽어야 할 인간이 죽음의 문턱에서 되

시무라타, 19세기. 디아나 숭배의 흔적으로 여겨져 온 마술의 심볼이 달린 운향나무 가지. 200년 전 이와 같은 것이 디아나에게 바쳐졌을 것이다.

고대 로마의 귀금속 장식물. 나뭇가지와 과일 바구니를 손에 든 디아나. 성스러운 사슴뿔이 나뭇가지와 조화를 이룬다.

돌아왔다고 분노하여 간섭한 의사를 영혼의 세계로 보낸다. 그러나 디아나는 검은 구름으로 히폴리투스를 성난 유피테르 신으로부터 감추고, 늙은 노인으로 변장시켜 먼 네미 골짜기까지 그를 데리고 갔다. 그리고 이름까지 비르비우스로 고쳐서 이탈리아의 숲 속에서 누구도 모르게 혼자 살게 해 달라고 물 정령 에게리아에게 부탁했다. 여기서 히폴리투스는 왕이 되고 디아나를 위해 신전을 지어 바친다. 그는 비르비우스란 같은 이름의 아름다운 아들을 두었는데, 이 아들은 아버지의 운명에도 끄떡없이 사나운 준마 떼를 이끌고 라틴군에 가담하여 아이네이아스와 트로이인에 맞서 싸웠다. 비르비우스는 네미에서뿐만 아니라 다른 곳에서도 신으로 숭앙받았다. 우리는 캄파니아(Campania)에는 그를 섬기는 특별한 사제가 있다고 알고 있다.

말이 히폴리투스를 죽음으로 몰아넣었기 때문에 아리키아의 숲과 성소에서는 말을 쫓아내었다. 그리고 그의 신상을 만지는 것도 위법이었다. 어떤 사람은 그가 태양이라고도 생각했다. 세르비우스(Servius)는 아티스와 신들의 어머니 키벨레, 에리크토니우스와 미네르바, 아도니스(Adonis)와 비너스의 결합처럼 히폴리투스도 디아나와 결합한 신이었다고 한다. 그 결합이 어떤 성격이었는지에 대해서는 곧 검토하게 될 것이다. 여기서는 그 파란만장한 생애에서 그의 신비적인 인격이 놀라울 만큼 생명의 강인함을 드러냈다는 사실을 기억하는 것으로 충분하다. 즉 8월 13일 디아나의 축일에 말에 밟혀 죽은 히폴리투스야말로 이교도의 죄인으로서, 두 번씩이나 죽은 뒤에 그리스도교 성자로 행복하게 부활한 동명의 그리스 영웅에 지나지 않는다.

네미에서의 디아나 숭배를 설명하기 위해 제시했던 설화가 사실이 아니라는 것은 쉽게 짐작할 수 있다. 이것은 어떤 종교 의식의 기원을 설명하고자 만들어 낸 신화에 속하는 것이고, 그것과 다른 지역의 의식과 실제적 또는 상상적인 유사성 그 밖에는 아무런 관계도 없다. 네미 신화의 불일치는 그 특징이 밝혀지면서 숭배의 기초가 오레스테스와 히폴리투스에까지 거슬러 올라가게 되는 점 등에서 매우 뚜렷하게 나타난다. 그렇지만 이런 설화의 참된 가치는 그것과 비교되는 표준을 제시하여 숭배의 성격을 보여 주는 데 있다. 또 그 기원이 까마득한 옛날의 안개 속에 파묻혀 버렸다는 것을 보여 주어 그 유서 깊음을 간접적으로 밝히는 데 있다.

후자의 의미에서 대(大) 카토(Cato)에 의해 보장된 역사적인 전설, 즉 이 성스러운 숲은 투스쿨룸, 아리키아, 라누비움, 라우렌툼, 코라, 티부르, 포메티아, 아르데아 사람들을 위해서 라틴의 독재자인 투스쿨룸의 에게리우스 바이비우스, 또는 투스쿨룸의 라이비우스 등에 의해 디아나에게 바쳐졌다는 이야기보다 네미 전설이 더 믿을 만하다. 사실 이러한 전통은 포메티아가 로마인에게서 침략을 받아 역사에서 그 자취를 감추었던 기원전 495년 이전의 어느 한때에 이 성소가 창건된 것이라는 것을 짐작케 한다는 점에서 디아나 성소가 얼마나 오래되었는지를 시사한다. 그러나 아리키아 사제직 계승 규칙과 같은 야만적 규정 따위가 고도의 문화 공동사회(확실히 라틴 도시들은 이런 수준이었다)에서 숙고된 끝에 제정되었으리라고는 생각되지 않는다. 그것은 이탈리아가 우리에게 알려진 어떤 국가보다도 한결 더 원시 단계의 무렵에, 사람의 기억이 미치지 못하는 먼 옛날로부터 전승된 규칙임에 틀림없다.

디아나는 수확기에 축하를 받았다
◀ 포도잎, 포도송이로 만든 관을 쓴 머리 부분. 네미에서 출토된 고대 로마의 봉납물. 캐슬 박물관, 노팅엄

▼ 디아나 상 앞에서 횃불을 손에 들고 포도를 바치는 아이들. 이탈리아 오스티아에서 출토된 1세기의 벽화. 바티칸, 로마

"아리키아에 많은 마니(Manii)가 있다"라는 속담을 낳은 마니우스 에게리우스가 이 성소를 세웠다는 주장도 있다. 하지만 이러한 주장은 카토가 주장하는 전설의 신빙성을 확증하기보다 약화시켰다. 어떤 사람은 그 속담에 대해 마니우스 에게리우스가 유서 깊은 명문의 선조였다고 주장하고, 또 어떤 사람들은 아리키아에 추악한 불구자들이 많았으므로 아이들을 겁주기 위해서 마니아(Mania ; 요괴 또는 귀신)라는 말에서 마니우스라는 이름을 따 온 것이라고 생각했다. 또 로마의 어떤 풍자 작가는 아리키아의 산 중턱에서 순례자들을 기다리며 누워 있는 거지의 전형으로 마니우스라는 이름을 쓰고 있다.

이러한 견해 차이는 아리키아의 마니우스 에게리우스와 투스쿨룸의 에게리우스 라이비우스라는 이름이 일치하지 않는다는 점과, 그 두 이름이 모두 신화적인 에게리아라는 이름을 포함하여 유사성을 가진다는 점에서 우리에게 의문을 던진다. 그러나 대 카토가 기록한 전설은 그 사정이 너무나 상세하고, 그 보증인도 꽤 믿을 만해서 단지 꾸며낸 이야기로 여길 수만은 없다. 오히려 이 전설이 여러 동맹국에 의해서 실제로 행해진 성소 재건이나 개조를 암시한다고 보아야 한다. 하여튼 이것은 이 성스러운 숲이 오래전부터, 라틴의 모든 국가를 위한 것은 아니었더라도, 그 나라에서 가장 오래된 다수의 도시들을 위한 공동 예배소였음을 증명한다.

2 아르테미스와 히폴리투스

오레스테스와 히폴리투스에 대한 전설은 역사로서는 가치가 없으나, 그것과 다른 성소들의 의식이나 신화와의 비교가 네미의 제례를 더 잘 이해하는 데 도움이 된다는 점에서 어느 정도의 의의를 가진다는 것을 앞서 살펴보았다. 우리는 여기서 왜 이 전설의 작가가 비르비우스와 숲의 왕을 설명하기 위해 오레스테스와 히폴리투스를 끄집어 냈는지를 자문하지 않을 수 없다. 이때 오레스테스에 대해서는 답이 뚜렷하다. 인간의 피를 보아야만 달랠 수 있는 타우리스 반도의 디아나 여신상과 오레스테스의 이야기는 아리키아의 사제 계승에 대한 살해 규칙을 쉽게 설명하기 위해 끌어낸 것이다. 그러나 히폴리투스의 경우는 그렇게 단순하지 않다. 그의 죽음은 거룩한 숲에서 말을 배척하게 된 까닭을 쉽게 밝혀주지만, 그 자체만으로는 그 사정 전반을 설명하기에 충분치 못하다. 이에 우리는 히폴리투스 숭배와 그 전설, 또는 신화를 살펴봄으로써 한결 깊이 탐구해야 하는 것이다.

히폴리투스는 육지로 둘러싸인 아름다운 만에 자리잡은 조상들의 고향 트로이젠에 유명한 성소를 갖고 있었다. 그곳은 오렌지 레몬 숲이 헤스페리데스(Hesperides) 정원 너머로 첨탑처럼 높이 치솟은 사이프러스 나무와 함께 높은 산기슭 비옥한 자락을 덮고 있었다. 조용하고 잔잔한 만의 푸른 물 저편에는 그 만을 바다로부터 보호하는 포세이돈의 성스러운 섬이 떠 있고, 섬 꼭대기는 소나무 숲의 짙푸른 빛깔로 뒤덮여 있었다. 이 아름다운 해안에서 히폴리투스가 숭배받았다. 그 성소 안에는 오래된 신상을 안치한 신전이 있었다. 예배는 평생을 봉직해 온 사제가 진행했고, 히폴리투스를 기리는 희생제의가 해마다 열렸다. 그리고 히폴리투스의 때아닌 죽음으로 처녀들은 비애의 노래로 해마다 그를 애도했다. 청춘 남녀들은 결혼 전에 그의 신전에 머리카락을 바쳤다. 트로이젠에는 히폴리투스의 무덤이 있으나, 그곳 주민들은 그의 무덤을 보여 주지 않으려고 했다. 아르테미스의 연인이었고, 한창 꽃다운 나이에 죽었으며, 그래서 해마다 처녀들의 애도를 받는 히폴리투스에게서, 우리는 고대 신화에 나오는 여신들의 애인이 숙명적으로 죽게 되는 인간의 한 사례(그 전형은 아도니스)를 본다.

이런 이야기는 고대 종교에 때때로 나타나는데, 아도니스가 그 예이다. 히폴리투스의 사랑을 구하는 아르테미스와 파이드라와의 경쟁은, 달리 말하면 아도니스의 사랑을 구하는 아프로디테와 페르세포네의 경쟁으로 재현되었다고 한다. 즉 파이드라는 다만 아프로디테의 복사판에 지나지 않는다. 이 주장은 히폴리투스에 대해서나 아르테미스에게 공정한 평가일 것이다. 왜냐하면 아르테미스는 본디 풍요의 여신이고, 고대의 종교원리에 입각해 보면 자연을 풍요롭게 하는 여신은 먼저 자기 자신이 다산해야 하는 관계로 꼭 배우자를 가져야 했기 때문이다. 이런 점에서 히폴리투스는 아르테미스의 배우자로 생각된다. 트로이젠의 남녀가 결혼 전에 그에게 바치는 머리카락은 여신과 그의 결합을 견고히 하고, 토지나 가축이나 인간의 다산과 풍요를 촉진하는 뜻을 가지고 있다.

트로이젠에 있는 히폴리투스의 성소 안에서, 토지의 풍요와 관계 있는 두 여신, 다미아(Damia)와 아욱세시아(Auxesia)가 숭배받은 것은, 이 견해에 어느 정도 근거를 제공한다. 에피다우로스 인들이 기근에 시달릴 때, 사람들이 신탁에 따라 신성한 올리브 나무를 사용해서 다미아와 아욱세시아의 여신상을 조각하여 그 땅 위에 세우자 얼마 안 있어 다시 풍요로워졌다는 것이다. 더욱이 트로이젠에서는 히폴리투스 성소 안에서 돌을 던지는 기묘한 축제가 행해졌는데, 이것은 위에서 말한 두 여신들을 숭앙하기 위한 것이었다. 이와 같은 관습이 풍작을 보장받을 목적으로 많은 지방에서 널리 행해진 사실이 쉽게 발견된다.

젊은 히폴리투스의 비극적 죽음을 담은 이야기 속에서 우리는 불사의 여신과의 짧은 사랑의 기쁨을 위해 생명을 버리는, 아름답지만 죽을 운명을 가진 젊은이들에 대한 설화들과의 유사성을 볼 수 있다. 이 불행한 연인들의 이야기가 언제나 신화에만 그치는 것은 아니며, 그 주인공들이 흘린 피를 보랏빛 오

랑캐꽃이나 주홍빛 아네모네 또는 진홍색 빛깔의 장미꽃으로 묘사하고 있는 전설들도 단순히 피었다 금방 시드는 여름 꽃 같은 젊음이나 아름다움에 대한 무익한 시적 표현이 아니다. 그런 설화들은 인간의 생명과 자연의 생명에 대한 깊은 철학, 비극적 관행을 낳은 비애의 철학을 담고 있는 것이다. 그 철학, 그 관습이 어떤 것인지 이제부터 차츰 더듬어 나가기로 하자.

풍요의 여신 아르테미스
에페소스 고고학박물관

3 요약

우리는 이제 아르테미스의 배우자인 히폴리투스와 비르비우스가 고대인들에게 동일시되었던 이유를 알 수 있다. 세르비우스에 따르면 비르비우스와 디아나의 관계는 아도니스와 비너스, 또는 아티스와 신들의 어머니 키벨레의 관계와 같다고 한다. 디아나는 아르테미스처럼 풍요의 여신이고, 특히 출산을 관장하는 여신이어서 남성 배우자가 필요했던 것이다. 만일 세르비우스의 설이 타당하다면, 디아나 여신의 배우자는 다름 아닌 비르비우스였을 것이다.

비르비우스는 성스러운 숲의 창설자이자 최초의 네미 왕으로서, 그의 성격으로 비추어 확실히 숲의 왕이라는 칭호 아래 디아나 여신을 섬기다가 하나하나 잇따라 비참한 최후를 마치는 네미 사제의 첫 신화적 선임자 또는 원형임이 분명하다. 그러므로 사제들이 디아나 여신과 비르비우스와의 관계를 성스런 숲의 여신과 같은 관계에 있다고 추리하는 것도 무리는 아니다. 간단하게 말하면, 유한한 존재인 그 숲의 왕은 숲의 디아나를 왕비로 삼았던 셈이다. 만일 그가 생명을 걸고 지킨 그 거룩한 나무가 디아나로 드러난다면, 그 사제는 거룩한 그 나무를 자신의 여신으로서 섬겼을 뿐만 아니라 아내로서도 포옹했을 것이다.

플리니우스(Plinius) 시대에도 로마의 어떤 귀족이 알바 산 언덕의 디아나의 성스러운 숲에서 한 그루 떡갈나무를 그런 식으로 다루었다. 그렇게 본다면 이런 추측은 터무니없는 것은 아니다. 그 귀족은 떡갈나무를 껴안고 입을 맞추고, 그 그늘에 눕고, 그 가지에 포도주를 따라 주기도 했을 것이다. 그는 확실히 그 나무를 여신으로 인정했다. 남녀가 실제로 나무와 결혼하는 관습은 오늘날에도 인도나 동양의 여러 지방에서도 행해진다. 그러고 보면, 고대 라티움에서도 행해지지 않았을 리가 없다.

　전체적으로 이상의 내용들을 검토한 결과, 우리는 다음과 같이 결론지을 수 있다. 즉 성스러운 네미 숲에서의 디아나 숭배는 매우 큰 중요성을 가지며, 태곳적부터의 관습이다. 또 디아나는 숲의 여신이자 야생 동물의 수호 여신으로 숭배되었는데, 땅의 결실과 가축을 관장하는 여신으로도 생각되었을 것이다. 또 사람들은 디아나를 자식 복을 줌으로써 남녀를 축복하고, 출산하는 산모를 보살피는 신으로도 믿었다. 디아나 여신의 성화는 순결한 처녀 사제들에 의해서 보호되었고, 그 성소 내의 원형 신전에서 꺼지지 않고 계속 타올랐다. 이와 관련해, 디아나와 같이 출산하는 산모를 도와주는 역할을 하며 성스러운 숲에서 고대 로마 왕과 부부로 지냈다는 물의 요정 에게리아가 숭배받았다. 신성한 숲의 주인인 디아나는 비르비우스라 불리는 남자 배우자가 있었는데, 디아나와 그의 관계는 비너스와 아도니스의 관계나 키벨레와 아티스의 관계와 같다. 끝으로 이 신화적 비르비우스는 역사 시대에 숲의 왕으로 알려진 사제의 한 계통을 대표한다고 여겨지는데, 이 사제들은 빠짐없이 그 계승자의 칼에 죽임당했다. 그들의 목숨은 숲 속의 어떤 나무와 연관되었는데, 그 나무가 무사한 동안에는 그들도 습격을 받을 위험이 없었기 때문이었다.

　확실히 이 결론만으로 네미 사제직 계승의 그 특수한 살해 규칙이 충분하게 설명되지 않는다. 그러나 아마도 더 광범위한 분야에서의 검토가 이루어진다면 이런 결론은 우리에게 문제 해결의 실마리가 되어 줄 수 있을 것이다. 우리는 이제 한결 더 폭넓은 검토를 시작해야 한다. 그 일은 무척 힘들고 오래 걸릴 테지만, 항해할 때 발견하는 흥미와 매력을 가져다 줄 것이다. 그 항해에서 우리는 수많은 낯선 이방의 나라들을 방문하고, 미지의 이민족들과 기이한 관습들을 구경하게 될 것이다. 바람은 순풍이다. 자, 이제 돛을 활짝 펴고 잠시 이탈리아 해안을 떠나기로 하자.

제2장
사제왕들

우리가 풀어나가려 애썼던 물음은 주로 두 가지이다. 첫째, 네미의 디아나 사제, 즉 숲의 왕은 왜 그의 전임자를 죽여야 했는가? 둘째, 그가 살해 전에 고대의 여론에 따라서 베르길리우스의 '황금가지'와 동일시되던 나뭇가지를 꺾어야 했던 이유는 무엇인가?

우리가 관심을 가지는 첫 번째 사항은 사제의 칭호이다. 왜 사람들은 사제를 숲의 왕이라고 불렀는가? 왜 그의 직권이 미치는 곳을 왕국이라고 칭했을까?

고대 이탈리아와 그리스에서 왕의 칭호와 사제의 임무가 결합되는 것은 흔한 일이었다. 로마와 그 밖의 라티움 여러 도시에서는 '희생의 왕' 또는 '거룩한 의식의 왕'이라 불리는 사제가 있었으며, 그의 아내는 '거룩한 의식의 왕비'라는 호칭으로 불렸다. 아테네 공화국에서도 해마다 선출되는 제2집정관은 왕, 그의 아내는 왕비로 불렸으며 그 둘의 기능은 종교적이었다. 그 밖의 많은 그리스의 민주국가들은 이름만인 왕을 두었고, 그들의 임무는 사제직이었으며, 국가가 운영하는 '공공화로($^{Common}_{Hearth}$)'에서 일한 것으로 보인다. 그리스의 몇몇 국가들은 왕을 몇 사람씩 두었고 그들은 함께 직무를 수행했다. 로마에서는 군주정치가 폐지된 뒤 과거 왕들이 바쳤던 희생 제물의 공양을 위해 '희생의 왕'이 임명되었던 관례가 있다.

사제왕들의 기원에 대한 비슷한 견해는 그리스에서도 널리 퍼졌던 것으로 보인다. 이 견해 자체는 타당하고, 군주제 형식을 역사 시대까지 보존했던 유일하고 순수한 그리스 국가인 스파르타에서 그 사례를 확인할 수 있다. 왜냐하면 스파르타에서는 모든 국가적 공적 재물 공양이 신의 후예로 일컬어지는 왕에 의해 바쳐졌기 때문이다. 스파르타에는 두 왕이 있었는데, 하나는 '제우스 라세다에몬(Zeus Lacedaemon)'의 사제직을, 또 다른 왕은 '하늘의 제우스(Heavenly Zeus)'의 사제직을 담당했다.

사제의 기능과 왕권의 결합은 고대 이탈리아나 그리스에만 있었던 것은 아니다. 예를 들면 소아시아는 수천 명의 신성한 노예들이 살았고, 중세 로마의 교황들과 같이 세속적·종교적 권위를 함께 가진 법왕이 지배한 곳으로 장엄한 종교적 수도들이 곳곳에 있었다. 사제가 지배한 그러한 도시에는 젤라와 페시누스가 있다. 옛 이교 시대의 튜튼(Teuton)족

감염주술
미나타르족이 싸움에서 승리한 뒤 머리가죽 춤을 추고 있다.
「북아메리카 기행」 1840.

왕들도 그런 위치에 있었고, 대사제의 권력을 행사한 것으로 짐작된다. 중국 황제들은 의전에 자세히 규정되어 있는 공적 제물을 올렸다.

또한 마다가스카르의 왕은 그 나라의 대사제였다. 신년 대축제에서 수소 한 마리가 왕국의 안위를 위해 희생될 때, 왕은 시종들이 그 수소를 도살하는 동안에 희생된 제물 앞에서 기도와 감사를 올렸다. 아직 독립을 유지하고 있는 동부 아프리카 갈라족 군주국가에서는 왕이 산꼭대기에서 인간을 제물로 바치는 의식을 거행한다. 중앙아메리카 아름다운 지방의 왕들도 이와 같은 세속적 권위과 종교적 권위, 그리고 왕의 임무를 겸하고 있었다는 이야기가 전설 속에 희미하게 남아 있다. 그 고대 도시는 이제는 울창하게 자란 열대 수목 밑에 파묻혀 있고, 팔렝케의 어머어마하고 신비스러운 유적들로써 짐작할 수 있을 뿐이다.

우리가 고대의 왕들이 일반적으로 동시에 사제였다고 말할 경우, 왕들이 행했던 임무의 종교적 측면을 철저히 설명할 수는 없다. 그 무렵에 왕을 둘러싼 신성은 이름뿐만이 아니라 진정한 신앙의 표현이었다. 왕들은 여러 경우에 사제들, 즉 사람과 신의 중재자로서만이 아니라 보통 인간의 도달 범위를 넘은 존재로 숭배받았다. 그리하여 왕들은 초인간적이며, 보이지 않는 존재들에게

기도와 제물을 드려 신하들과 숭배자들에게 축복을 베풀어 주는 신들로 섬김 받았다. 그래서 사람들은 때때로 왕들이 제때 비와 햇빛을 주고, 곡식을 자라게 한다고 생각했다.

이 기대는 우리에게는 이상하게 여겨지지만, 고대 미개인은 그것을 진실로 받아들였다. 미개인들은 문명화된 사람들이 보통 자연과 초자연 사이에 그어지는 구별을 생각하지 않는다. 그들에게 세계는 모두 초자연적 존재, 바로 자신의 충동과 동기에 따라 움직이는 인격적 존재로 여겨, 자기와 같이 연민·희망·공포에 호소하면 마음이 움직일 것만 같았다. 그런 세계에서 미개인은 자기 이익을 위해 자기 힘이 자연의 운행에 영향을 미친다고 보았다. 기도, 약속, 또는 위협은 그에게 신들에게서 좋은 일기와 풍성한 곡물을 보증하는 것이었다. 그리고 미개인이 때때로 믿듯이 만일 신이 인간의 몸으로 태어나 왕으로 화신한다면, 그 왕은 이제 초자연적인 존재에게 호소할 필요가 없어진다. 이때 왕은 자기와 동포의 번영을 촉진하는 데 필요한 모든 힘을 자기 스스로 가지고 있다고 믿는다.

이것은 인간신이라는 관념이 생겨나는 한 과정이다. 그러나 이와 다른 또 하나의 과정이 있다. 미개인은 세계가 영적인 힘으로 가득 차 있다는 생각과 함께, 이와는 다른 더 오래된 관념을 갖고 있다. 그 관념 속에서 우리는 자연은 인간의 힘이 끼어들지 않은 불변의 질서 속에서 일어나는 일련의 현상이라는 근대적인 자연법의 관념 또는 자연관의 싹을 찾아볼 수 있다.

이 싹은 대부분의 미개신앙 체계에서 큰 역할을 하는 이른바 공감주술(Sympathetic Magic)에 내포하고 있는 것이다. 원시 사회에서 왕은 일반적으로 사제인 동시에 주술사였다. 사실 그들은 이따금 그들이 가지고 있다고 여겨지던, 흑주술(黑呪術 : 저주를 _{일목적})이나 백주술(白呪術 : 장으를 _{일목적})의 능력 덕에 권력을 차지했던 것으로 보인다. 그래서 왕권의 발달을 이해하고, 왕의 직무를 미개인이나 야만인들이 신성시했던 점을 이해하기 위해서는 주술의 원리에 대해 알아야 하며, 나아가 여러 시대의 여러 나라에서 인간의 마음을 사로잡았던 고대 신앙 체계에 대해 개념적인 정리를 해야 한다. 따라서 다음 장에서는 이에 대해 좀더 자세하게 다루고자 한다.

제3장
공감주술

1 주술의 원리

주술이 바탕을 둔 여러 사고의 원리를 분석한다면, 아마 그 결론은 다음 두 가지가 될 것이다. 그 첫 번째는 '유사(類似)는 유사를 낳는다', 또는 '결과는 그 원인을 닮는다'는 것이며, 두 번째는 '한 번 서로 접촉한 것은 실제로 그 접촉이 끝난 뒤 멀리 떨어져서도 여전히 상호 작용을 계속한다'는 것이다. 전자를 '유사법칙(Law of Similarity)'이라고 한다면, 후자는 '접촉법칙(Law of Contact)' 또는 '감염법칙(Law of Contagion)'이라고 부를 수 있다. 이 원리 가운데 앞의 것, 즉 유사법칙에 따라서 주술사는 단지 어떤 현상의 모방으로 자신이 원하는 결과를 가져올 수 있다고 추론한다. 그리고 뒤의 것에서는 어떤 사물에 대한 행위는, 그 사물이 신체의 한 부분이든 아니든 간에, 그것과 접촉한 적이 있는 사람에게도 같은 효과를 가져다준다고 추론한다.

유사법칙에 따른 주술은 '동종주술(Homeopathic Magic)' 또는 '모방주술(Imitative Magic)'이라고 부를 수 있으며, 접촉법칙 또는 감염법칙에 바탕을 둔 주술은 감염주술이라 부를 수 있다. 이 두 가지 주술 중에서 유사법칙에 기초한 주술은 '모방'보다는 '동종'으로 표현하는 편이 아마 더 알맞을 것이다. 그 까닭은 모방 또는 모사라는 명칭은 비록 뚜렷하게 밝혀지는 않더라도 모방하는 의식적 행위자를 암시함으로써, 주술의 범위를 좁게 제한할 수도 있기 때문이다. 주술사는 주술을 행할 때 적용하는 두 가지 원리가 생명이 없는 자연의 운행을 조절할 수 있다고 믿었다. 다시 말해, 주술사는 유사법칙과 접촉법칙이 보편적으로 적용되고, 인간 행동에 제한받지 않는다고 여겼던 것이다.

한 마디로 주술은 행동의 그릇된 지침이며, 자연법칙과 비슷한 체계이다. 그 것은 미성숙한 기술인 동시에 유사 과학에 지나지 않는다. 주술을 자연법칙 체계, 즉 우주 현상의 차례를 결정하는 법칙의 서술로 보았을 때, '이론적 주술'이라고 불러도 좋고, 또 인간이 자기들의 목적을 수행하기 위해서 지키는 하나의 규범으로 본다면 '실천적 주술'이라 불러도 좋다. 동시에 유의할 것은 원시 주술사는 다만 주술을 그 실천적 주술만 알고 있었다는 점이다. 그는 실천의 근거가 되는 심리 과정을 분석하지도 않으며, 주술적 행동 속에 포함하는 추상적 원리를 반성하지도 않는다. 그에게도 대다수의 원시인과 같이 논리는 명시적이지 않고 암시적이다. 그는 어떤 작용에 꼭 필요한 이론적이고 생리적인 과정을 전혀 모른 채 마치 음식물을 소화하듯 추리한다.

간단히 말해서 미개인에게 주술은 언제나 기술일 뿐이고, 결코 과학이 아니다. 주술사의 미개한 사고에 과학이란 개념은 빠져 있다. 따라서 현대의 철학도들은 주술적 실천의 밑바닥에 깔려 있는 일련의 사고를 밝혀내는 일이나, 엉킨 실뭉치에서 실마리를 푸는 일이나, 그들의 구체적인 적용으로부터 어떤 추상적인 원리를 추출해내야 한다. 한 마디로 말해서 속임수 기술의 배후에 깔린 그럴듯해 보이는 유사 과학을 분리하는 것이 철학자가 할 일이다.

만일 이 주술사의 사고 방식에 대한 나의 분석이 옳다면, 유사법칙과 접촉법칙이라는 두 가지 큰 원리는 단지 다른 두 관념을 잘못 결합해서 적용한 관념의 결합일 뿐이다. 동종주술은 유사에, 감염주술은 연속에 따른 관념 결합에 근거한다. 동종주술은 서로 닮은 사물이 같다고 가정하는 오류를, 그리고 감염주술은 한때 서로 접촉했던 사물이 언제나 접촉하고 있다고 착각하는 오류를 저지른다. 그러나 이 두 가지가 실제로 이따금 결합되어 나타나기도 한다. 더 정확히 말해서 동종주술 또는 모방주술이 홀로 실천하는 반면, 감염주술은 거의 동종원리 또는 모방원리가 적용되고 있다. 그리하여 일반적으로 말해서 두 사실은 이해되기 어려울 것이나, 특수한 실례를 설명하면 쉽게 이해될 것이다. 주술의 원리는 사실상 매우 단순하고 초보적이다. 미개인뿐만 아니라 각처에 있는 무지몽매한 민족들의 미개한 지성은 추상적인 개념보다 구체적 현상에 익숙하기 때문에 아마 그럴 수밖에 없을 것이다.

주술의 두 갈래, 즉 동종주술과 감염주술은 편의상 '공감주술'이라는 총칭으로 부르는 것이 좋을 것이다. 왜냐하면 두 가지 주술 모두 공간적으로 떨어져 있는 사물들이 어떤 비밀스러운 공감, 즉 하나의 보이지 않는 에테르(ether)를 통해 서로 작용한다는 가정에 근거하기 때문이다. 이 비밀스러운 공감은 한

▲ 1906년 어떤 사람이 옥스퍼드 대학 피트 리버스 박물관에 가지고 온 검은 브리오니아 뿌리. 그는 이것이 마력을 가진 흰독말풀이라고 믿었다..

▶ 사냥개가 끌어당기고 있는 흰독말풀(가지과의 유독식물로 뿌리는 인간의 다리를 연상시키며 뽑을 때 소리를 내며 외친다고 한다). 「흰독말풀을 땅에서 뽑아서 찢기 위해서는 이 방법밖에 없다」, 중세 우화 동물집, 아슈몰 사본 31p, 1431.

쪽에서 다른 쪽으로 전해지는 파동을 뜻한다. 이런 발상은 매우 비슷한 목적, 즉 텅 빈 것으로 보이는 공간을 통해서 사물들이 어떻게 서로 물리적인 영향을 끼치는지를 설명할 목적으로 현대 과학이 주장한 가설과 다르지 않다.

두 가지 주술은 그 기초가 되는 사유의 법칙에 따라 편의상 다음과 같은 그림으로 나타낼 수 있다.

이제 공감주술의 두 유형을 실례로 설명하고자 하는데, 먼저 동종주술에 대해 알아보기로 하자.

2 동종주술 또는 모방주술

여러 시대에 걸쳐 많은 민족이 적을 해치거나 괴멸하기 위해 적의 모형을 해치거나 파괴하려 한 사례는 '유사는 유사를 낳는다'는 원리와 가장 관계가 깊다. 이는 모형을 괴롭히고 파괴하면 적도 그렇게 된다는 믿음에서 비롯된 것이다. 우리는 많은 실례 가운데 몇몇을 보는 것만으로도 그런 믿음이 전세계에 널리 퍼져 있고, 여러 시대에 걸쳐 뿌리 깊게 지속되어 왔음을 알 수 있다. 이 주술은 수천 년 전 고대 인도, 바빌로니아, 이집트, 그리스, 로마 등의 마법사들도 알고 있었고, 오늘날에도 여전히 오스트레일리아, 아프리카, 스코틀랜드 등의 교활하고 흉악한 미개인에 의해서 행해진다. 한 예로 북아메리카의 인디언은 모래, 재, 진흙 등에 인물상을 그리거나, 어떤 이의 신체로 간주한 물체를 날카로운 막대기로 찌르거나 망가뜨려 그 인물에게 똑같은 피해를 줄 수 있다고 믿는다.

오지브와(Ojibwa)족 인디언들은 누구를 해치려고 할 때, 그 적을 뜻하는 작은 나무 인형을 만들어서 머리나 심장에 바늘을 꽂거나 화살을 쏜다. 그러면 동시에 그 적은 바늘이 꽂힌 곳이나 화살에 맞은 곳과 같은 신체 부위에 바로 심한 고통을 느낀다고 믿었다. 그러나 인디언은 당장 누구를 죽이려면, 언제나 그렇듯이 어떤 주문을 외면서 인형을 태우거나 땅에 파묻는다. 페루의 인디언들은 낟알을 섞은 지방덩어리로 그들이 싫어하거나 두려워하는 적을 닮은 인형을 만들어 그것을 적이 지나갈 길 위에서 태웠다. 이렇게 하면 적의 영혼이 태워진다는 것이다.

말레이(Malay)족의 주술도 같은 종류에 속한다. 적의 각 부분을 대표할 만한 손톱, 발톱, 머리카락, 눈썹, 침 등을 훔쳐와 그것들을 벌집의 밀랍과 섞어 인형을 만들고, 7일 동안 밤마다 등잔불 위에 그 인형을 그을리면서 다음과 같이 말한다.

내가 태우고 있는 것은 밀랍이 아니다.

내가 태우고 있는 것은 적의 간, 심장, 비장이다.

이렇게 그 인형을 일곱 번 태우면 적이 죽는다고 믿었다. 이것은 동종주술과 감염주술의 원리를 결합한 것이 틀림없다. 왜냐하면 적을 본떠서 만든 인형에는 적의 신체 일부분인 손톱, 머리카락, 침 등이 들어 있기 때문이다. 오지브와 주술과 한결 더 비슷한 말레이의 또 다른 주술 형태는 벌집 밀랍으로 발 크기의 인형을 만드는 일인데, 그 인형의 눈을 찌르면 상대는 장님이 되고, 배와 가슴 부분을 찌르면 그곳에 고통을 느끼게 된다고 믿는다. 만일 곧바로 죽이고 싶다면 인형의 머리끝에서 아래쪽으로 꼬챙이를 꽂아 꿰뚫고는 진짜 시체처럼 수의를 입히고 기도를 올린다. 그러고 나서 적이 밟고 가리라 확신되는 길 위에 그것을 묻어 둔다. 이때 그 적에게서 화를 입지 않기 위해서 이렇게 말한다.

그를 매장하는 것은 내가 아니다.
그를 매장하는 것은 가브리엘이다.

이렇게 살인죄는 그것을 누구보다도 쉽게 감당할 수 있는 대천사 가브리엘(Gabriel)의 두 어깨에 짊어지게 한다.

동종주술 또는 모방주술은 미운 사람을 없애려는 나쁜 목적을 위해 이용되었지만, 매우 드물게 다른 사람들을 도우려는 목적으로 쓰기도 했다. 이를테면 동종주술은 출산을 돕고, 불임 여성에게 아이를 낳게 하는 데 쓰였다. 예를 들면 수마트라 바타크(Batak)족은 아기 모양의 나무 인형을 만들어 어머니가 되고 싶어하는 여자의 두 다리 사이에 끼워 놓으면 소원을 성취해 주리라고 믿는다.

바바르 군도에서는 여자가 아기를 바랄 때, 자식이 많은 남자를 초대해서 태양의 정령 우풀레로(Upulero)에게 기도를 올려주도록 부탁한다. 그때 여자는 붉은 솜으로 인형을 만들어 마치 젖을 먹이듯이 그것을 껴안는다. 다음에 자식이 많은 남자는 닭을 잡아 닭 발을 여자의 머리 위에 얹고 이렇게 말한다.

"오, 우풀레로여, 이 닭을 드시오. 내가 당신에게 청이 있소. 아기 하나를 내려 주시오. 내가 당신에게 바라오. 아기 하나를 손에, 무릎에 떨어뜨리시오." 그리고 여자에게 묻는다.

"아기가 왔는가?"

여자가 대답한다.

"네, 벌써 젖을 빨고 있어요."

그러고 나서 그 남자는 닭을 남편 머리에 얹고 무어라고 중얼거린다. 그 다음 닭을 죽여서 인도 후추를 곁들여 집 안의 제단 위에 놓는다. 의식을 마치면 여자가 해산했다는 소문이 마을에 퍼지고 친구들이 와서 축하 인사를 한다. 이런 경우 아기가 태어난 것처럼 가장하는 것은 모방 또는 모사에 따라서 실제로 아기가 출생하도록 하기 위해 기획된 주술적인 의식이다. 그러나 의식의 효과를 높이기 위해 기도와 희생 제물을 바치는 시도가 덧붙여진다. 다시 말해서 주술은 여기에서 종교와 결합되어 강화되고 있다는 것이다.

보르네오 섬의 다약(Dayak)족은 여자가 난산으로 고생할 때 남자 마법사가 초대된다. 그는 여자가 난산일 때 합리적인 방식으로 환자 몸을 조정하여 해산을 쉽게 하도록 꾀한다. 그와 동시에 방 바깥에 있는 다른 마법사는 전혀 비합리적인 방법으로 같은 목적을 이루려고 노력한다. 그는 사실상 임신부의 흉내를 낸다. 큰 돌멩이 한 개를 배에 묶고, 그것을 천으로 휘감는다. 그 돌은 자궁 안의 태아를 나타낸다. 그리고 실제로 산실에 있는 그의 동료 마법사의 말에 따라 상상한 태아를 점점 배의 아래쪽으로 밀어 내려가며 거의 아기가 태어날 때까지의 움직임을 흉내낸다.

아이들이 좋아하는 이 모방 원리는 양자를 받아들이거나, 또 심지어 죽은 것으로 생각된 자를 부활시키는 방법을 나타내고자 할 때 분만 의식을 나타낸다. 혈관에 자기 피가 한 방울도 흐르지 않는 아이나, 수염이 난 어른을 출산하는 의식을 행했다고 했을 때, 이런 행위의 사실 여부를 떠나서 의도나 목적을 더 중시하는 원시적인 눈에는 그 아이나 수염난 어른은 진짜 아이가 된다. 예를 들면 역사가 디오도로스(Diodōros)는, 제우스가 질투 많은 아내 헤라(Hera)에게 헤라클레스(Heracules)를 양자로 삼을 것을 설득했을 때, 헤라는 침상에서 건장한 영웅을 자신의 옷 안으로 품고 그를 몸 아래로 밀어내어 마치 진짜 해산하는 것처럼 흉내를 냈다고 말한다. 또 이 역사가는 아이를 양자로 삼는 것과 똑같은 방법이 그 시대 미개인들에 의해 행해지고 있었다고 덧붙인다.

오늘에도 이 방법이 불가리아나 보스니아의 터키인 사이에서 행해지고 있다고 한다. 즉 여자는 양자로 삼으려는 아이를 품고 아래로 밀어 내는 시늉을 함으로써 그 아이는 그 여자의 친자식으로 여겨지고, 그 양부모에게서 온 재산을 상속받는다. 사라와크의 베라완(Berawan)족은 여자가 성장한 남자나 여자를 양자나 양녀로 맞을 때 많은 사람들이 모여서 잔치를 연다. 양모는 그때 잔치마당에 설치된 높은 자리에 앉아서 양자가 될 자에게 다리 사이를 기어나가게 한다. 그런 뒤 양자는 향기 그윽한 종려나무 가지로 매맞으면서 양모와 함께 묶인다. 양모와 양자 또는 양녀는 묶인 채로

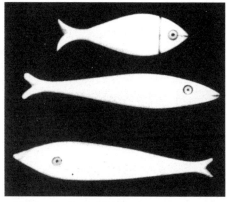

모방주술 : 유사는 유사를 낳는다
물고기를 많이 잡기 위해서는 물고기의 모형을, 병을 물리치기 위해서는 건강한 모습을 그린 것을 봉납했다. 어부가 쓰는 물고기뼈 모형. 피트 리버스 박물관, 옥스퍼드 대학

집을 한 바퀴 돌아 다시 구경꾼들 앞으로 간다. 해산하는 이런 생생한 모방으로 두 사람 사이에 설정된 관계는 매우 엄숙하게 지켜진다. 양자가 지은 죄는 친자가 지은 죄보다 훨씬 무거운 것으로 간주된다.

고대 그리스에서는 어떤 사람이 죽었다고 오인받아 장례까지 치른 자는 재생을 뜻하는 의식을 받기 전까지 여전히 죽은 자로 취급된다. 그런 자는 여자의 두 무릎 사이를 기고 나서 몸이 씻겨지고, 포대기에 싸여서 조산부에게 넘겨지고 양자로 입적되어야 한다. 이 의식이 완전히 집행된 다음에나 그는 산 사람들과 어울릴 수 있다. 고대 인도에서도 죽었다고 오인받은 자는 되돌아온 첫날밤을 기름과 물이 섞인 통 속에서 지내야만 했다. 마치 자궁 속의 태아처럼 주먹을 겹쳐 구부리고 말 한마디 하지 않고 통 속에 앉아 있으면, 한쪽에서는 임산부를 축복하는 모든 의식이 마련된다. 이튿날 그는 통 속에서 나와 아이 때부터 받은 모든 의식을 다시 받는다. 그는 새 아내를 맞거나, 옛 아내와 또 한 번 결혼하는 의식을 치르기도 한다.

동종주술을 유익하게 응용한 또 다른 사례는 질병 치료와 예방에서 볼 수 있다. 고대 힌두(Hindoo)족은 황달 치료를 위해서 동종주술에 따른 엄숙한 의식을 수행했다. 그 주목적은 황달기를 누런 동물이나 물체, 예를 들면 태양과 같은 것에 옮겨 주고, 환자를 위해 건강하고 활기 넘치는 붉은 소에서 취하는

일이다. 이런 의도로 사제는 다음과 같은 주문을 왼다.

"너의 가슴앓이와 황달은 태양으로 올라가라. 우리는 붉은 소의 빛깔 속에 너를 가두리라! 우리는 장수의 빛깔인 붉은색 속에 너를 가두리라! 원컨대 모든 고통이 사라지고 누런 황달에서 해방되기를! 저 로히니(Rohini)의 신성을 지닌 소들의 형태와 그 힘 속에 우리는 너를 가두리라. 누런 앵무새, 지빠귀, 할미새 속에 우리는 너의 황달을 가두리라."

이런 주문을 외면서 사제는 황달 환자에게 건강한 장밋빛 혈색을 되찾도록, 저 붉은 소의 털을 섞은 물을 소의 등에 붓거나, 환자에게 그 물을 마시게 한다. 그리고 붉은 소가죽 위에 앉히고, 소가죽 끈으로 환자의 몸에 묶는다. 이렇게 한 다음 환자의 황달을 씻어 내기 위해서 다음과 같은 일을 행한다. 먼저 심황(turmeric ; 약제·색소·향신료 원료에 쓰이는 인도산 식물) 뿌리나 황색식물(curcuma)로 만든 누런 빛깔의 반죽을 만들어 환자의 머리부터 발끝까지 바르고 침대 위에 누인다. 그런 다음 누런색 실로 앵무새, 지빠귀 그리고 할미새 등 누런 새를 침대 다리에 붙잡아 맨다. 다음에 환자에게 물을 부어서 누런 반죽을 씻어 낸다. 이러면 황달은 틀림없이 인간의 몸에서 작은 새들에게 옮겨진다고 믿었다. 끝으로 사제는 붉은 소의 털을 뽑아 황금색 나뭇잎 속에 싸서 환자의 피부에 붙임으로써 환자의 혈색이 돌게 한다.

고대인은 황달 환자가 도요새(stone-curlew)를 뚫어지게 보았을 때, 그 새가 환자를 마주 보면 그 병은 낫는 것으로 믿었다. 플루타르코스가 말했다. '도요새와 눈이 마주치는 동시에 환자의 눈에서 흘러나오는 병의 근원을 흡수하는 것이 그 새의 본성이다.'

그러므로 작은 새의 애호가 사이에서 도요새는 매우 소중하게 생각된다. 그래서 애호가들은 도요새 한 마리라도 갖고 있으면, 황달 환자가 그 새를 바라봐서 공짜로 치료받지 않도록 새장을 덮어 놓고 길렀다. 이 새의 영험함은 몸체의 빛깔에 있는 것이 아니라, 자연스럽게 황달병을 끄집어 내는 금빛 눈에 있다고 믿었다. 플리니우스는 이와 비슷한 다른 새를 이야기했다. 그리스인은 이 새에게 황달을 의미하는 이름을 붙였는데, 그것은 황달 환자가 만일 그 새를 보면 그의 병이 없어지고 동시에 새가 죽어버렸기 때문이다. 또 그는 그 빛깔이 황달 환자의 피부색과 비슷하기 때문에 그 병을 고친다고 믿어진 어떤 돌멩이에 대해서도 기록하고 있다.

동종주술의 큰 장점 가운데 하나는, 환자가 아니라 주술의 (medicine-man)에게 행하여 병을 고칠 수 있게 되는 일이다. 주술 의가 고통으로 몸을 뒤틀고 있는 것을 눈앞에서 보는 동안, 환자는 고통에서 치료된다. 예를 들면 프 랑스 페르슈(Perche) 지방의 농부 들은 언제나 구토가 계속되면 말 하기를, 환자의 배에 단추가 풀려 위장이 아래로 내려앉았기 때문 이라고 한다. 그럴 때 그들은 그 위장을 적당한 위치에 되돌리기 위해서 주술의를 부른다. 주술의 는 그 용태를 들은 다음에 자기

모방주술 : 유사가 유사를 낳는다
병 치료를 기원하는 은제 봉납물. 피트 리버스 박물 관, 옥스퍼드 대학

몸을 구부리거나 돌리거나 하여 자기 배의 단추를 푼다. 그것에 성공하면, 그 는 이번에는 단추를 잠그기 위해서 다시 몸을 비틀거나 고통스런 표정을 한다. 그러면 이를 보는 환자는 고통의 줄어듦을 느낀다고 믿었다. 비용은 5프랑이다.

이와 똑같이 다약의 주술의는 환자 집에 불려갔을 때, 드러누워서 죽음을 가장한다. 그러면 그는 시체로 취급되고 거적에 싸여서 집 밖으로 버려진다. 거 의 한 시간이 지난 뒤에 다른 주술의가 거적에서 시체를 끄집어 내어 다시 생 명을 준다. 그가 회복하면 환자도 쾌유된다고 믿었다.

테오도시우스 1세의 궁정 의사인 보르도 지방의 마르켈루스(Marcellus)는 그 의 기이한 의학서 속에 동종주술에 따른 종기 치료법을 기록하고 있다. 마편초 (馬鞭草) 뿌리를 길게 갈라서 한쪽을 환자 목에 걸어 늘어뜨리고 다른 쪽을 불 의 연기 속에 늘어뜨린다. 그것이 불 기운에 마르면 종기가 말라 없어진다고 믿 었다. 만일 그 뒤 환자가 이 훌륭한 의사의 은혜를 잊어버리면 그 의사는 보관 하고 있던 마편초를 물 속에 던져서 쉽게 복수할 수 있다. 왜냐하면 그 뿌리가 물기를 다시 빨아들여서 종기는 본래대로 다시 나타난다고 여겼기 때문이다. 이 지혜로운 저자는 종기로 괴로워하는 환자에게 유성이 흐르는 것을 주의 깊

게 보고, 그 별빛이 꺼지기 전에 급히 옷이나 손에 잡히는 무엇이든지 들고 종기를 문지르라고 권유한다. 종기는 마치 하늘에서 별이 떨어지듯이 몸에서 떨어져 나갈 것이라고 믿었다. 이때 맨손으로 종기를 문지르지 않도록 조심해야 한다. 그러면 종기가 손으로 옮겨지기 때문이다.

또 동종주술과 일반 공감주술은 풍부한 식량을 확보하기 위해 미개한 사냥꾼이나 어부가 어떤 조치를 취할 때 중요한 역할을 했다. '유사는 유사를 낳는다'는 원리에 따라서 그들은 획득하려는 결과를 조심스럽게 모방한다. 또 한편으로는 실제로 해로운 것과 조금이라도 비슷하다는 이유로 많은 사물을 조심스럽게 피한다.

중부 오스트레일리아의 불모 지대만큼 식량 공급을 확보하기 위해 이 공감주술의 이론을 조직적으로 실행한 곳은 없을 것이다. 이곳 부족들은 여러 토템 씨족으로 나뉘어져 있는데, 각 씨족은 공동 사회의 복지를 위해 주술적 의식으로 그들의 토템을 늘릴 의무를 지니고 있다. 이때 대부분의 토템들은 먹을 수 있는 동물이나 식물이고, 이 주술 의식으로 얻어지는 일반적 효과는 그 부족에게 식량과 그 밖의 필수품을 공급하는 일이다. 그 의식은 보통 그들이 추구하려는 결과를 본뜨는 것이다. 다시 말해서 그들의 주술은 동종주술이거나 모방주술이다.

예를 들면 와라뭉가(Warramunga)족의 흰 앵무새 토템족 추장은 그 새 그림을 들고 거친 울음소리를 흉내내어 흰 앵무새의 수를 늘리려고 한다. 아룬타(Arunta)족 가운데 유충 토템 부족들은 식품으로 쓰는 유충을 증식하기 위해서 주술 의식을 행한다. 그 의식 가운데 어떤 것은 번데기에서 벗어나 성숙한 곤충이 되는 과정을 그리는 무언극이 있다. 먼저 나뭇가지로 번데기 모양의 방을 만든다. 그리고 이 방에 유충 토템에 속하는 많은 사람들이 앉아서 그 곤충이 성숙하는 과정을 노래한다. 그리고 모두들 웅크린 자세로 발을 질질 끌며 율동감 있게 밖으로 나와, 이번에는 번데기에서 벌레가 나온다고 노래한다. 이렇게 하면 식용 유충이 많이 번식된다고 믿었다.

또 에뮤(emu) 토템의 사람들은 중요한 식량인 에뮤(^{날은와}^{닮은새})의 수를 늘리기 위해서 땅 위에 에뮤의 형태, 특히 그들이 즐겨 먹는 기름기 있는 살이나 알의 모양을 그려 놓고 그 그림 둘레에 앉아서 노래 부른다. 이때 광대들은 에뮤의 긴 목과 좁은 머리를 묘사한 머리 장식을 하고 새가 무심하게 여기저기를 응시하면서 서 있는 모양을 흉내낸다.

브리티시컬럼비아 인디언들은 바다나 강에 몰려오는 고기들을 주식으로 삼는다. 그런데 제철이 되어도 물고기가 오지 않아 기근에 빠지게 되면, 누트카(Nootka)족 주술사는 헤엄치는 물고기 모형을 만들어서 물고기가 보통 몰려오는 방향으로 물 속에 집어넣는다. 물고기가 많이 몰려 오도록 기원하는 이 의식으로 많은 물고기를 끌어들일 수 있다고 기대한 것이다. 토러스 해협의 섬사람들은 듀공(dugong)과 바다거북을 꾀어 잡기 위해 모형을 사용한다.

셀레베스 섬의 중부에 사는 토라자(Toradja)족은 같은 종류의 사물은 그 속에 있는 정령이나 생생한 기운으로써 서로가 끌어당긴다고 믿고 있다. 그래서 그들은 사슴이나 멧돼지 뼈를 집안에 걸어 놓는다. 이 뼈 속에 있는 정령은 같은 종류의 산짐승을 사냥꾼이 다니는 길로 유인해 준다고 믿었다. 니아스 섬에서는 준비해 둔 함정에 멧돼지가 빠지게 되면 그것을 끌어 올려서 낙엽 아홉 장으로 그 등을 문지른다. 이것은 아홉 장의 잎이 나무에서 떨어진 것처럼 아홉 마리의 멧돼지가 함정에 빠질 것이라고 믿는 데에 연유한다.

사파로에아, 하로에코에, 노에사라우트 등의 인도 동부 여러 곳에서는 어부가 바다 속에 어망을 놓으려고 할 때, 새들이 열매를 많이 쪼아 먹었던 나뭇가지를 이용한다. 그 나무의 튼튼한 가지를 어망의 가장 중요한 기둥으로 쓴다. 왜냐하면 그 나무의 과일이 많은 새들을 유인했듯이 그 가지도 많은 물고기를 어망 속으로 끌어들일 것이라고 믿었기 때문이다.

영국령 뉴기니 서쪽에 있는 부족들은 듀공이나 바다거북에게 창을 던지는 어부를 돕기 위해 주술을 쓴다. 그들은 코코넛 나무를 해치는 작은 하늘소를 창자루 속에다 넣는다. 하늘소가 사람의 피부를 물면 잘 떨어지지 않는 것과 같이 창 끝이 듀공이나 바다거북의 몸 속 깊이 파고들어가 잘 빠지지 않는다고 믿었기 때문이다. 캄보디아 사냥꾼은 그물을 쳐도 아무것도 잡히지 않았을 때 알몸이 되어서 다른 곳으로 일단 떠나 그물을 못 본 것처럼 한가로이 거닐다가 스스로 그물에 걸려서, "야, 이것이 뭐야? 아이쿠, 그물에 걸렸군" 하고 외친다. 그렇게 하게 되면 그 그물에 짐승들이 잘 걸려들 것이라고 믿었다.

이와 같은 무언극이 스코틀랜드 하일랜드 지방에서 연출되었다는 기억이 생생하다. 현재 케이스네스 레이의 목사인 제임스 맥도널드는 어렸을 적에 친구들과 함께 로크 알라인 근처에서 낚시를 했는데, 오랫동안 물고기가 물리지 않으면 그것을 구실삼아 친구 중 한 사람을 배에서 밀어 빠뜨렸다가 물고기를 낚아올리듯 끌어올렸다는 것이다. 그렇게 하면 강에서는 송어가, 바다낚시에서는 실로크(silloch)가 잘 잡힐 것이라고 믿었던 것이다.

또 캐리어(Carrier) 인디언은 담비를 덫으로 잡으러 나가기 전에 작은 막대기를 자기 목에 대고 약 열흘 반쯤 혼자 불 옆에서 잔다. 이러면 그가 장치한 덫의 막대기가 담비의 목 위에 자연히 떨어질 것이라고 믿었다. 뉴기니 서쪽에 있는 큰 섬인 할마헤라의 북부 지방에서 사는 갈렐라레족에서는 사냥을 나가기 위해서 총에 총알을 장전하기 전에 그 총알을 반드시 입 속에 넣었다 꺼내는 것이 정해진 규칙이다. 그러면 그 총알에 맞은 노획물을 먹는 셈이 되며, 총알도 빗나가는 일이 생기지 않으리라 믿는다.

말레이족은 악어 덫에 미끼를 걸고 그 결과를 기다리는 동안에, 카레를 꼭 먹고 반드시 밥 세 덩이를 계속해서 꿀떡 삼킨다. 이것으로 악어 목에 미끼가 잘 들어가게 될 것이라고 믿었다. 카레 속에 가시가 있더라도 결코 끄집어 내지 않는다. 그렇게 하면 미끼를 찌른 날카로운 막대기가 빠져 버려, 미끼를 물었다 해도 악어는 도망칠 것이라 여겼기 때문이다. 그래서 사냥꾼은 조심스럽게 식사하기 전에 다른 사람에게 부탁해서 카레 속 가시를 골라 내도록 한다. 그렇지 않으면 그 가시를 삼키든가 악어를 놓치든가 어느 하나를 선택해야 한다.

이런 규칙들은 사냥꾼이 '유사는 유사를 낳는다'는 원리로 그 행운을 놓치지 않기 위한 행동 규범 중 하나일 뿐이다. 공감주술의 체계는 단지 적극적인 명령에 의해서만 성립되는 것이 아니다. 오히려 수많은 소극적 계율이나 부정적인 법칙들, 즉 금기(터부 taboo)를 포함한다. 그것은 꼭 해야 할 일만이 아니라 해서는 안 될 일도 많이 있음을 보여준다. 이 적극적 계율이 주술이고, 소극적·부정적인 계율이 곧 '터부'이다. 사실상 터부의 모든 교의의 대부분은 적어도 유사법칙과 접촉법칙이 해당되는 공감주술이 특수하게 적용되었을 뿐이다.

미개인은 언어로 공식화하지도 않았고 추상적으로 생각조차 하지 않았으나, 그들에게는 이러한 법칙들이 인간적 의지와는 상관없이 자연의 운행을 지배하는 것으로 은근히 믿어지고 있다. 미개인은 어떤 일정한 방법으로 밝혀지면, 어떤 결과가 그 법칙에 따라 필연적으로 따를 것이라고 생각했다. 그러나 어떤 특수한 행동의 결과가 그에게 불편하거나 위험한 것으로 판명되면, 미개인은 그 결과를 불러오지 않기 위해서 그 방법으로 행동하지 않도록 주의한다. 다시 말해서 미개인은 원인과 결과에 대한 잘못된 생각으로 자신이 해를 당한다고 믿는 것은 행하지 않았다. 간추려 말하면, 자신을 터부에 종속하는 것이었다.

따라서 터부는 실질적인 주술을 소극적으로 적용한다. 적극적인 주술 또는 마술은 '이러이러한 일이 일어나게 하기 위해 이것을 행하라' 일러 준다. 소극적 주술 또는 터부는 '그러그러한 일이 일어나지 않도록 이런 일을 하지 말라'고 알려 주는 것이다. 적극적인 주술 또는 마술의 목적은 의도하는 결과를 가져오는 일이며, 소극적 주술 또는 터부의 목적은 바라지 않는 결과를 피하는 일이다. 그러나 원하는 결과와 원치 않는 결과는 다같이 유사와 접촉의 두 법칙에 따라 일어나는 것이다. 그러나 주술적인 의식을 행한다고 원하는 결과가 실제로 일어나는 것도 아니며, 또한 두려워하는 결과가 실제로 일어나는 것도 아니다. 예상된 재앙이 터부를 범한 뒤에 반드시 일어났다고 하면, 그 터부는 터부가 아니라 도덕 또는 상식의 계율이다. "너의 손을 불 속에 넣지 말라" 명령하는 것은 터부가 아니다. 그것은 상식의 법칙이다. 왜냐하면 금지된 행동은 상상한 재앙이 아니라, 실제 재앙을 불러오기 때문이다. 간단히 말하면, 우리가 터부라고 말하는 소극적인 계율은 마술이라고 부르는 적극적인 계율처럼 헛되고 무익하다. 이 두 가지는 하나의 큰 재앙적인 오류, 즉 잘못된 관념이 합쳐진 개념과 상반된 측면이거나 상반된 양극에 지나지 않는다. 그 오류 가운데 마술은 적극적인 측면이고, 터부는 그 소극적인 측면이다. 만일 이론적인 측면과 실제적인 측면을 포함해서 그 그릇된 체계의 전체에 주술이라는 일반 명칭을 붙인다면, 터부는 실제적인 주술의 소극적인 측면이라고 규정할 수 있을 것이다. 이를 그림으로 나타내면 다음과 같다.

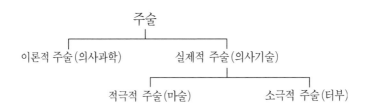

주술
├── 이론적 주술 (의사과학)
└── 실제적 주술 (의사기술)
    ├── 적극적 주술 (마술)
    └── 소극적 주술 (터부)

이상과 같이 터부와 주술과의 관계를 언급했다. 아래에서는 사냥꾼과 어부, 그 밖의 사람들이 지키는 몇 가지 터부의 실례를 제시하고 그것들이 모두 공감주술에 속하고, 다만 그 일반적인 이론을 특수하게 적용한 것에 지나지 않다는 것을 증명하고자 한다. 예를 들면 에스키모 소년들에게는 실뜨기놀이가 금지되어 있는데, 그 까닭은 실뜨기놀이를 하면 어른이 되어서 고래잡이 작살 줄에 손가락이 감기게 될 것이라는 믿음 때문이다. 이 터부는 확실히 동종주술의 기초가 되어 있는 유사법칙을 적용한 것이다. 어렸을 적에 실뜨기놀이에 실이 손가락에 걸리듯이 그들이 어른이 되어 고래잡이할 때 작살 줄이 손가락에 감기게 된다는 것이다.

또 카르파티아 산맥에 있는 후줄(Huzul)족 사이에서는 사냥꾼의 아내는 남편이 식사하는 동안에는 실을 뽑아서는 안 된다. 이 터부를 범하면 사냥감이 물렛가락이 빙빙 돌 듯 돌아서 사냥꾼이 그것을 맞힐 수 없다고 믿었기 때문이다. 이 경우의 터부 또한 유사법칙을 적용한 것임이 틀림없다. 이와 같이 고대 이탈리아 대부분의 지역에서도 여자들이 길을 걸으면서 실을 뽑거나 공연하게 물렛가락을 갖고 다니는 것이 금지되었다. 왜냐하면 그런 행동이 수확을 해치는 것으로 믿었기 때문이다. 아마 이것은 물렛가락의 회전이 농작물의 줄기를 휘어감고 곧게 자라는 것을 방해한다고 여겼기 때문일 것이다.

사할린 아이누(Ainu)족에서는 임신한 여자는 해산하기 전 두 달 동안에 실을 뽑거나 새끼 꼬는 것이 허락되지 않는다. 왜냐하면 그런 일을 하면 태어날 아이의 내장이 새끼와 같이 꼬인다고 믿었기 때문이다. 같은 이유에서 인도의 한 지방인 빌라스포레에서는 마을 유지들이 회의에 모였을 때에 참석한 사람은 아무도 물렛가락을 빙빙 돌리지 못한다. 왜냐하면 만일 그런 짓을 하면 토론은 물렛가락처럼 돌아서 절대로 결론을 짓지 못한다고 믿었기 때문이다. 동인도 제도 어떤 섬에서는 사냥꾼 집을 방문하는 사람은 곧장 집 안에 들어가야 하며, 문 앞에서 망설여서는 안 된다. 그렇게 하면 잡으려던 동물이 사냥꾼 눈앞에서 방향을 바꾸어 덫에 걸리지 않고 도망하기 때문이다. 같은 이유로 중부 셀레베스의 토라자족은 임신한 부인이 있는 집의 사다리 위에 서 있거나 꾸물거려서는 안 된다. 왜냐하면 이런 행동은 아이의 출생을 방해한다고 믿었기 때문이다.

수마트라의 여러 지역에서는 임신한 여자가 문간에 서 있거나, 집에 오르는 사다리의 상단에 서는 것이 금지되어 있다. 이를 어기면 매우 중요한 경고를 등한시한 경솔함 때문에 난산의 고통을 받게 된다고 여겼다. 말레이족은 장뇌(樟腦)를 채집하는 동안에 식물을 말려서 먹되, 소금을 잘게 빻지 않도록 주의한다. 그 까닭은 작은 알 모양을 하고 있는 장뇌는 녹나무 줄기의 갈라진 틈에 쌓여 있기 때문이다. 이 장뇌를 채집하는 동안 잘게 부서진 소금을 먹으면 발견된 장뇌도 작은 알이 되고, 반대로 덩어리진 소금을 먹으면 자연히 큰 알맹이의 장뇌가 발견되는 것으로 믿었다.

보르네오의 장뇌 채집자는 페낭(Penang) 나뭇잎 줄기 껍질을 접시로 사용하는데, 나무줄기의 갈라진 틈에서 장뇌가 녹아 흘러내릴까 염려하여, 그 채집 기간 중에는 그 접시를 씻지 않는다. 접시를 씻으면 나무에 붙은 장뇌가 녹아내려 사라져버린다고 믿었기 때문이다. 라오스 시암 지방의 주산물은 랙(lac)이다. 랙은 어떤 빨간 곤충이 나무의 새로운 가지에다 분비한 하나의 고무이다. 채집자들은 그 곤충을 손으로 나무 위에 얹어 놓는다. 이 고무 채집자들은 누구나 절대로 몸, 특히 머리를 감지 않는다. 왜냐하면 머리카락에 있는 벌레를 죽이면, 그 나뭇가지에 있는 곤충을 몰아내는 것이라 생각했기 때문이다.

또 블랙풋(Blackfoot) 인디언들은 독수리 덫을 놓고 감시하는 동안에 어떤 일이 있더라도 장미꽃 봉오리를 먹지 않는다. 만일 먹게 되면 뱃속의 꽃봉오리가 덫 가까이에 온 독수리를 간질여 앉아서 자기 몸뚱이만 긁을 뿐 미끼를 물지 않는다는 것이다. 이렇게 이어진 또 다른 생각으로 독수리 사냥꾼은 덫을 놓을 때 송곳을 쓰지 않는다. 송곳이 사냥꾼에게 상처를 입힐 수 있듯이 독수리에게 상처를 입을 것으로 믿기 때문이다. 똑같은 불행한 결과는 그가 독수리를 잡으러 나간 동안에 집에 남아 있는 그의 처와 자식들이 송곳을 사용해도 마찬가지 결과가 일어난다. 그러므로 사냥꾼이 사냥을 나갔을 때 그를 위험 속에 몰아넣을까 염려하여 그런 도구를 만지는 것이 금지되었다.

미개인이 실천하는 여러 터부 중에서 어떤 음식물을 금지한 것만큼 많고 중요한 것은 없다. 그런 터부 가운데 대다수는 분명히 유사법칙에 그 기원을 두며, 따라서 소극적인 주술의 예들이다. 미개인은 자신이 원하는 어떤 바람직한 성질을 얻고자 그런 특징을 가진 많은 동물이나 식물을 먹는다. 마찬가지로 바라지 않는 어떤 성질을 피하기 위해서 그런 성질을 지닌 다른 동물이나 식물 먹기를 피한다. 요컨대 미개인은 적극적인 주술과 소극적인 주술을 행한다. 적극적인 주술의 많은 예는 나중에 언급할 것이다. 여기에서는 소극적인 주술, 또는 터부에 대해서 몇 가지 예를 들어보기로 한다.

마다가스카르 병정들은 동종주술의 법칙에 따라서 어떤 음식물 속에 있다고 상상되는 위험하거나 달갑지 않는 성질로 더럽혀지지 않기 위해서 무척 많은 음식물을 금한다. 그들은 고슴도치를 먹어서는 안 된다. 이 동물은 위험을 느끼면 공처럼 움츠리는 경향이 있기 때문에, 겁 많고 위축하는 성향을 그것을 먹는 자에게 전할까 두려워하는 것이다. 또 그들은 황소의 무릎살도 먹지 않는다. 황소처럼 무릎이 약해져서 행진할 수 없을까 두려워하기 때문이다. 또 그들은 싸우다 죽은 닭이나 찔려서 죽은 것들은 먹지 않으며, 병정들이 출정 중에 집에서는 어떤 일이 생겨도 수컷 짐승을 절대로 도살하지 못한다. 싸워서 죽은 닭을 먹으면 싸움터에서 자신이 살해되고, 살해된 동물을 먹을 경우 자신이 창에 찔려 죽고, 병정의 출정 중에 집에서 수컷 짐승을 도살하면, 그 즉시 그도 살해될 것이라 믿었기 때문이다.

또 말라가시의 병정들은 동물의 콩팥을 먹지 않는다. 말라가시의 언어로 콩팥을 '말라가시'라 하는데, 이는 '활이나 창에 맞아 죽는 것'을 뜻하기 때문이다. 즉 콩팥을 먹는 자는 반드시 활이나 창에 맞아 죽는다는 것이다.

독자들은 터부에 대한 이런 예들 가운데 주술적인 영향이 매우 먼 곳까지 영향을 미친다는 것을 짐작할 것이다. 예를 들면 블랙풋족 인디언들은 독수리를 잡으러 간 사냥꾼의 아내나 자식이 송곳을 쓰지 않는 것은, 먼 곳에 있는 남편이나 아버지가 독수리의 날카로운 부리나 발톱에 찍히지 않도록 하기 위한 금기사항이다. 또 병정들의 집에서는 그가 출정 중일 때 수컷 짐승을 도살하지 않는데, 이를 어기는 것은 병정들을 죽이는 것이 되기 때문이다.

먼 곳에 있는 인물이나 사물이 서로 공감적 영향을 받는다는 신앙이야말로 주술의 본질에서 말미암는다. 공간을 사이에 두는 활동의 가능성을 과학이 의심할지라도 주술을 믿는 미개인은 절대로 의심하지 않는다. 텔레파시에 대한 신앙은 주술의 으뜸 원리 중 하나이다. 서로 떨어져 있는 마음에서 마음에로의 감응을 믿는 현대 신봉자는 미개 민족을 이해시키는 데 아무런 곤란을 느끼지 않을 것이다. 미개인은 먼 옛날부터 그것을 믿어 왔으며, 더욱이 이런 신앙을 가진 현대 문명인들이 감히 따라가지 못할 논리적 일관성으로 자신의 신앙을 행동으로 옮겼다.

모방행동
유사는 유사를 낳는다
남아프리카의 부시먼 암각화. 사
냥물로 변장하여 춤추고 있는 여
자들. 보들리언 도서관, 옥스퍼드

　왜냐하면 미개인은 단지 주술적인 의식이 서로 떨어진 인물이나 사물에 작용한다고 굳게 믿을 뿐만 아니라, 일상 생활의 가장 단순한 행동에 이르기까지 영향을 미칠 수 있다고 확신하기 때문이다. 중요한 상황에서 멀리 떨어진 친구와 친척들의 행동까지도 적절한 규정으로 통제되고 있다고 여겼으며, 그 규정을 무시하면 출타 중인 사람들이 불행해지거나 죽을 수도 있다고 믿었다. 특히 한 무리의 남자들이 사냥이나 전쟁에 나가 있을 때, 집에 남은 그들의 가족은 먼 곳에 있는 사냥꾼이나 병정들의 안전과 성공을 위해서 때때로 어떤 일을 해야 하기도 하고, 반대로 해서는 안 되는 일도 있게 된다. 다음에 이 주술적인 텔레파시의 실례 몇 가지를 적극적·소극적인 두 측면에서 들고자 한다.

　라오스에서는 코끼리 사냥꾼이 사냥을 떠나려고 할 때, 아내에게 자신이 없는 동안 머리카락을 자르거나 몸에 기름을 바르지 않도록 경고한다. 만일 머리카락을 자르면 코끼리는 올가미를 잘라 버릴 것이고, 기름을 바르면 올가미에서 빠져 나갈 것으로 믿었기 때문이다. 다약족이 정글 속에서 멧돼지를 사냥하기 위해서 출동했을 때, 마을에 남은 사람들은 사냥꾼들이 돌아올 때까지 기름이나 물을 만져서는 안 된다. 만약 이를 어기면 사냥꾼들의 손에 기름칠한 꼴이 되어 잡힌 것이 그 손에서 빠져 나간다고 여겼다.

　동부 아프리카에서의 코끼리 사냥꾼은 그가 없는 동안 아내가 부정을 행하면 그는 코끼리의 역습을 받아 죽거나 중상을 입을 것이라 믿었다. 그래서 아내가 부정을 저질렀다는 소문을 들으면 남편은 사냥을 단념하고 되돌아온다. 와고고(Wagogo)족 사냥꾼은 사냥에 재미를 못 보거나, 사자의 습격을 받거나 할 경우에, 그 원인을 아내의 부정 탓으로 돌리고 분노하며 되돌아온다. 아내는 남편이 사냥에 나간 동안에, 자기가 앉아 있는 뒤쪽이나 앞쪽으로 아무도 지나가거나 서 있지 못하게 하고 잠은 엎드려서 자야 한다. 볼리비아의 모호 (Moxo)족 인디언들은 사냥꾼의 아내가 남편이 없는 동안 부정을 저지르면 독사나 표범에게 물린다고 믿었다. 그래서 그런 재난이 생겼을 때 그 아내는 죄의 유무와 관계없이 처벌되고, 어떤 때는 살해되는 일까지도 생겼다. 알류샨 열도의 바다수달 사냥꾼은 그가 집을 떠난 동안에 아내가 부정을 저지르거나 누이동생이 정조를 지키지 않았을 경우 한 마리의 동물도 잡지 못한다고 믿었다.

멕시코 위촐(Huichol)족 인디언들은 먹으면 황홀지경에 빠지는 선인장을 거의 신적인 존재로 믿는다. 그들은 그 식물이 마을에서는 자라지 않기 때문에 그것을 채취하기 위해서 해마다 43일 동안 여행을 떠나야 한다. 그동안 집에 남은 아내들은 남편들의 출타 중에 빨리 걷지도 뛰지도 않으면서 남편들의 안전에 기여한다. 또한 아내들은 풍작 등의 혜택을 확보하기 위해 온 힘을 기울인다. 이런 의도로 그들은 남편에게 주어지는 제한과 똑같은 엄격한 금기 사항을 지켜야 한다. 예를 들면 선인장 축제가 진행되는 기간 동안 내내 특정 경우를 제외하고는 절대로 목욕하지 않으며, 다만 그 축제기간에 선인장 서식지에서 가져온 물로만 몸을 닦을 수 있다. 그들은 또 엄격히 단식하고 소금을 먹지 않는 등 준엄한 금욕이 요구된다. 이러한 규정을 어긴 자는 누구나 질병으로 벌을 받거나 다른 사람들까지 위태롭게 할 것이라고 여겼다.

또한 '불의 신이 차고 다니는 호리병박'이라고 하는 선인장을 채취하여 건강과 행운과 생명을 얻을 수 있다고 믿었다. 그러나 불은 순수함 그 자체이므로 불이 부정한 사람을 돌보아 주지 않는다. 그래서 남녀가 모두 축제 기간 중에 순결을 지켜야 할 뿐만 아니라, 과거에 저지른 죄의 오명마저도 깨끗이 씻어내야 한다. 그러므로 남자들이 선인장 채취로 떠난 지 나흘째 되는 날에 여자들은 모여서 어린 시절부터 그날까지 몇 명의 남자와 상대했는지를 '조상 불의 신' 앞에서 고백한다. 이때 여자들은 단 한 사람도 빠뜨리지 않고 고백해야 한다. 왜냐하면 만일 한 사람이라도 빠뜨리면 남편들은 단 하나의 선인장도 발견하지 못하게 될 것이기 때문이다. 그렇기에 기억을 새롭게 하기 위해서 여자들은 저마다 가졌던 연인의 수만큼 매듭을 지은 실을 준비한다. 그리고 그것을 신전의 불 앞에 갖고 나가서 실 위에 기억해 두었던 연인들의 이름을 하나씩 소리높이 고백한 뒤 실을 불 속에 던진다. 신이 그 성스러운 불꽃 속에서 실을 태워버릴 때 여자들의 죄는 용서받은 것으로 믿고 안심하고 그 앞을 떠난다. 그 뒤 그 여자들은 남자가 자기 근처를 지나가는 것마저도 싫어한다. 선인장의 채취자들도 여자들과 같은 방식으로 그 모든 죄를 털어 놓는다. 그들은 죄만 큼 하나씩 매듭을 짓고, '다섯 가지 바람 신'에 고백한 다음 지도자 앞에서 자기들의 죄를 씻기 위한 기도를 올리며, 지도자는 그 실을 불태워 버린다.

보르네오 섬 사라와크(Sarawak)의 토착 부족 사람들은 숲 속에서 장뇌를 채집하는 동안, 아내들이 간통하면 남편들이 채취한 장뇌가 증발해 버린다고 굳게 믿는다. 이때 남편들은 아내들의 비행을 녹나무의 혹을 보고 알 수 있다. 옛날에는 많은 부인들이 그 혹을 오직 하나의 증거로 삼아 질투가 강한 남편의 손에 살해되었다고 한다. 또 남편이 장뇌 채집에 나가 있을 동안 아내는 절대로 머리에 빗질을 하지 않았다. 왜냐하면 빗질을 하면, 녹나무 섬유질 사이의 틈이 귀중한 결정체로 차지 않고 빗살 틈처럼 벌어져 장뇌를 만들어 내지 못한다고 믿었기 때문이다.

뉴기니의 서남쪽에 있는 케이(Kei) 제도에서는 먼 항구로 배가 출항하자마자 그 배가 있던 장소는 곧 야자수 가지로 덮이고 신성한 곳이 된다. 그리고 그 배가 다시 돌아올 때까지 누구도 그곳을 지나가지 못한다. 만일 한 사람이라도 지나가면 항해하던 배는 곧 난파될 것이라고 믿었기 때문이다. 또 그 배가 항해하는 동안에 특별 임무로 선택된 서너 명의 처녀들은 배를 탄 사람들과 공감적인 관계로 항해의 안전과 성공에 이바지한다고 믿는다. 그 처녀들은 특별한 경우를 제외하고는 정해진 방에서 떠나지 않는다. 더욱이 배가 바다 위에 있다고 믿는 동안에 두 손을 무릎 사이에 굳게 마주잡고 자리 위에 웅크리고 움직이지 않는다. 머리를 좌우로 돌리지도 못하고, 그 밖의 동작도 허용되지 않는다. 만일 그렇게 하면 배는 위아래로 흔들리게 된다.

또 처녀들은 코코넛 즙으로 지은 밥과 같은 끈적끈적한 음식을 먹어서는 안되는데, 그 까닭은 그 음식의 점액성이 배가 항해하는 것을 어렵게 하기 때문이다. 그 배가 목적지에 도착되었다고 생각되면, 이 엄격한 규정은 조금 풀린다. 그러나 처녀들은 또한 항해 기간이 끝날 때까지 날카로운 뼈나 가시가 있는 물고기 따위를 먹지 못한다. 이를 어기면 항해 중인 사람들은 찌르는 듯한 심한 고통을 느끼게 된다고 믿었다.

서로 떨어져 있는 사람 사이에 공감적 관계에 대한 신앙이 선행하면서 다음과 같은 사실을 자연스럽게 발견하게 된다. 즉 무엇보다도 전쟁은 가혹한 것이지만 가장 깊고도 부드러운 인간 감정에 동요를 일으킨다. 전쟁이 일어나면 뒤에 남아서 근심하는 친지들의 마음속에 멀리 떨어진 곳에서 싸우다 죽어 가는 사랑하는 사람들을 지켜주고 싶은 간절한 바람을 품게 한다. 그리하여 자연스레 전쟁터에 나간 사람들과 공감적 결합이 생긴다. 가장 자연스럽고 유효적절하게 염원을 이루기 위해서 집에 남는 사람들은 온갖 노력을 기울이게 된다. 그런데 그 목적을 위해서 사용되는 사물이나 방법은 가련하고 우스꽝스러운 것들이다.

예를 들면 보르네오 어떤 지방의 다약(Dayak)족은 사냥에 나간 사람이 언제나 그의 무기를 소중히 생각하도록 하려고 그 아내나 누이가 밤낮으로 무기를 몸에 지니고 있어야 한다. 또 그 여자들은 남편이나 오빠가 잠든 동안에 적으로부터 습격받지 않기 위해서 낮잠이나 새벽 두 시 전의 취침이 금지되어 있다. 만약 그랬다가는 그들이 잠든 사이 습격받을지도 모른다고 여겼기 때문이다. 사라와크의 반팅 지방의 시다약족 여자들은 남편이 먼 곳에서 싸우고 있는 동안 복잡한 규정을 엄격히 지켜야 한다. 그 규정 중 어떤 것들은 소극적이고, 어떤 것들은 적극적인 주술일 것이나, 모두 동종주술이나 텔레파시의 원리에 바탕을 두고 있다. 그 가운데 몇 가지는 다음과 같다.

여자들은 아침 일찍 일어나서 햇빛이 비치자마자 바로 창문을 열어야 한다. 그렇지 않으면 나가 있는 남편들이 늦잠을 자게 된다고 여겼다. 또 여자들은 머리카락에 기름을 바르지 못한다. 만일 바르면 남편이 미끄러져 넘어진다. 또 낮에 자거나 졸아서는 안 된다. 그러면 진군 중의 남편이 졸게 되기 때문이다. 그리고 여자들은 날마다 아침 옥수수를 구워서 그것을 마루에 뿌려야 한다. 그렇게 하면 남편의 행동이 민첩해질 것이라고 믿는다. 방은 모두 정돈되어야 하며 상자는 벽 쪽에 놓아야 한다. 왜냐하면 만일 누군가 그것에 걸려서 비틀거리면 전장에 나간 남편이 넘어져서 그 운명을 적에게 맡기게 되기 때문이다.

또한 식사 때마다 조금씩 밥을 그릇에 담아서 따로 두어야 한다. 그렇게 하면 먼 곳에 있는 남편은 언제나 음식물 가까이에 있고 절대로 굶주리지 않으리라고 믿는다. 여자들은 다리가 저릴 때까지 절대로 물레 위에 앉아 있어서는 안 된다. 이를 어기면, 남편들이 똑같이 다리가 저려서 재빨리 일어나지 못하거나 도망칠 수 없게 된다. 그래서 남편들의 다리를 가볍게 하기 위해서 여자들은 때때로 마루를 걸으면서 다리 근육을 풀어주어야 한다. 또 여자들은 얼굴을 가려서는 안 된다. 만일 그렇게 하면, 남편은 키 큰 풀숲이나 정글에서 길을 잃게 되리라고 믿었다. 또한 바느질을 해서는 안 된다. 그렇게 하면 적이 길에 장치한 날카로운 가시를 남자들이 밟게 된다고 믿었다. 만일 남편이 출정 중에 그 아내가 방탕하면, 남편은 적지에서 생명을 잃게 되리라고 믿었다. 수년 전에 반팅 지방의 남편들이 영국군과 함께 반역자들에 맞서 싸우는 동안, 그런 규정이나 그 이상의 규칙이 반팅 아내들에 의해서 엄격히 지켜졌다. 그러나 가엾게도 그 노력은 아무 효과가 없었다. 집에 있는 정숙한 아내들이 남편들을 위해서 정성으로 복잡한 규칙을 지켰는데도 불구하고 수많은 남편들 전사하고 말았기 때문이다.

티모르(Timor) 섬에서 전쟁이 일어난 동안에 대사제는 절대로 신전을 떠나지 않는다. 그의 음식물은 밖에서 가져오거나, 안에서 요리된다. 그는 밤낮으로 제단의 불이 꺼지지 않게 해야 한다. 만일 신전의 불을 꺼뜨리면 병정들에게 재난이 닥치고, 화로가 차갑게 식어 있는 동안 재난이 이어진다고 믿었기 때문이다. 또 그는 병정들의 출정 중에는 더운물 말고는 아무것도 마실 수 없다. 그것은 찬물을 마실 때마다 활력이 떨어져 적을 정복할 수 없다고 여겼기 때문이다. 케이 제도에서 여자들은 병정들이 출정한 뒤에 자기 집에 돌아가서 과일과 돌멩이가 들어 있는 바구니를 끄집어 내어 그것에 기름을 발라서 판자 위에 널어놓으며 다음과 같이 중얼거린다.

"오, 주님인 해님이여, 달님이여, 이 기름칠한 과일과 돌이 비를 튕기듯이 우리 남편, 형제, 애인이나 그 밖의 친척들 몸으로 날아오는 적의 화살을 튕겨 나가게 하소서." 그리고 부인들은 첫 번째 화살 소리를 듣자마자 손에 부채를 들고 집 밖으로 나와서 부채로 적 쪽을 향해 부치면서 "오, 황금부채여, 우리 편 화살은 적을 맞히고 적의 것은 빗나가게 하소서" 하면서 온 마을을 뛰어다닌다. 빗물이 돌멩이에서 튕기듯이 인체로부터 화살이 튕기도록 돌멩이에 기름칠을 하는 이 의식은 순전히 동종주술 또는 모방주술의 사례이다. 그러나 그 주술을 효과 있게 하기 위해서 태양에 기원하는 기도는 종교적인 것이고, 또 다분히 후세에 첨가된 의식일 것이다. 부채질하는 행위는 자기편이 쏜 화살이 명중하고 적이 쏜 화살은 빗나가게 하는 하나의 주술이다.

마다가스카르의 옛 역사가는 다음과 같이 보고한다.

"남자들이 출정 중에 부인이나 딸은 그들이 돌아올 때까지 밤낮으로 쉬지 않고 춤을 추고 집에서 자고 먹는 일을 금한다. 그리고 본디 그 부족 사람들은 매우 육욕적인 경향을 가진 사람들이긴 하나, 그 아내는 남편의 출정 중에는 어떠한 일이 있더라도 정절을 지킨다. 만일 이를 지키지 않으면 싸움터에 있는 남편이 죽거나 부상을 입는다고 믿는다. 여자들은 또 춤을 춤으로써 힘과 용기와 행운을 자기 남편에게 줄 수 있다고 믿는다. 따라서 그동안에 여자들은 쉴 새 없이 춤추고, 이런 관습은 매우 경건하게 지켜진다."

황금 해안(Gold Coast) 치(Tshi) 어족의 경우, 출정 중인 전사의 아내들은 그 몸을 희게 칠하고 염주와 부적으로 몸치장을 한다. 그녀들은 전투가 벌어졌을 것으로 생각되는 날에, 총이나 총 모양의 막대기를 들고 뛰어다니며 푸른 포포(옛론과같은 과일)를 따고, 그것을 마치 적의 목을 베듯이 칼로 자른다. 이 팬터마임은 틀림없이 하나의 모방주술이다. 여자들이 포포에다 행한 일은 남편들이 적에게 행하도록 하려는 주술적인 목적이다. 서부 아프리카 프라민 마을에서는 수년 전에 아샨티(Ashantee) 전쟁이 벌어지는 동안, 남편들을 짐꾼으로 싸움터에 보낸 그 아내들이 춤추는 것을 피츠제럴드 마리오트 씨가 목격했다. 그녀들은 몸을 희게 칠하고 짧은 속옷 말고는 아무것도 걸치지 않았다. 그들의 선두에는 주름살 있는 늙은 여자 마법사가 섰는데, 이 여자는 아주 짧은 흰 치마를 입고, 검은 얼굴, 가슴, 팔다리 등은 흰 원과 반달 모양의 문신이 그려져 있었다. 여자들은 저마다 들소나 말꼬리로 만든 희고 긴 솔을 손에 들고,

"우리의 남편들은 아샨티에 갔다. 이 땅에서 적들을 소탕하라!"

이렇게 노래하면서 춤을 추었다.

브리티시컬럼비아의 톰프슨 강 유역에 사는 인디언 여자들은 남자들의 출정 중에 줄곧 춤을 춘다. 이들이 추는 춤은 원정의 성공을 보장하는 것으로 믿었다. 춤추는 여자들은 작은 칼을 휘두르고 끝이 뾰족한 긴 목창을 앞에 던지거나 끝에 갈고리가 달린 무기를 앞뒤로 되풀이하여 내밀었다가 당겼다. 창을 앞에 던지는 것은 적을 찌르거나 격퇴하는 상징이고, 뒤로 당기는 것은 자기편을 위험에서 구해내는 상징이다. 이때 창끝에 달린 갈고리는 남편의 목숨을 구하기 위해서 고안된 장치이다. 여자들은 언제나 적의 방향으로 뾰족한 무기를 겨눈다. 그녀들은 얼굴을 빨갛게 칠하고 춤에 맞추어서 노래하며 남편을 지켜 많

은 적들을 넘어뜨려 주도록 무기에 기원한다. 창끝에 독수리 깃털을 붙이는 여자들도 있었다. 이 집단 춤이 끝나면 무기는 감추었다. 그리고 무기를 끄집어 냈을 때, 창끝 위에 머리카락이 붙어 있으면, 남편이 적 한 사람을 죽인 것으로 믿는다. 그러나 만일 창끝에 핏자국 같은 것이 묻어 있으면 남편이 죽었거나, 부상을 입었다고 여긴다.

캘리포니아 유키(Yuki)족은 남편들이 전쟁에 나갔을 때 집에 남아 있는 아내들은 잠자지 않고 노래하고, 잎이 붙은 나뭇가지를 휘두르면서 원을 그려 가며 춤을 계속 춘다. 왜냐하면 쉬지 않고 춤을 추는 것은 남편들이 피로해지지 않게 할 것으로 믿기 때문이다. 퀸샬럿(Queen Charlotte) 제도의 하이다(Haida)족 인디언은 남자들이 싸움에 나갔을 때 집에 남은 아내들은 이른 새벽에 일어나서 아이들에게 엎드리게 하고, 전쟁 흉내를 내어 포로를 끌어가는 행동을 한다. 이 행위는 남편들에게 실제 싸움에서도 그렇게 도움을 준다고 여겼기 때문이다. 남편이 출정 중일 때, 만일 그 아내가 부정을 저지르면 남편은 적의 손에 죽을 것이라고 믿는다. 집에 남아 있는 모든 여자들은 열흘 밤 동안을 전사가 카누를 몰고 간 방향으로 머리를 두고 잠을 잔다. 다음에 전사들이 바다를 횡단해 돌아온다고 생각되었을 때 머리를 반대로 돌린다.

마세트의 하이다족 인디언 여자들은 남편들이 출정한 동안에는 춤추고 노래를 불렀으며, 그 주변에 있는 모든 것을 가지런히 정리해야 했다. 이 관습을 지키지 않으면 아내는 그 남편을 죽이는 것이 된다고 여겼다. 오리노코 강 유역의 카리브(Carib)족 인디언 남자들이 전쟁에 나갔을 때, 마을에 남은 친지들은 출정한 전사들이 적을 습격하는 시각을 될 수 있는 한 정확하게 계산한다. 그리고 두 젊은이를 뽑아서 그들을 의자 위에 옷을 벗긴 채 눕히고, 등에 잔인하게 채찍을 가했다. 그들은 약한 신음소리마저 내지 않고 그 괴로움을 끝까지 견딘다. 이것은 전투 중인 그들 친구들의 용기와 성공이, 그 잔인한 고통을 끝까지 한결같이 견디어 내는 인내력과 정신력에 비롯한다고 어릴 때부터 훈련받기 때문이다.

이런 것들은 명백히 잘못된 것이지만 자신들의 이익을 위한 동종주술이나 모방주술의 원리에 바탕을 두고 있다. 그중에는 계절에 따라 과일나무나 식물의 풍부한 결실을 촉진하는 일도 포함된다. 튀링겐에서 아마 씨를 뿌리는 사람은 어깨부터 무릎에 이르는 긴 자루 속에 씨앗을 넣고, 등에서 그 자루가 흔들리도록 큰 걸음으로 걷는다. 이렇게 하면 아마는 바람에 흔들리듯이 잘 자란다고 믿었다. 수마트라 내륙 지방에서는 여자들이 볍씨를 뿌리는데, 그녀들은 벼가 잘 자라서 줄기가 길어지도록 자기들의 머리채를 풀어서 등에 드리운다. 이것과 같이 고대 멕시코에서는 그들이 옥수수 여신, 또는 '긴 머리의 어머니'라고 불리는 여신을 기념하는 제례가 행해지는데, 이 제례는 옥수수 수염이 나오고 알이 여물었을 때 시작된다. 제례를 올리는 동안에 여자들은 머리채를 옥수수 수염처럼 풀어 바람에 날리면서 춤을 춘다. 이는 옥수수 알을 크게 하고 풍성한 수확을 얻을 수 있도록 하기 위한 주술적 행위이다.

유럽의 많은 지방에서는 춤을 추거나 높이 뛰는 것은 식물을 높이 자라게 하는 동종주술적 방법임을 보여준다. 예를 들면 프랑슈콩테(Franche-Comté)에서는 대마를 높게 자라게 하기 위해서 사육제(謝肉祭, Carnival) 때 높이 뛰어오르는 춤을 추어야 한다고 한다.

사람이 그 행동이나 상태로 식물에 동종주술의 영향을 끼칠 수 있다는 생각은 한 말레이 여자의 말에서 뚜렷해진다. 그녀는 벼를 수확할 시기에 자신의 상의를 벗는 까닭에 대해서 질문을 받고, 그것은 벼의 껍질을 얇게 하기 위해서라고 말했는데, 껍질이 두꺼우면 방아찧는 데 지치기 때문이라고 했다. 그녀는 옷을 적게 입을수록 벼 껍질이 얇아진다고 믿었다. 바바리아 지방과 오스트리아 농민들은 임신한 여자가 풍작을 가져올 수 있는 주술적인 능력을 가진 것으로 믿고, 과일의 첫 열매를 임신부에게 먹이면 이듬해에 많은 열매를 맺는다고 믿었다. 이와 반대로 바간다(Baganda)족은 임신을 못하는 여자는 그 불임성 때문에 남편의 밭에 영향을 끼쳐서 나무에 과일이 열리지 못하게 한다고 믿는다. 그리하여 아이가 없는 부인은 일반적으로 이혼을 당한다. 그리스인과 로마인은 새끼를 밴 동물을 옥수수와 땅의 여신에게 제물로 바쳤는데, 이것은 토지를 풍요하게 하고 옥수수를 많이 수확하려는 것이다.

어떤 가톨릭 사제가 오리노코 강 유역 인디언에게 타오르는 햇빛 속에서 잉태한 부인에게 밭에 나가 씨를 뿌리게 하는 것은 좋지 않다고 충고하니, 그들은 이렇게 말했다.

"신부님, 그 까닭을 모르고 하시는 말씀입니다. 아시다시피 여자는 본래부터 아기를 낳게 되어 있고, 남자는 그렇지 못하지요. 그래서 여자가 씨를 뿌리면 옥수수 줄기에 더 많은 알갱이가 달리게 되고 유카(yucca) 뿌리도 서너 바구니가 족히 되고, 모든 수확이 늘어납니다. 자, 왜 그럴까요? 여자는 아이 낳는 법을 알고, 씨가 어떻게 번식하는지 알고 있기 때문이죠. 그래서 여자들에게 맡기지요. 우리 남자는 여자만큼 모르잖아요."

그와 같은 동종주술의 원리에 따르면, 인간은 자신의 행동이나 상태의 좋고 나쁨에 따라 식물의 성장에 좋거나 좋지 않은 영향을 끼칠 수 있다. 예를 들면 아이를 많이 낳은 부인은 식물을 풍성하게 하고, 아이를 낳을 수 없는 여자는 흉작에 그치게 한다. 따라서 어떤 인간적 성질이나 현상들 가운데 나쁘거나 전염성을 가진 특정한 사건에 대한 신앙은 수많은 금지와 회피의 규칙들을 만들어 냈다. 사람들은 땅에서 나는 열매가 안 좋게 될까봐 동종주술로 어떤 것을 회피했다. 이렇게 금지하는 관습이나 회피하는 모든 규정은 소극적 주술이나 터부의 사례이다.

예를 들면 갈렐라레(Galelare)족은 인간의 행동이나 상태가 작물의 성장에 영향을 미칠 수 있다는 것에 착안해, 과일나무 밑에서 화살을 쏘아서는 안 된다. 만약 쏘면 화살이 땅에 떨어지듯이 나무는 열매를 떨어뜨리고 말 것이기 때문이다. 또 수박을 먹을 때 입에서 뱉어 낸 씨와 종자를 함께 섞어서도 안 된다. 입에서 뱉어 낸 씨도 싹이 돋고 꽃을 피게 하지만, 씨가 입에서 떨어지듯이 곧 떨어져 절대로 열매가 맺히지 않는다고 믿기 때문이다. 이와 아주 비슷하게 생각하는 바바리아 농민들은 과일나무에서 얻은 접붙인 가지를 땅에 떨어뜨리게 되면, 그 접붙인 가지에서 자라는 나무가 때가 되기 전에 과일을 떨어뜨린다고 믿는다. 코친차이나의 참(Cham)족은 건조성 볍씨를 뿌릴 때 소나기가 내리지 않기를 바라면서 쌀을 말려서 먹는데, 이것은 농작물을 해치지 않도록 비를 막기 위해서다.

앞서 이야기한 여러 예들에서 인간은 동종주술로 식물의 성장에 영향을 끼친다고 생각하고 있음을 알 수 있다. 인간은 좋거나 나쁘거나 자신의 것과 닮고, 자신의 것에서 유래된 성질이나 현상을 수목이나 식물에 옮겨 줄 수 있다고 믿는다. 그러나 이런 영향과 작용은 동종주술의 원리에 따라 상호적이다. 즉 사람이 식물에게 영향을 끼칠 수 있는 것처럼 식물도 사람에게 영향을 끼칠 수 있다는 것이다. 물리학에서처럼 주술에서도 작용과 반작용은 대등하면서 상반적이다. 체로키(Cherokee)족 인디언은 식물에 대한 동종주술 지식에 숙달해 있다. 거트(catgut) 식물의 철사 모양의 뿌리는 거의 쟁기를 고랑에 매어 둘

만큼 질기다. 그래서 체로키 여자들은 그 뿌리를 달인 즙으로 머리를 감아서 머리카락을 튼튼하게 하며, 공을 갖고 운동하는 사람들은 근육을 튼튼하게 하기 위해서 그 즙으로 몸을 씻는다.

갈렐라레족의 신앙에 따르면 땅에 떨어진 과일을 먹은 사람은 곧잘 비틀거리며 넘어지는 버릇이 생기고, 잊었던 것(예를 들면 냄비 속에 남겼던 감자나 불 속에 타다 남아 있는 바나나 등)을 먹는 사람은 건망증에 걸린다고 믿었다. 또 그들은 여자가 두 쪽짜리 바나나를 먹으면 쌍둥이를 낳는다고 여겼다. 남아메리카의 과라니(Guarani)족 인디언은 여자가 기장(볏과의 한해살이풀)의 쌍둥이 알곡을 먹으면 쌍둥이 어머니가 된다고 생각한다.

베다(Veda) 시대에는 이 원리를 기묘하게 적용해서 추방된 왕자를 다시 나라에 맞아들이는 주술이 행해졌다. 이때 추방된 왕자는 전에 베어 둔 나무줄기에서 자란 장작으로 피운 불로 요리한 음식을 먹어야만 했다. 이 나무는 재생력을 의미한다. 나무의 재생력이 불의 순서를 밟은 음식물에 전파되고 왕자에게 전달되어 왕자는 그 힘을 회복하게 된다는 것이다. 수단 사람들은 가시가 많은 나무로 지은 집에 사는 사람의 생애는 그와 같이 가시가 많고 걱정이 그칠 사이가 없다고 믿는다.

이 밖에도 죽은 사람을 이용하는 동종주술의 효과적인 사례들이 있다. 죽은 사람이 보지도 못하고 듣지도 못하고 말하지도 못하는 것과 똑같이 죽은 사람의 뼈나 죽음에 감염된 것을 동종주술의 원리에 근거해 사용함으로써 산 사람을 소경이나 귀머거리나 벙어리로 만든다. 예를 들면 갈렐라레족의 젊은이가 밤중에 구애하러 갈 경우, 묘지의 흙을 조금 가지고 그 처녀의 집으로 가서 그녀의 양친이 잠든 집의 지붕 위에 뿌린다. 그러면 그 흙이 그들을 죽은 자와 같이 깊은 잠에 빠지게 한다고 믿기 때문이다.

여러 시대에 걸쳐 많은 나라에서 밤도둑은 일을 수행하는 데 있어 동종주술을 즐겨 썼다. 예를 들면 남부 슬라보니아(Slavonia)족의 밤도둑은 흔히 죽은 자의 뼈를 지붕에 뿌리며 "이 뼈가 잠에서 깨면, 이 집의 사람들도 깨어나라" 말하며 작업에 들어간다. 이렇게 하면 남자건 여자건 아무도 눈을 뜨지 못한다고 여겼다. 자바 섬에서도 똑같이 밤도둑은 묘지의 흙을 가져다가 털려는 집 주변에 뿌린다. 이것이 그 집 사람들을 깊은 잠으로 이끈다고 여겼다. 같은 목적에서 힌두족은 화장터의 재를 집 입구에 뿌리며, 페루 인디언들은 죽은 사람의 유골을 뿌린다. 또 루테니아(Ruthenia)의 밤도둑은 죽은 사람의 정강이뼈에서 골수를 뽑아내고, 그 구멍 속에 짐승의 기름을 넣어 불을 켜서 집 주변을 세 번 돈다. 그러면 그 집 사람들이 모두 죽은 사람같이 잠든다고 믿었다. 또 그들은 다리뼈로 피리를 만들어 부는데, 그 소리를 들은 사람은 누구나 참을 수 없는 졸음에 빠진다고 믿었다.

멕시코 인디언들은 이런 나쁜 목적으로 첫아기를 낳을 때 죽은 여자의 왼팔 뼈를 사용했는데, 그 팔은 훔친 것이어야 효력이 있다. 약탈한 집에 침입하기 전에 그들은 그 뼈로 땅을 두드린다. 그러면 그 집 사람들은 모두 움직이지도 못하고 말할 힘도 없다. 그들은 모든 것을 보고 들어도 죽은 사람처럼 아주 무력해지고, 어떤 사람은 실제로 잠들어 코골기까지 한다.

유럽에서는 그와 같은 주술의 힘을 '영광의 손' 덕택으로 돌린다. 그 손은 교수형으로 죽은 남자의 손을 말려서 소금물에 절인 것이다. 그 '영광의 손'을 촛대로 삼고 교수대 위에서 죽은 죄수의 기름으로 만든 양초에 불을 켜면, 그 불빛에 비추어진 사람은 몸을 움직이지 못한다. 때로는 죽은 사람의 손 자체를 양초로 쓰기도 한다. 손가락마다 불을 붙이면 여러 개의 양초 다발이 되는 셈이다. 이때 누구인가 잠에서 깨어난다면, 어느 손가락에도 불이 켜지지 않는다. 이러한 사악한 불을 끌 수 있는 것은 젖밖에 없다고 한다. 이 흉악한 양초는 때로는 아기 손가락이나 심지어 태아의 손가락으로 만드는 것일수록 좋다고 믿었다. 때로 도둑은 침입하려는 그 집안사람의 수대로 초를 준비하는 것이 중요하다고 생각하기도 한다. 왜냐하면 촛불 하나만으로는 누군가가 깨어서 그를 체포하기 때문이다. 일단 이 양초에 불이 붙으면 젖으로 끌 수밖에 다른 도리가 없다고 믿었다. 17세기에는 자궁 속에서 그런 촛불감을 마련하기 위해 임산부를 살해하는 경우도 있었다.

고대 그리스 강도나 밤도둑은 화장터에서 빼앗은 횃불을 들고 있으면 가장 사나운 개라도 꼼짝 못하게 하고 도망칠 수 있다고 믿었다. 또 세르비아와 불가리아의 부인들은 가정 생활의 속박에 짜증이 났을 때, 시체의 눈에 얹힌 동전을 훔쳐 포도주나 물에 씻은 액체를 남편에게 주어 마시게 했다. 그것을 마신 뒤에 남편은 죽은 사람의 두 눈 위에 동전이 놓인 것처럼 자기 아내의 실수에 눈이 멀게 된다고 여겼다.

흔히 동물은 인간에게 이로운 성질을 가진 것으로 여겼다. 동종주술이나 모방주술은 여러 방법으로써 그 성질을 인간에게 옮기려고 시도했다. 예를 들면 베추아나(Bechuana)족 사람들은 흰 족제비를 부적으로 몸에 지니는데, 이것은 그 동물이 생명에 대해서 각별히 집착하므로 그것을 부적으로 착용한 사람들은 죽이기 어렵다는 이유에 근거한다. 또 어떤 사람들은 같은 목적에서 어떤 곤충을 불구로 만들어 몸에 지닌다. 또 베추아나족의 어떤 전사들은 뿔 없는 수소의 털을 머리에 붙이고, 개구리 가죽을 외투에 붙인다. 개구리는 미끌미끌하고 뿔 없는 소는 잡기 힘든 것이므로, 그런 부적을 몸에 지닌 사람들을 붙잡기 어렵다고 여겼다.

남부 아프리카의 전사는 곱슬곱슬한 검은 머리카락에 쥐털을 조금 섞는데, 이것은 민첩한 쥐가 물건을 던져도 잘 도망치듯이 전사가 적의 투창을 무사히 피할 수 있을 것이라는 믿음에서이다. 그러므로 이 지방에서는 전쟁이 일어날 듯할 때는 쥐털의 수요가 늘어난다.

어떤 인도의 고전에 따르면, 전쟁에 승리하기 위해 제물을 바칠 경우 제단을 만드는 데 쓰이는 흙은 멧돼지가 뒹굴던 곳의 흙이어야 한다. 그 흙에는 멧돼지의 힘이 깃들어 있기 때문이다. 갈렐라레족은 한 줄짜리 류트(lute : 현악기의 일종)를 튕길 때 손가락이 잘 놀지 않으면 다리가 긴 들거미 몇 마리를 태운 재를 손가락에 문지르면, 손가락이 거미 다리와 같이 가벼워지고 민첩해진다고 믿었다. 아랍인들은 도망간 노예를 되돌아오게 하려고 땅 위에 주술의 원을 그리고 그 가운데에 못을 박고, 도망친 노예와 같은 성별의 딱정벌레를 붙잡아 그 못에 실로 매어 둔다. 딱정벌레가 뱅뱅 돌 때마다 실이 못에 감겨서 조이기 때문에 중심으로 끌려간다. 이러한 동종주술의 힘으로 도망친 노예는 그 주인에게 되돌아온다고 여겼다.

영국령 뉴기니의 서부에 있는 여러 부족들은 뱀을 죽여서 불에 태운 재를 두 다리에 바른 다음에 숲 속에 들어간다. 이렇게 하면 그 뒤 며칠 동안에는 뱀에 물리지 않는다고 믿었다. 남 슬라보니아족은 시장에서 물건을 훔치려면 눈먼 고양이를 태운 재 한 줌을 자기와 흥정하는 상인에게 뿌린다. 그러면 그가 바라는 것을 무엇이든지 훔칠 수 있다고 여겼다. 그 죽은 고양이 재를 맞은 사람은 죽은 고양이처럼 아무것도 눈치를 채지 못한다. 그뿐만 아니라 도둑은 대담하게 묻는다.

"그 대금을 치루었습니까?"

상인이 대답한다. "물론 받았죠."

이와 마찬가지로 중부 오스트레일리아 원주민들은 수염을 기르려고 이런 방법을 효과적으로 쓴다. 이들은 뾰족한 뼈로 자기 턱을 찌르고, 매우 긴 수염을 가진 쥐를 상징하는 주술 지팡이나 돌멩이로 조심스럽게 턱을 두드린다. 그러면 쥐의 수염은 반드시 그 지팡이나 돌멩이에 전달되고, 거기에서 사람의 턱으로 쉽게 옮겨진다. 그 결과 턱은 풍성한 수염으로 덮이게 된다고 믿었다.

고대 그리스인은 밤에 자지 않는 나이팅게일의 고기를 먹으면 잠이 오지 않고, 눈이 나쁜 사람은 독수리의 간을 먹으면 독수리처럼 시력이 좋아지고, 까마귀 알을 먹으면 백발이 검은 머리카락으로 변한다고 믿었다. 그러나 이 회춘법을 행하려는 사람은 알을 먹는 동안 세심한 주의를 가지고 언제나 기름을 입에 물고 있어야 한다. 그렇게 하지 않으면 이빨이 머리카락과 같이 검게 되어 닦아도 하얗게 되지 않았다. 머리카락을 검게 하는 이 방법은 기대 이상의 강력한 효험이 있다고 믿었다.

위촐족 인디언은 뱀의 등에 있는 아름다운 무늬를 극찬한다. 그래서 여자가 천을 짜거나 수를 놓으려면 그 남편은 큰 뱀을 잡아서 막대기에 끼운다. 여자는 한쪽 손으로 뱀의 등을 머리부터 꼬리 끝까지 만진다. 그리고 그 손으로 자기 이마와 두 눈을 만진다. 그러면 그 뱀 등의 아름다운 무늬가 직물이나 수위에 나타날 것이라고 믿었다.

동종주술의 원리에 근거해서 동물이나 식물과 마찬가지로 무생물도 그 주변에 행복이나 불행을 일으킨다. 다시 말해 무생물도 자신의 고유한 성질과 마법사의 기술에 따라 축복이나 재난의 흐름을 열거나 막아준다. 예를 들면 사마르칸드(Samarkand)의 부인들은 아기가 커서 말도 잘하고 손에서 귀중한 물건들이 떨어지지 않도록 하기 위해서 아기에게 사탕과자를 주어 빨게 하고, 그 손바닥에 아교를 붙여 준다. 그리스인은 이리에게 물려 죽은 양의 털로 짠 옷은 그것을 입은 사람에게 해를 입히고, 피부에 가려움이나 상처를 안겨 준다고 여겼다. 그들은 또 개가 물었던 돌멩이를 포도주에 넣은 것을 마신 사람은 싸움질을 한다고도 여겼다. 모압(Moab)의 아랍인들 사이에서는 아이 없는 여자는 흔히 아이 많은 부인의 옷을 빌려 입는데, 이는 그 소유주의 다산성이 의복을 통해 옮겨진다고 여겼기 때문이다.

동부 아프리카 소팔라의 카프레(Caffre)족은 속이 빈 갈대나 짚으로 매를 맞는 것을 매우 두려워하는 대신, 크게 다치더라도 커다란 곤장이나 쇠몽둥이로 맞는 편이 훨씬 낫다고 여긴다. 그 까닭은 속이 빈 물체로 매를 맞는 사람은 차츰 내장이 없어져서 결국 죽는다고 생각했기 때문이다. 동쪽 바다에는 셀레베스의 부기족이 '늙은이'라고 부르는 큰 조개가 있다. 토착민은 금요일마다 '늙은이'를 뒤집어 자기 집 입구에 놓아둔다. 그것을 타고 넘어 집 안으로 들어가는 사람은 누구든지 장수한다고 믿었다.

인도의 브라만 아이는 성년식 때 "이 돌을 단단히 밟아라. 이 돌이 단단해지리라" 되풀이하면서 오른발로 돌을 밟도록 명령을 받는다. 결혼식 때 신부도 이 말을 한다. 마다가스카르에서는 집안 재산이 빠져 나가는 것을 막는 수단으로 무거운 기둥 밑에 돌멩이 한 개를 파묻는다. 돌에 맹세하는 일반적 관습은 돌의 안정성과 견고함이 그 맹세를 확신하게 한다는 신앙에 기초한다. 예를 들면 덴마크의 옛 역사가인 삭소 그람마티쿠스는 "옛 사람들은 왕을 택할 때 행동이 변함없는 돌의 확고함을 보여주기 위해 땅에 깊이 뿌리를 내린 돌 위에 서서 공정한 선거를 널리 알려 선출을 선언하곤 했다"고 기술하고 있다.

그러나 돌의 보통 성질인 무게와 견고성을 이유로 일반적인 주술의 효과가 모든 돌에 있다고 생각했으며, 또한 돌의 모양과 빛깔이 특수한 어떤 돌들에도 특별한 주술적 힘이 드러난다고 믿었다. 예를 들면, 페루 인디언은 옥수수 수확을 늘리기 위해서 어떤 돌을 사용하고, 감자 수확을 늘리기 위해서는 다른 돌을, 그리고 가축의 증식을 위해서는 또 다른 돌을 쓴다. 옥수수를 성장시키기 위해 쓰이는 돌은 옥수수의 싹과 줄기 모양의 돌이고, 가축을 늘리게 하는 것으로 믿는 돌은 양의 모양을 한 돌이었다.

멜라네시아의 일부에서도 어떤 신성한 돌은 그 모양과 성질에 일치되는 위력이 있다는 동일한 믿음이 널리 퍼져 있다. 예를 들면 해변에서 바닷물의 작용으로 마멸된 산호 조각은 때때로 놀라울 만큼 빵나무 열매와 비슷하다. 그래서 뱅크스 제도에서는 그런 산호를 발견한 사람은 나무 열매가 잘 자라도록 그것을 자기의 빵나무 뿌리에 놓아둔다. 만일 그 결과가 기대한 만큼 좋으면 그는 다른 사람이 지닌 효험이 뚜렷하지 못한 돌을 갖고 와서 자기의 돌에 있는 주술적 위력을 옮겨 줄 것을 믿고 그것과 나란히 놓아둔다. 표면에 작고 둥근 모양이 있는 돌은 금전을 벌어들이는 효험이 있다고 여긴다. 또 그 아래쪽에 많은 작은 돌이 붙어 있어서 마치 새끼돼지를 안은 어미돼지와 같은 돌을 찾은 사람이 그 위에 돈을 바치면 반드시 많은 돼지새끼를 얻을 수 있다고 믿는다. 같은 예로, 멜라네시아(Melanesia)족은 이 놀라운 위력을 돌 자체가 아니라 돌 속에 깃든 정령에게 있다고 믿는다. 때때로 우리가 방금 보았듯이 돌 위에 제물을 바쳐서 그 정령을 달래기도 한다.

그런데 그 달랜다는 관념은 주술 범위에서 벗어나 종교의 영역에 속한다. 앞에서와 같이 그런 관념이 순수한 주술 관념의 의식과 결합해 나타난다 해도 후대에 종교적 관념이 덧붙여진 것이라고 보아도 좋을 것이다. 왜냐하면 사상이 진화하면 주술이 종교보다 먼저 생겼다고 생각할 확고한 증거가 있기 때문이다. 그러나 이 점에 대해서는 나중에 다시 이야기할 것이다.

고대인들은 보석의 주술적 효험에 대해서 많은 것을 남겼다. 보석은 단순한 장식물로 쓰이기에 앞서 부적으로 쓰였다는 것이 분명한 이유로 뒷받침된다. 예컨대 그리스인은 나무와 같은 모양의 돌에 '나무 마노(瑪瑙)'라는 명칭을 붙여서 밭갈이 때에 그런 보석 두 개를 황소의 뿔이나 목덜미에 매달면 수확의 증산이 보장된다고 여겼다. 오늘날에도 크레타와 멜로스의 그리스 부인들은 같은 목적으로 유석(乳石)을 사용한다. 또 알바니아에서도 젖먹이를 가진 어머니는 젖이 많이 나오도록 그 돌을 몸에 품는다. 또 그리스인은 어떤 돌이 뱀에 물린 상처를 치유한다고 믿고, 그것에 '뱀돌(蛇石)'이라는 이름을 붙였다. 이 효과를 시험하기 위해서 그 돌을 빻은 가루를 상처에 뿌리기만 하면 되었다. 포도주 색깔을 띤 자수정은 '취하지 않는 것'이란 뜻이 있는데, 그것을 몸에 지니면 취해서 제 정신을 잃는 법이 없다고 여겼기 때문이다. 또 함께 사이좋게 살려는 형제는 두 사람을 한데 끌어당겨서 떨어지는 것을 확실히 막는 자석을 몸에 지닐 것을 권장받았다.

힌두인의 한 고전에서는 결혼식 날 밤 신랑 신부는 하늘에 별이 반짝일 때까지 말없이 앉아 있어야 한다는 규칙이 있다. 북극성이 나타나면 신랑은 그 별을 향하여 말한다.

"당신(북극성)은 튼튼하시도다. 나는 당신을 바라보노라. 튼튼한 당신이여, 당신은 나와 함께 튼튼하소서. 오, 번영하는 당신이여!"

그리고 신부를 돌아보고 이렇게 말한다.

"브리하스파티(Brihaspati) 신께서 당신을 나에게 주었소. 당신의 남편인 나를 통해서 자손을 얻으면서 백 살까지 나와 함께 삽시다."

이 의식의 의도는 확실히 북극성의 확고한 속성으로 재산의 낭비를 막고 지상의 축복을 굳건히 하는 데 있다. 그것은 시인 존 키츠(John Keats)의 소네트 마지막 부분에 나오는 소원이기도 하다.

반짝이는 별이여! 그대처럼 나 또한 견고할 수 있다면!
밤하늘 높이 매달려 홀로 빛을 내더라도.

바닷가에 사는 사람들은 파도의 끊임없는 썰물과 밀물을 보고 틀림없이 감동할 수밖에 없다. 그리고 여기서 그들은 우리가 살펴본 '공감과 유사'의 소박한 철학의 원리에 서서 파도와 인간, 동물, 식물의 삶 사이의 미묘한 관계와 비밀의 조화를 찾게 마련이다. 그들은 밀물 때 풍족과 번영, 생명의 상징과 그 원인을 찾는 데 반해서, 썰물 때에는 실패와 허약함, 죽음의 슬픈 상징과 참된 원인을 발견한다.

프랑스 브르타뉴 농민들은 밀물 때 심은 클로버가 잘 자라는데, 썰물 때나 파도가 나갈 무렵에 심은 것은 결코 자라지 않으며 그것으로 사육된 소는 갑자기 죽는다고 믿는다. 그들 농부의 아내는 가장 좋은 버터는 파도가 방금 변해 밀물이 시작될 때에 만들어지고, 버터 제조기 속의 우유는 밀물 시간이 지날 때까지 계속 거품을 내고, 그 시간 중에 우물에서 길어 올린 물이나 소에서 짠 젖만이 항아리나 스튜 냄비 속에서 흘러넘칠 만큼 끓는다고 믿는다.

몇몇 고대 민족의 생각에 따르면, 바다표범 가죽은 몸에서 벗겨진 뒤에도 바다와 비밀스런 공감을 유지하여 썰물 때는 주름이 잡힌다고 한다. 아리스토텔레스에 따르면, 모든 피조물은 썰물 때 죽는다고 한다. 플리니우스가 맞다면 프랑스 브르타뉴 해안에 있는 사람들이라면 누구나 직접 경험하여 이 믿음을 확인했을 것이다. 필로스트라투스(Philostratus)도 카디스에서는 죽어 가는 사람도 밀물 때만은 결코 숨을 거두지 않는다고 믿었다.

이런 상상은 오늘날에도 여전히 유럽 몇몇 지역에서는 사라지지 않고 있다. 예컨대 칸타브리아 해안에서는 고질병이나 급성병으로 죽어가는 사람은 썰물이 시작함과 동시에 숨을 거둔다고 생각한다. 포르투갈 웨일즈의 모든 해안 지대, 브르타뉴 해안의 몇몇 지역에서는, 인간은 밀물 때 태어나고 썰물 때 죽는다는 믿음이 널리 퍼져 있다. 디킨스(Dickens)는 이러한 믿음이 영국에도 있음을 입증한다. 페고티(Pegotty)는 말한다.

"해안 지방에서는 완전한 썰물 때 말고는 사람이 죽지 않고, 또 완전한 밀물 때가 아니면 출생도 없고, 조수가 차야지만 출산을 할 수 있다."

죽음의 대부분이 썰물 때에 생긴다는 믿음은 영국 노섬벌랜드에서 켄트에 이르는 동해안에 퍼져 있다. 셰익스피어 또한 그것을 알고 있었던 것으로 보인다. 그는 '정확히 12시와 1시 사이 썰물 때' 그의 작중 인물 폴스타프(Falstaff)를 죽도록 했기 때문이다.

북아메리카 태평양 해안의 하이다족 사이에서도 그런 신앙을 발견하게 된다. 온순한 하이다족은 막 죽으려는 때, 언제나 고인이 된 그의 몇몇 친구들이 카누를 타고 그를 영혼의 나라로 맞으려고 조수를 타고 오는 것을 본다.

"자, 우리와 함께 가세. 서서히 조수가 빠지니 우리는 떠나야 하네" 이렇게 그 친구들은 말한다. 뉴사우스 웨일즈의 스티픈스 항구의 토착민들은 언제나 밀물 때 매장하고 썰물 때는 매장하지 않는다. 이것은 썰물이 죽은 사람의 영혼을 먼 나라에 데리고 가지 않도록 하기 위해서다.

중국인은 장수를 보장받기 위해서 복잡한 주술을 행한다. 이것은 동종주술의 원리에 따라서 때와 계절, 인물과 사물에서 생기는 '주술적 효력'을 자기 안에 집중시킨다. 이 상서로운 힘을 옮기기 위해서 쓰이는 것은 바로 수의(壽衣)였다. 중국인들은 보통 수의를 살아있을 때 마련하는데, 거의 처녀나 소녀에게 만들게 한다. 그녀들은 앞으로 오랫동안 살 수 있기 때문이고, 그 오래 살 가능성이 수의에 옮겨져, 그 결과 수의를 입을 사람이 오래 산다고 믿었기 때문이다. 또 그 옷은 윤달이 있는 해를 택해서 지었다. 왜냐하면 평년보다 긴 해에 지은 수의가 매우 강한 생명을 연장할 수 있다는 믿음이 중국인에게는 확실했기 때문이다. 어떤 수의는 더욱 상서로운 힘을 부여하기 위해 매우 고심해서 만들어진다. 이 특별한 옷은 짙은 자색 빛깔의 비단에 금실로 '수(壽)'자를 수 놓은 것이다. 이처럼 값비싸고 훌륭한 수의를 나이 많은 부모에게 바치는 것은 자식된 자가 행할 효행이고, 또 노인을 공경하는 우아한 표시라고 중국인들은 생각한다.

수의는 소유자에게 장수를 주는 것을 의미하고, 한편으로는 찬란하고 빛나는 금색의 글자, '수'의 영향력이 충분히 작용하도록 그 소유자는 제례 때나 때때로 그 옷을 입어본다. 더욱이 생일날 수의를 입는 것을 잊지 않는다. 왜냐하면 중국인의 상식으로 그 해의 건강과 원기, 생명력을 위해 생일날에 되도록 영양을 많이 섭취해야 하기 때문이다. 화려한 수의를 걸치고, 그 옷의 축복된 영향을 받아들이면서 이 행복한 소유자는 친구나 친척들로부터 축복의 말을 듣고, 한편으로 다른 사람들은 그 훌륭한 수의와 아름답고 이로운 선물을 자기들을 낳은 부모에게 보낸 자식들의 효행을 입을 모아 칭찬하는 것이다.

'유사는 유사를 낳는다'는 원리의 또 다른 적용은, 마을의 운세가 그 지형에 따라서 깊이 영향을 받으며, 마을의 지형에 가장 닮은 사물의 성질에 따라 바뀐다고 굳게 믿는 중국인의 믿음에서도 발견된다. 예를 들면, 먼 옛날에 그 모양이 잉어를 닮은 천주부(泉州府) 마을은 그물을 닮은 이웃의 영춘(永春) 마을에 자주 약탈당했다. 천주부 사람들은 마을 가운데에 두 개의 높은 탑을 세워서 비로소 그 재난이 그쳤다고 기록되어 있다. 오늘날에도 사람들은 천주부 마을에 높이 솟은 그 탑이, 그물이 잉어를 잡아가지 못하도록 막아 마을의 운이 좋아졌다고 믿는다.

약 40년 전에 상하이의 현인들은 그 지방의 반란의 원인을 밝히는 데 매우 고심했다. 세심한 조사 끝에 그 반란이 불길한 동물로 생각되어 온 거북 모양의, 새로 건축된 큰 사찰의 형태에 원인이 있다는 것을 알아냈다. 그러나 그것에 대한 조처는 매우 곤란하고 더욱이 위험이 따랐다. 말하자면 그 절을 부수는 것은 부처를 모독하는 일이고, 그대로 놔둔다는 것도 똑같이, 심지어 더 나쁜 재난을 잇달아 불러들이는 일이 되기 때문이다. 어쨌든 그 지방의 역학자들은 다행히 그 어려운 상황을 잘 처리하고 동시에 위험을 없앴다. 그들은 거북의 눈을 의미하는 두 개의 우물을 메움으로써 평판이 나쁜 이 동물이 눈을 멀게 하여, 그 뒤에 아무런 나쁜 일을 못하게 했다.

동종주술이나 모방주술은 모방으로 주술을 행하여 흉조를 사전에 없애는 데 곧잘 이용된다. 그것은 가짜 재난을 연출해서 진짜 재난에 대치시켜서 운명을 피하는 것이다. 마다가스카르에서는 이와 같은 방법으로 운명을 제압했다. 이곳에서는 사람의 운세는 그 태어난 날이나 시각에 따라서 결정되고, 만일 나쁜 때에 태어나면 대치 방법으로 액운을 제거하지 않으면 사방이 막힌다는 것이다. 그 액운을 없애는 방법은 여러 가지가 있다.

예를 들면, 만일 아이가 2월 첫날에 태어나면 그가 자란 뒤에 그의 집은 불이 난다고 믿었다. 그 재난을 피하기 위해서 그 아이의 친지들은 밭이나 목장에 오두막을 지어 놓고 그것을 불태운다. 이 의식에 좀더 효과를 내려고 하려면 아이와 어머니를 오두막에 있게 하고, 위험이 절박하기 전에 불타는 오두막에서 두 사람을 끄집어 내는 것이다. 또 비가 많은 11월은 눈물의 달로, 이 달에 태어난 아이는 출생 때부터 슬픔을 지니게 된다. 그러나 그의 미래를 가로막은 구름을 없애려면 끓는 냄비 뚜껑을 열고 흔들면 된다. 그 뚜껑에서 떨어지는 물방울은 아이가 흘릴 눈물로 여겨지고, 그것이 그의 운세를 바꾸어 준다고 믿었다.

또 미혼 여성이 장래에 갖게 될 아이가 죽을 운명을 지녔다고 하는 경우에는, 다음과 같이 하여 그 재난을 피할 수 있다. 메뚜기를 열한 마리 죽여서 수의와 비슷한 누더기 옷에 싸고, 마치 라헬(Rachel)이 행한 것과 같이 반드시 타인들의 위로를 거절하고 아이를 위해서 슬퍼하는 것이다. 그리고 다시 열두 마리나 그 이상의 메뚜기를 모아서 다리와 날개를 떼어서 죽은 메뚜기 옆에 놓아둔다. 학대받은 곤충의 울음소리와 불구가 되어 보여 주는 고통스런 동작은 장례식 때 비탄에 젖은 사람의 울음과 고민을 여실히 나타낸다. 그러다 메뚜기들이 죽으면 그 사체를 땅에 묻어준다. 하지만 아직 살아있는 메뚜기들은 계속 울어대도록 내버려 둔다. 그리고 흐트러진 머리카락을 다시 빗고, 비탄에 빠진 사람들의 발걸음과 모습을 흉내내면서 메뚜기들의 무덤에서 떠난다. 이제 그 여자는 뱃속의 아이가 생존함을 확신하고 미래를 낙관해도 좋다. 그녀는 이미 액운을 없앴기 때문에 다시는 아이를 매장하고 곡할 일은 없을 것이다. 또 사람의 운세가 나빠서 빈궁한 운세로 태어났을 때는 값싼 진주 두 알을 사서 땅속에 파묻어서 그 악운을 쉽게 없앨 수 있다. 부자가 아니고서는 세상의 어느 누가 진주를 그렇게 함부로 버릴 수 있겠는가?

3 감염주술

앞서 우리는 동종주술이나 모방주술이라고 부를 수 있는 공감주술의 한 분야를 중점적으로 살펴보았다. 이미 검토했듯이 그 주요 원리는 '유사는 유사를 낳는다' 또는 '결과는 그 원인을 닮는다'는 것이다. 공감주술의 다른 분야인 감염주술은 전에 한 번 접촉했던 사물들이 공간적으로 서로 멀리 떨어진 있어도 계속 영향을 미친다는 것을 전제한다. 이는 그것들이 영원히 한쪽에 행한 모든 것은 똑같이 다른 한쪽에도 틀림없이 영향을 끼치는 공감적 관계에 놓이게 된다는 생각에 따른 것이다. 그와 같이 감염주술의 논리적 기초는 동종주술처럼 관념의 잘못된 연합이다. 감염주술의 물리적 기초는, 근대 물리학의 에테르(ether)처럼 멀리 떨어진 사물을 결합해 한쪽에서 다른쪽으로 전달하기 위해서 가정되는 어떤 종류의 물질적 매개이며, 동종주술의 물리적 기초와 같다.

감염주술의 가장 보편적인 예는 머리카락이나 손·발톱과 같은 인간의 육체에 붙었던 부분과, 그 사람 속에 있다고 상상되는 주술적 공감이다. 그래서 다른 사람의 머리카락이나 손·발톱을 손에 넣은 사람은 누구든지 그 머리카락이나 손·발톱의 주인을 자신의 의지대로 어느 곳에서도 움직일 수 있다고 믿는다. 이 미신은 세계적으로 널리 퍼져 있다. 머리카락과 손·발톱에 대한 감염주술의 예는 이 책의 뒷부분에 언급될 것이다.

오스트레일리아의 여러 부족 사이에서 모든 소년들은 성인의 온갖 권리와 특전을 누리기에 앞서 성년식을 치를 때 소년의 앞니 한두 개를 뽑는 일반적인 관습이있다. 이 관습이 어떻게 유래되었는지는 뚜렷하지 않다. 여기서 우리의 관심사는 이빨이 뽑혀도 소년과 이빨 사이에 여전히 공감적 관계가 존재한다는 신앙이다. 예를 들면 뉴사우스웨일즈의 다링(Darling) 강 유역에 거주하는 부족 가운데 몇 부족은 뽑힌 이빨을 강이나 샘 가까운 나무껍질 속에 넣어 두었다. 만일 그 껍질이 자라서 이빨을 덮거나 이빨이 물 속에 떨어지면 모든 일이 잘 되어진다고 믿는다. 그런데 그것이 드러나 그 위에 개미가 모여들거나 하면 토착민들은 그 소년이 입병을 앓는다고 믿었다.

무링(Murring)족이나 그 밖의 여러 부족 사이에서 뽑힌 이빨은 처음에는 한 노인이 돌보고 그 뒤에는 다른 노인에게 넘겨졌다가, 부족들 모두가 보관한 뒤, 소년의 부친에게 넘겨졌다가 마지막에 소년에게 돌아온다. 그러나 그와 같이 손에서 손으로 옮겨지더라도 그 이빨을 주술적 물체가 들어 있는 자루에 절대로 넣어서는 안 된다. 그렇게 하는 것은 이빨 주인을 대단한 위험에 빠뜨린다고 믿기 때문이다.

고인이 된 호위트(Howitt) 박사는 언젠가 성년식에서 소년의 이빨을 관리하는 역할을 한 적이 있었다. 그런데 노인들은 박사가 자루 속에 수정 몇 개를 가지고 있는 것을 알고 그 이빨을 수정이 들어 있는 자루에 넣지 않기를 간청했다. 만일 그렇게 하면 수정의 주술적 힘이 이빨에 전해지고, 그러면 이빨 주인인 소년을 해치게 된다고 그들은 알려 주었다. 그가 그 의식에서 돌아와서 1년 가까이 지난 뒤에 무링족의 유지 한 사람이 그 이빨을 되찾기 위해 약 250마일 거리를 걸어서 그를 방문했다. 그는 한 소년이 병에 걸렸기 때문에 그를 찾아왔다. 보관 중인 그 이빨이 문제가 있지나 않았는지 모른다고 했다. 그는 이빨이 수정과 같이 영향을 끼치는 물건과 분리되어서 상자 속에 잘 간직되어 있는 것을 확인하고 무척

감염주술
성자의 유물은 성자가 지녔던 영험을 가져다 준다고 믿는다. 불타의 석재 사리함. 출토지 : 중앙인도, 보쥬풀 제9탑. 대영박물관, 런던

만족스러워 했으며, 이빨을 조심스럽게 싸서 간직하고 마을로 되돌아갔다.

바수토(Basuto)족은 뽑힌 이빨을 소중히 감추어 둔다. 그것이 묘지에 나타나는 귀신의 손에 들어가면, 그 귀신은 그것에 주술을 걸고 그 이빨 주인에게 해를 줄 수 있다고 믿기 때문이다. 약 50년 전에 서식스에서 어떤 집 하녀가 아이의 빠진 젖니를 던지는 것을 강력히 말리던 일이 있었다. 만약 그것이 어떤 동물에 발견되어서 물고 가면, 새로 나는 아이의 이빨은 그 젖니를 물어 간 동물의 이빨과 같아진다고 믿었기 때문이다. 그녀는 그 증거로서 옛 주인인 시몬즈를 예로 들면서, 그가 윗니에 돼지 이빨과 같은 큰 이빨 하나를 가지고 있었는데, 그 주인이 때때로 말한 바에 따르면, 그 이의 결함은 그의 모친이 잘못해서 그의 젖니를 돼지 구유 속에 던졌기 때문이었다는 것이다.

이러한 신앙은 동종주술의 원리에 의해서 낡은 이빨을 새롭고 더 좋은 이빨과 바꾸기 위한 실행으로 옮겼다. 즉, 뺀 이빨을 쥐구멍에 두어서 그 이빨과 이빨 주인의 사이에 이루어진 공감으로써 새로 나게 될 이빨이 설치동물의 이빨과 같이 튼튼하고 뛰어난 것이 될 것으로 믿는 것이다. 이런 관습은 세계 많은

곳에서 발견된다. 예를 들면, 독일인은 빠진 이를 쥐구멍 속에 넣는 것이 민간에서 거의 보편적인 관습이라고 한다. 그렇게 하면 빠진 젖니는 아이의 치통을 예방할 것으로 믿었다. 또는 난로 뒤에서 이빨을 머리 너머 뒤로 던지며 "생쥐야, 너의 무쇠 같은 이빨을 내게 다오. 나의 헌 이빨을 줄 테니." 하면 새로 나는 이빨이 튼튼해진다는 것이다. 유럽에서 멀리 떨어진 태평양의 라라통가에서도 아이의 이빨이 빠졌을 때는 다음과 같은 주문을 반복한다.

큰 쥐야, 작은 쥐야!
내 헌 이빨 줄께
새 이빨 내게 주럼.

그러고는 이빨을 초가 지붕 위에 던지는데, 그 초가 지붕에는 쥐가 살기 때문이다. 이런 경우에 쥐에게 비는 까닭은 쥐의 이빨이 토착민들에게 알려진 가장 튼튼한 이빨이기 때문이다.

신체적 결합이 끊긴 뒤에도 신체와 공감적 결합이 유지한다는 일반적인 믿음은 탯줄과 태반을 봐도 알 수 있다. 실제로 이런 공감적 결합은 너무나 강해서 일생 동안 신체의 일부를 통해서 이롭게도 되고 해롭게도 된다고 흔히 생각할만큼 밀접한 것으로 믿고 있다. 그래서 탯줄이나 태반이 잘 보존되어 적절히 취급되면 그는 부귀 영달을 누리고, 훼손 또는 소실되면 그에게 재난이 닥치게 된다고 믿는다.

서부 오스트레일리아 어떤 부족들은 아기가 태어날 때 탯줄을 물 속에 던지느냐 아니냐에 따라서 커서 헤엄을 잘 치거나 못 친다고 믿고 있다. 퀸즐랜드 펜파더 강 유역의 토착민들은 태반에 어린아이의 영혼 일부가 머문다고 믿는다. 그래서 할머니는 태반을 들고 나가서 모래 속에 파묻고, 이를 표시하기 위해서 많은 나무를 둥그렇게 땅에 꽂고, 그 가지가 원추형이 되도록 나뭇가지 끝을 한데 묶는다. 이곳에 진흙으로 빚은 사람을 여자의 자궁에 넣어서 임신시킨다는 조상신 안제아(Anjea)가 나타나, 태반에 깃든 아이의 영혼을 영혼의 거처, 예를 들면 나무나 바위 동굴, 또는 늪으로 데리고 간다. 그러나 안제아는 때로는 그 영혼을 다시 다른 아기에게 넣어주기도 한다. 그러면 아기는 세상에 다시 태어나게 된다고 믿었다.

캐롤라인 제도의 포나페(Ponape) 섬에서는 부모가 탯줄을 조개 속에 넣어서 아이의 직업을 선택하고, 그 직업에 가장 알맞은 방법으로 탯줄을 처리한다. 예를 들면, 부모는 탯줄을 나무 위에 걸어 놓고 아이가 나무에 기어오르는 명수가 되기를 바란다. 케이 섬 사람들은 아이 성별에 따라서 탯줄을 형제나 자매로 여긴다. 그들은 그것을 재에 섞어서 항아리 속에 넣어 나뭇가지 사이에 두고, 형제나 자매인 아이의 운명을 지키도록 한다.

인도 제도의 많은 부족과 같이 수마트라 바타크족은 태반을 아이의 동생이나 누이동생으로 간주하는데, 그 성은 아기의 성에 따라 결정된다. 그리고 그 태반을 마루 밑에 묻어 둔다. 바타크족에게 태반은 아이의 안녕과 관계되고, 나아가 옮겨갈 수 있는 영혼의 자리기도 하다. 그 영혼에 대해서는 나중에 언급이 있을 것이다. 카로바타크(Karo-Batak)족은 인간이 가지는 두 영혼 가운데서 마루 밑에 있는 태반과 함께 있는 영혼이야말로 참된 영혼이라고까지 믿는다. 그들은 그것이 바로 자식을 낳게 하는 참된 영혼이라고 말한다.

바간다족들은 사람은 이중의 몸을 갖고 태어난다고 믿고, 그것을 태반과 같게 여기며, 이것을 제2의 몸으로 믿는다. 산모 태반을 플랜틴나무 뿌리 밑에 파묻으며, 그것을 열매가 맺을 때까지 신성시한다. 그 열매는 따서 가족을 위한 신성한 만찬에 공급된다. 체로키(Cherokee)족은 여자아이 탯줄을 그 소녀가 자라서 훌륭한 요리사가 될 수 있도록 곡식 절구통 밑에 묻는다. 남자아이 탯줄은 그가 훌륭한 사냥꾼이 되도록 숲 속의 나무에 매단다.

페루 잉카(Inca)족은 탯줄을 매우 조심스럽게 보존했다가, 그 아이가 병에 걸리면 언제나 그것을 먹인다. 고대 멕시코 사람들은 소년의 탯줄을 전사에게 주어 그 소년이 전쟁을 좋아하도록 하기 위해서 싸움터에 묻게 했다. 그러나 여자아이 탯줄은 집 안의 화로가에 파묻었다. 그리하면 그 탯줄은 아이에게 가정에 대한 사랑을 불어넣고, 요리나 빵굽기에 취미를 갖게 하는 것으로 믿었기 때문이다.

유럽에서도 많은 사람들은 지금도 인간의 운명은 탯줄이나 태반과 관계가 있다고 믿는다. 예를 들면 라인 강 유역 바바리아에서는 탯줄을 얼마 동안 낡은 아마 헝겊에 싸서 보존한 뒤에, 아기 남자아이의 탯줄은 숙련공이 되도록 칼로 잘게 자르고, 여자아이의 탯줄은 바느질을 잘하도록 바늘로 찌른다. 베를린에서 산파는 보통 말린 탯줄을 그 아버지에게 넘기면서 그것을 특별히 조심해서 잘 보존하도록 강력히 경고한다. 왜냐하면 그것이 보존되는 동안에는 아기는 살아서 번영하고 병에 걸리지 않기 때문이다. 보스와 페르슈에서는 탯줄을 물이나 불 속에 넣지 않도록 주의한다. 만일 그러면 그 아이는 익사하거나 불에 타 죽는다고 믿기 때문이다.

이처럼 세계 많은 나라에서 탯줄이나 태반은 그 아이의 형제나 자매로 여기거나, 아이의 수호신이나 혼의 일부가 머무는 물질적 존재로 간주된다. 더욱이 태반이나 탯줄과 아이 사이에 있다는 공감관계는, 그 일생을 통해서 인간의 성격이나 직업에 영향을 끼친다고 여긴다. 남자아이인 경우 그를 민첩한 나무타기 명수나 훌륭한 수영 선수, 노련한 사냥꾼, 용감한 전사로 만들기 위해, 여자아이는 훌륭한 재봉사, 훌륭한 조리사로 만들기 위해 태반이나 탯줄을 중요시하는 관습이 널리 퍼지게 된 것이다. 그리하여 태반, 또는 보다 좁게는 탯줄과 관련된 신앙이나 관습은 옮겨가는 영혼이나 외적 영혼에 대한 보편적 신앙과 관습에 놀라울 만큼 일치하고 있음을 보여준다. 그러므로 이 유사는 단순한 우연의 일치가 아니라, 태반 속에 외적 영혼의 이론과 관습에 대한 물리적 근거(태반만이 유일한 것은 아니겠지만)를 제공한다고 가정하는 것은 결코 조급한 판단만은 아니다. 이 문제에 대해서는 이 책의 뒷부분을 위해서 남겨 두자.

감염주술의 원리에 있어 특이한 적용은 부상자와 가해자 사이에 있으리라고 보통 생각되는 관계에서 찾아볼 수 있다. 결과적으로 가해자에 의해서나 가해자에게 실행된 것은 무엇이든지 필연적으로 피해자에게 좋건 나쁘건 영향을 미친다고 믿는다. 플리니우스의 말에 따르면, 만일 당신이 어떤 사람을 상해하고 미안하게 느끼면 상처 입은 손에 침을 발라준다. 그렇게 하면 부상자의 고통이 곧바로 덜어질 것이라고 한다.

멜라네시아에서 남자들은 친구에게 상해를 입힌 화살을 손에 넣으면 그것을 물기 있는 곳이나 차가운 나뭇잎 속에 간직해 둔다. 그 때문에 염증이 가라앉는다고 믿기 때문이다. 한편 화살을 쏜 적은 자기 힘이 닿는 모든 수단을 써서 상처를 악화시키도록 열심히 노력한다. 이 목적을 위해서 그와 그의 친구들은 뜨거운 물을 마시거나 자극성이 있는 나뭇잎을 씹는다. 그리하면 그것이 분명히 상처에 염증과 자극을 줄 것으로 믿기 때문이다. 또 그들은 그 화살을 불 근처에 놓고 상처에 열이 오르도록 한다. 그리고 같은 이유에서 화살촉을 되찾으면 그것을 불 속에 넣는다. 게다가 그들은 활줄을 당겨 퉁긴다. 그리하면 그

것이 피해자에게 신경을 긴장시키고 파상풍으로 경련의 고통을 일으킬 것으로 여겼기 때문이다.

철학자 베이컨(Bacon)은 다음과 같이 말했다.

"사람들은 상처를 입힌 무기에 기름이나 고약을 바르면 부상자의 상처가 낫는다고 주장한다. 이 실험에서 믿을 수 있는 사람들의 말에 따르면(나 자신은 그것을 믿기에는 아직 충분하지 않았으나) 다음의 요점에 주목할 필요가 있다. 무엇보다도 고약은 여러 성분으로 만들어지는데, 그것들 중에서 가장 기괴하고 손에 넣기 어려운 것은 매장되지 않은 죽은 사람의 백골에 있는 불개미와 새끼 낳으려 할 때 도살된 멧돼지나 곰의 지방이다."

이 철학자는 그런 귀중한 성분으로 만들어진 고약을 상처가 아니라 무기에 바르고, 피해자가 아무리 멀리 떨어져 있어도 효과가 있다고 설명한다. 또 그는 이 실험을 피해자가 눈치 채지 않게 무기에서 고약을 씻어내면, 그 결과 피해자가 곧 고통을 느끼고, 그 고통은 무기에 다시 고약을 바를 때까지 이어진다고 말한다. 또 그는 말한다.

"만일 무기를 구할 수 없을 때는 그 무기와 비슷한 철제품이나 목제 도구에 고약을 발라도 같은 효과를 얻을 수 있다는 것도 확인되었다."

베이컨이 효과가 있다고 인정한 그런 종류의 주술약은 요즘도 영국 동부 지방에서 널리 쓰인다. 예를 들면 서퍽(Suffolk)에서는 자신이 낫으로 상처를 낸 사람은 상처가 곪지 않도록 하기 위해 낫을 잘 닦아 빛을 내고 기름을 바른다. 그들의 말에 따르면 가시에 손이 찔린 사람은 빼어낸 가시에 기름을 바른다고 한다. 한 남자가 울타리를 만들다가 가시에 찔려서 통증을 호소하며 의사를 찾아왔다. 그런데 의사가 일러 주자 그 사나이가 대꾸했다.

"그럴 리가 있습니까? 빼냈을 때 가시에 기름을 잘 발라 두었는데요?"

이 지방의 마부는 말이 못을 밟고 발굽에 상처를 입으면, 그 못을 잘 보관하여 곪는 것을 예방하기 위해서 날마다 그 못을 씻거나 기름을 바르거나 한다. 이와 똑같이 케임브리지의 노동자들은 말이 못을 밟으면 그 못에 기름을 바르고 안전한 곳에 둔다. 그렇게 하지 않으면 말발굽의 상처가 낫지 않는다고 여긴다. 이 지방에 몇 년 전에 농장 문기둥의 경첩에 옆구리를 찢긴 말을 치료하기 위해서 한 수의사가 들렀다. 그가 농장에 도착했을 때, 그는 그 말의 주인이 다친 말은 아무런 치료를 하지 않고, 그 경첩에 기름을 바르고자 기둥에서 그것을 뽑는 데 진땀을 빼고 있는 것을 보았다. 케임브리지의 유식한 체하는 사람들에 따르면, 이것이 회복에 도움을 준다는 것이다.

마찬가지로 에식스(Essex) 시골뜨기들도 칼에 베이면, 그 상처의 회복을 위해서 칼에 기름을 반드시 바르고, 그 칼을 환자가 누운 침대 위에 두려고 한다. 또 바바리아에서는 도끼에 다친 사람은 아마포에 기름을 발라 그것에 도끼를 싸서 도끼날을 위로 해서 간직하도록 권유받는다. 도끼날에 묻은 기름이 마르는 데 따라 상처도 낫는다고 믿는다. 똑같이 하르츠(Harz) 산맥에 사는 사람들도 상처를 입힌 칼이나 가위에 기름을 발라 그것을 성부와 성자와 성신의 이름으로 마른 땅에 두어야 한다고 믿기 때문이다. 칼이 마르면 상처도 낫는다고 믿는다. 다른 독일인은 칼을 습한 땅에 박고 그것이 녹스는 데에 따라 상처도 낫는다고 말한다. 또 바바리아 어떤 사람들은 도끼나 그 밖의 것에 피를 발라 처마 아래 두도록 권장한다.

멜라네시아와 아메리카 미개 민족과 마찬가지로 영국이나 독일의 시골뜨기들이 생각하는 사고 방식은 중부 오스트레일리아 원주민들에게 더 두드러진다. 즉, 그 원주민들은 어떤 사정으로 다친 사람들의 가족들이 그의 상처를 확실하게 회복시키기 위해 자기들의 몸에 기름을 바르고, 음식물을 제한하고, 행동을 조심해야 한다고 믿는다. 예를 들면 젊은이가 할례를 받고, 그 상처가 아물기 전에 그의 어머니는 주머니쥐나 도마뱀이나 얼룩뱀, 또는 기름기 있는 것을 먹어서는 안 된다. 그런 것들이 자식의 상처가 아무는 것을 방해하기 때문이다. 그 어머니는 날마다 땅을 파는 막대기에 기름을 바르고, 그 막대기에서 눈을 돌리지 않는다. 밤이 되면 그것을 머리 옆에 두고 잠든다. 누구도 그것을 만져서는 안 된다. 또 어머니는 매일 온몸에 기름을 바른다. 아마 자식의 상처 회복에 도움이 된다고 믿기 때문일 것이다.

이 같은 원리는 독일 농민의 지혜로 더 흥미로워진다. 라인 강 유역의 바바리아나 헤세의 농민은 돼지나 양의 다리가 부러졌을 때, 의자 다리에 부목을 대고 붕대를 감는다. 그리고 며칠 동안 아무도 그 의자에 앉거나, 움직이거나, 두드려서는 안 된다. 그렇게 하면 다친 돼지나 양에게 통증을 주게 되고, 회복을 막게 된다고 여긴다. 이 예는 감염주술의 범위를 아주 벗어나 뚜렷이 동종주술이나 모방주술의 예에 속하는 것이다. 즉, 짐승의 다리 대신 치료를 받는 의자 다리는 절대로 짐승 다리가 아니고, 다리에 붕대를 이용한 것은 치료의 단순한 흉내에 지나지 않는다.

　사람과 사람을 해친 무기 사이에 있다는 공감적 결합은 아마도 무기에 묻어 있는 피가 그 사람 몸 속의 피로 계속 느낀다는 생각에서 비롯된다. 이런 이유로 뉴기니에서 떨어진 한 섬인 툼레오 파푸아(Papua)족은 상처에 붕대를 감을 때 쓴 피묻은 헝겊을 조심스럽게 바다 속에 던진다. 적이 그 헝겊을 주워서 그것에 주술을 걸어 자기를 해칠 염려가 있기 때문이다. 어느 날 입에 상처를 입고 계속 피를 흘린 한 사람이 치료를 받으려고 선교사를 찾았을 때 충실한 그의 아내는 힘들여 모은 피를 모두 바다에 버렸다. 이와 같은 행위들은 매우 우스꽝스럽고 부자연스럽게 보이나, 사람과 그의 옷 사이에 주술적 공감이 유지된다는 믿음에서 비롯된 행동이다. 이 때문에 옷에 행하는 것은 무엇이든지, 그 소유자가 그 무렵 멀리 떨어져 있더라도 그 몸에 느껴진다는 신앙은 결코 무시할 수 없다.

　빅토리아 섬의 워초발루크(Wotjobaluk)족의 마법사는 때때로 다른 사람이 사용한 주머니쥐의 가죽방석을 얻어서 서서히 불에 태운다. 그가 태우는 동안에 그 방석의 소유자는 병을 앓는다. 만일 마법사가 그 주술을 풀어 주는 데 동의하면, 그는 불을 꺼 버리기 위해 그 방석을 물에 담갔다가 병자의 친구들에게 돌려보낸다. 그리하면 병자는 정신이 상쾌해지고, 회복된다고 여긴다. 뉴헤브리디스 제도의 탄나(Tanna) 섬에서는 어떤 사람에게 원한을 품고 그의 죽음을 바라는 사람은 그 원수의 땀에 젖은 옷을 갖고자 노력한다. 성공하면 그는 그 옷을 어떤 나뭇잎이나 작은 나뭇가지로 조심스럽게 문지르고, 옷과 나뭇가지 또는 잎을 긴 소시지 모양으로 말아서 서서히 태운다. 이 옷뭉치가 타면 타는 만큼 상대는 고통스러워하다가 그것이 모두 타서 재가 되면 죽는다고 믿는다. 그러나 이 마지막 주술 형태에서 주술적 공감은 사람과 옷보다는 사람과 그 몸에 배었던 땀에 더 많이 있는 것으로 보인다.

　그러나 이와 비슷한 다른 여러 가지 경우를 보면, 마법사가 희생자를 휘어잡는 데에는 옷만으로도 충분한 것 같다. 테오크리토스(Theocritos)의 작품 속 여자 마법사는 배반한 애인이 자기의 사랑과 함께 녹을 수 있도록 밀납으로 만든 애인의 조각상을 불에 녹이면서, 그 애인이 자기 집에 두고 간 옷들 가운데 한 가지를 불 속에 던지는 것을 잊지 않았다. 프로이센에서는 도둑을 잡을 수 없을 경우, 차선책은 도둑이 도망칠 때 놓고 간 의류를 손에 넣는 일이라고 한다. 왜냐하면 그 옷을 마음껏 치면 도둑이 병에 걸릴 것이기 때문이다. 이 믿음은 일반 사람의 마음에 뿌리를 깊이 내리고 있다. 약 8, 90년 전에 베렌드 (Berend) 근처에서 한 남자가 벌꿀을 훔치려다가 발각되자 웃옷을 놓고 도망친 일이 있었다. 그 도둑은 벌꿀 주인이 분노하여 자기 웃옷을 망치로 때렸다는 소문을 듣고 너무나 놀라 몸져누워 마침내 죽었다.

또 주술은 의류나 몸을 제외한 다른 부분을 통해서만이 아니라, 모래나 흙에 남겨 둔 몸의 자국을 통해서도 그 사람에게 작용할 수 있다. 특히 발자국을 해침으로써 그 발을 상해할 수 있다는 것은 널리 발견되는 미신이다. 예를 들면 오스트레일리아 동남부 토착민들은 발자국을 차돌멩이, 유리, 뼈, 숯 등의 날카로운 조각으로 찔러서 그 사람 다리를 다치게 할 수 있다고 생각한다. 그들은 흔히 신경통이 그렇게 해서 생긴다고 생각한다. 어떤 타퉁올룽 (Tatungolung)족의 한 사나이가 매우 발을 절뚝거리는 것을 보고, 호위트박사는 어떻게 된 일인가를 물었다. 그가 말했다.

"어떤 놈이 내 발자국에 깨진 병유리를 꽂아놨나 봐요."

그는 신경통을 앓았는데, 어떤 적이 그의 발자국에 가한 그 주술의 영향이 발에 미쳤다고 믿고 있었다.

이와 같은 관행은 유럽 각지에서 유행했다. 예를 들면 메클렌부르크(Mec-klenburg)에서는 사람의 발자국에 못을 박으면 그 사람은 절름발이가 된다고 믿는다. 때로는 그 못이 관에서 빼낸 것이라야만 효과가 있다. 적을 해치는 이 같은 방식은 프랑스 여러 지방에서도 유행했다. 전해지는 바에 따르면, 옛날에 서퍽의 스토(Stow)에 이따금 드나드는 한 노파가 있었는데, 그녀는 마법사였다. 그 여자가 걷고 있을 때에 누가 그 뒤를 쫓아가 흙 위에 남긴 그 여자의 발자국에 못이나 주머니칼을 꽂으면, 그 노파는 그것을 다시 뺄 때까지 한 발도 움직일 수 없었다고 한다. 남부 슬라브족 처녀는 좋아하는 젊은 남자의 발자국이 남은 흙을 파서 화분 속에 넣는다. 그리고 그곳에 결코 시들지 않는다는 금잔화를 심는다. 그러면 그것이 자라서 금빛깔의 꽃이 피고 절대로 시들지 않듯이, 그 연인의 사랑도 꽃이 피고 어떤 경우에도 시들지 않을 것이다. 이렇게 사랑의 주술은 남자가 밟은 흙을 통해서 그에게 작용한다고 여겼다. 덴마크의 동맹 체결 양식은 사람과 사람 발자국이 공감적 관계에 있다는 관념에 그 기초를 둔다. 즉 동맹을 맺으려는 쌍방은 저마다 상대편의 발자국에 자기 피를 뿌려서 동맹 체결에 맹세했다. 고대 그리스에서도 비슷한 미신이 널리 퍼졌다. 만일 말이 늑대 발자국을 밟으면 말은 마비된다고 믿었다. 피타고라스가 남겼다는 속담에도 사람의 발자국에 못이나 칼을 찌르는 것을 금하고 있다.

이런 미신은 세계 각지에서 동물을 사냥하려고 하는 사냥꾼들에게도 이용된다. 예를 들면, 독일의 사냥꾼은 관에서 뺀 못을 짐승의 새로운 발자국에 찌르면 그 짐승이 달아나는 것을 막을 수 있다고 생각했다. 빅토리아 원주민들은 추적 중인 짐승의 발자국 위에 불이 붙은 숯을 놓아둔다. 호텐토트(Hottentot)족 사냥꾼은 짐승 발자국에서 얻은 흙 한 줌을 공중에 던져서 그 짐승의 힘을 뺀다. 톰프슨(Thompson) 인디언은 사슴 발자국에 주술을 걸어 놓는다. 그러면 사슴이 멀리 도망가지 못하고 곧 죽게 되기 때문에 그들은 더는 추적하지 않아도 된다고 생각한다. 똑같이 오지브와 인디언은 처음 발견한 사슴이나 곰 발자국에 '주술약'을 놓고 2, 3일 지나면 그 동물이 시야에 들어온다고 생각한다. 이 주술약은 며칠간의 일정을 몇 시간으로 줄이는 힘을 가지고 있다. 서부 아프리카 에웨(Ewe)족의 사냥꾼들은 뾰족한 막대기로 잡으려는 짐승 발자국에 꽂아 놓는데, 이는 그 짐승에게 상처를 입혀 도망가지 못하도록 하기 위해서이다.

이처럼 발자국은 주술을 사람의 육체에 작용할 수 있는 흔적 가운데서 가장 보편적인 것이지만, 그렇다고 유일한 것은 아니다. 오스트레일리아 동남부 토착민은 차돌멩이와 유리 등 날카로운 조각을 사람이 누워 있던 흔적에 묻으면 그 사람을 해칠 수 있다고 믿는다. 그런 날카로운 물건의 주술력이 사람의 몸에 들어가서 신경통을 일으킨다고 생각한 것이다. 유럽인은 신경통을 의학적인 관점에서 보는데, 원주민들은 그런 유럽인들을 무지한 사람들로 보았을 것이다. 여기서 우리는 왜 피타고라스 학파가 아침에 일어나자마자 침대에 남긴 몸의 흔적을 없애라는 계율을 만들었는지를 이해할 수 있다. 그 계율은 주술에 대한 예방책으로서, 옛 사람들이 피타고라스의 이름을 빌려 만들어 낸 미신적 계율의 한 부분이었다. 하지만 그런 계율은 그 철학자의 시대 훨씬 이전부터 이미 그리스인들의 원시적인 선조들 사이에도 분명히 행해져 온 것이었다.

4 주술사의 발달

이제까지 공감주술의 일반적인 원리에 대해 살펴보았다. 내가 그 원리를 설명하기 위해 인용했던 많은 예는 거의 개인적 주술(Private Magic)이라고 할 수 있다. 다시 말해 그것들은 개개인을 이롭게 하거나 해치기 위한 주술 의식이나 주문에서 비롯된 것들이었다. 그런데 원시 사회에서는 그러한 것 외에 공적인 주술이라고 말할 수 있는 것, 즉 공동사회 전체의 복지를 위해서 집행되는 주술도 일반적으로 발견된다. 그런 의식이 공공복지를 위해서 어느 곳에서 행해지든지 주술사는 이미 단순한 개인적인 시술자 영역을 벗어나서 반드시 어느 정도까지 공적 직무 담당자의 영역에 다다른 인물이었다.

그런 직무를 담당하는 계급의 발달은 사회의 종교적 진보를 위해서도, 정치적인 진보를 위해서도 매우 중요하다. 왜냐하면 부족의 안녕이 그러한 주술적 의식에 의존한다고 생각될 때는 주술사도 강대한 권위와 신임을 얻는 위치에 서게 되고, 쉽사리 추장이나 왕의 위치와 권위를 얻을 수 있기 때문이다. 따라서 주술사 계급은 다른 어떤 직업도 갖다 줄 수 없는 명예, 부, 권력 등을 주기 때문에 부족 내의 가장 우수하고 야심적인 사람들을 그 계급에 끌어들인다. 더 우수한 두뇌를 가진 자는 지능이 모자라는 부족원을 기만하고 미신을 써서 자기 이익을 계획하는 것이 얼마나 쉬운지 알고 있다. 그렇다고 모든 주술사가 정직하지 못하다거나 사기꾼인 것은 아니다.

고지식한 부족원들이 믿고 있는 놀라운 위력이 실제로 자신에게 있다고 확신하는 주술사도 있었을 것이다. 그러나 그가 총명하면 할수록 지능이 모자라는 부족원이 믿고 있는 신앙이 허위임을 알아차렸을 것이다. 그래서 뛰어난 능력을 가진 주술사들은 그 수효가 적건 많건 간에 틀림없이 의식적으로 사기꾼이 되는 경향이 있다. 그리고 바로 이런 사람들이야말로 그 우수한 능력으로 가장 높은 위치에 오르고, 스스로 최고의 위엄과 최강의 명령권을 얻는다. 물론 직업적인 주술사의 길을 가로막는 함정은 수없이 많고, 원칙적으로 가장 냉정한 두뇌와 가장 예민한 기지를 가진 자만이 안전하게 그 함정을 뛰어넘을 수 있다.

왜냐하면 그런 주술사가 내세우는 선언과 요구는 어떤 것이든지 거짓으로 드러날 가능성이 있기 때문이다. 즉, 그것들 가운데 어느 하나도 의식적이건 무의식적이건 속임수 없이는 지속될 수 없기 때문이다. 따라서 자신의 주술력이 훌륭하다고 진짜로 믿는 주술사는 간사한 사기꾼보다는 훨씬 위태로운 위험 속에 있고 한결 짧게 끝내기 쉽다. 정직한 마법사는 자기가 행하는 주문과 마법이 예상했던 결과를 가져오리라고 언제나 기대한다. 그래서 마법사는 그가 행하는 주술이 뚜렷하고 참담하게 실패할 때 가끔 당황한다. 그는 악랄한 동

영국 에드워드 왕조 때의 점쟁이 광고지. 존 존슨 컬렉션, 보들리언 도서관, 옥스퍼드

료처럼 실패를 얼버무릴 그럴싸한 구실을 갖추지 못한다. 그가 구실을 찾기 전에 부족원들은 그에게 실망하여 격분한 나머지 그의 머리를 쥐어박을 것이다.

사회가 진보하는 단계에서는 최고 권력이 가장 영리한 지혜와 가장 파렴치한 성격을 가진 자들의 손에 장악되기 쉽다. 만일 그런 사람들이 악랄한 수단으로 저지른 해악과 뛰어난 지혜로 불러오는 복지를 비교해 보면, 복지가 해악보다 훨씬 무서운 것이라고 판단할 것이다. 왜냐하면 더 많은 재앙은 아마 영리하고 파렴치한 악당보다는 높은 곳에 있는 정직한 바보들이 초래한 것이기 때문이다. 이 빈틈없는 악당은 큰 야심을 채우고 더는 욕심을 채울 것이 없으면 그의 재능과 경험과 그 밖의 모든 것을 공공 이익에 돌릴 것이다. 권력 획득

을 조금도 사양하지 않았던 이들은 자기들이 노려서 얻은 권력이 재력이건 정치적 권력이건, 또는 그런 것 이외의 다른 것이건 간에 그 권력을 사용하는 데는 대체로 자비로웠다.

정치 분야에서 교활한 권모술책가나 냉혈한 등은 끝에는 현명하고 관용 있는 통치자가 되어 생애를 끝내는 경우가 적지 않다. 그들은 살아있는 동안에는 축복받고 죽어서는 애도를 받으며 후세 사람들에게서 칭찬과 갈채를 받는다. 그런 사람들 가운데 가장 유명한 사람들을 든다면, 율리우스 카이사르와 아우구스투스이다. 그런데 어리석은 자는 언제나 어리석은 자라서, 손 안에 든 권력이 크면 클수록 그것을 행사할 때에 일어나는 위험도 크다. 영국 역사상 가장 큰 재난인 아메리카와의 충돌은 조지 3세가 정직한 바보가 아니었더라면 결코 일어나지 않았을 것이다.

그와 같이 주술의 공적 행사가 미개사회를 구성하는 데 영향을 끼치면 사건의 통치를 가장 능력이 있는 주술사에게 맡기는 경향이 있다. 그 결과 세력균형은 많은 사람에게서 한 사람에게 옮겨졌다. 그리고 민주정치나 원로들의 과두정치는 군주정치로 바뀌었다. 주로 미개사회는 원로들의 회의를 통해 통제되었다. 이 같은 사회 구조가 주술사 계급의 등장과 더불어 변화의 바람을 탄 것이다. 그 변화가 어떻게 일어났든, 또 초기 통치자의 성질이 어떠하였든 간에 전체에게는 매우 유익했다.

왜냐하면 군주정치의 발생은 인류가 미개 상태에서 벗어나는 필수조건으로 생각되기 때문이다. 민주적인 미개인만큼 관습과 전통에 얽매인 경우는 없을 것이다. 따라서 그와 같이 진보가 느리고 어려운 사회도 그다지 없다. 미개인이 인류 중에서 가장 자유롭다는 오래된 생각은 사실과 다르다. 미개인은 다만 현재의 노예가 아니라 과거에 묶인 노예고, 또 태어나면서 죽을 때까지 언제나 그를 따라다니며 쇠사슬로 다스리는 죽은 선조의 영혼들이 부리는 노예다. 선조들이 행한 것만이 정의의 규범이고 그것만이 맹목적인 복종에 굴복하는 불문율이다. 그러므로 낡은 관습을 보다 나은 것으로 개혁하려는 우수한 인재에게는 거의 아무런 활동 범위가 주어지지 않는다.

가장 약하고 우둔한 사람들은 자신은 오르지 못하지만 다른 사람들을 떨어뜨릴 수 있기 때문에 가장 능력이 있는 자를 끌어내리려고 필연적으로 표준을 정한다. 자연히 생긴 불평등, 즉 본디 재능과 기질의 헤아릴 수 없는 현실적인 차이가 겉만 그럴듯한 거짓 평등으로 무시되고 만다. 그런 사회는 인간적으로는 가능하지만 변치 않는 죽음의 단계를 보여준다. 후세의 선동가나 몽상가들은 이 낮고 침체된 상태를 인류의 이상적 상태며 황금시대라 노래했다. 모든 것은 재능에 따라 생애를 열어주고, 또 사람들의 자연적인 능력에 따라 권력의 정도를 안배하여 사회 발달에 도움을 주고, 인류의 참다운 행복을 마음으로부터 바라는 사람들에게 환영받을 만하다. 그런 촉진력이 일단 작용하기 시작하면(그 힘은 언제나 억압되지 않는다) 문명의 발달은 꽤 빨라진다. 단 한 사람이 최고 권력을 차지하게 되면, 이제까지 여러 세대에 걸쳐서 성취하지 못했던 변화를 그가 당대에 이룬다. 그리고 이따금 있는 일이지만, 그가 보통 사람보다도 뛰어난 지능과 권력을 가진 자라면 쉽게 기회를 이용할 것이다.

비록 폭군의 일시적인 기분이나 변덕일지라도 그것은 미개인 위에 무겁게 드리우고 있는 관습의 쇠사슬을 끊는 데 도움이 될 것이다. 그리고 부족이 우유부단하고 분열된 원로회의에 휩쓸리지 않고, 단 하나의 강력하고 결단력 있는 지도자의 지시에만 복종하면, 그들은 가까운 부족의 위협이 되고 강력한 부족으로 발돋움한다. 이것은 역사의 초기 단계에서 사회적·산업적·지적 발달에 때때로 크게 도움이 되었다. 왜냐하면 한편은 무력으로, 또 한편으로는 더 약한 부족들의 자발적인 복종으로 권력을 키우면서 공동사회는 바로 부와 노예를 획득하고, 생존을 위한 끊임없는 힘겨운 투쟁으로부터 어느 정도 해방된다. 그 결과 인류의 운명을 개혁하기 위해 가장 고귀하고 유력한 수단인 지식을 쏟아 고상한 추구에 힘을 쓰게 된다.

예술과 과학의 발달, 그리고 더 자유로운 견해가 확대하여 나타나는 지적 발달은 산업적 또는 경제적 발전에서 벗어날 수 없고, 그것은 정복과 제국주의로부터 막대한 자극을 받는다. 인간 심리작용의 가장 격렬한 폭발이 승리에 바로 이어서 일어나고, 세계의 위대한 정복 민족들이 주로 전쟁에서 가한 상처를 평화시에 치유하면서 문명을 촉진하고 확대하는 데 노력한 것은 결코 단순한 우연이 아니다. 과거의 바빌로니아인, 그리스인, 아랍인들이 우리의 증인이다. 이와 같은 폭발은 일본에서도 볼 수 있다. 또 역사의 흐름을 그 원천에까지 거슬러 올라가 보면 문명을 향한 최초의 큰 비약이 이집트, 바빌로니아, 페루 등과 같은 전제 또는 신권 정체에서 이룩되었던 것도 절대로 우연한 일은 아니다. 최고 통치자가 왕이자 신으로서 백성들에게 노예적인 복종을 요구했을 것이다.

이런 초기 고대사회에서는 전제주의가 휴머니즘의 가장 좋은 친구였으며, 또 역설적으로 들릴지 모르지만, 자유의 가장 좋은 친구였다고 할 수 있을 것이다. 왜냐하면 결국 최선의 의미로서의 자유, 즉 우리 자신의 사상을 만들고 우리 자신의 운명을 개척하는 자유는 각 개인의 운명이 태어나서 죽을 때까지 전통적 관습이라는 틀 안에서 결정되었던 원시사회의 표면적인 자유보다는 도리어 가장 철저한 전제주의와 가장 잔학한 압제 속에 더 많이 존재한다고 생각되기 때문이다.

그러므로 주술을 공적으로 행사하는 것은 가장 유능한 사람들이 최고 권력을 얻기 위해 통과하는 여러 길 가운데 하나였다. 그런 점에서 그것은 인류를 전통의 쇠사슬로부터 해방하고, 보다 크고 자유로운 삶으로 끌어올렸으며, 그들에게 세계에 대한 넓은 시야를 보여주는 데 이바지했다고 볼 수 있다. 또한 그것은 인도(人道)에도 작지 않은 공헌을 했다. 게다가 다른 방향에서 주술이 과학의 길을 닦은 것을 생각하면, 사악한 주술이 많은 악을 저질렀다 하더라도 한편으로는 많은 선의 원천이었다는 사실과, 그것이 오류의 산물이라 하더라도 여전히 자유와 진리의 어머니였다는 사실을 인정할 수밖에 없는 것이다.

제4장
주술과 종교

앞 장에서 열거한 여러 예들은 우리가 동종주술과 감염주술이라 이름을 붙였던 공감주술의 일반적 원리들에 대한 충분한 설명이 되었으리라 생각된다. 거기서 살펴본 주술 가운데는 정령의 직접적인 작용을 가정하는 것과, 또 기도와 희생 제물을 바침으로써 정령의 호의를 얻으려는 것도 있었다. 그러나 이러한 예들은 전반적으로 볼 때 오히려 예외적인 것들이다. 즉, 그것들은 종교로써 꾸며지거나 종교와 섞여진 주술을 보여 준다. 공감주술은 그 순수한 형태를 취하고 나타날 때는 언제나 하나의 현상이 어떤 영적 또는 인격적 능력자의 간섭 없이 자연 속에서 필연적으로 다른 현상을 수반한다는 것을 가정한다. 그러므로 공감주술의 기초 개념은 근대 과학의 기초 개념과 일치하고, 전체 체계의 기초는 자연계의 질서와 통일에 대한 맹목적이지만 참되고 확고한 신념이다.

주술사는 같은 원인은 언제나 같은 결과를 가져온다는 것과 적당한 주문을 내건 의식은 다른 주술사의 더 강력한 주술로써 방해되거나 좌절되지 않는 한 바라는 결과를 반드시 가져다 준다는 것을 의심치 않는다. 주술사는 더 높은 위력이나 경솔하고 제멋대로인 존재에 호소하지 않고, 두려운 신 앞에 굴복하지도 않는다. 그의 힘은 그의 믿음대로 위대한 것이나, 결코 제멋대로이고 무제한적인 것이 아니다. 주술사는 자기의 주술 원칙 또는 그가 인정한 자연 법칙이라고도 말할 수 있는 것에 철저하게 복종할 때에만 그 힘을 쓸 수 있다. 이 규칙을 무시하거나 조금이라도 그 규칙을 깨뜨리는 것은 바로 실패를 가져오는 것이고, 더더욱 최악의 위험에 빠뜨리는 것이다. 만일 그가 자연에 대해 주권을 주장하더라도, 그 주권은 그 범위 내에 엄밀하게 제한되고, 정확하게 낡은 방식으로 실행되는 주권이다.

그러므로 주술적인 세계관과 과학적인 세계관은 매우 비슷하다. 이 둘에 있어서 현상의 인과 관계는 효과를 정확하게 예측하고 헤아릴 수 있는 불변의 법칙으로 결정되기 때문에 완전히 규칙적이고 확실한 것으로 여긴다. 여기에서 변덕, 우연, 돌발 따위의 요소는 자연 운행 속에서 존재하지 않는다. 주술과 과학은 모두 사물의 원인을 알고, 세계의 드넓고 복잡한 기구를 움직이는 비밀의 원천에 접할 수 있는 사람에게 무한한 가능성의 전망을 열어 준다.

이런 까닭에서 주술과 과학은 모두 인간의 마음에 강력한 매력을 주었고, 지식을 추구하는 데 강한 자극이 되었다. 이 둘은 현세에서 실망해 황야를 헤매다 지쳐 상처투성이가 된 탐구자들을 무한의 약속으로 유혹한다. 주술과 과학은 그들을 아주 높은 산꼭대기로 이끌어 발아래에 있는 검은 구름과 짙은 안개의 아득한 저편, 이 세상이 아닌 휘황찬란한 꿈의 빛 속에 담긴 천상의 도시를 보여 준다.

주술의 치명적 결함은 주술이 법칙에 따라서 결정된 사건의 연속을 전체적으로 가정하는 데 있지 않고, 그 계기를 지배하는 특수한 법칙들의 성질을 전체적으로 오인하는 데 있다. 우리가 앞서 검토하여 적절한 연구 자료로 여긴 공감주술의 여러 예를 분석하면, 그 예들이 이미 설명한 대로 생각의 2대 근본 법칙, 즉 유사에 따른 관념 연합과 공간 또는 시간의 연속성에 따른 관념 연합 중 하나를 잘못 적용한 것임을 알 수 있다. 유사한 관념의 잘못된 연합은 유사 주술이나 모방주술을 낳고, 서로 접한 관념의 잘못된 연합은 감염주술을 낳는다. 관념 연합 원리는 자체가 뛰어나며, 또 인간의 심리 작용에 꼭 필요하다. 그래서 그것을 적절히 이용하면 과학을 낳게 된다.

그러나 비합리적으로 이용하면 과학의 이복형제인 주술을 낳는다. 그러므로 모든 주술이 반드시 거짓되고 보잘것없다고 말하는 것은 낡아빠진 말이며 같은 말을 반복한 것에 지나지 않는다. 만일 주술이 진실되고 효과가 있다면, 그 것은 이미 주술이 아니고 과학이기 때문이다. 인류는 처음부터 자연 현상의 여러 질서를 자기 이익으로 바꾸어 주는 일반 법칙을 찾아 왔고, 오랫동안의 추구 끝에 그러한 법칙을 발견하고 쌓아 왔다. 여기에 어떤 것은 황금도 있고 또 어떤 것은 찌꺼기도 있다. 이 가운데 참된 법칙이나 황금률은 기술이라고 불리는 응용과학을 이루었고, 잘못된 법칙은 주술로 남았다.

만일 주술이 과학의 가장 가까운 친척이라면, 우리는 주술과 종교에 대한 관계를 검토해야 한다. 그러나 그 관계에 대한 견해는 우리가 종교 자체의 본질에 대해 만들어온 관념에 따라서 틀림없이 영향을 받을 것이다. 그러므로 종교와 주술의 관계를 검토함에 앞서 종교 개념을 규정해야 한다. 그런데 종교의 본성에 대한 문제만큼 의견이 다른 것도 아마 세계에서 드물 것이며, 누구나 만족할 만한 종교의 정의를 제시한다는 것은 확실히 불가능하다. 다만 여기서 할 수 있는 일은, 먼저 종교라는 어휘의 뜻을 명백히 한 다음, 이 책을 통해서 그 어휘를 계속해 그 의미로 사용하는 일이다.

내가 이해하는 종교란 자연의 운행과 인간의 삶을 명령하고 조절하여 초인간적인 온갖 힘을 조정하고 화해하는 것이다. 그렇게 규정하면 종교는 이론적인 것과 실천적인 것, 즉 초인간적인 힘에 대한 신앙과 그 힘을 달래거나 기쁘게 하려는 시도이다. 이 둘 가운데 신앙이 먼저 일어나는 것이 확실하다. 신성한 존재를 먼저 믿지 않고서는 그 존재를 기쁘게 할 수 없기 때문이다. 그러나 믿음만 있고 실천이 없으면, 그것은 종교가 아니라 신학에 지나지 않는다. 성 야고보는 다음과 같이 말했다.

"행함이 없는 믿음은 죽은 것이다."

말을 바꾸면, 신에 대한 두려움이나 사랑으로 그에 맞게 행동하지 않는 사람은 종교적이라고 말할 수 없다. 또 반대로 종교적 신앙에서 벗어난, 단순한 실천도 종교적이라 할 수 없다. 두 사람이 아주 똑같이 행동해도 한 사람은 종교적이고, 다른 한 사람은 그렇지 않을 수도 있다. 신에 대한 사랑이나 두려움으로 행동하는 사람은 종교적이다. 인간에 대한 사랑이나 두려움으로 행동하는 사람은, 행한 것이 공공 복지에 이바지하느냐 어긋나느냐에 따라서 도덕적이거나 부도덕적 행위가 된다. 그러므로 신학 용어를 빌리면, 신앙과 행위는 다같이 종교에 불가결한 것이며, 이 두 가지가 없으면 종교는 존립하지 못한다.

그러나 종교적 실천이 언제나 의식 형태를 취할 필요는 없다. 다시 말해서 종교는 반드시 제물을 바치거나 기도문을 외우는 등의 겉으로 드러나는 의식으로써 만들어지는 것이 아니다. 종교의 실천 목적은 단지 신을 기쁘게 하려는 데 있기 때문이다. 신이 피의 희생 제물이나 송가, 향의 냄새보다도 자선, 자비, 성결을 기뻐하는 존재인 경우에 그 예배자는 신 앞에 엎드려 찬송가를 부르고 사원을 값비싼 공물로 채우기보다는 이웃에게 깨끗하고 자비롭고 너그러움으로써 신을 가장 기쁘게 할 수 있다. 이렇게 함으로써 불완전한 인간은 신의 완전함을 모방하기 때문이다.

히브리 예언자들이 신의 선함과 신성의 고귀한 이상에 감동받아 지치지 않고 가르친 것은 종교의 윤리적 측면이었다. 예를 들면 예언자 미가(Micah)는 다음과 같이 말했다.

"하느님은 너희에게, 오 인간이여, 무엇이 선한가를 가르쳤다. 올바른 일을 하고, 자비를 사랑하고, 너희 하느님과 함께 겸손하게 살아가는 일 외에 너희에게 무엇을 구하였느냐?"

또 후대에 그리스도교가 세계를 정복한 힘의 대부분은 그처럼 하느님의 도덕적인 숭고한 관념과 그 관념을 따르는 의무를 실천하고자 하는 데서 비롯되었다. 성 야고보는 이렇게 말했다.

"하느님 아버지 앞에서 정결하고 더러움이 없는 경건은 곧 고아와 과부를 그 환난 가운데 돌아보고 또 자기를 지켜 세속에 물들지 아니하는 것이니라."

그러나 만일 종교가 첫째로 세계를 지배하는 초인적 존재의 믿음을 포함한다면, 둘째는 그 존재의 호의를 얻으려는 시도를 수반한다. 그렇다면 종교의 정의는 자연의 운행이 신축성 있거나 변하기 쉽다는 것을 뜻하며, 또 우리가 자연의 운행을 조절하는 힘이 있는 존재들을 설득하거나 유도해 인간의 이익을 위해 여러 현상의 흐름을 바꾸어 조절할 수 있다는 관념이 담긴 것이다. 이처럼 자연이 변하기 쉽다는 융통성 있는 관념은 과학의 원리뿐만이 아니라 주술의 원리에 정면으로 상충된다. 과학이나 주술은 둘 다 자연의 운행에 신축성이 없고 불변하며, 그 어떤 협박과 위협에 의해서도, 설득이나 간청으로써도 바뀌지 않는다는 것을 전제한다.

따라서 종교의 우주관과 과학과 주술의 우주관은 서로 대립적이다. 우주에 대한 이 상반된 두 의견의 차이는 세계를 지배하는 힘이 '의식적이고 인격적이냐', 또는 '무의식적이고 비인격적이냐'라는 근본 문제에 대한 해답과 관계 있다. 종교는 '초인간적인 힘과 화해'하여 둘 가운데 의식적이며 인격적인 힘을 긍정한다. 왜냐하면 모든 화해는 화해된 존재가 의식적이고 인격적인 능동자라는 것과, 그 존재의 행동이 어느 정도 일정하지 않다는 것, 또한 그 존재가 자기 관심, 욕망, 감정에 알맞게 호소하여 자신의 행동을 바라는 방향으로 바꾸도록 설득할 수 있다는 점을 전제로 한다. 화해는 무생물과, 특수한 경우에 행동이 절대로 고정되어 있는 사물에는 적용되지 않는다.

따라서 설득으로 자신의 목적을 바꿀 수 있는 의식적인 능동자가 세계를 지배한다고 생각하면, 종교는 인격적 존재의 감정에 의하지 않고 기계적으로 작용하는 불변의 법칙 작용으로써 자연의 운행이 결정된다고 생각하는 주술과 과학에 본질적으로 대립한다. 그런데 이 전제는 사실상 주술의 경우엔 암시적이나 과학에서는 명백하다.

주술이 때때로 종교가 가정하는 인격자와 관계된 것은 사실이다. 그러나 주술이 그 고유한 형태로서 관계된 때에는 언제나 생명이 없는 능동자들을 취급하는 똑같은 방법으로 정령들을 다룬다. 말하자면 종교가 정령과 화해하고 달래는 데 반해서, 주술은 강요하거나 강제한다. 그래서 주술은 인간적인 것이건 신적인 것이건 간에 모든 인격적 존재를 지배한다. 이 모두를 구슬릴 줄 아는 사람이 적당한 의식과 주문을 이용해 비인격적인 힘에 결국 복종하게 된다.

예를 들면 고대 이집트에서 주술사는 심지어 최고신들에게도 자기 명령에 복종하도록 강요하고, 그 명령에 복종하지 않을 때 그 최고신들을 실제로 협박했다. 그 정도에 이르지는 않아도 주술사는 때때로 오시리스(Osiris) 신이 자신에게 반항적이라 판단하면 그 신의 뼈를 뿌리고 신의 비밀스런 전설을 폭로하겠다고 선언했다. 이처럼 인도에서는 오늘날에도 브라마(Brahma), 비슈누(Vishnu), 시바(Siva)의 힌두의 위대한 삼위일체 신이 주술사들에게 복종하며, 그 주술사들은 주문을 외워 가장 힘 있는 신들에게 주권을 행사한다. 신들은 그들의 주인인 주술사가 제멋대로 내리는 명령에 따라서 공손하게 땅에 내려오거나 하늘로 올라가게 되어 있다. 다음과 같은 속담이 인도 곳곳에 널리 퍼져 있다.

"우주는 신들에게 복종하고, 신들은 주문(mantras)에 복종하고, 주문은 브라만 승려가 외운다. 그러므로 브라만이야말로 우리의 신이다."

주술과 종교 사이에 원리상의 근본적인 충돌은 역사상 사제들이 때때로 주술사를 잔인하게 박해한 이유를 충분히 설명해 준다. 주술사의 자만심, 더 강한 힘에 대한 거만한 처신, 그리고 마음대로 주권을 행사하려는 뻔뻔스러운 요구가 사제들을 화나게 했기 때문이다. 그런 요구와 태도는 신성한 주권을 두려워하고, 신이 계시는 앞에서 겸손하게 엎드리는 사제가 볼 때는 틀림없이 신에게만 속하는 주권을 불손하게 빼앗는 모독이었을 것이다. 또 때로는 보다 저급한 동기가 사제의 적개심을 사기도 했을 것으로 짐작된다. 사제는 신과 사람 사이의 적당한 중개자이자 참다운 매개자임을 자칭했다. 의심할 여지없이 사제들은 신의 은총에 이르는 어려운 길에 비해서 보다 확실하고 평탄한 길에 이르는 길을 설교하는 경쟁적인 주술사 때문에 이따금 손상을 입었다.

그러나 이 적개심은 우리에게 잘 알려져 있으나 종교 역사상 비교적 후대에 와서야 비로소 밝혀진 것으로 보인다. 비교적 초기에는 사제와 주술사의 역할은 때때로 결합되었거나, 더 정확하게 말하면 서로 구별되지 않았다. 사람들은 자신의 목적을 이루고자 기도와 제물로 신들이나 정령들의 축복을 간청하는 한편, 신이나 악마의 도움 없이 원하는 결과를 스스로의 힘으로 가져오리라고 바라며 주술 의식과 주문의 형식에 의지했다. 간단하게 말해서 사람들은 종교적 의례와 주술적 의례를 동시에 집행했고, 그들이 바라는 것을 낚시 바늘이나 갈고리로 낚으려고 궁리하는 한, 자신들이 하는 행위의 이론적 모순을 조금도 신경 쓰지 않고 기도와 주문을 욀 뿐이었다. 그러한 주술과 종교의 융합이나 문란한 실례는 멜라네시아인과 그 밖의 민족들이 행한 의식에서 이미 보았다.

그러한 종교와 주술의 혼동은 더 수준 높은 문화에 이른 여러 민족들 사이에 남아 있다. 이런 사례는 고대 인도와 이집트에 많다. 오늘날 유럽의 농민들 사이에서도 결코 그 모습이 사라지지 않았다. 고대 인도에 대해서 저 유명한 산스크리트의 학자는 다음과 같이 말했다.

"남아 있는 상세한 기록을 보면 가장 오래된 시대에서도 아주 초기의 제물 의식은 아주 원시적 주술이 담긴 여러 관습과 더불어 퍼져 있었다."

동양에서, 특히 이집트에서 주술의 중요성에 대해 마스페로(Maspero) 교수는 다음과 같이 말했다.

"우리는 근대인의 마음 속에 거의 불가피하게 떠오르는 그 저급한 관념을 주술이라는 단어와 결부해서는 안 된다. 고대인의 주술은 종교의 기초였다. 신앙이 깊은 사람이 신에게서 어떤 은혜를 받으려면, 신에게 자신의 모든 것을 맡겨야 한다. 그리고 신이 계시한 의례, 제물, 기도, 찬송 등에 의해서만 효력을 얻을 수 있다."

근대 유럽의 무지한 계층에서도 관념의 혼동, 즉 종교와 주술의 똑같은 혼동이 여러 형식으로 나타난다. 예를 들면, 프랑스에서는 다음과 같은 관념이 널리 퍼져 있다.

"농민의 대다수는 오늘날에도 사제들이 여러 원리에 대해서 신비적이고 억제할 수 없는 힘을 가진 것으로 믿고 있을 뿐만 아니라, 사제는 위험이 닥쳤을

주술에서 종교로
그리스도교의 목사나 가톨릭의 주교도 원시사회의 주술사와 마찬가지로 신자를 지키는 힘이 있
다. 사제의 관은 '성령'을, 십자가는 제앙을 막는 것을 의미한다. 교황 요한 바오로 2세

때 그만이 알고 그만이 말할 수 있는 권리를 가지며, 나중에 죄를 사해달라는
기도를 올려 자연 세계의 영원한 여러 법칙을 잠시 압박하거나 피할 수 있다.
바람, 폭풍우, 우박, 비 등은 사제의 명령을 듣고 그의 의지에 따른다. 불도 그
에게 복종하고, 화재의 불길도 그의 말에 따라 꺼진다."

예컨대 옛 프랑스 농민들은, 아직까지도 그렇겠지만, 사제가 어떤 특수한 의
식으로 '성령의 미사'를 올리면 신이 조금도 반대하지 않고 기적적인 효과를 얻
는다고 믿었다. 신은 그런 형식으로 요구된 것이 무모하고 귀찮은 소원이라 할
지라도 어떻게든지 모두 들어줄 수밖에 없었다.

삶에 큰 궁핍을 가져온 경우에도 그 기이한 방법으로 천국을 빼앗으려고 했
다. 그런 사람들의 머리 속에는 그런 의식이 불손하고 불경한 것이라고 전혀 생
각하지 않았을 것이다. 거의 교구 사제들은 그런 '성령 미사'의 집전을 거절했
다. 그러나 수도사, 특히 카푸친(Capuchin) 수도회의 수도사들은 조금도 망설이
지 않고 곤란하거나 궁핍한 사람들의 간청으로 '성령 미사'를 집전했다고 한다.

가톨릭 농민들의 경우처럼 사제가 신에게 요구한 것과 같은 사례를 고대 이집트인들이 주술사에게 특별한 능력이 있다고 믿었던 데서도 찾아볼 수 있다.

또 다른 예에서 보면, 프로방스의 여러 마을에서는 아직도 사제가 폭풍우를 막는 힘을 가지고 있는 것으로 여기고 있다. 그러나 사제라고 해서 누구나 그런 평판을 받는 것은 아니다. 어떤 마을에서 교구민들은 사제가 바뀔 때 새로 부임하는 사제가 그들이 말하는 힘을 가지고 있는지를 알고 싶어한다. 그래서 폭풍우의 첫 징조가 나타나면, 그가 폭풍우 구름을 물리치는지를 시험하기 위해서 초청된다. 그 결과가 교구민들의 기대에 흡족하다면, 새로 부임한 사제는 그 교구민들의 공명과 존경을 받는다. 이런 점에서 사제보의 평판이 교구장의 평판보다 높던 어떤 교구에서는, 둘 사이의 관계가 마침내는 매우 험악해져서 주교는 교구장을 다른 교구에 옮길 수밖에 없었다.

또 카스콩(Cascogn) 농민들에 따르면, 악인들이 그 적에게 복수하기 위해서 가끔 '성 세케르 미사'라고 불리는 미사를 집전해 달라고 사제에게 부탁한다고 한다. 그 미사를 알고 있는 사제는 매우 드문데다 그 사제들 중 4분의 3은 인정이나 돈에 넘어가지 않고 그 미사를 맡지 않는다. 못된 사제들만이 감히 기분 나쁜 미사를 접전했다. 그들은 결국 그 의식 때문에 반드시 심판을 받으리라는 것이 확실하다. 사제보, 주교, 더욱이 오슈(Auch)의 대주교마저도 그들을 용서할 수 없다. 로마 교황에게만 그런 못된 사제들을 용서할 수 있다.

'성 세케르 미사'는 올빼미가 둥우리를 짓고 울며, 박쥐가 어둠 속에서 날고, 집시의 잠자리가 되고, 두꺼비가 제단 밑에 득실대는 황폐한 교회에서만 치러진다. 먼저 사악한 사제는 밤에 그의 요염한 애인을 데리고 와서 11시의 첫 종소리에 맞추어서 낮은 목소리로 미사를 시작하고 야밤을 알리는 종소리와 함께 끝낸다. 그의 애인은 보조역을 맡으며, 그는 세모난 검은 빵으로 축복기도를 드린다. 그는 포도주를 쓰지 않는 대신에 세례를 받지 않은 아이가 익사한 우물의 물을 쓴다. 그는 십자를 왼쪽 발로 땅 위에 긋는다. 그 밖에 여러 비밀스런 의식을 행하나, 선량한 그리스도 교인들이 그것을 보면 그들은 일생동안 소경이 되거나 귀머거리나 벙어리가 된다고 여겼다. 이 미사에서 저주받은 자는 차츰 몸이 쇠약해지는데, 그 원인이 무엇인지 아는 사람은 아무도 없다. 또한 의사라 할지라도 손을 쓸 수 없다. 당사자조차 점차 '성 세케르 미사' 때문에 죽어 가는 것을 모른다.

그와 같이 여러 시대와 여러 민족들이 주술과 종교를 혼동했지만, 그 혼동은 원시적인 것이 아니다. 한편 사람들이 인간의 직접적이고 동물적 욕구가 아닌, 다른 욕구를 채우기 위해서 오직 주술에만 의지했던 시대가 있었다고 생각할 근거가 조금 있다. 먼저 주술과 종교의 기초적 관념을 조사해 보면, 주술이 인류 역사상 종교보다 오래 되었다는 것을 추측하게 한다. 우리는 주술이 마음의 가장 단순하고 초보적인 사유 과정에서 나오는 잘못된 적용, 말하자면 유사 또는 연속에 의한 관념 연합에 지나지 않음을 알 수 있었다.

또 한편, 종교는 자연의 뒤에서 인류를 초월한 의식적 또는 인격적인 초인간적 존재를 쥐고 있다는 사실을 이미 살펴보았다. 확실히 인격적인 신이라는 개념은 관념의 유사함이나 연속성의 단순한 인식보다 복잡하다. 그리고 자연의 운행이 의식적인 신에 의해 결정된다고 가정하는 이론은, 사물이 그 사물의 연속성이나 유사함으로 생긴다는 견해보다는 더욱 어려우며, 이를 이해하기 위해서는 훨씬 높은 정도의 지식과 반성이 요구된다. 마찬가지로 짐승들도 서로 비슷하거나 경험 속에서 함께 발견된 사물들의 관념을 연합한다. 그리고 그렇게 하던 것을 멈추면 그들은 단 하루도 살아남을 수 없다.

그러나 자연 현상이 수많은 보이지 않는 동물이나 놀라울 만큼 엄청난 동물에 의해 움직여진다는 신앙을 동물들이 과연 가지고 있을까? 이런 이론의 발견은 인간의 이성에 의해서만 가능하다. 주술이 가장 기초적인 사유 과정에서 시작되고 인간의 마음이 자연스럽게 빠지게 되는 사실적인 오류인 데 반해서, 종교는 단순한 동물로서는 거의 다다를 수 없는 관념에 입각한다. 따라서 주술이 인류의 발전 속에서 종교보다 먼저 일어났다고 할 수 있다. 다시 말해 인류가 기도와 희생 제물이라는 부드러운 환심을 통해 수줍어하고 변덕스럽거나 성 잘 내는 신을 달래고 꾀어 보려고 하기 이전에, 원시인은 주문과 마법의 얕은 힘으로 자연을 자기의 욕구에 굴복시키려고 시도했다고 할 수 있다.

우리는 주술과 종교의 기본 관념을 검토함으로써 연역적으로 결론에 이르렀다. 우리가 정확한 정보를 얻을 수 있는 가장 미개한 오스트레일리아 원주민들의 주술은 보편적인 데 비해서 더 큰 힘과 화해하거나 달래려는 종교는 거의 발견되지 않았다는 점이 귀납적으로 확증된다. 대체로 말해서 오스트레일리아의 모든 원주민은 주술사였다. 그러나 사제는 아무도 없다. 모두들 주술사가 다른 사람의 행동이나 자연 운행에 공감주술로 영향을 줄 수 있다고는 생각하지만, 기도와 희생 제물로 신들과 화해하려고 꿈꾸는 사람은 아무도 없다.

하지만 현재 우리에게 알려진 인간 사회의 가장 뒤떨어진 상태에서 가장 원시적인 오스트레일리아 원주민들의 주술이 뚜렷하게 존재하고, 종교가 거의 존재하지 않았다면, 다음 사실을 합당하다고 추리해서는 안 될까? 즉, 세계의 여러 문화 민족도 그들의 역사 중 어느 시기에 같은 지적 과정을 거쳤다는 사실과, 그들이 희생 제물을 바치고 기도하면서 자기들의 이익을 구하려고 생각하고, 그에 앞서 자연의 위력을 멋대로 주무르려고 했다는 사실, 한 마디로 말한다면 인류 문화의 물질적 측면에서 석기 시대가 곳곳에 있었던 것과 같이 지적 측면에서도 '주술 시대'가 여기저기에 있었다는 사실을 추측해서는 안 될까?

이 물음에 대해서 단정적으로 대답할 근거가 있다. 우리가 그린란드에서 티에라델푸에고(Tierra del Fuego)까지, 또는 스코틀랜드에서 싱가포르까지 현존하는 민족들을 검토해 볼 때, 그 민족들이 서로 다양한 종교로 구별되는 사실, 다시 세분되어 국가(state)와 주(common wealths), 한결 더 도시, 촌락, 가족의 범위로까지 세분되어 있다는 사실을 관찰하게 된다. 전세계 사회들은 그 표면이 종교적 충돌이라는 분해 작용으로 말미암아 철저히 쪼개지고 갈라지고 있다. 그러나 공동 사회의 지적인 부분에 주로 영향을 끼치는 그 차이들을 검토해 볼 때, 불행하게도 인류의 태반을 이루는 둔하고 약하고 무지하고 미신적인 사람들 사이에 존재하는 지적 일치의 견고한 기반 하나가 그 아래에 깔려 있는 것을 발견하게 된다.

19세기의 위대한 업적 가운데 하나는, 세계 많은 지역에 있는 그러한 낮은 인식의 지층을 파헤쳐 그 본질적인 동질성을 곳곳에서 발견한 일이었다. 그런 동질성은, 우리의 발밑에, 그다지 깊지 않은 곳, 바로 오늘날의 유럽에 있으며, 오스트레일리아의 원주민과 그것보다 한결 높은 문명의 출현이 그 동질성을 부수고 땅에 묻히지 못한 곳 어디에서나 나타나 있다.

곳곳에서 발견되는 원시적 동질성과 연관된 이같은 보편적인 신앙은 주술의 효과에 대한 믿음이다. 종교는 나라에 따라 다를 뿐만 아니라 시대에 따라 한 나라에서도 다른 데 반해서, 공감주술은 어떤 곳에서나, 어떤 시대에서나, 그 원리와 실천 면에서 본질적으로 똑같이 남아 있다. 근대 유럽의 무지하고 미신적인 계층 사이에서 주술은 수천 년 전 이집트와 인도에 있었던 것과 같고, 오늘날 세계의 가장 멀리 떨어진 구석에 생존하는 가장 무지한 미개인 사이에서도 마찬가지다. 만일 진리의 여부가 손의 수나 머릿수로 결정된다면, 주술의 체계야말로 가톨릭 교회보다 훨씬 더 보편적이다. 가톨릭 교회는 "그것은 존재하지 않은 적이 없고, 존재하지 않은 곳이 없으며, 공동의 것이다(Quod semper, quod ubique, quod ab ommibus)"라는 자랑스러운 표어로 오류가 없음을 증명하며 호소할 것이다.

사회 표면 아래에서 종교와 문화의 겉으로 드러나는 변화에 영향을 받지 않고, 영원한 존재로 내려온 이 견고한 원시적 층위가 인류의 미래에 어떤 영향을 미치느냐를 고려하는 것은 우리의 과제가 아니다. 냉철한 관찰자는 연구를 통해 주술의 깊이를 측량해서 알았기 때문에 주술을 문명에 대한 하나의 심각한 위협으로 여기지 않을 수 없다. 우리는 땅 밑에서 선잠을 자고 있는 힘에 의해서 언제라도 쪼개질 수 있는 얇은 지각 위에서 살고 있다고 할 수 있다. 때때로 지각 변동과 하늘로 치솟는 갑작스러운 화산 분출은 우리 발 밑에서 무엇이 일어나고 있는지 말해 준다.

때때로 문명 세계는, 스코틀랜드에서 흉악한 지주나 관리를 죽이기 위해서 못을 잔뜩 박은 인형이 발견되었다든가, 아일랜드에서 한 부인이 마녀의 혐의를 받고 서서히 불에 타 죽었다든가, 러시아에서 강도들이 밤에 들키지 않고 도둑질하기 위해 사람 기름으로 만든 초를 얻으려고 한 소녀를 살해했다든가 하는 등의 사건을 신문 지상에 알려주어 깜짝 놀래곤 한다.

그러나 진보를 한결 더 촉구하는 위력과 이미 이루어진 것을 파괴하려고 위협하는 위력 중 어느 것이 최후에 이길 것인가는 우리가 관여할 일이 아니다. 또 인류의 소수자의 추진력과 다수의 인류 자체의 무게 중 어느 쪽이 우리를 보다 높은 곳에 끌어올리기 위해서, 또는 우리를 더 깊은 곳에 가라앉히기 위해서 유력한가의 문제도 현재와 과거의 일에 관여하는 겸손한 학자가 개입할 바가 아니다. 이는 미래를 날카롭게 통찰할 줄 아는 성자나 도덕가 또는 정치가에게 주어진 문제이다. 따라서 여기서는 여러 종교적 신조의 끝없는 다양성과 변하기 쉬운 성질에 반해서, 주술적 신념의 획일성·보편성·항구성이 얼마나 주술이 인간 마음의 더 소박하고 원초적인 형태를 표현하고, 인류의 모든 민족들이 이런 주술적 신앙을 통해 종교와 과학에 이르렀으며, 그런 과정이 계속되어 나아간다는 가정을 지지하는 것으로 그친다.

만일 내가 감히 추론하듯이, '종교 시대'에 앞서 세계 곳곳에서 '주술 시대'가 먼저 일어났다면, 우리는 어떤 원인들이 인류에게 신앙과 실천의 원리로서의 주술을 포기하게 하고, 대신 종교에 몸을 맡기게 했는가를 마땅히 물어야 했다. 그러나 우리가 해명해야 할 사실의 수량, 다양성, 복잡성과 그 사실에 대한 우리 자료의 부족을 돌이켜볼 때, 다음 두 가지를 인정하게 된다. 즉, 그와 같은 깊은 문제에 대한 충분하고도 만족스러운 해답을 거의 바랄 수 없다는 사실과, 현재 지식 상태에서 할 수 있는 최선은 그럴듯한 추론을 시도하는 일이라는 것이다.

나는 주술은 본디 오류이며 효과가 없다고 뒤늦게 인식하게 된 사람들이 참된 자연관과 자연의 자원을 획득하는 효과적인 방법을 궁리하고 찾게 된 것을 시사하고자 한다. 더 영리한 지식인들은 주술 의식과 주문이 만들어지도록 계획하고, 보다 소박한 대다수 사람들이 실제로 만들어질 수 있다고 여전히 믿었던 그 성과를 실제로 얻지 못했다는 사실을 마침내 알게 되었을 것이다. 주술이 효과가 없다는 것에 대한 이 위대한 발견은, 그것을 발견할 만한 총명함을 가졌던 사람들의 마음 속에 아마 느리기는 하지만 근본적인 혁명을 틀림없이 일으켰을 것이다. 사람들은 이제까지 자기들이 자연의 힘을 완전히 지배할 수 있다고 믿었다. 그러나 이 발견으로 인류는 자연의 힘을 자기 멋대로 조종할 수 없다는 것을 최초로 깨닫게 되었다.

그것은 인간의 무지와 약함에 대한 고백이었다. 사람들은 원인이 아닌 것을 원인으로 여기고, 그런 상상적인 원인을 수단으로 삼아 행한 모든 주술적 노력들이 모두 헛일이었다는 것을 알았다. 사람들의 피눈물 나는 고생은 쓸모 없는 것이었고, 그 오묘한 수단은 아무런 효과도 없는 낭비에 지나지 않았다. 사람들은 아무것에도 매여 있지 않은 끈을 잡아당기고 있었다. 똑바로 목적지로 향하는 것으로 생각한 그들은 실제로 작은 원을 맴돌았던 것이다. 그가 추구하고 열심히 노력했던 결과가 계속 나타나지 않았다는 것은 아니다. 가끔 그들이 바라던 결과가 나타났으나, 그것은 인간이 만든 것이 아니었다.

예나 지금이나 비는 여전히 마른 땅에 내렸다. 태양은 변화 없이 푸른 하늘을 가로지르면서 낮의 여행을 계속하고, 달은 어두운 하늘을 지나면서 밤 여행을 계속했다. 말이 없는 계절의 행렬은 여전히 빛과 어둠, 구름과 햇빛 속에서 땅을 건너갔다. 사람들은 여전히 태어나서 일하고 슬퍼하며 잠시 이 세상에 머물다가 나중에 자기들의 선조가 사는 머나먼 고향으로 되돌아가야 한다. 모든 것은 참으로 전과 같이 움직였다.

그러나 눈에서 낡은 비늘이 떨어진 사람에게는 모든 것이 달리 보였다. 왜냐하면 그들은 하늘과 땅을 안내한 것이 자기들이었다고 환상 속에서 멋지게 살 수도 없고, 자기들이 그 약한 손을 하늘과 땅의 운행으로부터 떼게 되었을 때 하늘과 땅을 그 위대한 운행이 멈추게 되리라는 멋진 환상을 이미 간직할 수 없게 되었기 때문이다. 인간은 적과 친구의 죽음에서도 자기 자신이나 적들이 행한 주술의 놀라운 효과를 이제는 인정할 수 없게 되었다. 그리고 친구나 적들이 자신보다 더 강한 힘에 복종하고, 자신들이 조종할 수 없는 운명에 복종하는 것을 깨달았다.

그래서 원시 철학자는 예부터 정박했던 항구에서 닻줄이 풀려 떠다니면서 의혹과 불안의 거센 바다에 던져졌다. 자신과 자신의 힘에 대한 옛날의 행복한 확신이 여지없이 흔들려서 가엾게도 당황하고 흥분했다가, 큰 폭풍우 속의 조용한 항구처럼 신앙과 실천의 새로운 체제 속에 쉬게 되었다. 그 체제는 원시 철학자가 애를 태웠던 의혹에 대한 해결과, 마지못해 포기했던 자연 통치권을 대신할 만한 새로운 체제를 제공해 주었다. 만일 이 위대한 세계가 인간의 도움 없이 그 본래의 길을 계속한다면, 그것은 확실히 인간과 비슷하나 더 강한 다른 존재가 거기에 있기 때문이다. 그 존재가 눈에 보이지 않으나 세계 운행을 이끌고, 인간이 지금까지 자신의 주술에 의존했다고 믿은 모든 여러 가지 현상을 지배한다고 여기게 되었다.

주술과 종교 폭풍우를 일으키고, 천둥을 치게 하고, 번개를 번쩍이게 하는 것이 원시 철학자가 믿었던 대로 보이지 않는 존재들이고, 자기가 아니란 것을 믿기 시작했다. 그 존재는 견고한 땅에 기초를 두었고, 바닷물을 넘치지 않도록 사나운 바다에 한계를 정했고, 하늘의 찬란한 광채를 비추어 주었다. 공중의 새와 광야의 들짐승에게 모이와 먹을 것을 주었고, 비옥한 땅에 많은 수확을 주었고, 높은 산들에 수목을 울창케 했고, 골짜기의 바위 아래 맑은 샘을 솟게 했고, 조용한 호반에 푸른 목초를 무성케 했고, 사람의 콧구멍에 숨을 불어 넣어 생명을 주었고, 기근과 괴질, 전쟁으로 사람들을 멸망케 했다.

사람들은 화려하고 변화무쌍한 자연의 장관 속에서 그 위대한 존재의 솜씨를 찾아내어 이제야 자신들을 내맡기고, 겸손하게 그 보이지 않는 힘에 의존하겠다고 고백하고, 모든 좋은 것을 주시도록 자기들의 약한 생명을 위협하는 재난이나 위험에서 보호하여 주도록 그 자비를 청하며 바라고, 또 최후에 육체를 떠난 자기들의 불사의 영혼을 고생과 슬픔으로서는 다다를 수 없는 천국에 데리고 가서 좋은 사람들과 그들의 영혼과 함께 영원히 기쁨과 행복 속에서 살 수 있도록 청원했다.

이러한 과정에서나 이와 비슷한 과정에서 더 사려 깊은 사람들은 주술에서 종교로의 일대 전환을 이룩한 것으로 보인다. 그러나 그 변화는 그들에게서 갑자기 이룩되지 않았다. 변화는 서서히 진행되었고, 어느 정도 완전하게 완성되기까지는 긴 세월이 필요했다. 왜냐하면 인간이 자연 운행에 대규모로 영향을 끼치기에는 힘이 없다는 인식이 서서히 진행되었고, 인간이 상상했던 권위 전체가 단숨에 분쇄될 수 없었기 때문이다. 한 걸음씩 그는 그 자랑스러운 지위에서 물러서고, 한때 자신의 것으로 생각했던 지반을 한숨을 쉬면서 한 걸음씩 포기했을 것이 틀림없다.

바람이 불고 비가 내리고, 햇볕이 비치다가 천둥이 치는 것을, 그는 자신의 힘으로 좌우할 수 없다는 것을 점차로 고백하지 않을 수 없었을 것이다. 그리고 자연의 영역은 하나씩 그의 손에서 떨어져 나가다 드디어 전에 자기의 왕국으로 보였던 것마저 위협을 받게 되어 차츰 자신의 고립과 무력함을 깊이 느끼게 되었고, 주변을 둘러싼 것으로 확신되는 보이지 않는 존재의 도움과 위력에 감동되었을 것이다.

그래서 종교는 인간보다 뛰어난 힘을 조금씩 그리고 부분적으로 인식하기 시작하여, 지식의 진보와 함께 신에 대한 인류의 완전하고 절대적인 의존을 고백하는 데까지 이른다. 예부터 인간의 자유로운 행동은 보이지 않는 신비력에 대한 가장 경건한 태도로 바뀌었고, 그 최고의 덕은 그의 의지를 신 앞에 복종시키는 것으로 바뀌었다.

"신의 뜻 안에 우리의 평화가 있다(In la sua volontade è nostra pace)."

그러나 이처럼 깊어지는 종교적 관념과 모든 면에서 신에게 더 완전히 복종하는 것은 우주의 위대함과 인간의 왜소함을 이해할 수 있는 두뇌를 가진 조금 높은 지식 계층에만 생긴다. 어리석은 자는 위대한 관념을 파악할 수 없다. 그들의 좁은 이해와 반쯤 먼 눈에는 자신들만이 참으로 위대하고 중요하게 보일 뿐이다. 이런 사람들은 종교에 결코 이르지 못한다. 그들은 선각자들에 의해서 교훈이나 교의를 암송하는 훈련을 받고 겉으로만 귀의할 뿐이다. 그러나 그들은 그 마음 속에 옛날의 주술적 미신을 여전히 굳게 품는다. 종교는 그것을 반대하고 금지하지만, 주술이 인류 대다수의 정신적 구조에 그 뿌리를 깊이 박고 있는 한에서 주술을 뿌리째 뽑을 수는 없다.

이 책을 읽는 이들은 아마 다음과 같이 묻고 싶을 것이다. 지식인들이 더 일찍이 주술의 잘못을 탐지하지 못한 것은 왜인가? 왜 그들은 틀림없이 실망할 수밖에 없는 기대를 계속 걸 수 있었는가? 어떠한 생각으로 아무것도 가져오지 않을 푸닥거리를 하며, 아무런 효과도 없는 장엄한 헛소리만을 끊임없이 중얼거리는가? 경험과 뚜렷이 모순되는 믿음에 집착하는 이유는 무엇인가? 매번 실패함에도 왜 실험을 반복하는가? 이에 대한 답은 다음과 같을 것이다. 원시인이 주술 이론의 잘못을 깨닫는다는 것은 쉬운 일이 아니었으며, 실패는 거의 확연하지 않고, 아마도 대부분의 경우 기대했던 현상이 늦거나 빠르거나 하는 차이는 있을지언정, 집착하는 그 기대가 실현되도록 짜여진 의식을 행하면 실제로 나타났기 때문이다. 절대로 실패는 뚜렷하지 않았기 때문이다.

명석한 사람은 그런 경우에도 주술 의식이 반드시 현상의 원인은 아니라는 것을 깨달았을 것이다. 하지만 바람을 불게 하고, 비를 내리게 하고, 또는 적을 죽이도록 거행된 의식은 그것이 이루려고 하는 일을 조만간 이룰 것이다. 미개인이 그 일을 의식의 직접적인 결과로 여기고 효과가 있다는 마땅한 증거로 본 것도 무리는 아니다. 이와 똑같이 태양을 뜨게 하기 위해 아침에 행하는 의식이나, 꿈을 꾸는 대지를 겨울잠에서 깨우기 위해 봄에 행하는 의식은 적어도 온대 지방에서는 반드시 성공하는 것같이 보인다. 물론 이 지방에서 그 황금빛 태양은 아침마다 동쪽에서 떠오르고, 잠들었던 대지는 봄철마다 훌륭한 푸른 외투를 입고 새롭게 단장한다.

이 때문에 실천적인 미개인은 그의 보수적인 본능을 가지고 이론적인 회의자의 의견에 귀를 기울이지 않았다. 해돋이나 봄은 날마다, 매년 일정하게 행하는 의식의 직접적인 결과가 아니라는 것과, 태양은 의식을 늦게 또는 아예 거행하지 않아도 반드시 매일 아침 떠오르고, 봄마다 나무들은 꽃을 피운다고 설명했다. 이러한 의심은 신앙의 근거가 없는 공상이고 경험과는 뚜렷이 모순된 것으로 자연히 다른 사람에게 경멸과 분노로 반발을 샀을 것이다. 그 미개인은 이렇게 말했을 것이다. 이보다 더 뚜렷한 일이 어디 있겠는가?

"내가 땅 위에서 보잘것없는 내 초에 불을 켰기 때문에, 태양이 동쪽 하늘에 위대한 불을 켰다. 봄이 되어 내가 초록색 옷을 입으니 나무들도 초록색이 되었다. 이것은 누구에게도 알려진 사실이고, 나는 그 사실을 믿고 있다. 나는 너희들과 같이 입만 나불대는 이론가가 아닌 실천가이다. 이론도 사색도 좋다. 너희들이 결코 실천하지만 않는다면 너희들이 그런 것에 열중하는 것에 조금도 반대하지 않는다. 하지만 나는 사실을 고수하게 내버려 두라. 그래야만 내가 어디에 서 있는지 알 수 있으니까."

이 추론은 오류가 분명하다. 왜냐하면 그것은 이미 우리가 오래 전에 포기한 사실을 그 자료로 삼기 때문이다. 그러나 이와 똑같은 추론을 시험적으로 오늘날에도 여전히 논란이 되는 문제들에 적용하면, 영국인 청중은 그것에 박수갈채를 보내며 그런 주장을 한 강연자를 뛰어나거나 화려하지는 않지만 감수성이 예민하고 냉철하며, 안심할 수 있는 사람이라고 평가할 것이다. 이렇게 그런 추론이 우리 사이에서 검열을 통과할 수도 있다. 그렇다면 미개인들 사이에서 오랫동안 그 오류가 간파되지 않았다는 것이 오히려 마땅하지 않을까?

제5장
날씨의 주술적 조절

1 공적 주술사

이 책을 읽는 이들은 우리가 서로 다른 두 종류의 인간신을 살펴봄으로써 주술의 미궁에 빠졌다는 것을 기억할 것이다. 이것은 복잡한 미로를 지나갈 때 우리를 이끌어 주는 실마리가 되어서 마침내는 우리를 더 높은 곳으로 데려왔다. 여기서 우리는 잠깐 쉰 다음, 이미 걸어온 길을 되돌아보고, 다시 올라가야 할 더 멀고도 험한 길을 바라보게 될 것이다.

앞에서 검토한 결과에 따라, 그 두 인간신은 편의상 종교적 인간신과 주술적 인간신으로 구별될 수 있을 것이다. 종교적 인간신은 사람과 다르고 사람보다 우월한 차원의 존재가 오랜 기간, 또는 짧은 기간 동안에 인간의 육체로 화하여, 자신이 거처로 정한 육체를 매개물로 기적을 행하거나 예언하여 초인간적인 힘과 지식을 보여주는 경우이다. 그러므로 이것은 영감형이나 화신형 인간신으로 불리는 것도 적절하다. 이 경우 인간의 육체는 신성한 불사의 영으로 가득 차 있기는 하지만 그래도 자못 깨지기 쉬운 지상의 그릇에 불과하다. 한편 주술적 인간신은 누구나 조금씩 갖고 있는 힘을 특별히 풍족하게 가진 인간을 가리킨다. 미개 사회에서는 어느 정도 주술을 행하지 않은 사람이 없었기 때문에 이 점에서 주술적 인간신과 보통 인간은 별 차이가 없다.

종교적 인간신이 지상의 틀이라는 평범한 가면 뒤에 몸을 웅크리고 성스러운 빛을 감춘 신에게서 신성을 받는 데 반해서, 주술적 인간신은 자연과의 어떤 물리적인 공감에서 특별한 힘을 끄집어 낸다. 이같은 두 유형의 인간신은 단지 신적인 영혼의 그릇만이 아니다. 그의 육체와 영혼 전체가 세계의 조화와 미묘하게 화합하여, 그가 손을 대기만 해도 우주 전체에 놀라운 진동을 보낼 정도다. 또 반대로 그의 몸은 일반인이 전혀 느끼지 못할 만큼 미미한 환경의 변화에도 매우 민감하다. 그러나 이런 두 형태의 인간신 사이의 경계선은 상술한 바와 같이 이론적으론 명확히 그어지더라도 실제로는 면밀하게 그어질 수가 없다. 그러므로 두 유형에 대한 구분에 대해서는 언급할 필요가 없을 것 같다.

우리는 앞에서 주술적 기술이 실제로 개인 또는 공동 사회의 전체 이익을 위하여 쓰이느냐를 검토하고, 이 두 목적 가운데 어느 쪽으로 향하느냐에 따라 사적 주술과 공적 주술이라고 부르는 것을 이미 보았다. 또 공적 주술사는 큰 권력의 자리를 차지하고, 그가 분별 있고 능력 있는 사람이라면 그 자리에서 한 걸음씩 추장이나 왕의 자리에까지 오른다. 그래서 미개와 야만 사회의 많은 추장과 왕의 권위는 대체로 주술사로서의 평판에 달려 있기 때문에 공적 주술에 대한 검토는 원시적 왕권을 이해하는 데 도움이 된다.

공적 주술이 확보하는 공공 이익 중 가장 필요한 것은 식량의 적절한 공급이다. 이미 앞에서 언급한 예들은 식량 공급자들, 즉 사냥꾼, 어부, 농부들이 여러 직능을 수행할 때 거의 주술적 행위에 기대고 있다는 사실을 증명하고 있다. 그러나 그들은 그 경우에 주민의 전체 이익을 위해 활동하는 공동체 이익에서라기 보다 오히려 그들 자신과 가족들의 이익을 위한 사적 주술사로서 활동했다. 그러나 그 의식이 사냥꾼, 어부, 농부들이 아니라 직업적인 주술사에 의해서 자신들의 이익을 위해 집행하는 경우에는 문제가 다르다.

직업의 획일성이 하나의 규칙이었고, 직업의 분화가 되지 않은 원시사회에서는 거의 각자가 주술사였고, 자신의 이익과 적의 상해를 위해서 주술을 행하고 주문을 왼다. 그러나 특별한 계층으로 주술사가 형성되었을 때 커다란 비약이 일어나게 된다. 그 비약이란 달리 말한다면, 많은 사람들이 질병 치료, 미래 예측, 기후 조절 또는 그 밖의 공공 이익을 위해 그들의 주술로 공동체 전체를 이롭게 한다는 특별한 목적으로 분별되었다.

그런 주술적 전문가들이 채택한 수단이 효과가 없는데도, 그 제도 자체의 막중한 중요성을 외면해서는 안 된다. 적어도 조금 발달한 단계의 미개 사회에서는 딱딱한 손 도구로 삶의 양식을 얻는 필요성에서 벗어나서 자연의 신비스러운 움직임을 추구하도록 허용되었다. 아니 그러도록 기대되고 격려되었다고 말해야 할 것이다. 그들의 의무와 관심은 동료보다도 많은 것을 알고, 자연과의 격심한 투쟁에서 인류를 돕고, 인류의 괴로움을 덜고 생명을 연장시키려는 것이었다. 약물이나 광물의 성질, 강우와 가뭄, 그리고 우뢰와 천둥의 원인이나 계절의 변화, 달의 차고 이지러지는 것, 매일·매년의 태양의 운행, 별들의 작용, 생명과 죽음의 신비 등은 모두가 틀림없이 미개한 철학자들의 놀라움을 자극했을 것이다.

뿐만 아니라 그들 동료들이 인간의 행복을 위해서 자연의 위대한 운행을 이행하고 조절해 달라고 그들에게 집요하게 요구하면서 가장 실제적으로 부딪친 여러 문제의 해결책을 발견하도록 그들을 자극했을 것이다. 그들의 첫 탄환이 표적에서 멀리 빗나간 것은 불가피한 일이었다. 느리기는 하지만 절대로 멈추지 않고 진리에 접근하기 위해서는 계속 가설을 세우고 실험해야 한다. 그러면서 그때마다 사실에 합치하는 것은 받아들이고 그 사실 이외의 것은 물리쳐야 한다. 미개한 주술사가 품고 있는 자연의 인과 관계에 대한 견해는 우리에게는 분명히 오류고 터무니없어 보인다. 그러나 그 무렵 그 견해는 실증적으로 검증되지는 못했으나 합리적인 전제였다. 비난과 조롱은 이런 미숙한 이론을 낳은 자에게가 아니라, 더 합리적인 이론이 제시된 이후에도 집요하게 그 이론에 집착하는 사람들에게 해야 한다.

정말 이 미개한 주술사만큼 진리를 추구하는 데 강렬한 열정을 품었던 사람도 없었다. 그들에게는 어쨌든 지식을 드러내는 일이 절대적으로 필요했던 것이다. 조그마한 실수라도 발견되면 목숨을 내놓아야 했다. 이것은 의심할 바 없이 그들이 그 무지를 감추기 위해 사기도 서슴지 않고 저지르게 되는 원인이 되었다. 그러나 이것은 동시에 거짓 지식이 아니라 참된 지식을 얻는 가장 강력한 동기를 제공했다. 왜냐하면 어떤 것을 알고 있는 것처럼 보이려면, 실제로 아는 것이 최선의 길이기 때문이다. 그리하여 주술사들의 엉뚱한 가장과 인류에게 가한 많은 속임수는 크게 비난받아 마땅하지만, 이 계급 제도의 본래 목적은 전체적으로 생각할 때 인류에게 무한한 복지를 주려는 데 있었음을 간과해서는 안 된다. 그들은 내과 의사나 외과 의사뿐만 아니라, 자연 과학 모든 분야의 발명가나 발견자들의 직접적인 선배들이기도 했다. 그들은 후세에 그들의 후계자들이 매우 영광스럽고 이로운 결과를 가져온 일을 먼저 시작했던 것이다. 시작이 빈약하고 보잘것없어도 그것은 오히려 지식의 길에서 어쩔 수 없이 겪을 수밖에 없는 어려움 탓이지, 인류 자체의 자연적인 무능력이나 고의적인 속임수 탓은 아니다.

2 비를 내리게 하는 주술적 조절

공적 주술사가 그 부족의 복리를 위해서 행하는 의식 가운데 가장 중요한 하나는 기후의 조절로, 특히 적절한 강우의 보장이었다. 물은 생명에 필수적이고, 대다수 나라에서는 그 공급을 비에 의존한다. 비가 오지 않으면 식물은 시들어죽고, 동물이나 인간 또한 쇠약해져 죽게 마련이다. 따라서 미개 공동 사회에서는 기우사(祈雨師 : rain-maker)가 매우 중요한 존재였다. 따라서 때때로 주술사 중 특수한 계층이 하늘에서 내리는 비의 공급을 조절하기 위해 존재하기도 했다. 늘 그랬던 것은 아니지만, 이들의 임무 수행 방법은 보통 동종주술이나 모방주술의 원리에 따른 것이었다.

만일 비를 내리게 하려면 물을 뿌리거나 구름을 흉내내어 비가 내리는 것처럼 가장했다. 그리고 비를 그치게 하고 맑은 하늘을 얻으려면 물을 피하고, 과도한 습기를 말리기 위해서는 온기와 불을 이용했다. 이러한 시도는 문명 사회의 독자들이 상상할 수 있듯이, 중부 오스트레일리아와 아프리카 동남부의 몇몇 지방과 같이 이따금 수개월 동안 구름 한 점 보이지 않는 푸른 하늘에 태양이 무정하게도 갈라진 땅에 내리쪼이는 심한 열기의 땅에 사는 벌거숭이 원주민들에게 한정되지 않는다. 유럽의 습기찬 기후에 속하고, 겉으로 보기에 문화적인 민족에게도 그러한 시도가 널리 행해졌다. 나는 이제 공적·사적 주술에 관련된 여러 사례를 설명하고자 한다.

예를 들자면 러시아의 도르파트(Dorpat) 근처의 한 마을에서는 비가 내리지 않아 곤란한 때는, 세 명의 남자가 어떤 성스러운 숲의 전나무 위로 기어 올라간다. 그들 가운데 한 사람이 솥이나 작은 통을 두드려 천둥 소리를 흉내내고, 또 한 사람은 불타는 막대기를 서로 마주치게 하여 불꽃을 튕겨서 번갯불을 흉내낸다. 그러면 '기우사'라는 세 번째 남자는 나뭇가지 다발을 물그릇에 담았다가 곳곳에 물을 뿌린다. 플로스카 마을의 부인들이나 소녀들은 가뭄이 끝나고 비를 내리게 하기 위해서 밤중에 벌거벗고 마을 경계선까지 나가서 땅 위에 물을 뿌린다. 뉴기니 서쪽에 있는 큰 섬인 할마헤라나 길롤로(Gilolo)에서는 주술사가 어떤 특정한 나뭇가지를 물에 담았다가 땅에 뿌려서 비를 부른다. 뉴브리튼에서 기우사는 붉은색과 녹색 줄무늬가 있는 덩굴식물의 잎 여러 장을 바나나 잎으로 싸서 물에 적시어 땅에 파묻고, 비 내리는 소리를 낸다.

주술에 의한 날씨의 지배

기상 현상은 세계 각지에서 신의 현신이라고 여겼다. 태양과 달, 번개도 순수한 자연 현상이라기보다는 인간의 모습을 한 신으로 생각하였다.

▶ 그리스 신화에는 바람과 구름의 왕 아이올로스(Aiolos)처럼 고대 관습을 반영한 것이 있다. 아이올로스는 구름을 각각의 동굴로 추방하고 맑은 날씨를 주었다고 한다. 기원전 5세기의 아테네 항아리. 대영박물관, 런던

▶ 잉카 인들은 1년 중 해가 가장 짧은 동지에 신이며 아버지인 태양이 반드시 돌아오도록 이곳에 태양을 묶었다. 페루 마추픽추에 있는 인디언 우아타나 유적.

북아메리카의 오마하(Omaha)족 인디언들은 옥수수가 비의 부족으로 말라 죽게 생겼으면, 신성한 '들소 사회(Buffalo Society)' 전사들이 큰 통에 물을 가득 담고, 그 둘레를 네 번 돌면서 춤춘다. 그리고 그중 한 사람이 물을 공중에 뿜어서 안개나 비 흉내를 낸다. 물통을 기울여 물을 땅 위에 쏟으면, 춤추던 전사들이 그 위에 엎드려서 얼굴 전체에 흙이 묻을 정도로 그 물을 입에 문다. 다시 입에 머금은 물을 공중에 뿜어서 마치 안개와 같은 흉내를 낸다. 이렇게 하면 옥수수는 살 수 있다고 믿었다.

북아메리카 나체즈(Natchez) 인디언들은 봄에 풍작을 위한 적절한 날씨를 주술사들로부터 이끌어 내기 위해 모두 힘을 모은다. 비가 필요하면 그 주술사들은 단식하고, 물이 차 있는 파이프를 입에 물고 춤을 추었다. 이 파이프에는 화초에 물을 뿌려 주는 물뿌리개처럼 구멍이 뚫려 있어서, 그 구멍을 통해서 기우사는 구름이 가장 많이 끼어 있는 하늘을 향해 물을 내뿜는다. 그리고 맑은 날씨가 필요하면 그는 지붕에 올라가서 두 손을 펴고, 힘이 닿는 한 크게 외쳐

서 구름이 지나가도록 명령한다.

중부 앙고닐란드 주민들은 제때에 비가 내리지 않으면 비의 신전(rain-temple)이라고 불리는 곳에 의지한다. 여기서 그들은 잡초를 뽑은 다음에 우두머리가 흙 속에 묻혀 있는 항아리 속에 술을 부으면서 이렇게 말한다.

"주인이신 차우타(Chauta) 신이여, 당신은 우리에게 냉담하군요. 우리를 어찌하려고 하십니까? 우리는 정말로 죽을 지경입니다. 당신의 아들들에게 비를 내리소서. 여기 당신에게 바치는 술이 있습니다."

다음에 모두 남은 술을 마시고, 아이들에게도 한 모금씩 마시게 한다. 그리고 사람들은 손에 나뭇가지를 들고, 비를 비는 노래를 부르면서 춤을 춘다. 그들이 마을에 돌아오면 집 문 앞에 미리 할머니가 준비해 둔 물그릇에 가지고 온 나뭇가지를 적셨다가 허공에 흔들어 물방울을 흩뜨린다. 이렇게 하면 비는 틀림없이 검은 구름을 타고 온다고 믿었다. 이 관습 속에 종교와 주술의 결합이 엿보인다. 왜냐하면 나뭇가지를 가지고 물을 뿌리는 것이 순수한 주술적인 의식인 데 반해, 비를 비는 기도와 술을 바치는 것은 순수한 종교적 의식이기 때문이다.

북부 오스트레일리아 마라(Mara)족 기우사는 연못에 가서 주술 노래를 불러 준다. 그리고 손으로 물을 떠서 마시고는 그것을 여기저기에 뿜어낸다. 그 뒤에 자기 몸에 물을 끼얹고, 또 곳곳에 물을 뿌리고는 조용히 자기 집으로 돌아간다. 그러면 그들은 비가 내릴 것으로 믿는다. 아랍의 역사가 마크리지(Makrizi)는 하드라마우트(Hadramaut)의 알카마르(Alqamar)라는 유목 민족이 행한다고 전해지는 비를 멈추게 하는 방법을 소개했다. 그들은 사막의 어떤 나뭇가지를 잘라서 불에 던지고, 그 타고 있는 가지에 물을 끼얹는다. 그러면 마치 불타오르는 나뭇가지 위에 끼얹어진 물이 금방 사라지듯이 비의 노여움이 달래진다고 믿었다.

마니푸르(Manipur)의 동쪽 안가미(Angami)족은 이와 똑같은 의식을 반대되는 목적을 위해서, 즉 비를 내리게 하기 위해서 행한다. 마을 추장은 불타는 나무 조각을 불에 타 죽은 자의 무덤 속에 쑤셔 넣고, 비를 비는 기도를 올리면서 이번에는 불타는 나무에 물을 부어서 끈다. 이때 물로 불을 *끄는* 것이 강우 현상의 모방 행동이다. 그들의 이런 모방 행동이 불에 타 죽은 자의 영향력으로 비 오는 효과가 더 커지게 한다고 믿었다. 불에 탄 자신의 육체를 식혀주어 고통을 덜고 싶은 열망이 크기 때문이다.

이러한 아랍인 말고도 비를 멈추는 수단으로 불을 사용하는 민족이 있다. 예를 들면 뉴브리튼 섬의 술카(Sulka)족은 불에 돌멩이를 빨갛게 달구어서 비를 맞히거나 뜨거운 재를 공중에 뿌리거나 한다. 이러면 비는 뜨거운 돌멩이나 재에 타는 것이 싫어서 곧 그친다고 그들은 믿었다. 텔루구(Telugu)족은 소녀를 발가벗겨 손에 불타는 나무 조각을 쥐게 하여 비 속에 세우고, 그 불을 비에 맞힌다. 그러면 비는 그친다고 그들은 믿는다. 뉴사우스웨일즈의 스티븐 항구에서는 주술의들이 불타는 나무 조각을 공중에 던지면서, 훅훅 불거나 소리를 외치면 비가 멈춘다고 여긴다. 북부 오스트레일리아의 아눌라(Anula)족 사이에서는 생나무 가지를 불 속에 넣어서 빨갛게 태웠다가 바람이 불어오는 곳을 향해서 그것을 휘돌린다. 이렇게 하면 누구라도 비를 멈추게 할 수 있다고 믿었다.

심한 가뭄 때 중부 오스트레일리아의 디에리(Dieri)족은 메마른 나라의 형편과 백성들이 거의 굶어죽을 상태에 대해 큰 소리로 통곡하면서 큰 비를 내리는 힘을 주도록 '무라무라(Mura-mura)' 조상 정령에게 호소한다. 그들의 신앙에 따르면, 그들의 의식이나 가까운 부족들의 의식 때문에 무라무라가 영향력을 발휘해 구름을 모아 비를 내리게 한다고 믿었다. 그들이 구름에서 비를 끌어내리는 방법은 다음과 같다. 길이 3.6m, 너비 2.4m에서 4m정도의 구덩이를 파고, 이 구덩이 위에 통나무와 나뭇가지로 우산 모양의 오두막을 세운다. 그런 다음 마을의 장로가 무라무라들에게서 특별한 영감을 받았다고 믿어지는 두 사람의 주술사로부터 뾰족한 부싯돌로 피를 낸다. 그 피가 팔에서부터 팔꿈치로 흘러서 그 오두막 속에 앉아 있는 부족 사람들 위에 뚝뚝 떨어지게 한다. 동시에 피를 흘리는 두 사람이 한 줌의 털을 뿌린다. 그 털은 피에 젖은 동료의 몸에도 붙고, 또 공중에도 떠다닌다.

여기에서 피는 비를 상징하고, 털은 구름을 의미한다. 의식이 진행되는 동안 오두막 가운데에는 큰 돌멩이 두 개가 놓이는데, 이것은 구름을 모으는 것을 나타내고, 비를 예언하는 것이다. 다음에 피를 흘린 두 주술사는 그 돌 두 개를 16~24km나 먼 곳으로 가지고 가서, 가장 높은 나무 위에, 될 수 있는 대로 높이 놓아둔다. 그동안 그 밖의 사람들은 석고를 모아서 가루를 내어 물웅덩이에 던진다. 이것을 무라무라들이 보고 곧바로 구름을 일으켜 준다는 것이다. 끝으로 젊은이나 늙은이나 모두 오두막을 둘러싸고 마치 황소와 같이 머리로 오두막을 들이받아 뚫고서 머리를 반대쪽에 내밀곤 한다. 이 행동은 그 오두막이 박살날 때까지 되풀이된다. 이때 손이나 팔을 사용해서는 안 되고, 다만 큰 통나무만이 남아 그것을 뽑아낼 때만 손을 쓴다. "머리로 오두막을 뚫는 것은 구름에 구멍을 내는 것을 의미하고, 오두막을 허무는 것은 비가 내리는 것을 의미한다" 또 구름을 표시하는 두 개의 돌을 나무 높은 곳에 두는 것도 분명히 구름을 하늘에 나타나게 하는 방법이다.

또 디에리족은 할례 때 젊은이에게서 잘라낸 포피 또한 비를 부르는 힘을 가진 것으로 믿는다. 그러므로 '부족 총회'에서는 가뭄의 경우를 대비해서 언제나 얼마 가량의 포피를 비축해 둔다. 그것들을 늘대나 얼룩구렁이의 기름과 함께 깃털에 싸서 조심스럽게 감추어 둔다. 여자는 어떤 일이 있어도 그 포장을 펴보아서는 안 된다. 의식이 끝나면 포피는 효력이 없어졌기 때문에 땅에 묻는다.

비가 내린 뒤에는 외과수술을 거행하는 부족이 있다. 그 수술은 가슴과 팔의 피부를 뾰족한 돌로 도려내는 것이다. 그리고 상처를 넓적한 나무 조각으로 쳐서 피를 많이 내고, 그 상처 위에 황토 흙을 발라 상처를 부풀어지게 한다. 토착민들이 이런 관습을 주장하는 이유는 그들이 바라는 비와 상처 사이에 관계가 있다고 여기기 때문이다. 그런데 그 수술은 고통스럽지 않은 모양이다. 왜냐하면 그들은 수술을 받으면서 웃거나 농담하기 때문이다. 아이들마저도 대기자들 사이에서 자기 순서를 기다린다. 그리고 수술을 받자마자 작은 가슴을 활짝 펴고 빗속을 노래하면서 뛰어간다. 그러나 그 다음 날에는 상처가 아프기 시작하기 때문에 전날과 같은 즐거운 모습은 아니다.

자바 섬에서는 비를 바랄 때에 이따금 등에서 피가 흐를 때까지 두 사람의 남자가 서로 연한 나무막대로 등을 때린다. 이때 흐르는 피는 비를 상징하고, 피를 흘리면 이 땅 위에 비를 가져오게 하는 것으로 사람들은 믿는다. 아비시니아(Abyssinia)의 에기오 지방 사람들은 해마다 1월에 일주일 동안 비를 청하기 위해 같은 마을 사람끼리 또는 마을과 마을끼리 살벌한 싸움을 벌인다. 수년 전에 메넬리크(Menelik) 황제는 이 관습을 금지한 적이 있다. 그러나 다음 해에 크게 가물어서 백성들의 소동이 일어났다. 이 때문에 끝내 황제는 어쩔 수 없이 일년 중 이틀만 그 잔인한 싸움을 허락했다. 이 관습을 소개한 글쓴이는 싸울 때 흘리는 피를 비를 관장하는 정령들에게 바치는 희생 제물로 보았다. 그러나 그것은 오스트레일리아와 자바의 의식에서와 같이 비의 모방이었다. 비를 구하고자 자기 몸에 상처를 내어 피를 솟아나게 했던 바알(Baal) 신의 예언자들 또한 같은 원리에 근거해서 행한 것으로 보인다.

쌍둥이가 자연, 특히 비와 날씨에 대해서 주술적인 힘을 가졌다는 믿음이 널리 펴져 있다. 이 기이한 미신은 브리티시컬럼비아 인디언 부족 중의 몇 부족들 사이에 널리 펴져 있는데, 쌍둥이 부모에게 어떤 특정한 속박이나 터부를 부과한다. 금기에 대한 정확한 의미는 알려지지 않고 있다. 그 예를 들면 브리티시컬럼비아 침시안 인디언은 쌍둥이가 날씨를 조절하는 것으로 믿는다. 그러므로 그들은 "진정하라, 쌍둥이의 숨이여" 말하면서 바람과 비에게 기도를 올린다. 또 그들은 쌍둥이의 소망은 언제든지 이루어진다고 생각한다. 쌍둥이는 자기들이 싫어하는 사람을 해칠 수 있기 때문에 사람들로부터 두려움의 대상이 된다. 또 쌍둥이는 연어와 빙어를 불러 모을 수 있다. 그 때문에 쌍둥이는 '풍족하게 하는 사람'을 뜻하는 이름으로 불려지기도 한다.

또 브리티시컬럼비아 콰키우틀(Kwakiutl) 인디언들의 의견에 따르면, 쌍둥이는 연어가 변신한 것이다. 그러므로 쌍둥이가 물고기로 다시 변하지 않게 하기 위해서 그들은 물가로 가서는 안 된다. 쌍둥이는 어린 시절에 손 동작으로 어떠한 바람이라도 불러올 수 있고, 일기를 좋게도 나쁘게도 할 수 있으며, 커다란 목제 딸랑이를 휘둘러서 질병을 고칠 수도 있다고 믿는다. 또 누트카 인디언도 쌍둥이와 연어는 어떤 관계가 있다고 믿는다. 그래서 그들 사이에서는 쌍둥이는 연어를 잡아서는 안 되고, 또 생고기를 먹거나 만져도 안 된다. 쌍둥이는 일기를 좋게도 나쁘게도 할 수 있으며, 얼굴에 검게 칠했다가 씻으면 비를 내리게 할 수 있는데, 이 행동은 검은 구름에서 내리는 비를 나타낸 것이다. 톰프슨 강 유역 인디언이나 슈스와프(Shuswap) 인디언들은 쌍둥이를 회색곰과 연관짓는다. 그 증거로 그들은 쌍둥이를 '어린 회색곰'이라고 부른다. 그들의 생각에 따르면, 쌍둥이는 일생 동안 초자연적인 힘이 주어진다. 특히 일기를 좋게도 나쁘게도 할 수 있다. 그들은 쌍둥이에게 그릇의 물을 공중에 뿌려서 비를 내리게 하고, 막대기에 붙들어 맨 넓적하고 조그마한 나무 조각을 흔들어서 날씨를 좋게 하고, 반반한 나뭇가지 끝에 새의 솜털을 뿌려서 폭풍을 일으킬 수 있다.

아프리카 동남부 델라고아 만 해안에 거주하는 반투(Bantu)족의 한 부족인 바롱가(Baronga)족도 마찬가지로 날씨에 영향을 끼칠 수 있는 힘을 쌍둥이가 가지고 있다고 인정한다. 그들은 쌍둥이를 낳은 여자에게 '하늘(Tilo)'이라는 이름을 붙이고, 쌍둥이를 '하늘의 아들'이라고 부른다. 보통 9월과 10월에 오기로 되어 있는 폭풍우가 올 것 같지 않을 때나, 가뭄으로 기근이 예상되고 구름 한 점 보이지 않는 하늘에 반 년 동안 내리 쬐인 태양에 그을고 태워진 초목이 남부 아프리카에 봄철의 자비로운 비를 바라며 허덕이고 있을 때, 부족 여자들이 일어나서 바싹 마른 땅에 바라던 비를 내리게 해 달라고 의식을 올린다. 여자들은 옷을 벗고 대신에 풀잎으로 만든 허리띠와 머리 장식, 또는 덩굴식물의 잎으로 엮은 짧은 치마를 입는다. 이렇게 차려 입은 여자들은 이상한 소리를 지르고 음탕한 노래를 부르며, 이 우물에서 저 우물로 다니면서 우물 속에 쌓인 진흙과 오물들을 쳐 낸다. 우물이라 하여도 그것은 다만 흐리고 불결한 물이 괴어 있는, 모래밭을 파낸 구덩이다.

그리고 여자들은 쌍둥이를 둔 수다스러운 한 여자의 집을 찾아가서, 가지고 갔던 물 주전자의 물을 그 여자에게 끼얹어 흠뻑 젖게 한다. 이렇게 하고서 그 여자들은 속된 노래를 부르고 해괴한 춤을 추면서 돌아간다. 남자들은 누구나 나뭇잎으로 가린 여자들이 돌아다니는 것을 보아서는 안 된다. 만일 여자들이 남자를 만나면 여자들은 그 남자를 뭇매질하여 떠밀어 버린다. 우물 청소를 끝내고 여자들은 거룩한 숲 속에 있는 선조의 묘지에 가서 그 위에 물을 부어야 한다. 또 주술사의 명령에 따라 이따금 쌍둥이의 묘지에 물을 붓기도 한다. 그들은 쌍둥이의 묘지가 언제나 젖어 있어야 한다고 생각하는데, 그 이유 때문에 쌍둥이는 반드시 연못가에 묻히게 된다. 만일에 비를 내리게 하려는 노력이 모두 헛일로 끝나면, 그들은 누구의 쌍둥이가 산 밑의 마른 땅에 묻혔는지를 조사한다. 이런 경우에 주술사는 "하늘이 불타고 있는 것은 그 때문이다. 그 시체를 파내어서 연못가에 다시 묻어라"고 일러 준다. 이 명령은 그 자리에서 실천에 옮겨지는데, 이것은 이 밖에 비를 내리게 하는 다른 방법이 없다고 믿기 때문이다.

이상에서 언급한 사례 가운데 몇 가지는 「사마베다 *Samaveda*」로 알려진 고대 인도의 경전에 실린 특별한 성가를 배운 브라만들이 지킨 규정에 대해

신과 인간 여성의 결혼
'크리슈나' 신과 양치기 딸 '라다'의 관계는 생명의 재생을 좌우하는 이상적인 남녀 관계를 보여주며, 동시에 신과 인간 여성의 영적 교제를 보여준다. 19세기 인도 칼리가트 시장 그림, 빅토리아&알버트 박물관, 런던

서 올덴베르크(Oldenberg) 교수가 내린 해석을 굳게 뒷받침해 준다. 〈사크바리(Sakvari) 노래〉로 불리는 그 성가는 인드라 신의 무기, 즉 천둥과 번개의 위력을 표현하여 무섭고 위험한 힘을 느끼게 했다. 그렇기 때문에 그 성가에 숙달하려는 대담한 사람은 마을을 떠나서 산에서 생활해야 했다. 여기서 그들은 율법학자에 따라 1년에서 12년 정도까지 각각 다르지만, 그 기간 동안에 생활 규칙을 지켜야 했다.

그중에 다음과 같은 규칙이 있었다. 그는 하루에 세 번 물을 마셔야 하고, 검은 옷을 입어야 하고, 검은 음식을 먹어야 하며, 비가 내리더라도 지붕 아래 몸을 피해서는 안 되고, 비 속에 앉아서 "물은 사크바리의 노래다" 말하고, 번개가 번쩍일 때는 "사크바리의 노래와 닮았다" 말하며, 천둥이 칠 때는 "위대한 인드라 신께서 위대한 소리를 내고 있다" 말해야 한다. 그는 물에 닿지 않은 채 흐르는 강을 건너가서는 안 된다. 생명에 위협을 느끼지 않는 한, 절대로 배를 타고 건너가서는 안 되고, 배를 탔다 해도 물과 닿아야 한다. 왜냐하면 속담에 '물 속에 사크바리 노래의 힘이 담겨 있다'는 말이 있기 때문이다. 마침내 그가 「사마베다」 경전을 배우는 것이 허용되었을 때, 그는 여러 종류의 식물이 들어 있는 물그릇에 두 손을 담가야 했다. 만일 그가 이런 교훈의 길을 모두 마치면 비를 내리는 신 파르자냐(Parjanya)는 그의 소원에 따라 비를 내려 준다고 믿는다.

이에 대해서 올덴베르크 교수가 다음과 같이 지적했다.

"이 규정은 모두 브라만을 물과 결합시키고, 말하자면 브라만을 물의 힘에 동참하게 만들어서 물의 힘을 적대시하지 않도록 하려는 데 그 의도가 있다. 검은 옷과 검은 음식도 같은 의미를 지니고 있다. 브라만이 비를 얻기 위해서 검은 짐승이 희생되었다. 이때 '그것은 검다. 왜냐하면 비의 성질이 그렇기 때문이다'라고 말을 했는데, 이 말이 검은 옷과 검은 음식물이 비구름과 관계된다는 것은 아무도 의심하지 않을 것이다. 또 비를 내리게 하는 주술로 '그는 검은 깃을 단 검은 옷을 입는다. 그것은 비의 성질이 그렇기 때문이다'라는 주문이 있다. 그러므로 베다(Veda) 학파들의 관념과 의식에 아득한 옛날의 주술적 관습이 보존되었고, 그런 주술들은 기우사에게 그의 직무에 전념케 하는 데 그 목적이 있었음을 추정할 수 있다."

매우 흥미롭게도, 비를 내리지 않기를 바라는 곳에서는 아주 반대되는 행위를 규칙으로 정해 날씨주술사(weather-doctor)에게 지키도록 한다. 비가 많이 내려 많은 식물이 사는 열대지방의 자바 섬에는 비를 내리게 하는 의식은 매우 드물고, 그 반대로 강우를 막는 의식이 널리 퍼져 있다. 우기에 어떤 사람이 많은 사람들을 초대하여 큰 잔치를 열려고 할 때, 그는 먼저 날씨주술사를 찾아가서 다음과 같이 부탁한다.

"구름이 내려앉은 것 같으니 밀어 올려주구려."

만일 날씨주술사가 자신의 직업적 능력을 발휘하는 데 동의하면, 그 날씨를 담당하는 주술사는 손님이 다 떠나가자마자 일정한 규칙에 따라 자기의 행동을 조절하기 시작한다. 그는 금식을 지켜야 하고, 물을 마시거나 몸을 씻어서는 안 된다. 그가 먹는 매우 적은 양의 음식물은 마른 것이어야 하고, 또 그는 어떤 경우에도 물을 만져서는 안 된다.

의뢰인 쪽의 주인과 그의 하인들은 남녀를 떠나서 잔치가 계속되는 동안에는 옷을 빨거나 몸을 씻지 말아야 하며, 엄격히 정결을 지켜야 한다. 그 날씨주술사는 잔치 직전에 자기 침실의 새 돗자리 위에 앉아 작은 등잔 앞에서 다음과 같은 기도나 주문을 중얼거린다.

"할아버지며 할머니이신 스로에코엘(Sroekoel ; 이 이름은 제멋대로 불리는 것)이시여, 당신의 나라에 가 주시오. 아케마트(Akkemat)가 당신의 나라입니다. 당신의 물통을 놓으시고, 그 뚜껑을 굳게 닫아 물 한 방울도 떨어뜨리지 마소서."

주술사는 이 기도를 올리는 동안 향을 피우고 위를 쳐다본다.

이와 같이 토라자(Toradja)족 사이에서도 기우사는 비를 쫓는 일을 자기의 특수 임무로 삼으며, 그 직업적인 임무를 수행하기 전후나 그 기간 중에 물을 만지지 않도록 주의한다. 그는 몸을 씻지 않으며, 씻지 않은 손으로 음식을 먹고, 야자로 빚은 술만 마신다. 그리고 그가 냇물을 건너야 할 때는 물에 발이 닿지 않도록 조심한다. 이렇게 조심조심하면서 그는 마을 밖의 논에 그를 위해 마련된 작은 오두막 안에 약한 불을 계속 피우는데, 이 불은 어떤 일이 있더라도 꺼뜨려서는 안 된다. 그는 비를 물리치는 효험을 가진 것으로 생각되는 여러 종류의 나무를 그 불에 넣어서 태운다. 그리고 구름을 물리치는 효험이 있는 나뭇잎과 껍질 한 묶음을 손에 들고서 비가 내릴 방향을 향해서 강하게 입김을 분다. 그 나뭇잎이나 껍질의 효과는 화학적 성분에서가 아니라 그것들의 이름에서 비롯되는데, 그 이름은 건조함이나 휘발성을 뜻하는 명칭이다. 이 동작을 행하는 동안에 구름이 나타나면, 그는 석회를 손바닥에 얹어서 그 구름 쪽으로 불어서 날린다. 석회가 매우 건조한 것이기 때문에 습기 찬 구름을 흩뜨리는 데 쓰인다는 것은 마땅한 일이다. 만일 그 후에 비가 필요하게 되면 그는 그 불에 물을 붓기만 하면 바로 비가 몰려 올 것이라고 믿는다.

독자들은 비를 내리지 못하기 위해 자바와 토라자의 의식과 비를 내리게 하기 위한 인도의 의식이 아주 대조적인 것을 느낄 것이다. 첫째로 인도 현인들은 특수한 여러 경우만이 아니라 날마다 세 번씩 규칙적으로 물을 만지라는 명령을 받는다. 자바와 토라자의 주술사들은 물을 만져서는 안 되었다. 둘째로 인도인은 숲 속에 살고, 더욱이 비가 내릴 때도 피난처를 찾아서는 안 된다. 자바 사람이나 토라자족은 집이나 오두막 속에 앉는다. 셋째로 인도인이 몸에 비를 맞고 공손히 비에 대해서 말하며 자기와 물과의 공감을 표시하는 데 반해서, 자바 사람과 토라자족은 등잔불을 켜거나 불을 지펴서 비를 쫓는 데 최선을 다한다. 그러나 이 세 행동의 기초가 되는 원리는 모두 같다. 그 세 가지는 모두 하나의 유치한 속임수를 통해 그들이 발생시키고자 하는 현상과 자기들을 동일시한다. 결과가 원인과 닮았다는 것은 잘못된 생각이다. 예컨대 여러분들이 비를 바라면 물을 가까이하고, 개인 날을 바라면 물을 멀리해야 한다는 말이다.

유럽 동남부에서는 지금도 비를 청하는 의식이 행해진다. 그것은 이제까지 언급한 바와 같은 사고 체계에 근거할 뿐만 아니라, 똑같은 의도로 델라고아만의 바롱가족이 행하는 의식과 그 세부적인 사항에 이르기까지 비슷하다. 테살리아(Thessalia)와 마케도니아의 그리스인 사이에서는 가뭄이 이어지면, 아이들에게 행렬을 지어 근처의 우물이나 샘에 두루 다니게 하는 관습이 있다. 그 행렬의 맨 앞에선 꽃으로 꾸민 소녀가 걸어가고, 이 소녀가 멈출 때마다 뒤따르는 아이들은 그 소녀에게 물을 끼얹으며 다음과 같은 기도문을 왼다. 이것은 그 일부다.

> 페르페리아(Perperia), 모든 것을 이슬로 기르시며
> 근처의 모든 것을 새롭게 하소서.
> 숲이나, 길 위로
> 신이 지나갈 때
> 우리는 당신에게 지금 기도하나이다!
> 오, 신이시여, 들판 위로
> 가늘고 작은 이슬비를 보내소서.
> 들판에 열매가 많이 맺도록,
> 주렁주렁 열린 포도를 볼 수 있도록,
> 곡물이 가득 영글도록,
> 이웃 사람들 모두 부자가 되게 하소서.

세르비아인은 가뭄 때 소녀를 발가벗기고, 머리부터 발끝까지 풀이나 꽃으

로 덮고, 얼굴까지도 생생한 풀로 만든 면사포로 가린다. 이렇게 분장한 소녀는 '도돌라(Dodola)'로 불리며, 다른 소녀들과 함께 온 마을을 누비면서 돌아다닌다. 소녀들은 모든 집 앞에서 걸음을 멈춘다. 도돌라는 뱅뱅 돌면서 춤을 추고, 다른 소녀들은 그 소녀의 둘레에 원을 그리면서 도돌라 노래 가운데 하나를 부른다. 이때 그 집 안주인은 항아리에 든 물을 도돌라에게 뿌린다. 그 노래 일부는 다음과 같다.

> 우리가 마을을 지나가면,
> 구름도 우릴 따라 하늘을 지나간다네.
> 우리가 더 빨리 달리면,
> 구름도 더 빨리 달린다네.
> 마침내 구름이 우리를 따라잡아
> 밀과 포도나무를 적셔 주네.

인도의 푸나(Poona)에서는 비를 바랄 때, 아이들이 그들 가운데 한 아이를 나뭇잎으로만 장식하여 그를 '비의 왕'이라고 부른다. 아이들이 온마을을 돌면, 집주인이나 안주인은 '비의 왕'에게 물을 끼얹고 그들에게 푸짐한 음식을 준다. 모든 집을 돌고 나면 '비의 왕'은 몸에 걸쳤던 나뭇잎을 벗고 받은 음식으로 잔치를 베푼다.

남서부 러시아 몇몇 지방에서는 비를 내리게 하는 주술로 목욕을 실시한다. 사제는 예배 뒤에 때때로 옷을 입은 채로 땅 위에 쓰러져 신자들로부터 물세례를 받는다. 또 여자가 옷을 입은 채로 '세례자 성(聖) 요한의 날'에 모여 있는 사람들 앞에서 목욕한다. 이때 나뭇가지나 나뭇잎으로 만든 성자 상을 물 속에 담근다. 남부 러시아 쿠르스크(Kursk) 지방에서는 가뭄이 오래 이어질 때 여자들은 길을 가는 이방인을 붙잡아서 강물에 던지거나 머리에서 발끝까지 흠뻑 적신다. 나중에 밝히겠지만 길 가는 이방인은 때때로 신이나 자연력의 화신으로 여겨지기 때문이다.

믿을 만한 기록에 따르면, 1790년의 극심한 가뭄 때문에 쉐루츠(Sheroutz)와 베르부츠(Werboutz) 농민들이 비를 내리게 하기 위해서 여자들을 모두 모아 목욕을 시켰다고 한다. 아르메니아(Armenia)에서 비를 내리게 하는 주술은 사제의 아내를 물 속에 던져서 흠뻑 젖게 하는 것이다. 북아프리카 아랍인은 가뭄 해소 방책으로 싫건 좋건 간에 성자를 샘 속에 던지고, 북부 셀레베스 한 지방인 미나하사(Minahassa)에서는 사제가 비를 내리게 하는 주술로 목욕을 한다. 중부 셀레베스에서는 오랫동안 비가 오지 않고 벼 이삭이 마르기 시작하면, 많은 마을 사람들, 특히 젊은이들은 근처의 개울에 가서 모두들 미역을 감는다. 그들은 시끄럽게 외치며 대나무통으로 물을 서로 끼얹는다. 때로는 물 위를 손바닥으로 치거나, 물 위에 띄운 바가지를 손가락으로 때리거나, 비 내리는 소리를 흉내내기도 한다.

여자들은 때때로 밭을 갈거나 그 흉내를 내면 비를 부를 수 있다고 믿는다. 예를 들면 코카서스 프샤우(Pshaw)족과 츄수르(Chewsur)족은 가뭄 때 '비를 갈다(耕)'라는 의식을 행한다. 소녀들은 쟁기를 매고 허리까지 차는 강물 속에 들어가 쟁기질 흉내를 낸다. 아르메니아 처녀들도 같은 행동을 한다. 가장 나이 많은 여자나 사제의 아내는 사제복을 입고, 나머지 여자들은 남장하고 강물을 거슬러 올라가며 쟁기 끄는 흉내를 낸다. 코카서스의 그루지야 지방에서는 가뭄이 오랫동안 계속되면, 결혼할 나이에 이른 처녀들이 짝지어서 어깨에 황소 멍에를 매고, 사제는 그 고삐를 붙잡는다. 그리고 모두 기도를 드리거나 소리를 지르거나 웃으면서, 강이나 물웅덩이 또는 늪 등을 누비며 쟁기질 흉내를 낸다.

트란실바니아의 한 지방에서는 가뭄 때문에 땅이 갈라지게 되면, 소녀들은 알몸이 된다. 또한 알몸이 된 나이 많은 한 여자가 그 소녀들을 인도한다. 그들은 써레 하나를 훔쳐서, 밭을 지나 강으로 가져가 물에 띄운다. 다음에 그들은 써레 위에 앉아서 네 군데에 작은 불을 피운 다음, 한 시간 후에 써레를 물에 둔 채로 나온다. 이와 비슷하게 비를 내리게 하는 주술이 인도의 몇몇 지방에서도 행해진다. 그것은 벌거벗은 여자들이 밤중에 쟁기를 끌고 밭을 가는데, 이때 남자는 그것을 절대로 보아서는 안 된다. 남자들이 나타나면 주술이 깨진다고 믿기 때문이다.

비를 내리게 하는 주술은 죽은 사람을 통해서 행하기도 한다. 예를 들면 뉴칼레도니아 섬에서 기우사는 온몸을 까맣게 칠하고, 시체를 파낸다. 그리고 뼈를 동굴 속으로 갖고 가 다시 잘 맞추고 타로(taro) 잎사귀 위에 매달아 둔다. 그리고 그 뼈 위에 물을 끼얹어 잎사귀 위로 흐르게 한다. 그들이 믿는 바에 따르면, 죽은 자의 영혼이 이 물을 빨아들여 비로 바꾸어 다시 땅 위에 내리게 한다는 것이다. 민간 기록에 따르면, 러시아에선 매우 최근까지도 가뭄을 당한 농민들은 과음으로 목숨을 잃은 자의 시체를 파내어 가장 가까운 늪이나 연못 속에 가라앉히곤 했다는데, 그러면 비를 틀림없이 내리게 한다고 굳게 믿었다.

1868년에 오랫동안 계속된 가뭄으로 흉작이 예상되었을 때, 타라슈찬스크(Tarashchansk)의 한 마을 주민들은 지난해 12월에 죽은 이교도인 복고신앙파(Raskolnik)의 시체를 파냈다. 그리고 어떤 자가 시체 머리나 그 밖의 곳을 두들기면서 "우리에게 비를 주소서" 외치고, 또 다른 자는 물뿌리개로 시체 위에 물을 뿌렸다. 이렇게 물을 뿌리는 것은 분명히 소나기를 본뜬 행위이다. 이는 아리스토파네스의 작품 가운데 스트레프시아데스(Strepsiades)가 '비는 제우스에 의해서 만들어진다'고 상상한 방법을 떠올리게 한다.

때때로 비를 얻기 위해서 토라자족은 죽은 자의 동정에 호소한다. 예를 들면 칼링구아(Kalingooa) 마을에 지금 통치자의 할아버지인 유명한 추장의 무덤이 있다. 이 마을이 때 아닌 가뭄으로 고통받으면 주민들은 그 무덤에 가서 물을 뿌리고 기도한다.

"오, 할아버지시여, 우리를 불쌍히 여기소서. 올해에 우리가 먹고 사는 것이 당신의 뜻이라면 우리에게 비를 주소서."

그리고 그들은 물이 가득 찬 대나무통을 무덤 위에 매달아 놓는다. 이 통 밑에는 작은 구멍 하나가 있기 때문에 물이 계속 떨어진다. 비가 내려서 땅을 적실 때까지 이 통에 언제나 새로운 물을 붓는다. 뉴칼레도니아 섬에서도 마찬가지로 우리는 주술에 섞인 종교를 발견하게 된다. 바로 죽은 추장에게 바치는 기도로 이것은 순수한 종교적인 기도인데, 여기에 그 무덤에 행한 비의 주술적인 모방이 보태졌기 때문이다. 우리는 이미 델라고아 만의 바롱가족들이 비를 내리게 하는 주술로 그 선조의 묘지, 특히 쌍둥이의 무덤에 물을 뿌리는 것을 살펴보았다.

오리노코(Orinoco) 지방의 어떤 인디언 부족들은, 매장되고 1년이 지난 뒤 죽은 자의 친척이 뼈를 추려서 태우고, 그 재를 바람에 날리는 관습이 있었다. 왜냐하면 죽은 자가 자신의 장례식을 치러 준 대가로, 보낸 재를 비로 바꾸어 내려 준다고 믿었기 때문이다. 중국인들은 사람의 시체가 매장되지 않았을 때는, 산 사람이 궂은 날씨에 몸을 드러냈을 때 불쾌함을 느끼듯이 죽은 사람의 영혼도 비를 맞으면 불쾌감을 느낀다고 믿는다. 그러므로 이 불행한 영혼은 비가 내리는 것을 막기 위해 온 힘을 기울이는데, 그 노력은 가끔 지나친 결과로 가뭄을 가져온다. 가뭄은 중국에서는 가장 두려운 재난이다. 가뭄 뒤에 흉작, 결핍, 기근이 잇따라 닥치는 것은 바로 이 때문에 일어난다고 믿는다. 그러므로 그런 탈을 없애고 비를 내리게 하기 위해서 매장하지 않아 방치된 유골을 거두어 땅속에 묻는 것이 중국의 통속적인 의식이 되었다.

동물 또한 날씨주술에 중요한 한 몫을 한다. 북부 오스트레일리아 아눌라 (Anula)족은 파랑새를 비와 관련시켜서 우조(rain-bird)라고 부른다. 이 새를 토템으로 삼은 부족은 일정한 연못에서 비를 만들 수 있다고 믿는다. 그들은 먼저 뱀을 잡아서 산 채로 물 속에 넣었다가 잠시 뒤에 끄집어내서 죽인 다음 연못가에 놓아둔다. 다음에 무지개를 흉내내어 풀줄기로 활 모양을 만들어서 뱀 위에 세워 두고 노래를 부른다. 그러면 머잖아 비가 올 것이라고 믿는다. 그들의 이야기에 따르면, 옛날에 파랑새와 뱀은 연못가에서 친구로 지냈는데, 뱀이 이 연못에 살면서 무지개와 구름이 나타나고 비가 내릴 때까지 하늘 높이 물을 뿜어서 비를 만들곤 했다고 한다. 자바의 여러 지방에서 비를 내리게 하는 일상적인 방법은 고양이를 한 마리나 또는 암수 두 마리를 목욕시키는 일이다. 때로는 음악을 연주하며 고양이를 운반하기도 한다. 심지어 바타비아(Batavia)에서도 아이들이 비를 내리게 하기 위해 고양이를 이리저리로 끌고 다니다가 고양이를 연못 속에 처박았다가 다시 놓아 준다.

동부 아프리카 왐부그웨(Wambugwe)족 주술사는 비를 내리게 하기 위해 햇볕이 내리쬐는 대낮에 검은 양과 검은 송아지를 사람들이 모여 사는 크고 작은 집 지붕 위로 끌어올린다. 그리고 그 짐승들의 배를 갈라서 내장을 여기저기에 뿌린다. 다음에 물과 약초를 그릇에 붓는데, 이 주술이 성공하면 물이 끓어오르고 잠시 뒤에 비가 내린다고 믿는다. 그 반대로 비를 그치게 하려면, 주술사가 오두막에 들어가서 항아리에 수정을 끓인다.

와고고(Wagogo)족은 비를 얻기 위해서 검은 새, 검은 양, 검은 소를 제물로 선조의 무덤에 바치며, 기우사는 우기 동안 줄곧 검은 옷을 입는다. 마타벨레 (Matabele)족 주술사는 비를 내리게 하는 주술에 검은 황소의 피와 쓸개를 사용한다. 수마트라의 어떤 지방에서는 비를 얻기 위해서 마을의 모든 여자들이 반나체로 강물을 걸어다니며 서로 물을 끼얹는다. 그리고 검은 고양이 한 마리를 물 속에 던져서 잠시 헤엄치게 한 다음 물에서 건져서 물을 끼얹어 쫓아 버린다. 아삼(Assam)의 가로(Garo)족은 가뭄 때 검은 산양을 매우 높은 산에 끌고 가서 제물로 바친다.

이런 모든 경우에 동물의 빛깔이 주술에서 한 몫을 차지한다. 검은 색은 검은 구름이며, 그 구름이 하늘을 덮는다고 믿기 때문이다. 베추아나족은 저녁 쯤에 황소 내장을 태우면서 다음과 같이 기원한다.

"검은 연기가 구름을 모아서 비를 내리게 하리라."

티모르족은 비를 얻기 위해서 땅의 여신에게 검은 돼지를 제물로 바치며, 햇빛을 얻기 위해서 태양신에게 흰 돼지나 붉은 돼지를 제물로 바친다. 앙고니족은 비를 내려 달라고 검은 황소를 바치고, 흰 황소는 좋은 날씨를 달라며 바친다. 일본의 고산지대에서는 오랫동안 비가 내리지 않으면 마을 농민들이 사제를 뒤따르며 계곡의 급류로 줄지어 간다. 이때 사제가 검은 개를 끌고 가는데, 목적지에 도착하면 그 개를 바위에 잡아매고 총과 화살로 모두 쏘아댄다. 그 개의 피가 바위에 튀기면, 농부들은 무기를 내려놓고 계곡의 용신(dragon divinity)에게 더럽혀진 곳이 씻겨지도록 소나기를 내려 달라고 간청한다. 관습에 따르면 그 제물의 빛깔은 비구름을 바랄 때는 검은색이어야 하며, 좋은 날씨를 바랄 때에는 반점 하나 없는 흰색 제물이어야 한다.

개구리와 두꺼비는 물과 밀접한 관련이 있어, 비의 수호신으로 널리 알려졌다. 때문에 소나기를 하늘에서 끌어 내리기 위해서 주술에서 가끔 이용된다. 오리노코 인디언 중 몇몇 부족은 두꺼비를 물의 신이나 물의 주인으로 생각하고 그것을 죽이는 것을 두려워한다. 그래서 가뭄이 계속될 때는 두꺼비를 항아리 속에 넣고 그 항아리를 나뭇가지로 두들긴다. 아이마라족 인디언은 비를 내리는 방법으로 종종 개구리나 그 밖의 물에 사는 동물의 수생동물 모형을 만들어서 산꼭대기에 놓아둔다.

브리티시컬럼비아의 톰프슨 강 유역 인디언들과 유럽의 어떤 지방 사람들은 개구리를 죽이면 장마가 진다고 믿는다. 인도 중부 지방의 하류 계층 사람들은 비를 부르기 위해서 개구리를 푸른 잎이 있는 님(nim) 나뭇가지에 매어서 그것을 가지고 이집저집으로 노래를 부르면서 돌아다닌다.

개구리야, 어서 물방울 보석을 내려보내다오!

들판의 보리와 밀이 잘 여물게 해다오.

'카푸(Kapu)' 또는 '레디(Reddi)'는 인도의 마드라스(Madras) 주의 경작자 또는 지주 계급이다. 가뭄 때 이 계급의 여인들은 개구리를 잡아다가 산 채로 대나무로 만든 부채에 붙잡아 매고, 그 부채 위에 마르고사나무(인도먹구슬나무)의 잎사귀 몇 장을 펴 놓고, "숙녀 개구리가 목욕해야 한답니다. 오, 비의 신이여, 조금이라도 비를 내려주소서" 노래를 부르면서 집집마다 다닌다. 카푸 계급 여인들이 이러한 노래를 부르는 동안 여주인들은 개구리에게 물을 끼얹고 은혜를 베푼다. 그들은 이렇게 하면 개구리가 곧 억수처럼 비를 내리리라고 믿는다.

사람들은 가뭄이 오랫동안 이어지면, 때때로 기도 따위는 힘만 낭비하는 것이라 여겨 상투적인 모방주술을 아예 팽개쳐 버리는 경우가 있다. 그러고는 물줄기를 끊어 버린 초자연적 존재를 협박하거나 저주를 퍼붓거나 압박을 가하여 하늘의 물을 강제로 빼앗으려고 한다. 일본의 어떤 마을에서는 수호신이 비를 구하는 농부들의 기도를 오랫동안 들어 주지 않으면, 마침내 그 신상을 팽개치고 크게 욕지거리를 퍼부으며 고약한 냄새가 나는 논 속에 거꾸로 처박는다. 그러고는 다음과 같이 외친다.

"거기에 며칠 동안 견디어 보라고. 타는 듯한 태양이 내리쬐서 논밭이 갈라지고 생명이 바싹 말라죽는 광경을 말이야." 아프리카 세네감비아(Senegambia)의 펠로우페(Feloupe)족도 이러한 경우에 신상을 내동댕이치고 저주하면서 비가 내릴 때까지 그것을 밭으로 두루 끌고 다닌다.

중국인은 소란을 피워 천국을 빼앗는 데 유명하다. 그들은 비를 바랄 때 종이나 나무로 비의 신을 상징하는 커다란 용을 만들어서 행렬을 지어 운반한다. 그래도 비가 내리지 않으면 만들어진 용은 미움을 사서 갈기갈기 찢긴다. 또 용신은 비를 주지 않으면 협박을 받기도 하고, 매를 맞기도 하며, 때로는 괜히 신의 자리에서 쫓겨나기도 한다. 이에 반해서 바라는 대로 비가 오면 용신은 왕의 명령에 따라 한결 높은 자리로 올라간다. 1888년 4월에 광동 관리들은 용왕신을 향해 계속 내리는 장마비를 그쳐 주기를 빌었다. 그러나 신이 그것을 듣지 않았기 때문에 그들은 그 신을 5일간 감금했다. 그랬더니 과연 효과가 있어서 비는 그치고 신은 자유로운 몸으로 되돌아갈 수 있었다. 수년 전의 일인데, 이번에는 가뭄이 들어서 그 신을 쇠사슬로 묶고 얼마나 비가 절실히 필요한지를 알리기 위해 절의 뜰에서 며칠 동안 땡볕을 쏘였다.

이와 같이 시암(Siam)에서도 비를 바랄 때는 신상을 타오르는 땡볕 속에 놓아둔다. 반대로 맑은 날씨를 바랄 때는 절의 지붕을 헤치고 신상을 비에 젖게 한다. 그들은 이렇게 신들을 부자유스럽게 하면 결국 신들은 소원을 들어 준다고 믿는다.

독자 여러분들은 극동 지방의 이러한 기상학에 웃음을 터뜨릴 것이다. 그러나 이와 똑같은 종류의 기우주술이 우리가 살고 있는 그리스도교의 유럽에서도 현재 행해진다. 1893년 4월 말에 물이 부족해서 시칠리아 섬에 매우 큰 어려움이 닥쳐온 적이 있었다. 가뭄이 반년이나 계속됐다. 태양은 날마다 구름 한 점 없는 푸른 하늘에 떴다가 지곤 했다. 그 때문에 아름다운 녹지대인 팔레르모(Palermo)를 둘러싼 콩카도로(Conca d'Oro) 정원은 시들기 시작했다. 식량은 떨어졌고 주민은 공포에 떨었다. 비를 내리게 하는 방법은 모조리 시도되었으나 그 어느 하나도 효과가 없었다. 행렬은 시가지나 밭에 그치지 않았다. 남녀노소를 떠나서 묵주를 돌리면서 며칠 밤이나 성상 앞에 엎드렸다. 교회당 안은 낮이나 밤이나 신성한 촛불로 밝혔다. 종려주일에 축복받은 종려나무 가지가 나무마다 걸렸다.

솔라파루타(Solaparuta)에서는 먼 옛날의 관습에 따라 종려주일에 교회당에서 쓸어낸 쓰레기를 밭에 뿌렸다. 다른 때 같으면 이 거룩한 쓰레기는 농작물을 보호했으나, 그 해에는 어떻게 되었는지 아무런 효험이 없었다. 니코시아(Nicosia) 시민들은 십자가를 메고 나와서 쇠로 된 채찍으로 서로 때리면서 아무런 보호 장비도 하지 않은 머리와 맨발로 마을의 구석구석을 누비며 다녔다. 그래도 모든 게 헛수고로 그쳤다. 해마다 비의 기적을 내려 주어, 봄마다 채소밭을 돌보는 파올로의 성 프란체스코마저도 도울 수 없었고 도우려고도 하지 않았다. 모든 미사, 저녁예배, 찬양과 촛불기도, 불꽃의식 등 아무것도 성인을 움직일 수 없었다. 농민들의 분노는 드디어 폭발했고, 성자들 대부분이 배척당했다.

이탈리아 팔레르모에서는 얼마나 궁핍해 있는지를 실제로 보여 주기 위해서, 성 요셉 성상을 정원에 끌고 나와서 비를 내리게 할 때까지 땡볕에 세워둔다고 선언했다. 다른 성자들의 성상도 말썽꾸러기와 같이 얼굴을 벽 쪽으로 돌려 놓았다. 어떤 성자들의 성상은 아름다운 옷이 벗겨져 교구에서 멀리 쫓겨나고, 협박과 모욕을 당한 끝에 말을 씻기는 연못 속에 던져졌다. 칼타니세타(Caltanisetta)에서는 대천사 미카엘의 두 금색 날개가 어깨에서 꺾이고, 그 자리에 종이 날개가 붙여졌으며, 보랏빛 옷 대신에 누더기 옷을 입혔다. 리카타(Licata)에서 수호성자인 성 안젤로는 더 혹독하게 취급되어 입은 옷이 모조리 벗겨졌다. 그리고는 조롱당하고 결박되어 물에 던져지거나 매달려 협박을 받았다. 화난 사람들은 그 얼굴 앞에 주먹을 휘두르면서 다음과 같이 소리쳤다.

"비를 내려주겠나, 아니면 밧줄에 묶이겠나!"

때로는 신들의 자애심에 호소하는 일도 있다. 옥수수가 태양에 타들어 갈 때 줄루족은 '하늘의 새'를 잡아서 죽여 연못 속에 던진다. 그러면 하늘은 이 새의 죽음에 슬퍼하며, '슬픔을 표시하는 뜻에서 비를 내려 조문한다'고 믿는다. 줄룰란드(Zululand)에서는 여자들이 때로는 자기 아이를 목까지 땅 속에 묻고 먼 곳에 물러서서 소름끼치는 통곡을 오랫동안 계속한다. 그러면 하늘은 이 모습을 불쌍히 여겨서 마음을 푼다고 믿는다. 그런 다음 여자들은 아이를 파내면 즉시 비가 꼭 내린다고 생각한다. 그들은 '하늘에 계신 신'에게 호소하여 비를 보내 주도록 기도한다. 만일 비가 내리면 그들은 "우손도(Usondo)가 비를 내린다"고 말한다. 테네리프의 구안체(Guanche)족은 가뭄 때 양을 신성한 곳에 끌고 가서 그 슬피 우는 소리가 신의 마음을 흔들어 놓도록 새끼 양을 어미 양으로부터 무리하게 떼어 놓는다.

쿠마온(Kumaon)에서는 비를 멈추게 하는 방법으로 뜨거운 기름을 개의 왼쪽 귀에 붓는다. 개가 아픔을 견디지 못하여 지르는 비명 소리를 인드라 신이 듣고 개의 고통에 동정을 느껴 비를 멈춘다고 믿는다. 토라자족은 때로 다음과 같이 비를 청한다. 그들은 어떤 식물의 줄기를 물 속에 넣고 다음과 같이 말한다.

"자, 비를 보내라. 비가 내릴 때까지 심어 주지 않으리라. 그러면 너는 거기서 죽으리라."

또 그들은 달팽이 몇 마리를 실에 꿰어 나무에 매달아 놓고 말한다.

"자, 비를 보내라. 비가 올 때까지 너희를 물 속에 돌려보내지 않으리라."

그러면 달팽이들이 슬피 울고, 신들은 이를 가엾게 느끼고 비를 내려 준다고 믿는다. 그러나 위에서 열거한 의식은 더 높은 존재의 동정심에 대한 호소를 포함하고 있으므로 주술적이기보다는 오히려 종교적이다.

돌도 물에 적시거나, 물을 끼얹거나, 다른 적당한 방법으로 처치되는 경우에 비를 내리게 하는 효험을 가진다고 사람들은 믿었다. 사모아의 어느 마을에서는 어떤 돌은 비를 내리는 신의 상징물로 여겨져 조심스럽게 신전에 모셔둔다. 가뭄 때에 사제는 행렬을 지어서 그 돌을 물가로 옮겨 물에 담근다. 뉴사우스웨일즈의 타타티(Ta-ta-thi)족은 기우사가 석영 조각을 빨아서 공중에 날려 보낸다. 그 남은 가루를 에뮤(emu) 깃털에 싸서 석영과 함께 물에 적신 다음에 조심스럽게 그것을 감추어 둔다. 뉴사우스웨일즈의 케라민(Keramin)족은 주술사가 해변가에 가서 둥글고 납작한 돌에 물을 끼얹고는 그 돌을 싸서 감춘다.

서북 오스트레일리아의 몇몇 부족 사이에서 기우사는 비를 내리게 하기 위해서 특별히 마련된 신성한 지역으로 간다. 그는 그 땅에 돌이나 모래를 쌓고, 그 꼭대기에 자기가 갖고 있는 주술용 돌을 놓는다. 그리고 그 주위를 돌면서 주문을 외다가 힘들면 조수에게 다시 그곳을 계속해서 돌게 한다. 이때 그 돌에 물을 끼얹거나 불로 지지거나 한다. 이 비밀 의식이 진행되는 동안에 보통 사람은 누구나 그 신성한 지역에 들어가서는 안 된다.

뉴브리튼 섬의 술카족은 비를 원할 때 어떤 과일을 태운 재로 돌을 검게 칠하고, 그것을 다른 식물이나 싹과 함께 햇볕에 말린다. 그리고 주문을 외면서 한 줌의 작은 나뭇가지를 물에 넣고 그 위에 검은 돌을 얹어 둔다. 그러면 반드시 비가 오게 된다고 믿는다. 마니푸르 수도 동쪽에 있는 높은 산 위에는 보통 우산과 같이 보이는 돌이 있다. 이 나라 왕은 비를 바랄 때 산 밑의 샘에서 물을 길어다가 그 돌에 끼얹는다. 일본의 사가미(相模)에도 그 위에 물을 부으면 비가 오는 바위가 있다.

중앙아프리카의 한 부족인 와콘디오(Wakondyo)족은 비를 필요로 할 때는 눈이 쌓인 기슭의 밑에 살며, '우석(rain-stone)'의 소유자인 와왐바(Wa-Wamba)족에게 부탁한다. 이 부족은 일정한 사례를 받고, 그 거룩한 돌을 씻은 뒤에 기름을 발라서 그것을 물이 가득 찬 항아리 속에 넣는다. 이렇게 하면 비가 내린다고 믿는다. 애리조나와 뉴멕시코 불모의 사막에 있는 아파치(Apache)족은 어떤 샘에서 물을 길어다 한 바위 위의 특정한 부분에 부어 비를 내리게 한다. 그러면 바로 구름이 모여 와 비가 내린다고 믿는다.

그러나 이런 종류의 관습은 아프리카나 아시아 미개 민족과, 오스트레일리아나 아메리카 대륙의 뜨거운 사막지대에만 있는 것은 아니다. 유럽의 차가운 공기나 잿빛 하늘 아래에서도 그런 관습들이 행해져 왔다. 브로셀리안드 (Broceliande)의 거친 숲 속에 바렌톤(Barenton)이라는 로맨틱한 명성이 자자한 샘이 있다. 전설이 사실이라면 멀린(Merlin) 마법사가 산사나무 그늘 아래서 여태껏 마술적인 잠에 취해 있을 것이다. 브레튼 농부들은 비를 바랄 때는 이 샘에 오곤 했다. 그들은 큰 잔에 샘물을 떠서 샘 가까이에 있는 넓적한 돌판 위에 부었다.

스노든(Snowdon) 산 위에는 '검은 호수(Dulyn)'로 불리는 쓸쓸한 연못 하나가 있다. 이 연못은 높고 험한 바위들로 둘러싸인 음산한 골짜기에 있다. 이 못으로 돌계단이 줄지어 있다. 만일 누구든지 이 계단을 딛고 '붉은 제단(Red Altar)'으로 불리는 마지막 돌에 물을 부을 수 있으면 '뜨거운 날씨일지라도 밤이 되기 전에 반드시 비가 온다'고 한다. 이러한 경우 돌은 사모아에서처럼 신적 존재로 여겨진다. 이것은 비를 얻기 위해 때때로 십자가를 바렌톤 분수의 물에 담그는 관습을 보면 알 수 있다. 왜냐하면 확실히 돌에 물을 끼얹는 고대의 이교적 방법은 그리스도교적인 방법으로 대신한 것이기 때문이다.

프랑스의 여러 지역에서는 비를 얻는 방법으로 성자의 성상을 물에 담그는 관습이 최근까지 남아 있었다. 콩마뉘이(Commagny)의 오래된 수도원 옆에는 성 제르베(St. Gervais)의 샘이 있다. 주민들은 농작물의 필요에 따라서 비 또는 맑은 날씨를 얻고자 줄을 지어 이곳을 찾는다. 가뭄이 심할 때 그들은 샘물이 흘러나오는 곳에 세워져 있는 성자의 고대 석상을 샘 속에 밀어넣는다. 콜로브리에르(Collobrieres)와 카르팡트라(Carpentras)에서 각기 성 퐁스(St. Pons)와 성 장 (St. Gens)의 석상을 물 속에 집어넣었다.

나바라(Navarre)의 몇몇 마을에서는 성 페트루스(St. Petrus)에게 비를 바라는 기도가 올려졌다. 그리고 그 기도의 효과를 높이기 위해 마을 사람들은 줄을 지어서 그 성상을 강으로 옮겨 자기들의 기도를 들어 주도록 세 차례 간청한다. 그래도 그가 여전히 고집을 부리면, 마을 사람들은 그 성상을 물 속에 밀어 넣었다. 사제가 성상에 충고나 경고만 해도 좋은 결과를 가져올 것이라고 진심어리고 경건한 마음으로 타일러도 소용없었다. 그런 뒤에는 비가 24시간 내에 틀림없이 내렸다. 성상을 물에 담그는 것은 가톨릭 국가들만이 행하는 것은 아니다.

밍그렐리아에서는 비가 부족해서 작물이 잘 자라지 못할 때, 특별한 성상을 끄집어 내어 비가 내릴 때까지 성상을 날마다 물에 담근다. 버마의 샨(Shan)족은 벼가 가뭄으로 마를 때 불상을 물에 푹 담근다. 이런 모든 경우에 의식은 겉으로는 형벌이나 협박으로 보여도 밑바닥에는 본디 공감주술이 작용하고 있다.

다른 민족들처럼 그리스인과 로마인들도 기도와 행렬이 효험이 없을 때 주술을 통해 비를 얻으려고 했다. 예를 들면 아르카디아(Arcadia)에서는 농작물과 수목들이 가뭄으로 시들 경우, 제우스의 사제는 리카이우스(Lycaeus) 산에 있는 어떤 샘 속에 떡갈나무 가지를 담갔다. 그러면 물은 안개낀 구름을 위로 올리고 거기서 곧 비가 땅 위에 내릴 것이라고 믿었다. 이와 비슷한 식의 비를 만드는 방법은, 우리가 벌써 보았듯이, 뉴기니 근처의 할마헤라 섬에서 요즘도 행해진다. 테살리아의 크라논(Cranon) 사원에는 청동 마차가 있었는데 그곳의 주민들은 비를 바랄 땐 그 전차를 흔들면 비가 내린다고 믿었다. 이때 전차를 덜컹거리는 소리를 내게 한 것은 천둥소리를 흉내내기 위해서였을 것이다. 앞서 우리는 러시아와 일본에서도 비를 내리게 하는 주술로 천둥과 번개를 모방하는 것을 보았다.

엘리스의 왕이었던 전설적인 살모네우스(Salmoneus)는 전차 뒤에 구리 냄비를 매달고 질질 끌거나, 구리 다리 위로 전차를 몰아서 천둥 소리를 본뜨거나, 불타는 횃불을 던져서 번개를 모방했다. 제우스의 천둥수레가 천궁을 가로지르는 모습을 흉내낸다는 것은 무례한 짓이었다. 실제로 살모네우스는 자신이 제우스라고 선언하고, 자신에게 그에 마땅한 제물을 바치도록 요구하기까지 했다. 로마 성벽 밖에 있는 마르스(Mars) 신전 근처에는 '라피스 마날리스(lapis manalis)'라고 알려진 돌 하나가 보존되어 있었는데, 이것은 가뭄이 들면 로마 성벽 안으로 옮겨졌다. 그것은 그렇게 하면 이 돌이 비를 내릴 것으로 생각한 사람들의 믿음 때문이었다.

3 태양의 주술적 조절

주술사는, 자신이 비를 만들 수 있다고 생각하는 것과 같이, 자신이 태양을 비추게 할 수 있고, 또 빨리 혹은 느리게 지게 할 수 있다고 믿는다. 오지브와족 인디언은 일식을 태양이 꺼져가는 것으로 생각했다. 그래서 그들은 꺼져가는 태양에 다시 불을 붙이려고 불화살을 공중에 쏘았다. 페루의 센키(Senci)족도 일식이면 해를 향해 불붙은 화살을 쏘았다. 그러나 그것은 태양에 불을 다시 켜기 위해서라기보다는 태양과 싸우고 있는 괴물을 쫓기 위해서 행해진 것이다. 반대로 월식 때 오리노코의 몇몇 부족은 불타는 나무 조각을 흙 속에 파묻곤 했다. 달이 꺼지면 지구상에 있는 모든 불이 꺼질 것이라 믿었기 때문에 그럴 경우를 대비해서 불타는 나무 조각을 숨긴 것이다. 캄차카(Kamchatka)족에게는 일식 때 불을 집 밖으로 갖고 나와 위대한 빛이 전처럼 비춰 주기를 기도하는 관습이 있었다. 그러나 태양에 행한 이러한 기도는 이 의식이 주술적이라기보다 종교적이라고 보게 한다.

한편 일식 때 칠코틴(Chilcotin)족 인디언이 지킨 의식은 순전히 주술적이었다. 그들은 마치 여행에서 행하듯이 남녀 모두가 옷소매를 걷어 올리고, 마치 무거운 짐이라도 지듯이 지팡이를 짚고 일식이 끝날 때까지 계속 원을 그리면서 걸었다. 그러면 태양이 하늘을 돌며 지친 여행을 할 때 태양의 무거운 발걸음을 덜어줄 수 있을 것이라 생각했기 때문이다. 고대 이집트에서도 태양의 화신이기도 한 파라오가 엄숙하게 신전 주위를 걸으면서 태양의 매일 계속되는 여행이 일식이나 그 밖의 재앙으로 방해받지 않기를 간구했다. 또 추분 뒤에 고대 이집트인들은 '태양 지팡이의 탄생'이라는 축제를 열었다. 왜냐하면 태양이 날마다 하늘에서 쇠약해지고 태양의 빛과 열이 약해졌을 때 의지할 것이 필요하다고 생각했기 때문이다.

뉴칼레도니아 섬에서는 주술사가 햇빛을 바랄 경우, 어떤 식물과 산호를 무덤에 갖고 가서 그의 가족 중 살아 있는 아이에게서 자른 머리카락 두 올과 선조의 해골에서 뽑은 두 개의 이빨이나 턱뼈를 한데 묶는다. 그리고 햇빛을 맨먼저 받는 산봉우리에 올라간다. 그곳의 넓적한 돌 위에 세 가지 종류의 식물을 놓고, 그 옆에 마른 산호 가지 하나를 놓고, 주술 주머니를 그 돌 위에 걸어놓는다. 다음 날 아침에 해가 바다에서 떠오를 때 그곳에 다시 가서 그 주술 주머니에 불을 붙인다. 연기가 오르기 시작하면 마른 산호로 돌을 문지르고 선조에게 다음과 같이 기도를 올린다.

"태양이시여, 내가 이렇게 하는 것은 당신이 뜨겁게 타서 하늘의 모든 구름을 삼키도록 하고자 함입니다."

이런 의식은 해질 무렵 반복된다. 뉴칼레도니아인은 또 구멍이 뚫린 원반형

돌로 가뭄이 들도록 한다. 해가 돋을 때에 주술사는 그 돌을 손에 들고 타고 있는 나무 조각을 그 구멍 속에 자꾸 쑤셔 넣고 외친다.

"모든 구름을 집어삼키고 이 땅을 마르게 해서 아무것도 자라지 않게 하려고 이제 내가 태양에 불을 붙인다."

뱅크스 제도에서는 가짜 태양으로 햇빛을 만든다. 즉, 그들은 태양석(vat loa)이라고 불리는 둥근 돌을 주워다가 빨간 끈을 매고, 빛을 상징하는 올빼미 깃털을 붙이고 낮은 목소리로 주문을 왼다. 그리고 그 신성한 장소 안에 있는 카수아리나 나무나 벵골 보리수와 같은 나무 위에 걸어 둔다.

인도인은 브라만이 아침에 바치는 제물은 태양을 솟아오르게 한다고 믿고, '만일 브라만이 제물을 바치지 않으면 태양은 절대로 떠오르지 않는다'고 여겼다. 고대 멕시코인은 태양을 생명력의 원천으로 생각했다. 그래서 그들은 태양을 '사람에게 생명을 주는 어버이(Ipalnemohuani)'라고 불렀다. 그러나 태양이 땅에 생명을 준다고 하면, 그러기 위해서 태양 또한 땅으로부터 생명을 받아야 한다고 여겼다. 이때 심장은 생명의 중심 상징이다. 그러므로 태양에게 그 힘을 지키게 하고, 하늘을 지나면서 여행을 계속할 수 있도록 인간이나 동물의 피가 흐르는 심장을 바쳤다. 이는 멕시코인이 태양에 바친 제물은, 태양을 기쁘게 하거나 달래기 위해서보다도 오히려 그 열과 빛, 운동의 힘을 물리적으로 재생케 하기 위한 것이고, 종교적이라기보다는 주술적이었다.

이같이 하늘의 불에 제물로 바칠 만한 인간들이 계속 필요해서 해마다 그들은 가까이 사는 부족에게 전쟁을 일으키고, 제단 위에 바칠 많은 포로를 끌고 왔다. 그와 같이 멕시코인의 끊임없는 싸움과 기록상 가장 끔찍하고 잔인한 그들의 인간 제물 관습은, 많은 경우 태양의 운행에 대한 잘못된 이론에서 시작했다. 순전히 잘못된 생각으로 빚어진 비참한 결과가 이처럼 뚜렷하게 나타난 예는 없을 것이다.

고대 그리스인은 태양이 전차를 타고 하늘을 달린다고 믿었다. 그러므로 태양을 그 주신으로 숭배한 로도스(Rhodes) 섬 사람들은 전차와 네 마리의 말을 제물로 바다에 던졌다. 확실히 그들은 말이나 전차를 1년 동안 사용하면 낡아버린다고 생각했다. 아마 같은 동기에서 우상 숭배를 한 유다(Judah)의 여러 왕은 태양에게 전차와 말을 바쳤고, 스파르타, 페르시아, 마사게타이 사람들도 이러한 동기로 태양에게 말을 제물로 바쳤을 것이다.

스파르타인은 저녁마다 태양이 저무는 아름다운 타이게투스(Taygetus) 산꼭대기에서 제물을 바쳤다. 스파르타 계곡 주민들이 산꼭대기에서 제물을 바치는 것은, 저녁에 태양이 지는 바다 속에 전차와 말을 던지는 로도스 섬 사람들의 행위처럼 자연스러운 일이었다. 산꼭대기건 바다 속이건 그와 같이 새로운 말을 바침으로써 하룻동안 하늘 여행을 끝내고 피곤해진 태양을 그 이상 더 기쁘게 하는 일은 없다고 믿었기 때문이다.

어떤 사람들은 태양을 빛나게 하고, 그 운행을 빠르게 하거나 느리게 할 수 있다고 생각하는가 하면, 또 다른 사람들은 운행을 늦추거나 정지시킬 수 있다고 생각했다. 페루 안데스 산맥의 어떤 길에는 서로 마주선 언덕에 폐허가 된 두 개의 탑이 있다. 그리고 그 양쪽 탑의 한쪽에서 그물을 치기 위한 쇠고리가 붙어 있다. 이 그물은 태양을 붙잡기 위한 것이다. 이 지방에는 태양을 붙잡았던 사람들의 이야기가 널리 퍼져 있다. 이글룰리크(Iglulik)의 에스키모는 가을에 태양이 남쪽을 돌아서 북극 하늘 밑으로 차츰 더 낮아질 때에 사라져 가는 태양을 그물망에 잡아 두기 위해서 실뜨기놀이를 한다. 그와는 반대로 봄이 되어서 태양이 북쪽으로 기울기 시작하면, 태양을 빨리 돌아오게 하기 위해 '컵 앤드 볼(cup-and-ball)'이라는 공놀이를 한다.

오스트레일리아 원주민들은 그들이 집에 돌아올 때까지 태양을 붙잡아 두기 위하여 저무는 태양과 마주한 나뭇가지 위에 뗏장을 올려놓고, 반대로 태양을 빨리 지게 하려면 태양을 향해 공중에 모래를 뿌린다. 이것은 아마도 우물쭈물하는 태양을 서쪽으로 쫓아내어 밤마다 태양이 가라앉는 사막의 모래밭에 묻으려는 시늉일 것이다.

태양을 서둘러 지게 할 수 있다고 생각하는 이들이 있었듯, 달을 빨리 떠오르게 할 수 있다고 믿는 사람들도 있었다. 뉴기니 원주민들은 달의 움직임에 따라 날짜가 가는 것을 셈하는데, 그들 가운데 일부는 달의 운행을 빠르게 하여 담배 재배 때문에 열두 달 동안 집을 떠난 친구들의 귀향을 재촉하기 위해 달에 돌이나 창을 던지는 것으로 알려져 있다. 말레이인들은 석양빛이 환자에게 열을 일으킨다고 생각한다. 그래서 그들은 저녁놀을 향해 물을 끼얹거나 재를 뿌려서 열을 식히려고 한다.

슈스와프족 인디언들은 벼락을 맞은 나무를 태우면 차가운 날씨를 부를 수 있다고 믿는다. 이것은 그들의 나라에서 차가운 날씨가 폭우 뒤에 오는 것이 관찰된 데서 비롯된 것으로 보인다. 그래서 그들은 고산지대의 눈길을 여행하는 봄에는 눈이 녹아 무너지지 않도록 그런 나무토막을 태운다.

4 바람의 주술적 조절

미개인들은 마음대로 바람을 일으키거나 잠재울 수 있다고 믿었다. 야쿠트(Yakut)족은 무더운 날씨에 먼 곳에 여행해야 할 경우, 짐승이나 물고기의 뱃속에서 우연히 발견한 돌멩이를 말총으로 감아 막대기 끝에 달고, 그 막대기를 흔들면서 주문을 외운다. 그러면 곧 찬바람이 불기 시작한다고 믿었다. 이때 9일 동안 찬바람이 불게 하려면, 먼저 주술사가 그 돌을 새나 짐승의 피 속에 담갔다가 태양의 운행과 반대되는 방향으로 세 번 돌며 그것을 햇빛에 말려야 한다. 호텐토트족은 가장 무거운 모피를 막대기 끝에 걸어 놓는 방법으로 바람을 잠재우려 했다. 그러면 바람이 모피를 날리다 힘을 아주 잃고 잠잠해질 것이라고 믿었던 것이다.

티에라 델 푸에고의 주술사는 바람을 잠재우고자 바람을 향해서 조개 껍데기를 던진다. 뉴기니 앞바다 비빌리(Bibili) 섬의 원주민들은 입김을 불어서 바람을 만든다고들 한다. 보가딤족은 폭풍우가 일면 "비빌리 섬 사람들이 또 심통을 부리고 있구나" 외친다. 뉴기니에서 바람을 일으키는 또 다른 방법은 막대기로 가볍게 '바람돌(Wind Stone)'을 두드리는 것이다. 이것을 지나치게 치면 태풍이 일어난다. 또 스코틀랜드에서는 여자 주술사가 누더기 조각을 물에 담갔다가 그것으로 돌을 세 번 치고, 다음과 같이 말하며 바람을 일으키곤 했다.

> 악마의 이름으로 바람을 일으키고자
> 우리는 이 천으로 돌을 친다.
> 내가 그만 두라고 할 때까지
> 바람이여 멈추지 말라.

그린란드에서는 출산이 임박한 여자나 분만한 지 얼마 안 되는 여자에게 폭풍을 잠재우는 힘이 있다고 믿는다. 그러기 위해서 그녀는 문 밖에 나가서 입 속에 공기를 가득 채우고 집 안에 들어와서 내뿜으면 그만이다. 옛날 코린트

(Corinth)에 폭풍을 잠재울 줄 안다고 알려진 한 가족이 있었다. 이들은 그 때문에 이 지역 뱃사공들에게서 단순한 감사 이상의 물질적인 보수를 받았다고 짐작되나, 도대체 어떤 방법으로 이들이 그 일을 행했는지는 분명하지 않다. 또 콘스탄티누스 치하의 그리스도교 시대에 이르러서도, 소파테르(Sopater)라는 사람이 주술로 바람을 막은 죄로 사형에 처해진 적이 있었다. 그 때문에 이집트나 시리아에서 오는 곡물선이 바람이 불지 않거나 역풍이 불어닥치는 바람에 해변에서 멀리 억류되어, 굶주림에 허덕이던 비잔틴 시민들의 노여움과 실망을 샀기 때문이다.

핀란드 주술사는 바람이 불지 않아 어려움을 겪은 뱃사공들에게 바람을 팔았다. 바람은 세 개의 매듭 속에 묶여 있었다. 첫 매듭을 풀면 적당한 바람이 불고, 두 번째 매듭을 풀면 강풍, 세 번째를 풀면 태풍이 불었다. 핀란드와 강 하나를 사이에 두고 있는 에스토니아인들은 핀란드 주술사들이 아직도 그런 주술적 힘을 갖고 있다고 믿고 있다.

순박한 에스토니아 농민들은 봄철에 차가운 북풍과 북동풍이 불어와 발병하는 오한이나 신경통 등을 핀란드의 주술사나 마녀들 탓이라고 믿는다. 그들은 '십자가의 날'이라고 이름 지은 봄철의 사흘을 특히 무서워한다. 그 중 하루가 승천제의 전날 밤이다. 펠린(Fellin) 근처의 주민들은 북부 라플란드(Lappland)에서 불어오는 저주의 바람을 맞으면 죽는다고 믿고, 사흘 동안에 외출을 삼간다. 에스토니아의 민요에는 다음과 같은 것이 있다.

> 십자가의 바람이여! 그대는 날쌔고 강하다네!
> 그대의 날개 바람이 휘몰아치면
> 불행과 눈물만이 얼룩지니, 무정한 바람이여!
> 핀란드의 주술사들이 돌풍을 타고 날아오네.

또 선원들은 핀란드 만에서 폭풍의 습격을 갑자기 받고, 이상한 범선이 순식간에 뒤에서 그들에게 돌진해 오는 것을 가끔 볼 수 있다고들 한다. 그 범선은 폭풍 속에서 모든 돛을 구름과 같이 펴고, 거품을 일으키는 파도를 헤치고 뱃머리에서 물보라를 일으키며, 돛이 금세 찢기고 닻줄이 끊겨 달아날 듯한 속력으로 지나간다. 이를 보고 선원들은 바로 이것이 핀란드의 범선임을 알아챘다.

바람을 세 매듭에 묶고, 그 매듭을 많이 풀면서 차츰 강한 바람을 불러 일으키는 술법은 라플란드 주술사뿐만 아니라 셰틀랜드(Shetland), 루이스(Lewis), 만(Man) 섬의 여자 주술사도 알고 있다. 아직도 셰틀랜드 선원들은 폭풍을 지배한다는 노파에게서 손수건 또는 실매듭으로 묶인 바람을 사들인다고 한다. 러윅(Lerwick)에는 바람을 팔아서 생활하는 노파들이 살고 있다고 한다. 율리시스는 '바람의 왕' 아이올로스(Aiolus)에게서 가죽 주머니에 들어 있는 바람을 얻었다. 뉴기니의 모투모투(Motumotu)족의 생각에 따르면 폭풍은 오이아부(Oiabu)의 한 주술사가 일으키며, 그는 대나무통을 열고 온갖 바람을 마음대로 불게 한다고 한다. 서부 아프리카 토고(Togo)의 아구(Agu) 산꼭대기에는, 바람과 비를 지배하는 물신(物神) 바그바가 살고 있는데, 물신의 사제는 여러 큰 항아리 속에 온갖 바람을 저장한다고 한다.

때로는 폭풍이 협박하거나 추방하거나 죽일 수 있는 사악한 존재로 생각되는 경우가 있다. 중부 에스키모족은 폭풍우나 나쁜 날씨가 이어져 식량이 부족하면, 해초로 긴 채찍을 만들어 무장하고 바닷가에 가서 바람이 불어오는 방향을 치면서, '타바(Taba, 이제 그만이다)!'라고 외치면 폭풍을 쫓아낼 수 있다고 믿는다. 한때 북서풍이 오랫동안 불어서 해안의 얼음이 녹지 않았는데, 그 때문에 식량이 떨어지게 되었을 때에 에스키모족은 바람을 잠재우는 의식을 치렀다. 먼저 바닷가에 불을 피우고, 그것을 둘러싸고 노래를 불렀다. 다음에 한 노인이 불에 다가서서 바람의 악마가 불을 쪼이러 내려오도록 꾀었다. 악마가 도착했다고 짐작되었을 때, 참석한 모든 이들이 준비한 물항아리를 불꽃 위로 던졌다. 이때 화살을 불타고 있는 곳을 향해서 빗발치듯이 쏘았다. 그들은 악마가 그렇게 심하게 당한 곳에 머물지 않으리라고 생각했다. 더욱 효과를 내기 위해서 총을 여기저기에 쏘았다. 바람을 향해서 총을 쏘아대도록 한 유럽의 선장을 부른 적도 있었다.

이와 비슷한 의식이 1883년 2월 21일, 영혼의 정령을 죽이기 위해 알래스카의 포인트 배로(Point Barrow)의 에스키모들에 의해 거행되었다. 여자들은 공중에 도망갈 길을 만들어 주고, 곤봉이나 작은 칼로 집 안에서 악마를 쫓아냈다. 남자들은 숯불을 둘러싸고 총을 쏘고, 물을 끼얹은 불에서 솟아오르는 증기에 큰 돌멩이를 던져 악마를 때려 잡았다.

그란차코(Gran Chaco)의 렝구아(Lengua) 인디언은 회오리바람의 내습을 어떤 영혼이 지나가는 것이라고 여기고는 그 영혼을 위협하고 쫓아내기 위해서 채찍을 휘두른다. 남아메리카의 파야구아(Payagua)족은 쓰고 있던 모자가 바람에 날렸을 때 불타는 나무 조각을 들고 바람을 향해 달려가면서 싸움을 거는 한편, 다른 사람들은 그 사이에 주먹질하며 폭풍을 위협한다. 과이쿠루(Guaycuru)족 남자는 폭풍이 닥쳐왔을 때 무기를 지니고 나가고, 여자나 아이들은 악마를 위협하기 위해서 될 수 있는 대로 큰 소리를 지른다.

앞에서 수마트라의 바타크 마을 주민들이 태풍 때 칼이나 창을 지니고 집을 뛰쳐나가는 것을 보았다. 그리고 추장이 앞장서서 크게 소리치면서 눈에 보이지 않는 적을 찌르거나 목을 베는 시늉을 한다. 특히 한 노파는 집을 충실히 보호하기 위해 칼을 좌우로 휘둘러 하늘을 베었다고 한다. 보르네오 섬의 카얀(Kayan)족은 거세게 비바람이 몰아치고 천둥 소리가 가까이 들렸을 때, 마치 폭풍우의 악마를 위협하듯이 칼을 칼집에서 반쯤 뺀다.

오스트레일리아에서는 붉은 모래기둥이 사막을 빠르게 질러가는 회오리바람을 영혼이 지나가는 것으로 생각한다. 언젠가 건장한 젊은 흑인이 이 기둥을 쓰러뜨리려고 부메랑을 들고 따라간 적이 있었다. 그는 두서너 시간 좇았으나 지쳐서 되돌아왔다. 악마(Koochee)를 죽이긴 했으나, 그때 악마가 이 사나이 쪽을 향해 으르렁거렸기 때문에 자신은 틀림없이 죽을 것이라고 했다. 동부 아프리카 베두인(Bedouin)족은 회오리바람이 길을 가로질러 질주하면 반드시 칼집에서 빼낸 칼을 들고 열두 명이 그 바람을 타고 온다는 악마를 몰아내기 위해 회오리바람 속을 향해 찌르며 달려들었다고 전한다.

이러한 예를 보면, 근대의 비평가들이 단지 하나의 우화로 생각하는 헤로도토스(Herodotos)의 이야기가 확실히 믿을 만한 것임을 알게 된다. 그 진위에 대한 보증은 없으나, 그의 말에 따르면, 언젠가 오늘날의 트리폴리인 프실리에서는 사하라 사막에서 불어오는 열풍이 모든 수원(水源)을 말려 버린 적이 있다고 한다. 그래서 사람들은 고심한 끝에 한 무리가 되어서 남풍과 싸우기 위해 행진했다. 그러나 사막에 들어선 그들은 불어 닥친 열풍에 한 사람도 남지 않고 모두 모래 속에 파묻혀 버렸다. 아마도 이 이야기는 전투 대형을 취한 채 북이나 심벌즈를 치면서 회오리치는 붉은 모래구름 속으로 사라져 간 그들의 죽음을 본 사람들에 의해 전해졌을 것이다.

제6장
왕으로서의 주술사

이제까지 살펴본 여러 실례들은 수많은 나라와 민족 사이에서 주술이 인간 복지를 위해 자연의 위력을 제어할 수 있는 것으로 여겨졌음을 잘 보여준다. 이러한 것이 사실이라면, 주술을 행하는 사람들은 그들의 터무니없는 주장을 믿는 사회에서 중요하고 지배적인 인물이었음이 틀림없을 것이다. 또한 그들이 대중에게서 받는 평판과 그 대중들을 압도하는 위엄과 명성으로 맹신적인 대중 위에 절대 권위를 얻는다고 해도 그리 놀랄 만한 일은 아니다. 사실상 주술사는 때때로 추장이나 왕에까지 이른 일이 적지 않다.

먼저, 인류 가운데 가장 미개한 민족으로서, 꽤 정확한 정보가 보고되어 있는 오스트레일리아 원주민에 대해 관찰해 보자. 이들은 추장이나 왕에 의해 통치되지 않는다. 이 부족들이 정치 조직을 지녔다고 말할 수 있다면, 그것은 민주 정치, 또는 젊은이를 제외하고 나이 많고 영향력 있는 몇몇 장로들이 회의에서 중요한 사항들을 결정하는 과두 정치일 것이다. 그들의 합의 기관은 후대의 원로원에 해당된다. 이와 같이 원로들이 하는 이들의 정치 체제에 대해 신조어를 만들라고 하면, 아마 그것은 '노인 정치(gerontocracy)'라고 할 수 있을 것이다.

오스트레일리아에서 이렇게 모여서 부족의 일들을 지도하는 원로들은 거의 토템 씨족의 족장이다. 중부 오스트레일리아는 사막이 많기 때문에 외부 영향을 거의 받지 않은 채 주민들이 가장 원시 상태에 머물러 있다. 그러므로 여러 토템 씨족들의 족장들은 토템을 발전시키기 위해 주술 의식을 행하는 중요한 임무를 띤다. 예를 들어 이들은 토템의 증식을 위해 주술 의식을 거행한다. 토템의 대부분이 식용 동물이나 식물이기 때문에 보통 주술 방법으로 식량을 주민들에게 공급해야 했던 것이다. 뿐만 아니라 어떤 족장들은 공동 사회를 위해 비를 내리게 하거나 다른 봉사를 해야 한다. 간단히 말해서 중부 오스트레일리아 여러 부족들의 족장은 공적 주술사이다. 그리고 그들의 가장 중요한 기능은 신성한 창고를 관리하는 일이다. 창고는 보통 바위 틈이나 땅 속 굴이고, 그 속에 신성한 돌이나 산 자나 죽은 자의 영혼과 관련된 신성한 돌이나 막대기(churinga)가 보관된다. 또한 족장들은 부족이 관습을 어길 때 형벌을 내리는 따위의 시민적 의무를 행해야 하는 한편, 족장들의 주된 기능은 어디까지나 신성한 주술적인 것이다.

뉴기니로 눈을 돌리면, 이곳 토착민들은 오스트레일리아 원주민들보다 문화 수준은 높아도 사회 조직은 여전히 아주 민주적이거나 과두 정치적이고, 추장제가 초기 단계에 머물 뿐이다. 윌리엄 맥그리거는 브리티시뉴기니에서는 한 지방만 다스리는 군주가 될 만큼 현명하고 대담하고 강력한 사람은 하나도 생기지 않았다고 말한다.

"군주가 되는 지름길은 매우 먼 곳에 사는 평판 높은 주술사가 되는 길이다. 그러나 그것도 일정한 금품을 빼앗는 강압적인 방법으로서만 가능했다."

토착민 이야기에 따르면, 멜라네시아 추장이 지닌 권력의 기원은 추장이 위대한 영혼과 교류하고 그 영혼이 초자연적인 힘을 휘두른다는 서민 신앙에 두고 있다. 추장이 세금 징수를 명하면 서민은 곧바로 세금을 납부한다. 그것은 추장이 가진 영적 힘을 두려워하고, 그에게 맞서는 사람에게 재난과 질병을 내린다고 굳게 믿고 있기 때문이다. 많은 수의 원주민이 영혼과 교류하는 추장을 의심하기 시작하면, 그가 세금을 걷는 능력은 땅에 떨어지고 만다. 또 조지 브라운 박사의 말을 빌리면, 뉴브리튼 섬에서는 "힘 있는 추장은 언제나 사제의 역할을 겸한다고 생각되었다. 즉, 그는 영혼들(tebarans)과 변함 없이 교류하고, 그 영혼의 도움으로 비 또는 햇빛, 깨끗한 바람이나 더러운 바람, 질병 또는 건강, 승리나 패배를 마음대로 움직일 수 있고, 어떤 축복이나 저주도 할 수 있는 존재라는 믿음이 있었기 때문에 사람들은 그에 대한 충분한 대가를 쉽게 받아들일 수 있었다."

문화 수준이 더욱 높은 아프리카에서는 추장제와 왕권이 잘 발달되었다. 여기에서는 주술사, 특히 기우사가 추장으로 발전했다는 증거가 비교적 많다. 예를 들면 동아프리카 반투 민족인 왐부그웨족 사이에서는 정부의 처음 형태는 가족 공화제였다. 그러나 세습적으로 물려받은 주술사들의 막강한 권력은 곧 소군주나 추장의 지위로 그들을 끌어올렸다. 1894년에 이 지방에 있던 세 추장 가운데 두 사람은 주술사였다. 사람들은 크게 두려워했고, 그들이 가진 많은 가축은 거의 모두가 주술사로서 일을 수행한 대가로 받은 것들이었다. 그들의 주된 주술은 비를 내리게 하는 주술이었다. 동아프리카의 다른 부족 와타투루(Wataturu)족의 추장들은 어떠한 정치 권한도 갖지 않은 주술사에 지나지 않았다고 한다. 또 동부 아프리카 와고고족의 추장이 가진 권력은 주로 비를 만드는 능력에서 비롯되었다고 한다. 만일 추장이 비를 만들 수 없다면, 그는 그렇게 할 수 있는 다른 사람으로부터 그 힘을 얻어야만 한다.

또 나일 강 상류의 부족들에서는 주술의가 추장이 된다. 그들의 권위는 무엇보다도 비를 만드는 능력에 달려 있다. 왜냐하면 비는 이 지방 주민들에게 매우 중요하므로 알맞은 때에 비가 오지 않으면, 공동 사회에 말할 수 없는 재난을 끼치기 때문이다. 그러므로 교활한 사람들이 비를 오게 하는 힘을 사칭하거나 그런 평판을 얻어서 소박한 이웃들이 쉽게 믿는 성질을 이용하기도 한다.

"그래서 그 부족들 대다수의 추장은 비를 내리게 하는 주술사이고, 제때에 주민에게 비를 주는 그들의 능력에 비례해서 인기를 누린다. 추장은 언제나 그 마을을 꽤 높은 언덕의 비탈진 곳에 짓는데, 이것은 산이 구름을 부르고, 그 때문에 날씨를 예상하는 일이 매우 확실해지기 때문이다."

이 기우사들은 저마다 수정과 석영, 자수정 등의 우석(rain-stone) 여러 개를 항아리 속에 넣어 보관한다. 그는 비를 부를 때 그 돌을 물 속에 던진 다음, 껍질이 벗겨지고 끝이 갈라진 막대기를 들고 주문을 외면서, 구름을 향해 내려오라거나 갈 곳으로 흘러가라고 명령한다. 또 염소나 산양의 내장을 물과 함께 돌 구덩이 속에 넣고 하늘을 향해 물을 뿌리기도 한다.

이같이 추장은 고유한 주술의 힘을 드러내 많은 재산을 모으지만, 가끔 비참한 최후를 마치기도 한다. 왜냐하면 가뭄 때 비가 내리지 않으면 화난 주민들이 추장이 방해한 것으로 믿고 그를 죽이기 때문이다. 그러나 그 직분은 세습적이어서 아들에게로 옮겨진다. 이런 신앙과 관습을 가진 부족 가운데는 라투카, 바리, 랄루바, 로코이야 등 여러 부족이 포함된다.

또 중앙아프리카 앨버트(Albert) 호의 서쪽에 거주하는 렌두(Lendu)족은 어떤 특정인이 비를 만드는 힘을 가진 것으로 확신한다. 그들 사이에서도 기우사는 추장이거나 추장이 될 사람이다. 바니오로(Banyoro)족도 기우사를 크게 존경하고 많은 물건을 그에게 바친다. 비에 절대적인 힘을 가진 기우사는 왕이기 때문이다. 그러나 그는 그 권력을 다른 인물에게 맡기고, 여러 지방에 혜택을 나누어 하늘로부터 비가 골고루 내리도록 할 수 있다.

동부 및 중앙아프리카에서처럼 서부 아프리카에서도 추장의 기능과 주술사의 기능이 결합된 것을 볼 수 있다. 예를 들면, 팡(Fang)족에게는 추장과 주술사 사이에 뚜렷한 구별이 없다. 추장이 주술의이며 동시에 대장장이기도 하다. 그들은 대장장이 일을 신성한 직업으로 생각하고, 추장 말고는 아무도 이 직업을 가질 수 없다고 여긴다.

남아프리카에서 추장과 기우사의 직능 관계에 대해 어떤 저명한 저술가는 이렇게 말한다.

"아주 먼 옛날에는 추장이 부족의 위대한 기우사였다. 몇몇 추장들은 다른 뛰어난 기우사가 추장으로 선출되지 않도록 하기 위해서 자신들과의 경쟁을 누구에게도 허용하지 않았다. 또 다른 이유가 있었는데, 기우사는 확실히 좋은 평판을 얻으면 부자가 되었다. 추장은 남이 부자가 되는 것을 바라지 않았다. 기우사는 주민들에게 막강한 권위를 가졌으므로, 추장으로서는 기우사와 정치 권력과 결합하는 것이 매우 중요했다. 전설에 따르면, 언제나 비를 내리게 하는 힘을 옛날의 추장들과 영웅들의 위대한 영광에 돌리고 있다. 이것은 추장직은 비를 내리게 하는 능력에서 유래된 것으로 생각하게 만든다. 즉, 비를 오게 한 자가 자연히 추장이 되는 것이다. 같은 방식으로 차카(Chaka : 유명한 줄루족의 절대군주)는 언제나 자신이 유일한 예언자라고 선언하곤 했는데, 그것은 경쟁자가 생기면 자신의 생명이 위태로웠기 때문이다."

마찬가지로 남아프리카 부족들에 대해서 모펏(Moffat) 박사는 다음처럼 말했다.

"사람들 생각에 따르면, 기우사는 단순한 사람이 아니라 왕 이상의 권세를 가지며, 왕조차도 그의 명령을 따라야 한다고 여긴다."

앞의 증거를 볼 때 아프리카에서 왕이 때때로 공적 주술사, 특히 기우사에서 유래했다는 사실을 알 수 있다. 주술사가 일으키는 강렬한 공포심과 그의 직무 수행에서 얻은 경제력으로 주술사는 왕이 되었다. 그러나 주술사, 특히 기우사의 능력이 뛰어나면 큰 보수를 주지만, 서투르고 불운한 주술자라면 뜻하지 않은 위험에 빠질 수 있다. 공적 주술사의 자리는 참으로 불안정하다. 왜냐하면 그가 비를 내리게 하거나 햇빛을 비치게 하거나 나무에 열매를 맺게 할 수 있는 힘을 가지고 있다고 굳게 믿는 사람들은, 자연히 가뭄이나 기근을 그의 무책임한 태만이나 고의적인 책략 때문인 것으로 생각하고 그를 벌하기 때문이다.

그래서 아프리카에서는 비를 내리게 하는 데 실패한 추장은 때때로 추방되거나 살해되곤 했다. 예를 들면 서부 아프리카 어떤 곳에서는 비를 내리게 하기 위해 왕에게 바친 기도나 제물이 효험이 없는 경우, 백성들은 새끼로 왕을 묶은 다음, 선조에게 필요한 비를 내리도록 하기 위해 그를 강제로 선조의 묘지로 끌고 간다. 서부 아프리카 반자르(Banjar)족은 왕이 비를 내리게 하거나 날씨를 좋게 하는 힘을 가지고 있다고 믿는다. 날씨가 좋은 동안에는 곡물이나 가축을 왕에게 바친다. 그러나 가뭄이나 폭우가 이어져 곡물에 피해가 생기면 날씨가 달라질 때까지 왕을 욕보이거나 매질한다.

로앙고(Loango)족은 추수를 못하거나 해안에 파도가 높아서 고기잡이를 나갈 수 없을 때는, 왕을 '마음이 못된 자'로 몰아 그 지위를 빼앗는다. 곡물 해안(Grain Coast) 지방에서 대사제나 '보디오(Bodio)'의 칭호를 가진 주술사인 왕(fetish king)은 사람들이 건강하고 땅이 기름지며 강과 바다에서 물고기가 많이 잡히게 하는 책임을 져야 한다. 그중 어느 하나 때문에 괴로움을 겪으면 보디오의 지위는 박탈된다.

빅토리아 니안자(Victoria Nyanza) 호수의 남쪽에 있는 넓은 땅 우수쿠마(Ussukuma)에서는, "비와 메뚜기 피해가 술탄(Sultan)의 통치와 깊은 관계를 맺고 있다. 그 또한 비를 내리게 하는 방법과 메뚜기를 몰아내는 방법을 알아야 한다. 만일 술탄과 주술의가 그것을 할 수 없다면 그들의 자리는 위태로워진다. 나사 근처의 우투트와에서는 사람들이 고심하며 기다린 비가 오지 않을 때 술탄은 하루아침에 쫓겨났다. 실제로 사람들은 통치자라면 자연과 자연 현상을 다스리는 힘을 가져야 한다고 믿기 때문이다." 니안자 지방의 토착민도 "비는 주술을 부려야만 내리고, 비를 내리게 하는 중요한 역할이 부족의 추장에게 있다고 믿는다. 만일 제때에 비가 내리지 않으면 모두가 불평한다. 가뭄 때 나라에서 쫓겨난 왕은 한 사람만이 아니다." 나일 강 상류 라투카족은 농작물이 시들기 시작하고, 비를 내리게 하려는 추장의 모든 노력이 효과를 거두지 못할 때, 사람들은 밤중에 그를 습격해 재물을 모두 빼앗고 쫓아낸다. 때로는 왕을 죽이기도 한다.

세계의 다른 많은 지역에서도 왕에게 민중의 복지를 위해서 자연의 운행을 조절해 줄 것을 기대했고, 만일 그 기대가 어긋났을 때는 처벌되었다. 옛날 스키타이족에게는 식량이 부족하면 왕을 감금하는 관습이 있었다. 고대 이집트에서는 흉작이 들면 왕이 비난을 받았으며, 동시에 자연의 운행을 조절하지 못했다는 이유로 신성한 짐승들까지도 책임을 물었다. 길고 심한 가뭄이 들어 그 땅에 질병이나 재앙이 닥쳤을 때, 사제는 밤에 성스런 짐승들을 잡아다 위협했다. 그래도 재앙이 계속되면 그 짐승을 죽였다.

남태평양의 니우에(Niue) 또는 새비지(Savage) 섬으로 불리는 산호섬에서는 왕이 대사제였다. 사람들은 왕을 식량을 늘리는 자로 믿었으나, 기근이 닥치면 분노한 민중은 왕을 죽였다. 이렇게 왕이 계속 살해되어 아무도 왕위에 오르고자 하지 않아 마침내 왕조는 몰락했다. 고대 중국 저술가들의 보고에 따르면, 한국에서는 비가 너무 내리거나 적게 내려서 흉작이 들면 언제나 왕에게 책임을 물었다고 한다.

아메리카 인디언 중에서 가장 진보된 문명은, 멕시코와 페루의 군주 정치 및 신권 정치 아래에서 이룩됐다. 그러나 그 나라들의 초기 역사를 거의 모르기 때문에 그들의 신격화된 선조가 주술의였는지는 알 수 없다. 이렇게 내려온 흔적은 멕시코 왕이 왕위에 올랐을 때 태양을 빛나게 하고, 비를 내리게 하고, 강물을 넘치게 하고, 땅에 풍요를 가져오겠다는 선서 속에서 추론할 수 있을 뿐이다. 아마도 원시 아메리카에서 주술사나 주술의는 신비스러운 후광과 존경스럽고 두려운 분위기에 싸인 중요하고도 권세 있는 인물이었을 것이다. 이 점을 입증할 만한 실제 증거가 부족하지만, 많은 부족들 속에서 추장이나 왕이 주술사에서 유래되었다고 추정된다.

예를 들어, 캐틀린(Catlin)은 다음과 같이 전한다.

"북아메리카에서 주술의들은 부족 사이에서 귀중한 인격자로 중시되고, 모든 사회는 그들을 존경한다. 그 이유는 약재(materia medica)를 다루는 기술 때문이기보다 그들이 각 분야에서, 특히 응용하는 주술과 신비스러운 재주 때문이다. 모든 부족에서 주술의는 마법사이고 점술사이며, 종교적 의식을 관리하고 지도하는 대사제이기도 하다. 그들은 국가에 신의 명령을 전하는 사람으로서 모든 사람들에게서 존경을 받았다. 그들은 전쟁 때든 평화로울 때든 모든 회의에서 추장과 함께 앉았고, 어떤 사회적인 문제를 해결하기에 앞서 반드시 의논의 대상이 되었다. 그들의 의견은 최대한 존경과 신뢰를 받았다."

마찬가지로 캘리포니아 마이두(Maidu)족의 경우, 주술사는 가장 중요한 인물이었고 오늘날에도 그렇다. 그의 말은 정치 조직이 없을 때 매우 중요하다. 그들은 하나의 계급을 이루었고, 공경과 두려움의 대상으로 백성은 언제나 추장보다 그들에게 복종했다.

남아메리카에서도 주술사나 주술의는 추장이나 왕이 되는 가장 빠른 자리에 있었다. 브라질 해안의 첫 정착민 가운데 한 사람인 프랑스인 테베(Thevet)는 다음과 같이 전했다.

"브라질 인디언들은 파게(Page : 주술의)를 남달리 존경하고 숭배하여 우상화하기까지 한다. 일반인은 그를 만났을 때 엎드려서 '병에 걸리거나 죽지 않도록 하여 주소서. 저의 가족들도 건강하게 오래 살게 하소서' 하며 기도한다. 그러면 그는 '오래 살게 하리라. 병에 걸리지 않도록 하리라'는 식으로 대답한다. 그러나 파게가 하는 예언이 빗나갔을 때, 사람들은 그를 파게로서의 칭호와 존엄성에 어울리지 않는 자라 하여 가차없이 죽였다."

그란차코의 렝구아(Lengua) 인디언의 각 씨족들은 추장이 있으나 그는 실질적인 권한이 없다. 추장은 직무 때문에 다른 사람들에게 많은 선물을 해야 한다. 그래서 부자가 될 수 없고, 보통 거느리는 사람보다도 초라하다. 그러나 주술사는 최고의 권력을 가졌으며, 선물을 주지 않고 받는 데 익숙하다. 주술사의 임무는 적들에게 불행과 질병을 안겨 주고, 자기 주민을 적의 주술로부터 보호하는 것이다. 주술사는 이러한 봉사로 충분한 대가를 받고, 또 큰 권세를 누린다.

말레이 지방에서 라자(Rajah)라고 불리는 왕은 일반적으로 초자연적인 힘을 가진 자로서 미신적인 숭배를 받는다. 그도 아프리카 추장과 같이 단순한 주술사에서 발전했다고 볼 만한 근거가 있다. 말레이인은 오늘날에도 왕이 농작물이 성장하고 열매를 맺는 따위의 자연적 작용에 영향을 미칠 수 있다고 굳게 믿는다. 그들은 이처럼 풍요와 다산의 능력은 왕이 지명한 자나, 심지어 우연히 그 지방을 맡게 된 유럽인에게도 깃들어 있는 것으로 믿는다. 예를 들자면, 말레이 반도의 토착민들이 사는 한 지방인 셀랑고르(Selangor)에서는 벼농사의 풍작과 흉작의 책임을 때때로 교체된 지방 관리들에게 돌린다. 남부 셀레베스의 투라테야(Toorateya)족은 벼농사의 풍작이 자기 왕자들의 행위에 달려 있다고 본다. 그들이 전래 관습에 어긋나는 정치를 하면 흉작을 가져온다고 믿는다.

사라와크의 다약족은 그들의 유명한 영국인 통치자 브룩(Brooke) 왕이 주술적 힘을 가지고 있어서 그것을 적절히 응용하면 벼의 수확을 풍족하게 할 수 있다고 믿었다. 그래서 그가 부락을 방문하면, 토착민들은 다음 해에 뿌릴 씨앗을 그의 앞에 가지고 왔다. 그때 그는 미리 혼합된 어떤 액체 속에 담가 두던 여자의 목걸이를 씨앗 위에 흔들면서 농작물의 풍요를 기원했다. 그리고 그가 마을에 들어갔을 때, 여자들은 그의 발을 먼저 물로 씻긴 다음에 덜 익은 코코넛 즙에 담그고 끝으로 다시 물로 씻긴다. 그들은 그의 몸에 닿은 모든 물이 풍작을 가져다 주는 것으로 믿고 그것을 밭에 붓기 위해 저장해 둔다. 왕이 방문하기에는 너무나 멀리 떨어져 있는 부족들은 그에게 작고 흰 헝겊 조각과 금·은덩이를 보낸 다음 풍작을 기대했다.

전에 한 유럽인이 삼반(Samban) 부족의 벼농사가 흉작임을 추장에게 알렸을 때, 그 추장은 브룩 왕이 바로 방문해 주지 않았기 때문에 다른 수가 없었다고 말하면서, 브룩 왕이 자기 부족을 방문하여 불모의 땅을 기름지게 해 달라는 말을 전해 달라고 말했다.

왕이 주술적 또는 초자연적 힘을 가지고 있으며, 그 효험으로 땅을 풍요하게 하고, 사람들에게 그 밖의 복지도 준다는 믿음은 인도에서 아일랜드에 이르기까지 전 아리안족 선조들에 의해서 심어졌으며, 그것의 뚜렷한 흔적이 오늘에 이르기까지 남아 있다. 예컨대 「마누법전 *The Laws of Manu*」이라 불리는 고대 인도의 율법서는 훌륭한 왕이 통치한 결과를 이렇게 기록한다.

"서민의 재산을 빼앗지 않는 왕이 다스리는 나라에서는 사람들이 적당한 때 출생했다가 오랫동안 그 생명을 보존한다. 또 농부가 뿌린 농작물이 잘 자라며, 아이가 죽는 일이 없고, 불구의 자식이 태어나는 일도 없다."

호메로스 시대 그리스에서도 왕이나 추장을 신성하고 신적인 존재라고 불렀다. 왕이 지내는 집도 신성했고, 그의 마차도 신성하다고 여겼다. 중세까지도 착한 왕의 통치는 옥토에 보리와 밀을 결실케 하고, 과일을 풍요케 하고, 가축을 번식시키고, 바다에는 물고기들이 많이 모이게 한다고 여겼다.

중세기에 덴마크 왕 발데마르(Waldemar) 1세가 독일을 여행했을 때, 왕이 손으로 만져주기를 기대하는 어머니들은 그 아이를 데리고 왔고, 농부들은 씨앗을 갖고 모여들었다. 그것은 왕이 만지면 아이가 더 건강하게 자란다고 생각했기 때문이며, 이런 이유로 농부들은 씨앗이 풍성하게 성장하기를 바랐다. 고대 아일랜드에서는 왕이 선조의 관습을 존중할 때는 계절이 평온하고, 농작물은 풍작이고, 가축은 늘어나고, 물에는 물고기들이 많고, 과일나무는 그 열매 무게 때문에 받침대로 받쳐야 한다는 믿음이 있었다. 성 패트릭(Patrick)이 남겨 놓았다는 어떤 교서에는, 올바른 왕의 통치에 따르는 축복 가운데 '좋은 날씨, 잔잔한 바다, 풍요한 농작물, 나무에 가득 열린 과일들'이 열거되고 있다. 반대로 죽음, 암소에게 젖이 나지 않는 것, 과일이 열리지 않는 것, 흉작 등은 왕이 악하다는 증거로 적고 있다.

영국 국왕과 관련된 이런 미신의 마지막 유물은, 아마도 그들의 왕과 접촉하면 선병(腺病 : scrofula)을 고칠 수 있다는 믿음이었을 것이다. 따라서 이 질병은 '왕의 사악함(King's Evil)'으로 알려져 있다. 엘리자베스 여왕은 가끔 이 기적적인 치료의 선물을 주었다. 1633년 하지절에 찰스 1세는 홀리루드(Holyrood)에 있는 왕실 교회에서 100명의 환자를 단 한 번 어루만져 주어 병을 고쳤다고 한다. 그러나 이 의식이 최고조에 다다른 것은 그의 아들 찰스 2세가 통치할 때였다. 그는 통치 기간 중에 약 10만 명의 선병(연주창) 환자를 고쳤다고 한다. 그에게 접근하기 위해 때로는 일대 혼란이 일어났다. 그리고 어떤 때는 고치러 온 사람 중에서 5, 6명이 밟혀 죽기도 했다. 그러나 냉정한 윌리엄 3세는 이 주술을 경멸하면서 거절했다. 그리고 그는 궁전이 그런 불결한 군중으로 메워졌을 때, 구호품이나 받아가지고 돌아가라고 그들에게 명했다. 그는 단 한 번만이라도 손으로 만져 주기를 바라는 환자가 애원할 때는 환자들에게 다음처럼 말했다.

"하느님께서 그대들에게 더 좋은 건강과 더 훌륭한 지각을 주시기를."

윌리엄 3세의 합리적인 통치에도 미신적인 관습은 아둔한 고집장이 제임스 2세와 미련한 그의 딸 앤 여왕에 의해 계속되었다.

프랑스 왕들도 접촉이 치료의 선물을 준다고 주장했다. 영국 왕은 그 능력을 참회의 왕이라 불리는 에드워드 왕에게서 물려받았다. 이에 비해 프랑스는 일찍이 클로비스(Clovis) 또는 성 루이(St. Louis) 때부터 내려온 것이라고 전해진다. 이와 똑같이 통가(Tonga) 지방의 추장들도 환자들의 발을 만지면 선병과 간경화증을 고칠 수 있다고 믿었다. 이런 치료는 모두 동종주술이었다. 왜냐하면 이런 질병과 그 치료는 왕의 신체 또는 왕에 속한 사물과 닿으면 이루어진다고 믿었기 때문이다.

따라서 세계 곳곳의 왕은 옛날의 주술사나 주술의의 계보를 잇는 후계자라고 추론할 수 있을 것이다. 먼저 주술사라는 특수 계층이 공동체에서 분리되어, 공공의 안녕과 복지를 보장하는 것으로 생각된 의무를 수행해 공동체의 신뢰를 얻고, 그 뒤에 점차 부귀와 권세를 누리게 되다가, 드디어는 지도자가 되어 신성한 왕으로서 꽃을 피우게 된 것이다. 그러나 그렇게 민주 정치에서 시작해 전제 정치로 막을 내린 일대 사회 변혁은 왕권의 개념과 기능에 영향을 미치는 지적 혁명을 동반한다. 왜냐하면 시대가 변하면서 현명한 사람들이 주술의 허위를 밝혀냈고, 그러면서 서서히 종교가 그 자리를 대신했기 때문이다.

다시 말해, 주술사는 사제에게 자리를 내어 주었다. 사제는 인류의 복리를 위해 직접 자연 현상을 조절하려는 주술적 시도를 하지 않는다. 그는 이미 그런 일은 인간의 힘이 미치지 않는 것임을 깨닫고, 불가능한 것들은 신에게 호소하여 목적을 이루고자 모색한다. 그래서 왕은 주술사로 출발해, 주술 행위를 기도와 제물을 봉헌하는 사제적 기능으로 차츰 바꾸어 가게 된다.

인간과 신의 구별이 여전히 희미했던 때에 사람들은 인간이 죽은 뒤만이 아니라 살아 있을 때에도 위대하고 강력한 정령을 통해 일시적으로나 항구적으로 신들려 신이 될 수 있다고 여겼다. 왕은 신이 사람으로 화신할 수 있다는 믿음에 따라서 공동체의 어느 계층보다도 유리했다. 우리는 다음 장에서 화신의 이론과 엄밀한 의미로서의 왕의 신성성에 대한 이론을 살펴보게 될 것이다.

제7장
사람 모습을 한 인간신

앞에서 인용된 전세계에 걸친 미개 민족의 신앙이나 관습을 살펴볼 때, 우리는 자연에 대한 인간 능력의 뚜렷한 한계를 원시인이 인식할 수 없다는 사실을 알게 된다. 그 구성원이 저마다 많건 적건 간에 초자연적이라고 부르는 힘을 갖고 있다고 믿는 사회에서는, 신과 인간의 구별이 애매하거나 심지어 그 구별이 거의 생기지 않는 것이 분명하다. 신이란 인간에게 주어진 것과는 그 정도나 종류를 비교할 수 없는 힘을 가진 초인간적 존재라는 관념은 역사 과정에서 서서히 발전해 왔다. 원시인은 초자연적 존재를 결코 인간보다 위대하고 우월한 것으로 보지 않는다. 왜냐하면 초자연적 존재는 인간에게서 위협받고, 인간의 의지를 보여줄 수 있기 때문이다. 이 단계의 생각에서 세계는 하나의 큰 민주주의 체제로 여겨졌다. 그 가운데 있는 모든 존재는 자연적이건 초자연적이건 간에 매우 평등한 입장에 있다는 것이다.

그러나 지식이 발전하면서 사람은 자연의 광대함과 그와 마주한 자신의 왜소함과 빈약함을 차차 뚜렷하게 배워 간다. 그러나 인간이 스스로 힘이 없다고 깨닫는 것이 우주에 있는 것으로 생각된 초자연적 존재의 무기력함을 수반하는 것은 아니다. 반대로 그것은 초자연적 존재의 위력에 대한 인간의 생각을 더욱 촉진하게 된다. 왜냐하면 우주가 고정되고 불변적 법칙에 따라서 작용하는 비인격적 힘들로 이루어져 있다는 세계관이 사람들에게 아직도 확실하게 뚜렷하지 않기 때문이다. 물론 인간은 주술적 기술 속에서뿐만 아니라 일상 생활 속에서도 이러한 관념의 싹을 가지며, 이에 따라 행동한다. 그러나 그런 싹은 더 이상 발달하지 못한 채 남는다.

인간은 자신이 살고 있는 세계를 설명하려고 할 때, 사람들은 그것을 의식적인 의지와 인격적인 존재의 모습으로 묘사한다. 그리하여 자신을 매우 연약하고 미미한 존재로 느낄 때, 그는 틀림없이 광대하고 변함 없는 자연을 지배하는 존재를 거대하고 강력하게 볼 것이다. 따라서 신들과 동등하다는 원시적인 관념은 서서히 사라져간다. 동시에 인간은 독립적인 자신의 방법, 즉 주술로써 자연의 운행을 지배하려는 야심을 버리고, 자신이 한때 신들과 나누어 가졌다고 주장했던 그 초자연적 힘을 신들만이 가진 것으로 보게 된다.

그러므로 지식의 진보와 함께 기도와 희생 제물의 봉헌이 종교 의식에서 중요한 위치를 차지한다. 그리고 한때 가장 중시되었던 주술은 차츰 뒤로 물러나고, 흑주술(black art)의 수준으로 퇴보한다. 이제 주술은 신들의 영역을 불경하게 침해한 것으로 여겨졌으며, 신들의 평판과 힘에 따라 자신들의 평판과 권세가 오르내리는 사제들의 강한 반대에 부딪히게 되었다.

그래서 후대에 종교와 주술의 차별이 생기자, 제물과 기도가 공동 사회 속의 경건하고 개화된 사람들의 거점인 데 반해서, 주술은 미신적이고 무지한 사람들의 피난처가 되었다. 그러나 더 후대가 되면, 자연적 힘을 인격적인 능동자로 간주하는 관념은 자연 법칙에 대한 인식이 성장하면서 없어진다. 그때에 인격적 의지와 달리 암암리에 원인과 결과의 필연적이고 불가피한 연속성에 바탕을 두고 있는 주술은, 한때 빠져 있던 어둠과 불명예를 벗어버리고 다시 일어나 자연 속에서 원인과 결과의 연속성을 탐구하면서 직접 과학을 위한 길을 마련한다. 예를 들어 연금술은 화학으로 발전한다.

인간신의 관념이나 신적으로 초자연적 힘이 주어진 인신의 관념은, 본질적으로 종교 역사에서 비교적 초기에 속한다. 그 시기에는 마찬가지로 동일한 질서의 존재로 간주되었지만, 후대의 사상에서 신과 인간은 갈라져서 넘을 수 없는 심연을 사이에 두었다. 그러므로 신이 사람의 모습을 갖는다는 것은 우리에게는 이상하지만, 초기 사람들에게는 놀라운 일이 전혀 아니었다. 그리고 그들은 인간신(人間神 : man-god) 또는 신인(神人 : god-man)이 인간들보다 좀 높은 정도의 초자연적인 힘을 갖고 있을 뿐이라고 믿었다.

또 초기 사람들은 신과 유능한 주술사 사이에 뚜렷한 구별을 두지 않았다. 그들에게는 인간인 주술사가 사람들 속에서 가시적이고 구체적인 형식으로 주술과 주문 따위를 행한다면, 신은 자연의 베일 뒤에서 주술을 행하는 보이지 않는 주술사들에 지나지 않는다. 그리고 신들이 보통 인간의 모습으로 그들의 숭배자들에게 나타나는 것으로 믿기 때문에, 주술사가 기적의 힘을 드러내 인간의 모습을 한 신으로 평가되는 것도 마땅했다. 그리하여 처음에는 단순히 잔재

왕과 신의 결합
▲ 로마 황제 아우구스투스. '신으로 숭배를 받았던' 카이사르의 아들. 신의 상징인 월계수로 만든 관을 쓰고 있다. 로마 시대의 동전. 대영박물관, 런던

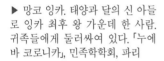

▶ 망코 잉카. 태양과 달의 신 아들로 잉카 최후 왕 가운데 한 사람. 귀족들에게 둘러싸여 있다. 「누에바 코로니카」, 민족학회, 파리

주꾼에 불과했던 주술이나 주술사는 곧 신이며 왕을 겸하는 데까지 발전한다.

다만 우리가 신에 대해서 말할 때, 신이라는 어휘가 주는 추상적이고 복잡한 관념을 원시적인 신 관념 속에 넣어서는 안 된다. 이 깊은 주제에 대한 우리의 생각은 오랫동안 이어온 지적이고 도덕적인 진보의 결실이고, 원시인과 나누어 갖기에는 거리가 아주 먼 것이며, 그것을 그들에게 설명해도 도저히 이해될 수 없는 것이다. 더 저급한 원시 종교에 대해서 일어난 논쟁은 대부분 그저 서로 오해해서 생겼을 뿐이다. 원시인은 문명인의 사상을 이해할 수 없고, 원시인의 사상을 이해할 수 있는 문명인 또한 드물다. 원시인이 신이라는 어휘를 쓸 때, 그는 마음 속에 어떤 존재의 이미지가 떠오를 것이다. 문명인은 신이라는 어휘를 사용할 때, 마음 속에 떠오르는 이미지가 있겠지만 미개인과는 매우 다르다. 그래서 두 사람이, 보통 일어나는 일이지만, 똑같이 상대편의 의견을 이해할 수 없기 때문에 그들이 원시 종교에 대해 논할 때는 다만 혼란과 오해가 생길 뿐이다.

만일 문명인이 신의 이름을 우리가 만들어 낸 신적 성격의 특수한 관념에 한정한다면, 원시인은 신이 없다고 고백해야 한다. 그러나 만일 비교적 수준이 높은 미개인이, 우리가 쓰는 '신'이라는 어휘의 완전한 의미에서는 아니지만, 신이라고 적절하게 불릴 수 있는 어떤 초자연적 존재에 대한 소박한 관념을 적어도 갖고 있다면, 우리는 좀더 역사적 사실에 눈을 돌려야 할 것이다. 어쩌면 그 소박한 관념이야말로 문명인이 그들 자신의 높은 신 관념을 서서히 발전시킨 근원임을 충분히 알 수 있다. 그리고 우리가 종교 발전의 전 과정을 더듬을 수 있다면, 우리의 신 관념과 미개인의 신 관념을 잇는 줄은 하나며 끊겨 있지 않다는 것을 알게 될 것이다.

이 점에 유의하면서, 남자건 여자건 살아 있는 인간의 모습으로 화육(化肉)한 채 인간의 숭배를 받는 신들의 예를 살펴보고자 한다. 신이 그 속에 자신을 나타낸다고 생각되는 사람은 언제나 반드시 왕이나 그 후손에게만 나타나지 않는다. 신은 가장 천한 계층의 사람들에게도 나타난다. 인도의 어떤 인간신은 직조공으로, 또는 목수의 아들로 태어났다. 그러므로 나는 살아 있는 인간의 신화에 대한 일반 원리를, 다시 말해서 인간 형태를 취하는 신의 화신 원리를 설명하려는 관점에서 이런 예를 왕족에게서만 찾지 않으려 한다. 이와 같이 화육한 신들은 미개 사회에서 일반적으로 발견된다. 화육신은 일시적인 경우도 있고 계속적인 경우도 있다.

원시 사회에서의 화신은 흔히 영감을 받거나 강한 힘에 자기도 모르게 지배되는 것을 말하는데, 일시적인 화육신의 경우 초자연적인 힘보다도 오히려 초인간적인 지식으로서 나타난다. 즉, 그 일반적 형태는 점이나 예언 등으로 화신이 이루어지며 기적이 아니다. 한편 이 화신이 일시적이 아니라 신령이 인간의 몸에 거처를 계속 정할 경우, 인간신은 흔히 기적을 행하여 자기 주장이 받아들여지기를 기대한다. 우리는 다만 기적을 바라는 사람들이 기적을 자연 법칙의 파괴라고 생각하지 않고 있음을 기억해야 한다. 미개인은 자연 법칙의 존재를 모르기 때문에 그 파괴에 대해서도 알 수 없다. 그에게는 기적이란 보통 힘보다 뛰어난 놀라운 힘에 불과하다.

세계 곳곳에서 일시적 화신이나 영감을 믿는다. 어떤 사람들은 때때로 정령 또는 신이 내려 신들림을 당한다고 한다. 그리고 이 신들림이 지속되는 동안에 그들 자신의 인격적 활동은 멈추고, 온몸의 경련, 전율, 격한 신체적 발작, 흥분된 얼굴로 그들의 신들림이 표현된다. 또 그 원인은 당사자의 의지 때문이 아니라 그 사람의 속에 들어온 정령 때문이라고 말한다. 그리고 이 이상한 상태에서 그가 하는 모든 말은 그의 속에 머물고 그를 통해서 말하는 신 또는 정령의 음성으로 인정된다. 예를 들면, 샌드위치(Sandwich) 섬에서 화신한 왕은 마법사처럼 행동하면서 버드나무 가지로 만든 은신처에 숨어서 신의 명령을 내려주었다.

남태평양의 섬에서 신은 때때로 사제들에게 들어갔다. 말하자면, 신성으로 충만한 사제는 자발적인 능동자로서 행동하거나 말하지 않고 완전히 초자연적인 힘으로 움직이거나 말했다. 이 점에서 폴리네시아인의 소박한 신의 명령과 고대 그리스인의 유명한 신의 명령 사이에 놀랍게도 비슷한 점이 있다. 사제에게 신이 들어가면, 그는 격렬하게 광란 상태에 빠진다. 팔다리의 근육은 경련하고, 몸은 부풀고, 얼굴 표정이 무서워지고, 눈은 사나워지고 크게 떠진다. 이 상태에서 그는 마치 신의 힘에 의해 자기도 모르게 지배당해 움직이는 듯 때때로 입에서 거품을 물고, 땅바닥에 뒹굴고, 째지는 목소리와 난폭하고 때로는 알아듣지 못할 음성으로 신의 뜻을 알렸다. 신비로운 일에 참여한 숙달된 사제들은 그와 같이 내려진 신의 명령을 받아서 사람들에게 전했다. 사제가 신의 명령을 말할 때 그 격했던 발작은 차츰 진정되어 꽤 태연해진다.

그러나 신이 언제나 이 교류가 되자마자 그에게서 떠나가는 것은 아니다. 때로는 타우라(taura)나 사제는 2, 3일 동안이나 영감이나 신에게서 신들림 당하기도 했다. 한쪽 팔에 두른 어떤 특별한 헝겊 조각은 영감의 표적이거나 신들린 사람과 함께 있다는 표적이었다. 이 기간 중에 그 사람의 행동은 신의 행동으로 생각되고, 그 때문에 그의 발언이나 그 행동 전체에 깊은 주의가 집중되었다. 우루히아(uruhia), 즉 영감을 받은 사제는 언제나 신과 같이 신성시되고, 그 기간 중에는 아투아(atua), 즉 신이라고 불렸다. 여느 때에는 단지 타우라, 즉 사제로 불렸을 뿐이었다.

그러나 이런 일시적 화육신의 예는 세계 곳곳에 매우 많으며, 오늘날 민족학(ethnology) 저서를 통해서 사람들에게 대단히 친근해졌으므로, 일반적인 원리를 설명하는 데 이보다 더 덧붙이는 것은 쓸데없는 일이라 생각한다. 그러나 일시적 영감을 불러오는 특수한 방식 두 가지를 말하는 것이 좋겠다. 그것이

다른 것과 비교해서 알려진 바가 적고, 또 나중에 그것에 대해 언급할 기회가 있을 것이기 때문이다.

일시적 화육신을 일으키는 방식 가운데 하나는 희생 제물의 생피를 핥는 일이다. 아르고스(Argos)에 있는 아폴로 디라디오테스 신전에는 매달 한 번씩 어린 양을 밤중에 희생 제물로 바쳤다. 그리고 순결의 규율을 지켰던 한 여인이 이 어린 양의 피를 핥고, 신에게서 영감을 받은 자가 되어 예언하거나 점을 친다. 아카이아(Achaia)의 아에기라(Aegira)에서 땅의 신을 모시는 여사제는 예언을 위해서 동굴에 내려가기에 앞서 수소의 생피를 마셨다. 남인도에서 새 사냥과 구걸을 주로 하는 쿠루비카란(Kuruvikkaran) 계층 사람들도 여신 칼리(Kali)가 사제에게 신을 내린다고 믿어, 사제는 산양의 목구멍에서 흐르는 생피를 마시고 신탁을 전했다.

북부 셀레베스의 미나하사(Minahassa)의 알푸르(Alfoor)족은 축제 때 돼지를 죽이면, 사제가 미친 듯이 달려들어 머리를 처박고 피를 마신다. 그러고 나서 사람들이 그에게 달려들어 억지로 돼지에서 떼어내어 의자 위에 앉힌다. 그러면 그해의 농작물에 대해서 사제가 예언하기 시작한다. 예언 도중 또 한번 돼지 피를 마시고 다시 의자 위에 앉혀진다. 이 예언은 사제에게 내린 정령의 힘이라고 믿었기 때문이다.

내가 여기서 말하고자 하는 일시적 화육신을 일으키는 또 하나의 방식은, 신성한 나무나 풀을 쓰는 것이다. 예를 들면, 힌두쿠시(Hindoo Koosh) 산맥에서는 신성한 히말라야 삼나무 가지를 태운다. 그리고 '다이니알(Dainyal)'이라 부르는 무녀가 보자기를 머리에 뒤집어쓰고, 경련을 일으켜 정신을 잃고 땅바닥에 쓰러질 때까지 코를 찌르는 연기를 계속 마신다. 얼마가 지나면 그녀가 다시 일어나 소리를 지른다. 이 소리는 사람들에 의해 더 크게 반복된다. 이와 똑같이 아폴로를 섬기는 여사제는 신성한 월계수 잎을 먹고, 예언하기에 앞서 그것으로 연기를 피웠다. 바쿠스(Bacchus) 신을 섬기는 무녀들은 담쟁이 잎을 먹었으나, 그들의 영감적 광란은 그 식물에 흥분시키거나 취하게 하는 성분이 들어있기 때문이라고 사람들은 믿었다.

우간다의 사제는 신에게 영감을 받고자 광란 상태에 빠질 때까지 세차게 담뱃대를 빤다. 그때 흥분되어 외치는 사제의 말은 그를 통해서 내린 신의 음성으로 인정된다. 자바의 북쪽에 있는 마두라(Madura) 섬에서 각각의 정령은 정해진 영매(靈媒 : 정령을 대신해 서 말하는 일)를 갖고 있으며, 영매는 남자보다도 여자인 경우가 많다. 여자 영매로서의 무녀는 영을 받을 준비로 머리를 향로 위에 대고서 연기를 마신다. 그리고는 점차 비명을 지르고 얼굴을 찡그리며, 격렬한 경련을 동반한 황홀 상태에 빠져든다. 그러면 신이 내려졌다고 여겨진다. 이렇게 신이 내린 무녀의 말은 신의 명령으로 받아들여진다.

일시적 영감을 받은 사람은 단지 신의 지식뿐만이 아니라, 적어도 때로는 신의 위력까지도 가진 것으로 믿어진다. 캄보디아에서는 전염병이 번졌을 때, 몇 개 마을의 주민들이 합동해서 악대를 맨 앞에 세우고, 그 지방 신이 화육하기 위해 선택한 사람을 찾으러 나선다. 그런 사람이 발견되면, 그 사람은 신의 제단에 안내되어 그 앞에서 화신이 되는 의식이 치러진다. 그러면 그는 사람들의 숭배 대상이 되고, 그들은 그에게 전염병으로부터 마을을 보호해 주도록 간청한다.

마그네시아(Magnesia) 부근 힐라이(Hylae)의 거룩한 굴 속에 서 있는 한 아폴론 신상은 초인간적인 위력을 갖고 있다고 믿어진다. 그래서 이 신상에게 영감을 받은 신성한 사람들은 절벽에서 뛰어내려서 큰 나무를 뿌리째 뽑고, 그것을 짊어지고 험한 계곡을 내려올 수 있다고 믿었다. 영감을 받은 이슬람교의 탁발승이 행한 기행은 그런 종류의 것이다.

이제까지 우리는 원시인이 자연을 지배할 수 있는 한계를 인식하지 못하고, 그 자신이나 모든 인간 안에 오늘날 우리가 초자연적이라 부르는 위력이 있다고 보는 그들의 사고 방식을 살펴보았다. 또 이 일반적인 초자연적 힘에 대한 관념을 가진 사람들이 정령에 의해 일시적 영감을 받고, 신의 지식과 능력을 가질 수 있다고 믿는 사실을 살펴보았다. 그런 믿음에서 일정한 사람들이 영구적으로 신들리거나, 또는 이상한 방법으로 신들의 지위와 견줄 만한 초자연적인 힘이 주어져 기도와 제물의 경의를 받을 만한 인물에 대한 믿음이 생겨났다. 때때로 이런 인간신들의 기능은 순수하게 초자연적이거나 영적인 기능을 지녔으며, 때로는 거기에 최고의 정치 권력을 행사한다. 그들은 신인 동시에 왕이고, 그 정치는 신정(神政)이다.

예를 들면 마르키즈 제도나 워싱턴 제도에서는 일생 동안 신으로 섬김받은 사람들의 계층이 있었다. 그들은 백성에게 초자연적 위력을 휘두른다고 여겼다. 그들은 풍성한 수확을 줄 수도 있었고, 땅을 메마른 들로 만들 수도 있었다. 또 질병이나 죽음도 가져올 수 있었다. 그들의 노여움을 피하기 위해서 인간 제물이 그들에게 올려졌다. 이런 인물은 섬마다 한두 명이 있었으며, 그들은 몰래 숨어 살았다. 그들의 권력은 때로는 세습적이었으나, 언제나 그렇지만은 않았다.

어떤 선교사가 이런 인간신 한 사람을 세밀하게 관찰해 기록했다. 그는 매우 늙었는데, 아주 큰 집의 독방에 살았다. 그 집에는 제단과 같은 것이 있었고, 대들보와 주변의 나무에 사람 해골이 거꾸로 매달려 있었다. 그 인간신에 봉사하는 사람 말고는 아무도 독방에 들어가서는 안 되었다. 다만 인간 제물이 바쳐지는 날에만 보통 사람도 신성한 지역에 들어갈 수가 있었다. 이 인간신은 다른 신보다도 많은 제물을 받았다. 때때로 그는 그 집 앞에 있는 교수대 위에 앉아서 한 번에 두세 사람의 인간 제물을 요구했다. 이 명령은 반드시 지켜졌는데, 그가 몰고 오는 공포는 극도의 것이었기 때문이다. 그는 섬 전체 주민들에게서 숭배받고, 제물이 곳곳에서 바쳐졌다. 또 남양 군도에서는 섬마다 신을 대표하거나 비슷한 화신이 있었다고 한다. 그들은 흔히 신이라 불리고, 그 본질은 신의 본질과 혼동되었다. 이 인간신은 보통은 사제나 추장이었지만 때로는 왕이었다.

고대 이집트인은 인간은 물론 고양이, 개, 작은 사슴 등에까지 숭배 대상을 넓혔다. 아나비스(Anabis) 마을에 한 인간신이 있었는데, 그를 위해 제단에 구운 제물이 올려졌다. 이 의식이 끝난 뒤에 그는 보통 사람과 다름없이 저녁을 먹었다고 포르피리오스(Porphyrios)는 말한다. 옛날 시칠리아의 철학자 엠페도클레스(Empedocles)는 자기를 주술사가 아니라 신이라고 선언했다. 다음의 시는 그가 시민에게 연설한 선언문이다.

> 아그리겐툼 성의 황금색 비탈을 오르는
> 이 위대한 도시에서 선한 일을 행하는 친구들이여,
> 이방인들에게 조용하고 깨끗한 안식처를 베풀어 주는 친구들이여,
> 모두 찬미받을지어다.
> 명예와 존경을 받을 만한 그대들 사이로 나는 걷고 있다.
> 그대들이 바친 찬란한 화관을 존귀한 이마 위에 얹은
> 나는 이제 인간처럼 허망하게 죽지 않는 불사신이라.

내가 가는 곳마다 백성들이 모여 나를 참배하고,
수많은 사람들이 옳은 길을 배우려 나를 따른다.
예언자의 환상을 찾는 이들,
쓰라린 괴로움에 우는 이들,
이제 위안의 말을 듣고는
슬픔도 아픔도 사라졌도다.

엠페도클레스는 바람을 일으키기도 하고 가라앉히기도 하며, 비를 내리고 태양을 빛내고, 질병과 노쇠를 없애고, 죽은 사람을 다시 살리는 방법을 그 제자들에게 가르칠 수 있다고 단언했다. 기원전 307년, 디미트리오스 (Dimitrios) 가 아테네의 민주정을 부활했을 때, 아테네 시민은 모두 살아 있는 그와 그의 부친 안티고노스(Antigonus)에게 '구세주(Saviour God)'라는 칭호로 신적 존경을 표했다. 그리고 구세주를 위해 제단이 마련되고, 그 예배에 봉사할 사제가 임명되었다. 그들은 찬송가를 부르고 춤추며 꽃다발과 향을 들고 구세주 앞에 나왔다. 그들은 마을에 늘어선 채, 다른 신들은 잠자거나 먼 곳에 있거나 존재하지 않지만, 구세주 인간신만은 가까이서 존재하는 그야말로 오직 하나의 신이라고 노래했다. 공적, 사적으로 불린 노래는 다음과 같다.

모든 신들 가운데 가장 위대하고 가장 고귀하신 신이
이 마을에 오셨다.
데메테르와 디미트리오스가
함께 오셨다.
데메테르는 처녀의 장엄한 의식을 가지고 왔다.
그리고 당신께서는 신답게
기쁘고 아름답게 웃으신다.
영광의 모습이여, 모든 친구들에 에워싸이고,
당신께서는 그들 한가운데 서 계시니,
그들은 별무리 같고, 당신은 태양과 같다.
위대한 포세이돈의 아들, 아프로디테의 아들을
우리 모두 찬양하여라.

다른 신들은 멀리 있거나, 듣는 귀를 갖지 않거나,
존재하지 않거나 우리를 돌보지 않는다.
그러나 우리는 눈 앞에서 당신을 보고 있다.
나무나 돌의 신이 아닌 참다운 신이시여.
그러므로 당신께 우리는 기도를 올린다.

고대 게르만족은 여성 안에 신성한 무엇인가가 존재한다고 믿고, 여성들에게 신의 명령을 구했다. 그 신성한 여인들은 소용돌이치는 강물을 응시하고, 물소리에 귀를 기울이면서, 그 모양이나 소리에서 미래를 예언했다고 전해진다. 그러나 그녀들에 대한 사람들의 숭배는 때때로 더 깊어져서 정말로 살아 있는 여신으로 경배했다.

예를 들면, 베스파시아누스(Vespasianus) 황제가 다스릴 때 브루크테리(Bructeri) 부족에 속한 벨레다(Veleda)라는 여자는 여신으로 숭배받았다. 그녀는 신의 이름으로 백성을 다스려서 곳곳에 권세를 떨쳤다. 그녀는 라인 강 물줄기인 리페(Lippe) 강의 옛 성채에 살았다. 콜로뉴 사람들은 그녀와 조약을 체결하기 위해 사신들을 보냈으나, 사신은 그 여자 앞에 가지 못했다. 교섭은 그녀의 신성함에 대한 대변자이자 신의 명령을 전달하는 대신을 통해 이루어졌다. 이 사례는 우리 선조들의 사고 방식에서 신성과 왕권이 쉽게 결합한 예임을 보여준다. 게타이(Getae)족 사이에서는 기원 초에 이르기까지 사람들이 신으로 존중하고, 신으로 불린 사람이 언제나 있었다. 그는 성스러운 산에 살면서 왕의 고문역을 맡았다.

옛날 포르투갈의 역사가 도스 산토스(Dos Santos)에 따르면, 동남아프리카의 한 부족인 짐바(Zimba)족이나 무짐바(Muzimba)족은 "우상을 숭배하거나 신을 인정하지 않고 그 대신에 왕을 존경하고 숭배하는데, 그들은 왕을 신으로 생각하고 이 세상에서 가장 위대한 자라고 말한다. 그리고 그 왕은 자신만이 온 땅의 신이라 하여 자기가 원치 않을 때에 비가 내리거나 지나치게 더우면, 자기 뜻을 따르지 않았다고 하늘을 향해 활을 쏘았다" 한다. 남아프리카의 마쇼나(Mashona)족은 어떤 신부에게 그들은 한때 신을 가졌으나 마타벨레족이 신을 쫓아냈다고 한다. 그 신부의 말에 따르면 "이것은 어떤 마을에서 사람을 신이라고 부르는 기이한 관습에 대한 것이다. 그는 사람들에게 무엇이든 상담을 해 주고 선물을 받은 듯하다. 그 옛날 마곤디(Magondi) 추장에 속하는 한 마을에 이런 사람이 있었다. 우리는 그 마을 근처에서 절대로 총을 쏘지 말도록 요청받았는데, 만일에 그렇게 하면 그를 위협하고 도망치게 한다는 것이었다."

예전에 그 마쇼나족의 신은 검은 황소 네 마리와 한 차례 춤의 형식으로 해마다 마타벨레 왕에게 조공으로 바쳐야 했다. 마쇼나족의 신이 왕의 오두막 앞에서 그 의무를 다하는 것을 보고, 한 선교사는 다음과 같이 기록했다.

"세 시간 동안이나 그 검은 신은 쉬지 않고 탬버린과 캐스터네츠 소리에 맞추어 단조로운 노래를 부르며, 그 다리의 강건함과 유연성을 증명하듯이 활발하게 뛰면서 돌았다."

중앙아프리카의 바간다(Baganda)족은 때때로 남자나 여자 몸 속에 그 거처를 구하는 니안자 호수의 신을 믿었다. 화신한 그 신은 왕과 추장을 포함한 사람들에게 매우 두려운 대상이었다. 신이 내린 이 인간신은 호수에서 2.4km 가량 떨어진 곳에 옮겨지고, 그 신성한 임무에 복종하기에 앞서 그곳에서 새 달이 뜰 때까지 기다렸다. 하늘에 희미하게 초승달이 나타나는 순간부터 왕도, 그 백성도 이 '루바베(Lubave)'라고 불리는 인간신의 명령에 따라야만 했다. 이 신은 신앙이나 의식에 대한 일은 물론이고, 전쟁이나 정치에 대해서도 최고의 통치권을 갖고 있었다. 그는 신의 명령을 전달해 주는 자로서, 백성들의 인생 상담을 해주었다. 그는 말 한마디로 질병을 생기게 하거나 고칠 수 있었고, 비를 그치게 하거나 기근을 일으킬 수도 있었다. 그의 충고를 받았을 때는 많은 예물을 바쳐야 했다.

탕가니카(Tanganyika) 호수 서쪽에 있는 광대한 지방인 우루아(Urua)의 추장은 신의 존엄과 위력에 의지해 며칠 동안 먹지 않아도 배고프지 않다고 장담한다. 사실상 그는 신이기 때문에 음식물의 욕구를 전혀 느끼지 않는 것이고, 다만 즐기기 위해 먹고 마시고 담배를 피우는 것이라고 공언한다. 갈라족에서 여자가 가사에 싫증이 나면, 조리에 맞지 않는 이야기를 하거나 엉뚱한 행동을 취한다. 이것은 바로 신령 칼로(Callo)가 그 여자에게 내린 징후라고 말한다. 그러면 그 자리에서 그의 남편은 바짝 엎드려 아내를 찬미한다. 이렇게 되면, 그 여자는 아내라는 천한 명칭을 버리고, '주님'으로 불리게 된다. 이제 부엌일을 그 여자에게 시킬 수 없고, 그녀의 말은 신의 율법이 된다.

로앙고의 왕은 백성들에게 신이기나 한 것처럼 경배받고, 신이라는 뜻으로 '삼비(Sambee)'와 '판고(Pango)'로 불린다. 그들이 믿는 바에 따르면, 그는 자기 마음대로 비를 내리게 할 수 있다. 그리하여 1년에 한 번 비를 바라는 계절인 12월에 사람들은 그 앞에 와서 비를 내려 주도록 기원한다. 이때 왕은 옥좌 위에 서서 화살을 하늘에 쏜다. 그러면 비가 내리게 된다고 믿었다. 몸바사(Mombasa)의 왕에 대해서도 거의 똑같은 이야기가 전해진다. 베냉(Benin)의 왕은 영적 통치가 영국 해병과 수병의 독살로 끝나기 몇 년 전까지만 해도, 자기 영토에서 예배의 중요한 대상이 되었다.

"그 왕은 가톨릭 유럽 국가에서 교황이 차지하는 위치보다 훨씬 높았다. 그는 지상에서 신의 대리자일 뿐만 아니라 신 자체였다. 그 숭배는 사랑에서 생겨났다기보다는 공포 때문에 생긴 것으로 생각되지만, 사람들은 그를 신으로서 경배하고 그에게 복종했다."

또한 이다(Iddah) 왕은 나이저(Niger) 강 원정대의 영국 장교들에게 다음과 같이 말했다.

"신께서 나를 그의 모습대로 만들었다. 나는 신과 똑같은 자다. 그리하여 신은 나를 왕위에 오르게 했다."

피에 굶주린 바돈사첸(Badonsachen)이라는 버마 군주는 타고난 잔인성이 그대로 얼굴에 나타난 인물이었는데, 통치 중에 적보다도 훨씬 많은 사람을 죽였다. 그는 자기가 인간보다 더 위대한 존재이고, 수많은 선행의 대가로 신으로부터 영광이 주어졌다고 믿었다. 그래서 그는 왕의 칭호를 버리고 스스로 신이 되려고 계획했다. 그래서 그는 오랜 수도 끝에 신이 된 붓다(Buddha, 불타)를 흉내내어 자기 왕궁과 후궁을 버리고 몇 년에 걸쳐 지은 왕국 최대의 넓고 큰 탑으로 옮겨 갔다. 여기서 그는 가장 학식 있는 승려들과 회의를 열었다. 그리고 붓다의 율법을 지키기 위한 5천 년이 이제 끝났다는 것과, 자기야말로 옛 계율을 깨고 그것을 대신할 새 계율을 세우는 자로 정해진 신이라고 설득하고자 했다. 그런데 매우 유감스러운 것은 많은 승려가 반대했다는 것이다. 이에 실망한 그는 권력욕의 집착을 버리지 못하고, 또 금욕 생활에 따르는 여러 금기도 지키기 어려워 스스로 신이 되겠다는 망상을 버리고 갑자기 왕궁과 후궁으로 되돌아갔다.

시암의 왕도 똑같이 신성을 지닌 자로 숭배받았다. 따라서 신하는 왕의 얼굴을 보아서는 안 되었다. 왕이 지날 때는 그 앞에 엎드리고, 그의 앞에 나아갈 때는 팔꿈치를 땅에 대고 기어야 했다. 궁정에서는 왕의 신분에만 쓰이는 특별한 말을 써야 하고, 왕에게 말하는 사람은 모두 그 법도에 따라야 했다. 이 특별한 용어는 매우 어려워서 그 말에 숙달되는 데 많은 고생을 해야 한다. 왕의 머리카락, 발바닥, 호흡, 그리고 몸 안팎의 세세한 부분에 이르기까지 모두 특수한 명칭이 있다. 왕이 먹고 마시고 잠자거나 걸어다닐 때, 왕이 한 행동을 특별한 언어로 나타내야 한다. 이런 말은 보통 사람의 행동을 표시하는 데 쓰일 수 없다. 시암 언어 가운데 왕보다 더 높은, 또는 존엄한 존재를 나타내는 말은 없다. 그래서 선교사들은 신에 대해서 말할 때 어쩔 수 없이 왕을 의미하는 토착어를 쓰지 않을 수 없었다.

아마 인도만큼 많은 인간신을 가진 나라도 드물 것이다. 위로는 왕에서부터 아래로는 젖 짜는 자에 이르기까지 사회의 모든 계층에게 신의 은총이 여기보다 많이 내리는 곳은 어디에도 없다. 예를 들면 남인도의 닐기리 언덕의 유목민 토다(Toda)족 사이에서는 목장이 성지이며, 거기서 젖을 짜는 사람은 신이다. 그들에게 태양을 숭배하느냐고 물으면 그 젖 짜는 사람은 가슴을 치며 다음과 같이 말한다.

"천한 사람들은 태양을 숭배하지만 내 자신이 바로 신이요. 내가 어찌 태양을 섬기겠소?" 이 젖 짜는 사람 앞에서는 그 아버지마저 엎드려 경배한다. 혹 그의 요구가 무엇이건 그것을 거절하는 사람은 아무도 없다. 다른 젖 짜는 사람 말고는 아무도 그에게 손을 댈 수 없다. 그는 상담을 받으면, 신의 음성으로 신의 명령을 내린다.

또 인도에서는 "모든 왕을 현재의 신으로 여긴다"고 말하는 「마누법전」은 나아가서 "어린 왕일지라도 그가 단지 인간에 불과하다는 생각으로 업신여겨서는 안 된다. 그는 인간의 모습을 한 위대한 신이기 때문이다" 이렇게 적고 있다. 몇 년 전에 오리사(Orissa)에 생전의 빅토리아 여왕을 숭배하는 한 교파가 있었다고 한다. 인도에선 오늘에 이르기까지 위대한 힘과 용기를 지니거나, 기적의 힘으로 뛰어난 사람은 모두 신으로 숭배받는다. 예를 들면, 펀자브 지방의 어떤 종파는 그들이 '니칼센(Nikkal Sen)'이라는 신을 섬겼다. 그는 바로 전설적인 장군인 니콜슨(Nicholson)이었는데, 그가 아무리 자기가 신이 아니라고 말해도 이들의 열광적인 신앙을 식힐 수 없었다. 그가 그들을 벌하면 벌할수록 그들이 그를 숭배하는 종교적 외경심은 차츰 깊어질 뿐이었다.

몇 해 전에 베나레스(Benares)에서 유명한 신이 어떤 힌두인 남자로 화신했다고 한다. 그는 스와미 바스카라난지 사라스와티라는 듣기 좋은 이름에 크게 만족했다. 그는 특히 죽은 매닝(H.E. Manning) 추기경과 많이 닮았는데, 그가 좀 더 천진난만해 보일 뿐이다. 그의 눈은 온유하고 인간미가 있었으며, 곧잘 믿는 신자가 바치는 신성한 숭배에 한없는 기쁨을 맛보고 있었다.

서인도의 푸나에서 약 16km쯤 떨어진 친치바드라는 작은마을에 한 가족이 살았는데, 마라타(Mahratta)족 사람들 대부분은 가족 중 한 사람이 코끼리 머리를 한 신의 화신 군푸티(Gunputty)라고 믿었다. 이 군푸티 신은 1640년에 처음으로 무라바 고세인(Mooraba Gosseyn)이라는 푸나의 한 브라만의 몸으로 화신했다고 한다. 무라바 고세인은 금욕과 고행과 기도로 구원을 이루고자 했다. 이 경건한 노력은 마침내 응답을 받았다. 어느 날 밤 꿈에 신이 그에게 나타나서 이후 7대까지 군푸티의 성령을 그와 그의 자손에게 머물게 하겠다고 약속했다. 신의 약속은 이루어졌다.

대대로 7대에 걸친 화신이 군푸티의 신성한 빛을 어둠의 세계에 드러냈다. 그런데 이 마지막 직계 후손은 눈병으로 1810년에 죽었다. 그러나 진리의 근원이 매우 신성하고, 교단 재산도 너무나 막대했기 때문에, 이 지방의 브라만들은 군푸티의 성령 없이는 엄청난 손실이 불을 보듯 뻔하므로 태연스럽게 보고만 있을 수만은 없었다. 그리하여 그들은 신의 성령이 화신할 새로운 인물을 찾아 나선 끝에 마침내 거룩한 인물을 발견했다. 그래서 다행히도 그때부터 오늘날까지 끊이지 않고 새로운 인간신을 조상으로 하는 가문이 이어졌다.

그러나 우리는 종교의 역사 속에서 작용하는 신비스러운 영적 섭리의 법칙을 바꿀 수는 없기 때문에 그저 개탄할 따름이다. 그래서 영적 섭리에 따라 인간신이 행하는 기적은 크고 작음이 있을 수밖에 없다. 이 말세에 인간신이 행한 기적은 옛 전임자들이 행한 기적에 비해 무척 초라하다. 오늘날 타락한 세대에 인간신이 행한 유일한 기적은 해마다 친치바드 사람들을 만찬에 초대한 것에 불과하다.

봄베이와 중부 인도에 많은 지도자를 갖고 있는 힌두교는 그 영적 우두머리나 마하라자(Maharaja)를 크리슈나(Krishna) 신의 지상 대리자거나 그 실제의 화신이라고까지 믿는다. 크리슈나는 천상에 지내면서 지상에 있는 자신의 화신이나 성직자의 부족들을 수호하며, 최대의 호의를 갖고 그들이 원하는 것을 이루어 준다. 그런 의미로 '자기 봉헌'이라고 불리는 특수한 의식이 크리슈나를 위해 마련되었다. 다시 말해 그의 충실한 신봉자들은 이 의식으로 몸과 영혼, 그리고 더 중요한 그들의 현세적인 재물을 바친다. 그리고 여자들은 크리슈나의 화신에게 자기 몸을 맡기면 자신의 가족들이 더없는 축복을 받는다고 배운다. 크리슈나의 화신 속에서 신적 본성과 인간적인 본성이 함께 있다고 믿기 때문이다.

그리스도교도 그런 불행한 망상의 더러움에서 벗어나지 못했다. 실제로 그리스도교는 그 위대한 '창조자'와 동등한 신성을 가졌다거나, 또는 그보다 훨씬 능가한다고까지 자칭하는 거짓된 사람들의 헛된 방종 때문에 때때로 어지럽혀졌다. 2세기에 프리지아(Phrygia) 사람 몬타누스(Montanus)는 그 자신이 성부, 성자, 성령을 결합해 화신한 삼위일체의 신이라고 주장했다. 이 밖에도 이런 망상에 빠진 자들이 적지 않았다. 초기 기독교 시대부터 오늘에 이르기까지 많은 종파는 그리스도, 아니 신이 잘 가르침을 받은 모든 신자들 속에 화신한다고 믿었다. 그들은 이 신앙을 논리적인 결론으로 이끌어서 서로를 숭배하기에 이르렀다.

테르툴리아누스는 이것이 2세기 카르타고의 그리스도교도에 의해 그런 일들이 실제로 행해졌다고 기록한다. 성 콜룸바(St. Columba)의 제자들은 스승을 그리스도의 화신으로 숭배했다. 또 8세기에 톨레도(Toledo)의 엘리판두스(Elipandus)는 그리스도를 '신 중의 신'이라고 말했는데, 이것은 예수 자신이 신인 것처럼 신자들도 모두 신이라는 것을 의미한다. 신자들끼리 서로를 숭배하는 관습은 알비파에서도 행해졌고, 14세기 초 툴루즈(Toulouse)의 종교재판 기록에서 그런 자들을 처벌한 사례가 수백 건이나 발견된다.

13세기에 '자유영혼 형제자매단'이라는 한 교파가 생겼다. 그들은 한결같이 명상하면 누구나 신비스러운 방식으로 신과 하나로 합쳐지고, 만물의 원천인 존재와 하나가 될 수 있다고 믿었다. 또 그렇게 신에까지 올라가서 그와 축복된 본질에 흡수되어 실제로 신의 일부가 된 사람은 그리스도처럼 '신의 아들'이 되고, 그 결과 모든 인간적이고 신적인 율법의 구속에서 벗어나 영광을 얻는다고 믿었다. 이들은 겉으로 그 얼굴 모습이나 거동에 광란의 무서운 그림자를 띠면서도, 내면적으로는 그 축복된 신앙에 빠져 매우 광적인 옷차림을 하고, 난폭하게 소리를 지르면서 이곳저곳으로 헤매고 다니면서 걸식했다. 이들은 성실한 노동과 생산은 신성한 명상으로써 성령에 오르는 데 방해된다고 주장하며 물리쳤다.

그들은 이러한 걸식 여행에 여자들을 데리고 다니며 친밀한 관계로 지냈다. 더 높은 영적 생활에 최고의 경지에 이르렀다고 자부하는 자들은 의복을 아예 걸치지 않았다. 체면과 예절을 내적으로 타락한 증거라고 생각하고, 영혼이 아직까지 육신의 지배를 받아 성령과 교제하지 못한 증거로 여겼기 때문이다. 때때로 종교재판은 그들이 주장하는 신과 신비적 합일을 더욱 북돋아 주었다. 그들은 불길 속에서 죽어 가면서도 고요함만이 아니라 기쁨에 찬 승리감을 감추지 않았다.

1830년경에 켄터키 주와 접한 미국의 어떤 주에, 자신은 신의 아들이며 인류의 구세주라 주장하며 불경한 자, 믿지 않는 자, 죄가 있는 자를 불러내기 위해서 지상에 재림했다고 선언한 사기꾼이 나타났다. 그는 만일 정해진 기간 내에 그들이 회개하지 않으면 자신이 무서운 징조를 내리고 이 세상이 한순간에 파멸되리라 경고했다. 그런데 많은 부자들과 사회 고위층들이 이 어처구니없는 말을 받아들였다. 마침내 한 독일인은 이 새로운 메시아에게 영어를 이해하지 못하는 그의 동포들을 위해 무서운 대재앙을 독일어로 선포해 달라고 공손하게 간청했다. 그들이 영어를 모른다는 이유 때문에 지옥에 떨어져야 한다는 것은 가엾은 일로 생각되었던 것이다. 이 자칭 구세주는 허심탄회하게 독일어를 모른다고 대답했다. 그러자 독일인이 이렇게 말했다.

"뭐라고요? 신의 아들이면 모든 언어를 알아야 하는 거 아니오? 독일어도 모른다고요? 이봐, 너는 악당에 위선자에 미치광이잖아. 정신병원에나 가라고."

구경꾼들은 사기꾼을 비웃고는 자신들의 경솔함을 부끄러워하며 가버렸다.

때때로 화신한 인간신이 죽으면 그에게 내린 신의 영혼은 다른 사람에게 옮겨지기도 한다. 불교를 믿는 타타르족은 대(大) 라마(Lama) 직권을 행사하며, 가장 중요한 사원의 주지로 지내는 살아 있는 많은 붓다를 믿는다. 라마가 죽어도 그 제자들은 슬퍼하지 않는데, 죽은 라마는 갓난아기로 다시 태어나는 것으로 믿기 때문이다. 그들이 걱정하는 것은, 죽은 라마가 어디에서 다시 태어나는지를 찾아내는 일이다. 그들은 무지개를 죽은 라마가 다시 태어날 곳으로 인도해 주는 징후라 생각한다. 때로는 신성한 어린아이가 스스로 그 정체를 사람들에게 다음과 같이 알리기도 한다.

우주의 신성한 질서
힌두신 비슈누의 우주적 형
상은, 만물을 포괄하는 신으
로서 영웅 아주르나 앞에 나
타나 악마의 싸움에서 힘을
주었다. 이 그림은 아주르나
의 눈에 비친 비슈누의 모습
을 보여 준 것이다. 1800년경
서 라자스탄에서 발견된 그
림. 쿨벤키안 박물관, 더럼

"나는 위대한 라마이다. 아무개 사원의 살아 있는 붓다이다. 나를 그 사원으로 데리고 가라. 나는 불사신이다" 살아 있는 붓다 스스로 자신을 알리건 하늘이 나타내는 징조건 일단 붓다의 출생지가 밝혀지면, 바로 그곳에 천막을 치고, 왕이나 왕족 가운데 중요한 인물에게 인솔된 기쁨의 순례자들이 그 어린아이를 데리러 온다. 대체로 환생한 어린아이는 성지 티베트에서 탄생한다. 순례자들은 환생한 어린아이를 맞이하기 위해 때때로 무서운 사막을 횡단해야 한다. 마침내 그들이 아이를 찾아내면, 땅에 엎드려 경배한다.

그러나 아이가 참된 위대한 라마로 인정되기에 앞서 순례자들을 만족시켜야 한다. 아이는 주지가 될 사원의 이름에 대한 질문을 받고 거기까지의 거리, 승려의 수에 대해서도 대답해야 한다. 또 그는 죽은 라마의 버릇과 죽을 때의 상태를 말해야 한다. 나아가 기도서나 주전자나 컵과 같은 온갖 물품이 그의 앞에 놓이는데, 전생에서 그가 사용한 것을 가리켜야 한다. 틀림없이 가리킨다면 전생의 라마로 인정되고, 비로소 순례자들은 어린아이를 사원으로 데려간다. 이 모든 라마들의 대표자는 티베트 수도 라사(Lhasa)에 살고 있는 달라이 라마(Dalai Lama)이다. 그는 살아 있는 신이고, 죽으면 그의 신성 불멸의 영혼은 다시 아기로 탄생한다고 믿어진다.

어떤 기록에 따르면, 달라이 라마를 찾아내는 방법은 앞서 말한 대 라마를 찾아내는 것과 같다. 또 다른 기록은 황금 항아리에서 제비를 뽑아 달라이 라마를 선출한다고 언급한다. 그가 태어난 곳은 언제나 나무나 풀이 무성하다. 그가 명하는 대로 꽃이 피고 샘이 솟아난다. 그가 향하는 곳은 하늘의 축복이 내린다.

그 밖에 이 지방에서는 신으로 자처하는 이들이 많다. 중국 제국의 모든 화신한 신의 호적부는 북경에 있는 이번원(理藩院 : Li fan yuan) 또는 식민성(植民省)에 보존되어 있다. 이처럼 관청의 공식 인가를 받은 화신들의 수가 160명이나 된다. 티베트는 그중에서 30명, 북몽골은 19명, 남몽골은 57명에 이른다. 중국 정부는 자기 백성에게 온정을 베풀기 위해 오로지 티베트 땅에서 환생한 것만 호적에 올리도록 하고 있다. 그들은 몽골에서 화신이 탄생하면 잠자고 있는 몽골인들의 애국심과 호전성이 깨어나 중대한 정치적 영향을 끼칠까 봐 두려웠다. 몽골인에게는 왕의 혈통에서 나온 야심적인 토착신을 중심으로 하여 무력으로 영적 왕국과 세속적 왕국을 한꺼번에 얻으려는 위험성이 있기 때문이다.

그러나 그런 공인된 신들 말고도 구석진 곳에서 기적을 행하고 축복을 내리는 개인적인 신들이나 허가받지 못한 신들이 허다하다. 요즘 들어 중국 정부는 티베트 외의 다른 곳에서 그런 엉터리 신들이 환생하는 것을 눈감아 주고 있다. 그러나 그런 개별적인 화신들이 생겨나면, 정부는 공인된 화신뿐만 아니라 모든 신들을 계속 감시하고 누구라도 의심스런 행동을 하면 그를 바로 파면해면 절간에 추방해 다시 화육신으로 태어나지 못하게 단속했다.

우리는 미개 사회에서 왕이 차지하는 종교적 위상을 살펴보았다. 여기서 우리는 이집트, 멕시코, 페루 등 역사적 제국의 군주들이 이룬 신적이고 초자연적인 권력에 대한 주장이 단순히 과장된 허영이나 맹목적인 추종이 아니며, 머리를 굽히고 아첨하는 공허한 표현의 결과도 아니라는 사실을 알게 된다. 그것은 살아 있는 왕을 신처럼 받들려는 원시적 신앙의 잔재이며 그 연장에 지나지 않는다.

예를 들면, 페루 잉카족은 태양의 자손들로서 신들처럼 존경받았다. 그들은 어떤 나쁜 일도 할 수 없고, 잉카족 가운데 어느 누구도 군주나 왕가의 신분이나 명예 또는 재산을 해치는 것은 꿈도 꾸지 않았다. 또 잉카족은 다른 민족처럼 질병을 나쁜 것이라 생각하지 않았다. 그들은 질병을 어버이인 태양이 그들을 하늘로 불러들여 함께 살기 위해 보낸 사자로 생각했다. 그러므로 죽음이 가까웠을 때 잉카족은 다음과 같이 말한다.

"아버지가 나를 불러 그곳에서 함께 쉬자고 한다."

그들은 회복을 바라는 희생 제물을 바치고, 태양신을 거스르지 않고, 안식을 위해 태양신이 그들을 불렀다고 공공연하게 말했다.

콜롬비아 안데스(Andes) 산맥 고원의 찌는 듯한 계곡에서 잉카족들과 마주쳤던 에스파냐 정복자들은, 찌는 듯한 밀림 속에서 만났던 다른 야만인들과 달리 훨씬 수준 높은 문명을 누리며 농사를 짓는 한 민족을 발견했을 때 무척이나 놀랐다. 이 민족은 한때 훔볼트(Humboldt)가 티베트나 일본의 신정 정치와 비교한 바 있는 정부 밑에서 생활하고 있었다.

잉카(Inca)족은 치브차(Chibcha)족과 무이스카(Muysca)족, 또는 모스카(Mozca)족의 두 왕국으로 갈라져, 저마다 수도를 보고타(Bogota)와 툰자(Tunja)에 두었으나, 뚜렷하게 소가모조(Sogamozo) 또는 이라카(Iraca)라 부르는 대제사장의 영적 지배를 받으며 통합되고 있었다. 오랫동안 금욕적인 수련기를 거친 이 영적 지배자는, 홍수의 조절이나 비를 부르는 등 날씨를 마음대로 조정할 수 있다고 믿었다. 우리가 이미 본 바와 같이 멕시코의 여러 왕들은 즉위할 때, 태양을 빛나게 하고, 구름을 일으켜 비를 내리게 하고, 강물을 불게 하고, 땅을 풍요롭게 하겠다고 맹세했다. 멕시코 마지막 왕 몬테수마는 백성들에게 신으로 숭배받았다.

사르곤(Sargon) 1세부터 우르(Ur)의 제4왕조, 또는 그 뒤에 이를 때까지 바빌로니아 왕들은 살아 있는 동안에 스스로 신이라고 칭했다. 특히 우르 제4왕조 군주들은 자신들을 위해 신전을 세웠다. 그들은 곳곳의 성지에 자기의 신상을 세우고, 그 앞에 제물을 바치도록 백성들에게 명령했다. 8월은 특별히 왕을 위한 달이었고, 매달 초승달과 보름달이 뜰 때에는 왕에게 제물을 바쳤다. 또 파르티아(Parthia) 아르사시드(Arsacid) 왕조의 군주들은 스스로를 해와 달의 형제라고 부르고, 신으로 숭배받았다. 아르사시드 왕조에 소속된 종과 싸워도 그것은 신성 모독죄로 처벌받아야 했다.

이집트 왕들은 생전에 신격화되었고, 그들에게 인신 제물을 바쳤으며, 그들에 대한 예배는 특별한 사제들이 남다른 신전에서 집행했다. 물론 왕에게 드리는 예배는 때때로 신에게 드리는 예배를 무색케 했다. 예를 들면 메렌라(Merenra) 왕의 통치 기간 중에 어떤 고관이 영원히 사는 메렌라 왕의 영혼이 '모든 신들보다도 많이' 숭배받기 위해서 많은 성소를 세웠노라고 다음과 같이 선언했다.

"왕은 실제로 신성을 지녔다. 그는 '위대한 신'이고, '황금의 호루스(Horus)'이고, 태양신 라(Ra)의 아들이다. 왕의 권력은 이집트에만 한정하지 않으며, 모든 나라와 모든 백성, 온 세계에 걸쳐 태양이 비치는 모든 곳, 하늘과 그에 속해 있는 것, 땅과 그 위에 있는 것, 두 다리나 네 다리로 걸어다니는 모든 생물, 날짐승들, 땅 위에 있는 모든 것들에게까지 미친다. 태양신이 주장한 것은 무엇이든지 교리적으로 이집트 왕이 주장할 수 있다. 왕의 호칭은 직접 태양신의 호칭에서 끌어온 것이다. 이집트 왕은 살아 있는 동안 이집트인들이 상상할 수 있는 신의 관념을 모두 흡수했다. 왕은 태어났을 때도, 왕위에 있을 때도 초인간적인 신이었고, 사후에도 신격화되었다. 그러므로 신에 대해 알려진 모든 것이 이집트 왕에게 적용되었다."

이것으로 우리는 스케치를 끝냈다. 그러나 이것은 페루나 이집트의 모든 군주에게서 볼 수 있는 신성 왕권의 전개에 대한 밑그림에 지나지 않는다. 역사적으로 보아 신성 왕권은 공적 주술사나 주술의 제도에서 비롯된 것으로 생각되고, 논리적으로 관념 연합의 연역적 오류에 바탕을 둔다. 다시 말해 옛 사람들은 그들의 관념 체계를 자연의 체계인 듯 혼동하고, 그 때문에 마치 자기 생각을 마음대로 제어할 수 있듯이, 자연의 사물도 마음대로 다룰 수 있다고 상상했다. 이런저런 이유로 태어나면서 주술적 능력을 가졌다고 생각되는 사람들은, 서서히 그 동료들로부터 구별되어서 인류의 정치적·종교적·지적 발전에 가장 깊은 영향을 주는 하나의 계층이 되었다.

아는 바와 같이 사회의 진보는 주로 기능의 계속적 분화나 노동의 분화에 따라 일어난다. 예를 들어 원시 사회에서 비슷한 모든 사람 또는 똑같이 서투르거나 솜씨가 좋지 못한 사람이 이루어 낸 일은, 차츰 다른 계층 사이에 흘러들어가면서 조금씩 완전해졌다. 그리고 이 세분화된 노동의 물질적·비물질적 생산물이 모든 사람에게 분배되면서 공동 사회 전체는 이익을 얻었다. 이때 주술사나 주술의는 사회가 진보하면서 가장 오래된 기술 계급이나 직업적 계급을 구성하게 된다. 오스트레일리아 원주민처럼 가장 저급한 미개인의 경우에는 주술사들만이 유일한 직업 계급이었다.

시간이 흐름에 따라 이러한 분화 과정이 계속되면, 주술의의 계급은 자체적으로 병을 고치는 주술사나 비를 내리게 하는 주술사 등으로 세분화된다. 그 중에 가장 힘 있는 자가 추장의 지위를 차지했는데 나중에는 그것이 신성왕으로 발전했다. 그와 함께 주술이 서서히 종교에 의해 밀려나면서, 그때까지 주술사가 가졌던 주술적 기능은 점차 뒤로 물러나고 사제 임무나 신적 임무로 바뀌어 간다. 그 뒤 왕권은 세속적인 면과 종교적인 면으로 나뉘어져, 세속적 권력을 한 사람에게 주고, 영적 권력을 또 다른 사람에게 주는 데까지 이른다. 한편 종교의 힘으로 억압되었으나, 완전히 사라지지 않은 주술사들은 새로운 희생 제의나 기도의 종교적 의식보다는 종래 그들의 주술 의식을 선호하여 행했다. 그리고 때가 이르러서 그들 가운데 총명한 사람이 주술의 허망함을 깨닫고, 인류 복지를 위해 자연의 힘을 이용하는 더 효과적인 방법을 발견한다. 요컨대, 그들은 주술을 버리고 과학을 받아들이게 된 것이다.

물론 모든 곳에서 이러한 발전 과정의 순서가 엄밀하게 지켜진 것은 아니다. 틀림없이 여러 사회마다 다른 변화의 과정을 겪었을 것이다. 다만 나는 주술에서 과학으로의 발전이라는 일반적 경향이라 인정할 만한 것을 간추려 나타낼 뿐이다. 경제적인 관점에서 보면, 그 변화는 직능의 획일성에서 다양성으로의 발전 과정이었고, 또 정치적 측면에서는, 민주주의에서 전제정치로 옮겨가는 과정이었다. 여기서 군주제 후기의 역사에 대해서는 언급하지 않겠다. 특히 전제주의의 쇠퇴와 인류의 더 높은 요구에 답하기 위해 도입된 여러 정치 형태도 다루지 않겠다. 이 책의 주제는 그 무렵에 위대하며 유익했던 제도의 성장이지 그 쇠퇴가 아니기 때문이다.

제8장
부분적인 자연왕들

앞에서 우리는 네미 숲의 왕, 로마의 사제왕, 그리고 왕이라 불렸던 아테네의 집정관 등은 신성한 직능과 왕의 칭호가 결합한 똑같은 사례임을 알게 되었다. 그리고 이러한 결합이 이따금 고전적 범위를 벗어나 일어났으며, 미개 사회에서 문명 사회에 이르는 모든 사회적 단계에서 나타나는 공통된 현상이라는 것도 살펴보았다. 게다가 훌륭한 사제는 때때로 사제직을 상징하는 지팡이뿐만이 아니라, 왕권을 표상하는 홀(笏)까지 흔들었던 명실상부한 왕으로 나타난다. 이 모든 것은 고대 그리스와 이탈리아 공화국의 사제왕의 기원에 대한 전통적인 견해를 확인해 준다. 우리는 그리스와 이탈리아의 전통에서 나타나는 영적 권력과 세속적 권력의 결합이 실제로 곳곳에 있었던 사실을 보여주는 것을 통해, 그런 결합의 가능성에 대한 의혹을 없애게 된 것이다.

이제 우리는 다음과 같은 질문을 해도 좋을 것이다. 저 '숲의 왕'은 로마 희생의 왕과 아테네의 이름뿐인 왕과 같은 기원을 가지는 것은 아닐까? 다시 말해, '숲의 왕'의 선임자들은 공화정 혁명으로 그 종교적 기능과 왕관의 그림자만을 갖게 된, 정치적 실권을 빼앗긴 왕들의 후예가 아니었을까? 이 질문에는 적어도 두 가지 이유로 부정적으로 답하지 않을 수 없다.

그 이유 가운데 하나는 네미 사제가 머무르는 장소에, 다른 하나는 '숲의 왕'인 그의 칭호에 관계된 것이다. 만일 숲의 왕의 선임자들이 일반적인 의미의 왕이었다면, 그는 로마와 아테네의 몰락한 왕들처럼 왕권을 넘겨준 도시에서 살았을 것이다. 그렇다면 이 도시는 그 근처에서 가장 가까운 마을인 아리키아였으리라. 그런데 아리키아는 호숫가에 있는 숲의 성소에서 약 5km나 떨어져 있으므로, 만일 숲의 왕이 왕으로서 다스렸다면, 그곳은 도시가 아니라 숲 속이었을 것이다.

다른 하나는 '숲의 왕'인 그의 칭호가 일반적인 의미의 왕이었다고는 상상할 수 없다. 오히려 그는 자연, 그리고 자연의 어떤 특정 부분, 즉 그의 칭호가 유래된 숲의 왕이라고 보는 것이 더 바람직하다. 그런 의미에서 숲의 왕을 '자연의 부분적인 왕'이라고 부를 수 있다. 만일 자연의 특수한 요소나 양상을 지배한다고 상상되는 인물들의 실례들을 발견할 수 있다면, 그 실례들은 여태까지 살펴본 신적인 왕보다는 숲의 왕에게서 더 많이 찾게 될 것이다. 왜냐하면 신적인 왕은 특정한 자연보다는 자연 전체를 지배했기 때문이다. 그런 자연의 부분적인 왕에 대한 예가 적지 않다.

콩고 강 어귀에 가까이 있는 봄마(Bomma)의 한 언덕 위에 남불루부무 (Namvulu Vumu)라는 '비와 폭풍의 왕'이 살고 있다. 나일 강 상류의 몇 부족들에게는 흔히 말하는 의미의 왕은 없다고 한다. 다만 그들이 왕으로 승인하는 오직 한 인물은 '비의 왕(Mata Kodou)'이다. 그는 적당한 때, 즉 우기에 비를 내릴 힘을 가진 것으로 믿어지고 있다.

3월 말에 비가 내리기 시작할 때까지 이 지방은 메마른 불모의 사막이다. 그 결과 주민의 주요한 재산인 가축들이 목초 부족으로 죽는다. 그래서 3월이 끝날 때가 가까워지면 집집마다 주인들이 '비의 왕' 앞에 가서 암소 한 마리씩 바치며 갈색으로 말라 버린 목초지에 하늘의 빗물을 내려 달라고 기원한다.

그리해도 비가 내리지 않으면, 사람들은 몰려가 비를 내리도록 왕에게 강요한다. 그래도 여전히 비가 안 오면, 그들은 왕의 배를 가른다. 왕의 배 속에 폭풍우가 간직되어 있다고 믿고 있기 때문이다. 바리(Bari) 부족 가운데 이런 '비의 왕'은 방울 종에 물을 담아 흔들어 물을 땅 위에 뿌렸다.

아비시니아 왕국의 변경 부족에서도 같은 인물이 있었다. 그것을 본 사람이 이렇게 적고 있다.

"바레아(Barea)족과 쿠나마(Kunama)족이 알파이(Alfai)라 부르는 사제는 놀라운 존재이다. 사람들은 그가 비를 내려줄 수 있다고 믿는다. 앞에서 말했듯이 알게드(Alged)족에서도 이런 사제가 있었으며, 아직도 누바(Nuba) 흑인 사이에서는 이런 사제가 보인다. 바레아족의 알파이는 북부 쿠나마족도 숭배하는데, 오로지 그 가족만을 거느리고 템바데레(Tembadere) 부근의 산 위에 살고 있다. 사람들은 옷이나 과일 등을 공물로 그에게 보내고, 그를 위해 넓은 밭을 갈아준다. 그는 하나의 왕이고, 그 사제직은 형제나 누이, 아들에게 계승된다. 사람들은 그가 주술로 비를 내리게 하거나 메뚜기를 쫓아 버릴 수 있다고 믿는다.

그러나 만일 사람들의 기대에 어긋나서 그 땅에 큰 가뭄이 오면 그는 돌로 살해되는데, 그의 가장 가까운 친척이 첫 번째 돌을 던져야 한다. 우리가 그 지방을 여행했을 때, 어떤 노인이 알파이 직책에 있었다. 그러나 비를 내리는 일이 그에게 몹시 위험하다는 것을 알고, 알파이 직책을 포기했다는 이야기를 들었다."

캄보디아 변경 삼림지에는 '불의 왕', '물의 왕'이라 알려진 신비스러운 두 군주가 살고 있다. 그들의 명성은 인도차이나 반도의 남부 일대에 널리 알려졌다. 그러나 서양에는 거의 알려지지 않아서 수년 전만 해도 유럽인은 누구나 그 두 왕을 본 일이 없었다.

최근에 캄보디아 왕과 유럽인들이 해마다 선물을 보내고 규칙적으로 교류한 사실이 없었다면, 그들의 존재는 하나의 옛이야기가 되고 말았을 것이다. 왕으로서 그들의 직능은 순수하게 신비스럽거나 영적이다. 정치적인 권한은 없었다. 그들은 소박한 농부였고, 이마에 땀을 흘리면서 일하고, 신자들이 바치는 물건으로 생활했다.

한 보고에 따르면, 그들은 아주 외롭게 살며, 두 왕이 만나는 일은 절대로 없고, 사람들의 얼굴을 마주 대한 적도 없다. 그들은 일곱 개의 산에 세워진 일곱 개의 탑에 차례차례로 살며, 해마다 그 하나에서 다른 곳으로 옮겨 갔다. 사람들은 가만히 와서 그들이 필요한 것을 그 주변에 던져두고 간다. 이 왕권은 7년 동안 이어진다. 즉, 모든 탑을 순회하는 동안 계속된다. 그러나 대부분 기간이 다 차기도 전에 죽는다.

다른 보고에 따르면, 왕권은 하나 또는 두 귀족 가문을 통해 세습되고, 그 가문은 많은 보수를 받으며, 그들에게 할당된 수입을 가지면서 땅을 경작하는 의무에서 면제된다. 그러나 이 직분에 몸담는 것을 달갑게 생각하지 않기 때문에 한 번 공석이 생기면 자격을 갖춘 사람(그들은 강건하고, 아이를 갖고 있어야 한다)은 모두 도망치고 몸을 감춘다.

다른 보고에 따르면 왕의 자리를 물려받을 후보자가 이같이 기피하는 현상은 인정하나, 두 군주가 일곱 탑에서 은둔자처럼 숨어 생활하는 것은 동의하지 않는다. 왜냐하면 공공연하게 이 신비스러운 왕들이 모습을 드러냈기 때문이다. 사람들은 그 앞에서 꿇어 엎드려 절한다. 만일 이 존경의 태도를 잃으면 무서운 폭풍이 온 나라를 휩쓸어 간다고 믿기 때문이다.

부분적인 자연왕
아프리카 왕국 베냉의 왕 오바 오헤. 물고기 모습의 발이 바다 신 올로쿤의 지배를 받고 있는 것을 보여주며, 힘과 왕의 상징으로서 표범을 돌리고 있다. 16세기 후반 베냉의 청동 장식판. 대영박물관, 런던

나중에 기술할 많은 다른 신성한 왕처럼 이 '물의 왕'과 '불의 왕'도 자기의 수명대로 살아갈 수 없다. 그러면 명성이 떨어진다고 여기기 때문이다. 그래서 그들 중 누가 병에 걸리면 장로들은 회의를 열고, 만일 회복 가능성이 없다고 결정되면 병든 왕을 찔러 죽인다. 그의 유해는 화장하고, 유골을 정중히 모아서 5년 동안 경건하게 숭배한다. 유골의 일부는 미망인에게 주어지고, 그녀는 그것을 항아리에 넣어 둔다. 남편의 무덤에 갈 때는 그것을 등에 지고 가야한다.

둘 가운데 더 중요한 '불의 왕'은 그 초자연적 힘을 의심받지 않으며, 얀(Yan)이라는 정령을 위해서 혼인, 제례, 헌납 등이 있을 때 그 직분을 다한다. 이런 경우에 특별한 장소가 그에게 주어지게 되며, 이때 불의 왕이 지나는 길에는 흰 무명 옷감이 깔린다. 이 왕권을 같은 가문에 한정하는 이유는 그 가문이 유명한 부적을 가지고 있기 때문인데, 그 부적이 가족 밖으로 옮겨지면 그 효험을 잃거나 아주 없어져 버린다고 믿기 때문이다. 그 부적은 세 가지가 있다.

첫 번째는 쿠이(Cui)라는 나무 열매인데, 이것은 아주 옛날 홍수 때 채집된 것으로, 아직도 신선하고 푸르다. 부적의 두 번째는 등나무 줄기인데, 이것도 아주 옛날 것으로 오늘날에도 시들지 않는 꽃을 피운다. 부적의 세 번째는 '얀' 이라는 정령이 들어 있는 칼로, 정령은 언제나 그것을 지키고 기적을 나타낸다.

이 정령은 한 노예의 영혼인데, 그가 칼을 만들 때 우연히 핏방울이 칼날에 떨어져서 그 잘못을 속죄하기 위해 자살했다고 한다. 사람들은 첫 번째와 두 번째의 부적으로 '물의 왕'은 온 나라를 휩쓸 홍수를 일으킬 수 있다고 믿었다. 만일 '불의 왕'이 세 번째 부적인 주술적인 칼을 조금만 칼집에서 빼도 태양은 숨어 버리고, 사람이나 짐승은 깊은 잠에 빠진다고 믿는다. 그리고 그가 만일 칼을 완전히 다 빼면, 세계는 그대로 멸망하게 되는 것이다.

비를 내리기 위해서 사람들은 들소, 돼지, 닭, 집오리 등을 그 주술의 칼앞에 제물로 바쳤다. 그 칼은 무명과 비단에 싸여 보관되었으며, 캄보디아 왕의 연례 선물 중에는 이 신검을 싸는 데 쓰인 귀중한 헝겊이 포함되어 있었다.

캄보디아의 일반적 관습은 죽은 사람을 묻는 것이나, 그 신비스러운 두 군주 의 경우는 예외여서 유해는 화장된다. 그리고 그의 손톱, 이빨, 뼈 등은 부적으 로 소중하게 보존된다.

앞에서 밝힌 것처럼, 죽은 주술사의 친족들은 이제 막 공석이 된, 모두가 꺼 려하는 왕위에 오르는 것에 대한 두려움으로, 전임왕의 유해가 화장되는 동안 숲 속으로 도망쳐 숨는다. 그러면 사람들은 그들을 찾아 나섰고, 숨은 곳에서 처음으로 찾아낸 사람을 '물의 왕'이나 '불의 왕'으로 만들었다.

이것들이 자연의 '부분적인 왕들'에 대한 사례이다. 그러나 캄보디아 숲과 나 일 강 상류에서 이탈리아까지는 매우 먼 거리이다. 그래서 '비의 왕', '물의 왕', '불의 왕'이 발견되었다 하더라도, '숲의 왕'의 칭호를 가졌던 아키리아 사제에 견줄 만한 사례를 찾아내지 않으면 안 된다. 그리고 아마도 그것은 보다 가까 운 곳에서 발견될 것이다.

제9장
나무 숭배

1 나무 정령

유럽 아리안(Aryan)족의 종교사에서 나무에 대한 숭배는 중요한 역할을 하는데, 이는 사실 매우 자연스러운 것이었다. 역사의 여명기에 유럽은 원시림에 덮여 있었고, 드문드문 있는 개간지는 푸른 바다에 떠 있는 작은 섬처럼 보였으리라. 기원전 1세기까지 헤르키니아 숲이 라인 강에서 동쪽으로 끝없이 펼쳐져 있었다. 카이사르가 만난 게르만인들은 그 숲 속을 두 달 동안 여행했으나 끝에는 도달할 수 없었다고 말하기도 했다. 4세기가 지나서 로마의 율리아누스 황제가 그곳을 방문했을 때, 그 적막하고 고요한 풍경은 그의 감수성에 깊은 인상을 주었던 것으로 보인다. 그는 로마제국 안에는 그 숲과 비할 만한 곳이 아무것도 없다는 말도 했다.

영국의 켄트, 서리, 서식스 등에 있는 숲은 옛날에 이 섬의 동남부 전체를 뒤덮었던 앤데리다(Anderida) 대삼림의 흔적이다. 이 대삼림은 서쪽으로 뻗어서 햄프셔에서 디본까지 퍼진 다른 광대한 삼림과 이어졌던 것으로 보인다. 헨리 2세가 통치할 때에도 런던 시민들은 햄프스테드의 숲에서 들소나 산돼지를 사냥했을 것이다. 플랜태저넷 왕조 후기에도 왕실이 소유한 삼림은 69개나 되었다. 근대에 이르기까지 아든(Arden)의 숲에서는 위릭셔 주의 거의 모든 지역에 걸쳐 다람쥐가 뛰놀았다고 한다. 포(Po) 강변 계곡에서 땅 밑에 묻힌 고대 촌락을 발굴함으로써, 우리는 로마 번성기와 아마도 건국기 훨씬 이전부터 이탈리아 북부가 느릅나무와 밤나무, 특히 떡갈나무로 덮여 있었다는 것을 알게 되었다.

이런 고고학적 발견은 역사에 의해서 확인되었다. 고대 역사가들은 오늘날 이미 사라진 이탈리아 대삼림에 대해서 많은 것을 언급한다. 기원전 4세기경까지, 리비우스(Livius)가 독일의 대삼림과 비교한 적이 있는 경외스러운 키미니아 (Ciminia) 대삼림에 의해 로마는 중부 에트루리아에서 갈라져 있었다. 로마의 역사가 리비우스를 믿을 수 있다면, 그때까지 어떤 상인도 미로와 같은 이 삼림을 지나지 못했다고 한다. 그러다 로마의 한 장군이 먼저 두 척후병을 시켜 키미니아 대삼림의 복잡함을 탐험하게 한 뒤, 군대를 뒤따르게 했다. 그들은 결국 이 삼림을 벗어나 산꼭대기에 이르렀고, 눈 아래에 펼쳐 있는 비옥한 에트루리아 평원을 내려다보았다. 리비우스는 이것이야말로 가장 과감한 공적이 었노라고 칭찬했다.

그리스에서는 높은 아르카디아 산비탈에 아직도 무성한 소나무와 떡갈나무, 그 밖의 여러 나무의 삼림이 남아 있다. 라돈(Ladon) 강이 이 삼림을 지나 신성한 알피오스(Alpheos) 강에 흘러들어가 급하고 깊은 계곡을 녹색으로 물들이고, 몇 년 전만 하더라도 쓸쓸한 페네우스 호수의 새파란 수면에 그림자가 드리웠다. 그러나 이것은 태고에 매우 넓은 지역을 덮었던 먼 옛날 그리스 반도를 바다에서 바다로 연결한 대원시림의 흔적에 불과하다.

그림(J. Grimm, 독일의 언어학자)은 '신전'이라는 튜튼 어를 연구하면서 게르만족의 가장 오랜 성소는 자연적인 삼림이었다고 설명했다. 그것은 아리안 어 계통의 모든 유럽족들이 나무를 숭배했음을 뚜렷이 밝히고 있다. 켈트족 가운데 드루이드(Druid) 사제들의 떡갈나무 숭배는 널리 알려진 사실이며, 성소를 의미하는 그들의 옛 어휘는, 어원과 의미에서 아직도 네미(Nemi)라는 지명 속에 남아 있다. 네미는 숲 속의 빈터를 뜻하는 라틴 어 '네무스(nemus)'와 일치한다. 성스러운 숲을 숭배하는 것은 고대 게르만족 사이에서는 흔한 일이었고, 나무 숭배는 오늘날 그들의 후예들에게서도 사라지지 않는다. 그 옛날에 그들이 행한 나무 숭배가 얼마나 진지했던가는, 나무껍질을 벗긴 사람에게 옛 게르만 율법이 정한 잔인한 형벌을 내린 것을 보면 알 수 있다.

옛 게르만 율법은 죄인의 배꼽을 도려내서 그 배꼽자리와 껍질이 벗겨진 나무 부위가 맞닿도록 못질하고, 그의 내장이 나무줄기를 둘러쌀 때까지 나무 둘레에 뺑뺑 돌렸다. 이 형벌은 죄인에게서 도려낸 살아 있는 신체로 죽은 나무껍질을 대신하기 위함이었다.

생명으로 생명을, 즉 사람의 생명으로 나무의 생명을 보충한다는 것이다.

스웨덴의 옛 종교적 수도인 웁살라(Upsala)에 한 성스러운 숲이 있었다. 그곳

나무 숭배
나무를 중심으로 양쪽에 왕이 신을 숭배하는 정경이 표현되어 있다. 기원전 9세기 아시리아 님루드에서 출토된 아슈르 나시르팔 왕의 궁전에 새겨져 있는 부조. 대영박물관, 런던

의 나무들은 모두 신으로 여겨졌다. 슬라브족 이교도들은 나무와 숲을 숭배했다. 리투아니아(Lithuania) 사람들이 그리스도교로 개종한 것은 14세기가 끝날 무렵의 일이나, 그때까지 그들은 나무를 숭배했다. 그들 가운데 어떤 사람들은 거대한 떡갈나무나 그늘을 이루는 나무를 숭배하여 그 신의 명령을 바랐다. 또 어떤 사람들은 그 마을이나 집 옆에 성스러운 숲을 가졌고, 거기서는 나뭇가지 하나를 꺾어도 죄가 되었다. 이와 같이 숲 속에서 가지를 꺾은 자는 갑자기 죽거나 팔다리 중 하나가 불구가 된다고 그들은 생각했다.

고대 그리스와 이탈리아에서도 나무 숭배가 널리 퍼졌다는 사실을 증명할 예는 많다. 예를 들면, 코스(Cos) 섬의 아스클레피오스 성소에서는 삼나무를 베어서는 안 되고, 이것을 어기면 1천 드라크마(drachma : 옛 그리스 화폐 단위)의 벌금을 물었다. 그러나 고대 세계에서 이 신앙의 옛 형태가 한결 잘 보존된 곳은 대도시 말고는 없다. 로마인들의 번화한 생활 중심지인 포룸(Forum)에서는 제정 시대에 이르기까지 로물루스(Romulus) 왕의 신성한 무화과나무가 숭배받았고, 그 나무 줄기가 시들면 온 도시가 공포에 빠지게 된다. 또 팔라틴 언덕의 중턱에 한 그루의 층층나무가 무성했는데, 그것은 로마에서는 신성한 것 중 하나로 숭배되었다. 이 나무가 시들어가는 듯하면, 통행인은 고함을 지르거나 소리를 질러서 소동을 피웠다. 그러면 바로 마을 사람이 전해 듣고, 플루타르코스(Plutarchos)의 말에 따르면, 놀란 군중이 불이라도 끄러 가는 듯이 허둥지둥 물동이에 물을 담아 갖고 모여들었다.

유럽의 핀-우고르 어계 부족들의 이교적 예배는 주로 숲 속에서 집전되었다. 이 숲은 보통 울타리로 둘러싸였다. 이런 숲에는 몇 그루의 나무가 띄엄띄엄 있는 빈터나 개간지가 있는 경우가 많았다. 옛날에는 그 나무에 희생 제물이 된 동물 가죽이 매달려 있었다고 한다. 볼가(Volga) 강 유역의 여러 부족에게는 숲의 중심에 신성한 나무가 있었다. 그 밖의 나무는 신성한 나무에 비하면 의미가 그다지 없었다. 숭배자들은 그 나무 앞에 모이고, 사제는 그 나무에 기도를 올렸다. 그 나무뿌리에 동물이 희생 제물로 바쳐지고, 그 나뭇가지는 설교단 역할을 하기도 했다. 이 신성한 숲에서 자란 것은 어떤 나무건 베어서는 안 되고, 가지 하나라도 꺾어서도 안 되며, 여자는 거의 숲에 들어갈 수가 없었다.

여기서 나무와 식물을 숭배하는 기초 관념을 조금 자세히 검토할 필요가 있다. 원시인들에게는 세계가 모두 살아 있고, 나무나 식물도 마찬가지다. 그들은 그 모든 것들이 그들과 같은 영혼을 가졌다고 생각하며, 그에 따라 그것들을 취급한다. 고대 채식주의자 포르피리오스(Porphyrios)는 다음과 같이 말했다.

"원시인들은 불행했다. 그 미신이 동물에 그치지 않고 식물에까지 연장되었기 때문에 전나무나 떡갈나무에 영혼이 깃들어 있음을 알고, 그 나무들을 베면 소나 양을 도살하는 것보다 더 무거운 처벌을 받았다."

이와 똑같이 북아메리카의 히다차(Hidatsa)족 인디언은 모든 자연물이 정령을 가지고 있으며, 그들의 말을 빌리면 "만물은 자신의 그림자를 갖는다"고 믿는다. 그들은 이렇게 그림자를 이해하고 존중하기까지 했다.

그러나 모든 그림자를 숭배한 것은 아니다. 예를 들면, 미주리 상류 계곡에서 가장 큰 나무인 미루나무 그림자는 인디언들에게 도움을 주는 정령을 가지고 있다고 믿고 있다. 그러나 키가 작은 관목이나 풀의 그림자는 중요하지 않았다. 봄이 되어 홍수 때문에 불어난 미주리 강물이 주변의 큰 나무를 덮쳤을 때, 그 나무 정령은 나무줄기가 물거품을 내면서 물 속에 넘어질 때까지 뿌리와 함께 땅에 매달리면서 울부짖는다고 한다. 인디언은 옛날부터 그런 큰 나무를 베는 것을 잘못으로 생각하고 큰 통나무가 필요할 때는 저절로 쓰러져 있는 나무만을 썼다. 최근까지 얼마쯤 미신을 깊게 믿는 노인들은 그들의 많은 불행이 이 미루나무를 무시하기 때문이라고 공언했다.

또한 이로쿼이(Iroquoi)족 인디언이 믿는 바에 따르면, 나무나 관목, 풀 등의 모든 종류는 그 자체의 정령을 갖고 있으며, 이 정령에 감사드리는 것이 관례였다. 동부 아프리카 와니카(Wanika)족은 모든 나무, 특히 모든 야자나무는 그 정령을 갖고 있다고 생각한다.

성스러운 장소의 나무
▲ 로마의 베스타 신전과 성스러운 떡갈나무(참나무). 대리석 부조. 우피치, 플로랜스

"야자나무를 베는 것은 어머니를 죽이는 것과 같은 죄에 해당된다. 그 나무는 마치 어머니가 아이를 대하듯이 그들에게 생명과 자양분을 주기 때문이다."

시암의 승려들은 모든 것에 정령이 있다고 믿고, 이것을 파괴하면 정령을 몰아내는 것이 된다고 믿기 때문에 '천진난만한 아이의 팔을 결코 꺾지 않듯이' 나뭇가지 하나도 꺾으려 하지 않는다. 물론 이들 승려들은 불교도다. 그러나 불교의 애니미즘은 철학적 이론이 아니다. 그것은 역사적 종교에 들어 있는 극히 평범한 원시적 신앙에 지나지 않는다. 벤파이(Theodor Benfey)나 그 밖의 사람들이 아시아 원시 민족들이 믿고

▼ 영국 페인스위크의 세인트메리 교회. 잘려진 99그루 주목이 유명하다.

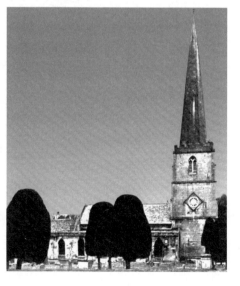

있는 애니미즘과 윤회의 이론이 불교에서 비롯되었다고 주장한 것은 사실이 뒤바뀐 것이다.

특정한 나무에만 정령이 들어 있다고 믿는 경우도 가끔 있다. 달마티아 (Dalmatia)에 있는 그르발리에서는 너도밤나무, 떡갈나무와 그 밖의 큰 나무 중에 어떤 것은 그림자 또는 정령이 깃들어 있는데, 그것을 자르는 사람은 누구든지 즉시 죽거나 적어도 남은 생애를 질병으로 보낸다고 한다. 나무꾼이 나무를 자르고 나서 정령이 깃든 나무인 줄 알고 놀랐을 때는, 나무의 그루터기 위에서 그 나무를 찍은 도끼로 산 암탉의 목을 잘라야 한다. 이렇게 하면 재해로부터 벗어날 수 있다고 여겼다. 거대한 줄기를 하늘 높이 뻗쳐서 숲의 다른 나무들보다 훨씬 크게 서 있는 판야나무(silk-cotton tree)는 서아프리카의 세네갈에서 니제르에 걸쳐 숭배받고, 신 또는 정령의 거처로 믿어진다.

노예 해안의 에웨(Ewe) 어족들은 이 숲의 거인이라 할 만한 이 판야나무에 깃든 신을 훈틴(Huntin)이라 부른다. 신이 깃든 판야나무에는 야자수 잎으로 만든 띠가 감겨져 있다. 판야나무라고 모두 그 영광을 입는 것은 아니다. 야자잎의 띠를 둘러서 특별히 구별된 이 나무는 자르거나 상처를 입혀서는 안 된다. 훈틴이 깃들어 있다고 생각되지 않는 판야나무일지라도, 나무꾼이 먼저 죄를 씻기 위해 닭과 야자기름을 바친 다음이 아니면 자를 수 없다. 제물을 게을리하는 것은 죽음을 각오해야 한다. 펀자브의 캉그라 산에서는 해마다 한 소녀가 늙은 삼나무에 바쳐지고, 그 마을의 각 가정은 매년 차례대로 인신 제물을 바친다. 히말라야 삼나무를 자르게 된 것은 그리 오래 된 일이 아니다.

나무가 살아 있다면 그것은 반드시 감정을 가지고 있다는 이야기가 된다. 그리하여 그것을 잘라 넘어뜨리는 것은 외과수술에 해당된다. 이 수술은 환자를 배려해서 주의를 기울여야 한다. 그렇지 않으면 수술받는 자는 부주의하고 기술이 부족한 수술자에게 반항하여 그를 산산이 찢어 버릴 수도 있다. "떡갈나무가 잘려서 쓰러질 때, 울기라도 하는 듯이 약 1.6㎞ 떨어진 곳에서도 들리도록 외치거나 신음소리를 낸다."

와일드 씨는 그 소리를 여러 번 들었다고 주장한다. 오지브와족 인디언은 고통을 줄 것이므로 살아 있는 나무를 베는 일은 거의 없다. 그들 중 어떤 주술의는 '도끼 밑에서 나무가 흐느끼는 소리를 들었다'고 주장했다. 이처럼 영혼을 가지고 있는 나무가 산 채로 잘리면 피를 흘리거나 성난 소리를 낸다는 이야기는 중국 고전에 때때로 나타나며, 역사서에도 기록되어 있다.

오스트리아 어떤 지방에 나이 많은 농부는 아직도 숲의 나무가 살아 있는 것으로 믿고, 특별한 이유가 없는 한 그 껍질에 상처를 내지 않는다. 그들은 그 선조에게서 잘린 나무가 부상당한 사람과 똑같이 아픔을 느낀다는 가르침을 받았다. 그들은 나무를 자를 때에 지금도 용서를 빈다. 상 팔라티네이트 (Palatinate) 지방에서도 늙은 나무꾼들은 크고 훌륭한 나무를 벨 때는 요즘도 가만히 용서를 빌고 자른다. 자르키노(Jarkino)에서도 나무꾼은 자기가 베는 나무에 용서를 빈다. 루손(Luzon) 섬의 일로카네(Ilocane)족은 처녀림이나 산에서 나무를 벨 때, 먼저 다음과 같이 큰 소리로 외친다.

"나의 친구여! 베라고 명령을 받아 베는 것이므로 용서하게나."

그들이 이렇게 하는 것은, 그 나무 정령이 나무꾼들에게 병을 일으켜 복수하는 등 노여움을 사지 않도록 미리 막기 위해서이다. 중앙아프리카 바소가 (Basoga)족은 벌목을 하면 그 속에서 노한 정령이 추장과 그 가족을 죽게 한다고 믿는다. 이 재난을 미리 막기 위해 그들은 나무를 베기 전에 주술의와 상의한다. 주술의가 허락하면, 나무꾼은 닭 한 마리와 산양 한 마리를 먼저 그 나무에 제물로 바친다. 그리고 처음으로 도끼로 내리친 나무의 벤 곳에 입을 맞추고 거기서 나온 나무의 진액을 빤다. 이렇게 하여 마치 두 사람이 서로 피를 나누어 마셔서 피의 형제가 되듯이, 그는 그 나무와 형제가 된다고 믿는다. 그 뒤에는 탈 없이 형제가 된 나무를 벨 수 있다.

그러나 식물 정령이 언제나 숭배와 존경을 받는 것은 아니다. 달콤한 말로 부드럽게 대해도 그것들이 움직이지 않았을 때는 때로는 난폭한 방법에 의존하기도 한다. 동인도 두리안(durian)나무의 부드러운 줄기는 때때로 가지 하나 없이 2.4~2.7m나 뻗치고, 맛은 있으나 매우 심한 냄새가 나는 열매를 맺는다. 이 열매를 얻고자 말레이인은 그 나무를 심고 열매가 잘 맺도록 특수한 의식을 올린다. 셀랑고르의 주그라 근처에 두리안나무 숲이 있다. 마을 사람들은 길일을 택해 그 숲에 모인다. 거기서 마을의 주술사가 열매를 가장 잘 맺지 못한 두리안나무를 도끼로 몇 번씩이나 치면서 말한다.

"자, 열매를 맺겠는가, 맺지 않겠는가? 맺지 않으려면 잘라 버릴 테다."

그러면 나무는 가까이에 있는 망고스틴(mangostin)나무에 올라가 있는(두리안나무에는 오를 수 없기 때문에) 사나이의 입을 통해서 "예, 이제부터 맺겠습니다. 베지 마십시오"라고 대답한다.

　일본에서도 열매가 맺도록 하기 위해 두 사람이 과수원에 들어간다. 그들 가운데 한 사람은 나무에 오르고 한 사람은 도끼를 가지고 나무 밑에 선다. 도끼를 가진 사람이 나무에게, 내년엔 좋은 수확을 얻게 할 것인가 아닌가를 묻고, 만약 그렇게 하지 않는다면 베어 넘어뜨리겠다고 위협한다. 나무 중간에 올라가 있던 사람이 풍족하게 열릴 것이라고 답변한다. 이런 하나의 원예기술(horticulture)은 우리에게는 기묘하게 느껴질지 모르나, 유럽에도 이와 아주 비슷한 예가 있다. 성탄절 전야에 남슬라보니아나 불가리아 농민들이 열매를 맺지 않는 나무를 향해 위협하듯이 도끼를 휘두르면, 곁에 있던 사람이 잘리는 나무를 위해 중재라도 하듯이 답변한다.

　"자르지 마시오. 내년에는 많은 열매를 맺겠습니다" 세 차례나 도끼를 휘두르나, 세 번 모두 중재자에 의해 막 내리치려던 타격은 중지된다. 이렇게 하면 놀란 나무는 이듬해 열매를 많이 맺는다고 여긴다.

　나무나 풀이 영혼을 지니고 있다는 관념은 단지 비유나 시적 표현만이 아니라, 문자 그대로 서로 결혼할 수 있는 남자와 여자로 취급한다. 이 생각을 단지 공상으로만 볼 수는 없다. 왜냐하면 식물도 동물처럼 똑같이 성별이 있고, 암수가 결합해서 그 종이 번식할 수 있기 때문이다. 그러나 고등동물에서는 남성과 여성의 기관이 규칙적으로 다른 개체 속에 나뉘어 있는 데 반해, 대부분 식물에서는 한 개체 속에 함께 있다. 그러나 이 규칙은 결코 보편적이지는 않다. 암수가 따로 있는 식물의 종류도 많이 있기 때문이다. 어떤 원시인들은 이 구별을 잘 안다. 마오리(Maori)족은 "나무의 성별을 잘 알고 있어서 특정 나무에 대해 암수 구분하여 이름을 붙이고 있다" 한다. 고대인들은 대추야자의 암수 차이를 알고 있어서, 수나무 꽃가루를 암나무 꽃 위에 뿌려 주어서 인공적으로 수정시켰다. 수정은 봄에 이루어졌다.

　하란(Harran)의 이교도들 사이에서는 나무를 수정시키는 달을 '대추야자의 달'이라 이름짓고, 이 기간에 그들은 모든 남신과 여신의 결혼을 축하했다. 이 대추야자의 결혼은 참되고 결실이 좋은데, 이와 달리 힌두인의 미신에는 식물들의 결실이 없는 거짓 결혼이 있다. 예를 들면 어떤 힌두인이 망고나무 과수원을 경작하고자 할 때, 그 나무 중 하나를 신랑으로 삼고, 그 근처에 있는 타마린드나무를 신부로 삼아, 이것들을 결혼시킬 때까지, 그와 그의 아내는 망고 열매를 먹어서는 안 된다. 신부 역할을 맡을 타마린드나무가 근처에 없으면 자스민나무를 이용한다. 이 결혼식에는 자주 꽤 많은 액수의 비용이 든다. 왜냐하면 브라만들을 많이 초대하면 할수록 그 과수원 주인의 명예도 올라가기 때문이다. 가족들은 망고와 자스민을 화려하게 결혼시키기 위해 갖고 있는 금은 장식품 등을 팔아서 될 수 있는 대로 많은 비용을 마련한다. 한편 독일 농민들은 성탄절 전야에 많은 열매를 맺게 하기 위해서 과일나무를 서로 새끼로 묶어서 결혼시켰다고 한다.

몰루카(Molucca) 제도에서는 정향나무가 꽃을 피우고 있을 때는 아기를 가진 여자로 취급해 그 근처에서 큰 소리를 내지 못한다. 밤중에 등이나 불을 들고 지나가서도 안 된다. 누구든 모자를 쓴 채 근처에 가는 것도 안 되고, 그 앞에 서는 누구나 모자를 벗어야 한다. 이렇게 조심하는 까닭은 나무가 놀라 열매를 맺지 않거나 임신 중에 여자가 놀라면 유산하듯이 열매가 익기 전에 열매를 떨어뜨리기 때문이다. 이와 같이 동양에서도 자라고 있는 벼를 임신한 여자 대하듯이 조심스럽게 다룬다. 예를 들면, 암보이나(Amboyna)에서 벼꽃이 피면 사람들은 임신했다고 말하면서 논 근처에서 총을 쏘는 것은 물론 떠들지 않도록 주의한다. 벼가 놀라면 유산해서 벼이삭이 열매를 맺지 않는 결과를 가져오기 때문이다.

때로는 죽은 사람의 영혼이 나무를 살리는 것이라 믿는다. 중부 오스트레일리아 디에리(Dieri)족은 그들 선조가 모습을 바꾼 것으로 믿는 한 나무를 대단히 신성시하고 존경심을 갖고 그 나무에게 말하며, 자르거나 태우지 않도록 조심한다. 만일 이주자들이 그 부족에게 그 나무들을 베라고 하면, 부족은 강경하게 그 요구에 항의하면서 그런 큰일을 저지르면 운수가 나빠지고 선조를 보호하지 않았다는 벌을 받을 것이라고 주장한다. 필리핀 섬사람 중 어떤 사람은 그 선조의 혼이 어떤 나무에 깃들어 있다는 믿음 때문에 그 나무를 베지 않는다. 만일 베어야 할 사정이 있으면, 그들은 그 나무에게 사제가 시켰다고 변명한다. 나무 정령은 가지를 뻗치고 높이 솟은 당당한 나무에 살기를 좋아한다. 바람이 나뭇잎을 울리면 토착민들은 그 소리를 정령의 목소리로 상상한다. 그리고 그들은 정중한 인사를 하지 않고서는, 또 영혼에게 잠을 방해한 것에 대한 사과를 하지 않고서는 그 옆을 지나지 않는다.

이고로테(Igorrote)족은 마을마다 신성한 나무가 있어서 그 나무 속에 마을에서 죽은 선조들의 영혼이 산다고 믿으며, 그 나무에 제물을 바친다. 그들은 조금이라도 이 나무를 해치면 마을에 재난을 가져오며, 만일 나무가 베어지면 마을도, 주민들도 반드시 멸망할 것이라고 믿는다.

한국에서는 역병으로 죽거나 길가에서 죽거나 아이를 낳다 숨을 거둔 사람들의 영혼은 반드시 나무에서 산다고 한다. 이런 혼령을 위해 나무 밑에 쌓아 올린 돌더미 위에 과자, 술, 돼지 등의 제물을 바친다. 중국에서는 아득한 옛날부터 죽은 자의 영혼에 활기를 불어넣어 유해를 썩지 않게 하기 위해서 묘 위에 나무를 심는 관습이 있다. 상록수인 측백나무나 소나무는 다른 나무들에 비해 생명력이 강하기 때문에 이 목적을 위해 즐겨 선택되었다. 그러므로 묘 위에서 자라는 나무는 때로는 죽은 자와 동일시된다. 남부 및 서부 중국의 미아오키아(Miao-Kia) 토착민은 마을 입구에 신성한 나무를 세우고, 그 속에 선조의 영혼이 살아 자신들의 운명을 지배하는 것으로 믿는다. 때로는 마을 가까이에 신성한 숲이 있는데, 그 나무들은 그곳에서 죽어도 그대로 내버려둔다. 떨어진 가지가 땅 위에 수북이 쌓이면, 나무 정령에게 나와 주도록 빌지만, 제물을 바치지 않으면 아무도 그 가지들을 치울 수 없다. 남아프리카 마라베(Marave)족은 묘지를 언제나 신성한 장소로 여겨 그곳에서 나무를 잘라서는 안 되며, 또 짐승을 죽여서도 안 된다. 왜냐하면 그곳에 존재하는 모든 것은 죽은 자의 영혼이 깃들어 있다고 믿기 때문이다.

이런 예들 중에서, 반드시 그렇지는 않더라도 대부분의 경우에 정령은 나무에 깃드는 것으로 생각된다. 정령은 나무와 함께 살고 함께 고통받으며 함께 죽는다. 그러나 또다른 의견에 따르면, 나무는 나무 정령의 몸 자체가 아니라 거처에 지나지 않아, 정령은 마음대로 나무를 드나들 수 있다.

동인도 제도 시아우(Siaoo) 섬 주민들은 숲이나 홀로 서 있는 큰 나무들 속에 사는 숲 속 정령을 믿는다. 보름달이 뜨면 그 정령은 집에서 나와 그 주변을 헤맨다. 정령의 머리는 크고 손은 매우 길고 몸은 무겁다. 이 숲의 정령을 달래고자 사람들은 닭, 산양 등을 정령이 출입하리라 여기는 곳에 둔다. 니아스(Nias) 섬 사람들은 나무가 시들거나 죽으면 그 속에 사는 정령이 악귀가 된다고 생각한다. 악귀는 떠돌면서 야자수를 말려 죽이거나, 집을 받친 기둥에 머무르는 것만으로도 아이들을 모조리 죽인다고 사람들은 믿는다. 또 그들은 어떤 나무에는 언제나 헤매다니는 악귀가 있어서 그 나무가 시들면 자유롭게 날아다니면서 재앙을 일으킨다고 생각한다. 그래서 이런 나무를 두려워하고, 벌목하지 않도록 남달리 주의한다.

정령이 깃든 나무를 자를 때에 치러지는 다양한 의식은, 좋아할 때나 필요할 때 언제나 나무를 떠날 수 있는 힘이 정령에게 있다는 믿음에 근거한다. 예를 들면 팔라우(Palau) 군도 사람들은 나무를 벨 때에 나무 정령에게 그 나무에서 다른 나무로 옮겨가도록 간청한다. 노예 해안의 원주민들은 아쇼린(ashorin)나무를 자르고 싶어도 정령이 그 속에 있어서 두려울 경우에는, 야자기름 조금을 미끼로 하여 땅 위에 두고, 정령이 속았다는 것을 모른 채 먹으려고 그 나무를 빠져 나오면 재빨리 나무를 벤다. 셀레베스의 토붕쿠(Toboonkoo)족은 벼를 심기 위해 숲의 일부를 개간할 때, 작은 오두막을 세우고 그 속에 옷가지, 먹을 것, 금 등을 놓아둔다. 그리고 나무 정령들을 모조리 불러서 그 속에 둔 것과 함께 집을 제공하고, 그들에게 그곳을 떠나도록 부탁한다. 그리하면 뒤탈없이 안심하고 나무를 자를 수 있다고 믿는다.

셀레베스의 다른 부족인 토모리(Tomori)족은 큰 나무를 자르기에 앞서 구장(蒟醬) 잎을 나무 밑에 놓고, 나무 정령에게 집을 옮기도록 부탁한다. 그뿐만 아니라 줄기에 작은 사다리를 걸쳐 놓고 안전하게 내려오도록 한다. 수마트라의 만델링(Mandeling)족은 이런 행동에 대한 책임을 네덜란드 관리에게 돌리려고 한다. 즉, 누군가 숲 사이에 길을 만들 때, 앞을 가로막은 큰 나무를 베어야할 경우 "나무 정령이여, 당신의 집을 베어도 나쁘게 생각하지 마오. 하고싶어 하는 것이 아니라 관리가 시키니 어쩌겠소" 이렇게 말한 다음에야 나무를 벤다. 또 경작하기 위해서 숲의 일부를 개간하려는 때는 그 땅의 정령이 살고 있는 무성한 나무에 손을 대기 전에 그들에게 충분히 양해를 구할 필요가 있다. 이 목적을 위해서 그는 숲 속을 걷다가 몸을 굽히고 한 통의 편지를 주워든다. 그 종이쪽지를 펴고 네덜란드 총독으로부터 온 거짓 편지를 소리 높여 읽는다. 이 땅을 개간하라는 총독의 엄명이 담긴 편지다. 다 읽고 나서 그는 말한다.

"잘 들었소? 우리는 즉시 개간을 시작해야 하오. 그러지 않으면 교수형을 당하고 말 것이오."

나무가 잘리고 판자로 되어 이미 건축에 사용된 뒤에도 여전히 나무 정령이 목재에 붙어 있는 경우도 있다. 그래서 어떤 사람들은 새로운 집에 이사하기 전이나 이사를 한 후에도 그 정령을 달래려 한다. 셀레베스의 토라자족은 새 집이 세워지면 염소, 돼지 또는 들소 등을 잡아서 그 피를 목재 위에 칠한다. 만일 그 집이 로보(lobo), 즉 정령이 있는 신전이면, 지붕의 대들보 위에 닭이나 개를 죽여서 그 피를 대들보 양쪽으로 흘러내리게 한다. 더 미개한 토나푸(Tonapoo)족은 이런 경우에 짐승 대신 사람을 제물로 바친다. 로보 또는 신전의 지붕에서 거행되는 이 희생제는 일반 가옥의 목재에 피를 칠하는 의식과 같은 목적으로 행해진다. 즉 그 목적은 아직도 목재에 붙어 있는 숲의 정령을 달래려는 데 있다. 그들은 정령들이 이에 마음을 풀고, 그 집에 사는 사람들에게 해를 주지 않을 것이라고 믿었다.

같은 이유에서 셀레베스와 몰루카 섬 사람들은 집을 지을 때 기둥을 거꾸로 세우게 되는 것을 매우 두려워한다. 왜냐하면 목재 속에 아직 남아 있을지도 모르는 숲의 정령이 화를 내서, 그 집의 식구들에게 질병을 가져올 것으로 믿었기 때문이다. 보르네오 카얀족은 나무 정령은 체면을 매우 중시하기 때문에, 자기들에게 어떤 해가 가해지면 그 책임이 있는 사람에게 덤벼든다고 생각한다. 그래서 카얀족은 집을 세운 다음 1년 동안은 죄를 계속 뉘우치며 곰, 삵쾡이, 뱀 등을 죽이지 않는 등 많은 행동을 삼간다.

2 나무 정령의 은총

나무를 정령의 몸이 아니라, 그것이 언제든지 마음 내키는 대로 출입할 수 있는 거처로 보게 되면서, 종교 사상적은 중대한 발전을 하게 된다. 즉 애니미즘에서 다신론(polytheism)으로의 이행이 이루어진 것이다. 이제 사람들은 하나하나의 나무를 살아 있는 인격적 존재로 생각하는 대신 생명도 활동력도 없는 하나의 덩어리로서 초자연적 존재가 오래 또는 잠시 빌려 쓰는 거처에 불과한 것으로 여기게 되었다. 그 초자연적 존재는 자유롭게 이 나무에서 저 나무로 옮겨갈 수 있으므로, 나무를 점령하거나 지배하는 권리를 가진다. 결과적으로 그러한 존재는 나무 정령이 되기를 그만두고 숲의 신이 된다.

나무 정령은 이와 같이 개개의 나무에서 어느 정도 분리되자마자, 곧바로 그 모습을 인간의 모습을 띠기 시작한다. 이는 모든 추상적인 영적 존재에 구체적인 인간의 형태를 입히는 원시적인 사고의 일반 경향에 따른 것이다. 이 때문에 고전 예술에서는 숲의 신들은 인간의 모습으로 묘사되고, 그 숲의 신

풍년 기원 의식
네팔의 툴룽족은 나무 주위를
돌면서 술을 뿌리고 풍년을 기
원한다.

은 나뭇가지 같은 명백한 상징물로 표시된다. 그러나 이런 외형상의 변화는 나무 정령의 본질적 성격에 영향을 끼치지 않는다. 그것은 나무와 결합하여 나무 정령으로서 행사한 힘을, 나무의 신으로서도 여전히 계속해서 행사하는 것이다.

이제 그것을 자세히 증명해 보고자 한다. 첫째로 산 존재로 생각된 나무가 비를 내리게 하고, 햇빛을 비치고, 가축을 번식시키고, 여자의 출산을 돕는다고 믿게 된 신앙에 대해 살펴보려고 한다. 둘째로 나무 정령의 힘이 '신인동형론(神人同形論 : _{인간과 같은} _{모습을 한 신})적 존재'로 생각되거나, 살아 있는 '인간 속에 화신한 존재'로 생각되는 나무의 신에게도 여전히 남아 있다는 점을 밝히고자 한다.

먼저 나무나 나무 정령이 비나 햇빛을 준다는 믿음에 대해 살펴보자. 프라하 선교사 제롬(Jerome)이 이교도 리투아니아인에게 그 성스러운 숲을 베어 버리도록 권했을 때, 여자들은 리투아니아 군주에게 몰려가서, 성스러운 숲을 없애면 비와 햇빛을 보내주는 신전이 파괴된다며 그 선교사를 막아 달라고 호소했다. 또한 아삼의 문다리(Mundari)족은 성스러운 숲이 파괴되면 숲의 신들이 분노하여 비를 내리지 않는다고 생각한다.

북부 버마 사가잉 지방의 몬요 주민들은 마을 근처에 있는 가장 큰 타마린드나무를 선택해서 비를 관장하는 정령인 '나트(nat)'의 궁전이라 불렀다. 그리고 마을의 수호 정령과 비를 관장하는 정령에게 빵, 야자열매, 바나나, 닭 등을 바치며 이렇게 기도한다.

"오, 주님이신 나트여. 우리를 불쌍히 여기시어 비를 내려주소서. 우리가 아끼지 않고 제물을 바치듯이 밤이나 낮이나 비를 내리시옵소서."

그 뒤 타마린드나무 정령을 위해 술을 올렸다. 더 내려오면, 아름다운 옷을 입고 목걸이와 귀걸이를 한 중년 여자 셋이 '비의 노래'를 불렀다고 한다.

또 나무 정령은 농작물을 자라게 한다. 문다리 부족의 어떤 사회에서는 마을마다 성스런 숲을 가지고 있고, 숲의 신들은 농작물의 성장을 책임지며, 모든 농경 축제에서 특별히 숭배받는다. 황금 해안의 흑인들은 어떤 큰 나무의 뿌리에 인신 제물을 바치는 관습을 가지고 있으며, 만일 그런 나무가 잘리면 지상의 모든 과일이 떨어진다고 생각한다. 갈라(Galla)족은 풍작을 빌면서 성스러운 나무의 주변을 둘씩 짝지어 돌며 춤을 춘다. 모든 커플은 남녀로 구성되어 있으며, 막대기 양 끝을 잡고 서로 연결된다. 그리고 겨드랑이에 푸른 보리나 풀을 낀다. 스웨덴 농민은 보리밭이나 밀밭 도랑에 잎이 달린 가지를 꽂는다. 이것이 풍작을 보증한다고 믿는다. 독일과 프랑스의 '수확의 5월(Harvest-May)'이라는 관습도 같은 생각에서 나온 것이다. '수확의 5월'이란 옥수수 이삭으로 치장한 큰 가지나 나무를 말하는데, 수확한 밭에서 돌아오는 마지막 마차에 싣고 와서 1년 동안 곳간 지붕에 매어둔다.

만하르트(W. Mannhardt)는 '수확의 5월'에 대해 일반적으로 농작물의 성장을 촉진하는 나무 정령을 상징하고, 그 식물을 자라게 하고 열매를 맺게 하는 힘을 옥수수에 가져다 주기 위한 것이라고 설명한다. 이 때문에 스와비아(Swabia)에서는 밭에 남겨진 마지막 옥수수 그루터기에 '수확의 5월'을 매어 둔다. 다른 지방에서는 옥수수 밭 가운데 세우거나, 마지막에 거둔 묶음을 그 나무줄기에 매기도 한다.

또 나무 정령은 가축을 번식하고, 여자들에게 아이를 잉태케 한다. 북부 인도에서는 '엠블리카 오피키날리스(Emblica officinalis)'라는 신성한 나무가 있다. 팔군(Phalgun)의 달인 2월 11일에는 이 나무 아래에서 제사를 지낸다. 나무 둘레에 빨강 또는 노랑색 천을 감고, 여자나 동물 또는 농작물의 다산과 풍작을 위한 기도를 올린다. 또 이 지방에서는 코코넛을 가장 신성한 열매의 하나로 여기고, 스리팔라(Sriphala) 또는 스리(Sri)라 부른다. 스리는 풍요와 번영의 여신을 뜻한다. 코코넛은 풍요와 번영의 상징물로 북부 인도 전역에 걸쳐 사원에 보존되는데, 사제는 어머니가 되고자 하는 여인들에게 그것을 선사한다. 옛 칼라

바르(Calabar)와 가까운 콰 마을에 야자수 한 그루가 자라는데, 그 가지에 열린 열매를 먹으면 어떠한 불임 여성일지라도 반드시 임신한다고 여긴다.

유럽에서는 '5월의 나무(May-tree)' 또는 '5월의 기둥(May-pole)'이라는 나무가 여자와 가축에게 똑같은 효험을 주는 것으로 여겨졌다. 예를 들면, 독일의 어떤 지방에서 5월 1일에 농민들은 마구간이나 외양간 문에 각기 소나 말을 위해 '5월의 나무'나 '5월의 관목(May-bush)'을 세웠다. 이렇게 하면 암소가 젖을 많이 낸다고 생각했다. 아일랜드인은 5월 1일에 푸른 나뭇가지를 집에 매어 놓으면 그해 여름에는 젖이 많이 나온다고 믿는다.

웬드(Wend)족은 7월 2일에 쇠로 만든 닭을 떡갈나무 꼭대기에 매어서 마을 한복판에 세워 둔다. 그리고 그것의 둘레에서 춤추며 놀았는데, 가축을 살찌게 하기 위한 것이다. 체르케스(Cherkess)인들은 배나무를 가축의 수호신으로 믿는다. 그리하여 숲 속의 배나무 가지를 잘라 집에 모셔 두고 신으로 섬겼다. 거의 모든 집에 이런 나무가 있다. 가을 축제 때 배나무 가지를 집 안으로 들여오는데, 그때는 음악소리와 식구들의 반가운 손님을 맞이하는 환영의 소리로 성대히 제사를 올린다. 나무는 촛불로 장식되고 꼭대기에 치즈가 매달린다. 식구들은 이 나무 둘레에서 먹고 마시고 노래를 부른다. 그것이 끝나면 그들은 그 나무에 작별을 고하고 그 나무를 마당으로 가지고 나와서 벽에 세워 두고 이듬해까지 특별히 숭배하지 않고 그대로 둔다.

마오리족의 투호 부족 사람들도, 여자에게 아이를 낳게 하는 힘이 특정한 나무에 있다고 생각한다. 이 나무는 어떤 신비로운 선조들의 탯줄과 관련되어 있다고 여겨, 사실상 최근까지 모든 아이의 탯줄이 이 나무에 걸렸다. 불임의 여자는 이 나무를 껴안는다. 이 때 동쪽 또는 서쪽 중 어느 쪽에서 껴안느냐에 따라 아들 또는 딸을 얻는다. 또한 5월 1일에 사랑하는 처녀의 집 앞이나 집 위에 초록 관목을 두는 유럽의 관습은 나무 정령이 풍요와 다산의 힘이 있다는 신앙에서 온 것으로 생각된다. 바바리아 어떤 지역에서 이 관목은 신혼부부 집에도 세워지나, 아내의 출산이 가까워질 때는 이런 관행은 생략된다. 이런 경우에 그의 남편은 자기 혼자서 '5월의 관목'을 세운다고 한다.

남부 슬라보니아에서도 아이를 원하는 불임의 여자가 '성 조지(St. George) 축일' 전날 밤에, 새 속옷을 열매를 잘 맺는 나무에 걸어 놓는 풍습이 있다. 여자는 다음 날 아침 해뜨기 전에 그 옷을 다시 살펴보고 어떤 생물이 거기에 기어들었던 흔적을 찾으면, 그 해가 가기 전에 자신의 소망이 이루어질 것으로 믿는다. 그리고 그녀는 자신도 속옷이 밤새 걸려 있던 그 나무처럼 다산할 것을 확신하고, 속옷을 입는다. 카라키르기스(Kara-Kirghiz)족 불임녀는 아이를 얻기 위해 사과나무 아래에서 뒹군다.

마지막으로 스웨덴과 아프리카에서는 나무가 순산을 보장하는 힘을 지니고 있다고 믿는다. 옛날 스웨덴의 어느 지방에서는 모든 농장 근처에 '발드트뢰드(bardträd)'라는 수호 나무가 서 있었는데, 아무도 이 성스러운 나무의 잎은 한 장도 뜯으려 하지 않았다. 그것을 어긴 사람은 재앙이나 질병에 걸리는 벌을 받는다고 믿었기 때문이다. 그러나 임산부는 순산을 위해 그 나무를 끌어안곤 했다. 콩고 지방 몇몇 흑인 부족의 임산부들은 특정한 성수(聖樹)의 껍질로 스스로 옷을 만들어 입는다. 이것은 출산에 수반되는 여러 위험을 그 나무가 없애 준다고 믿기 때문이다. 그리스 신화에서 레토(Leto)가 신성한 쌍둥이 아폴론(Apollon)과 아르테미스를 낳기 직전에 야자수와 올리브 나무 또는 두 그루의 월계수를 끌어 안았다는 이야기는, 아마 특정 나무가 순산의 효험을 갖고 있다는 믿음을 그리스 또한 가지고 있었다는 것을 보여주는 사례일 것이다.

제10장
근대 유럽의 나무 숭배

이제까지 나무 정령이 베푸는 것으로 여겨지는 이로움을 살펴보았다. 이로써 왜 '5월의 나무', '5월의 막대기'와 같은 관습이 유럽 농민의 민속 축제 속에 유행했고, 그토록 뚜렷하게 나타났는지 쉽게 이해할 수 있다. 유럽의 많은 지방에서는, 봄, 초여름, 또는 하지절에도 숲에서 나무를 베어 마을로 가지고 와서 마을 사람들의 환성 속에 세우고, 숲에서 꺾어온 나뭇가지를 집집마다 매어두는 관습이 오늘날까지 행해진다. 이것은 나무 정령의 힘에 의한 축복을 마을이나 저마다의 집으로 끌어오기 위한 목적으로 시작된 것이다. 그래서 각 가정의 집 앞에 '5월의 나무'를 심거나, 마을의 이집 저집으로 '5월의 나무'를 돌리며 그 복을 받고자 하는 관습이 생긴 것이다. 이 주제에 대한 수많은 예 가운데 몇 가지만을 들어 보자.

헨리 피어스(Henry Piers) 경은 1862년에 발간한 「웨스트미스 기록 *Description of Westmeath*」에서 이렇게 밝힌다.

"5월제 전야에 각 가정은 집 앞에 초록 관목을 세우고, 초원에 가득 핀 노랑꽃을 꺾어 길에 뿌린다. 나무가 많은 시골에서는 키가 크고 쭉 뻗은 나무를 베어다가 1년 동안 집 앞에 세워 둔다. 사정을 모르는 이방인들은 그것을 술집 간판으로 오해하고 모든 집을 술집이라고 생각하곤 했다."

노스앰프턴셔(Northamptonshire)에서는 '5월제' 날에 3m에서 4.5m쯤의 어린 나무를 집 앞에 심고, 마치 그것이 처음부터 거기서 자라고 있는 듯 만들어 놓는다. 그리고 꽃을 그 위에 뿌리고, 문 근처에도 뿌려 둔다. "콘월(Cornwall) 지방 사람들에게는 5월 초하루에 그 문이나 현관을 무화과나무와 산사나무의 싱싱한 가지로 꾸미고, 그 집 앞에 나무나 나무의 그루터기를 심는 옛 관습이 아직도 남아 있다." 영국 북부에서는 5월 초하루 꼭두새벽에 젊은이들이 일어나 음악에 맞추어 피리를 불면서 숲 속에 들어간 다음, 그곳에서 나뭇가지를 꺾어 꽃다발이나 화환을 만든다. 그리고는 해뜰 무렵에 돌아와서 꽃장식을 한 나뭇가지를 자기 집 문 또는 창가에 매어 놓는 관습이 있었다. 옛날에 버크셔 (Berkshire)의 아빙돈에서 '5월제' 아침에 젊은이들이 무리지어 돌아다녔는데, 그 때 부르는 기쁨의 노래 가운데 두 소절을 옮기면 다음과 같다.

　　우리는 밤새 거닐었네.
　　지금 이 시간까지.
　　우리는 다시 돌아오네.
　　아름다운 화환을 손에 들고.

　　당신에게 바칠 화환을 들고
　　우리는 당신 집 앞에 서 있네.
　　새싹이 돋아난 어린 나무는,
　　하느님의 훌륭한 솜씨라네.

　에식스에 있는 사프란월든과 딥든 마을에서는 5월 초하루에 소녀들이 떼지 어 화환을 들고 앞의 노래와 거의 같은 노래를 부르면서 집집마다 돌아다닌다. 모든 화환 속에는 보통 흰 옷을 입은 인형이 있다. 이와 같은 풍습이 영국의 많은 지방에 있었고 실제 오늘날도 있다. 이 화환은 주로 직각으로 엇갈리는 둥근 모양을 하고 있다. 아일랜드의 몇몇 지방에서는 아직도 마을 사람들이 '5 월제' 때 마가목 나뭇가지와 늪지의 금잔화로 화환을 만들고, 그 가운데에 두 개의 구슬을 매달아 손에 들고 행진한다. 이 구슬을 때로는 금종이나 은종이 로 싸는데, 이는 태양과 달을 나타낸 것이라고 한다.

　보주(Vosges) 산지의 어떤 마을에서는 5월의 첫 일요일에 처녀들이 떼를 지 어 집집마다 돌면서 5월을 찬양하는 노래를 부르는데, 그 노래 속에 '5월에 만 든 빵과 음식'이라는 구절이 있다. 처녀들은 돈을 받고 그 집 문에 푸른 나뭇가 지를 꽂아 준다. 만일 돈을 받지 못하면, 그 집에 아이를 많이 낳도록 빌되 아 이를 먹일 빵은 생기지 않도록 빈다. 마옌느의 프랑스 행정 구역에서는, '마요 탱'이라 불리는 소년들이 5월 초하루에 축가를 부르면서 이 농장에서 저 농장 으로 돌아다니는데, 이 노래의 답례로서 얼마쯤의 돈이나 술이 제공되었다. 그

나무 숭배의 흔적
19세기의 '5월의 왕'과 '6월의 여왕'.
빅토리아 시대의 동판화. 존 존슨 컬
렉션, 보들리언 도서관, 옥스퍼드

러면 그들은 작은 나뭇가지를 거기에 심어 준다. 알자스(Alsace)의 사베른 근
처에서는 한 무리의 사람들이 '5월의 나무'를 메고 돌아다닌다. 그 무리 중에는
흰 셔츠에 얼굴을 검게 칠한 한 사나이가 섞여 있다. 그 사나이가 거대한 '5월
의 나무'를 메고 다른 사람들은 제각기 작은 '5월의 나무'를 멘다. 또 한 사나이
가 달걀, 베이컨 등을 아주 큰 바구니에 넣고 따라다닌다.

러시아 마을 사람들은 성령강림절(Whitsunday ; 부활제 후의 제7일요일) 전 주 목요일에 숲 속
에 들어가서 노래를 부르고, 화환을 만들고, 어린 자작나무를 잘라서 그것에
여자 옷을 입히거나 여러 색깔의 헝겊이나 리본으로 꾸민 다음에 잔치를 베푼
다. 잔치가 끝나면 기쁜 듯이 노래하고 춤추면서 장식한 자작나무를 마을로
가지고 와, 어떤 집 안에 세우고 성령강림절까지 귀한 '손님'으로 보관한다. 이
틀 동안은 그 손님이 있는 곳을 모두 방문한다. 사흘째, 즉 강림절이 되면 그들
은 그것을 강에 갖고 가서 물 속에 던져 버린다. 이어서 꽃다발도 함께 던진다.
이 러시아 관습에서 여자 옷을 자작나무에 입히는 것은 그 나무를 인신으로
여기고 있음을 여실히 말해 준다. 그리고 그것을 개울 속에 버리는 것은 비를

내리게 하는 주술로 보인다.

스웨덴 몇몇 지방에서는 '5월제' 밤에 젊은이들이 어린 잎이 달린 자작나무 다발을 들고 돌아다닌다. 마을 악사들을 맨 앞에 세우고, 5월의 노래를 부르면서 집집마다 돌아다닌다. 노래 내용은 좋은 날씨, 풍요로운 결실, 이승과 저승의 축복을 비는 기원이다. 그들 가운데 한 사람이 바구니를 들고 달걀이나 그 밖의 선물을 받는다. 환영을 받으면 그 집 현관에 나뭇가지를 꽂아 준다. 스웨덴에서는 이 의식이 주로 하지절에 행해진다. '성 요한(St. John) 축일(6월 24일)' 전날 밤에 집집마다 구석구석 청소하고 푸른 나뭇가지나 꽃으로 꾸민다. 입구나 집 안의 몇 군데에는 어린 전나무를 세운다. 정원에 작은 정자를 세우기도 한다. 이날 스톡홀름에서는 나무 시장이 선다. 높이 1.8m에서 3.6m의 나뭇잎이나 꽃 또는 색종이, 갈대에 매단 금빛 달걀껍질로 꾸민 '5월의 기둥(Maj Stanger)' 몇천 그루가 팔려 나간다. 언덕 위에는 모닥불을 피우고, 사람들은 그것을 둘러싸고 춤추거나 그 불을 건너뛰기도 한다.

그러나 이날의 가장 중요 행사는 뭐니뭐니해도 '5월의 기둥'을 세우는 일이다. 스톡홀름의 '5월의 기둥'은 꼿꼿하고 높고 훌륭한 전나무인데, 가지를 친 것이다. 어떤 때는 둥근 테를, 어떤 때는 십자가 모양으로 묶은 나무 조각을 띄엄띄엄 나무에 걸어둔다. 또 어떤 때는 허리에 두 손을 댄 사람을 나타낸 활을 거기에 맨다. 전나무는 위에서 아래까지 테나 활은 물론이고, 나뭇잎, 꽃, 색색의 헝겊, 금빛 달걀껍질 등으로 장식한다. 그리고 그 꼭대기에 큰 팔랑개비를 꽂는데, 때로는 깃발로 대신하기도 한다. 5월의 기둥은 마을 처녀들이 장식하며, 그것을 세우는 행사는 참으로 엄숙하다. 마을 사람들은 여기저기에서 모여들고, 그 주변에 큰 원을 그리면서 춤추며 돈다.

독일의 한 지방에서도 이같은 관습이 하지절에 지켜진다. 예를 들면, 상 하르츠 산지의 마을에서는 줄기 아래쪽 껍질을 벗긴 높은 전나무를 광장에 세우고, 꽃과 노랑과 빨간색으로 물들인 계란으로 장식한다. 그리고 그것을 둘러싸고 낮에는 젊은이, 밤에는 노인들이 춤을 추며 돈다. 또 보헤미아의 한 지방에서도 '성 요한 축일' 전날 밤에 '5월의 막대' 또는 '하지의 나무(midsummer-tree)'를 세운다. 젊은이들이 숲에서 큰 전나무나 소나무를 베어다가 높은 곳에 세우면, 처녀들은 이것을 꽃다발, 화환, 빨강 리본 등으로 꾸민다. 의식이 끝나면 이것을 태워 버린다.

나무 숭배의 흔적
20세기. '5월의 기둥'을 돌면서 춤춘다. 존 토판 그림도서관

　5월제에 '5월의 나무'나 '5월의 기둥'을 세우는 관습은 영국과 독일 및 프랑스를 비롯하여 유럽 각지에 널리 퍼져 있다. 그것을 장황하게 늘어놓을 필요는 없으며, 몇 개의 예로 충분할 것이다. 청교도적인 저술가 필립 스터브스(Phillip Stubbes)는 1583년에 처음 출판한 「악습의 해부 *Anatomy of Abuses*」 속에서 훌륭한 베스 여왕이 다스릴 때에 '5월의 기둥'이 어떻게 세워졌는지를 기술했다. 다음과 같은 글에서 그는 즐거운 고대 영국을 생생하게 보여 준다.

　"5월이나 성령강림절, 그 밖의 시기에 젊은 남자와 아가씨나 늙은 남자와 아내 등 모두가 하룻밤 동안 숲이나 산에 나다니면서 즐겁게 밤을 샌다. 아침이 되면 그들은 자작나무나 그 밖의 다른 나뭇가지를 들고 돌아와서 집회 장소를 꾸민다. 그런데 그들 중에는 오락과 놀이의 지배자, 이미 왕이라 할 수 있는 지옥의 왕 사탄 역할을 맡은 사람도 끼어 있다. 그러나 거기에서 그들에게 가장 중요한 것은 '5월의 기둥'이고, 이것은 아주 정중히 옮겨진다. 그들은 소의 뿔 끝에 향기를 뿜는 꽃다발을 장식한 20마리에서 40마리의 황소를 거느리고, '5월의 기둥'을 끌게 한다. 그런데 그 기둥은 온갖 꽃과 잎으로 덮이고, 꼭대기에서 밑에까지 천으로 둘둘 감기기도 하고, 때로는 갖가지 물감으로 채색되기도 한다.

　그 뒤를 2, 3백 명쯤의 남녀노소가 아주 경건하게 뒤따른다. 기둥이 세워지고 손수건이나 깃발이 그 꼭대기에서 나부끼면, 그들은 그 주변에 짚을 깐 뒤 기둥에 푸르고 작은 나뭇가지를 많이 매고, 부근에 정자를 세우며 그 옆에 나무를 심는다. 그런 다음 모두 기둥을 둘러싸고 요란히 춤을 추는데, 그것은 마치 우상에게 제물을 바칠 때의 이교도들과 비슷하며 그 양식은 아주 그대로다. 신중하고 평판이 높은 목격자들의 보고에 따르면, 숲 속에서 밤을 새우는 40에서 60명, 또는 100여 명의 처녀들 중 순결을 지키고 돌아오는 사람은 기껏해야 3분의 1 정도이다."

스와비아(Swabia)에서는 5월 초하루에 키가 큰 전나무를 마을로 옮겨 리본으로 장식하고 땅에 세운다. 그러면 마을 사람들은 음악에 맞추어서 그 주위를 돌며 즐겁게 춤추었다. 다음 해 5월제에 새 기둥이 들어올 때까지 1년 동안 그 나무는 마을 광장에 세워져 있게 된다. 작센에서는 여름 절기를 상징적으로 왕이나 여왕으로 맞이하는 것에 만족하지 않고, 신선한 초록을 숲에서 집 안에까지 끌어들였다. 이것은 13세기 이후의 문헌에 보이는 '5월의 나무' 또는 '성령강림절의 나무'이다.

'5월의 나무'를 맞이하는 것은 축제이기도 했다. 사람들은 '5월의 나무(majum quaerere)'를 찾고자 숲 속으로 들어가서 어린 나무, 특히 전나무와 자작나무를 베어 마을에 갖고 돌아와서 집 안이나 가축우리 입구나 방 안에 세워 둔다. 젊은이들은 '5월의 나무'를 연인들의 방 앞에 세우기도 한다. 집에 세우는 것과는 달리 이미 엄숙한 행렬을 지어서 마을에 들여온 큰 '5월의 나무'나 '5월의 기둥'은 마을 한가운데나 거리 광장에 세워진다.

이것은 모든 사람들이 깊이 고심하고 생각한 끝에 선택된 나무이다. 주로 가지와 잎사귀를 모두 떨어뜨리거나, 맨 꼭대기만을 관 모양으로 남겨두고 각양각색의 리본이나 헝겊을 붙이고, 소시지, 과자, 계란 등의 음식물을 함께 매달아 둔다. 젊은이들은 이 음식물을 얻으려고 노력한다. 오늘날에도 여전히 장터에서 보이는 번질번질한 기둥은 옛날의 '5월의 기둥'의 잔재이다. 달리거나 말을 타고 '5월의 나무'까지 경주를 하기도 했다. 이것은 시간이 흐르면서 그 참뜻이 잊혀진 성령강림절 때의 놀이가 되어 버렸다.

오늘날에도 이것은 여전히 독일의 많은 지방에서 민중의 관습으로 남아 있다. 보르도(Bordeaux)에서는 5월 초하루에 소년들이 저마다 거리에 '5월의 기둥'을 세우고, 그것을 화환이나 큰 화관으로 장식하는 일이 있다. 그리고 5월 내내 밤마다 젊은 남녀가 기둥 주변에서 노래하면서 춤을 추었다. 아름다운 프로방스의 마을이나 산골에서는 아직도 꽃이나 리본으로 장식된 '5월의 나무'를 5월제에 세우는 관습이 남아 있다. 그 아래에서 젊은이들은 즐겁게 놀고, 노인들은 휴식을 취한다.

확실히 이런 모든 사례의 공통점은 예나 오늘날이나 해마다 새로운 '5월의 나무'를 가져오는 일이다. 그러나 영국에서는 후대에 이르러서 이 '5월의 기둥'을 해마다 바꾸지 않는다. 북부 바바리아에서는 3년이나 4년 또는 5년에 한 번씩 새로 바꾼다. 그것은 숲에서 베어 온 전나무로 화환이나 깃발, 제명(題銘)으로 꾸미는데, 가장 중요한 부분은 말라 버린 기둥이 아니라 숲에서 살아 있는 나무라는 상징으로 그 꼭대기에 남겨둔 짙푸른 이파리이다. 본디 이 관습은 어디서나 해마다 새 '5월의 나무'를 세우는 것이었다. 이 관습의 목적은 봄이 되어서 새로이 잠을 깬 초목을 결실케 하는 정령을 맞이하는 데 있다. 그렇다면 푸르고 생생하게 살아 있는 생나무 대신에 늙고 마른 나무를 해마다 세우거나 그것을 오랫동안 세워 두는 것은 이미 본디 목적에 벗어나는 것이다.

그러나 관습의 참뜻이 잊혀지고 '5월의 나무'가 단지 휴일의 즐거운 놀이 중심으로 취급되었을 때, 사람들은 매년 생생한 나무를 자를 이유 없이, 같은 나무를 계속 세워 두고 5월제 날에만 새로운 꽃으로 장식했다. 그러나 '5월의 기둥'을 그처럼 바꾸지 않을 때도, 죽은 기둥으로 두지 않고 푸른 나무로 보이게 할 필요를 때로 느꼈다.

예를 들면, 체샤이어(Cheshire)의 위버햄에는 두 개의 '5월의 기둥'이 있는데, 기둥들을 5월제에 옛날과 같은 장엄함을 주도록 조심스럽게 꾸민다. 옆에는 꽃다발을 걸어 놓고, 꼭대기에는 잎이 달린 자작나무나 그 밖의 길고 가는 나무줄기를 꽂는다. 껍질을 벗기고 줄기를 막대에 붙여서, 아래쪽에서 보면 마치 한 그루의 나무처럼 보이도록 만든다. 이로써 '5월의 나무'의 갱신은 '수확의 5월(Harvest-May)'의 갱신과 비슷해진다. 이 모두 식물을 풍요롭게 하는 정령의 신선한 기운을 얻어 1년 내내 보존하기 위해서이다. 그러나 '수확의 5월'이 농작물의 성장을 촉진하는 데만 효험이 있는 데 반해서, '5월의 나무'나 '5월의 기둥'은 이미 보았듯이 여자나 가축에까지 효험이 미친다.

끝으로 낡은 '5월의 나무'가 때로 그해 마지막에 태워지는 사실에 주의할 필요가 있다. 예를 들면, 프라하 지방에서는 젊은이들이 공적인 '5월의 나무'를 꺾어서 각자 방에 있는 성화 뒤에 두었다가 다음 해 5월제 난롯불에 태운다. 뷔르템베르크에서는 '종려주일(Palm Sunday : 부활제 예, 로전주일)'에 집집마다 세워진 관목을 1년 동안 두었다가 태운다.

나무에 결합되거나 그 속에 있다고 생각되는 나무 정령에 대해서는 이쯤으로 해 두자. 이제는 나무 정령이 나무에서 분리되어 사람 모습을 취하고, 심지어 살아 있는 남자나 여자로 화신한다고 생각되는 사례를 살펴보자.

나무 정령이 인간 형태로 나타난 예는 유럽 농민의 통속적 관습 속에서 널리 발견된다. 나무 정령이 동시에 식물 형태와 인간의 모습으로 나타난, 마치 서로 설명이나 해주기 위해 공존하는 듯한 좋은 실례들이 있다. 이런 경우에 나무 정령의 인간적 표현은 때로 인형이나 꼭두각시이고, 때로는 살아 있는 인간이다. 그러나 인형이건 사람이건 간에 그것은 나무나 나뭇가지 옆에 자리를 잡는다. 그래서 사람이나 인형, 그리고 나무나 나뭇가지는 모두 어떤 두 나라 말로 쓰인 비문처럼 하나는 다른 것을 번역해 주며 공존한다. 여기서 사람들은 나무 정령이 사실상 인간의 모습으로 나타나는 것에 의심을 품지 않는다. 예를 들면, 보헤미아에서는 사순절(Lent) 네 번째 일요일에 젊은이들이 '죽음'이라 불리는 인형을 물 속에 던진다. 다음에 처녀들이 숲으로 가서 어린 나무를 자르고, 흰 옷을 입힌 여자 인형을 그 나무에 잡아 맨다. 그들은 이것을 들고 이 집에서 저 집으로 누비고 다니고, 답례품을 모으면서 다음과 같은 후렴이 있는 노래를 부른다.

우리는 마을에서 '죽음'의 신을 몰아내고,
'여름'을 마을에 모셔온다네.

나중에 알게 될 것이지만, 여기서 '여름'이란 봄이면 돌아오거나 소생하는 식물 정령이다. 영국의 어떤 지방에서도 5월제에 몇 가지 '5월의 기둥'의 모형과 '5월의 숙녀(Lady of the May)'라 불리는 아름답게 옷을 입힌 인형을 들고 아이들이 답례금을 받으러 돌아다닌다. 이 경우에 틀림없이 나무와 인형이 같은 뜻을 가진다.

알자스(Alsace)의 탄(Thann)에서는 '귀여운 5월의 장미'라 불리는 처녀가 하얗게 차려입고 화환과 리본으로 아름답게 꾸민 작은 '5월의 나무'를 갖고 돌아다닌다. 그녀를 따르는 처녀들은 다음과 같은 노래를 부르면서 집집마다 돌아다니며 선물을 받아 모은다.

귀여운 5월의 장미는 세 번을 빙글 돈다네.
빙글빙글 도는 그대를 보여주오.
5월의 장미여, 푸른 숲으로 오시오.
우리 모두 즐거우리.
우리는 5월을 지나 장미에게 간다네.

이 노래를 부르는 동안에 아무것도 주지 않는 사람에게는 '족제비가 닭을 잡아먹고, 포도는 열리지 않고, 나무는 열매를 맺지 않고, 밭에서는 곡식이 여물지 말라'고 말한다. 그해 수확이 좋고 나쁨은 5월의 노래를 부르는 사람에게 주는 선물로 결정된다고 믿는다. 이것과 앞의 예에서처럼 5월제에 아이들이 푸른 나뭇가지나 화환을 들고 노래를 부르면서 돈을 모으는 의미는, 식물의 정령과 함께 많은 행운을 집에 가져다 주므로 그 봉사에 대한 답례를 뜻하는 것이다. 러시아 리투아니아에서는 5월 초하루에 마을 가운데에 푸른 나무 한 그루를 세우곤 했다. 마을의 젊은이들이 가장 예쁜 처녀를 뽑아 관을 씌우고 자작나무 가지로 감싸서 '5월의 나무' 옆에 세운다. 그리고 춤추며 노래를 부르면서, '5월이여! 5월이여!' 외친다.

프랑스 브리(Brie)에서는 마을 복판에 '5월의 나무'를 세우는데, 그 끝은 꽃으로 덮고, 중간쯤은 잎사귀와 작은 가지로 엮고, 더 아래에는 큰 푸른 가지로 엮는다. 처녀들은 그 둘레에서 춤추고, 동시에 '5월의 아버지'라고 불리는 나뭇잎으로 감긴 한 젊은이가 끌려나온다. 북부 바바리아의 프랑켄발트 산지에 있는 작은 마을에서는 5월 2일에 발버(Walber)나무를 술집 앞에 세워 놓고 남자 하나가 그 둘레를 춤추면서 돈다. 그는 왕관 모양의 밀 이삭 다발을 쓰고 온몸이 밀짚으로 감싸인다. '발버'라 불리는 이 남자는 행렬에 끼어 어린 자작나무로 장식한 거리를 함께 돌아다닌다.

카린티아(Carinthia)의 슬라브인들은 '성 조지 축일(4월 23일)'에 젊은이들이 그 전날 밤 벤 나무를 화환으로 장식한다. 그리고 행렬 지어서 음악을 연주하고 환성을 지르면서 이 나무를 들고 돌아다닌다. 이 행렬 속의 주요 등장 인물은 머리부터 발까지 푸른 자작나무 가지에 싸인 젊은이로, '푸른 조지'라 부른다. 그리고 이 의식이 끝날 무렵 '푸른 조지' 모양의 인형을 물 속에 던진다. '푸른 조지' 역할을 한 젊은이가 아무에게도 변장한 것을 들키지 않도록 나뭇잎 옷을 재빨리 벗어 인형에다 입히는 것이 관건이다. 그러나 여러 곳에서는 '푸른 조지'로 분장한 젊은이를 개울이나 연못에 던지는데, 이것은 그 해 여름 동안 밭이나 목장을 푸르게 물들이기 위해 비를 내려달라는 의미가 있다고 한다. 어떤 지방에서는 소에 왕관을 씌워서 다음과 같은 노래를 부르면서 외양간에서 소들을 쫓아낸다.

> 우리는 '푸른 조지'를 데리고 온다네.
> '푸른 조지'는 우리의 친구,
> 우리 가축들을 잘 자라게 해 다오.
> 그렇지 않으면 물 속에 던져 버리리.

여기서 우리는 비를 내리게 하거나 가축을 번성하게 해 주는 힘이 살아 있는 사람이 나타내는 나무 정령에게도 있다고 믿었음을 알 수 있다.

트란실바니아와 루마니아의 집시들에게는 '푸른 조지'의 축제야말로 봄철의 가장 큰 축제이다. 그들 중에는 부활절 월요일에 이 축제를 지내는 사람도 있고, 성 조지 축일에 지내는 사람도 있다. 축제의 밤이 되면 어린 버드나무를 잘라서 화환이나 잎으로 장식해서 땅 위에 세운다. 임신한 여인은 자기 옷 한 벌을 그 나무 아래 밤새껏 깔아 두기도 한다. 그리고 아침에 나뭇잎이 그 옷 위에 떨어져 있으면 순산이 틀림없다고 믿는다. 병자나 노인은 밤중에 그 나무에 가서 세 번 침을 뱉고, "너는 곧 죽고 우리는 산다" 말한다. 아침이 되면 집시들은 버드나무 주변에 모여든다.

축제의 주인공은 '푸른 조지'로 머리끝에서부터 발끝까지 나뭇잎과 꽃으로 덮은 젊은이가 맡는다. 그는 가축들이 한 해 동안 먹을 먹이가 부족하지 않도록 두서너 줌의 풀을 던져 준다. 그리고 사흘 동안 물에 담가둔 철못 세 개를 모두 버드나무 줄기에 박는다. 그 다음 다시 그 못을 빼서 물의 정령을 달래기 위해서 강물에 던진다. 끝으로 '푸른 조지'를 물에 던지는 흉내를 내는데, 실제로는 나뭇가지와 잎사귀로 만든 인형을 강물 속에 던진다.

이 관습에서 여자들에게 순산을 주고 병자나 노인에게 생명의 힘을 옮기는 힘은 확실히 버드나무에 있다고 믿는다. 한편 인간을 본떠 나무로 만든 '푸른 조지'는 가축에게 먹을 것을 줄 뿐만 아니라, 물 정령을 나무와 간접적으로 결합해서 물의 정령이 주는 은혜를 입게 해준다고 여겼다.

이런 예들은 이 정도로 해 두고, 만하르트(W. Mannhardt)의 말로 이제까지의 이야기를 결론짓기로 하자.

"여태까지의 예는 이러한 봄의 축제에서 식물의 정령이 가끔 '5월의 나무'와 나뭇잎과 꽃으로 장식한 남자나 여자로 재현된다는 결론을 내릴 수 있다. 그것은 나무에 생명을 주는 정령으로, '5월의 나무'와 '수확의 5월'에서 볼 수 있는 정령과 하등식물 속에 살아 있는 정령과 같다. 이 정령은 봄에 처음 피는 꽃에도 있고, 또 '5월의 장미'를 재현하는 처녀와 수확을 주는 '발버'라는 인물 속에서도 찾아볼 수 있다. 이 정령의 또 다른 표현이라고 할 수 있는 5월제 행렬은 가축이나 과실이나 농작물에 똑같은 은총을 주는 것으로 믿었다. 이 행렬의 주인공이나 지휘자는 단순한 상징이 아니라 식물 정령을 실제로 대표하는 존재로 생각했다. 그래서 '5월의 장미'와 '5월의 나무' 행렬에 계란이나 베이컨 등을 답례로 주지 않는 사람에게 정령이 내리는 축복이 없을 것이라고 그들은 말했던 것이다.

'5월의 나무' 또는 '5월의 기둥'을 메고 '5월' 또는 '여름'을 가져다 주면서 집집마다 답례품을 거두는 행렬은 본디 어디에서나 진지하고 신성한 의미가 있다고 결론 내려도 좋을 것이다. 사람들은 눈에 보이지 않아도 '오월의 나무'나 '오월의 기둥'에 성장의 신이 깃들어 있다고 믿었다. 이 신은 집집마다 그 따뜻한 은혜를 나눠주기 위해서 행렬을 따라다닌다는 것이다. '5월', '아버지인 5월', '5월의 귀부인', '5월의 여왕' 등의 이름은 때때로 의인화한 식물 정령을 뜻한다. 이는 식물의 정령에 대한 관념이 계절을 의인화시켜 5월에 식물 정령의 힘이 놀랍게 발휘됨을 알려 준다."

우리는 이제까지 나무 정령 또는 식물 정령이 나무, 나뭇가지, 꽃 등과 같은 식물의 모양만으로 표현되는 경우와, 인형 또는 살아 있는 인간과 결합하여 식물과 인간의 모양으로 동시에 표현되는 경우를 살펴보았다. 다음에 오는 문제는 나무, 나뭇가지, 꽃으로 표현된 정령이 때로는 아주 사라진 데 반해서, 살아 있는 인간으로 표현되어 남아 있는 점을 밝히는 일이다. 이 경우에 인간을 대표하는 성격은 일반적으로 나뭇잎이나 꽃으로, 남자나 여자를 장식해 나타낸다. 또 때로는 특정한 이름으로 나무와 식물의 정령임을 나타낸다.

러시아의 어떤 지방에서는 '성 조지 축일'에 '푸른 잎사귀 옷의 잭(Jack-in-the-Green)'과 같이 한 젊은이를 잎과 꽃으로 장식한다. 슬로베니아(Slovenia) 인들은 그를 '푸른 조지'라 부른다. 그는 한쪽 손에 불타는 횃불을 들고 다른 쪽 손에는 파이(pie)를 들고, 노래를 부르는 소녀들을 데리고 보리밭으로 나간다. 그리고 덤불에 불을 지르고 그 가운데에 파이를 얹는다. 다음에 이 의식에 참가한 사람은 불을 둘러싸고 앉아서 모두들 파이를 나누어 먹는다. 이 관습으로 볼 때 나뭇잎과 꽃으로 꾸민 '푸른 조지'는 같은 날에 행하는 카린티아, 트란실바니아, 루마니아에 등장하는 '푸른 조지'와 같은 것이 확실하다. 또 우리는 러시아에서 성령강림절에 자작나무에 여자의 옷을 입히고 집 안에 세우는 풍습을 이미 살펴보았다. 이런 풍습은 핀스크 지방에서도 성령강림절에 러시아 소녀들에 의해서 행해진다. 그들은 가장 아름다운 처녀를 선택해 자작나무와 단풍나무 잎으로 그녀를 단장시키고 온 마을을 돌아다닌다.

루라(Ruhla)에서는 봄이 되어 나무들이 푸르러지면, 아이들이 모여 숲 속으로 간다. 그리고 한 아이를 뽑아 '작은 이파리 소년'을 만든다. 아이들은 나뭇가지를 많이 꺾어 발끝만 보이도록 그 아이의 온몸을 잎으로 감아서 감싼다. 그리고 구멍을 내어 바깥이 보이도록 하고, '작은 이파리 소년'이 비틀거리거나 넘어지지 않도록 두 아이가 그를 이끈다. 이렇게 해서 노래하고 춤을 추면서 집집마다 돌아다니며 계란, 크림, 소시지, 과자 따위의 음식물을 얻는다. 끝으로 그들은 '작은 이파리 소년'에게 물을 끼얹고 얻은 음식물로 잔치를 연다.

스위스의 프릭탈에서도 성령강림절 날이 되면 아이들이 숲 속에 들어가서 한 아이를 잎이 달린 작은 나뭇가지로 감싼다. 그들은 이 아이를 '성령강림절 시골뜨기'라 부르며, 손에 푸른 가지 하나를 들게 하고, 말에 태워서 마을로 데리고 들어온다. 마을 우물가에 와서 호령에 따라 멈추면, 잎사귀로 감싼 시골뜨기를 말에서 내려 물통 속에 집어넣는다. 그러면 이 시골뜨기는 누구에게도 물을 끼얹을 수 있는 권리를 얻게 되고, 특히 소녀들이나 장난꾸러기에게 그 권리를 행사한다. 다음에 장난꾼들은 성령강림절 시골뜨기에게 물세례를 애걸하면서 행렬지어 소년을 따라간다.

영국에서 나뭇잎을 입은 어릿광대 가운데 가장 잘 알려진 사례는 '푸른 잎사귀 옷의 잭'이다. 잭은 굴뚝 청소부이다. 그는 5월제 날에 꽃과 리본으로 만들어진 관을 쓰고, 호랑가시나무와 담쟁이로 뒤덮인 피라미드 모양의 모형 속에 들어가 다른 굴뚝 청소부들의 선두에서 춤추며 걸어간다. 이때 사람들은 굴뚝 청소부들에게 1페니씩의 돈을 건네 준다. 프릭탈 지방에서는 피라미드 모양의 틀을 '성령강림절의 바구니'라고 부른다. 나무가 싹트기 시작하면 마을 젊은이들은 숲 속의 일정한 장소를 택해 바구니를 만든다. 다른 사람들에게 미리 알려지면 안 되기 때문에 이들은 극비리에 바구니를 만든다. 잎이 달린 가지를 둥글게 하여 한쪽은 바구니를 짊어질 자의 어깨에, 다른 쪽은 종아리에 묶는다. 그리고 눈과 입 구멍을 뚫고 큰 화관을 씌운다. 그는 이렇게 분장하고 버들피리를 부는 세 소년에 이끌려 저녁 기도 시간 때 갑자기 마을에 나타난다. 이들의 주된 목적은 '성령강림절 바구니'를 마을 우물가에 세우고, 그것을 빼앗아 자기 마을의 우물가에 세우려고 습격해 오는 이웃 마을 젊은이들과 결사적으로 싸워 지키는 일이다.

앞에서 인용한 예들 중에서 나뭇잎으로 단장한 사람, 바로 아이들과 함께 집집마다 방문하여 선물을 구하는 사람은 확실히 '5월의 나무', '5월의 기둥' 또는 '5월의 인형'과 같은 존재이다. 이들은 식물 정령의 은혜를 대표하는 예며, 정령이 집집마다 방문한 집에서는 돈이나 음식물로 보답한다.

식물 정령을 나타내는 나뭇잎 인물은 자주 왕이나 여왕으로 부르는 경우가 있다. 예를 들면, '5월의 왕', '성령강림절의 왕', '5월의 여왕' 등으로 부르는 것이다. 만하르트도 말했듯이, 이 호칭은 식물과 결합된 정령이 곧 왕이고, 그 창조적 힘이 널리 미친다는 것을 나타낸다.

잘츠베델(Salzwedel) 근처의 한 마을에서는 성령강림절에 '5월의 나무'를 세운다. 소년들은 그 나무를 향해서 달리기 경주를 하는데, 가장 먼저 거기에 도착한 아이가 왕이 된다. 그 소년은 목에 화환을 걸고, 손에 '5월의 기둥'을 들고 행렬이 움직일 때 그 가지로 물을 뿌린다. 행렬은 집집마다 돌며 그 집안사람들의 행운을 빌어 주고 계란이나 베이컨 따위의 선물을 청하면서, "외양간 속의 검은 소는 흰 젖을 내고, 둥지 속의 검은 닭은 흰 알을 낳기를 빕니다"라는 노래를 부른다.

슐레지엔(Schlesien)의 엘고트 마을에서는 '왕의 경주'라는 의식을 성령강림절에 지킨다. 이것은 헝겊을 단 막대기 하나를 목장에 세우고, 젊은이들이 말을 타고 그 막대기 옆을 달려가서 그 헝겊을 낚아채는 시합을 말한다. 가장 먼저 그 헝겊을 낚아채어 근처의 오데르 강물에 던지는 사람을 왕으로 부른다. 이때 막대기는 분명히 '5월의 나무'를 대신한다.

브룬스비크(Brunswick) 여러 마을에서는 성령강림절에 '5월의 왕'이 '5월의 관목' 속에 폭 싸이고 만다. 튀링겐의 몇몇 지방에서도 성령강림절에 '5월의 왕'이 있는데, 이 왕은 좀 다르게 꾸민다. 먼저 그 속에 사람이 설 수 있는 나무틀을 만든다. 그 틀을 완전히 자작나무로 덮고, 방울이 달린 자작나무와 꽃으로 된 화관을 씌운다. 그 틀을 숲 속 일정한 곳에 놓고 그 속에 '5월의 왕'이 들어간다. 사람들이 숲 속으로 들어가서 그를 찾아내면, 시장이나 성직자나 마을 사람들에게 데리고 가서 그 틀 속에 있는 사람이 누구인가를 알아맞히게 한다. 이때 틀렸을 때는 '5월의 왕'이 머리를 흔들어서 방울을 울리고, 맞히지 못한 사람은 벌금으로 맥주 같은 것을 낸다.

바르슈테트에서는 성령강림절에 소년들이 제비를 뽑아서 왕과 시종을 결정한다. 시종은 '5월의 관목'으로 완전히 싸여서 화관을 쓰고 허리에 나무칼을 찬다. 왕은 다만 눈에 띄게 모자에 꽃다발을 달고 빨간 리본을 단 갈대를 손에 든다. 이들은 집집마다 다니면서 계란을 얻는데, 하나도 주지 않는 집에서는 그해에 닭이 알을 낳지 못할 거라고 위협한다. 이 관습에서는 시종의 차림이 '5월의 왕'에 더 가깝다고 생각된다.

힐데스하임에서는 성령강림절의 월요일 오후에 대여섯 명의 젊은이들이 박자에 맞춰 채찍질하면서 집집마다 계란을 얻으러 다닌다. 이들의 주인공은 '나뭇잎의 왕'으로 자작나무 잔가지에 싸여 발만 보일 뿐이다. 또 자기 키와 비슷한 자작나무 잔가지로 만든 거대한 모자를 쓴다. 그는 손에 든 기다란 갈고리를 움직여 길 잃은 개와 아이들을 잡으려는 시늉을 한다.

보헤미아(Bohemia) 어떤 지역에서는 성령강림절의 월요일에, 젊은이들이 꽃으로 장식된 자작나무 껍질로 만든 기다란 모자를 쓴다. 그들 가운데 한 사람이 왕처럼 분장하여 썰매를 타고 마을 잔디 광장으로 나오는데, 도중에 연못을 지나게 되면 언제나 썰매를 그 연못 속에 빠뜨린다. 광장에 도착하면, 그들은 왕 주위에 몰려든다. 외치는 자가 바위에 뛰어오르거나 나무 위에 기어올라가, 집과 가족에 대한 풍자문을 읽는다. 그리고 나서 나무껍질 변장을 벗고 축제 복장을 입은 채 마을을 돌아다니며 '5월의 나무'를 짊어지고 과자와 계란,

옥수수 등을 얻는다.

랑겐살자 근처의 그로스바르굴라에서는, 18세기 무렵 성령강림절에 행렬을 지어 '풀의 왕(Grass King)'을 끌고 다니곤 했다. 이 왕은 포플러 나뭇가지로 된 피라미드 속에 갇히는데, 그 꼭대기는 나뭇가지와 꽃으로 만든 왕관으로 장식했다. 그는 나뭇잎 피라미드에 갇힌 채 말 등에 올랐다. 옷자락은 땅에 질질 끌렸고 얼굴 부분에만 구멍이 뚫렸다. 말을 탄 젊은 친구들에게 둘러싸여 왕은 마을 공회당이나 마을 유지들의 집에 들러 모두들 맥주 대접을 받는다. 그러고는 좀머베르크 마을의 일곱 보리수 밑에서 '풀의 왕'은 그의 푸른 의복을 벗는다. 이때 왕관은 시장에게 바치고, 분장에 쓰인 나뭇가지는 아마를 성장시키기 위해 아마밭 속에 놓아둔다. 여기에서도 나무 정령이 확실히 가져온다는 풍요와 성장의 힘에 대한 관념을 엿볼 수 있다.

보헤미아 필젠(Plzen) 근처에서는 성령강림절 무렵이 되면 푸른 나뭇가지로 만든 문 없는 오두막을 마을 한가운데에 세운다. 마을 젊은이들 가운데 한 무리가 왕을 앞세워 말을 타고 그곳으로 간다. 왕은 옆구리에 칼을 차고, 머리에는 원뿔 모양의 골풀 모자를 쓰고 있다. 그의 수하에는 재판관, 외치는 사람, '개구리 백정' 또는 '교수형 집행자'라 불리는 인물이 있다. 개구리 백정 또는 교수형 집행자는 보잘것없는 광대들로, 녹슨 칼을 차고 빈약하고 늙은 말 등에 걸터앉는다.

이 일행이 오두막에 도착하자마자 '외치는 자'가 말에서 내려 집 주위를 돌며 문을 찾는다. 문이 없는 것을 발견하고 그는, "아! 이곳이 마법의 성이구나. 주술사는 나뭇잎 사이를 소리 없이 기어다닐 테니 문이 필요없겠군!" 말한다. 마침내는 칼을 꺼내 헤치고 오두막으로 들어가 의자 위에 앉고, 이웃 소녀나 농부들, 하인들에게 시 형식을 빌려 욕설을 퍼붓는다. 그것이 끝나면 '개구리 백정'이 앞으로 나와 개구리를 즐비하게 교수대에 매달아 놓는다.

플라(Plas) 근처에서는 이 의식이 조금 다르게 진행된다. 왕과 그의 병사들은 모두 나무껍질 옷을 입고 꽃이나 리본으로 꾸민다. 그들 모두 칼을 차고 꽃과 리본으로 화려하게 꾸민 말을 탄다. 마을의 귀부인이나 처녀들이 오두막에서 욕설을 듣는 동안에, 외치는 자는 몰래 개구리가 꽥꽥 울 때까지 꼬집거나 바늘로 찌른다. 이때 왕은 개구리에게 사형을 선고한다. 그러면 교수형 집행자는 개구리의 목을 쳐서 피가 흐르는 몸뚱이를 관중에게 던진다. 마지막으로 왕은 오두막에서 쫓기고 병정들의 추격을 받는다. 만하르트가 관찰했듯이, 개구리를 학대하거나 목을 치는 것은 비를 내리게 하는 주술임이 확실하다. 우리는 이미 오리노코의 어떤 인디언이 비를 내리게 하려고 개구리를 때리고 죽이는 것이 유럽에서 비를 내리게 하는 주술임을 살펴보았다.

봄의 식물 정령은 왕 대신에 여왕으로 자주 상징된다. 보헤미아의 리브코빅 근방에서는 사순절의 네 번째 일요일에 소녀들이 흰 옷을 입고 제비꽃이나 데이지같은 이른 봄꽃을 머리에 꽂고, 화관을 쓴 여왕이라고 불리는 한 처녀를 데리고 마을을 돌아다닌다. 이 행렬이 매우 엄숙히 진행되는 동안에 아무도 멈추지 않고 돌면서 노래를 불러야 한다. 여왕은 집집마다 봄이 왔음을 전하고, 그 집 사람들에게 행운과 축복을 기원하는 대가로 선물을 받는다.

독일령 헝가리에서는 처녀들이 성령강림절의 여왕이 될 가장 예쁜 미인을 뽑아서 그녀의 머리에 탑 모양의 화관을 씌우고 노래를 부르면서 그 소녀를 마을로 안내한다. 그리고 집집마다 들러서 옛 민요를 부르고 선물을 받는다. 아일랜드 동남 지역에서는 '5월제 날'에 가장 예쁜 소녀를 뽑아서 그 해의 열두 달 동안 여왕으로 삼곤 했다. 이때 여왕에겐 들꽃 화관을 씌웠다. 이어서 잔치를 벌이고 춤과 소박한 놀이를 행하며, 저녁의 대행진으로 끝난다. 임기 동안에 여왕은 젊은이들의 춤이나 놀이가 있을 때 행사를 주관한다. 만일 다음의 5월제가 돌아오기 전에 여왕이 결혼하면 그 권위는 끝나고, 그 후계자는 임기가 돌아올 때까지는 선출되지 않았다. '5월의 여왕'은 프랑스와 영국에서 흔하며 친숙하다.

또 식물 정령은 때때로 왕과 여왕, 신사와 숙녀, 신랑과 신부로 상징되기도 한다. 여기에서도 나무 정령의 신인동형론적 표현과 식물적인 표현 사이에 비슷한 점이 있다. 우리는 앞에서 나무들이 서로 결혼하는 사례를 보았다. 워릭셔 남부에 있는 핼포드에서는 5월제에 아이들이 짝지어서 나란히 행렬을 짓고, 왕과 왕비를 앞에 세워 이집저집으로 돌아다닌다. 두 소년이 꽃과 푸른 잎으로 덮은 1.8m에서 2.1m높이의 '5월의 기둥'을 들고 다닌다. 그 꼭대기에 서로 직각이 되게 박은 십자 모양 막대 두 개를 매단다. 이것도 꽃으로 장식되고, 그 끝에는 똑같이 꽃으로 꾸민 굴렁쇠를 여러 개 매단다. 아이들은 집집마다 5월의 노래를 부르고 돈을 받으며, 그 돈은 그날 오후에 학교에서 다과회를 위한 차를 준비하는 데 쓴다.

보헤미아의 쾨니히그레츠(Königgrätz) 근방의 한 마을에서는 성령강림절의 월요일에 아이들이 왕 놀이를 한다. 그때 왕과 화관을 쓴 여왕이 양산을 쓰고 행진하는데, 가장 나이 어린 소녀가 쟁반에 화환 두 개를 들고 뒤따른다. 이들은 신랑과 신부의 들러리로 불리는 소년과 소녀들의 시중을 받으면서 집집마다 들러 선물을 거둔다.

슐레지엔의 성령강림절 민간 축제에서도 왕 놀이가 일반적인 특징으로 자리 잡았고, 오늘날에도 부분적으로 남아 있다. 이 놀이는 여러 형태를 취하지만, 목표나 결승점은 거의 '5월의 나무'나 '5월의 기둥'이다. 어떤 경우에는 미끄러운 기둥에 올라가서 상품을 가져오는 사람이 '성령강림절의 왕'으로 선언되고, 그 연인이 '성령강림절의 신부'가 된다. 이 놀이가 끝나면 왕은 '5월의 기둥'을 손에 들고 다른 사람들을 맥주 상점에 끌고 가서 마시고 춤추면서 축제를 끝낸다.

농부나 노동자들이 말을 타고 꽃이나 리본이나 왕관으로 장식한 '5월의 기둥'까지 경주하는 일도 있다. 가장 먼저 도착한 사람은 '성령강림절의 왕'이 되고, 다른 사람들은 그날 종일토록 그의 명령을 따라야 한다. 꼴찌가 된 사람은 광대가 된다. '5월의 나무'가 있는 곳에 모두 도착하면 말에서 내려 왕을 어깨에 멘다. 왕은 재빨리 기둥에 기어올라가서 꼭대기에 붙은 '5월의 기둥'과 왕관을 갖고 내려온다. 그 사이에 광대는 맥주 상점으로 달려가서 급하게 빵 서른 개를 꿀꺽 삼키고, 브랜디 네 병을 연거푸 마셔야 한다. 그의 뒤에서는 '5월의 관목'을 손에 든 왕과 그 일행이 뒤쫓아오기 때문이다. 만일 그들이 도착하기 전까지 빵과 술을 다 먹어 치우고, 왕에게 인사하면서 맥주 한 잔을 권할 정도로 여유를 보여 주면, 그 계산은 왕이 하지만, 그렇지 못하면 자신이 내야 한다.

행사가 끝난 뒤에 위풍당당한 행렬이 마을을 두루 다닌다. 행렬의 선두에는 꽃으로 장식된 왕이 '5월의 나무'를 들고 간다. 그 뒤를 광대가 따르는데, 옷은 뒤집어 입고 턱에는 긴 아마로 만든 수염을 붙이고, 머리에는 성령강림절의 관을 쓴다. 다음에 호위병으로 분장한 사람 둘이 말을 타고 따른다. 행렬은 농가의 마당까지 들어간다. 두 호위병이 말에서 내려 광대를 집 안으로 들여보내고, 광대의 수염을 씻을 비누값으로 안주인에게 기부금을 요구한다. 만약 집 문에 자물쇠를 채우지 않았으면 어떤 음식이든 그들이 가지고 나와도 된다.

끝으로 일행은 왕의 애인이 사는 집에 간다. 이곳에서 그녀는 '성령강림절의 여왕'으로서 인사를 받고 여왕다운 선물, 즉 아름다운 색깔의 허리띠, 옷, 앞치마 등을 선물로 받는다. 그 답례로 왕은 조끼, 목도리 등을 선물로 받고, 그 애인 집 마당에 '5월의 관목'이나 '성령강림절 나무'를 세울 권리를 얻는다. 이것은 다음 해 그날까지 명예의 표시로 거기에 남겨 두었다. 막바지에 행렬이 술집으로 가면 왕과 여왕이 무도회를 연다. 때로는 '성령강림절의 왕과 여왕'은 이와 다른 방법으로 즉위한다. 예를 들면, 군중들 속에서 짚으로 만든 허수아비에게 몸집 크기의 빨간 모자를 씌우고, 무장하고 변장한 두 명의 호위병을 시켜 마차에 태운 뒤, 가상 법정으로 연행한다. 그러면 많은 군중이 그 마차 뒤를 따라 간다. 형식적인 재판 끝에 짚으로 된 허수아비에게 사형을 선고하고 집행장 말뚝에 묶는다. 눈을 가린 젊은이들이 창으로 허수아비를 찌르려고 경쟁한다. 여기서 성공한 사람이 왕이 되고, 그의 연인이 여왕이 되었다. 여기서 허수아비는 '골리앗'이라는 이름으로 통했다.

덴마크의 어떤 교구에서는 성령강림절에 소녀를 예쁘게 단장하여 '성령강림절 신부'라 하고, 소년을 그 신랑으로 삼는 관습이 있었다. 이 소녀는 어른 신부의 장신구로 꾸미고, 봄빛도 산뜻한 화관을 썼다. 신랑도 꽃과 리본, 나비 넥타이로 단장했다. 다른 아이들은 동이나물꽃과 노랑 금매화로 될 수 있는 대로 아름답게 가꾸었다. 다음에 두 소녀가 신부의 들러리로 행렬 선두에 서고, 다시 그 앞에 여섯 또는 여덟 명의 기마 시종들이 목마를 타고 앞서 나아가면서 농가 사람들에게 신랑 신부의 내방을 알린다.

그들은 농가에서 계란, 빵, 크림, 커피, 설탕, 기름, 양초 등을 받아서 바구니에 넣었다. 이렇게 농가를 한바탕 돌면 농부의 아내들은 결혼 잔치를 준비하고, 아이들은 나막신을 신고 다져진 점토 바닥 위에서 해가 떠오르고 새들이 지저귈 때까지 즐겁게 춤을 추었다. 이 모든 것은 이제 옛날 이야기이다. 다만 노인들만이 작은 '성령강림절의 신부'와 그녀가 단장한 아름다움을 기억하고 있을 뿐이다.

스웨덴에서는 '5월제'나 '성령강림절'과 관련이 있는 의식이 보통 하지에 치러진다. 스웨덴의 한 지방인 블레킹에서는 아직도 '하지절의 신부'를 뽑아서 그 여자에게 '교회의 화관'을 가끔 빌려 준다. 이 처녀는 자기 손으로 신랑을 고르고, 사람들은 두 사람을 위해 금품을 모은다. 이때 이 처녀와 청년은 부부로 여겨진다. 다른 청년들도 저마다 자기 신부를 고른다. 노르웨이에서도 여전히 똑

나무 숭배와 그리스도교
19세기에 지중해 지역에서 발견된 '5월의 여왕' 그림으로, 5월의 기둥에 묵주와 성모마리아 그림이 걸려 있다. 존 존슨 컬렉션, 보들리언 도서관, 옥스퍼드

같은 의식이 행해진다.

프랑스 도피네의 브리앙송에서는 '5월제' 때, 애인에게 차이거나 다른 남자와 결혼해 애인을 빼앗긴 한 친구를 많은 젊은이들이 붙잡아서 푸른 잎으로 싸버린다. 그는 땅바닥에 누워서 잠자는 흉내를 낸다. 그러면 이 젊은이를 좋아하여 결혼하고픈 처녀가 깨워서 일으키고, 그에게 자기 한 팔과 깃발 하나를 준다. 그리고 이 한 쌍은 맥주집에 가서 춤을 추기 시작한다. 이 두 사람은 그해 안에 결혼해야 한다. 만일 그해에 결혼하지 않으면 노총각, 노처녀로 간주

되어 다른 젊은이들과의 교제가 금지된다. 이 젊은이를 '5월의 신랑'이라 한다. 맥주집에서 그가 나뭇잎 옷을 벗어버리면 춤의 상대자는 그 옷에서 꽃을 빼 작은 꽃다발을 만든다. 다음 날 그가 그녀를 맥주집에 데리고 올 때, 그녀는 그 꽃을 자기 가슴에 꽂는다.

이와 비슷한 관습이 러시아의 네레크타 지방에서 성령강림절 전 주 목요일에 행해진다. 처녀들은 자작나무 숲 속에 들어가서 큰 나무줄기에 허리띠나 줄을 감고 그 아랫가지를 휘어서 화환을 만들고, 그것을 통해서 짝지어 서로 키스한다. 화환을 통해서 키스한 처녀들은 서로 수다쟁이 친구라 부른다. 다음에 그중 한 처녀가 앞으로 나와서 취한 총각 흉내를 내면서 땅바닥에 몸을 던지고 풀 위를 뒹굴며 깊은 잠에 든 체한다. 그러면 다른 처녀가 자는 체하는 처녀를 깨워서 키스한다. 그런 다음 모두들 노래하면서 숲을 돌고 화환을 여러 개 만들어 물 속에 던진다. 흐르는 물 위에 떠 있는 화환을 보고 그녀들은 자기의 운명을 읽는다.

프랑스에서는 잠자는 역을 총각이 맡았지만, 러시아에서는 처녀가 맡았다. 프랑스와 러시아의 관습에서 똑같이 버림받은 신랑이 등장했는데, 다음 사례에는 버림받은 신부가 등장한다. 오베르크라인의 슬로베니아인들은 '참회의 화요일'에 환성을 지르며 짚으로 만든 허수아비를 마을 이곳저곳에 끌고 다닌다. 그리고 물 속에 처박거나 태우거나 하여, 그 불꽃의 높이로 다음 해에 추수할 양을 가늠한다. 이때 이 소란스러운 군중 뒤에 가면을 쓴 한 여인이 따르는데, 끈으로 묶은 널따란 판자를 끌면서 자기는 버림받은 여인이라고 떠들어 댄다.

이미 검토한 것에 비추어 보면, 이 의식 중에서 버림받고 잠자는 자를 깨우는 것은 아마 봄날 식물의 재생을 뜻할지도 모른다. 그러나 버림받은 신부와 그를 잠에서 깨우는 처녀가 뜻하는 것이 무엇인지 알기란 쉬운 일이 아니다. 잠자는 자는 겨울의 헐벗은 들판이거나 시들어버린 나무일까? 그를 깨우는 소녀는 봄의 신록 또는 따뜻한 봄볕일까? 지금 여기에 있는 증거로 이 문제에 답하기는 거의 불가능하다.

스코틀랜드의 하일랜드에서는 봄에 재생하는 식물을 '성 브리드(St. Bride) 축일', 즉 2월 1일에 생생히 표현했다. 예를 들면 헤브리디스 제도에서는 각 가정의 주부나 하인들이 한 줌의 귀리를 가지고 와서, 여자 인형을 만들어 큰 바구니 속에 넣고 그 옆에 나무 방망이를 놓는다. 그들은 이 방망이를 신부의 방망이라고 부른다. 다음에 하인들은 "신부가 오셨다, 신부님 환영합니다!" 세 번 부른다. 이것은 잠자기 직전에 행하는데, 다음날 아침에 일어나서 먼저 신부의 방 망이 자국이 있는지 아궁이 재를 잘 살펴본다. 만일 자국이 있으면 풍작과 번영의 해라는 징조로 여기며, 그 반대인 경우는 흉조로 친다. 또 다른 관찰자가 이러한 관습에 대해 다음과 같이 설명했다.

"성촉절(Candlemas Day)의 전날 밤에 집 입구 근처 어디에 곡물과 마른 풀로 침상을 만들고, 거기에 모포 몇 장을 깔아 놓는 것이 관습이다. 준비가 되면 한 사람이 바깥에 나가서 '브리지트(Bridget)여, 브리지트여, 들어오시오. 당신의 침대가 마련되었습니다' 세 번 되풀이하여 외친다. 그리고 하나 또는 그 이상의 촛불을 밤새 그 옆에 켜 둔다."

옛날에는 만 섬에서도 이와 비슷하게 2월 1일 전날 밤에 토속어로 '랄브리세이(Laa'l Breeshey)'라 불리던 축제가 열렸다. 이 축제는 성 모그홀드(St. Maughold)에게 면사포를 받으려고 만 섬으로 건너온 한 아일랜드 귀부인을 기리기 위한 것이었다. 이날의 관습은 푸른 골풀 한 묶음을 만들어 손에 들고 문가에 서서, 성스러운 성 브리지트(St. Bridget)가 집으로 와 하루밤 묵어가기를 청하는 것이었다. 만 섬의 말로 쓰인 초대의 기도문을 옮기면 이렇다.

"브리지트여, 브리지트여, 나의 집으로 오시오. 그대를 위해 문을 열어 놓았으니, 브리지트여, 들어오시오."

이 말을 되풀이하고, 카펫이나 침대를 준비하는 셈으로 마루 바닥에 골풀을 뿌려 성 브리지트를 위한 잠자리를 마련한다. 이와 매우 비슷한 관습이 고대 만 왕국의 어떤 섬에서도 행해졌다. 하일랜드와 만 섬의 의식에서 성 브리드 또는 성 브리지트는 낡은 그리스도 교도 옷으로 변장하고 있지만, 실은 고대 이교도의 풍요의 여신임이 분명하다. 아마도 그녀는 켈트족의 '불'과 '풍작'의 여신이었던 브리지트일 것이다.

봄에 식물 정령을 결혼시키는 의식은 직접적으로 설명되지 않더라도, 흔히 그 정령을 상징하는 인간을 '신부'라 부르며, 혼례 의상을 입히는 것으로 암시된다. 한 예로 알트마르크의 일부 마을에서는 성령강림절에 소년들이 '5월의 나무'를 짊어지고 다니거나 온몸을 나뭇잎과 꽃으로 싼 한 소년을 데리고 다니고, 소녀들은 머리에 신부처럼 큰 화환을 쓴 '5월의 신부'를 데리고 다닌다. 소녀들은 노래를 부르는 '5월의 신부'와 함께 이집저집을 방문한다. 그 노래는 선물을 청하면서 무엇인가를 받으면, 그 집에 그해 동안 풍작이 있을 거라고 축복하면서 아무것도 주지 않는 사람들에게는 신의 축복이 없을 것이라고 말하는 내용이다.

베스트팔렌의 어떤 곳에서는 두 소녀가 '성령강림절 신부'라 불리는 화관을 쓴 한 소녀를 집집마다 데리고 다니면서 노래를 하면서 달걀을 요구한다.

제11장
성(性)이 식물에 끼치는 영향

유럽의 봄과 여름의 축제에 대한 이제까지의 검토에서, 우리는 다음과 같은 내용을 추정할 수 있다. 즉 우리의 미개한 선조들은 식물의 힘을 남자나 여자로 인격화하고, 동종주술 또는 모방주술의 원리에 따라서 '5월의 왕과 여왕', '성령강림절 신부와 신랑' 등의 형식을 취하는 방식으로 숲의 신들의 결혼을 본떠 나무나 식물의 성장을 촉진시키려고 했다. 그러므로 그러한 것들은 단순히 소박한 청중의 기분전환이나 교육을 위해서 만들어진 상징적, 비유적 연극이거나 촌극이 아니었다. 그것은 나무들을 푸르게 자라게 하고 부드러운 풀을 움트게 하고, 보리 싹이 트게 하고, 꽃을 피게 하는 주술의 연출이었다. 따라서 잎으로 감싸고 꽃으로 장식된 광대의 모의 결혼이 숲의 정령들의 신성한 결혼을 잘 흉내내면 낼수록, 그 주술이 더 효과적인 것이라고 상상하는 것은 마땅한 일이었다.

그러므로 우리는 이 의식에 따르는 난잡한 행동들이 일찍이 우연한 것들이 아니었고 그 의식에 있어 꼭 필요한 부분이었으며, 의식을 치르는 사람들이 나무와 식물의 결혼은 인간 남녀의 실제적인 결합 없이는 좋은 결과가 나타날 수 없다고 생각했다는 것을 알 수 있다. 물론 식물의 성장을 촉진하려는 목적으로 행해지던 이런 관습을 오늘날의 문명화된 유럽에서 찾는다는 것은 헛된 일일 것이다.

그러나 세계의 여러 곳의 미개한 종족들은 아직도 땅의 풍요와 다산을 확실히 하는 방법으로 의식적으로 남녀가 성교를 행하는 경우가 있다. 또 아직도 유럽에 남아 있는 일부 풍요 의례는 이 같은 관습이 더 발전하지 못한 결과로 설명되어야만 할 것이다. 다음은 이러한 점을 뚜렷하게 드러내 주는 사례들이다.

중앙아메리카의 피필(Pipile)족은 씨앗을 땅에 뿌리기 전 나흘 동안에는 그 아내와 잠자리를 하지 않는다. 이는 씨앗을 뿌릴 전날 밤에 정열을 극도로 발산하기 위해서이다. 혹은 처음 씨앗이 땅에 뿌려질 그 순간에 특정 인물이 성행위를 하도록 지명되었다고까지 전해지기도 한다. 그때 아내와 성교하는 의식은 전적으로 종교적 의무로서 사제들이 강요한 것이고, 이것을 게을리하는 일은 율법에 어긋나는 것이었다. 인디언들은 인간이 그 씨앗을 번식하는 과정과 식물의 번식 과정을 혼동했다. 그래서 전자의 방법에 의지해서 식물의 번식을 촉진할 수 있다고 상상했다. 이렇게 이해하는 것만이 그런 관습에 대한 유일한 해명이 된다. 자바의 몇몇 지방에서는 벼가 싹틀 무렵에 농부와 그의 아내가 밤중에 밭에 가서 결실을 촉진할 목적으로 성교를 한다.

뉴기니의 서쪽 끝과 오스트레일리아의 북부 사이에 있는 레티, 사르마타, 그 밖의 군도에 사는 원주민들은 태양은 남성 원리에 의해, 대지는 여성 원리에 의해 풍요와 다산을 가져다 주는 것으로 믿는다. 그들은 남성 원리를 우푸레라(Upu-lera), 즉 '해님'이라 부르고, 코코넛 잎으로 만든 등잔 모양으로 표현하여 집이나 거룩한 무화과나무 등 곳곳에 매달아 놓는다. 그 무화과나무 아래 크고 평평한 돌 하나가 있는데, 이것은 제물을 바치는 테이블이다. 그 돌 위에 살해된 적의 목을 두었고, 몇몇 섬에는 아직도 놓여 있다.

1년에 한 번 장마철이 시작할 때, 해님은 신성한 무화과나무 속에 내려와서 땅을 풍요케 한다. 사람들은 그 강림을 돕기 위하여 일곱 단의 사다리를 마음대로 쓰도록 놓아둔다. 사다리는 나무 아래에 두고 새 모양의 조각상으로 장식한다. 이 조각상은 명랑한 울음소리로 동녘에 해가 뜨는 것을 예고한다고 한다. 이 경우 많은 돼지나 개를 제물로 바치고, 남자와 여자는 떠들고 논다. 그리고 태양과 땅의 신비적 결합이, 노래와 춤이 요란한 가운데 나무 아래에서 남녀의 실제적인 성교로써 거리낌 없이 표현된다.

이 향연의 목적은 비, 풍부한 음식물, 많은 가축, 아이들, 재물 등을 선조인 태양에 호소하는 데 있다. 모든 암염소에게 둘 또는 세 마리의 새끼를 낳게 하고, 사람 수를 늘이고, 죽은 돼지를 산 돼지로 바꾸고, 빈 쌀자루를 가득 채워 달라고 그들은 태양에게 기도한다. 그리고 이 기도를 들어 주도록 돼지, 쌀, 술 등을 바치고 태양을 초대한다. 바바르 제도에서는 이 제사 때에 태양의 창조적인 정력의 상징인 특별한 깃발을 올린다. 이 깃발은 흰 무명에 적당한 모양을 한 남자가 그려져 있으며, 높이는 2.7m정도이다. 이런 야단스러운 축제를 순전

식물은 결혼 의식의 한 부분
이다. 신부 집에서 신랑 집으
로 나무를 선물로 보낸다. 말
레이

히 방탕한 격정이 폭발된 것이라고 보는 것은 적당치 않다. 틀림없이 그 향연은
땅의 풍요와 사람의 복지를 위해 신중하고도 엄숙하게 진행되었기 때문이다.

농작물의 성장을 촉구하는 데 쓰인 방법은 마땅히 나무의 결실을 촉진하는
데도 쓰인다. 암보이나의 몇몇 지방에서는 정향나무 재배의 상태가 좋지 않을
때, 남자들이 여자에게 임신시킬 때처럼 밤중에 밭에 가서 나무에다 성행위를
모방하면서 "더 많은 정향나무를!" 하고 외친다. 이렇게 하면 나무가 풍성하게
열매를 맺는 것으로 여겼다.

중앙아프리카 바간다족들은 남녀의 성교와 땅의 결실 사이의 긴밀한 관계
를 굳게 믿는다. 그 때문에 불임의 아내는 거의 쫓겨난다. 말하자면 남편이 가
진 밭의 결실을 방해한다고 생각되기 때문이다. 그 반대로, 쌍둥이를 낳아 다
산의 결실을 보인 부부는 그들의 주식인 바나나를 많이 생산할 수 있는 힘이
있는 것으로 믿었다. 쌍둥이가 출생하여 조금 지나면 어떤 의식이 거행되는데,
그 목적은 분명히 그 부모의 생식력을 바나나에게 옮기는 데 있다. 먼저 아내
는 집 근처의 무성한 풀 위에 똑바로 눕고, 그 가랑이 사이에 바나나 꽃을 꽂
는다. 그러면 남편이 와서 그 꽃을 뒤흔들어 버린다. 그런 다음 이 부부는 사이
좋은 친구들의 밭을 돌면서 춤춘다. 이것도 틀림없이 바나나무에 풍족한 열
매를 맺게 하는 행위다.

유럽의 각지에서도 인간의 남녀 관계를 식물의 생육을 촉진하는 데 이용할
수 있다고 보고, 이런 원시적인 생각에 기초를 둔 관습을 봄과 수확기에 널리

행했다. 우크라이나에서는 '성 조지 축일'에 사제가 시종을 거느리고 농작물이 움트는 밭에 축복하러 간다. 그 뒤에 갓 결혼한 부부들이 짝을 지어 씨 뿌린 밭 위를 몇 번씩이나 뒹군다. 이렇게 하면 농작물의 성장을 촉진할 수 있다고 믿기 때문이다. 러시아의 어떤 부락에서는 여자들이 사제를 싹이 돋기 시작한 농작물 위에 굴린다. 이 사제가 진흙이나 구덩이에 빠져도 상관치 않는다. 목자인 사제가 저항하거나 항의하면 그의 양떼인 신자들은 이렇게 중얼거린다.

"신부님, 당신은 우리가 키운 곡물을 먹고 살면서, 우리의 행복을 바라지도 않고, 곡물을 주지도 않으려 하나요?"

독일의 어떤 곳에서는 수확할 때가 되어 보리를 거두면 남녀가 함께 밭에 뒹군다. 이것도 먼 옛날의 중앙아프리카 피필족이나 자바족의 벼농사 때 쓰는 방법으로, 밭에 결실의 힘을 옮기려는 오래된 소박한 관습일 것이다.

진리를 찾는 인간 정신이 저지르는 오류를 추적하려는 연구자에게는, 성이 식물에 공감각적 영향을 미친다는 그 같은 이론적 신앙을 관찰하는 것은 매우 흥미 있는 일이다. 어떤 민족은 그런 신앙을 수단으로 성적인 격정에 사로잡히기도 하고, 어떤 민족은 정반대 방법으로 같은 목적을 이룬다.

니카라과 인디언들은 옥수수 씨앗을 뿌리고 거두어들일 때까지 그 아내를 다른 곳에 재우고 금욕 생활을 했다. 그들은 소금을 먹지도 않고 코코아나 옥수수를 발효해 만드는 치차(chicha) 술도 마시지 않았다. 한 에스파냐 역사가가 보았듯이, 이 계절은 그들에게 금욕의 시기였다. 오늘날까지도 중앙아메리카의 인디언 부족들은 곡물의 성장을 촉진시키기 위해 성욕을 절제한다. 켁치(Kekchi) 인디언은 옥수수를 뿌리기 전에 닷새 동안 물고기를 먹지 않으며, 그 아내와 떨어져서 잔다. 란키네로 인디언이나 카자보네로 인디언들도 13일 동안 육체적 향락을 피한다.

트란실바니아의 게르만족 사이에서도 밭에 씨를 뿌리는 기간에는 아내와 잠을 자서는 안 된다는 규칙이 있다. 헝가리의 칼로타스체크(Kalotaszeg)에서도 이러한 규칙이 지켜진다. 이곳 주민들은 이 규칙을 지키지 않으면 곡물에 곰팡이가 생긴다고 생각한다.

이와 비슷하게 중부 오스트레일리아 카이티시(Kaitish)족 추장은 자신이 식물을 번성케 하는 주술적인 의식을 치르고 있는 동안에는 아내와의 관계를 엄격히 절제한다. 이 규칙을 어기면 식물이 제대로 자라지 않는다고 믿기 때문이다.

멜라네시아 제도의 어떤 섬에서는 얌덩굴을 손질하는 동안에 남자는 밭 근처에서 잠자며, 결코 아내에게 접근하지 않는다. 이 금욕의 규칙을 깨뜨리고 밭에 들어가면, 그 밭은 건실한 얌을 캐지 못한다고 믿었다.

같은 신앙도 종족이 다르면 한쪽에서는 엄격한 금욕을, 또 한쪽에서는 지나친 방종을 요구하는 정반대의 행동 양식을 취하게 되는 이유를 논리적으로 설명하기란 그리 어렵지 않을 것이다. 어떤 의미로 원시인은 자연과 자신을 동일시하면서, 자신의 충동과 그 과정을 자연히 동식물의 번식을 꾀하는 방법과 구별하지 않는다. 따라서 그들은 두 결론 가운데 어느 하나를 선택할 것이다. 즉, 육욕에 빠져 동식물의 번식을 도울 수 있다고 결론을 내릴지, 또는 자기 종족을 번식하는 데 금지된 정력은 동식물의 번식을 돕는 정력의 저장소를 만든다고 결론지을지 모른다. 이렇게 원시인은 그런 소박한 철학에서, 즉 자연과 생명에 대한 원시적 관념에서 저마다 다른 경로를 통해서 방종의 규정이나 금욕의 규정을 만들어 낸다.

동양의 금욕적 이상주의에 젖어버린 종교 속에서 자란 독자들에게는 어떤 사정에서 무지하거나 미개한 민족이 지키고 있는 금욕의 규칙에 대해 내가 제시한 설명이 억지이거나 사실이 아니라고 생각될 것이다. 그런 독자들은 아마도 원시인의 금기사항과 밀접한 도덕적 정결에서 그 해답을 찾으려 할지 모른다. 존 밀턴처럼 정결을 고귀한 미덕이라고 여기고, 가장 충동적인 인간의 동물적 속성 가운데 하나인 성욕을 억제하는 사람은, 보통 사람보다 뛰어난 신적인 존재로 대우받을 만하다고 생각할지 모른다. 이런 사고 방식은 현대인에게는 자연스럽지만, 원시인에게는 도무지 이해가 되지 않는다.

원시인은 그런 도덕적 사고 방식을 이해할 수 없다. 그들이 때때로 성적 본능을 참는다고 하더라도, 그것은 높은 이상주의나 도덕적 정결에 대한 고귀한 갈망 때문이 아니다. 그때 그들은 오히려 매우 뚜렷하고 구체적인 목적을 가지고 있어서, 그것을 위해 당장의 감각적인 향락을 포기해도 좋다고 생각한 것뿐이다. 그것은 앞서 내가 인용한 예증으로 사실임을 충분히 알 수 있다. 우리는 거기서 주로 음식을 찾는 것으로 나타나는 자기 보존의 본능이 종족 보존에 도움이 되는 성적 본능과 충돌할 때, 보다 더 원초적이고 근본적인 식욕의 본능이 성욕의 본능을 압도한다는 사실을 보았다. 간단히 말해서, 원시인은 음식물을 위해서 기꺼이 성적 욕망을 억누른다는 것이다.

원시인이 성적 욕망을 스스로 억제할 때 갖는 또 하나의 목적은 전쟁에서의 승리이다. 싸움터에 있는 전사뿐만이 아니라 집에 남아 있는 그의 친구들도 종종 성욕을 억눌렀는데, 이는 더 쉽게 적을 무찌를 수 있다고 믿었기 때문이다. 씨앗을 뿌리는 자의 정결함이 농작물의 성장을 돕는다고 믿는 것처럼, 이 믿음 또한 얼마나 허황된 것인지를 우리는 분명히 알고 있다. 그러나 이런 믿음이 무익하고 헛되더라도, 인간이 행하는 자기 억제는 생장을 촉진하는 데 어떤 효과를 미쳤을 것이다.

　한 종족의 힘은 개인의 경우와 마찬가지로 거의 미래를 위해 현재를 희생하고, 내세에서 보다 영원한 만족을 위해 일시적인 향락의 유혹을 물리치는 데 있기 때문이다. 그런 자기 희생적이고 자기 억제적인 힘이 작용하면 할수록, 그 종족의 기질도 차츰 강해진다. 그리고 이렇게 하여 마침내 인간성 안에 먼 장래에 다른 사람들이 자유와 진리의 축복을 누리도록 하기 위해, 자기 삶의 쾌락이나, 심지어 목숨까지 버려도 아까워하지 않는 숭고하고 영웅적인 자질이 형성되는 것이다.

제12장
신성한 결혼

1 풍요의 여신 디아나

우리는 앞에서 식물이 남성적 요소와 여성적 요소 간의 성적 결합으로써 그 종자를 번식하고, 그 번식은 동종주술 또는 모방주술의 원리에 따라서 식물 정령을 가장하는 남녀의 실제 결혼이나 모의 결혼에 의해 자극받고 촉진된다고 여기는 신앙을 살펴보았다. 사실상 이런 믿음은 어느 정도 근거를 가진 채 널리 퍼져 있었다. 그런 주술적인 연극은 유럽의 민속 축제에서 큰 역할을 했으며, 자연 법칙에 대한 매우 볼품없는 관념에 기초한 것이지만 저 먼 고대에서부터 전해져 내려온 것임이 틀림없다. 따라서 그런 연극들은 유럽에 있는 여러 문명 민족의 선조들이 아직도 미개한 상태에서, 지중해에서 북극해에 걸친 대륙의 대부분을 덮었던 대삼림 속에 있는 빈 터에 가축이나 농작물을 기르던 먼 태곳적부터 시작된 것이라고 추정해도 좋을 것이다.

그런데 잎과 꽃, 풀과 과일을 생장시키기 위한 옛 주술이나 마술이 전원극이나 통속적인 잔치 형태로 이 시대까지 이어졌다면, 그것이 약 2천 년 전 고대 문명의 민족 사이에서는 더 뚜렷한 형태로 행해졌을 것이라 생각할 만하다. 다시 말해, 이런 고대인의 축제 중에서 오늘날의 '5월제', '성령강림절', '하지절' 같은 축제를 찾아낼 수 있을 듯하다는 이야기이다. 단지 그것들 간의 차이점이란 그 시대에는 그 의식들이 아직 단순한 구경거리나 야외극으로 퇴화하지 않고 여전히 종교적, 주술적 의식이었고, 그 속에서 연극 배우들은 의식적으로 신들의 숭고한 역할을 했다는 정도일 것이다.

어쨌든 제1장에서 '숲의 왕'이라는 칭호를 가진 네미(Nemi)의 사제가 그 숲의 여신 디아나(Diana)를 배우자로 삼았다는 믿을 만한 이유를 우리는 발견했다. 이 숲의 왕과 여왕은 근대 유럽에서 5월의 왕과 여왕, 성령강림절의 신랑과 신부를 연기하는 광대들의 원형이 아니었을까? 그리고 그들의 결합이 신들의 결혼(theogamy)이나 신적 결혼으로 해마다 축하를 받은 것이 아닐까? 우리가 관찰하는 신들과 여신들의 결혼은 고대 세계의 많은 지역에서 엄숙한 종교적 의식으로 진행되었다. 그리하여 네미의 성스러운 숲이 해마다 행하는 의식의 무대가 되었으리라 추측해도 큰 문제는 없을 것이다. 그렇다고 할 만한 직접적인 증거는 없지만, 이제부터 이 견해를 뒷받침해 줄 만한 근거를 밝힐 것이다.

케레스(Cares)가 풍요의 여신이었고 바쿠스(Bacchus)가 포도의 신이었듯, 디아나는 본디 숲의 여신이었다. 그녀의 성소는 주로 숲 속에 있었고, 모든 숲은 사실상 그녀의 영지였다. 때로 그녀는 봉헌 면에서 숲의 신 실바누스(Silvanus)와 연결되어 있었다. 그러나 그 기원이 어떠하든지 간에 디아나는 단순히 나무와 숲의 여신만이 아니었다. 그녀는 그리스의 여신 아르테미스(Artemis)에 해당되는데, 동식물 등 자연의 풍요와 다산을 상징하는 데까지 발전한 것으로 보인다.

숲의 주인인 디아나는 먹이를 구하기 위해 어둡고 깊숙한 곳에 숨어 신선한 이파리와 새로 돋은 순을 먹고, 숲의 빈터나 골짜기에서 풀잎을 잘라 먹으며 숲을 떠도는 야생 동물 또는 길들인 짐승이 마땅히 자기 것이라고 생각했을 것이다. 그리하여 실바누스가 숲의 신이면서 가축의 신이었던 것처럼, 그녀는 사냥꾼과 목동의 수호 여신이 되었다.

이처럼 핀란드에서도 숲의 야생 동물들은 그 숲의 신 타피오(Tapio)와 그의 훌륭하고 아름다운 아내의 소유물로 여겨졌다. 그래서 소유자의 자애 깊은 허락 없이는 아무도 그 짐승 한 마리라도 죽일 수 없었다. 사냥꾼들은 숲에서 짐승을 사냥하기에 앞서 그곳의 신들에게 기도를 올리고 많은 제물도 바쳤다. 가축들도 그 우리에 있을 때나 숲에서 놀 때도 숲의 정령의 보호를 받는 듯했다.

수마트라 가요(Gayo)족은 사냥개를 데리고 사슴, 산양, 멧돼지 등을 사냥하기에 앞서 눈에 보이지 않는 숲의 왕에게서 허가를 받을 필요가 있다고 믿었다. 이 의식은 숲에 대한 지식을 충분히 가진 사람이 일성한 형식에 따라 진행했다. 그는 숲의 주인을 본떠 특별한 모양으로 자른 말뚝 앞에서 숲의 정령에게 사냥해도 좋은지를 가르쳐 달라고 기도한다. 아리안은 사냥에 대한 연구에서, 켈트족이 아르테미스에게 해마다 그 탄생일에 제물을 바쳤는데, 거기에 필요한 동물은 한 해 동안 그들이 죽인 여우, 토끼, 노루 따위에 대한 벌금으로

신들의 결혼
그리스의 신 제우스와 여신 헤라
의 만남. 기원전 5세기 시칠리아
섬 셀리누스에 있는 그리스 시대
의 신전에 있는 메토프.

구입했다고 한다. 이 관습은 확실히 들짐승이 그 여신에 속해 있었다는 것과, 들짐승을 사냥할 때마다 여신에게 보상할 필요가 있었음을 알려 준다.

그러나 디아나는 들짐승의 수호 여신, 숲과 언덕의 주인, 쓸쓸한 숲의 빈터나 강물의 주인으로만 여겨진 것은 아니었다. 달, 특히 8월의 보름달로 생각되어 맛있는 과일로 농민의 곳간을 채워 주고, 또 잉태하려는 여인의 기도를 듣는 존재로 여겨졌다. 이미 살펴보았듯이 그녀는 네미의 성스러운 숲에서 남녀에게 출산의 혜택을 주는 여신으로 특히 숭배받았다. 그리하여 디아나는 그녀와 동일시한 그리스의 아르테미스처럼 일반적으로 자연의 여신, 특히 풍요와 다산의 여신으로 간주된다. 그러므로 우리는 아벤티누스(Aventinus) 성소에 있는 디아나 여신상이 왕성한 생식력을 상징하는 에페소스(Ephesos)의 아르테미스의 유방을 본뜬 형상으로 표현된 것에 놀랄 필요가 없다.

또 툴루스 호시틸리우스(Tullus Hostilius) 왕이 제정했다는 로마 율법이, 근친상간의 죄를 저질렀을 때는 디아나 숲에서 제사장이 속제의 제물을 바쳐야 한다고 규정한 이유도 이해될 것이다. 일반적으로 근친상간의 죄는 기근의 원인이 된다고 믿었다. 그래서 이 죄에 대한 속죄가 풍요와 다산의 여신에게 행해져야 한다는 것은 마땅하다.

풍요와 다산의 여신은 스스로 풍요롭고 다산하여야 한다는 원리에 근거해서, 남성 배우자를 갖는 것이 당연하다. 세르비우스(Servius)의 설명에 따르면, 그녀의 배우자는 다름 아닌 네미 숲의 왕의 표상이자 화신인 비르비우스였다고 한다. 그들의 결합은 토지, 동물, 인간의 다산을 촉진하는 데 그 목적을 두었다. 그러므로 사람들은 신랑과 신부의 역할을 인형이나 산 사람들로 연출하여 그 신성한 결혼을 축하한다면 그 목적을 더 확실하게 이룰 수 있으리라고 믿었을 것이다.

결혼식이 네미의 숲에서 치러졌다고 말한 고대의 저술가는 아무도 없다. 그러나 아리키아의 의식에 대한 우리의 지식이 너무 부족하여, 이 부분에 대한 정보가 없다는 것이 이 이론의 치명적인 장애로 생각될 수밖에 없을 정도이다. 직접적인 증거가 없으므로 그 이론은 다른 지방에서 행해진 비슷한 관습에서 근거를 찾아야 한다. 그리고 앞 장에서 조금은 퇴화한 그러한 관습들에 대한 몇 가지 근대적인 사례를 설명했다. 그러므로 여기에서 우리는 그것들의 고대의 형태에 대해서 생각해 보기로 하자.

2 신들의 결혼

바빌론에는 지붕 위에 지붕을 겹겹이 쌓아올린 8층탑으로 된 벨(Bel) 성소가 마을을 위압하는 피라미드처럼 서 있다. 아래 부분의 층들을 돌아 나선상으로 올라가서 맨 위층에 이르면, 거기에는 넓디넓은 신전 한 채가 서 있다. 그 속에 화려한 침구와 쿠션이 좋은 큰 침대가 있고, 그 옆에 황금 탁자가 있다. 이 신전에는 신상이란 하나도 보이지 않는다. 밤중에는 아무도 거기에 가지 않았으나, 칼데아(Chaldea) 사제들이 벨 신이 바빌론의 모든 여자 중에서 선택했다고 한 오직 한 사람만은 예외였다고 한다. 그들은 신이 밤이면 신전에 들어가 그 큰 침대에서 잠을 자며, 그 여자는 신의 배우자로서, 죽을 수밖에 없는 인간과는 교제할 수 없다고 믿었다.

이집트 테베에서도 한 여자가 암몬(Ammon) 신의 배우자로서 그 신전에서 잠을 잤는데, 바빌론의 벨 신의 아내처럼 인간과 전혀 교제를 맺지 않았다고 한다. 이집트 문헌에서 그 여자는 때때로 '신의 배우자'로 불리고, 보통 그녀에게는 이집트 여왕에 못지않은 신분이 주어졌다. 이집트인들의 생각으로 그들의

신과 인간 여성의 결혼
제우스가 황금 소나기가 되어 다나에를 찾아온다. 이 결혼으로 그리스 신화의 위대한 영웅 페르세우스가 태어난다. 티치아노 그림, 무세오 델 프라도, 마드리드

왕은 때때로 실제 왕의 모습으로 나타나 왕비와 성교한다고 여겨진 암몬 신의 자식이라고 생각했다. 이집트의 가장 오랜 신전 중 두 개, 즉 다이르알바리와 룩소르 신전 벽에 신의 생식 행위가 상세하게 조각되고 그려져 있다. 벽화에 붙은 비문은 그 장면의 의미를 뚜렷이 보여 준다.

아테네에서는 술의 신 디오니소스가 해마다 왕비와 결혼했고, 이 신적 결합은 혼례와 다름없이 의식으로 연출된 것으로 보인다. 그러나 이 신의 역할을 인간이 연출했는지, 신상으로 대체했는지는 분명치 않다. 아리스토텔레스는 이 의식을 아크로폴리스(Acropolis)의 동북쪽 언덕 위에 있는 프리타네움(Prytaneum) 시청 부근의 외양간으로 알려진 왕의 낡은 관저에서 거행했다고 말한다. 그 결혼의 목적은 포도와 그 밖의 과일을 풍성케 하려는 데 있었다. 이 나무들의 신이 디오니소스였기 때문에, 디오니소스의 결혼 의식을 치른 것이다. 그러므로 그 의식은 형식과 의미에서 '5월의 왕과 여왕'의 결혼과 같다고 할 수 있다.

엘레우시스(Eleusis)에서는 매년 9월 장엄하게 열리는 신비 의식에서, 천신

제우스와 곡물의 여신 데메테르의 결혼을 그 신과 여신의 역할을 맡은 사제와 여사제의 결합으로 재현한 듯하다. 그러나 그들의 성교는 다만 연극적인 것이거나 상징적인 것에 지나지 않았다. 왜냐하면 이 신비 의식의 사제는 독초(hemlock)를 복용해 자신의 생식력을 일시적으로 없앴기 때문이다. 신비 의식이 시작되면, 횃불이 꺼지고 두 사람은 어두운 곳으로 내려간다. 예배자들의 무리는 신비 의식의 결과가 어떻게 되었는지를 열심히 기다린다. 이 회합이 그들을 구원해 주리라고 믿었기 때문이다.

얼마 뒤에 그 신비 의식을 거행한 사제는 다시 나타나서 말없이 그저 불빛 속에서 신적 결혼의 결실인 보리이삭 하나를 군중에게 보였다. 그리고 큰 목소리로 선언한다.

"여왕 브리모(Brimo)는 신성한 왕자 브리모를 낳았도다."

이 선언은 '위대한 신은 위대함을 낳으셨다'는 의미이다. 곡물 어머니(corn-mother)는 그 아들, 즉 곡물을 낳았다는 것이다. 그녀의 긴 진통이 연출되기도 한다. 이 추수된 곡물의 계시는 신비 의식 가운데 가장 중요한 장면이다. 요컨대 엘레우시스 신비 의식은 메마른 땅을 온정 있는 비로 결실을 맺게 하는 천신에게 곡물의 여신을 시집 보내서 넓은 엘레우시스 평야를 풍족한 결실로 덮어 버리도록 꾸민 것이다. 이 소박한 의식은 안개 서린 경치를 바라보듯, 후세의 시나 철학이 그 의식 속에 배어 그 매력을 희미하게 보여 준다.

보이오티아(Boeotia)의 플라타이아이(Plataiai) 사람들은 몇 해마다 '작은 다이달로스(Daedalos)'로 불리는 축제를 올리고, 그때 오래된 떡갈나무 숲에서 떡갈나무 한 그루를 자른다. 그리고 그 나무로 신상을 조각해서 신부 옷을 입힌 채 수레에 태우고 들러리 소녀를 옆에 두었다. 피리를 불고 춤추는 무리가 호위하면서 아소푸스(Asopus) 강둑까지 신상을 끌고 갔다가 다시 마을로 되돌아온다. 60년마다 한 번씩 열리는 '큰 다이달로스' 축제는 보이오티아 모든 주민이 참여한다. 그때 작은 다이달로스 축제 때 모아 두었던 열네 개의 신상을 모두 수레에 싣고 아소푸스 강까지 끌고 갔다가 다시 키타이론(Cithaeron) 산꼭대기까지 가서 그 신상들을 불에 태운다. 이것은 제우스와 헤라의 결혼을 축하하는 의식이다. 여기서 신부 옷을 입은 떡갈나무 신상은 헤라 여신을 상징한다.

스웨덴에서는 동식물의 다산과 풍요의 신인 프레이르(Freyr) 신의 아내로 불리는 아름다운 한 처녀가 해마다 실물 크기의 프레이르 신상을 수레에 싣고

신과 여왕
여왕 무테므위아와 신 암몬의 결혼. 암몬
이 여왕에게 생명의 증표를 건네주고 있
다. 기원전 14세기경, 이집트 룩소르 신전
의 부조. H. 브루너의 소묘, 「신왕(神王)의
탄생」, 1964.

전국으로 끌고 다녔다. 그녀는 웁살라(Upsala)에서 프레이르 대신전의 여사제
역할을 맡기도 했다. 신상과 신부가 탄 수레가 오는 곳은 어디에서나 사람들이
그들을 만나려고 모여들었고, 풍족한 수확을 바라는 마음으로 제물을 바쳤다.

이처럼 신들이 우상이나 인간과 결혼하는 관습은 고대 여러 민족 사이에 널
리 퍼져 있다. 그런 관습에 기초가 된 관념은 너무나 소박해 바빌로니아인이나
이집트인, 그리스인과 같은 고대 문명인들이 무지하고 미개한 선조에게서 그
관습을 계승했다는 생각은 의심할 여지가 없다. 이 추정은 그런 종류의 의식
이 다른 미개한 민족 사이에서 성행되는 사실을 발견할 때 뚜렷해진다.

예를 들면, 옛날에 러시아 말미즈 지방의 보티아크(Wotyak)족은 이어지는 흉
작 때문에 곤궁함에 빠진 일이 있었다고 한다. 그들은 아주 당황한 나머지 힘
이 세고 심술궂은 케레메트(Keremet) 신을 결혼시켜 주지 않아 신들의 노여움

을 샀을 것이라 결론지었다. 그래서 원로들의 대표가 쿠라(Cura)의 보티아크족을 찾아가 이 문제를 상담했다. 그들은 마을에 돌아와서 브랜디를 다량으로 만들고, 마차와 말을 아름답게 꾸미고, 마치 신부를 맞이할 때처럼 종을 울리면서 쿠라에 있는 신성한 숲까지 행렬지어 들어갔다. 거기서 밤새 유쾌하게 먹고 마시다가 다음 날 아침에 숲의 잔디를 네모나게 떠서 마을에 가지고 돌아왔다. 그 뒤에 말미즈 사람들에게는 일이 잘 되어 갔으나, 쿠라 마을 쪽은 그렇지 못했다. 말미즈에서는 음식물이 풍족해졌으나, 쿠라에서는 부족해졌기 때문이다. 그래서 이 결혼에 찬성한 쿠라 사람들은 분개한 마을 사람의 비난을 받고 욕을 먹었다. 이 일을 전하는 한 연구자는 다음처럼 말한다.

"이 결혼 의식이 의미하는 것이 무엇인가를 상상하기란 쉽지 않다. 베크트류(Bechterew)의 생각처럼, 그들은 케레메트 신을 친절하고 다산적인 대지의 여신 무킬친(Mukylcin)과 결혼시켜서 그녀가 그에게 좋은 영향을 끼치게 하려는 것이다."

벵골(Bengal)에서는 우물을 팔 경우에, 어떤 나무 신상을 만들어서 물의 여신과 결혼시켰다.

신과 결혼할 신부는 통나무나 흙덩이가 아니라, 때때로 살과 피를 지닌 살아 있는 여자인 경우가 있다. 페루 어떤 마을의 인디언들은 열네 살 쯤의 아름다운 소녀를, 그들이 '화카(Huaca)' 신이라 부르는 인간의 모습을 띤 돌과 결혼시켰다. 이 결혼식에 마을 사람 전체가 참석해 그 의식을 사흘 동안 계속 치르고 잔치를 베풀었다. 잔치가 끝난 뒤부터 그 소녀는 평생 처녀로 남고, 마을을 위해 한평생 바위를 모신다. 마을 사람들은 그녀에게 최고의 존경을 표시하고 신으로 대접한다. 알공킨(Algonquin)족 인디언과 휴런(Huron)족 인디언은 해마다 3월 중순경에 그물로 고기잡이가 시작될 때가 되면, 그 그물과 6, 7세 가량의 두 소녀를 결혼시킨다. 마을 사람들은 결혼식에서 이 그물을 두 소녀 사이에 놓고, 그물에게 기운을 내서 많은 고기를 잡게 해달라고 부탁했다. 그런 어린 신부를 택하는 까닭은 확실한 처녀를 필요로 했기 때문이다.

이런 관습의 유래는 다음과 같다. 어느 해인가 고기잡이 시기가 돌아왔을 때, 알공킨족들은 여느 해처럼 그물을 내렸으나 물고기는 조금도 잡히지 않았다. 망연자실하고 있는 그들 앞에 그물 정령이 키 크고 튼튼한 청년의 모습으로 나타나서 매우 화를 내며 말했다.

"나는 아내를 잃었다. 그리고 나 이외에 남자를 모르는 처녀를 찾을 수가 없다. 이 때문에 너희들은 물고기를 잡지 못했다. 너희가 내 소원을 들어 줄 때까지 흉어를 면치 못할 것이다."

그리하여 그들은 회의를 열고 처녀가 아니라고 구실이 잡히지 않을 정도의 매우 어린 소녀 둘과 결혼시켜 그물 정령의 마음을 풀어주자고 결정하고 그대로 행했다. 고기잡이는 바라는 대로 잘 되었다. 이 일이 바로 이웃의 휴런족에게 알려져 그들도 이 방법을 택했다. 그해에 그물의 신부가 된 두 소녀의 가족들에게는 반드시 잡힌 물고기의 절반을 주었다.

벵골의 오라온(Oraon)족은 '대지'를 여신으로 숭배하고 해마다 살(sāl)나무의 꽃이 필 때, 그 여신과 태양신 다르메(Dharmē)를 결혼시킨다. 그 의식은 다음과 같다.

먼저 모두가 목욕재계한 뒤, 남자들은 신성한 숲 사르나(sarna)로 가고, 여자들은 마을의 사제 집에 모인다. 태양신과 그 숲의 정령에게 닭 몇 마리를 제물로 바친 뒤에 남자들은 먹고 마신다. 그런 다음 사제는 기운 센 남자의 어깨를 타고 마을로 돌아온다. 마을 어귀에서 여자들은 남자들을 만나서 그들의 발을 씻겨 준다. 북을 치고 노래를 부르면서 춤을 추다가, 모두들 미리 나뭇잎과 꽃으로 꾸민 사제의 집으로 향한다.

그곳에서 사제와 그의 아내는 보통 형식의 결혼식을 올린다. 이것은 '태양'과 '대지'의 결혼을 상징한다. 예식 뒤에 모두들 먹고 마시며 즐기는 등 음탕한 노래를 부르며 춤추다가 마침내는 광란의 잔치에 빠진다. 목적은 어머니인 대지를 움직여서 그 결실을 풍족하게 하는 데 있다. 그래서 이런 사제와 아내가 연기한 '태양'과 '대지'의 '신성한 결혼'은 땅의 풍요를 보장받기 위한 주술로 거행되며, 또 다른 사람들은 같은 목적 때문에 동종주술의 원리에 따라서 음란한 잔치에 빠진다.

여기에서 인간인 여자와 결혼한 초자연적인 존재가 때때로 물의 신이나 정령이라는 것에 주의할 필요가 있다. 예를 들면, 바간다족은 긴 항해를 할 때 반드시 빅토리아 니안자 호수의 신 무카사(Mukasa)에게 그의 아내가 될 처녀들을 바쳐서 그의 기분을 달랬다. 베스타 여신의 여사제들처럼 그 여자들은 정결의 의무를 지녔으나, 베스타와는 달리 가끔 부정을 저질렀다. 이 관습은 '음왕가(Mwanga)' 왕이 그리스도교로 개종할 때까지 이어졌다. 영국령 동아프리카

아키쿠유(Akikuyu)족은 어떤 강의 뱀을 숭배하여 몇 해의 간격을 두고 뱀 신과 여자들, 특히 소녀들을 결혼시켰다. 이 목적을 위해서 주술의의 명령으로 오두막을 짓고, 그 속에서 맹신적인 여신도와 주술의는 신성한 결혼식을 올린다. 만일 소녀들이 그 오두막에 가지 않겠다고 하면, 마을 사람들은 그녀들을 강제로 끌고 가서 신에게 맡겼다. 이 신비적 결혼으로 낳은 아이는 '응가이(Ngai)' 신의 자식으로 여긴다.

아키쿠유족에서는 확실히 신의 자식으로 통하는 아이들이 있다. 동인도 부루(Buru) 섬의 카엘리(Cayeli) 주민은 악어 떼의 위협을 받았을 때, 그 불행을 악어 왕이 어떤 소녀를 사랑하기 때문이라고 믿었다. 따라서 그들은 그 소녀의 아버지를 시켜 그녀에게 신부 옷을 입힌 뒤에 악어에게 그 소녀를 내주었다고 한다.

몰디브(Maldive) 제도의 주민들도 이슬람으로 개종하기 전까지 이런 관습이 유행했다고 전한다. 유명한 아랍인 여행가 이븐 바투타(Ibn Batutah)는 이 관습과 그 전말을 기록했다. 그는 믿을 만한 토착민 몇 사람의 이름까지 기록할 만큼 확신에 찼다. 그가 토착민들에게서 전해 들은 내용은 다음과 같다. 이 섬 주민들이 아직도 우상을 숭배했을 때, 정령 사이에 섞여서 매달 악령 하나가 그들에게 나타났다. 그것은 불이 타고 있는 램프를 가득 실은 배의 모양으로 바다를 건너 왔다. 그것이 나타나면 주민들은 한 젊은 처녀를 정해서 예쁘게 꾸미고는 바다가 내다보이는 이교도 사원에 데리고 갔다. 그들은 그 처녀를 밤중에 거기에 홀로 두고 돌아왔다. 그들이 다음 날 아침 되돌아갔을 때, 이미 그녀는 처녀도 아니고 이 세상 사람도 아니었다.

주민들은 다달이 제비를 뽑았는데, 제비 뽑힌 사람은 바다의 정령에게 그 딸을 주어야 했다. 이렇게 정령에 바쳐진 마지막 처녀는 어떤 경건한 베르베르(Berber)족에게 구출되었다. 그는 「코란 *Koran*」 구절을 외면서 그 정령을 바다 저편으로 퇴치하는 데 성공했다고 한다.

이와 같이 처녀를 요구하는 악령과 악령의 신부에 대한 이븐 바투타의 민담과 비슷한 이야기는 동양의 일본과 베트남에서부터 서양의 세네감비아, 스칸디나비아와 스코틀랜드에 걸쳐서 발견된다.

이 이야기는 각 민족에 따라 세부적으로는 다르나 일반적으로 다음과 같은 줄거리를 가지고 있다. 즉 어떤 지방에 머리가 여러 개 달린 뱀이나 용 또는 다른 괴물이 나타나 사람들을 괴롭히고, 처녀를 정기적으로 바치지 않으면 주민들을 학살하곤 했다. 그래서 많은 처녀들이 제물로 바쳐졌고, 마지막에는 어쩔 수 없이 왕의 딸이 제물이 되었다. 그러나 이 이야기 주인공인 천한 신분의 젊은이가 나타나, 괴물을 물리치고 그 상으로 공주와 결혼한다. 많은 이야기 속에서 때때로 뱀으로 묘사되는 괴물은 바다나 호수 또는 샘 속에 살고 있다. 한편 이와 다른 이야기에서는 샘을 소유하는 뱀이나 용이 인간 제물을 받는 조건으로 물이 흐르도록 하거나 사람들에게 물의 사용을 허락한다.

이러한 이야기들을 이야기꾼의 단순한 창작이라 규정한다면 그것은 큰 잘못일 것이다. 오히려 이 이야기들은 큰 뱀이나 용으로 상상되는 물의 정령들에게 소녀나 여자를 아내로 삼도록 제물로 바치는 관습이 실제로 행해졌음을 나타내는 것이라고 보아야 할 것이다.

제13장
로마 왕과 알바 왕

1 누마와 에게리아

관습과 전설에 대해 이제까지 살펴본 결과, 우리는 동물과 인간이 궁극적으로 의존하는 대지의 풍요와 다산을 촉진하기 위한 의식으로서 많은 민족이 식물 정령과 물 정령의 신성한 결혼을 거행했다는 것과, 그때 신적인 신부나 신랑의 역할은 이따금 실제 남녀가 맡았었다는 것을 추론할 수 있다. 그러므로 이같은 사실은 식물 정령과 물 정령이 울창한 숲, 내리달리는 폭포, 거울 같은 호수의 모습으로 자신을 드러냈음직한 네미의 성스러운 숲 속에서도, '5월의 왕과 여왕'의 결혼 의식처럼 해마다 유한한 '숲의 왕'과 불사의 '숲의 여왕'인 디아나의 신성한 결혼이 행해졌으리라는 추측을 뒷받침해 준다. 그렇다면 성스러운 숲 속의 주요한 인물은, 디아나처럼 순산을 가져다 준다고 하여 임신한 여인들에게서 숭배받던 물의 정령 에게리아(Egeria)일 것이다.

이 점에서 많은 다른 샘처럼 에게리아의 물은 순산을 가져다 줄 뿐만 아니라 임신을 하게 하는 힘을 가진 신으로 숭배받았음을 알 수 있다. 그 장소에서 발견된, 출산과 관련이 있는 제물은 아마 디아나가 아니라 에게리아에게 바쳐졌을 것이다. 또는 물의 정령 에게리아야말로 울창한 숲과 유유히 흐르는 강의 지배자로 호숫가에 머무르며, 조용한 수면을 거울로 삼는 여신이자 호수나 샘에 자주 출몰하기를 즐겼던 그리스의 아르테미스에 해당되는 위대한 자연의 여신 디아나의 또 다른 모습이라 할 수 있을 것이다.

에게리아와 디아나를 동일시하는 것은, 로마인이 에게리아를 푸른 떡갈나무 숲을 다스리는 떡갈나무 정령의 하나라고 믿는 플루타르코스의 기록에서 확인된다. 디아나가 숲 전체의 여신인 데 반해서 에게리아는 단지 떡갈나무, 특히 네미의 성스러운 숲의 여신이라 할 수 있다. 그러므로 아마도 에게리아는 신성

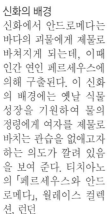

한 떡갈나무 뿌리 밑에서 솟아나는 샘의 정령이었을 것이다. 그러한 샘은 도도나(Dodona) 신전에 있는 큰 떡갈나무 뿌리 밑에서도 솟아오른다. 여사제들은 그 치솟는 샘에서 신의 명령을 듣는다고 한다. 그리스인들 사이에는 성스러운 샘이나 우물의 물을 마시면 '예언하는 힘'이 주어진다고 여겼다.

전설에 따르면, 이것은 에게리아가 그의 남편인 왕이나 연인인 누마(Numa)에게 영감을 준 신적인 지혜를 설명해 주기도 한다. 고대 사회에서의 왕은 비를 내리고 열매를 맺는 것에 대해 책임이 있었다고 생각할 때, 누마와 에게리아 전설에서 결혼 이야기로 미루어 보면, 고대 로마의 여러 왕들이 그의 신적 또는 주술적인 기능을 일으키기 위해 규칙적으로 식물의 여신이나 물의 여신과 성스러운 결혼을 했으리라고 보는 것은 그다지 억측만은 아닐 것이다. 신성한 결혼 의식에서 여신의 역할은 신상이나 여자가 담당했으며, 만일 여인이 그 임무를 맡았다면 아마 왕비가 담당했을 것이다.

만일 이 추측이 얼마쯤 맞다면, 이집트 왕과 왕비가 했던 것과 똑같이 로마 왕과 왕비도 그들의 결혼에서 신과 여신으로 가장했으리라 상상할 수 있다. 누마와 에게리아의 전설에 나오는 결혼의 무대는 집보다는 오히려 성스러운 숲이었을 것이다. 5월의 왕과 여왕의 결혼이나 포도의 신과 아테네 왕비의 결혼처럼, 이것은 대지뿐만 아니라 인간과 동물의 풍요와 다산을 촉진하기 위한 축제였다.

몇 가지 설화에 따르면, 이 결혼의 무대는 바로 네미의 성스러운 숲이며, 몇몇 근거에서 우리는 이런 성스러운 숲에서 숲의 왕과 디아나가 결혼했으리라고 상상했다. 다른 두 연구 결과가 일치하는 셈이다. 그러므로 로마 왕과 에게리아의 전설적인 결혼이 '숲의 왕'과 에게리아, 또는 그녀와 동일시된 디아나와의 결혼을 반영한다는 것을 알 수 있다. 이것은 로마의 여러 왕들이 한때 아리키아의 성스러운 숲에서 '숲의 왕' 노릇을 했다는 것이 아니라, 본디 그들이 '숲의 왕'처럼 신성한 성격을 부여받아 그 임무를 다했으리라는 것을 뜻한다.

좀더 명확하게 말한다면, 왕들은 신성한 존재로 태어난 것이 아니라 신의 대표자나 구현자로서 그들이 가졌다고 생각되던 신성성에 의해 통치권을 부여받았던 것이다. 그리하여 그들은 여신과 결혼했고, 때때로 격렬한 육체적 싸움에 가담하면서 자신의 신적 기능을 증명해야 했다. 이 싸움은 패하면 이따금 목숨을 잃고 적에게 왕권을 내줄 수밖에 없는 것이었다. 물론 로마 왕권에 대한 우리 지식은 너무 부족하기 때문에 이런 가설을 분명히 단정할 수는 없다. 그러나 적어도 네미의 사제와 로마 왕 사이에, 또는 전설의 여명에 앞선 암흑 시대의 먼 조상들 사이에는 이 모든 점에서 어떤 유사성이 있다고 하겠다.

2 유피테르로서의 왕

로마 왕은 먼저 유피테르(Jupiter) 못지 않은 역할을 맡았던 것으로 보인다. 로마가 제국에 이를 때까지 개선행사에서의 승장들이나 경기장에서 시합을 이끄는 집정관들은 유피테르의 의상을 입었기 때문이다. 이 의상은 카피톨리누스 언덕 위에 세운 유피테르 신전에서 잠깐 빌린 것이었다. 고대나 근대 사람들은 장군과 집정관들이 로마 왕의 전통 복장과 휘장을 모방하여 유피테르 의상을 입었다고 주장한다.

개선 장군들은 월계관을 쓴 네 마리의 말이 끄는 전차를 타고 모든 시민이 걷고 있는 시내를 달렸다. 그들은 황금으로 수를 놓거나 황금을 박은 보라색 외투를 입었다. 또 그들은 오른손에 월계수 가지를, 왼손에는 끝에 독수리 상이 붙은 상아 홀을 들었고, 이마에는 월계관을 얹었으며, 얼굴에는 붉은 색칠을 했다. 그들의 머리 위에는 노예가 떡갈나무 잎으로 장식한 묵직한 관이 올려졌다. 이런 독수리 상이 붙은 홀, 떡갈나무 잎 모양의 왕관, 붉게 칠한 얼굴 등에서 인간과 신의 동일화가 잘 나타나 있다. 왜냐하면 독수리는 유피테르의 새이고, 떡갈나무는 그의 성스러운 나무이며, 또한 카피톨리누스 언덕에는 네 말이 끄는 전차를 탄 유피테르 신상이 있었으며, 제사 때에는 신상의 얼굴이 반드시 붉게 칠해졌기 때문이다.

사실상 신의 얼굴을 붉게 칠한다는 것은 무척 중요한 일이며, 감찰관의 중요한 임무 가운데 하나가 그것을 확인하는 일이었다. 승리를 축하하는 행렬은 언제나 카피톨리누스 언덕 위의 유피테르 신전에서 끝났으므로 개선 장군의 머리에 떡갈나무 잎의 관을 씌우는 것은 매우 마땅한 일이었다. 왜냐하면 떡갈나무는 유피테르에게 바쳐진 나무일 뿐만 아니라 양치기들이 숭배한 카피톨리누스 언덕 위의 유피테르 신전에는 로물루스 왕이 그가 적에게서 빼앗은 전리품을 떡갈나무에 걸어놓았다고 전해지기 때문이다. 우리는 떡갈나무 잎 화관을 카피톨리누스 언덕의 유피테르 신에게 바쳤다는 것을 잘 알고 있다. 예를 들어 오비디우스(Ovidius)의 시 한 구절은 떡갈나무 잎 화관이 유피테르 신의 특별한 상징으로 간주된 것을 증명한다.

믿을 만한 어떤 전승에 따르면, 로마는 알바롱가(Alba Longa)에서 온 정착민이 세웠다고 한다. 알바롱가는 호수와 캄파니아 평원이 내려다보이는 알반 언덕의 경사지에 위치했다. 그래서 로마 왕들이 스스로 하늘의 신, 번개의 신, 떡갈나무의 신인 유피테르의 대리자나 화신이라고 주장했다면, 로마를 세웠던 알바 왕들은 로마 왕들보다 먼저 같은 주장을 했으리라고 상상하는 것은 마땅하다.

알바 왕조는 '실비(Silvii)'라는 이름을 가지고 있었는데, 이것은 숲이란 의미를 지니고 있었다. 그리고 시인이자 고고학자이기도 했던 베르길리우스가 묘사한, 저승에서 아이네이아스에게 계시받은 로마의 역사적 영광 속에서, 실비 왕조의 모든 왕들이 떡갈나무 잎 화관을 쓰고 등장한 것은 매우 큰 의미가 있다. 다시 말해 떡갈나무 잎 화관은 알바롱가 옛 왕들의 휘장이고, 그들의 후계자들인 로마 왕들의 휘장이기도 했던 것으로 보인다. 두 경우에서 떡갈나무 잎 화관은 왕을 떡갈나무 신인 유피테르의 인간적 대리자로 나타냈다.

로마 연대기의 기록에는 알바 왕들 중에 로물루스, 레물루스, 또는 아물리우스 실비우스란 이름을 가진 왕이 유피테르와 동격이거나, 그 이상의 뛰어난 신이라고 했다. 그는 자신을 신처럼 보이게 하고 백성을 위엄으로 누르기 위해 어떤 기계를 고안하고 그것으로 천둥 소리와 번개를 모방했다. 역사가 디오도로스의 말에 따르면, 로물루스 왕은 수확기에 천둥소리가 크고 빈번할 때, 병정들에게 검으로 방패를 두들겨 하늘의 천둥소리가 들리지 않도록 하라고 명했다 한다. 그러나 그는 자신의 불경죄에 대한 대가를 치렀다. 무서운 폭풍우 속에서 그는 벼락에 맞아 죽고 그의 집은 파괴되었기 때문이다. 게다가 알바 호수에 물이 불어 그의 궁전마저 물에 잠겨버렸다. 물이 줄고 산들바람이 불어서 수면이 고요할 때면 맑은 호수 밑바닥에 궁전의 폐허가 아직도 보인다고 옛 역사가는 말했다.

이 전설은 엘리스의 왕 살모네우스(Salmoneus)에 대한 전설과 함께 그리스와 이탈리아 초기 왕들이 실제로 지켰던 관습을 보여 준다. 그 왕들은 근대에 이르기까지 아프리카의 왕들과 같이 농작물을 위해 비를 부르고 천둥을 일으킬 수 있다고 여겼다. 사제왕 누마는 하늘에서 천둥을 끌어내리는 기술의 명인으로 통했다. 오늘날에도 여러 종족이 비를 내리게 하는 주술로 천둥소리를 모방하는 것을 우리는 알고 있다. 그러니 왜 고대 왕들이 그런 주술을 행하지 않았겠는가?

이렇게 해서 알바와 로마 왕들이 떡갈나무 잎의 왕관을 써서 떡갈나무 신 유피테르를 모방했다면, 천둥소리를 일으키는 척하면서 날씨를 주관하는 신 유피테르의 성격을 띤 것으로 보인다. 그리고 그들이 그렇게 했다면 하늘의 유피테르와 땅의 많은 다른 왕처럼 그들도 공적인 기우사로서 활동하고, 메마른 땅이 생명의 물을 찾아 허덕일 때에 주술을 부리면서 검은 하늘로부터 소나기를 청했을 것이다. 로마에서는 거룩한 돌로 하늘의 문을 열었는데, 그 의식은 구름에서 번쩍이는 번개와 비를 떨어뜨리는 신 유피테르 엘리키우스에게 바친 의식의 일부를 이룬 것으로 보인다. 이 의식을 치를 때 하늘의 신의 살아 있는 대표자인 왕 이상의 적임자가 어디에 있었을까?

만일 로마 왕들이 카피톨리누스 언덕의 유피테르를 모방했다면, 아마 그들의 선임자인 알바 왕들은 알바 산에 위치한 도시 위에 왕좌를 가진 위대한 라티안 유피테르를 본뜨려고 했을 것이다. 알바 왕조의 전설적 시조인 라티누스 (Latinus)는 옛 라틴 왕들의 특유하고 신비적인 방법으로 세상에서 사라진 뒤에

라티안 유피테르로 변화했다고 한다. 알바 산 위에 있는 성소는 라틴 동맹의 종교적 중심이 되었다. 왜냐하면 알바는 로마가 그 동맹의 옛 경쟁 상대로부터 주권을 빼앗을 때까지 그 동맹의 정치적 중심이었기 때문이다. 그러나 그의 이 신성한 산에는 유피테르를 위한 신전이 세워진 적이 없다. 하늘과 우레의 신 유피테르는 마땅히 야외에서 숭배받아야 했기 때문이다.

로마의 마지막 왕인 오만한 타르퀴니우스(Tarquinius)가 라틴 동맹의 엄숙한 연례 집회를 위해 신성한 성소를 세웠는데, 그 일부였던 튼튼한 벽이 아직도 일부는 그리스도 수난파 수도원의 옛 정원을 둘러싸고 남아 있다. 이 바람이 많은 산꼭대기에서 가장 오래된 유피테르의 성소는 떡갈나무 숲이었을 것이다. 이것은 떡갈나무가 유피테르에 의해 특별히 신성시되었을 뿐만 아니라, 알바 여러 왕의 전통적인 떡갈나무 잎 화관과 로마의 카피톨리누스 언덕에서 유피테르 신에게 바친 떡갈나무 잎 화관 등이 그 숲에 있는 떡갈나무였다는 것을 보면 알 수 있다. 알바 산의 외곽을 이루고 있는 알기두스 산이 옛날에 울창한 떡갈나무 숲으로 덮여 있었다는 사실은 잘 알려져 있다. 가장 초기의 라틴 동맹에 속하면서 알바 산에 제물로 바친 흰 수소의 고기를 나눠 먹을 특권이 있는 여러 부족 가운데 자신들을 '떡갈나무 사나이들'이라 자칭한 한 부족이 있었다. 확실히 이 호칭은 그들이 살고 있는 숲에서 비롯된 것이다.

그러나 역사 시대 이후에도 이 나라가 무성한 떡갈나무 숲으로 덮여 있었다고 생각한다면 잘못이다. 테오프라스토스는 기원전 4세기의 라티움 숲의 모습을 다음과 같이 전했다.

"라틴의 토지는 어느 곳이나 축축하다. 평야에는 월계수와 도금양나무와 훌륭한 너도밤나무가 울창하다. 하지만 그들은 통나무 한 그루로 티레니아 배의 용골을 만들 만한 충분한 크기의 큰 나무들은 모두 베었다. 그래서 산에는 소나무나 전나무 등이 많다. 그들이 키르케의 땅이라고 부르는 곳은 떡갈나무, 도금양나무, 무성한 월계수로 울창하게 덮여 있다. 토착민들은 마녀 키르케가 거기에 산다고 말한다. 그리고 다른 곳의 키가 큰 도금양나무와 달리 엘페노르의 무덤 근처에 있는 도금양나무는 키가 작아 화환을 만드는 데 쓴다."

이처럼 로마 초기에 알바 산에서 본 경치는 오늘날과는 어떤 면에서 매우 다를 것이다. 한편으로 영원한 고요함에 잠긴 보랏빛 아펜니노 산맥, 또 한편으로 영원히 쉬지 않고 파도치는 빛나는 지중해가 태양빛에 가득 빛나거나, 또는 떠다니는 구름의 그림자 때문에 여러 가지로 변화를 보이는 것은 확실히 옛날에도 그렇게 보였을 것이다. 오늘날은 미르자 환상에 나오는 무너진 다리의 아치처럼 폐허가 된 수도관이 길게 뻗은 채 더위에 허덕이는 캄파니아의 황량한 갈색 광야만 보일 뿐이다. 하지만 그 시대는 숲지대가 끝없이 여러 곳으로 퍼져서 녹색이나 가을의 붉은색과 노란색을 혼합한 색채가 눈에 띄지 않게 멀리 떨어진 산들과 바다의 푸른색에 녹아 버렸을 것이다.

유피테르만이 그 성스러운 산의 정상을 차지한 것은 아니었다. 그의 배우자인 여신 유노(Juno)가 로마의 카피톨리누스 언덕에서처럼 모네타라는 칭호로 여기에서도 숭배받았다. 떡갈나무 잎의 화관이 카피톨리누스 언덕의 유피테르와 유노에게 신성시되었던 것같이 카피톨리누스 언덕의 예배의 본원지인 알바산 위에서도 떡갈나무 잎 화관이 신성시되었다고 보아도 좋을 것이다. 그리하여 떡갈나무 신은 그 신성한 떡갈나무의 숲 속에 그의 떡갈나무 여신과 함께 있었으리라. 마찬가지로 도도나에서 떡갈나무 신 제우스는 디오네(Dione)와 함께 숭배받았는데, 디오네는 유노의 다른 이름에 지나지 않는다. 또 이미 보았듯이 키타이론 산꼭대기에서 떡갈나무의 신 제우스는 정기적으로 떡갈나무로 만든 헤라(Hera)의 신상과 결혼한 듯하다. 그것은 정확히 증명할 수는 없어도, 라틴 계열의 민족들이 유노 여신의 이름을 붙인 달, 즉 하지의 달 6월에 그 민족들이 유피테르와 유노의 신성한 결혼을 기념했을 것이다.

그리스인들이 제우스와 헤라의 결혼을 의례적으로 축하했듯이, 1년 중의 어느 시기에 로마인이 유피테르와 유노의 신성한 결혼을 축하했을 것이다. 그 의식이 이 한 쌍의 신상에게 거행했든지 그렇지 않으면 플라멘디알리스(Flamen Dialis)와 그의 아내인 플라미니카(Flaminica)가 재현했으리라 상상할 수 있을 것이다. 왜냐하면 플라멘디알리스는 유피테르 신의 사제였기 때문이다.

사실 고대나 근대의 저술가들은 그를 유피테르의 살아 있는 신상이고 하늘신의 인간적 화신이라고 묘사했다. 일찍이 로마 왕들은 유피테르의 대리자로서 신성한 결혼에서 하늘의 신랑 역할을 했다. 한편 그 왕비는 마치 이집트에서 왕과 왕비가 신들의 성격을 띠고 변장했듯이, 또는 아테네에서 왕비가 해마다 포도의 신 디오니소스와 결혼했듯이 하늘의 신부를 연기했다. 로마 왕과 왕비가 유피테르와 유노 역할을 맡은 것은 그만큼 더 자연스럽게 보인다. 왜냐하면 그 신들 스스로 왕과 왕비의 칭호를 지니고 있었기 때문이다.

어쨌든 간에, 누마와 에게리아의 전설은 사제왕 자신이 신적인 신랑 역할을 맡았던 시대의 기억을 보여준다. 로마 왕들이 떡갈나무 신의 화신이었다고 생각할 수 있는 이유는 이미 지적했다. 한편, 에게리아는 틀림없이 떡갈나무 정령이었다. 그러므로 우리는 그들의 성스러운 숲 속 결혼에 대한 이야기에서, 아리스토텔레스 시대까지 아테네에서 해마다 치러졌던 것과 똑같은 의식이 로마에서도 정기적으로 거행되었다고 짐작할 수 있다. 로마 왕과 떡갈나무 여신의 결혼은 포도의 신과 아테네 왕비의 결혼처럼, 동종주술로써 식물의 생육을 촉진시키는 데 그 의도가 있었을 것이다.

이 의식의 두 형태 중에서 로마 것이 분명히 더 오래되었다. 또한 북방에서 침입해 온 민족이 지중해 연안에서 포도를 발견하기 훨씬 전부터 그들의 선조가 중부나 북부 유럽의 떡갈나무 숲 속에서 수목신을 수목 여신과 결혼시켰던 것도 틀림없다. 오늘날 영국에서는 대부분의 숲이 사라졌지만, 많은 마을의 광장이나 시골 사잇길에서 행해지는 '5월제' 축제 속에는 성스러운 결혼 의식의 흔적이 여전히 남아 있다.

제14장
고대 라티움의 왕국 계승

이제까지 로마 왕이 사제의 기능을 신성한 의식의 왕인 그 후계자에게 물려 주었다는 내용을 다루었다. 이 내용으로써 우리는 다음과 같은 결론에 이르게 된다. 로마 왕은 천둥소리, 떡갈나무의 위대한 신, 유피테르를 재현하거나 의인화한 존재로, 그 특징은 날씨를 관장하는 세계 다른 지역의 많은 왕들처럼 백성을 위해서 비, 천둥, 번개를 만드는 것이었다. 나아가 그는 떡갈나무 잎 화관과 신의 휘장을 몸에 갖추어 떡갈나무 신으로 의태했으며, 뿐만 아니라 숲과 샘과 출산을 관장하는 여신의 성격을 지닌 디아나의 지방적인 변형으로 보이는 떡갈나무 정령인 에게리아와 결혼했다.

주로 로마에 한정된 이 모든 결론은 다른 라틴 공동 사회에도 적용될 수 있다. 그들에게도 신적이거나 사제적인 왕들이었으며, 이 왕들은 세속적 권위가 배제된 종교적 직능을 후계자인 '신성한 의식의 왕'에게 전달했을 것이다.

그러나 여전히 다음과 같은 질문이 남는다. 고대 라틴 부족들이 왕국을 계승한 규칙은 어떤 것이었던가? 전설에 따르면, 고대 로마에는 모두 여덟 명의 왕이 있었다고 한다. 그중 나중의 다섯 명이 사실상 왕좌에 앉았다는 것과, 그들의 통치에 대해 전승되는 역사가 거의 정확하다는 것은 의심할 수 없는 사실이다. 여기서 로마 최초의 왕 로물루스가 알바 왕가의 출신이며, 그 왕권가는 아들에게 왕위가 세습되었다고 전해지는데도, 로마 왕들 가운데 어느 왕도 그 아들에게 직접 왕위를 계승하지 않았다는 것은 매우 주목할 만하다. 몇몇 왕들은 자식이나 손자들이 있었는데도 말이다. 또 한편 그들 중에 한 왕은 그 아버지를 통하지 않고 그 어머니를 통해서 왕위를 계승받았다. 타티우스(Tatius)와 장로 타르퀴니우스와 세르비우스 툴리우스(Servius Tullius) 세 왕은 모두 외국인, 또는 외국계였던 사위에게 왕위를 넘겨 주었다. 이는 왕권이 딸에 의해 계승되었고, 사실상 공주와 결혼한 외국인에 의해 행사되었음을 말해 준다.

좀더 전문적인 용어로 말해, 로마와 라티움의 왕위 계승은 주로 세계의 많은 지역에서 초기 고대 사회를 만든 규칙, 즉 족외혼(exogamy), 비나혼(beena marriage) 관습과 여계 친족이나 모계 혈족의 규칙에 따라 결정되었던 것이다. 족외혼이란 씨족의 성년 남자가 다른 씨족의 여자와 결혼해야만 하는 규칙이다. 비나혼은 남자가 생가를 떠나서 아내의 가족과 함께 살아야 하는 규칙이다. 여계 친족, 또는 모계 혈족이란 남자를 통하지 않고 여자를 통해서 친족 관계를 맺고 그 가족의 성씨를 물려주는 것이다. 만일 이런 여러 규칙이 고대 라틴 사회의 왕위 계승을 지배했다면, 이 실제 상황은 대체로 다음과 같았을 것이다.

각 공동 사회의 정치적·종교적 중심은 왕의 씨족 출신의 베스타(Vesta) 여사제들이 수호한 왕의 화로에서 타는 꺼지지 않는 불이었을 것이다. 이때 왕은 다른 씨족 출신의 남자거나 다른 도시, 다른 종족의 남자이고, 그가 선왕의 딸과 결혼해서 그 여자와 함께 왕국을 이어나갔을 것이다. 그가 그 여자에게서 얻은 아이들은 그들의 어머니 성씨를 계승하고 아버지의 이름을 따르지 않았을 것이다. 딸들은 왕실에 남고, 아들들은 성장한 뒤에 다른 곳에 가서 결혼해 왕이나 서민으로서 그 아내의 나라에 정착했을 것이다. 한편 왕실에 남은 딸 중에 몇 사람 또는 모두가 베스타 여사제가 되어 오랫동안이거나 잠시 동안 화롯불을 지키는 데 헌신했을 것이고, 그 가운데 한 사람은 때가 되면 부왕의 후계자가 되었을 것이다.

이 가설은 라틴 왕권에 전통적으로 내려오는 역사의 애매한 점을 단순하고 자연스럽게 설명한다. 예를 들면, 라틴 왕들이 처녀인 어머니들과 신적 왕들에게서 태어났다고 하는데, 이것에 대한 전설이 꽤 쉽게 이해된다. 왜냐하면 옛날 이야기와 같은 요소를 벗기면, 그런 전설은 한 여자가 어떤 모르는 남자에 의해서 잉태됐다는 것을 뜻하기 때문이다. 그리고 그 아버지에 대한 애매함은 부계를 중시하는 혈족보다 그것을 무시하는 혈족이 더 쉽게 일치하기 때문이다.

만일 라틴 왕들의 출생에서 그들의 아버지를 실제로 알 수 없었다면, 이 사실은 왕의 가정 생활이 대체로 타락했음을 말해 주거나, 또는 남녀가 초기 시대의 방종으로 잠시 되돌아가 도덕적 규율이 특히 해이했음을 말해 준다. 이런 음탕한 생활은 사회가 진화하는 몇 단계에서는 흔한 일이다. 그와 같은 흔적은 성탄절에서는 그렇지 않다 하더라도, 5월제나 성령강림절의 관습 속에 오랫동안 남아 있었다. 이런 문란한 교제로 태어난 아이들은 자연히 그 특별한 제사를 받는 신을 아버지로 불렀을 것이다.

이와 관련해서 하지절에 로마의 평민이나 노예들이 환락과 음주의 축제를 올렸다는 것이 중요하다. 이 축제는 특히 불에서 태어난 세르비우스 툴리우스 왕과 관련되어, 에게리아가 누마 왕을 사랑했듯이 세르비우스를 사랑한 여신 포르투나를 기리기 위해 거행되었다는 것이다. 이때 보편적인 놀이에는 도보 경주와 보트 경주가 있었다.

티베르(Tiber) 강은 꽃으로 치장한 보트로 가득 찼고, 배 안에서는 젊은이들이 포도주를 마음껏 마셨다. 이 축제는 동지 축제와 비슷한 하지 축제였던 것으로 보인다. 나중에 알게 될 터이나, 근대 유럽에서 하지의 대축제는 특히 연인들을 위한 불의 축제였다. 그 중요한 모습 가운데 하나는 연인들이 짝을 지어서 축하의 횃불을 뛰어넘거나 그 불꽃 너머로 서로 꽃을 던지고 받는 관습이다. 또 이 신비스러운 계절에 피는 꽃으로 사랑과 결혼을 점친다. 이때가 바로 장미와 사랑의 계절이다.

그러나 오늘날 그런 축제가 순수하고 아름답다고 해서 옛날에 축제의 중심을 이루었던 난잡한 요소를 예사로 보아넘겨서는 안 된다. 사실 무지한 에스토니아 농민 사이에 이런 난잡한 특성이 얼마 전까지도 남아 있었던 모양이다. 하지에 행한 로마의 축제 가운데 특히 눈여겨볼 만 한 가치가 있는 또 다른 특징 하나가 있다. 이날엔 꽃으로 장식한 배를 강 위에 띄우는 관습이 있는데, 그것은 어느 정도 물의 축제였던 것을 증명한다. 그리고 근대에 이르기까지 물은 하지 의식에서 뚜렷한 역할을 했다. 이것은 그리스도교 신자들이 오래된 이교적 축제에 그리스도교 옷을 입히고, 이 날을 세례자 성 요한의 축일로 삼은 유래를 잘 설명해 준다.

라틴 왕들이 해마다 사랑의 축제 때 태어났을 것이라는 가정은 그저 추측일 뿐이다. 그러나 연인들이 하지의 불을 뛰어넘는 것처럼 목동들이 봄 모닥불을 뛰어넘는 파릴리아(Parilia) 축제 때에 누마가 출생했다는 전설은 희미한 가능성을 준다. 또한 왕들의 아버지가 누구인지 알 수 없는 불확실함은 왕들이 죽은 뒤 오랜 세월이 지나서야 드러날 수 있다. 그들이 우화에서나 나올 법한 하늘나라로 환상적인 모습과 찬란한 색채를 피며 사라진 뒤에 말이다. 만일 왕들이 그 자신들이 지배하는 나라에 들어온 외국인이나 이주민이나 또는 순례자였다면, 사람들이 그들의 계보를 잊고 환상 속에서 사실과 다른 계보를 만드는 것은 아주 마땅한 일이다. 왕들을 신의 후손이라고 할 뿐만 아니라 신의 화신이라고 말하는 궁극적 신격화는 우리가 이미 그 이유를 살펴보았듯이, 그들이 실제로 신이라고 주장할 경우에 매우 수월했을 것이다.

만일 라틴 사회에서 왕의 피를 이어받은 부인들이 언제나 가정에 머물고, 배우자로서 다른 가계나 다른 나라의 남자들을 받아들이고, 그들이 토착 왕녀들과 결혼한 덕분으로 왕이 되었다면, 우리는 로마에서 외국인들이 왕관을 받은 까닭뿐만 아니라 알바 왕들의 명부 속에 외국인들의 이름이 나타나는 까닭도 이해할 수 있다. 왜냐하면 라틴 귀족 사회에서는 여자를 통해 가계가 계승되었기 때문이다. 즉, 모친을 통한 가계가 절대적이고 부친을 통한 가계가 무가치한 사회에서는 고귀한 신분의 처녀들이 남자가 배우자로서 알맞다고 생각하기만 하면, 외국인이건 노예건 비천한 남자들과 결혼하더라도 반대되지 않았다.

실제로 문제가 되는 것은 백성들의 번영과 생존에 관계되는 것으로, 왕의 가계가 강력하고 효과적인 형태로 계속 이어지는 데 있다. 그러기 위해서 왕가의 딸들이 초기 사회의 기준에 따라 중요한 생식의 의무를 다하기 위해서 육체적으로나 정신적으로나 뛰어난 남자를 받아들여서 자식을 낳아야 할 필요가 있었다. 그리하여 라틴 사회와 같은 진화하는 단계에서는 왕들의 개인적 자질이 무척 중요한 것으로 생각되었다. 만일 그들이 그 배우자처럼 왕가 출신이거나 신적 계보자라면 더 바람직할 것이나, 반드시 그럴 필요는 없었다.

공주와 결혼해 왕위를 계승한 흔적은 로마와 같이 아테네에서도 발견된다. 아테네의 가장 오랜 왕들 가운데 두 왕, 케크롭스(Cecrops)와 암픽티온(Amphictyon)이 그 선왕들의 딸과 결혼했다고 전해진다. 이 전설은 아테네에서는 남계 혈족이 여계 혈족보다 경시되었다는 증거를 볼 때, 어느 정도 신빙성이 있어 보인다.

또 고대 라티움에서는 왕의 가족들이 딸들을 집에 두고 아들들을 바깥으로 내보내 공주들과 결혼시켜 그 아내의 백성을 통치케 하였다면, 그 남계 자손들이 대대로 다른 왕국을 통치했으리라는 결론을 짓게 된다. 고대 그리스와 고대 스웨덴에서도 이러한 일이 일어났던 것으로 보인다. 이런 사실에서 유럽 아리안계 민족 가운데 한 민족 이상에서 그런 관습이 실행되었을 것으로 추정할 수 있다. 예컨대 많은 그리스 전설 속에서 왕자가 자기 나라를 떠나 먼 나라로 가고, 그 나라 왕의 딸과 결혼하여 왕국을 계승했다는 이야기가 나오기 때문이다. 고대 그리스의 저술가들은 이처럼 왕자가 이주한 여러 이유를 기록했다. 그 이유 중 하나는 왕자가 살인죄를 저지르고 도망쳤다는 것이다. 이는 그가 왜 그 출생국에서 도망쳤는지에 대한 이유는 될 것이나, 왜 다른 나라의 왕이 되었는지에 대해서는 전혀 설명이 되지 않는다.

그런 이유는 저술가들이 왜곡한 것이라고 의심할 수 있다. 그 저술가들은 왕자가 그 부왕의 재산과 왕국을 계승해야 한다는 규율에 익숙해서, 자기가 태어난 나라를 떠나서 다른 왕국을 계승한 전설을 설명하지 못한다. 스칸디나비아 전설에서 이러한 관습의 흔적이 엿보인다. 거기에서는 사위가 장인의 왕국을 이어받았다는 이야기를 볼 수 있다. 더욱이 장인에게 아들이 있는데도 말이다. 「노르웨이 왕들의 이야기」는 '아름다운 머리칼을 가진 헤롤드'라 불리는 왕보다 5대 앞선 스웨덴 출신의 잉글링(Yngling) 가계의 남자들이 지방의 공주와 결혼해서 적어도 노르웨이의 여섯 지방을 얻었다고 전한다.

이처럼 아리안계의 몇 민족은 사회가 발전하는 단계에서 왕의 핏줄이 남자가 아니라 여자에게 흐른다고 여겨, 공주와 결혼한 다른 가계나 다른 나라 남자에게 왕국을 주어 그 아내의 백성을 통치케 하는 관습이 있었던 것으로 보인다. 한 모험가가 낯선 타국에 와서 공주를 얻고 그 왕국의 절반, 또는 전부를 얻는다는 통속적인 이야기는 실제 관습을 드러낸 것이라 볼 수 있다.

이런 관습과 관념이 보편적인 곳에서는, 확실히 왕의 핏줄을 이어받은 여자와 결혼함으로써 왕권 계승이 가능했다. 옛 덴마크의 역사가인 삭소 그람마티쿠스(Saxo Grammaticus)는 왕권 계승에 대해 스코틀랜드의 전설적인 왕비 헤르무트루드(Hermutrude)의 입을 빌려 이렇게 말한다.

"물론 그녀는 왕비였다. 그리고 그녀의 성이 반대하지 않는 자는 왕으로 인정된다. 그녀가 자기 침실에 불러들일 만하다고 생각한 사람은 누구라도 왕이 되고, 그녀는 자신의 몸과 함께 왕국을 맡겼다. 이렇게 그녀의 손에 쥐어진 왕홀(王笏)과 함께 넘어갔다."

이 말은 픽트(Pict)족 왕들이 실제로 행한 관습을 반영하기 때문에 한층 더 의미가 깊다. 비드(Bede)의 증언을 보더라도 픽트족은 그 왕위 계승에 의심이 생길 때에는 언제나 왕을 남계가 아닌 여계에서 선택한 것을 알 수 있다.

공주와 결혼해 왕위를 계승하는 인격적인 자질은 그 시대의 통념과 왕이나 그 상속자의 성격에 따라 자연히 달랐을 것이다. 그러나 초기 사회에서는 육체의 강건함과 육체미가 중시되었을 것이다.

공주와 왕권은 때로 시합으로 결정했다. 알리템니아 리비아인은 가장 빨리 달리는 자에게 왕권을 주었고, 고대 프로이센인 사이에서는 귀족이 되려는 후보자들이 왕 앞까지 기마 경주를 했는데, 가장 먼저 도착한 자가 그 영광을 차지했다. 전설에 따르면 올림피아에서 열린 첫 경주는 엔디미온(Endymion)에 의해서 거행됐다고 한다. 그는 자식들을 경주에 참여시켜 승자에게 왕국을 넘겨 주었다. 그의 묘지는 경주자들이 출발했던 곳에 있다고 전해진다. 펠롭스(Pelops)와 히포다메이아(Hippodameia)의 유명한 이야기는 올림피아 최초의 경주가 왕국 자체를 상으로 걸었다는 또 다른 이야기에 지나지 않을 것이다.

이 전설들은 신부를 얻기 위해 경주하는 실제 관습을 잘 나타낸다. 이런 관습은 실제로 단순한 형식이나 흉내내기로 퇴보되고 말았다고 하지만, 많은 민족들에게 퍼져 있었다. 예를 들면 "키르기스(Kirghiz)족 사이에 '연애 사냥'이란 경주가 있다. 이는 결혼 형식의 일부를 이루는 것으로 생각된다. 이 사냥에서 신부가 무시무시한 채찍으로 무장하고 날쌘 말을 타고 달려가면, 자신에 찬 젊은이들이 그녀를 손에 넣으려고 뒤쫓는다. 그녀를 붙잡은 자는 상으로 그녀를 얻었다. 그러나 그녀는 마음에 들지 않는 남자들을 쫓아버리기 위해 자기가 탄 말을 힘껏 몰면서 채찍을 휘두를 권리를 가지고 있었다. 그 신부는 전부터 마음에 정한 젊은이에게 호의를 베풀었을 것이다."

신부를 얻으려는 경주는 동북아시아 코랴크(Koryak)족 사이에서도 발견된다. 이 경주는 큰 천막 속에서 행하는데, 천막 주변에는 '폴록(polog)'이라 불리는 많은 독방이 둥그렇게 배열되어 있다. 처녀가 신랑에게 붙잡히지 않고 그 모든 독방 앞을 뛰어 지나면 결혼은 보류된다. 이때 다른 여자들은 남자들이 들어가 있는 방 앞에 여러 장애물을 놓고 그를 넘어뜨리거나 회초리로 때려서 처녀가 일부러 붙잡히지 않는 한 성공의 기회를 주지 않는다. 모든 튜튼족도 이런 관습을 실행했던 것으로 보인다. 왜냐하면 게르만 어, 앵글로색슨 어, 스칸디나비아 어에서 결혼이라는 말이 단순히 '신부 사냥'을 뜻하기 때문이다. 그리고 그 관습의 흔적이 오늘날까지 남아 있다.

이처럼 처녀, 특히 공주와 결혼하는 권리가 가끔 운동 경기의 상으로 주어졌다. 그러므로 로마 왕들이 그 딸들을 결혼시키기에 앞서 미래의 사위이자 후계자가 될 자의 인격적 자질을 시험하고자 이 고대 방식, 즉 운동 경기를 따랐다 해도 그것은 놀랄 일이 아니다. 만일 내 설명이 옳다면, 로마 왕과 왕비는 유피테르와 그 신적인 배우자를 구현하고, 그 신성으로 농작물을 성장시키거나 사람과 가축을 늘일 목적으로 해마다 성스러운 혼례를 치렀을 것이다. 그들은 북방 지역에서 행한 '5월의 왕과 여왕'과 같은 의식을 집행했다.

앞에서 우리는 '5월의 왕' 역할을 하고 '5월의 여왕'과 결혼하는 자격이 때때로 운동 경기, 특히 경주로 결정되는 것을 보았다. 이것이야말로 우리가 검토한 종류의 오랜 결혼 관습, 즉 신랑 후보자로 알맞은지 시험한 계획된 관습의 유물이었던 것으로 보인다. 이런 시험은 그 공동 사회의 안녕과 번영과 관계되는 정치적·군사적 의무보다는 신성한 의식을 치를 수 있는지를 확인하기 위해 특별히 왕에게 가혹하게 적용되었을 것이다. 또 그가 그 높은 역할을 충분히 수행할 수 있다는 것을 표시하기 위해 같은 시험을 때때로 되풀이하도록 요구되었다.

이 시련의 관습은 제정 시대에 이르기까지 해마다 로마에서 계속 거행한 '왕의 도주(regifugium)'로 알려진 의식 속에 남아 있었다. 해마다 2월 24일에 코미티움(Comitium)에서 희생 제물을 바치고 나면 '신성한 의식의 왕'은 광장(Forum)에서 도주하는 관습이 있었다. 이 '왕의 도주'는 본디 가장 빠른 주자에게 상으로 주었을, 왕위를 겨냥한 연례적인 경주였다고 짐작된다. 연말에 왕은 재임을 위해서 다시 달리지 않을 수 없었을 것이다. 그리고 이 경주는 그가 패배하여 왕의 자리에서 축출되거나, 아마 살해될 때까지 이어졌을 것이다. 이렇게 처음의 경주가 도주와 추적의 형태로 바뀌었다. 출발 신호와 함께 왕이 달리면, 그의 상대가 그를 뒤쫓는다. 만일 왕이 잡히면 왕은 그 왕관뿐만 아니라 그 생명까지도 내주어야 했다. 그러는 중에 가장 뛰어난 사나이가 언제나 왕좌를 차지하는 데 성공하고, 이 경주와 도주는 역사 시대에 들어와 그 의미를 축소했을 것이다. 이 의식은 때때로 왕이 로마에서 추방된 기념으로 해석되기도 했다. 그러나 이것은 의미를 잃은 의식을 설명하기 위해 만들어 낸 의견에 지나지 않는다. 오히려 '신성한 의식의 왕의 도주'는 제왕 시대에 선왕들이 해마다 지켰던 고대 관습을 단지 지속했을 뿐이라고 보는 것이 훨씬 알맞다. 이 의식의 본디 목적이 무엇인지는 추측으로 남을 것이다. 이는 주제와 관련된 어려움과 애매함을 충분히 인식할 필요가 있다는 뜻이다.

따라서 나의 설명이 옳다면, 해마다 열리는 로마 왕의 도주 의식은 우승자나 우승 검투사에게 공주와 1년 임기의 왕권을 함께 부여했던 시대의 유물이라 할 수 있을 것이다. 우승자가 왕으로 즉위한 뒤 그의 신부와 함께 신과 여신의 모습을 하고, 동종주술로 땅에 풍족함을 촉진하기 위해 신성한 결혼식을 거행했을 것이다. 초기 시대에 고대 라틴 왕들이 신의 화신으로 간주되고 정기적으로 살해되었다는 추측이 옳다면, 그들 가운데 많은 사람들이 맞이했다고 전해지는 신비롭고 참혹한 최후를 더 잘 이해할 수 있을 것이다.

우리는 앞의 전설에서 알바의 한 왕이 유피테르의 벼락을 모방한 불경죄 때문에 벼락을 맞아 죽었다는 것을 보았다. 또한 로물루스는 아이네이아스처럼 신비스럽게 사라졌거나, 그가 성내게 한 귀족들에 의해 갈기갈기 찢겼다고도 한다. 그가 죽은 날인 7월 7일은 사투르날리아(Saturnalia) 축제와 조금 닮은 의식이 거행되었다.

그날은 여자 노예들에게 놀라운 자유를 허용했다. 그녀들은 가정부나 노비의 옷차림으로 시가지에서 나가, 만나는 사람을 닥치는 대로 우롱하고 서로 싸우고 때리고 돌멩이를 던지곤 했다. 한편 폭력으로 살해된 다른 로마 왕은 로물루스의 동료인 사비니(Sabine) 사람 타티우스였다. 전하는 말에 따르면, 그가 라비니움에서 조상신들에게 희생 제물을 바치고 있었는데, 그에게 원한이 있었던 몇몇 사람들이 제단에서 뺏은 칼과 꼬챙이로 그를 살해했다. 타티우스 왕의 죽음에 대한 경우와 정황으로 볼 때, 그 살해가 암살이라기보다는 희생 제물을 바치는 행위였을 것이라고 짐작하게 된다.

또 누마의 후계자였던 툴루스 호스틸리우스는 벼락에 맞아 죽었다는 것이 일반적인 이야기이나, 그를 이어서 왕이 된 앙쿠스 마르키우스의 책동으로 그가 암살당했다고 주장하는 사람들도 많이 있다. 사제왕의 형태를 가진, 조금은 신비적 색채를 띤 누마 왕에 대해 플루타르코스는 다음과 같이 말했다.

"그의 명성은 그 뒤를 이은 왕들의 운명 때문에 커졌다. 그를 승계한 다섯 왕 중 마지막 왕은 축출되어 유배 중에 생애를 마쳤고, 나머지 넷 중 한 사람도 제명대로 산 사람이 없었기 때문이다. 그들 중 세 사람은 살해되었고, 툴루스 호스틸리우스는 벼락을 맞아 죽었다."

로마 왕들의 비극적인 최후에 대한 이 전설들은, 왕들이 왕위를 얻기 위해 그들이 벌였던 경쟁이 때로는 단순한 경주가 아니고 생명을 건 투쟁이었다는 것을 시사한다. 만일 그렇다면 우리가 로마와 네미 사이에 가정했던 유사성은 더 가까운 것이 된다. 또 그렇다면 이것들에서는 결단력 있는 누군가가 강한 힘과 날카로운 칼로 자신의 거룩한 신적 권리를 입증하고자 한다면, 살아 있는 신의 재현자인 신성한 왕은 폐위와 함께 살해당하기 쉬웠을 것이다.

고대 라틴인 사이에서 왕권을 획득하는 일이 때때로 단 한 번의 투쟁으로 결정되었다 하더라도 그다지 놀라운 일은 아니다. 왜냐하면 역사 시대에 이르기까지 움브리아(Umbria)족은 보통 사사로운 논쟁을 가혹한 격투로 결정하고, 적의 목을 자른 자가 옳고 그름에 상관없이 자기 주장의 정당성을 인정받았기 때문이다.

떡갈나무 또는 떡갈나무 신을 유럽의 아리안계 민족들이 숭배한 것으로 보인다. 그리스인과 이탈리아인들은 이 나무를 하늘, 비, 우레의 신인 최고신 제우스나 유피테르와 연관지었다. 그리스에서 가장 오래되고 가장 유명한 성소 가운데 하나는, 아마 제우스가 신탁을 내린다는 떡갈나무를 숭배하는 도도나 (Dodona) 성소일 것이다. 도도나에는 유럽의 다른 어떤 곳에서보다 더 자주 매우 거센 뇌우가 몰아쳤으며, 따라서 사람들은 그곳을 떡갈나무 잎의 살랑거리는 소리나 천둥소리 같은 제우스의 목소리를 듣기에 알맞은 장소로 여겼다고 한다. 어쩌면 이 성소 주변에서 바람 속에 계속 울린 청동 종소리는 음산한 계곡에 묻힌 높고 가파르며 메마른 산골짜기에 때때로 울려 퍼졌던 우레 소리를 본뜨려 한 것일지도 모른다.

이미 살펴본 바와 같이, 보이오티아에서는 떡갈나무 신 제우스와 떡갈나무의 여신 헤라의 성스러운 결혼식이 각 지방의 종교 동맹에 의해 매우 성대하게 치러진 듯하다. 또 아르카디아의 리카이우스 산꼭대기에서 제우스의 사제가 성스러운 샘에 떡갈나무 가지를 적셔서 행했던 비의 주술은 떡갈나무와 비의 신으로서의 제우스의 성격을 잘 보여 준다. 제우스가 갖는 후자의 권능 때문에 그리스인들은 정기적으로 그에게 기우의 기도를 올렸다. 이것은 매우 자연스러운 일이었는데, 그것은 언제나 그런 것은 아니나 때때로 제우스의 성소가 구름이 오가고 떡갈나무가 번성하는 산꼭대기에 있었기 때문이다. 아테네의 아크로폴리스 위에는 제우스에게 비를 비는 지신의 상이 있었다. 또 아테네 사람들은 가뭄이 들 때 다음과 같이 기도했다.

"존경하는 제우스신이여! 아테네 사람들의 보리밭과 들에 비를 내리시옵소서. 비를 내리시옵소서."

또 제우스는 비와 함께 천둥과 번개를 관장했다. 올림피아를 비롯한 여러 곳에서 그를 '번개의 신'이란 별칭으로 숭배했다. 그리고 아테네에서는 도시 성벽 위의 '번개 제우스'라 불리는 제단이 있었고, 거기에서 몇 사람의 사제들이 계절에 따라 파르네스 산꼭대기에서 번쩍이는 번개를 지켜보았다. 그리고 그리스 인들은 벼락이 떨어진 곳에 울타리를 치고 이것을 '강림하신 제우스', 즉 하늘 에서 빛이 되어 내려온 제우스에게 제사를 지내는 제단으로 삼아 그 제단 위에 제물을 바쳤다. 그러한 곳이 아테네에 몇 군데 있었다는 사실이 비문을 통해 알려지고 있다.

그리하여 고대 그리스 왕들이 제우스의 아들이며 그 신의 이름까지 갖는다고 주장했을 때, 그 왕들이 백성의 복지를 위해서 또는 그들의 적에게 공포와 혼란을 주고자 천둥이나 비를 만들어 신적인 기능을 행사하려고 했다고 상상할 만하다. 이런 뜻에서 살모네우스 왕의 전설은, 옛날 떡갈나무로 덮인 그리스 고지의 작은 영토를 제각기 통치하던 소군주 계급을 얼마쯤 반영하고 있다. 아일랜드의 왕들도 그들의 친척들과 함께 땅을 풍요롭게 하거나 가축을 번식시켜 주는 존재로 기대되었다. 그들이 그 기대에 부응하기 위해 떡갈나무와 뇌우와 비의 신이자 그들의 친척이 되는 제우스를 모방하는 것 말고 더 좋은 방법이 있었을까? 그들은 이탈리아 왕들이 유피테르를 인격화했듯이 제우스를 확실하게 인격화했다.

고대 이탈리아에서 떡갈나무는 제우스격인 이탈리아의 유피테르에게 신성한 것이었다. 그리고 이 신은 로마의 카피톨리누스 언덕에서 떡갈나무의 신만이 아니라 비와 천둥의 신으로 숭배받았다. 로마의 한 저술가는 하늘을 우습게 생각하거나 유피테르에게 무화과 하나 바치지 않는 시대의 회의주의를 고대의 경건함과 비교하면서 다음과 같이 말했다.

"옛날에 귀부인들은 머리를 늘어뜨리고 마음을 깨끗이 한 뒤, 맨발로 카피톨리누스 언덕을 오르면서 비를 내려달라고 기도하곤 했다. 그러면 비가 엄청나게 내려 사람들이 물에 빠진 쥐처럼 빗방울을 뚝뚝 떨어뜨리면서 돌아왔다. 그러나 오늘날에는 우리가 이미 신앙을 잃었기에 밭이 메마르고 있다."

남부와 중부 유럽의 대원시림 속에서 살았던 미개한 아리안족은 떡갈나무와 뇌우의 신을 믿었다. 그러므로 갈리아의 켈트족에서 드루이드(Driud) 사제는 떡갈나무와 그 위에 기생하는 겨우살이를 가장 신성한 것으로 숭배했다. 그들은 떡갈나무 숲을 장엄한 예배 장소로 선택하고 떡갈나무 잎 없이는 어떤

자연 숭배 : 물
자연계의 여러 모습 가운데 종교적인 숭
배 대상이 되었던 것은 물과 샘이었다. 로
마 시대에 영국 바스에 있는 샘이 약효가
있다고 믿었다. 바스 온천의 수호신, 술리
스 미네르바 신전에서 출토된 고르곤 머
리 부분. 로마 박물관, 바스

의식도 행하지 않았다. 한 그리스 저술가는 다음과 같이 말했다.

"켈트족은 제우스를 섬겼는데, 그들의 제우스 신상은 키가 큰 떡갈나무였다."

기원전 3세기에 아시아에 정착했던 켈트족의 침입자들은 그 새로운 거주지
에 떡갈나무 숭배를 가져온 것으로 보인다. 갈라티아 원로회가 소아시아 중심
지 드리네메툼(Drynemetum), 즉 '신성한 떡갈나무 숲', 또는 '떡갈나무 신전'이라
하는 순수한 켈트적 명칭을 지닌 장소에서 열렸기 때문이다. 사실상 믿을 만한
학자들은 드루이드란 이름이 '떡갈나무 사람들'을 뜻한다고 생각하고 있다.

고대 게르만족 종교에서는 신성한 떡갈나무 숲을 숭배하는 것이 최고 위치
를 차지한 것으로 보인다. 그림(J. Grimm)에 따르면, 그들의 거룩한 나무 중 으
뜸은 떡갈나무였다고 한다. 떡갈나무는 특히 천둥의 신, 즉 스칸디나비아인
의 토르(Thor)에 해당하는 도나르(Donar) 또는 투나르(Thunar)에게 바쳐진 듯하
다. 헤세(Hesse) 지방 가이스마르(Geismar) 근처에 8세기 보니파키우스가 벤 신성
한 떡갈나무는 '유피테르의 떡갈나무'(Robur Jovis')로 알려졌는데, 게르만 어로는
'도나레스 에이'(Donares eih), 즉 '도나르의 떡갈나무'라 한다. 튜튼족의 뇌신 도
나르(투나르, 토르)가 이탈리아의 천둥신 유피테르와 동일시된 것은 영어의 목

요일(Thursday), 즉 '도나르의 날'이 라틴 어의 디에스 조비스(Dies Jovis')의 차용어라는 데에서도 알 수 있다. 요컨대 그리스와 이탈리아처럼 튜튼족 사이에서도 떡갈나무 신은 동시에 천둥의 신이기도 했다. 또 그는 비를 내리고 토지에 결실을 주는 위대한 풍요와 다산의 신으로 여겨졌다. 브레멘의 아담은 다음과 같이 말했다.

"토르는 하늘에 산다. 그는 천둥과 번개, 바람과 비, 좋은 날씨와 농작물을 다스린다."

이 점에서도 튜튼족이 믿는 천둥의 신은 그 남방형인 제우스와 유피테르에 비슷하다.

슬라브족에서도 떡갈나무는 제우스와 유피테르의 슬라브형 천둥신 페룬(Perun)의 신성한 나무였을 것이다. 노브고로트(Novgorod)에는 인간의 모습을 하고 손에 천둥의 돌을 든 페룬의 상이 서 있었다고 한다. 그곳에서는 밤낮으로 이 신을 위해 떡갈나무를 번제(燔祭 : 짐승을 통째로 구워 하느님께 바치던 제사)로 바쳤다고 한다. 만일 이 번제를 위한 불이 꺼지기라도 하면 불을 지피는 사람은 그 게으름의 죄값으로 자기 목숨을 내놓아야 했다. 페룬은 제우스나 유피테르와 마찬가지로 아마 슬라브 민족의 주신이었던 것으로 보인다. 그 증거로 프로코피우스(Procopius)는 다음과 같이 말했다.

"슬라브족은 번개의 조물주인 신만이 만물의 주인임을 믿고, 그 신에게 황소나 그 밖의 제물을 바쳤다."

리투아니아인의 주신, 페르쿠나스 또는 페르콘스도 천둥과 번개의 신이며, 제우스와 유피테르와 비슷하다는 것은 이미 여러 번 이야기했다. 그들은 떡갈나무를 신성시하여, 선교사들이 그 나무를 벌목했을 때 그 숲의 신이 파괴되었다며 크게 분노했다. 그들은 떡갈나무를 태워서 만든 꺼지지 않는 불을 번제로 바쳐 페르쿠나스를 수호했는데, 이 불이 꺼지면 신성한 나무를 마찰해서 다시 불을 피워야 했다. 남자들은 풍작을 위해 떡갈나무에 제물을 바쳤고, 여자들은 보리수에 풍년이 들기를 기원했다. 이를 통해 그들이 떡갈나무를 남성으로, 보리수를 여성으로 간주했을 것이라는 추정이 가능하다.

가뭄 때나 비를 바랄 때 그들은 무성한 숲 속에서 검은 수소, 흑염소, 검은 수탉을 저마다 한 마리씩 제물로 바쳤다. 그러한 때에는 많은 사람들이 모여,

자연 숭배 : 불
많은 문화에서 불은 신성함과 영력의 상징이었다.
▶ 조로아스터 교도는 지금도 불에는 생명을 주는 힘이 있다고 믿는다. 이란의 나크시 루스탐의 유적에 있는 불의 제단.

▶ 인도에서는 불에 영력이 있다고 믿었다. 이것은 15세기 자이나교의 종교화로 '다섯 개 불의 고행'이 그려져 있다. 고행자가 네 개의 불과 다섯 번째의 불인 태양에 둘러싸여 불의 영력을 흡수하고 있다. 코터시 박물관, 보스턴

먹고 마시면서 페르쿠나스에 호소했다. 그들은 술단지를 들고 불의 주변을 세 번 돈 뒤, 불에 술을 부으면서 비를 내려달라고 기도했다. 이처럼 리투아니아인의 주신은 떡갈나무, 천둥, 비의 신이라는 점에서, 제우스나 유피테르와 매우 유사하다.

이제까지 살펴본 바로써, 떡갈나무, 천둥, 비의 신은 고대 유럽 아리안 민족의 모든 주요 계통에게 숭배받았으며, 그들의 판테온의 주신이었던 것을 알 수 있다.

제16장
디아누스와 디아나

이 장에서는 이제까지 살펴본 논의를 통해 다다른 결론을 되풀이하여, 흩어졌던 관점을 하나로 모으는 방법으로 네미 사제직의 수수께끼를 풀어 보고자 한다.

인류 사회의 초기 단계에서, 인간은 자연의 신비스러운 과정과 그 과정을 지배할 수 있는 인간의 힘이 매우 제한적이라는 사실을 모르는 채, 오늘날 우리가 초자연적 또는 신적이라고 생각해야 할 여러 자연의 기능을 분에 넘치게 스스로 일렀다. 이런 착각은 바로 그 발생 원인으로써 촉진되고 유지된다. 다시 말해, 그것은 자연이라는 위대한 기계의 톱니바퀴가 원활하고 정확하게 움직이는 놀라운 질서와 불변성 때문인 것이다. 이 자연 운행의 원활성과 정확성을 참을성 있는 관찰자들에게는, 정확한 시간은 아닐지라도 그들의 희망이나 공포가 실현되는 대체적인 계절을 어느 정도 예견할 수 있도록 해주는 것이었다. 이러한 자연의 위대한 주기나 주기의 연속들이 정확하게 순환하는 현상은 마침내는 원시인의 무지한 마음에도 큰 인상을 주었을 것이다.

그래서 그들은 자연의 주기를 예견하면서, 자신이 원한 현상은 자기 의지의 결과이며, 자신이 두려워하는 현상은 적의 의지의 결과라는 오해를 하게 된다. 광대한 자연이라는 기계를 움직이는 용수철이 우리의 한계를 넘어 도저히 캐낼 수 없게 베일에 덮여 있는데도, 무지한 사람들은 그것을 자기 능력 내에 있어서 손으로 만질 수 있는 것으로 여기고, 그 결과 자기에게 이롭고, 적을 해롭게 힐 수 있는 주술을 부릴 수 있다고 생각하게 되는 것이다.

곧 이 신념이 허망하다는 것이 그에게도 밝혀진다. 즉, 그는 그가 할 수 없는 일이 있고, 구해도 얻을 수 없는 행복이 있고, 가장 유력한 주술사라 할지라도 피할 수 없는 재앙이 있음을 발견하게 된다. 이 구해도 얻지 못하는 행복과 피해도 피할 수 없는 재앙은 이제야 보이지 않는 존재의 작용 때문임을 깨닮게 된다. 그의 호의는 기쁨과 생명이고, 그의 분노는 비참함과 죽음이다. 이렇게 해서 주술은 종교와 대치되고 주술사는 사제와 바뀌게 된다. 이렇게 바뀐 사유 단계에서는 사물의 궁극적인 원인이 인격적인 존재에 있다고 믿었다. 그리고 그런 인격적 존재는 수도 많고 때때로 성격적으로 일치하지 않는다고 여겼다.

그 인격신의 힘은 인간보다 위대하고 그 생명은 인간의 일시적인 존재의 영역을 훨씬 넘는 것이면서도 인간적 성질을 띠고, 또 인간의 연약성마저도 가진다. 그 인격화한 존재들의 뚜렷한 개성이나 선명한 양상은, 철학자가 강력한 용제(溶劑)를 사용한다 해도 단 하나의 알 수 없는 현상의 심층까지는 아직 녹아들지 않았다. 이 알 수 없는 현상은 우리가 상상한 대로, 인간이 자기의 무지를 감추기 위해 만들어 낸 매우 훌륭한 이런저런 명칭으로 알려진 것이다. 따라서 사람들이 신들을 자신과 가까운 존재로 보는 한, 사람들은 다른 사람보다 뛰어난 사람이 죽은 뒤나, 심지어 생전에 신의 자리를 획득할 수 있다고 믿었다.

육신을 입은 이러한 인간신은 주술 시대와 종교 시대의 중간에 머문 것이라 말할 수 있을 것이다. 만일 인간신이 신의 이름을 가지고 신의 장엄함을 드러낸다면, 그가 발휘한다고 믿는 위력은 일반적으로 그 선임 주술사의 위력에 지나지 않는다. 이런 인간신들은 주술사와 똑같이 적의 마법에서 자기 백성을 보호하고, 질병에 걸렸을 때는 그들을 고치고, 자손을 번식시켜 그들을 축복하고, 날씨를 조절하고, 토지의 풍요와 가축의 증식을 확보하기 위해 필요한 의식을 행하면서 그들에게 충분한 식량을 공급하는 등의 역할을 한다. 이렇게 강력하고 철저한 힘을 인정받은 인신이 그 지역에서 가장 높은 지위를 차지하게 되는 것은 마땅하다. 게다가 신적 영역과 세속적 영역 사이에 경계가 그다지 뚜렷하지 않은 동안은 종교와 정치에서도 그는 절대권을 가진다. 한 마디로 그들은 신이며 왕이다. 그리하여 왕을 둘러싼 신성은 그 뿌리를 인간 역사 속에 깊이 드리운다. 긴 세월이 흐른 뒤 자연과 인간에 대한 생각이 더 깊이 있게 미치자 인간신들이 사라지게 된다.

고대 그리스와 고대 라틴의 고전 시대에서는 왕들의 통치는 주로 과거의 일이었다. 그러나 왕권 계통, 칭호, 행적에 대한 이야기는 왕들이 신적 권위를 갖고 통치하고 초인간적 위력을 발휘했다는 사실을 충분히 증명한다. 그러므로 '네미 숲의 왕'이 영광의 후기에 이르러 불운을 만났다고 하더라도, 백성들에게 나누어 주었다는 여러 축복의 대가로 백성들에게서 순종과 존경을 받은 신성한 왕들의 오래된 계보를 대표한다고 단언해도 좋을 것이다. 아리키아 숲의 디아나의 기능에 대해 우리가 아는 것은 그녀가 그곳에서 풍요의 여신, 특히 출산의 여신으로 숭배받았다는 것이다. 그러므로 그녀는 그 중요한 의무를 수행할 때 사제의 도움을 받고, 사제와 디아나 여신이 숲의 왕과 여왕의 역을 맡아 성스러운 결혼식을 올렸을 것이라고 추측할 수 있다. 봄의 꽃과 가을의 결실로 대지를 풍요롭게 하고, 남녀에게 다산을 촉진시키고자 이 결혼식을 올린 것으로 보면 이치에 맞을 것이다.

네미의 사제가 단지 왕의 입장을 취했을 뿐만 아니라 그 숲의 신의 입장을 취했다면, 우리는 그가 특히 어떤 신을 구현했는지를 물어야 한다. 이 물음에 대한 고대인의 답은 디아나의 배우자, 또는 애인인 비르비우스를 의미했다는 것이다. 그러나 이 답은 우리에게 도움이 되지 않는다. 왜냐하면 비르비우스에 대해서 우리가 아는 것은 그 명칭 정도 말고는 아무것도 없기 때문이다. 그 신비를 풀어주는 단서는 아마 그 숲에서 피운 베스타 성화(Vestal fire)로써 충족될 것이다. 유럽 아리안족의 꺼지지 않는 성화는 대체로 떡갈나무에 불을 붙여 태웠으며, 네미에서 그리 멀지 않은 로마에서도 베스타 성화의 연료는 떡갈나무 장작이나 통나무였다.

이 사실은 19세기 끝 무렵 로마의 광장에서 보니(G. Boni)가 발굴 과정에서 출토한 베스타 성화의 탄화 흔적을 현미경을 통해 분석한 결과로 증명된 것이다. 그런데 라틴의 여러 도시에서 거행된 의식은 매우 뚜렷한 일치점을 보여 준다. 따라서 라티움(Latium)에서 베스타 성화가 보존된 곳은 어디서나 로마의 경우와 마찬가지로 성스러운 떡갈나무를 불태웠다고 결론내릴 수 있다. 만일 네미에서도 그렇다고 하면, 그곳의 성스러운 숲은 떡갈나무 자연림이고, 따라서 '숲의 왕'이 자기 목숨을 걸고 지켜야 했던 것은 떡갈나무였다는 것은 그럴듯한 일이다. 베르길리우스에 따르면, 아이네이아스가 '황금가지'를 꺾은 것도 한 그루의 푸른 떡갈나무 가지였다고 한다.

떡갈나무는 라틴 사람들의 주신 유피테르의 성스러운 나무였다. 그러므로 떡갈나무에 생명을 걸었던 '숲의 왕'은 다른 신이 아닌 바로 유피테르 그 자체를 나타냈다는 결론이 된다. 적어도 증거는 약하지만 그 결론을 뒷받침할 수 있는 증거가 있다. 예컨대 고대 알바의 '실비' 왕조 또는 '숲'의 왕조는 떡갈나무 잎의 왕관을 쓰고 알바 산정에 살고 있는 라티움의 유피테르 모양을 흉내내어 그 위력에 기대려 했다. 이 알바 산보다 좀 낮은 곳에서 신성한 떡갈나무를 지켰던 '숲의 왕'이 이 실비 왕조나 숲 왕조 혈통의 합법적 후계자이며 그 대표자였다는 것은 있을 수 있는 일이다. 어쨌든 '숲의 왕'이 인간 유피테르로 여겨졌다고 보는 추측이 옳다면, 전설이 그와 동일시하는 비르비우스야말로 유피테르의 지방적 변형이며, 푸른 숲의 신이 그의 본디 성질이라는 결론을 내릴 수 있을 것이다.

후대에 이르러서 '숲의 왕'이 떡갈나무의 신 유피테르의 역할을 했다는 짐작은 그 신적 배우자인 디아나에 대해 검토하면 확인된다. 왜냐하면 두 개의 전혀 다른 논의를 수렴해 볼 때, 디아나가 모든 숲의 여왕이며 네미에서 특히 떡갈나무의 여신이었음이 분명하다. 첫째로 디아나는 베스타의 칭호를 지녔고, 그렇게 믿을 만한 이유로 이미 본 것처럼 떡갈나무로 지폈던 꺼지지 않는 불을 관장했다. 이때 불의 여신은 그 불 속에서 타는 나무의 여신과 그다지 먼 존재가 아니다. 원시적인 생각으로 불과 타는 나무 사이에 아마 뚜렷한 구별은 없었을 것이다. 둘째로 네미에 있는 물의 정령 에게리아는 단지 디아나의 다른 형태에 지나지 않으며, 에게리아는 떡갈나무 정령인 드리아드(Dryad)에 지나지 않는다. 실제로 이탈리아 다른 지방에서는 여신 에게리아는 떡갈나무로 덮인 산에 그 거처를 갖고 있었다.

카푸아 뒤에 있는 캄파니아 평야를 내려다보는 아펜니노 산맥의 길고 험준한 티파타 산에는 옛날에 푸른 떡갈나무 숲으로 덮인 디아나 신전이 있었다. 술라(Sulla)는 여기서 아래쪽 평야에 있는 마리우스 일족들에게 승리한 것을 이 여신에게 감사하고, 그 의미를 비석에 새겨 나타냈다. 이 비문은 먼 훗날에도 신전에 남아 있었다. 그러므로 여러 측면을 보아, 네미의 '숲의 왕'은 떡갈나무 신 유피테르를 나타내며, 그 성스러운 숲에서 떡갈나무 여신 디아나의 배우자였다고 결론지을 수 있다. 그들의 신비스러운 결혼은 어떤 면에서 이 신성한 숲을 연애장소로 삼은 누마와 에게리아의 전설적인 연애 이야기로 전해 내려왔다.

이 주장과 반대되는 설명도 가능하다. 예를 들어 유피테르의 신적인 배우자가 디아나가 아니라 유노(Juno)이며, 만일 디아나가 누군가를 배우자로 삼았다면 그 이름은 유피테르가 아니라 디아누스(Dianus)거나 야누스(Janus)라는 점이다. 이것은 모두 맞는 이야기다. 그러나 이들 두 쌍의 신들, 즉 한쪽에는 유피테르와 유노, 또 한쪽에는 디아누스와 디아나, 즉 야누스와 야나(Jana)는 그 이름과 기능이 본질과 기원으로 볼 때 같다는 사실을 알면, 위의 반대도 그대로 받아 넘길 수 있을 것이다. 다시 말해 유피테르, 유노, 디아누스(야누스), 디아나(야나)라는 이름은 모두 '빛난다'를 뜻하는 아리안 어근 'DI'에서 온 것이고, 그리스의 신들, 즉 제우스와 그 옛 배우자인 디오네(Dione)의 이름에도 해당된다.

그들의 기능에 대해서 살펴보면, 유노와 디아나는 다 함께 다산과 출산의 여신이고, 둘 다 달과 동일시되었다. 그러나 바로(Varro)가 제시한 야누스가 하늘의 신이었다는 견해는 그 이름과 하늘의 신 유피테르란 이름이 어원적으로 같다는 데서 지지될 뿐만 아니라, 그와 유피테르의 동반자 유노와 유투르나(Juturna)에 대한 관계에 의해서 지지된다.

왜냐하면 유노 숭배자들이 야누스에게 준 별명은, 이 두 신 사이의 결혼을 가리키기 때문이다. 또 어떤 전설은 야누스가 물의 정령 유투르나의 남편이고, 다른 전설은 유피테르가 그 물의 정령을 사랑했다 한다. 야누스는 요브(Jove)와 같이 '아버지'라는 호칭으로 찬양되고, 예배되었다. 사실 높은 학식을 가진 성 아우구스티누스뿐만 아니라 유피테르, 디아누스에게 공물을 바친 경건한 이교도 숭배자들도 야누스를 유피테르와 동일시했다. 야누스가 떡갈나무와 관계가 있다는 흔적은 티베르 강의 오른쪽 둑에 있는 야니쿨룸(Janiculum) 언덕의 떡갈나무 숲에서 찾아볼 수 있을 것이다. 거기서 야누스는 이탈리아 역사의 아득한 옛 시대에 왕으로서 백성을 다스렸다고 한다.

이제까지 말한 것이 옳다면, 그리스와 이탈리아 사이에서 같은 고대 신들의 쌍이 제우스와 디오네, 유피테르와 유노, 디아누스(야누스)와 디아나(야나)라는 여러 이름으로 알려져 있으며, 그 신들의 이름은 그들을 숭배한 개개 부족의 방언에 따라 형태를 달리하지만, 본질적으로는 동일했다. 처음 여러 부족이 서로 가까이 거주하고 있을 때, 신들의 차이는 그 이름이 다르다는 것뿐이었다. 다시 말해 그 차이는 방언이 변화한 것에 지나지 않았다. 그런데 여러 부족이 차츰 흩어진 결과, 서로의 고립 상태는 그들이 그 고향에서 가져온 신들을 다르게 생각하고 숭배하게 되었다.

그리하여 곧 신화와 의식에 불일치가 생기게 되고, 그 결과 신들의 표면상 차이가 실제 본질의 차이로 바뀌게 된다. 따라서 문화의 느린 진보와 야만적인 긴 시대가 지나고, 단일하고 강력한 공동 사회의 신흥 정치 세력이 그 약소한 이웃 여러 부족을 하나로 끌어올리고 모양을 잡아가기 시작하자, 합류된 여러 부족은 각자의 신들을 그 방언대로 예배드리게 되었다. 그리하여 그 선조들이 흩어지기 이전에 공동으로 숭배하던 같은 고대의 신들은 이제 방언이나 종교의 변화 요소가 쌓여 그 본래의 동일성이 이미 인정할 수 없을 정도까지 변해 버렸다. 그 결과 신들은 각 민족의 신전에서 저마다 독립된 신들로 그 위치를 나란히 하게 되었다.

오랫동안 갈라져 살던 여러 부족이 융합한 결과 이 신들은 다양성을 띠게 되었다. 이는 로마 종교에서 유피테르 말고 야누스가 출현한 이유나 유노 외에 디아나나 야나가 나타난 이유를 설명해 준다. 적어도 이것은 야누스가 본래 문지기 신에 지나지 않았다는 근대 학자들의 견해보다 더 설득력 있어 보인다. 로마인이 신 중의 신이고 사람들의 아버지로서 숭배한 존엄하고 중요한 신이, 물론 존경받을 만하나 천한 문지기 출신이었을 것 같지는 않다. 문을 의미하는 야누아(janua)가 그 이름을 야누스(Janus)에서 얻었다는 편이 야누스가 그 이름을 야누아에서 얻었다는 것보다 더 그럴듯하다. 이 견해는 '야누아'란 어휘를 검토하면 확실히 알 수 있다. 문을 가리키는 어휘는 인도에서 아일랜드에 이르는 아리안족의 모든 어휘와 같다. 즉, 산스크리트에서 '두르(dur)', 그리스 어로서 '투라(thura)', 독일어로는 '튀르(tür)', 영어로는 '도어(door)', 고대 아일랜드 어로는 '도루스(dorus)', 라틴 어로는 '포리스(foris)' 등이다.

그러나 라틴 사람들만이 모든 아리안족과 함께 나누어 갖고 있었던 문을 가리키는 이 보통명사 이외에 문을 나타내는 다른 명사인 '야누아'를 갖고 있었다. '야누아'라는 말은 다른 어떤 인도 유럽 어에도 일치하는 어휘가 없다. 이 단어는 '야누스'란 명사에서 파생된 형용사 형태이다. 이에 대해서 나는 그 위대한 야누스 신의 보호를 받고자 집의 주요 문에 야누스 신상이나, 상징물을 붙이는 관습이 있었던 것으로 생각한다. 이렇게 수호받은 문은 '야누아 포리스(janua foris)', 즉 '야누스의 문'이란 이름으로 알려졌다고 생각되고, 이 구절에서 때로 명사인 '포리스'가 생략되어 '야누아'가 된 것으로 생각할 수 있다. 어쨌든 야누스 신상이 수호하건 안 하건 간에 일반적으로 문의 의미를 나타내는 '야누아'를 사용하는 것이 쉬울 뿐만 아니라 자연스러운 과정이었을 것이다.

만일 이 추론이 조금이라도 사실이라면, 오랫동안 신화학자들의 머리를 괴롭힌 저 야누스의 앞뒤로 향한 두 얼굴에 대한 기원도 간단히 설명될 것이다. 야누스 신상으로 집과 도시의 입구를 수호하는 것이 관습이 되었을 경우, 아무도 그의 날카로운 눈에서 도망칠 수 없도록 이 수호신에게 앞과 뒤를 동시에 감시하게 할 필요가 있었을 것이다. 왜냐하면 수호신이 언제나 한쪽만 바라보고 있으면 그의 뒤에서 아무런 방해 없이 나쁜 짓을 할 수 있다고 생각하기 쉽기 때문이다.

로마의 야누스 신이 왜 두 얼굴이었는지 설명하는 이 해석은 수리남(Surinam) 오지의 부시(Bush) 흑인들이 마을 입구에 두 얼굴의 우상을 수호신으로 세운 것을 보면 알 수 있다. 이 우상은 나무로 만들어졌고, 양면에 사람 얼굴이 서툴게 조각되어 있다. 그것은 두 개의 기둥과 한 개의 빗장으로 된 출입문 아래에 세워진다. 우상 옆에는 보통 악마를 쫓는 흰 헝겊이 걸려 있다. 때때로 몽둥이나 어떤 무기를 놓기도 한다. 또 빗장에는 한 개의 작은 통나무가 매달려 있는데, 이것은 문을 지나갈지도 모르는 악마들의 머리통을 내려치는데 효과 있는 역할을 하기 때문이다.

수리남 흑인 부락의 문에 보이는 이 두 얼굴의 우상은 분명히 한 손에 막대를, 다른 한 손에 열쇠를 들고 있다. 이는 로마인의 문이나 집 입구에 수호신으로 서 있는 두 얼굴의 야누스 신상과 매우 비슷하다. 그리고 두 가지 경우에서 얼굴이 두 방향을 향하고 있어 앞뒤에서 악마의 침입을 감시하고, 적들을 그 자리에서 때려눕힐 기세로 서 있다. 바로 수호신의 불침번을 나타내는 것으로 똑같이 설명될 수 있다. 그러므로 만일 오비디우스를 믿을 수 있다면 꾀가 많은 야누스가 열성적인 로마의 연구자들을 속였던 지루하고 불만스러운 설명을 끝내도 좋을 것이다.

이 결론을 네미 사제에 적용하면, 그는 디아나의 배우자로서 본디 유피테르보다 오히려 디아누스, 즉 야누스를 나타낸 것이라 할 수 있다. 그러나 이 신들 간의 차이는 고대인에게는 표면적인 것에 지나지 않고, 단지 그 이름을 조금 달리할 뿐이었다. 즉, 하늘과 천둥과 떡갈나무 신으로서 본질적인 기능은 전혀 변화되지 않았다고 추측된다. 그러므로 네미 사제가 떡갈나무 숲에 거처했을 것이라는 이유는 우리가 살펴본 대로 지극히 마땅한 일이었다. '숲의 왕'이라는 그의 칭호는 그가 섬긴 신이 가졌던 숲의 성격을 잘 보여준다. 그리고 그가 이 숲 속에 있는 어떤 나뭇가지를 꺾은 자에게 습격당한 것을 생각하면, 그의 생명은 이 성스러운 나무의 생명과 연관되었다고 말할 수 있을 것이다.

어쨌든 '숲의 왕'은 아리안족의 위대한 떡갈나무 신을 섬긴 사제일 뿐만이 아니라, 동시에 그 신을 나타내는 존재였다. 그리고 그는 에게리아나 디아나의 이름으로 통하는 떡갈나무 여신과 결혼했다. 그들의 결혼이 어떻게 이루어졌던 간에, 이 결혼은 토지를 풍요롭게 하고 사람과 가축을 늘이는 데 꼭 필요한 것으로 간주되었을 것이다. 또 떡갈나무 신이 동시에 하늘, 천둥, 비의 신이기도 했듯이, 그 신을 표상하는 '숲의 왕' 또한 밭과 과수원이 풍성하게 결실을 맺고, 목장이 무성한 풀로 덮여지도록 다른 많은 신적 왕들처럼 알맞은 계절에 비구름을 모으고, 천둥을 울리며 비를 내리는 존재로 기대되었을 것이다. 그리고 이토록 고귀한 힘을 지녔던 자는 분명 매우 중요한 인물이었을 것이다.

그 성소에서 발견된 신전 건물과 공물의 유물은, 고전 시대의 기록자들의 증언에서 보듯, 그곳이 후대 이탈리아에서 가장 크고 가장 잘 알려진 신전 중의 하나였음을 입증한다. 그 주변의 평야 일대가 라틴 동맹의 여러 군소 부족들로 분할되었던 옛 시대에도 그 성스러운 숲은 공통된 숭배와 관심의 대상이었다. 그리고 캄보디아 왕들이 열대 밀림지대의 짙은 어둠 속에 있는 신비스러운 '물과 불의 왕'에게 공물을 바쳤던 것과 같이, 광대한 라틴 평야의 전역에서 이탈리아 순례자의 눈과 발은 네미 숲으로 향했을 것이다. 바로 옅은 파란 빛깔의 아펜니노 산맥과 멀리 진한 파란색의 바다에 맞서 우뚝 솟은 알바 산, 즉 '숲의 왕'이라 불리는 신비로운 네미 사제의 집으로 말이다. 고대 아리안족은 그곳의 푸른 숲과 쓸쓸한 언덕의 조용한 호숫가에서 떡갈나무와 천둥과 비의 신을 숭배했던 것이 이러한 숭배는 오랫동안 드루이드 의식으로 계승되었으며, 그 의식은 강력한 정치적, 지적 혁명이 라틴 종교의 중심지를 숲에서 도시로, 네미에서 로마로 바꾼 후대에도 계속 이어지게 된다.

제17장
왕의 책무

1 사제왕의 터부

인류 사회의 초기 단계에서 왕이나 사제는 때로 초자연적인 능력이나 신의 화신으로 생각되었다. 이 신앙에 따라 자연의 운행은 얼마간 그들의 지배를 받는 것으로 간주되었고, 따라서 그들은 나쁜 날씨, 농작물의 실패, 그 밖의 재앙에 대해 책임을 저야 한다고 여겨졌다. 자연에 대한 왕의 위력은 그의 백성이나 노예에 대해서 가지는 위력과 마찬가지로 일정한 의지의 작용에 의해 발휘되는 것으로 생각되었다. 그러므로 가뭄, 기근, 질병이나 폭풍우 등이 닥칠 경우, 사람들은 이러한 재난을 왕의 태만이나 죄악의 탓으로 돌려서 태형이나 기반형을 가하였고, 만일 그래도 개선의 기미가 없으면 왕위를 빼앗고 죽였다.

이렇게 자연의 운행이 왕에 종속된 것이라고 생각되었으나, 그 일부는 왕의 의지와는 별개인 독립적인 것으로 여겨지기도 했다. 왕의 인격은 우주를 움직이는 중심으로서 그 지배력은 우주의 각 방면으로 미친다고 생각되었다. 그리하여 왕의 일거수일투족은 잘못하면 자연의 어떤 부분을 방해하는 일이 되었다. 그는 우주의 평형을 지탱하는 균형점이고, 그에게 일어나는 사소한 불규칙이라도 즉시 균형을 깨뜨리는 결과가 되었다. 그러므로 그의 모든 생활은 미세한 점에 이르기까지 매우 조심스러워야 했으며, 자의든 타의든 자연의 질서를 깨뜨리거나 뒤집지 않도록 세심한 주의를 기울여서 조절해야 했다.

이런 군주 중 일본의 미카도(Mikado : 御門) 또는 다이리(Dairi : 內裏)를 전형적인 예로 들 수 있다. 그는 신과 인간을 포함하여 전 우주를 지배하는 태양여신의 화신이다. 그래서 해마다 한 번 모든 신들은 그를 방문하여 궁전에서 한 달을 보냈다. 그 한 달 동안은 '신들이 없는 달'로 불리고 아무도 신사에 출입하지 않는데, 그 까닭은 신사에 신들이 자리를 비운 것으로 믿었기 때문이

우주의 중심축인 왕
중국은 황제에게 세계의 미를 형
상화한 옷을 입혔다. 그것은 청나
라 선종(宣宗, 1821~50)의 용 모
양의 어의로 하늘과 땅, 자연의
네 가지 요소와 생물계, 그리고
심판과 처벌을 주관하는 황제의
힘의 상징이 나타나 있다. 쿨벤키
얀 박물관, 더럼

다. 일본인들은 '미카도'를 '현인신(現人神)이나 인신(人神)'이라 불렀으며, 또 그
의 공적 선언문과 포고문에 이 호칭을 썼다. 또 미카도는 일본의 모든 신들을
지배했다. 예를 들면 646년의 공식 포고문에서 '우주를 다스리는 인신'으로 기
술되고 있다. '미카도'의 생활 양식에 대한 다음과 같은 기술은 약 200여 년 전
에 기록된 것이다.

"더욱이 오늘날에도 황실의 후예인 황태자들은 태어날 때부터 교황의 탄생
과 같이 가장 신성한 사람들로 간주된다. 그들은 백성들의 마음에 자리잡은
이러한 특별한 관념을 유지하기 위해 특별히 신성한 사람들로 취급되고, 다른
나라 백성들의 관습으로 보아 괴상하다고 생각될 수도 있는 어떠한 일을 할 의
무를 지닌다.

그런 예의 몇 가지를 인용해 보자. '미카도'는 발이 땅에 닿아서는 안 된다.
그것은 그의 위엄과 신성을 매우 침해하는 것으로 생각한다. 그래서 그는 어
디에 가려면 가마를 타고 사람들의 어깨에 얹혀서 운반되어야 한다. 하물며 성
스러운 몸을 거친 바람에 드러내는 일도 없어야 한다. 태양도 그의 머리에 비
치면 안 되었다. 그리고 그의 몸의 모든 부분이 신성하기에 그는 머리, 수염, 손
톱, 발톱을 깎으면 안 된다. 그러나 지나치게 몸이 더러우면 그가 잠든 밤에 몸
종들이 그의 몸을 닦는다. 밤중에 그의 몸을 씻는 것은 그의 몸에서 때를 도적
맞은 것이고, 그런 도둑질은 그의 신성이나 위엄을 해치지 않는다고 믿었기 때

문이다. 옛날에 그는 매일 아침 몇 시간 동안 머리에 왕관을 쓰고 옥좌에 앉아 손, 발, 머리, 눈 등 몸의 어느 부분도 움직이지 않고 동상과 같이 앉아 있어야 했다. 이렇게 해서 그는 나라에 평화와 평온을 보존할 수 있다고 믿었다. 그리고 불행히도 그가 딴 곳으로 눈을 돌리거나 움직이면, 그것은 전쟁, 기근, 화재나 그 밖의 불행이 가까이 다가와서 나라를 황폐화하는 것으로 믿었다.

그러나 황제의 왕관만 움직이지 않으면 나라 안의 평화가 보존될 수 있다는 것을 알게 된 뒤, 황제의 몸은 부담스러운 의무에서 벗어나 게으름과 향락을 탐닉하게 되었다. 오늘날에는 왕관만 매일 아침 몇 시간 동안 왕좌 위에 놓아 둔다. 그의 음식은 매번 새로운 그릇에 조리되고 새로운 접시에 담아 식탁에 올라야 한다. 그릇이나 접시는 모두 깨끗하고 아담하다. 보통 점토로 만들어졌기 때문에, 쓰인 뒤에 아무런 미련 없이 한 곳에 버리거나 깨뜨려 버린다. 왜냐하면 그것들이 일반 사람의 손에 들어가는 것을 두려워했기 때문이다. 만일 일반 사람이 그 성스러운 그릇으로 음식을 먹으면 그 사람의 입과 목에 종기나 염증을 일으킨다고 믿었다. 이와 비슷한 질병이 '다이리'의 성스러운 옷에서도 옮길까 봐 두려워했다. 한 평민이 황제의 허락이나 명령 없이 그것을 입으면 그의 온몸에 부스럼이 돋아 고통을 당한다고 믿었다."

미카도에 대한 더 오래된 기술에는 다음과 같이 언급하고 있다.

"미카도가 땅에 발을 대는 것조차 수치스런 불명예로 생각했다. 해와 달이 그의 머리에 비치는 것마저 허용되지 않았다. 몸의 어떤 부분이라도 제거되지 않았다. 머리카락, 수염, 손과 발톱도 깎지 않았고, 그가 먹는 것은 무엇이든지 새로운 그릇에 담아야 했다."

이와 비슷한 사제적인 왕이나 신적인 왕은 아프리카 서쪽 해안의 원시인들에게서도 찾아 볼 수 있다. 하 기니(Lower Guinea)의 케이프 파드론(Cape Padron) 근처의 샤크포인트(Shark Point)에는 쿠쿨루(Kukulu)라 하는 사제왕이 숲 속에 혼자 살고 있었다. 그는 여자와 접촉하거나 집을 떠나는 것도 허락되지 않는다. 그는 의자에서 떠날 수도 없으며, 잠도 의자에 기대어 자지 않으면 안 된다. 만일 그가 누우면 바람이 일지 않아 항해를 할 수 없을 것이라고 믿었다. 그는 폭풍우를 제압하고, 대체로 평온하고 균등한 기상 상태를 유지해야 할 책임이 있다.

토고의 아구(Agu) 산 위에는, 그 지역 전체에 매우 중요한 '바그바(Bagba)'라 불리는 정령이 살고 있다. '바그바'는 비를 내리게 하거나 그치게 하는 힘을 가지고 있고 내륙에서 불어오는 하르마탕(Harmattan)이라고 하는 건조한 열풍을 포함하여 모든 바람의 지배자였다. 이 정령의 사제는 이 산꼭대기에 있는 집에서 살고 아주 큰 항아리 속에 바람을 봉해서 보관한다. 그는 비를 청하는데, 표범의 이빨과 발톱으로 만든 부적을 팔아 톡톡히 한몫을 본다. 그의 권력은 대단하고, 사실상 그 지방의 추장이기도 하나, 그 정령에 대한 규정은 그가 그 산에서 떠나는 것을 절대로 금하고 있어 일생 동안 그 산꼭대기에서 살아야 한다. 다만 1년에 한 번은 시장에 물건을 사러 내려가도 좋다. 그러나 그때도 평민의 집에 절대 발을 들여놓아서는 안 되며, 그날 안에 자기의 거처로 되돌아가야 한다. 마을을 다스리는 일은 그가 임명한 부추장이 대신한다.

서부 아프리카의 콩고 왕국에는 치토메(Chitomé) 또는 치톰베(Chitombé)로 불리는 대사제가 있었다. 흑인들은 그를 지상의 신, 천상의 전능자로 믿었다. 그리하여 새로 수확한 곡식을 먹기 전에 먼저 그에게 첫 수확을 바치고, 이 규칙을 어기면 여러 재난을 받는다고 두려워했다. 그가 자기 거처를 나와서 그 구역 안의 다른 곳을 방문할 때는, 모든 기혼자들은 그가 여행하는 동안에 엄격한 금욕을 지켜야 했다. 그렇지 못하면 그에게 치명적인 악영향을 끼친다고 믿었기 때문이다. 그들은 그가 죽으면 세계가 멸망하고 그 힘과 덕으로 떠받치고 있는 대지는 곧 붕괴되고 만다고 믿었다.

아메리카의 반야만적인 여러 부족들 사이에는 에스파냐가 신대륙을 정복하던 시대에 일본과 비슷한 신정질서나 신권정치가 있었다. 특히 사포텍(Zapotec)족의 제사장은 일본의 미카도와 매우 닮았던 것으로 보인다. 이 영적 군주는 세속적 국왕의 강력한 경쟁자로, 절대적 주권을 갖고 요파(Yopaa)라 하는 주요한 도시 하나를 다스리고 있었다. 그에 대한 존경은 참으로 상상 이상으로 엄청났다고 한다. 그는 하느님으로 숭배되고, 대지도 감히 상대가 안 되었고, 태양도 그를 비치는 일을 삼가야 할 정도였다. 그래서 그는 땅을 밟지 않았다. 만일 그가 땅을 밟는다면, 그의 신성성은 모독된다고 생각되었다. 그를 태운 가마꾼들은 가장 신분이 높은 집안 출신이었다. 그는 주변 사람에게 눈을 조금도 팔지 않았다. 그를 만난 사람은 그 그림자만 보아도 죽어 버릴 정도였으므로 모두들 땅에 엎드렸다.

사포텍족 사제들에 대해서는 언제나 절제의 규정이 적용되었으나 대제사장에 대해서는 더욱 엄격했다. 그러나 해마다 한정된 일정한 날 동안 술자리와 춤의 향연이 있었는데, 이때에 한해서 대제사장은 취해도 무관했다. 하늘도 땅도 취했을 무렵에 신들에게 바친 처녀들 중에서 가장 아름다운 한 처녀를 그가 있는 곳으로 보냈다. 만일 그 처녀가 낳은 아이가 남자면 아이는 고귀한 핏줄을 받은 신분으로 양육되고, 장남은 그 부친의 뒤를 이어 대제사장이 된다. 이 제사장의 초자연적 위력에 대해선 특별히 기록되어 있지 않으나 그것들은 아마 미카도와 치토메와 비슷할 것이다.

일본과 서아프리카처럼 자연의 질서나 세계의 존재마저도 왕이나 사제의 생명과 결부되어 있는 곳에서 사제왕은 그 백성에게 무한한 축복임과 동시에 위험의 원천으로 여겨졌음이 틀림없다. 한편 백성들은 땅의 열매를 맺게 하는 비와 햇빛은 물론, 배를 운항하게 하는 바람이나 그들의 발 아래에 있는 땅에 대해서 그에게 감사해야 했다. 그러나 사제왕은 베풀기를 거절할 수도 있다. 그리고 자연이 사제왕의 인격에 의존하고 있고, 또 그를 중심으로 한 여러 힘의 균형은 참으로 미묘해서 조금의 불규칙한 그의 거동도 바로 진동을 일으키고, 땅을 그 밑바닥부터 흔들어 놓는 결과를 가져온다. 이처럼 사제왕의 무의식적인 사소한 행동에도 자연이 방해를 받을지도 모른다고 하면, 그의 죽음이 일으키는 격동은 말하지 않아도 상상할 수 있다.

이미 기술했듯이 치토메의 죽음은 만물을 괴멸한다고 상상되었다. 그러므로 백성들은 사제왕의 모든 행동이나, 특히 그의 죽음 때문에 위험에 빠지는 그들 자신의 안전을 얻기 위해서는 규칙을 지키는 것이 필요했다. 따라서 백성과 세계의 존재를 위해서도 그들의 왕이나 사제가 필요하다고 인정되는 여러 규칙에 따라서 행동할 것을 강력하게 요구했다. 일반적으로 초기 왕국에서 백성들은 그 왕을 위해서만 존재한다는 전제적 폭정이라는 견해는, 우리가 오늘 여기서 검토하는 나라들에서는 적용되기 어렵다. 앞에 검토된 사제왕은 다만 그 백성들을 위해서만 존재한다. 그의 생명은 그가 백성의 복지를 위해서 자연의 운행에 명령하여 공적 의무를 수행하는 동안에만 가치가 있다. 따라서 그가 그렇게 하는 데에 실패하거나 하면, 그때까지 백성이 그에게 아낌없이 준 좋은 대우, 헌신, 종교적 숭배는 곧 증오와 모욕으로 변한다. 그는 부끄럽게 그 자리에서 추방되고 생명을 다하여 도망칠 수 있다면 다행이다. 어제까지 신으로서 숭배되었으나, 오늘은 죄인으로서 살해될 수 있다.

인간과 우주

왕은 우주의 중심축이지만, 왕에게 진실인 것은 원칙적으로 모든 사람에게 진실이다.

◀ 황도 12궁의 영향력이 인체의 어떤 부분에 미치는가를 보여주는 남자의 모습. 보들리언 도서관, 옥스퍼드

▼ 아스텍족의 남자와 몸의 각 부분을 주관하는 궁(宮)의 그림. 「멕시코 고서」, 1830~48, 보들리언 도서관, 옥스퍼드

　백성들의 급변하는 태도에는 어떤 변덕이나 모순은 없다. 오히려 그들의 행동은 아주 평화적이다. 그 왕이 신이라면 왕은 그들의 보호자고 또 그래야 한다. 그러므로 만일 그가 백성을 보호하지 않으려면 뜻이 있는 사람에게 그 자리를 양보해야 한다. 그러나 그가 그들의 기대에 부응하는 한, 백성들이 그를 돌보거나 그가 자신을 돌보도록 백성들은 강요한다. 사제왕은 의례적인 예의, 말하자면 금지와 관례의 항목으로 둘러싸여 살고 있다. 이것은 그의 위엄에 보탬이 되는 것이 아니다. 더욱이 그의 안락을 위함도 물론 아니다. 자연의 조화를 방해하여 그 자신과 백성, 그리고 전세계를 다 함께 파멸에 휘몰아 넣는 두려운 행동을 하지 않도록 하기 위한 것이다. 이 관례 등은 안위를 위한 것이 아니라 모든 행동을 구속하고 그 자유를 빼앗았다. 때로는 백성들이 아무리 원해도 그의 목숨을 존속하는 것조차 그에게는 무거운 짐이 되고 슬픔이 된다.

　초자연적인 자격이 부여된 로앙고(Loango) 왕에 대해 전하는 말에 따르면,

왕의 권력이 강하면 강할수록 더 많은 터부(금기)를 지켜야 한다. 걷는 것, 일어서는 것, 먹고 마시는 일, 잠자고 깨는 일 등, 그의 행동 전체를 이 금기에 의해 규제받는다. 왕위 계승자는 어렸을 때부터 그런 속박 속에서 생활한다. 그러나 자라면서 지켜야 할 절제나 의례의 수는 많아져서, 즉위할 때에 이르면 그는 의례와 터부의 바다 속에 빠지게 된다.

주위가 무성한 풀로 뒤덮인 경사진 사화산의 분화구 가운데에는 페르난도 포(Fernando Po) 섬의 토착인들의 왕이 거주하는 리압바(Riabba)의 오두막과 토란밭이 점점이 흩어져 있다. 전하는 말에 따르면, 이곳의 신비스러운 왕은 40명의 여자들에 둘러싸이고, 옛날 은화로 덮인 분화구의 가장 밑바닥에서 살았다고 한다. 이 벌거벗은 토착민 왕의 권세는 산타 이사벨(Santa Isabel) 섬에 주둔한 에스파냐 총독의 권세를 능가한다. 왕에게 부비(Boobie)족 토착민들의 보수정신이 구체적으로 나타난다. 그는 백인을 본 적이 없다. 부비족의 굳은 신념에 따르면, 왕이 백인의 흰 얼굴을 보면 그는 바로 죽는다고 믿었다. 그는 바다를 보면 안 된다. 이 때문에 발에 쇠사슬을 차고 어두컴컴한 오두막집에서 그의 일생을 보낸다고 한다. 그가 한 번도 해안에 나온 일은 없다. 그는 총과 칼 외에 백인에게 받은 물건을 쓰지 않는다. 유럽제 의복을 결코 몸에 걸치지 않고 담배, 럼술, 소금도 경멸한다.

노예 해안(Slave Coast)의 에웨(Ewe) 어족들에게는 다음과 같은 말이 전한다.

"왕은 동시에 대사제이기도 하다. 그 성격상 백성들은 그에게 접근할 수 없다. 다만 밤중에 그는 거처를 떠나서 목욕이나 용변을 볼 수 있었다. '볼 수 있는 자'라 불리는 그의 대변인과 선출된 세 장로들 말고 아무도 그와 대화할 수 없다. 심지어 그들도 그와 등지고 쇠가죽 위에 앉아서 대화해야 했다. 그는 유럽인이나 말을 보아서는 안 되고 바다를 보아서도 안 되었다. 이 까닭으로 한 시라도 그 수도를 떠날 수 없었다. 이 규칙들은 근래에 이르러서 무시되고 말았다."

다호메이(Dahomey) 왕도 바다를 바라보지 못하는 금기에 복종하고 로앙고와 기니의 위대한 아르드라(Great Ardra) 왕들도 그러했다. 바다는 다호메이의 시북쪽에 있는 에이에오족에게도 금기였고, 그 백성이나 왕도 바다를 보려면 사제들에게 생명의 위협을 받는다.

세네갈의 카요르(Cayor)족은 왕이 강이나 바다를 가로지르면 그해 안에 반드시 죽는다고 믿었다. 마쇼날랜드(Mashonaland)에서는 최근까지 추장은 특히 루리크위(Rurikwi)족과 니야디리(Nyadiri)족의 경우, 강을 건너려 하지 않았다. 이 관습은 극히 최근까지 적어도 한 사람의 추장에 의해서 엄격하게 지켜졌다.

"어떤 이유가 있더라도 추장은 강을 건너려 하지 않았다. 만일 그렇게 할 필요가 있을 경우에 그는 눈을 가린 채 외침과 노래 속에서 건너 옮겨졌다. 그가 걸어서 건너면 곧 눈이 멀거나 죽거나 하며, 반드시 추장직을 잃게 된다."

또 마다가스카르 남쪽의 마하팔리(Mahafaly)족과 사칼라바(Sakalava)족 사이에서도 몇몇 왕은 바다를 배로 건너가거나 강을 건너는 것이 금지되었다. 사칼라바족 추장은 신성한 존재로 간주되나 다음과 같은 금기가 있다.

"중국의 황제처럼 그의 행동은 많은 금기로 제한된다. 그는 주술사가 징조를 길하다고 보고 선고하지 않는 한, 어떤 일도 계획할 수 없다. 따뜻한 음식물을 먹어서는 안 된다. 정해진 날에는 오두막을 떠나서는 안 된다."

아삼의 어떤 산간 부족 사이에서는 추장과 그 아내는 음식물에 대한 많은 터부를 지켜야 한다. 들소, 돼지, 개, 닭, 또는 토마토를 먹어서는 안 된다. 추장은 정절을 지키는 그 아내 한 사람에게 만족해야 한다. 일반적이거나 공적인 터부를 준수하는 전날 밤에는 아내에게서 떠나지 않으면 안 된다. 몇 부락의 집단에서는 추장이 관계하지 않는 다른 마을에서 식사하는 것이 금지되고, 화가 나는 일이 있더라도 거친 말을 해서는 안 된다. 외견상 그곳 사람들은 추장이 어떤 터부를 범하면 모든 마을 사람에게 재난이 미치는 것으로 믿는다.

고대 아일랜드 왕들은 렌스터, 먼스터, 코노트와 얼스터 등 네 지방의 왕들처럼 어떤 특이한 터부의 지배를 받았다. 그리고 그 나라 백성과 그 자신의 안녕을 위해 이 터부를 지켜야 한다고 믿었다. 예를 들면, 에린(Erin)의 옛 수도 타라(Tara)에서는, 태양이 침대에 있는 아일랜드 왕의 위에 떠오르는 것이 허락되지 않았다. 왕은 마그 브리그(Magh Breagh)에서 수요일에 불을 켜는 것, 해가 진 뒤 마그 퀼린(Magh Cuillinn)을 횡단하는 것이 금지되고, 판−코마이르(Fan−Chomair)에서는 말을 자극하는 것과 5월제(May Day) 뒤의 월요일에 배를 타는 것과 만성절(萬聖節 : All Saints' Day) 뒤 화요일에 아드 마인(Ath Maighne)에 있는 군대의 연병장을 건너가는 것이 금지되었다.

렌스터 왕은 수요일에 투아트 레이긴(Tuath Laighean) 왼쪽을 돌거나 그 머리를 한쪽에 기울여 도테르(Dothair, Dodder)와 뒤블린(Duibhlinn) 사이에서 자거나,

쿠알람(Cualam) 평야에서 아흐레 동안 야영하거나 월요일에 뒤블린의 길을 여행하거나 마그 마이스티언(Magh Maistean)을 가로질러서 불결한 발굽의 말을 타지 못한다. 먼스터 왕은 월요일에서 다음 월요일까지 로크 레인(Loch Lein)의 연회를 즐기는 것이 금지되었다. 레이트리카(Leitreacha)에서의 가임(Geim)절 전야에, 첫 수확에 앞서 연회에 참석하는 것이 금지되었다. 시위르(Siuir) 산에서 9일간에 걸친 야영에 참가하는 것도 금했으며 가브란(Gabhran)에서 국경 집회를 갖는 것도 금지되었다.

코노트 왕은 만성절에 강화를 맺은 뒤 크루아칸(Cruachan)에 있는 그의 고성에 대한 조약을 맺는 것과, 무늬 있는 의복을 걸치고 반점이 있는 회색 말을 타고 달카이스(Dal Chais)의 황야로 달리는 것, 시가이스(Seaghais)에서 부녀자들의 집회에 출석하는 것, 가을에 메인(Maine)에 있는 아내의 무덤 위에 앉는 것, 아트갈타(Ath Galta)에서 회색 애꾸 말의 기수와 두 개의 기둥 사이를 경주하는 것이 모두 금지되었다. 끝으로, 얼스터 왕은 레트라인에 있는 말시장에 달아라 이데의 젊은이들과 함께 가는 것, 일몰 뒤 린세일리크 새떼들의 지저귐에 귀를 기울이는 것, 데르믹데르의 수소 축제를 축하하는 것, 3월에 마코바에 가는 것, 이틀 밤 사이에 보네임히드의 물을 마시는 것 등이 모두 금지되었다. 만일 아일랜드 왕들이 예부터 관례로 명령한 이런 금기를 엄격히 지킨다면, 그들은 결코 재난과 불행에 부딪히지 않으며, 늙고 쇠약해지는 것을 느끼지 않고 90세까지 장수를 누릴 수 있다고 믿었다. 그 통치 기간 동안 질병이나 사람들이 계속 쓰러지는 일이 없다고 믿었으며, 계절의 순환도 순조롭고 땅의 결실도 풍성하다고 믿었다. 그러나 이에 반해 그들이 옛 관례를 무시했을 경우에 그 나라에는 질병, 기근, 악천후 등이 들이닥친다고 믿었다.

이집트 왕들은 신으로서 숭배되었으나 그들의 하루하루는 딱딱하고 융통성 없는 온갖 규정으로 세세한 점까지 제약을 받았다. 디오도로스는 이렇게 말하고 있다.

"이집트 왕들의 생활은 책임을 추궁당하지 않고 마음대로 행할 수 있던 다른 나라의 군주들과는 달랐다. 반대로 그의 정치상 임무만이 아니라 일상 생활의 세세한 점에 이르기까지 모든 것을 규칙에 따라야 했다. 그가 즐겨서 하는 일이 아니라 그에게 과해진 일을 행하는 시간이 밤이나 낮이나 정해져 있었다. 국정을 돌보고 심판의 자리에 앉을 시간만이 아니라 산책할 시간, 목욕

우주의 중심축으로서의 왕
독일 하인리히 II세 황제의 옷으로, 태양과 달과 별이 보인다. 이 옷을 입은 황제는 우주의 중심에 서 있게 된다. 11세기, 대성당 보물, 디외체산 박물관, 밤베르크

시간, 자는 시간, 간단히 말해서 생활상의 모든 행동할 시간이 결정되어 있었다. 관습은 왕에게 단순한 식사를 명했다. 그가 먹을 수 있는 육식은 송아지고기와 타조고기뿐이고, 술은 정해진 양만 마셨다."

그러나 이 규정을 지킨 것은 고대의 왕(파라오)들이 아니라, 제20왕조 끝 무렵에 테베와 에티오피아를 통치한 사제왕들인 것으로 보인다.

사제들에게 주어진 터부 가운데에, 유피테르의 살아 있는 모습이나 하늘 정령의 화신이라 해석되는 로마의 신관 플라멘디알리스(Flamen Dialis)가 지킨 생활 규칙에서 참으로 놀라운 실례가 발견되었다.

그것은 다음과 같다. 그는 말을 타거나 만져서도 안 되고, 무장한 군대를 보아서도 안 되고, 깨어지지 않는 반지를 끼어서도 안 되고, 그의 옷 어디에도 매듭이 있어서는 안 되었다. 성화 외에 어떤 불도 그의 집에서 가져 나와서도 안 되었다. 밀가루나 효모를 넣은 빵을 만져서도 안 되었다. 산양, 개, 날고기, 콩, 담쟁이덩굴 등을 만져도 안 되고, 심지어 그것들의 이름들을 입에 올리는 것도

금지되었다. 또 포도나무 아래에서 걸어도 안 되며, 그의 침대 다리에는 진흙을 발라 두어야 했다. 그의 머리카락은 청동 칼로 노예가 아닌 평민만이 자를 수 있고, 자른 머리카락이나 손톱은 행운이 있는 나무 밑에 파묻어야 했다. 그는 시체를 만져서도 안 되고 시체를 태운 곳에 가서도 안 되었다. 성스러운 날에 일하는 것을 보거나 집 밖에 몸을 드러내어도 안 되었다. 만일 죄수가 그의 집에 끌려오면, 죄수를 풀어 주고 그 끈을 지붕에 뚫려 있는 구멍으로 끌어올려 다시 길가에 내려 드리워야 했다.

그의 아내 플라미니카도 사제와 거의 같은 규정과, 그 밖에 그 여자에게만 주어진 것을 지켜야 했다. 그녀는 '그리크'라 불리는 계단을 세 계단 이상 올라가서는 안 된다. 어떤 축제에서는 머리를 빗어서는 안 된다. 또 그녀의 가죽신은 자연사한 짐승의 가죽으로 만들어서는 안 되고 도살되었거나 제물로 바쳐진 짐승의 가죽으로 만들어야 했다. 만일 그녀가 천둥소리를 들으면, 속죄의 제물을 바칠 때까지 그녀 자신이 터부가 되어 사람들에게서 격리되어야 했다.

시에라리온(Sierra Leone)의 그레보(Grebo)족 사회에서는 보디아란 칭호가 있고, 희미한 근거지만 유대인의 대사제와 비교되는 사제왕이 있다. 그는 신의 명령에 따라 임명된다. 엄숙한 임명식에서 그에게 기름 붓고 사제왕의 휘장으로 발목 가락지를 끼우고, 그 집 앞의 기둥에는 제물로 바친 염소의 피를 뿌린다. 그는 공적인 부적과 신상을 맡아 보관하고 초하룻날마다 쌀과 기름을 바친다. 그리고 마을의 안녕을 위해서 죽은 자와 귀신들에게 희생 제물을 바친다. 그의 권력은 표면상으로는 매우 크나 실제는 매우 제한을 받고 있다. 여론을 무시해서는 안 되고, 나라에 닥칠 재앙에 대해서는 생명을 바쳐서라도 책임을 지지 않으면 안 되기 때문이다. 그는 땅을 풍요롭게 하고 백성들에게는 건강을 주고, 전쟁을 추방하고 사악한 요술을 뿌리째 없애야 한다. 그의 생활은 어떤 제한이나 터부로 속박을 받는다.

예를 들면, '기름 부은 집'으로 불리는 그의 집 그 밖의 집에서는 결코 잠을 잘 수 없다. 이 집의 명칭은 즉위할 때 기름을 붓는 의식에 따른 것이다. 그는 길가에서 물을 마셔서는 안 되고, 마을에 시체가 있는 동안에는 음식을 먹거나 죽은 자를 위해 슬퍼해서도 안 된다. 그가 '보디아'로서 재직 중에 죽을 경우에는 밤중에 사람들이 잠든 무렵에 매장된다. 그 매장을 아는 자는 극소수이고, 그의 죽음이 공적으로 알려져도 아무도 슬퍼하지 않는다. 그가 신탁에 따라 새시우드(Sassywood)를 달인 독을 마셔 희생 제물이 되면, 그 시체는 강의 급류에 수장된다.

인도 남부의 토다(Toda)족에서는 신성한 우유를 짜는 자가 성스러운 목장의 사제 역할을 맡는데, 그는 몇 년이 될지도 모르는 재임기간 내내 온갖 번거롭고 어려운 제약을 받게 된다. 예를 들면, 언제나 신성한 목장에서 살아야 하고, 절대로 자기 집에 돌아가거나 마을을 방문해서도 안 된다. 그는 독신으로 지내야 하고, 기혼자인 경우에는 아내와 이혼해야 한다. 어떤 일이 있어도 일반인은 신성한 우유를 짜는 사람이나 우유 짜는 곳에 손을 대서는 안 된다. 만일 이런 금기가 깨지면 그의 신성성은 더러워지게 되며, 이에 따라 그는 직책에서 쫓겨난다. 보통 사람이 그에게 접근할 수 있는 날은 일주일에 두 번, 월요일과 목요일뿐이다. 그 밖의 날에는 그에게 어떤 일이 있어도 멀리 떨어져(일설에는 약 400미터의 거리) 있어야 하고, 그 간격을 유지한 채 소리를 질러서 용건을 전달한다. 또 이 사제는 그 직책에 있는 동안 머리를 깎거나 손톱을 깎아서는 안 된다. 그는 다리를 통하여 강을 건너지 말아야 하고, 얕은 곳을 걸어서 건너야 하며, 그 건너는 곳도 정해져 있다.

그의 씨족 가운데 어느 누군가가 죽었을 경우에는, 먼저 그 높은 자리를 사임하고 보통의 한 개인으로 돌아오지 않는 한 절대 장례에 참석하지 못한다. 그 옛날에는 씨족의 한 사람이라도 죽으면 젖짜는 사람은 그 공직의 인수와 젖을 짜는 자리에서 물러나야 한다고 여겨졌다. 그러나 이런 엄격한 제한은 매우 높은 계급의 젖짜는 사람에게만 주어진 것이다.

2 종교적 권력과 세속적 권력의 분리

왕이나 사제의 직분에 가해지는 그런 부담스러운 금기의 엄수는 마침내 마땅한 결과를 가져왔다. 사람들은 이 직분을 맡는 것을 거절하게 되었고, 따라서 그 직분이 사라질 추세를 보였다. 또 그 직분을 수락하더라도, 금기의 중압 때문에 그들은 의기를 잃고 은둔자와 같이 되었고, 정치적 실권은 그의 마비된 손에서 벗어나, 사실상 통치권을 차지한 자의 강력한 손아귀에 들어가는 경우가 자주 생기게 되었다. 어떤 나라에서는 통치권의 이러한 분열은 영적 권력과 세속적 권력으로 양분화되어 전체적이고 영구적인 분리로 심화되어 갔다. 그래서 세속적 권력은 더 젊고 활동적인 자들에게 옮겨간 데 반해, 예부터 내려온 왕족은 그 순수한 종교적인 직능만을 유지하게 되었다.

우리는 이미 앞에서 캄보디아에서는 불과 물의 왕의 자리를 싫어하는 그 후계자에게 억지로 떠맡긴 사례와 이런 위험한 영광을 받아들이는 사람이 아무도 없어서 끝내 왕국이 멸망했던 세비지 아일랜드의 사례를 살펴보았다. 서부 아프리카의 어떤 지방에서는, 왕이 죽으면 그 후계자를 정하기 위해서 왕실회의가 극비리에 열린다. 선택되기로 결정된 사나이는 갑자기 체포되고, 포박되어 주술의 집에 갇히며, 왕관 받기를 수락할 때까지 그곳에 감금되었다. 때로는 이 후계자도 자기에게 강요된 영광을 회피할 방법을 발견한다. 강한 추장은 언제나 무장하고 자신을 왕좌에 오르게 하는 계획에 대해 폭력으로 맞설 태세를 갖추었다고 한다.

시에라리온의 미개한 티메(Timme)족은 자신들이 선출한 왕을 즉위식 전날 밤에 합법적으로 때릴 권리를 갖는다. 그들은 때로 불행한 군주가 오래 영광스러운 왕좌에 앉지 못하도록 선의로 마음껏 이 합법적 특권을 행사한다. 때로는 유력한 추장들이 원한을 품고 그를 없애기 위해 왕으로 선출하기도 한다. 또한 이들에게는 누군가 왕위에 올랐다고 선언하기에 앞서 그를 쇠사슬로 묶고 때리는 관습이 있었다. 이렇게 때린 다음에 족쇄를 부수고 왕의 옷을 입힌 다음, 왕의 권위를 나타내는 휘장을 그의 손에 쥐어 준다. 그러나 사실 이것은 사형 선고였다. 그러므로 이런 관습이 보편화된 시에라리온에서는 만딩고(Mandingo)족과 수지(Suzee)족을 제외하고는 자기 나라 출신 왕은 거의 없었다. 그들의 생각은 유럽인의 사고 방식과 달라 그 영예를 자진해서 받으려는 사람은 거의 없고, 왕위 계승을 둘러싼 싸움은 전혀 없었다.

일본의 미카도는 일찍이 통치권의 영예와 무거운 짐을 어린 왕자에게 양도하는 편리한 방편을 이용한 것으로 보인다. 오랫동안 이 나라의 실권자였던 쇼군(Tycoons : 將軍)의 기원은, 어떤 미카도가 세 살 난 자식에게 왕위를 물려준 데까지 거슬러 올라간다. 한 반역자가 어린 왕자에게서 주권을 탈취했는데, 용기 있는 실력자 요리토모(Yoritomo : 賴朝)가 반역자를 쓰러뜨려 실권을 장악하여 미카도에게는 상징적인 권위만 회복해 주었다. 그는 자기가 획득한 권력을 자손에게 양도했는데, 이리하여 쇼군의 창시자가 되었다고 한다. 16세기 후반기에 이르기까지 쇼군들은 활동적이고 실력있는 통치자들이었다. 그러나 전에 미카도가 겪었던 것과 똑같은 운명이 쇼군들에게 닥쳤다. 그들은 똑같은 관습과 법률의 거미줄에 엉켜서 단순한 꼭두각시로 전락하고, 거의 궁에서 움직이지 못하고 반복되는 공허한 의식 속에 파묻혔다. 한편으로 정치의 실질적인 사무는 나라의 의회격인 막부(幕府)에 의해 처리되었다.

군주국 통킨(Tonquin)에서는 한 왕이 그 선왕들과 마찬가지로 연약하고 게으른 생활을 하고 있었는데, 막(Mack)으로 불리는 야심적인 모험가가 그를 왕좌에서 쫓아냈다. 이 사나이는 한낱 어부에서 군주까지 출세한 사람이었다. 그러나 쫓겨난 왕의 형제인 트링(Tring)이 찬탈자를 쓰러뜨리고 왕위를 회복했으나, 군대의 통수권만은 그와 그의 자손에게 남겨 두었다. 그 뒤부터 왕은 군주의 칭호와 위엄을 보존했으나 통치를 행사하지는 못했다. 왕이 궁전에서 은둔자 같은 생활을 한 데 반해, 장군은 세습적인 통치의 실권을 차지했던 것이다.

망가이아(Mangaia)라 하는 폴리네시아 섬에서는 종교적 권위와 세속적 권위가 다른 사람의 손에 장악되고, 세습적인 왕이 영적 직능을 수행한 데 반해서 세속적인 정치는 때때로 승리한 장군이 맡았다. 그러나 그 임명은 왕이 했다. 이에 비해 통가에서는 한편으로는 왕이 세속적 권력을 쥐고 있어 왕권이 세습되었고, 다른 한편으로는 전쟁 공로나 병졸 수에 따라 왕권을 얻었다. 게다가 신적인 대추장이 주신들의 후예로 여겨져 왕과 군소 추장들보다 더 높은 자리에 있었다. 1년에 한 번, 대추장에게 토지의 첫 수확을 바치는 장엄한 의식을 거행하였으며, 만일 그 제물을 게을리하면 신들의 복수가 즉각 그 백성 위에 내린다고 믿었다.

대추장에 대해서 말하자면, 다른 누구에게도 쓰지 않는 어법을 사용했으며, 그의 손에 닿은 것은 모두 신성한 금기가 되었다. 대추장이 왕과 만날 때는 왕이 존경의 표시로 대추장이 지나갈 때까지 땅에 엎드려 있어야 했다. 이렇게 대추장은 신을 조상으로 모신다는 이유로 최고의 숭배를 받았다. 그러나 이 신성한 인물은 전혀 정치적인 권위를 갖지 않았고, 국정에 간섭하려 들면 왕의 반격을 받을 위험이 있었다. 정치상 실권은 오직 왕에게 속했으며, 또 왕은 결국에는 그의 경쟁자인 대추장을 제거하는 데 성공하곤 했다.

서부 아프리카의 어떤 지방에서는 주술 왕, 즉 종교상의 왕과 세속적 왕 두 사람이 나란히 다스리고 있으나, 종교적 왕의 권력이 절대적이다. 그는 날씨와 그 밖의 것을 관장하고 모든 것을 억제할 수 있다. 그가 땅에 빨간 권위의 표시를 해 놓으면 누구도 그 길을 통행할 수 없다. 이 신성한 통치자와 세속적 통치자의 힘의 분리는 순수한 흑인 문화가 파괴되지 않고 남아 있는 곳이면 어디서나 발견된다. 반면 다호메이(Dahomey)나 아샨티(Ashantee)족 등과 같이 흑인의 사회 형태가 파괴된 곳에서는 이 두 권력은 단일한 왕권에 통합되는 경향을 보인다.

인도의 동부 티모르(Timor) 섬의 어떤 지방에서도 서부 아프리카의 세속적인 왕과 주술의 왕, 즉 종교적인 왕으로 대표되는 권력 분리를 볼 수 있다. 티모르의 여러 부족 가운데 어떤 부족은 두 사람의 라자(rajah)라 부르는 왕을 모두 인정한다. 즉, 한 사람은 보통의 세속적 왕으로서 백성을 다스리며, 또 하나는 종교적 왕 또는 금기의 왕으로서 토지와 거기에서 나오는 작물에 대한 모든 지배를 위임받는다.

종교적 왕은 모든 것을 금기로 선언할 수 있는 권위를 지녔다. 새로운 토지를 경작할 때는 미리 그의 허가를 받아야 하고, 일을 시작할 때에 그의 지시에 따라 의식을 거행해야 한다. 만일에 가뭄이나 해충 때문에 농작물의 흉작이 예상되면 농작물을 구하기 위해서 그의 도움을 요청한다. 그의 지위는 세속적인 왕보다 아래이나 여러 문제 해결에서 중요한 영향을 끼친다. 이는 세속적인 왕은 모든 중대한 사건에 대해 종교적 왕에게 먼저 상담해야 하기 때문이다.

로티(Rotti)나 동 플로레스(Flores) 등과 같은 몇몇 이웃한 섬들에서, 종교적 왕과 같은 영적 통치자는 모두 '토지의 주인'을 뜻하는 여러 원주민어 명칭으로 불린다. 영국령 뉴기니의 메케오(Mekeo) 지방에도 두 명의 추장이 있다. 그곳 사람들은 모두 가문의 계보에 따라 두 개의 계층으로 나뉘고, 각 계층은 그 추장을 갖고 있다. 그 둘 가운데 한 명은 '전쟁의 추장'이고, 다른 한 명은 '금기의 추장'인데, 후자는 세습직이다. 이 금기의 추장이 갖는 임무는 어떤 농작물, 예를 들면 야자 열매나 빈랑 등과 같은 것들에 대한 백성들의 사용을 금지하는 것이 바람직하다고 생각될 경우 그것들에 금기를 부과하는 것이다. 그의 직능은 더 높은 존재를 달래는 것보다 수확을 관장하는 것과 관계하고 있다는 점에서 종교적이기보다는 주술적이다. 그러므로 여기서 우리는 충분히 사제왕의 단서를 엿볼 수 있는 것이다.

제18장
영혼의 위험

1 마네킹으로서의 영혼

이제까지의 여러 예들은 신성한 왕이나 사제직이 때때로 다수의 번거로운 제한이나 터부와 관계하고 있음을 보여 준다. 이 제한과 터부는 주로 백성을 위해 그 신성한 인물의 생명을 보존하는 것이 그 목적이었던 것 같다. 그런데 만약 터부의 목적이 이런 것이라면, 한 가지 의문점이 생긴다. 그것은 바로 터부를 지키는 것이 어떻게 그 목적에 도움을 주는 것으로 생각되었던 것일까이다. 이를 이해하기 위해서 우리는 먼저 왕의 생명을 위협하는 것이며, 사람들이 그런 기묘한 금기로써 맞서 방어하고자 했던 대상인 위험의 성질을 알아야 한다. 그러므로 우리는 원시인은 죽음을 어떻게 이해했으며, 무슨 원인으로 죽는다고 생각했는지, 그리고 어떻게 죽음을 막을 수 있다고 생각했는지 묻지 않을 수 없는 것이다.

일반적으로 원시인은 무생물계의 여러 작용을 그 현상 속에서나 배후에서 작용하는 어떤 살아 있는 존재가 행하는 것으로 상상했다. 그들은 생명의 현상 그 자체도 이와 똑같은 사고 방식으로 설명한다. 어떤 동물이 살아 움직인다면, 그 동물 속에 움직이게 하는 다른 작은 동물이 들어 있기 때문이라는 식이었다. 그들은 사람이 살아서 움직이는 또한 역시 사람을 움직이는 작은 인간이나 동물이 그 속에 있기 때문이라고 생각했다. 그러므로 원시인들에게 영혼은 다름 아닌 동물 속에 있는 다른 동물, 인간 속에 있는 다른 인간이었다. 즉, 그들은 동물이나 인간의 활동을 영혼의 존재를 통해 설명했던 것이다. 이와 마찬가지로 그들은 수면이나 죽음에 따른 활동 정지를 영혼의 부재로 설명한다. 즉, 수면과 최면은 영혼의 일시적인 부재이고, 죽음은 영구적인 영혼의 부재로 생각되었다. 그리하여 죽음이 영혼의 영구적인 부재라면, 그것을 막는 방법은 영혼이 육체로부터 벗어나는 것을 막거나, 또는 이미 영혼이 떠난 뒤라면 다시 그것을 복귀시킬 수밖에 없을 것이다. 이런 목적을 이루기 위해 원시인이 택하는 방법은 영혼의 계속적인 존재나 복귀를 촉구하는 규정일 뿐이므로, 어떤 일정한 금지 규정이나 터부의 형식을 취하는 것이다. 다시 말하면 어떠한 금지 규정들이나 터부는 생명을 보존하거나 지키기 위한 수단이다. 이 개관을 다음에서 실례를 들어 설명하기로 하자.

어떤 오스트레일리아 흑인들에게 한 유럽 선교사가 이렇게 말했다.

"당신들이 생각하듯이 나는 한 사람이 아니라 두 사람이오."

이 말을 들은 흑인들은 웃었다. 선교사는 말을 계속했다.

"우스우면 얼마든지 웃으시오. 나는 두 사람이 한 사람이 되었소. 당신들이 보고 있는 이 큰 육체가 한 사람이고, 이 속에는 눈에 보이지 않는 또 하나의 작은 사람이 있소. 이 큰 몸은 죽으면 매장되나 보이지 않는 작은 몸은 날아갑니다."

흑인 한 사람이 대답했다.

"그렇소. 우리도 둘이요. 가슴 속에 작은 몸은 갖고 있소."

죽음 뒤에 그 작은 몸은 어디로 가느냐는 물음에 어떤 자는 수풀 저편으로 간다고 하고 어떤 자는 바다 속으로 간다고 하고, 어떤 사람은 모른다고 대답했다.

휴런(Huron)족은 영혼이 머리와 몸통, 손과 발을 갖추고 있다고 생각했다. 그들에게 영혼은 완전히 인간 자체의 작은 모형이었다. 에스키모족들은 "영혼은 그것이 속한 육체와 같은 모습을 하고 있으나 포착하기 어려운 공기와 같다"고 믿는다. 누트카(Nootka)족에 따르면, 영혼은 아주 작은 사람의 모습을 하고 있다. 영혼은 머리의 뇌에 자리 잡고 있으며, 영혼이 똑바로 서 있는 동안에는 그 사람이 원기 왕성하고 건강하지만 어떤 원인으로 그 자세를 잃으면 그는 의식을 잃는다고 한다. 프레이저 강 하류의 인디언 부족들은 인간은 네 개의 영혼을 갖고 있는데, 그중 으뜸가는 영혼은 마네킹 모양이며, 다른 셋은 마네킹의 그림자라고 생각하고 있다. 말레이인은 인간의 영혼을 작은 사람으로 생각하는데, 그 사람은 거의 눈에 보이지 않고 그 크기는 엄지손가락만하고 용모와 균형과 얼굴빛까지도 사람과 닮았다. 이 마네킹은 만져 보아서 알 수 없는 것은 아니지만, 그 성질이 비실체적이어서 물질 대상에 접촉하면 자리를 옮겨 재

빠르게 여기저기로 날아다닌다. 그리고 그것은 수면, 최면, 질병의 상태에는 일
시적으로, 그리고 죽은 뒤에는 영원히 육체를 이탈한다.

마네킹과 인간의 유사성은 영혼과 육체의 유사성과 똑같아서 살찐 육체와
여윈 육체가 있듯이 영혼에도 살찌고 여윈 것이 있다. 무겁고 가볍고 길고 짧
은 육체가 있듯이 영혼에도 무겁고 가볍고 길고 짧은 것이 있다. 니아스(Nias)
섬 사람들은 사람이 태어나기 전에 어느 정도의 무게와 길이의 영혼이 필요한
지를 질문받아 소원대로 무게나 길이가 만들어진다고 생각한다. 여태까지 주
어진 가장 무거운 영혼의 무게는 10그램 정도로, 인간 생명의 길이는 그 영혼
의 길이와 비례한다. 따라서 어린아이 때에 죽은 사람은 짧은 영혼을 갖고 있
다는 것이다.

피지인은 영혼이 아주 작은 인간의 모양을 하고 있다고 생각한다. 이 생각은
나켈로(Nakelo) 부족의 추장이 죽었을 때 치러지는 관례에서 분명히 알 수 있
다. 추장이 죽으면 세습 장의사 몇 사람이, 기름이 칠해지고 치장되어 훌륭한
자리 위에 누운 추장의 시신에 대고 말한다.

"일어나오. 추장이여, 갑시다. 그날이 왔소."

그리고 그들은 추장의 시신을 강가로 옮긴다. 그러면 유령의 나룻배 사공이
나켈로 추장의 영혼을 강의 피안으로 데려다 준다고 한다. 이렇게 그들은 추장

이 마지막 여행을 떠날 때에 배웅에 나서, 큰 부채를 낮게 들어 추장을 보호해 주는데, 이것은 그들이 어느 선교사에게 설명한 것과 같이 "그의 영혼은 어린 아이만하다" 생각하기 때문이다. 문신을 하는 편자브인들은 사람이 죽으면 영혼, 즉 사람 속에 살고 있는 '작은 남자나 여자'가 살아 있을 때 저마다가 몸에 새긴 문신을 그대로 하고 하늘에 오른다고 믿는다. 이와는 달리 때로 인간의 영혼이 사람의 모습이 아닌 동물의 모습을 띤다고 생각되기도 하는데, 이것은 나중에 언급하겠다.

2 영혼의 이탈과 영혼 부르기

영혼은 육체의 선천적인 구멍, 특히 입과 콧구멍으로 이탈한다고 일반적으로 여겨진다. 그래서 셀레베스에서는 때때로 낚싯바늘을 병자의 코나 배, 발 등에 매어 놓고, 도망치는 영혼을 걸어서 붙잡아 두려 하였다. 보르네오의 바람 강의 투리크(Turik)족은 낚싯바늘 모양의 돌을 꼭 몸에 지니고 다닌다. 이는 그의 영혼을 몸에 붙잡아 두어 자기의 영적인 부분이 육체적인 부분에서 분리되는 것을 막기 위해서이다.

원시 말레이족인 시다약(Sea Dayak)족의 주술사나 주술의는 입문할 때, 자신의 손가락에 낚싯바늘과 같은 것을 단다. 이것은 그 뒤에 그 바늘을 갖고 날아가려는 사람의 영혼을 붙잡아서 다시 환자의 몸에 되돌려 주기 위해서이다. 이 바늘은 자기편의 영혼만이 아니라 적의 영혼을 포착하는 데에도 유익하다. 이 원리에 따라서 보르네오 식인종은 목제 갈고리를 자신이 죽인 적의 해골 옆에 두는데, 이렇게 하는 것이 다음 약탈 때 새로운 모가지를 얻는 데 도움이 된다고 믿는 것이다. 하이다족의 주술사가 쓰는 도구 중에는 속이 빈 뼈가 있는데, 그는 그것에 도망가는 영혼을 붙잡아 넣고 그 주인에게 돌려준다고 한다.

힌두인들은 사람 앞에서 하품을 할 때 언제나 엄지손가락으로 소리를 낸다. 이렇게 하면 열린 입에서 도망치려는 영혼을 막을 수 있다는 것이다. 마르케산(Marquesan)족은 죽어 가는 사람의 영혼이 도망치는 것을 막고 목숨을 연장하기 위해 그 입과 코를 막는다. 뉴칼레도니아(New Caledonia)족에도 같은 습관이 있다고 알려졌다. 필리핀 제도의 바고보(Bagobo)족도 같은 목적에서 환자의 손이나 발목에 구리로 된 고리를 끼워 둔다. 또 남아메리카의 이토나마(Itonama)

족은 영혼이 나가서 다른 사람의 영혼까지 유인할까 봐 죽어 가는 사람의 눈과 코와 입을 막는다. 니아스 섬 주민은 최근에 죽은 사람의 영혼을 두려워하고, 영혼을 숨과 동일시하여 시체의 콧구멍을 막거나 그 턱을 매어서 떠돌아다니는 영혼을 오두막집에 가두려 한다.

오스트레일리아의 와켈부라(Wakelbura)족은 시체를 버리고 도망칠 경우, 영혼이 그들을 뒤쫓아 올 수 없도록 시체의 귀에 뜨거운 숯을 넣어 영혼이 시체에 머물게 한다. 남부 셀레베스에서는 출산 중인 부인의 영혼이 달아나지 못하도록 조산원이 산모의 몸을 될 수 있는 대로 단단히 동여맨다. 수마트라의 미낭카바우어(Minangkabauer)족도 같은 관습을 지키고 있다. 즉, 한 타래의 실이나 끈을 출산 중인 부인의 손목이나 허리에 매어 출구를 막아서 산모가 진통하는 동안에 그 영혼이 달아나지 못하게 하는 것이다.

셀레베스의 알푸르(Alfoor)족은 태어난 아기의 영혼이 도망치지 못하게 조심스럽게 집 안의 출구란 출구는 모두, 더욱이 자물쇠 구멍까지도 막아 버리고, 벽의 갈라진 틈을 메운다. 그리고 집 안팎의 모든 가축의 입도 아기의 영혼을 삼키지 않도록 모조리 막아 둔다. 같은 이유에서 그 집에 있는 사람은 산모에 이르기까지 모두 출산 동안에 입을 다물고 있어야만 한다. 그런데 왜 아기의 영혼이 들어오지 못하도록 코를 막지 않느냐는 질문에 호흡은 콧구멍을 통해서 들어가거나 나오기도 하여 영혼이 자리를 잡을 틈이 없다는 것이다. 문명화한 민족들의 언어에서 마음이 입 안에 있다든지 영혼이 입술이나 콧속에 있다고 하는 통속적인 표현은 영혼이 입 또는 콧구멍을 통해서 도망친다는 관념이 얼마나 자연스러운 것인가를 보여 준다.

때때로 영혼은 막 날아가려는 새로 생각되기도 한다. 이 관념은 아마도 대부분의 언어에 그 흔적을 남기고 있으며, 시에는 비유로 남아 있다. 말레이인들은 이 '영혼의 새(birdsoul)'에 대한 관념을 온갖 기묘한 방법으로 표현한다. 만일 영혼이 날아다니는 새라면 쌀을 주면 모여들 것이므로, 이 방법으로 날아가려는 것을 멈추게 할 수도 있을 것이고, 위험한 비상에서 돌아오게 할 수도 있다. 예를 들면, 자바에서는 아기를 처음으로 땅에 놓을 때는(원시인들은 이때가 영혼이 이탈할 위험한 순간이다) 먼저 아기를 닭장 속에 넣어 산모가 마치 암탉 부르는 것처럼 '구구' 소리를 낸다.

보르네오의 신탕(Sintang)이라는 지방에서는 남자나 여자 또는 아이가 지붕이나 나무에서 떨어져 집 안으로 데려올 경우, 그의 어머니, 아내나 다른 친척

여인이 될 수 있는 한 빨리 그 사고 지점으로 달려가서 노란색으로 물들인 쌀을 그 주변에 뿌리면서 "구구구, 영혼이여!" 말한다. 집 안에서도 다시 "구구구, 영혼이여!"라고 되풀이한다. 그리고 그 여자는 뿌린 쌀을 그릇에 주워 담고 다시 부상당한 사람에게 가서, 그것을 머리 위에 떨어뜨리고, 또 "구구구, 영혼이여!" 말한다. 이것은 틀림없이 주변에 서성거리는 '영혼의 새'를 그 새의 모이로 유인해서 다시 그 주인의 머릿속에 집어넣으려는 의도가 있다.

잠든 사람의 영혼은 그의 육체에서 멀리 빠져 나가 꿈에서 보는 장소를 실제로 방문하고, 꿈에서 보는 사람을 만나고, 꿈에서 보는 일을 행한다고 상상된다. 예를 들면, 브라질이나 기아나의 인디언은 깊은 잠에서 깼을 때, 그 육체가 침상 속에서 조금도 움직이지 않고 누워 있는 데 반해서 그 영혼은 그가 꿈에서 행한 수렵, 어업, 벌채, 그 무엇이든지 실제로 했다고 굳게 믿는다. 어떤 사람이 적이 가만히 마을에 접근하는 꿈을 꾸어 보로로(Bororo)족 마을 전체가 공포에 빠져서 거의 괴멸한 적이 있다.

마쿠시(Macusi)족 인디언의 병약한 사나이가 카누를 저어, 힘이 무척 드는 긴 격류를 거슬러 올라가라는 주인의 명령을 받은 꿈을 꾸고, 그 다음 날 주인에게 불쌍한 병자에게 밤중에 그런 힘든 일을 시키는 경우가 어디 있느냐고 화를 버럭 내면서 비난했다고 한다. 그란차코(Gran Chaco)의 인디언들은 전혀 믿어지지 않는 이야기를 곧잘 사람들에게 들려 주는데, 그들은 그것을 직접 보고 들었다고 주장한다. 그리하여 그들의 일을 자세히 모르는 이방인들은 이 인디언들이 모두 거짓말쟁이라고 지레짐작한다. 그런데 이 인디언들은 그들이 한 이야기가 진실하다고 굳게 믿는다. 그들은 꿈 속에서 경험한 그 놀랄 만한 일과 깨어 있을 때의 현실을 구별하지 못하기 때문이다.

잠자는 중에 영혼이 이탈하는 것은 위험하다. 왜냐하면 어떤 원인으로 그 영혼이 영원히 육체로 돌아올 수 없게 된다면, 생명 원리를 빼앗긴 그 사람은 죽을 수밖에 없기 때문이다. 독일인의 경우에도 영혼이 흰 쥐나 작은 새 모양을 하고 잠자는 사람의 입에서 빠져 나온다고 생각했다. 그 작은 새나 쥐가 영혼이 돌아오는 것을 방해한다면 잠든 그 사람에게 치명적이라고 믿었다. 그래서 트란실바니아에서는 입을 연 채 아이들을 잠재워서는 안 된다 하고, 만일 그렇게 한다면 영혼이 생쥐처럼 도망쳐서 그 아이는 영원히 눈을 뜰 수 없다고 믿는다.

잠든 사람의 영혼이 되돌아오지 못하는 원인에는 여러 가지가 있다. 예를 들면, 그의 영혼이 잠든 다른 사람의 영혼과 만나서 싸움을 하는 경우이다. 기니의 흑인들은 아침에 일어날 때 뼈가 쑤시면 잠든 사이에 자기 영혼이 다른 사람의 영혼에게 매를 맞았다고 생각한다. 또한 영혼이 방금 죽은 사람의 영혼을 만나서 그대로 그 영혼에게 끌려가는 경우도 있다. 그래서 아루(Aru) 섬에서는 집 안의 누군가가 죽으면 그날 밤에 유족은 누구도 자려 하지 않는다. 죽은 자의 영혼이 아직 그 집 안에서 떠돈다고 생각하여 꿈에서 죽은 자의 영혼에게 끌려 가지나 않을까 두려워하기 때문이다. 또, 잠자고 있는 사람의 영혼이 어떤 갑작스런 사고나 폭력 때문에 그 육체에 되돌아오지 못하는 경우도 있다. 다약족은 물에 빠지는 꿈을 꾸면 그 사건이 실제로 일어나서 영혼이 물에 빠진 것으로 생각하고, 주술사를 부른다. 주술사는 물통 속을 새끼줄로 저어서 영혼을 찾아 그 주인에게 돌려준다.

산탈(Santal)족은 어떤 사람이 잠자다가 목이 마르면 그 영혼이 도마뱀 모양으로 그의 몸을 떠나 물을 마시려고 물주전자 속으로 들어갔다고 한다. 마침 그때 물주전자 주인이 우연히 뚜껑을 덮어 버리면, 영혼은 육체로 되돌아갈 수 없어서 그는 죽는다. 그런데 친구들이 그의 시체를 화장하려고 준비하고 있을 때, 어떤 사람이 물을 마시려고 그 물주전자 뚜껑을 열었다. 그러자 그 도마뱀이 안에서 나와서 본디 육체로 돌아갔기 때문에 바로 그는 소생했다. 되살아난 사람은 일어나서 왜 그렇게들 우느냐고 친구들에게 물었다. 그들은 그가 죽은 줄로 여기고 그 육체를 화장하려는 참이었다고 대답했다. 그는 물을 마시려고 물주전자에 들어갔다가 이제 겨우 나오는 것이라고 설명했다. 그러자 모두가 이해하며 고개를 끄덕였다.

잠든 사람을 깨우지 않는다는 것은 미개민족의 공통된 규칙이다. 잠든 사람은 영혼이 부재 중이어서 그를 깨우면 돌아올 틈이 없을지도 모르기 때문이다. 만일 영혼의 부재 중에 잠든 사람이 깨면 그는 병에 걸린다. 꼭 깨워야 할 경우에는 영혼에게 돌아올 시간을 주기 위해서 매우 천천히 깨워야 한다. 마투쿠에 사는 어떤 피지인이 낮잠을 자다가 누군가에게 발을 밟혀 갑자기 깨자, 큰 소리를 질러 자신의 영혼에게 돌아오라고 간청했다고 한다. 그는 마침 그때 먼통가 지방에 가 있는 꿈을 꾸고 있었는데, 갑자기 깨어 보니 그의 몸이 마투쿠에 있는 것에 크게 놀랐다. 그의 영혼을 곧바로 바다를 건너오게 하여 그의 몸에 다시 살도록 유인하지 않으면 그는 곧 죽게 된다는 것이다. 만일 그때 선교사가 그의 공포를 가라앉히지 않았더라면 이 사나이는 두려움으로 죽었을 것이다.

원시인들이 더 위험하게 여기는 것은 잠든 사람의 위치를 옮기거나 그 얼굴 모양을 바꾸는 일이다. 그런 일을 하면 영혼이 돌아가려 할 때, 그 육체를 발견하거나 구별하지 못하여 그 사람은 죽고 말 것이라고 믿었다. 미낭카바우어(Minangkabauer)족은 잠든 사람의 얼굴에 까맣게 칠을 하거나 더럽히는 것은 빠져 나간 영혼이 변모된 육체에 되돌아오게 하는 것을 주저케 할 염려가 있다고 하여 크게 삼가야 할 일로 생각한다. 파타니말레이(Patani Malay)족은 잠든 사람의 얼굴에 그림을 그리거나 칠을 하면, 빠져 나간 영혼이 그를 분간할 수 없어서 그 사람 얼굴이 씻길 때까지 그 사람은 계속 잠을 잘 수밖에 없다고 여긴다. 봄베이에서는 잠든 사람의 얼굴에 칠을 해서 바꾸거나 얼굴에 여러 색깔을 칠하는 것을 살인죄로 취급한다. 영혼이 돌아왔을 때 들어갈 몸을 몰라서 그 사람이 그대로 죽기 때문이다.

그러나 반드시 잠이 들 때만 영혼이 그 육체에서 빠져 나가는 것은 아니다. 깨어 있을 때도 빠져 나가는데 질병, 광기, 죽음 등이 바로 그 경우이다. 예를 들면, 오스트레일리아의 우룬제리(Wurunjeri) 부족의 어떤 남자가 그 영혼이 이탈했기 때문에 최후의 숨을 거두려고 했다. 그때 주술의가 와서 막 저녁 노을 속으로 가는 영혼을 좇아서 반쯤 붙잡았다. 그 저녁 노을은 태양이 휴식을 위해 내려가는 것이 아니라, 저승으로 영혼과 함께 들어가는 빛이다. 주술사는 이 방황하는 영혼을 붙잡아 가죽 자루에 넣어가지고 돌아왔고, 죽어가는 그 남자 위에 올라 그의 영혼을 몸 안에 다시 넣어 주었다. 그러자 잠시 뒤에 사나이는 깨어났다.

버마의 카렌(Karen)족은 영혼이 육체에서 빠져 나가 죽지나 않을까 하고 언제나 걱정한다. 누구든 영혼이 빠져 나갈까 염려한다면 그것을 막기 위해, 또는 그것을 불러 들어오게 하기 위해 의식을 치르는데, 그때 가족 모두가 참가해야 한다. 이때 암탉과 수탉, 그리고 아주 좋은 쌀과 한 다발의 바나나로 식사를 준비한다. 다음에 집 안의 어른이 밥을 수북이 담은 주걱을 손에 들고 집 사닥다리의 꼭대기를 세 차례 치고 다음처럼 말한다.

"프르르르루, 영혼아, 돌아오라! 바깥에서 늦장부리지 마라. 비가 내리면 젖

영혼의 위험
붓다가 머리를 자르려
하고 있다. 왕의 지위를
버리고 고행승이 되고자
할 때의 모습. 티베트 사
원에 거는 막. 18세기. 기
메 미술관, 파리

을 것이고 태양이 비치면 뜨거울 것이다. 모기와 거머리에 물리리라. 호랑이에
게 잡아먹히리라. 벼락에 맞으리라. 프르르르루, 영혼아, 돌아오라! 널 편하게
해주리라! 자, 어서 오라. 비바람 치지 않는 집 안으로 들어와 배불리 먹어라!"
그 뒤에 가족들은 함께 식사를 한다. 그리고 주술사가 주술을 건 끈으로 오른
쪽 손목을 매면 그 의식은 끝난다.

중국 서남부의 롤로(Lolo)족도 만성병에 걸렸을 때는 영혼이 육체에서 벗어
난다고 믿고 있다. 그러한 경우 그들은 정성들여 주문을 읽고 그 영혼을 부르
면서 영혼이 헤매고 있을 언덕이나 골짜기, 강이나 숲 속에서 되돌아오도록 간
청한다. 동시에 지쳐서 떠돌아다니는 영혼의 원기를 회복하기 위해 물이나 술,

쌀 등을 집 앞에 놓는다. 이 의식이 끝나면 그들은 영혼을 붙들어 매기 위해 환자의 팔에 빨간 끈을 매어두는데, 이 끈은 닳아서 떨어질 때까지 그냥 둔다.

콩고의 어떤 부족들은 병에 걸리면, 그의 영혼이 육체에서 빠져 나가 제멋대로 떠돌아다닌다고 믿는다. 그리하여 떠돌아다니는 영혼을 붙잡아 다시 그 병자의 육체에 넣기 위해 주술사의 도움을 요구한다. 이때 일반적으로 주술사가 영혼을 나뭇가지 속에 잘 몰아 넣었다고 말한다. 그러면 마을 전체 사람들이 주술사와 같이 그 나무에 몰려가서 가장 힘 센 남자들에게 환자의 영혼이 머물고 있다는 나뭇가지를 꺾도록 부탁한다. 그는 그것을 꺾어서 매우 무거운 시늉을 하면서 천천히 마을로 옮긴다. 이 가지를 환자의 오두막으로 옮기면, 환자는 이 가지 옆에 똑바른 자세로 서고 주술사는 영혼을 주인에게 돌리는 주술 의식을 거행한다.

수마트라의 바타크족은 번민과 질병 또는 큰 공포와 죽음 등은 영혼이 육체에서 떠났기 때문이라고 생각한다. 먼저 그들은 이 헤매는 영혼을 부르기 위해 쌀을 뿌려 닭을 모으듯이 유인한다. 그리고 보통 다음과 같은 말을 되풀이한다.

"오, 영혼이여. 숲에서, 산에서, 골짜기에서 헤매는 영혼이여. 어서 돌아오라. 보라, '토엠바브라스(toemba bras)'와 '라자모엘리자(Rajah moelija)' 새의 알과 열한 장의 약초 잎사귀를 드리겠소. 망설이지 말고 곧장 돌아오라. 숲 속과 산과 골짜기에서 헤매지 말고 속히 돌아오라!"

옛날 어떤 유명한 여행가가 카얀족의 마을을 떠날 때, 어머니들은 아이들의 영혼이 그를 따라서 여행하는 것을 두려워하여 그 여행자에게 자기 아이들을 널빤지 위에 눕혀 놓고 아이들의 영혼이 그를 따라 낯선 곳으로 가지 말고, 익숙한 이 널빤지로 되돌아오도록 기도해 달라고 그에게 부탁했다. 널빤지에는 영혼을 매어 두기 위해서 고리가 있는 끈을 매었다. 이 고리는 아이들의 토실토실 살진 손가락 하나가 지나가도록 만들었는데, 그것은 이 작은 영혼이 미아가 되지 않도록 하기 위한 것이다.

인도의 어떤 지방에는, 왕이 자신의 영혼을 브라만의 죽은 시신에 옮기고, 또 곱사등이가 비어있는 그 왕의 육체에 자신의 영혼을 옮긴다는 이야기가 있다. 이렇게 해서 곱사등이가 왕이 되고, 왕이 바라문이 된다. 그런데 곱사등이는 재주를 보이라는 권유에 그의 영혼을 앵무새의 시체에 옮겨 버린다. 그러자 왕은 자신의 육체를 되찾았다. 똑같은 형태의 이야기가 말레이족에게도 있다. 왕이 어리석게 자기 영혼을 원숭이에게 옮겼다. 그러자 재상이 그 틈을 타 왕의 육체에 자기 영혼을 옮겨 왕비와 왕국을 차지해 버렸다.

한편 원숭이가 된 진짜 왕은 왕궁 한구석에서 고민한다. 그런데 어느 날 이 가짜 왕이 큰 돈을 걸고 염소 싸움을 지켜보았는데, 그의 염소가 패배하여 죽었다. 그 염소를 다시 살리려는 것이 실패하자, 가짜 왕은 도박을 좋아하는 본성을 드러내 마침내 자기 영혼을 죽은 염소의 시체에 옮기고 다시 싸움을 시작했다. 원숭이 속에 있던 진짜 왕은 이 좋은 기회를 놓칠세라 가짜 왕이 부주의하게 비워 둔 자기 육체 속에 뛰어들었다. 이렇게 왕은 다시 자기 몸으로 돌아왔고 염소 몸 속의 가짜 왕은 마땅한 보복을 받았다고 한다.

이와 비슷하게 그리스에도 클라조메나이(Clazomenae)의 헤르모티무스(He-rmotimus)라는 사람의 영혼이 그의 몸에서 빠져 나가, 광야를 헤매는 가운데 보았던 지식을 갖고 그 나라 친구들에게 돌아오곤 했다. 그의 영혼이 빠져 나갔던 어느 날, 적들이 그의 빈 몸을 빼앗아 불 속에 던져 버렸다는 이야기가 있다.

영혼의 이탈이 반드시 자발적인 것은 아니다. 유령이나 귀신, 주술사의 강요 때문에 본의 아니게 자기 육체에서 영혼이 벗어나기도 한다. 예를 들면, 카렌족은 장례 행렬이 집 앞을 지나갈 때, 아이들의 영혼이 육체에서 떠나 시신에 들어가지 못하게 하기 위해 아이들을 특수한 끈으로 가옥의 어떤 곳에 매는데, 그것은 그 행렬이 보이지 않을 때까지 계속된다. 시신을 묘에 안치는 했으나 아직 흙을 덮기 전에 유족과 친구들은 저마다 한 손에 길죽하게 쪼갠 대나무를, 또 한 손에는 작은 막대를 들고 무덤 주변을 돈다. 그 다음에 대나무를 묘에 꽂아 놓고 대나무의 홈을 따라 막대를 꽂는다. 이러면 그의 영혼이 쉽게 무덤에서 기어나올 수 있다는 것이다. 시체에 흙을 덮을 동안에는 그 영혼이 대나무 속에 붙어 있을지도 모르고, 또 무덤 속에 던진 흙과 같이 파묻혀서는 안 되기 때문에 그 대나무를 빼내서 바깥에 둔다. 그리고 그곳을 떠날 때는 영혼이 그들을 따라오기를 바라며 모든 대나무를 가지고 돌아온다. 또 그들은 무덤에서 돌아올 때 나뭇가지로 만든 작은 갈고리를 세 개씩 준비한다. 그들은 짧은 간격을 두고 자신의 영혼을 부르면서 마치 그 영혼을 낚아챌 것 같이 흉내를 내고 그 갈고리를 땅에 꽂는다. 이는 살아 있는 자의 영혼이 죽은 자의 영혼에 끌려가는 것을 막기 위함이다.

카로바타크(Karo-Batak)족은 시신을 묻고 흙을 덮을 때 여자 주술사가 막대기로 허공을 찌르면서 뛰어다닌다. 이것은 산 자의 영혼을 내쫓기 위해서이다. 이 영혼 가운데 하나가 잘못하여 무덤 속에 떨어질 때, 그 위에 흙이 덮이면 그 영혼의 주인은 죽고 만다고 믿었다.

로열티 제도(Loyalty Islands) 가운데 우에아(Uea) 섬 사람들은 죽은 자의 영혼이 살아 있는 자의 영혼을 훔치는 힘을 갖고 있다고 믿던 것으로 보인다. 그곳에서는 누가 병에 걸리면 영혼의 주술사가 떼를 지은 남녀들과 함께 무덤으로 간다. 이 무덤으로 끌려간 영혼을 집으로 불러오기 위해 남자들은 피리를 불고 여자들은 부드럽게 휘파람을 분다. 이렇게 얼마 동안 계속 불어 방황하는 영혼을 인도하거나, 손을 벌려 부드럽게 영혼을 몰면서 집으로 줄지어 돌아온다. 이렇게 해서 병자의 집에 이르면, 그들은 영혼에게 큰 소리로 그 몸 속으로 들어가라고 명령한다.

때때로 귀신이 인간의 영혼을 유괴한 것으로 보기도 한다. 예를 들면, 일반적으로 중국인은 발작이나 경련 등을 인간의 영혼을 그 육체에서 빼내기를 좋아하는 귀신의 소행 탓이라 생각한다. 아모이(Amoy : 廈門)에서는 이렇게 아기나 어린아이들을 괴롭히는 귀신은 '질주하는 말에 올라탄 천상의 인간'이나 '하늘에서 사는 선비'라는 칭호를 좋아한다고 한다. 어린아이가 경련을 일으키면, 깜짝 놀란 어머니는 서둘러 지붕에 올라가서 그 아이의 옷을 매단 대나무를 흔들면서, "내 아이 아무개야, 돌아오너라, 집으로 돌아와!" 몇 번씩 부른다. 한편 그 집에서는 방황하는 영혼의 주의를 끌기 위해 종을 친다. 허공을 헤매는 아이의 영혼은 자기의 옷을 알아보고 그 속에 들어간다고 믿는다. 이리하여 영혼을 싼 옷은 병든 아이 위쪽이나 옆에 둔다. 만일 그 아이가 죽지 않으면 곧 완쾌될 것은 틀림없다고 믿는다. 마찬가지로 어떤 인디언들은 도망친 영혼을 붙잡아 그 사람의 장화에 넣고, 주인에게 장화를 신겨줌으로써 잃어버린 영혼을 되찾을 수 있다고 믿는다.

몰루카 제도(Molucca Islands)에서는 사람이 병에 걸리면, 악귀가 환자의 영혼을 악귀가 사는 산이나 언덕, 나무로 데리고 갔다고 생각한다. 주술사가 악귀의 거처를 찾아내면, 환자의 친구들은 그곳에 가서 밥, 과일, 생선, 날달걀, 암탉과 병아리 한 마리, 비단옷 한 벌, 황금, 팔찌 등을 차려 놓고 다음처럼 기도를 드린다.

"오 악귀여, 우리는 당신에게 이 음식, 옷, 황금 등의 제물을 바치러 왔소. 당신은 이것을 받고 우리가 기도하는 환자의 영혼을 돌려 주시오. 그리하면 그는 곧 완쾌되리라."

그리고 그들은 음식을 조금 먹고, 환자의 영혼을 위한 속죄의 표시로 암탉을 놓아 주고 날달걀을 깬다. 그러나 비단옷과 황금과 팔찌는 가지고 돌아온다. 집에 돌아오면 그들은 갖고 돌아온 제물을 환자의 머리맡에 놓고, 다음과 같이 말한다.

"자, 이제 자네의 영혼이 풀려났네. 그러니 자네는 털고 일어나 백발이 될 때까지 건강하게 살게."

귀신은 특히 새 집에 이사한 사람들에게 공포의 대상이 된다. 그래서 셀레베스의 미나하사(Minahassa)의 알푸르(Alfoor)족 사제가 입주자의 영혼을 되찾아 주는 의식을 치른다. 사제는 제단에 주머니를 걸어 놓고 신들의 이름을 늘어놓는다. 그 수는 매우 많아서 쉬지 않고 읽어도 밤새도록 걸릴 정도이다. 아침이 되면 사제는 신들에게 달걀 한 개와 쌀을 조금 바친다. 이때까지 이사 온 사람들의 영혼은 그 주머니 속에 모여 있는 것으로 생각된다. 그리고 사제는 그 주머니를 들어 그 집 주인의 머리 위에 얹고 이렇게 말한다.

"당신의 영혼이 이제 돌아왔소." 그리고 계속해서 그 부인과 다른 모든 가족들에게 똑같이 한다. 이밖에도 병자의 영혼을 회복시키는 하나의 방법은, 창문에서 끈으로 맨 사발을 내려뜨려 영혼을 그 속에 집어넣어 낚아올리는 것이다. 또 이들은 사제가 병자의 영혼을 붙잡아서 옷에 싸서 돌아올 때, 비가 내리면 사제와 영혼이 비에 젖지 않도록 한 소녀에게 야자수 큰 잎을 우산으로 삼아 그의 머리 위에 들고 앞장서게 한다. 또한 그의 뒤에는 다른 영혼이 생포된 영혼을 훔쳐 가는 것을 막기 위해 한 남자가 칼을 휘두르며 뒤따른다.

잃어버린 영혼은 이따금 눈으로 보이는 형태로 오는 경우도 있다. 오리건의 살리시(Salish)족 인디언 또는 플랫헤드(Flathead)족 인디언은 인간이 죽지 않은 채, 또한 그 상실을 알지 못한 채 잠시 몸에서 분리될 수 있다고 믿고 있다. 그러나 잃어버린 영혼은 바로 주인에게 돌려줄 필요가 있는데, 그렇게 하지 않으면 그는 죽는다. 자기 영혼을 잃은 사람의 이름은 꿈 속에서 주술의에게 계시되므로, 그는 서둘러 그 사실을 그 사람에게 알린다. 주로 상당히 많은 사람들이 한꺼번에 같은 재난을 당할 수도 있다. 그러면 그들의 이름이 모두 주술의에게 계시되고, 그들은 자신의 영혼을 회복하고자 주술사를 고용한다. 영혼을 잃어버린 사람들은 모두 밤새도록 춤추고 노래부르면서 이집 저집 마을을 돌아다닌다. 날이 샐 무렵에 그들은 외딴 집에 들어가는데, 이 집은 닫혀 있어 캄캄하다.

주술의는 이 집 지붕에 구멍을 뚫고, 새털로 만든 뼛조각 모양이나 그 비슷한 것으로 영혼을 쓸어서 멍석에 담는다. 다음에 불을 피워 그 불빛으로 주술의는 영혼을 분류한다. 보통 죽은 자의 영혼이 섞여 있어서, 먼저 그것을 가려낸다. 만일 죽은 자의 영혼을 살아 있는 자에게 주면 그는 즉시 죽는다. 다음에 거기에 있는 사람들의 영혼을 가려내어 사람들을 모두 자기 앞에 앉힌다. 뼈, 나무, 조개 껍데기 등의 조각모양으로 변한 저마다의 영혼을 들어 그것을 주인의 머리 위에 얹고 오랫동안 기도하거나 몸을 비틀면서 그 영혼이 가슴 속에 내려가 본래의 자리에 돌아갈 때까지 가볍게 친다.

유령이나 악귀들만이 인간의 몸에서 영혼을 빼내는 것은 아니다. 인간에 의해, 특히 주술사에 의해 영혼이 육체에서 빠져 나와 떠도는 경우가 있다. 피지 제도에서는 범인이 죄를 자백하지 않을 경우, '악한의 영혼을 끄집어 내기' 위해 추장이 스카프를 가지러 보낸다. 죄인은 그것을 보거나 스카프 소리만 들어도 거의 공포에 빠진다. 만일 그래도 고백하지 않으면, 스카프를 그 죄인의 머리 위에 펄럭인다. 드디어 그의 영혼이 들어오면 그것을 조심스럽게 접어 그것을 추장의 카누 뱃머리에 못질을 한다. 그러면 죄인에게는 영혼이 없어졌기 때문에 차츰 여위어서 죽게 된다고 믿는다.

데인저(Danger) 섬의 주술사는 영혼을 붙잡기 위해 덫을 놓는다. 덫은 약 4.5m에서 9m에 이르는 튼튼한 것인데, 영혼의 크기에 맞도록 다른 크기의 고리를 양쪽에 매단다. 주술사는 원한을 품었던 자가 병에 걸리면 환자의 집 근처에 덫을 놓고 영혼이 도망쳐 오는 것을 기다린다. 만일 영혼이 작은 새나 곤충 모양을 하고 덫에 걸리면 그는 틀림없이 죽었다. 서부 아프리카의 어떤 지방에서는 잠들어 있는 사람으로부터 빠져 나오는 영혼을 잡기 위해 주술사가 언제나 덫을 걸어 놓고 기다린다. 그리하여 영혼을 잡으면 그것을 묶어서 불 위에 매다는데, 열기에 영혼이 시들어가면서 영혼의 주인은 병이 든다. 이는 피해자를 원망해서가 아니라 전적으로 하나의 사무적인 일로 행한다. 자기에게 잡힌 것이 누구의 영혼이든지 주술사에게는 별 문제가 되지 않고, 보상만 받으면 그 즉시 그것을 주인에게 돌려 준다.

어떤 주술사는 미아가 된 영혼을 수용하는 보호소를 가지고 있어 자기 영혼을 잃거나 잃은 사람은 일정한 대금을 치르면 언제라도 영혼을 손에 넣을 수 있다. 이런 사설 보호소를 가진 사람들이나 영혼을 잡으려고 덫을 놓는 사람들을 비난하는 사람은 아무도 없다. 그것은 그들의 직업이고, 그런 일에 몸담으면서 가혹한 감정이나 불친절한 감정에 싸이는 일은 없기 때문이다. 그러나 원한이나 욕심에 사로잡혀 특수한 사람의 영혼을 잡으려는 목적으로 덫을 놓는 악한도 있다. 사발 속에 미끼로 칼이나 날카로운 갈고리를 숨겨 넣어 불쌍한 영혼에게 상처를 입히거나 죽인다. 그러면 영혼은 주인이 있는 곳으로 도망가 그의 건강을 해친다.

킹슬리(Kingsley) 여사는 어떤 크루만(Kruman)족의 한 사람을 알았는데, 그는 며칠 밤 계속 꿈에 고춧가루를 친 훈제 가재의 향기 있는 냄새를 맡았다고 하여 자기의 영혼을 매우 걱정했다. 분명히 어떤 악한이 그에게 무서운 육체적 피해나 정신적인 피해를 입히려고 영혼을 잡아서 맛있는 음식물을 미끼로 삼아 덫을 걸어 놓았음이 틀림없었다. 그래서 그 뒤 며칠 밤 동안 잠들고 있는 사이에 자기 영혼이 빠져 나가지 않도록 불쌍할 만큼 고생했다. 열대의 지독히 더운 밤에 그의 귀중한 영혼이 도망치지 않도록 손수건으로 코와 입을 막고, 담요를 덮고 땀을 뻘뻘 흘리면서 잠자고 있었다. 하와이에는 산 사람의 영혼을 잡아 그것을 호리병에 가두어 두었다가 사람들에게 주어 먹게 한 주술사들도 있었다. 그들은 붙잡은 영혼에게 고백을 강요하여 사람들이 비밀리에 파묻힌 곳을 찾아냈다.

인간의 영혼을 유괴하는 방법이 말레이 반도만큼 조심스럽게 연구되고, 또한 고도로 발달된 곳은 아무데도 없을 것이다. 이곳에서는 주술사가 자기 의지를 관철하기 위한 방법이 다양하며, 그 동기도 여러 가지이다. 적을 무찌르는 경우가 있으며, 차고 내성적인 미인을 손에 넣으려는 경우도 있다. 사랑하는 사람의 영혼을 자기 것으로 만들려는 처방은 주로 다음과 같다. 이제 막 떠오른 달이 동쪽 지평선에 붉게 떠올랐을 때, 바깥에 나가 달빛을 받으면서 왼쪽 엄지발가락 위에 오른쪽 엄지발가락을 포개고 오른손으로 나팔을 만들어 다음과 같이 노래한다.

나는 화살을 쏜다. 내가 화살을 쏘면 달빛이 흐려지리라.
나는 화살을 쏜다. 그러면 햇빛도 흐려지리라.
나는 화살을 쏜다. 그러면 별빛도 흐려지리라.
그러나 내가 쏜 것은 해도 달도 별도 아니다.
마을의 그 아가씨, 그녀의 마음 한가운데이다.

꼭! 꼭! 그대의 영혼이여, 이리 와서 나와 함께 걷자.
오라, 내 옆에 앉으세요.
오라, 나의 베개를 같이 베고 잠자리.
꼭! 꼭! 그대 영혼이여.

이것을 세 번 되풀이하여 부르고 그때마다 휘파람을 분다. 또는 다음과 같이 바라는 영혼을 스카프 속에 잡아넣을 수도 있다. 보름달이 뜬 밤과 그 이튿날 밤, 바깥에 나가 달을 바라보고 개미집 위에 올라가 향을 피우면서 다음과 같이 주문을 외운다.

나는 그대가 씹을 인도후추 잎새를 주리라.
거기에 석회를 바르라, 사나운 왕이시여.
마음이 흩어진 공주께서 씹도록,
아침 해돋을 때, 미치도록 나를 사모하리라.
저녁 해질 때, 미치도록 나를 사모하리라.
그대의 부모를 생각하듯 나를 기억하리라.
그대의 집 계단을 생각하듯 나를 기억하리라.
천둥이 무섭게 칠 때 나를 기억하리라.
모진 바람 불 때 나를 기억하리라.
하늘에서 비가 내릴 때면 나를 기억하리라.
수탉이 울 때마다 나를 기억하리라.
새들이 노래할 때마다 나를 기억하리라.
그대 해를 바라볼 때마다 나를 기억하리라.
그대 달을 바라볼 때마다 나를 기억하리라.

나를 닮은 달 안에 내가 있기 때문이라오.
꾸! 꾸! 님의 영혼이시여, 내게 오라.
내 영혼을 그대에게 보낸다는 말이 아니오.
부디 그대의 영혼을 내 영혼 곁으로 보내주오.

이제 밤마다 달을 향해 일곱 번 두건 끝자락을 흔든다. 그런 다음 집에 돌아가 그 두건을 베개 밑에 두고 잔다. 만약 낮에 그것을 머리에 두르고 싶으면 향을 피우고 이렇게 말한다.

"내 머리에 두른 것은 두건이 아니라 그대의 영혼이오."

캐나다 브리티시컬럼비아에 있는 나스(Nass) 강변의 인디언들은 주술의가 잘못해 그 환자의 영혼을 삼키는 경우가 있다고 생각한다. 그런 잘못을 저지른 주술의는 자신의 동료들에 의해 환자 저편에 세워진다. 그러면 그 동료들 가운데 한 사람이 그 주술의의 목구멍 속에 손가락을 넣고 다른 사람은 주술사의 배를 문지르고, 또 다른 한 사람은 등을 친다. 그래도 영혼이 나오지 않고, 다른 모든 주술의들에게 같은 방법을 써도 효험이 나타나지 않으면, 환자의 영혼은 틀림없이 우두머리 주술의의 상자 속에 있다는 결론이 내려진다. 이제 주술의들은 그 우두머리 주술의의 집으로 가서 그의 상자를 보여 달라고 요구한다. 그 주술의가 요청한 대로 상자 속에 든 물건들을 새 깔개 위에 가지런히 올려 놓으면, 그 주술의들은 발목을 잡고 그를 거꾸로 세워서 그 머리를 마루 구멍 속에 넣는다. 그들은 이 자세로 그의 머리를 씻은 다음, "그 씻은 물을 환자의 머리 위에 붓는다." 즉 잃어버린 영혼이 틀림없이 이 물 속에 있다고 믿는 것이다.

3 그림자와 영상으로서의 영혼

원시인을 괴롭히는 영적인 위험은 앞에서 열거한 종류에 한정되는 것이 아니다. 미개인은 때때로 자기의 그림자나 반사된 영상을 자기 영혼이나 생명의 일부로 여기기 때문에, 그것들은 필연적으로 그 자신에 대한 위험의 원천이 된다고 믿는다. 그것들이 밟히거나 맞거나 찔리거나 하면 마치 자기 몸이 당하는 것과 똑같은 아픔을 느끼게 된다는 것이다. 그리고 그런 그림자나 영상이 자기 몸에서 완전히 분리되면(그러한 일도 그는 가능하다고 믿고 있다), 마침내 죽게 된다고 믿는다. 사람의 그림자를 창으로 찌르거나 칼로 베는 것으로 그 당사자를 병에 걸리게 한다는 웨타르 섬의 주술사들이 행하는 주술도 이런 믿음에 따른 것이다.

상카라(Sankara)는 인도의 불교도를 멸망시킨 뒤 네팔로 여행하던 중 달라이 라마를 만났는데, 그가 자신과 몇몇 문제에 대해 다른 견해를 가지고 있는 것을 알게 되었다. 이에 상카라는 자신의 초자연적인 위력을 증명하기 위해 하늘 높이 뛰어올랐다. 그런데 그가 공중으로 치솟았을 때, 달라이 라마는 그의 그림자가 땅 위에서 이리저리 흔들리는 것을 보고 그것을 칼로 찔렀다. 그러자 상카라는 땅에 떨어져 목이 부러졌다고 한다.

뱅크스(Banks) 제도에는 '먹보 귀신'이라 불리는 놀라울 만큼 긴 모양을 한 돌 몇 개가 있다. 그 돌이 힘 있고 위험한 어떤 귀신을 그 속에 간직하고 있다고 믿는 데서 비롯한 이름이다. 만일 어떤 사람의 그림자가 이 돌에 드리우면 귀신은 그 영혼을 빼내서 당사자를 죽인다. 그러므로 이 돌을 조심스럽게 집 안에 두고 집을 지키는 데 쓴다. 집주인이 없는 사이에 그 집에 심부름을 간 사람은 눈을 번쩍이고 있는 돌 속의 귀신이 자기를 나쁜 마음을 갖고 온 사람으로 생각하고 장난할까 염려되어 집을 비운 주인의 이름을 소리 높이 외친다. 중국에서는 장례 때 관에 뚜껑을 덮을 차례가 되면 가장 가까운 사람을 제외한 대부분의 사람들은 두서너 발짝 물러서거나 다음 방으로 물러간다. 그들의 그림자가 관 속에 갇히면 신변에 변고가 생긴다고 믿었기 때문이다. 또 관을 묻을 때 옆에 서 있던 사람은, 자기 그림자가 무덤 속에 드리워져 자기 몸에 재앙이 닥칠까 두려워하여 몇 발짝 뒤로 물러난다. 흙으로 점을 치는 점술사와 그의 조수들은 햇빛이 쪼이지 않는 쪽에 선다. 무덤을 파는 사람과 관을 메는 사람들은 자기 옷자락을 단단히 여며 자기 그림자가 몸에 붙도록 한다. 이렇게 그림자의 피해를 받기 쉬운 것은 단지 사람에게만 한정되지 않는다. 동물도 어느 정도까지 같은 곤경에 놓인다.

페라크(Perak)에 있는 석회산 근처에 사는 작은 달팽이는 가축의 그림자를 통해 그 피를 빨아먹는다고 한다. 이 때문에 가축은 갈수록 여위고 이따금 빈혈 때문에 죽는 일도 있다. 아라비아에서는 하이에나가 사람의 그림자를 밟으면 그 사람은 말하고 움직이는 힘을 빼앗긴다고 옛 사람들은 믿었다. 또 달밤에 개가 지붕 위에 올라가서 땅에 그림자를 드리운 것을 하이에나가 밟으면, 그 개는 마치 밧줄에 끌려 내려지듯 떨어진다고 믿었다. 틀림없이 이런 경우, 그림자는 영혼과 같지 않다 하더라도 적어도 인간이나 동물의 살아 있는 일부로 여겨져, 인간이나 동물은 그림자에 가해진 피해를 실제로 자신의 육체에 가하는 것같이 느낀다.

반대로 그림자가 인간이나 동물의 생명과 관계된 부분이라면, 그 그림자에 접촉하는 것은 실제 인간이나 동물과 접촉하는 것이 되므로 어떤 상황에서는 위험을 부를 수 있다. 그리하여 원시인들은 여러 이유로 위험을 초래할 수 있다고 생각되는 특정 인물의 그림자를 피한다. 보통 상중에 있는 자와 여성들, 특히 그의 장모가 그러한 인물에 속한다. 브리티시컬럼비아의 슈스와프(Shuswap) 족 인디언은 상중에 있는 자의 그림자가 비친 자는 병에 걸린다고 믿는다.

빅토리아의 쿠르나이(Kurnai)족 가운데 초심자들은 입회식 때 여자의 그림자가 드리우지 않도록 조심해야 한다. 여자의 그림자가 초심자들을 야위고 게으르고 어리석게 만든다고 믿는다. 어떤 오스트레일리아 토착민은 나무 밑에 누워서 잠자고 있을 때, 장모의 그림자가 그의 두 다리에 걸린 것을 보고 매우 놀라서 거의 죽다시피했다고 한다. 소박한 원시인이 자기 장모를 대할 때의 공경과 두려움, 공포는 인류학상 가장 흥미 있는 문제 가운데 하나이다. 뉴사우스웨일스의 유인(Yuin) 부족에서 남자가 장모와 만나거나 오고 가는 것을 금지하는 규칙은 참으로 엄격하다. 그는 장모를 보아서도 안 되고, 그 쪽을 향해도 안 되었다. 만일 그의 그림자가 우연히 장모에게 비치기만 해도 이혼의 충분한 사유가 될 수 있다. 그 경우에 그는 아내와 헤어져야 하고, 아내는 친정으로 돌아가야 된다.

뉴브리튼 섬의 토착민들은 실수로 그 장모에게 말을 건네면 그 때문에 상상조차 하기 힘들 만큼 큰 재앙을 받는다고 한다. 그러한 경우 해결책은 사위나 사위와 장모의 자살만이 오직 하나뿐인 길이었다. 이 섬 사람들이 할 수 있는 가장 엄숙한 선서 형식은 "내가 만일 거짓말을 하면, 장모와 악수하는 것을 사양하지 않겠습니다" 말할 정도이다.

이와 같이 그림자가 인간의 영혼과 매우 밀접하게 연결되어 있고, 그림자가 없어지면 병이나 죽음을 초래한다고 생각하는 곳에서는, 그림자가 짧아질 때 사람이 생명력도 그만큼 짧아진다고 믿는다. 예컨대 적도 가까이에 위치한 암보이나(Amboina)와 울리아즈(Uliase) 섬에서는 정오 무렵이 되면 반드시 그림자가 아예 없거나 있어도 매우 적다. 그러므로 사람들은 대낮에 바깥에 나가지 않는 것을 계율로 삼는다. 이때 외출하면 그 영혼의 그림자를 잃어버린다고 믿기 때문이다.

망가이아(Mangaia)족에게는 그림자의 길이에 따라서 위력이 늘거나 줄었던 투카이타와(Tukaitawa)라는 훌륭한 전설적인 전사의 이야기가 있다. 즉, 아침에 그림자가 가장 길게 땅에 드리울 때에 그의 위대한 힘은 가장 강했고, 정오가 가까워짐에 따라 그림자가 짧아지면서 그 위력은 감퇴하고, 바로 정오가 되면 가장 낮게 떨어졌다. 다시 오후가 되어 그림자가 길어지면 그 위력도 다시 회복되었다. 이 투카이타와가 가진 힘의 비밀을 알아차린 한 영웅이 정오를 틈타서 그를 죽였다고 한다. 말레이 반도의 원시인 베시시(Besisi)족은 정오쯤에 죽은 자의 시신을 매장하는 것을 두려워한다. 그것은 그 시각에 그들의 그림자가 가장 짧다는 것이 공감주술적으로 자신의 생명도 짧아질 것이라고 믿기 때문이다.

오늘날 그림자와 생명 또는 영혼과의 동일시가 다른 곳보다 더 뚜렷이 보이는 곳은 유럽 동남부일 것이다. 근대 그리스에서는 새로 짓는 집의 토대가 마련되면 수탉과 새끼 양이나 숫양을 저마다 한 마리씩 죽여 그 피를 주춧돌 위에 뿌리고, 나중에 희생된 동물을 돌 아래에 파묻는다. 이 희생 제물의 목적은 건물에 힘과 안정을 주는 데 있다. 그러나 때로 집을 세우는 사람은 동물을 죽이는 대신에 인간을 그 주춧돌까지 유인해서 비밀리에 그 육체나 일부 또는 그림자의 길이를 재고 사용한 줄자를 주춧돌 밑에 파묻는다. 또는 주춧돌을 그 사람의 그림자 위에 두는 일도 있다. 이 사람은 그해 안에 죽는다고 한다.

트란실바니아의 루마니아인들은 이렇게 그림자가 파묻힌 사람은 40일 이내에 사망한다고 믿는다. 그리하여 건축 중에 있는 집 옆을 지나갈 때, "당신의 그림자를 빼앗기지 않도록 조심하라"는 경고의 외침 소리를 들을 수 있다. 얼마 전까지도 벽을 튼튼히 하기 위해 그림자를 건축가에게 파는 그림자 장사가 있었다. 이런 경우 그림자의 치수 자체가 바로 그림자로 여겨져, 그것을 파묻는 것은 그의 영혼이나 생명을 파묻는 것과 다름이 없으며 그림자를 빼앗긴 사람은 반드시 죽는다고 여겼다. 이는 건축물에 힘과 내구력을 주기 위해, 또는 더 정확하게는 죽은 자의 혼령이 얼씬도 못하게 하고, 적의 침입으로부터 집을 보

영혼의 위험
고대 그리스 인들은 꿈에 물에 비친 자신의 모습을 보는 것은 곧 죽음의 전조로 생각했다. 물의 정령이 영혼을 육체에서 불러낸다고 생각했기 때문이다. 나르키소스는 수면에 비친 너무나 아름다운 자신의 모습을 보고 사랑에 빠진 나머지 물에 빠져 죽는다. J.W. 워터하우스, 「에코와 나르키소스」, 1903년.

호하기 위해 새 집의 벽 속이나 초석 밑에 산 채로 인간을 파묻었던 옛 습관을 대체한 민간 신앙이라 할 수 있다.

어떤 부족들이 인간의 영혼이 그 그림자 속에 있다고 믿는 것처럼, 어떤 사람들은 영혼이 물이나 거울 속에 비치는 영상 가운데에 있다고 믿는다. 예를 들면, 앤다만 제도의 주민들은 그들의 그림자를 자기의 영혼으로 보지 않고 모든 거울 속의 영상을 영혼으로 생각한다. 뉴기니의 모투모투(Motumotu)족은 처음으로 거울에서 자기 모습을 보았을 때 그 영상을 그들의 영혼으로 믿었다. 뉴칼레도니아(New Caledonia) 섬의 노인들은 물과 거울 속 인간의 영상이야말로 그 사람의 영혼으로 생각했다.

그런데 가톨릭교 신부들에게 교육받은 젊은이들은 그것이 영상에 불과한 더 이상의 무엇도 아니며, 물에 비치는 야자의 그림자와 다름이 없다고 본다. 그렇지만 영상 영혼도 인간을 떠나 있기 때문에 그림자 영혼처럼 위험하다. 줄루(Zulu)족은 깊은 못에는 요물이 있어서 사람의 영상을 훔쳐 생명을 빼앗으므로 못을 들여다보려 하지 않는다. 바수토(Basuto)족은 악어가 사람의 영상을 물 속에 끌어들여 그를 죽일 수 있다고 말한다. 그들 가운데 누군가 갑자기 죽었는데 아무도 그 원인을 모를 경우에는, 언젠가 강을 건넜을 때에 악어가 그 그림자를 훔쳤을 것이라고 유족들은 그럴싸한 이유를 붙인다. 멜라네시아의 새들(Saddle) 섬에 연못 하나가 있는데, "그 연못을 들여다보면 누구든지 죽는다. 그곳에는 악령이 있어 물에 비친 영상을 잡아채서 그의 생명을 빼앗는다"고 한다.

이것으로 고대 인도나 고대 그리스인이 물에 비친 자신의 영상을 보아서는 안 된다는 경고가 있었던 까닭과, 그리스인이 물에 비친 자신을 꿈에서 보았을 때 그것을 죽음의 전조로 생각한 이유를 이해할 수 있다. 그들은 물의 정령이 인간의 영상이나 영혼을 물 속으로 끌어들일까봐 두려워했다. 물에 비친 자기 모습을 보고 고민하다가 마침내 물에 빠져 죽은 아름다운 나르키소스(Narcissus)의 고전적 이야기는 아마 이런 생각에서 생겼을 것이다.

또 가족 중 누군가가 죽었을 때, 거울을 가리거나 뒤로 돌려놓는 따위의 널리 실행되는 관습도 여기서 설명할 수 있다. 거울 속 영상은 사람에게서 이탈한 영혼과 다름없으며, 장례식이 끝날 때까지 집 안에 남아 있는 죽은 자의 영혼이 거울 속 영혼을 끌고 갈지 모른다고 원시인들은 두려워한다. 이 관습은 아루 제도의 관습과 완전히 일치한다. 누군가 죽었을 때, 꿈을 꾸다가 육체에서 이탈한 영혼이 죽음의 정령에게 끌려가는 것을 두려워하여, 그가 죽은 집에서 절대로 잠을 자지 않는다. 따라서 환자가 거울을 보아서는 안 되는 이유와 병실 거울에 커버를 씌우는 이유도 자명해진다. 즉, 병에 걸리면 영혼이 쉽사리 날아가는데, 거울에 자신을 비쳐 육체로부터 영혼이 이탈하는 것은 위험천만한 일이라고 믿는다. 몇몇 부족에서 환자를 재우지 않는 규정도 같은 이유에서였다고 한다. 영혼이 잠자는 중에 몸에서 빠져 나가 다시 돌아오지 않을 위험이 언제나 도사리기 때문이다.

그림자나 영상에 대한 이런 사례들은 초상화에도 해당되며, 일반적으로 초상화에 묘사된 인물의 영혼이 그 속에 깃들어 있다고 믿는다. 이렇게 믿고 있는 사람들은 으레 자기 모습을 그리는 것을 싫어한다. 만일 초상에 영혼 혹은 생명의 일부가 들어 있다면 그것을 손에 넣은 사람은 누구든지 그 실물에 치명상을 가할 수 있기 때문이다. 예를 들면, 베링 해협의 에스키모족은 주술을 쓰는 사람이 다른 사람의 그림자를 훔칠 수 있고, 그림자를 잃은 사람은 야위어서 끝내 사망한다고 믿었다. 전에 한 탐험대원이 유콘(Yucon) 강 하류의 마을에서 원주민들의 사진을 찍으려고 그쪽에 사진기를 받쳐놓았다. 초점을 맞추고 있자니 마을 추장이 와서 검은 커버 밑을 보자고 졸라댔다. 그래서 허락했더니 초점 렌즈에 비친 움직이는 모습을 잠시 열심히 노려보던 추장은 갑자기 목을 움츠리고 "이놈이 이 상자 속에 너희들의 그림자를 모두 넣고 있다"고 큰 소리로 외쳤다. 그러자 마을 사람들은 크게 겁을 먹고 당황해서 바로 집 안으로 들어가 몸을 숨겼다고 한다.

멕시코의 테페우안(Tepehuan)족 또한 죽음의 공포를 느낄 만큼 사진기를 두려워해서, 그들을 사진기 앞에 세우려고 설득하는 데 닷새나 걸렸다. 그들은 끝내 사진 찍기를 승낙했으나, 마치 사형 집행을 받는 죄수와 같은 표정을 짓고 있었다. 사진사가 그들의 영혼을 빼앗아가, 틈틈이 그것을 먹어치울 것이라고 믿었던 것이다. 그래서 그들 사이에는 사진사가 자기 나라로 돌아가면 찍힌 사람은 차례로 죽거나 재앙에 부딪치게 될 것이라는 말이 돌았다. 카타트(Catat) 박사와 몇 사람의 동료가 마다가스카르의 서해안에 있는 바라(Bara) 나라를 탐험하고 있을 때, 원주민들이 갑자기 적의를 드러냈다. 탐험대원들이 그 전날 힘겹게 왕의 가족 사진을 찍었는데, 그에 대해 원주민들은 그들이 영혼을 훔쳐서 프랑스에 돌아가 팔아버릴 것이라고 여긴 것이다. 그럴 일이 없다고 해도 소용이 없었다. 결국엔 그들의 관습에 따라 그 왕족들의 영혼을 광주리에 넣고 카타트 박사가 각자의 주인에게 돌아가도록 명령하는 의식을 행함으로써 겨우 문제가 풀렸다고 한다.

시킴 마을 사람들은 그들의 말로 '상자의 사악한 눈'이라는 사진기의 렌즈가 자신들을 향하면, 모두 재빨리 등을 돌리고 도망쳤다. 그들은 사진사가 자신의 영혼을 갖고 가서 해를 가하거나, 자연의 풍경을 시들게 할 것이라 믿었다. 시암에서는 선왕의 통치 기간까지 어떤 화폐에도 왕의 초상을 넣지 못했다. 그 당시에는 어떤 물체에 초상을 그려 넣는 것에 강한 공포심이나 거부감이 있었기 때문이다. 오늘날에도 밀림지대를 여행하는 유럽인들이 원주민들에게 사진기를 들이대면 모두 도망친다. 남이 자신의 얼굴이 본떠진 복사물을 가져가면 자기 생명의 일부가 함께 사라진다고 믿기 때문이다. 다행히도 메투살레(Methusaleh) 왕의 통치가 시작되지 않았다면, 왕의 생명이 조각조각 그 왕국으로 흩어지도록 하는 행위라 하여 나라의 화폐에 왕의 초상을 새겨넣는 일을 결코 허용치 않았을 것이다.

어쨌든 이런 종류의 사고 방식은 아직도 유럽 여러 지방에서 찾아볼 수 있다. 그리 오래된 이야기도 아닌데, 그리스의 카르파토스(Karpathos) 섬에서 사는 몇몇 노인들은 자신들의 초상화가 그려진 것을 알고 그로 인해 죽게 될 것이라고 생각해 몹시 화를 냈다고 한다. 스코틀랜드 서부 어떤 지방 사람들은 액운이 닥칠까봐 자기 모습 찍는 것을 거부했다. 사진을 찍은 다음에는 하루도 건강이 좋지 않았다는 식의 말들을 하곤 했다.

제19장
터부가 되는 행동

1 이방인과의 교제에 대한 터부

영혼에 대한 원시적 관념과 영혼이 접하게 되는 위험에 대해서는 이쯤으로 마치도록 하겠다. 이러한 사고 방식은 한 민족이나 국가에 한정된 것이 아니다. 세부적인 면에서는 차이가 있으나 이것은 세계 여러 곳에서 발견되고, 우리가 살펴본 것과 같이 근대 유럽에도 아직 남아 있다. 이렇게 뿌리 깊고 넓게 퍼진 믿음은 초기 왕권이 그 틀을 잡는 데 필연적으로 크게 기여했을 것이다. 사람들이 온갖 위험으로부터 자신의 영혼을 지키기 위해 애썼다면, 모든 민중의 안녕과 존재를 짊어진 왕의 생명은 분명 모든 사람들의 공동된 관심사였음에 틀림없다. 그런 만큼 민중들은 왕의 생명을 경호하고자 전력을 다하지 않을 수 없었을 것이다.

따라서 미개 사회에서 사람들은 자기 영혼의 안전을 꾀할 때보다 더 많은 정밀한 예방과 경계 수단으로 왕의 생명을 보호했으리라고 쉽게 상상할 수 있을 것이다. 이미 우리가 검토했고 앞으로 더 상세하게 살펴볼 것처럼, 초기 왕들의 생명은 매우 엄격한 규정에 따라 통제되었다. 사실상 그런 규정들은 바로 왕의 생명을 보호하기 위해 채택한 경호 수단이었다고 생각된다. 여러 규정을 검토해 보면 이런 가설의 타당성을 확증할 수 있다.

왕들이 지키고 있는 어떤 규정은 자기 영혼의 안전을 꾀한다는 목적에서 각 개인이 지키고 있는 규정과 같다는 사실이 이 검토의 결과 뚜렷해진다. 그리고 왕에게 특유한 것으로 보이는 규정들조차 대다수가 왕의 경호나 호위를 위해 지켰다는 가정에 따르면 매우 쉽게 설명될 수 있다. 앞으로 규정의 본래 목적을 밝히는 데 도움이 될 상세한 해설과 설명을 저마다에 붙이면서 왕들이 지켜야 했던 규정이나 터부 몇 가지를 들어 보고자 한다.

왕이 지키는 터부의 목적은 위험한 모든 근원을 멀리하는 데 있으므로, 왕은 자신이 지키는 규정의 수와 준엄성에 따라 완전히 차단된 생활을 강요받게 된다. 위험의 원천 중에서 주술과 마술만큼 원시인들에게 강한 공포가 되는 것은 없으며, 이방인은 누구나 그러한 주술을 쓰는 자로 의심받는다. 이방인이 의지적으로나 비의지적으로 행사하는 그 유해한 힘에서 몸을 보호하는 것은 원시인들의 분별력이 명하는 기본적 사항이었다. 따라서 이방인이 원시인 마을에 들어가기 전이나 적어도 그가 자유롭게 그 지역의 주민과 교제하도록 허용되기 전에는 이방인이 지닌 주술의 힘을 없애기 위해, 또 그가 미치는 나쁜 영향을 해소하기 위해, 또는 그를 둘러싼 더러운 기운을 없애 버리기 위해 그 땅의 주인은 가끔 어떤 의식을 치른다.

예를 들면, 동로마 제국의 황제 유스티누스 2세가 투르크(Turk)족과 수호 조약을 체결하기 위해 파견한 대사 일행이 목적지에 도착하자, 그들을 기다렸던 주술사들은 모든 해로운 영향력을 없앨 목적으로 그 일행에게 정화 의식을 거행한다. 그들은 대사 일행이 갖고 간 짐을 밖에 두고, 향을 피우면서 일행 주위를 돌고, 종을 울리고 탬버린을 치면서 악령의 힘을 없애려고 노력한다. 그러는 동안 그들은 차츰 숨이 가빠지고 광란 상태에 빠지기도 한다. 이것이 끝난 다음, 그들은 대사 일행에게 불 속을 지나가게 하여 정화 의식을 끝낸다.

남태평양의 나누메아(Nanumea) 섬에서는 배를 타고 온 이방인이나 다른 섬에서 온 이방인은 모두 또는 몇몇 대표자가 섬 안에 있는 네 개의 신전으로 끌려가 그들의 몸에 있을지도 모르는 질병이나 속임수 등을 없애도록 신에게 기도를 올린 뒤에야 섬 사람과의 교제가 허용되었다. 그 의식에는 짐승고기의 제물을 제단에 바치고, 신을 위한 노래와 춤이 따랐다. 이 의식이 진행되는 중에는 사제와 조수를 제외한 모든 사람들이 모습을 감추었다.

보르네오의 오트다놈(Ot Danom)족은 이방인이 그 영토에 들어갔을 때 일정한 액수를 받는다. 주민은 그 금전으로 토지와 물의 정령에게 물소나 돼지를 제물로 바치고, 이방인이 들어온 것에 대해 신을 달래고 토착민들에게 호의를 저버리지 말고 풍년이나 그 밖의 혜택을 내리도록 기원한다. 보르네오의 어떤 지방 사람들은 유럽인 여행자들이 그들에게 나쁜 영향을 끼칠까 두려워하여 여자나 아이들이 그들에게 접근하지 않도록 경고한다. 그 호기심을 억제할 수 없는 사람들은 악령을 쫓기 위해 닭을 제물로 바치고, 몸에 그 피를 발랐다.

터부시된 사람들
왕의 목숨은 성벽과 문에 의해서
바깥의 물질적, 영적인 위험으로
부터 지켜졌다. 호위병이 지키고
있는 오바족 궁전. 16세기 후반
베냉의 청동 장식판. 대영박물관,
런던

보르네오 중부를 다녀온 어떤 여행자는 다음과 같이 말했다.

"원주민들은 이웃에 있는 악령보다도 여행자를 따라 온 먼 곳의 악령을 더
두려워한다. 1897년, 블루우카얀(Blu-u Kayan)족 마을에 있던 나를 마하캄
(Mahakam) 강 중류 지방에 사는 원주민들이 찾아온 적이 있었다. 그때 여자들
은 연기를 뿜는 플레히딩(plehiding) 나무껍질 한 다발을 들지 않고서는 바깥에
나올 수 없었다. 거기서 나오는 악취로 악령을 쫓는다고 믿기 때문이다."

크레보(Crevaux)가 남아메리카를 여행했을 때, 아팔라이(Apalai)족 인디언 마
을을 찾아갔다. 그가 마을에 들어서자, 순식간에 몇 사람의 인디언이 물리면
아픔을 느끼게 되는 종류의 크고 검은 개미를 종려나무 잎에 잔뜩 붙여 가지
고 왔다. 그 다음에 남녀노소할 것 없이 온 마을 사람들이 그의 앞에 나타났
다. 그래서 그는 마을 사람 모두의 얼굴과 허벅지와 그 밖의 부분을 그 개미가
물도록 해야 했다. 때로 그가 개미를 부드럽게 붙이면 마을 사람들은 "좀더, 좀
더" 하고 소리를 지르면서 온몸이 쐐기풀로 찔린 것처럼 작은 종기로 덮일 때

까지 물리지 않으면 만족하지 않았다. 이 의식의 목적은 암보이나 섬과 울리아제 섬에서 행하는 관습으로, 찌르는 듯한 감각을 주어 그들 몸에 붙어 있을지도 모르는 병마를 쫓아버리기 위한 데 있다. 예를 들면, 잘게 썹은 생강이나 향료 같은 자극성 있는 양념을 환자의 몸에 뿌리는 관습이 있다.

자바에서는 통풍이나 류머티즘의 민간 요법으로, 환자의 손가락과 발가락에 에스파냐 후춧가루를 문지른다. 후춧가루의 자극은 통풍이나 류머티즘을 일으키는 악령에게는 지나치게 매워 급히 환자에게서 나간다고 한다. 마찬가지로 노예 해안에서 병든 아이의 어머니는 때로 아이의 몸에 악령이 내렸다고 믿는다. 그리고 악령을 쫓아내기 위해 아이 몸에 조금의 상처를 내고 그 상처에 푸른 후추 따위를 쑤셔 넣어두면 악령에게 상처를 입혀 쫓아낼 수 있다고 믿는다. 당연히 그 아이는 아픔을 참지 못하고 불이 붙은 것같이 울음을 터뜨리는데, 어머니는 그 아이와 똑같이 악령도 지금 고통 받는 것으로 생각하여 마음을 굳게 먹고 그 처치를 계속한다.

무슨 생각으로 행하는지 직접 말하지는 않으나 이방인을 만날 때 거행하는 어떤 의식의 동기는 아마도 이방인에 대한 경의라기보다는 그들에 대한 두려움일 것으로 생각된다. 폴리네시아인이 살고 있는 옹통(Ongtong) 자바 섬에서는 사제나 주술사가 큰 세력을 부리는 것으로 보인다. 그들의 주된 일은 질병을 피하거나 몰아내기 위해 또는 순풍을 일으키고 많은 고기를 잡기 위해 정령을 부르거나 내쫓는 일이다. 이방인이 이 섬들에 상륙하면 먼저 주술사가 접견하여 그들에게 물을 끼얹고 기름을 바르고 마른 판다누스 잎 띠를 두르게 한다. 그리고 물을 여기저기에 뿌리고 그들이 타고 온 배를 상록수 잎으로 닦는다. 이 의식이 끝나면, 이방인은 주술사의 안내로 추장에게 소개된다.

아프가니스탄과 이란의 어떤 지방에서, 여행자는 먼저 마을에 들어가기 전에 때때로 동물 제물이나 음식물 또는 불과 향을 받는다. 아프간 지구 선교회단원들은 아프가니스탄의 마을들을 지날 때 가끔 불과 향으로 환영을 받았다. 때로는 타다 남은 불덩이를 "잘 오셨다"는 말과 함께 여행자의 말발굽 밑에 던진다. 에민 파샤(Emin Pasha)는 중앙아프리카의 어떤 마을에 들어갈 때, 주민들이 염소 두 마리를 제물로 바치면서 그를 맞이했다. 그때 염소 피가 길에 뿌려지고, 추장은 피 위에 서서 에민에게 인사했다.

때로는 이방인과 그가 지녔다고 여기는 주술에 대한 공포가 너무 커서, 어떤 조건을 내걸어도 마을의 출입을 금하는 일도 있다. 예를 들면, 스피크(Speke)가 어떤 마을에 도착했을 때 주민들이 문을 닫고 그를 받아들이지 않는 것은 이러한 이유에서였다. 그들은 여태까지 백인을 본 적이 없었고 그들이 가지고 있는 깡통 상자를 본 적도 없었다.

"이런 상자들은 약탈하는 와투타(Watuta) 신이 변해서 우리를 죽이러 온 것인지 누가 알 것인가? 그러니 당신들을 받아들일 수 없소."

설득해도 소용이 없었기에 일행은 다음 마을로 떠나야 했다.

이렇게 다른 나라에서 온 방문객에 대해 느끼는 공포는, 때때로 방문객이 그 나라에서 느끼는 공포와 같다. 원시인들은 낯선 땅에 들어가면 마법의 땅에 들어선 것으로 느끼고 거기에 나타나는 악령과 주민들의 주술로부터 자신을 보호하는 수단을 찾는다. 예컨대, 마오리족은 낯선 땅에 들어갈 때 그곳이 여태까지 '신성한' 곳인지도 모르므로 그곳을 '속되게' 하는 의식을 거행한다.

미클루코 매클레이(Miklucho-Maclay) 남작이 뉴기니 매클레이 해안의 한 마을에 가까이 갔을 때, 그를 수행하던 토착민 한 사람이 나뭇가지 하나를 꺾어 길가로 피하면서 잠시 그 가지를 보고 중얼거렸다. 그리고 대원들에게 한 사람씩 다가서면서 차례로 그의 등에 침을 뱉고, 그 가지로 몇 차례 쳤다. 마지막에는 밀림 속에 들어가서 가장 무성한 나무 아래 낙엽 밑에 그 가지를 파묻었다. 이 의식은 이제 들어가려는 마을에 있을 모든 속임수나 위험으로부터 일행을 지키는 것이었다. 아마 사악한 힘이 사람에게서 가지로 빨려들어가고 그것과 함께 무성한 숲 속에 묻혔다는 뜻일 것이다.

오스트레일리아에서는 다른 곳의 부족이 어떤 지방의 초대를 받고 그 부족의 부락에 접근했을 때, 이방인은 공기를 깨끗이 하기 위해 불붙인 나무껍질이나 막대기를 저마다 들고 간다. 토라자족은 사람을 사냥하려고 적의 땅에 들어섰을 때에 적의 집을 태우거나 적을 죽이거나 하는 적대 행동을 개시한 다음이 아니면 적이 심어 놓은 과일이나 사육한 동물을 절대 먹지 않는다. 만일 이 규정을 깨뜨리면 부적의 신비스러운 효험이 사라져 적의 영혼이나 영적인 본질이 작용해 자신들이 피해를 입게 된다고 믿는다.

또 여행하고 돌아온 사람은 그가 교제한 이방인에게서 해를 끼치는 어떤 주술적인 것에 물들어 오는 것으로 믿는다. 그래서 여행에서 돌아오면 자기 부족 친구들과 어울리기에 앞서 일정한 의식을 치러야 한다. 예를 들면, 베추아나족은 여행에서 돌아오면 요술이나 마술로 이방인에게서 오염되었을지도 모르기 때문에 삭발이나 그 밖의 방법으로 몸을 청결하게 해야 한다. 서부 아프리카 어떤 지방에서는 남편이 오랜 출타에서 돌아오면 아내를 만나기 전에 어떤 의식을 치러야 한다. 즉, 여행 중에 모르는 여자가 그에게 추파를 던졌을지도 모르고, 또 그를 통해서 그 마을 여자들에게 옮겨질 우려가 있는 주술을 없애기 위해 어떤 특수한 액체로 그의 몸을 씻어야 한다. 게다가 앞 이마에 주술사가 특정한 표시를 그려 넣어야 한다.

영국에 파견되었다가 인도로 되돌아온 힌두의 두 대사는 외부인과의 접촉으로 오염되었다고 하여 본래의 청결을 회복하기 위해 다시 재생 의례를 치를 수밖에 없었다. 이 재생을 위해 여자나 암소 모양을 한 자연의 여성적 능력을 나타내는 순금의 상을 만들도록 명령했다. 재생이 필요한 사람은 그 상 속에 들어갔다가 나오면 된다. 그러나 순금으로 몸집만한 상을 만드는 데는 비용이 너무 많이 들기 때문에 신성한 '요니(Yoni)' 신상을 만들어 재생할 사람에게 그 곳을 지나가게 했다. 토후의 명령에 따라 그것을 통과하여 두 대사는 다시 태어났다고 한다.

이방인이 끼치는 해로운 영향을 막기 위해 그러한 처치법을 취했다면, 똑같이 마음을 놓을 수 없는 위험으로부터 왕을 보호하기 위해 특별한 방법이 강구되었음은 놀라울 것이 없다. 예컨대 중세에 타타르족의 칸(Khan : 汗)을 찾은 사절들은, 칸을 알현하기에 앞서 먼저 두 개의 불 사이를 지나야 했고 지참한 토산물도 같은 의식을 치러야 했다. 이 관습의 목적은 사절단이 사악한 주술을 부려 칸에게 미칠지도 모를 해로운 힘을 불로 없애려는 데 있다.

콩고 평야 바실랑게(Bashilange)족 최강의 추장 칼람바(Kalamba)를 부하 추장들이 처음으로, 혹은 반란 이후에 수행원을 데리고 방문할 때면, 그들이 남자건 여자건 두 개의 강에서 이틀 동안 계속 목욕을 하고 장터의 노천에서 밤을 새워야만 했다. 두 번째 목욕이 끝나서야, 모두는 알몸으로 칼람바의 집으로 간다. 그러면 칼람바는 그들의 가슴이나 이마에 길고 하얀 표시를 해 주었다. 그런 뒤 그들은 장터로 들어가 옷을 입고, 후추로 엄한 시련을 받는다. 그들 모두는 눈에 후추를 넣어야 하는데 이때 고통을 느끼는 사람은 자신의 모든 죄를 고백하고 신문에 답하고, 일정한 선서를 해야 한다. 이렇게 하고 나서야 의식은 끝나고 그들은 머무는 동안 자유롭게 그 마을에서 행동을 할 수 있게 된다.

2 먹고 마시기에 대한 터부

원시인은 먹고 마시는 행위에는 특수한 위험이 동반된다고 생각했다. 그때 입에서 영혼이 도망치거나, 근처에 있던 적의 주술로 빠져 나갈지도 모른다고 생각한 것이다. 노예 해안의 에웨족들은 "영혼이 입을 통해 드나든다는 공통된 신앙이 있는 듯하다. 그래서 영혼이 나갔을 때에는 떠도는 영혼이 이 틈을 타서 그 육체에 들어올 염려가 있기 때문에, 입을 벌리는 것에 주의한다. 이런 일은 보통 식사할 때 일어난다고 한다." 그러므로 그런 위험을 막기 위해서 여러 수단이 쓰인다. 예컨대 바타크족의 이야기에 따르면 "영혼은 몸에서 빠져 나갈 수 있기 때문에, 그것이 가장 필요할 때 빠져 나가지 않도록 늘 주의해야 한다. 이탈을 막을 수 있는 방법은 사람이 집에 있을 때뿐이다. 제사 때는 영혼이 머물러 바친 제물을 듬뿍 먹도록 집안 문을 모두 걸어 잠가야 한다."

마다가스카르의 자피마넬로(Zafimanelo)족은 식사할 때 모든 창이나 문에 자물쇠를 걸어 잠그므로 아무도 식사 중에는 그들을 볼 수 없다. 와루아(Warua)족은 아무에게도 자신들이 먹고 마시는 것을 보여주지 않는데, 그것은 상대가 이성일 경우 특히 엄수된다. 어떤 사람은 "어떤 남자가 뭔가를 마시는 장면을 보기 위해 돈을 내야 했는데, 그것을 여성에게도 보여 주도록 청했으나 허락되지 않았다" 말하기도 한다. 그들은 이따금 술을 한 잔 권하면, 마시는 동안 몸을 감추기 위해 보자기로 가린다.

일반 사람들이 취하는 보통의 조치가 이렇다면, 왕이 취하는 조치는 참으로 엄청날 것이다. 로앙고(Loango)족은 왕이 먹고 마시는 것을 볼 수 없으며, 사람이든 짐승이든 그것을 본 자는 사형에 처한다. 한 번은 왕이 오찬을 하고 있는 방에 애견이 몰래 들어왔다. 왕은 곧바로 그 개를 죽이도록 명령했다. 또 한 번은 겨우 열두 살이 된 왕자가 왕이 물 마시는 것을 무심코 보자, 즉시 왕은 왕자에게 멋진 치장을 하고 향연을 받도록 명령하였다. 향연이 끝난 뒤에 왕은 왕자가 자신이 마시는 것을 보았다는 선포와 함께 왕자를 네 조각으로 절단해 온 마을에 끌고 다니도록 명령했다.

왕이 술을 마시려고 할 때는 술잔을 가져오게 한다. 그것을 나르는 자는 손에 방울을 가지고 있어서 잔을 왕의 손에 넘기자마자 뒤로 돌아서서 방울을 울린다. 그러면 나란히 서 있던 자들은 왕이 마시는 것을 끝낼 때까지 머리를 땅에 대고 엎드린다. 왕의 식사도 거의 같은 형식이다. 식사하는 집이 있어 음식물을 식탁에 올려놓으면, 왕이 그 집에 들어가서 문을 잠근다. 식사가 끝나면 문을 두드리고 나온다. 그래서 그가 음식 먹는 것을 본 사람은 여지껏 없다. 혹시 누군가 보았다면 왕은 그 자리에서 죽는다고 생각한다.

그 이웃의 카콩고(Cacongo)족 왕이 지키는 규칙도 비슷하다. 만일 신하 가운데 누구라도 왕이 마시는 것을 본다면 왕은 죽는다고 생각했다. 다호메(Dahomey) 왕에 대한 가장 큰 죄는 그가 식사하는 것을 보는 일이다. 사람들 앞에서 마시는 것은 특별한 경우에 한하며, 그런 경우에도 장막 뒤에 숨거나 머리에 두건을 두르거나 하고, 곁에 있는 사람들은 모두 얼굴을 땅에 대고 엎드린다. 중앙아프리카의 부뇨로(Bunyoro) 왕이 목장에 우유를 마시러 가면, 그가 돌아갈 때까지 모든 남자는 그 구내에서 물러나고 여자들은 얼굴을 가려야 했다. 아무도 그가 마시는 것을 보아서는 안 되는 것이다. 왕비 한 사람이 목장까지 따라가서 왕에게 우유를 올리며 시중을 들지만, 마시는 동안에는 그녀도 얼굴을 돌려야 했다.

3 얼굴을 보이는 것에 대한 터부

앞의 경우들에서 완전히 격리된 곳에서 음식을 먹는 목적은 영혼이 이탈하는 것을 막기 위한 것이라기보다는, 악령이 육체 속으로 들어오는 것을 막는 데에 있었다. 이것은 또한 콩고 지방의 원주민이 음식을 먹을 때 지키는 관습의 목적이기도 하다. 이에 따라 이 지방의 원주민들은, "먼저 정령에게 기도하지 않고 음식을 먹지 않는다. 그들 중의 어떤 사람은 먹는 동안에 계속 방울을 울리고, 또 어떤 사람들은 무릎을 꿇고 엎드리거나 머리에 보자기를 쓴다. 또 머리에 풀 줄기나 나뭇잎을 얹었거나 이마에 점토로 줄을 그어 표시를 하기도 한다. 이런 주술적 관습의 형식은 매우 다양하다. 원주민들은 이 형식을 설명하면서, 그것이 정령에게 호소하는 데 효과적이라며 만족해 한다."

이 지방에서는 통상 추장이 술을 한 모금 마실 때마다 방울을 울리고, 동시에 그의 앞에 서 있는 한 젊은이가 '술을 통해 늙은 추장의 육체 속에 침입할지도 모를 악령을 억압하기 위해서' 창을 휘두른다. 아프리카의 어떤 회교의 술탄(왕)이 얼굴을 보자기로 가리는 관습도 이와 비슷하다고 할 것이다. 다르 푸르(Darfur)의 술탄은 흰 무슬린 천으로 얼굴을 가리는데, 먼저 입과 코, 다음에 이마를 가리고, 마지막으로 눈만 남긴 채 머리를 몇 번이나 감는다. 왕의 표시로서 얼굴을 가리는 관습은 중앙아프리카의 다른 곳에서도 찾아볼 수 있는 일이다. 와다이(Wadai)의 술탄은 언제나 장막 뒤에서 이야기하는데, 그의 얼굴을 볼 수 있는 사람이란 몇몇 한정된 총신들 뿐이라고 한다.

4 외출에 대한 터부

이러한 예방 조치가 확대되어, 때로는 왕이 자신의 궁전을 떠나는 것이 금지되기도 한다. 혹 왕의 외출이 허락될 때에도 신하는 왕이 나가는 것을 볼 수 없게 되어 있다. 백성에게 신으로 숭배된 서아프리카 베냉(Benin)의 물신 왕은 그의 궁전을 떠나서는 안 되었다. 로앙고의 왕은 즉위식 뒤부터는 그의 궁전에 갇히게 된다.

오니차(Onitsha) 왕은 신들을 달래기 위한 인간 제물을 바치지 않고는 궁전에서 마을에 발을 내디딜 수가 없다. 이 때문에 그는 궁전에서 결코 떠나지 않는다. 어쩔 수 없이 그가 궁전을 떠나면, 자신의 목숨을 바쳐야 하거나 인간 제물로 한 사람 또는 그 이상의 노예를 눈 앞에서 처형해야 한다고 한다. 나라의 부유함은 노예 수로 계산되기 때문에 왕은 그 터부를 저지르지 않도록 조심한다. 그런데 1년에 한 번, 참마 축제(Feast of Yam) 때만은 왕에게도 궁전의 높은 담 바깥에 나가 백성들 앞에서 춤추는 것이 허용된다. 허용된다기보다는 그렇게 하는 것이 관습이다. 왕은 그때 나라를 다스릴 수 있다는 증거를 보이기 위해 보통 매우 무거운 흙주머니를 등에 짊어지고 춤춘다. 이 의무를 다할 수 없을 때는, 바로 왕위가 박탈되고 돌로 죽임을 당해야 한다.

에티오피아 왕들은 신으로 숭배받았으나 대부분 궁전에 갇혔다. 폰투스(Pontus)의 산쪽 해안에 모시니(Mosyni) 또는 모시노이키(Mosynoeci)로 불리는 거칠고 호전적인 민족이 살았는데, 그들이 아시아에서 유럽으로 물러났던 유명한 전투에서 1만 명의 병력이 그 험한 국토를 지나갔다. 그때 이 야만족들은 높은 탑 위에 왕을 감금했고, 왕은 즉위 뒤에 두 번 다시 그곳에서 내려오는 것이 금지되었다. 이 탑 위에서 왕은 백성들을 심판해야 했다. 그런데 백성들을 성나게 하면, 그들은 종일 왕에게 음식물을 주지 않고 때로는 굶겨 죽이기까지 했다.

아라비아 향료의 나라 사바이아(Sabaea) 또는 시바(Sheba)의 왕들도 궁전 밖으로 나가지 못했다. 만일 왕이 기어코 금기를 어기면 폭도들이 그를 돌로 쳐죽였다. 왕의 궁전 꼭대기에 난 창문에는 쇠사슬이 붙어 있었는데, 억울한 일이 있는 사람이 그 사슬을 잡아당기면, 왕이 그를 불러들여서 재판을 했다고 한다.

5 음식물을 남기는 것에 대한 터부

원시인은 누군가가 먹고 남긴 음식이나, 그가 사용할 식기를 그에게 주술적 위해를 가할 수 있다고 생각했다. 즉, 사람과 그가 남긴 음식물 찌꺼기 사이에는 공감주술의 원리에 따라 어떤 관련성이 있어서, 음식물 찌꺼기에 해를 가하면 그것을 먹은 당사자를 해칠 수 있다는 것이었다.

오스트레일리아 남부의 나린예리(Narrinyeri)족들은 어른이면 모두가 늘 남이 살을 뜯어 먹고 버린 짐승이나 새, 물고기 등의 뼈를 찾아다닌다. 그런 것들을 이용해 놀라운 저주를 내리기 위해서다. 그래서 사람들은 주술사의 손아귀에 걸려들지 않도록 먹은 동물의 뼈를 주의 깊게 태워 버린다. 그럼에도 주술사는 때때로 그런 뼈를 손에 넣는 데 성공한다. 일단 손에 넣으면 그 동물의 고기를 먹은 남자, 여자 또는 아이를 자유롭게 살리고 죽이는 힘을 얻는다고 믿는다. 저주하려는 때에 붉은 흙과 물고기 기름을 빚어서, 그 속에 대구의 눈알과 시체의 자잘한 고깃덩어리를 섞어 넣고 둥그렇게 만들어서 그 뼈의 끝에 붙인다. 그리고 썩은 송장과 접촉해 죽음의 힘을 끌어내기 위해 주술의 약물을 송장 품속에 넣었다가 불 옆의 흙 위에 세워 둔다. 그러면 이 덩어리가 녹는 데 따라서 저주에 걸린 당사자는 질병에 걸려 쇠약해진다. 덩어리가 다 녹으면 희생자는 죽고 만다. 어쩌다 저주받은 자가 자기에게 주문이 걸린 것을 알면 그 뼈를 주술사에게서 사들이려고 무척 애를 쓴다. 그리고 그것을 손에 넣으면 저주를 풀기 위해 강이나 호수에 던져 버린다.

뉴헤브리디스 제도의 타나(Tana) 섬에서는 남은 음식물이 질병을 만드는 자의 손에 들어가면 위험하다고 하여 나머지를 파묻거나 바다 속에 던져 버린다. 만일 병을 만드는 자가 바나나 껍질과 같은 음식 찌꺼기를 발견하면 그것을 거두어 불에 서서히 태운다. 이것이 타기 시작하면 바나나를 먹은 자는 병에 걸린다. 바나나 껍질을 태우는 것을 멈추게 하기 위해서는 병을 만드는 자에게 사람을 보내어 무엇인가 선사한다. 뉴기니에서 토착민은 음식물의 껍질이나 찌꺼기를 훼손하거나 감춰 그런 것들이 적의 손에 들어가 먹은 자를 해치거나 죽이는 데 이용하지 않도록 세심한 주의를 기울인다. 그들은 먹다 남긴 것들을 태우거나 바다 속에 던지거나 발견될 염려가 없는 곳에 버린다.

로앙고족의 왕이 접시 위에 남긴 음식물에는 아무도 손을 대지 않는다. 주술이 걸릴 것 같은 공포 때문에 땅을 판 구덩이 속에 음식 찌꺼기를 묻는다. 또한 누구도 왕의 그릇으로 음식을 먹지 않는다. 로마인은 자기가 먹은 달걀과 달팽이 껍데기를 적이 입수해서 주술을 걸까봐 그것을 바로 깨어 버렸다. 아직도 유럽에서 계란을 먹은 뒤에 곧 그 껍데기를 깨는 것이 보통인데, 이런 습관은 아마 앞의 것과 같은 미신에서 비롯된 것으로 보아도 무방할 것이다.

그러나 음식물 찌꺼기로 사람에게 행하는 주술의 미신적인 공포는 유익한 결과를 가져왔다. 만일 음식물 찌꺼기를 그대로 둔다면 그 부패 때문에 사실상 질병과 죽음의 원인도 될 수 있었는데, 이를 효과적으로 처리하게 된 것이다. 그 미신 때문에 덕을 본 것은 단지 그 부족의 위생에만 한정되지 않는다. 참으로 기묘한 일이나, 이와 같은 근거 없는 원시인의 공포와 인과 관계에 대한 원시인의 그릇된 견해가 음식을 먹는 사람들 사이의 친절, 존경, 호의 등의 도덕적인 규정들을 간접적으로 강화하게 되었다.

예를 들면, 음식물 찌꺼기에 주술을 걸어 사람에게 해를 입히려고 마음먹은 자는 결코 그 주술의 대상과 함께 음식물을 나누어 먹으려 하지 않을 것이다. 만일 그랬다가는 공감주술의 원리에 따라 그 대상과 같이 자신도 음식물 찌꺼기 주술에 따른 피해를 입기 때문이다.

원시 사회에서 공동 식사로 맺은 사회적 연대성을 신성하게 여기는 것은 바로 그런 이유 때문이다. 음식물을 나누어 먹는 것은 서로 선의를 갖고 있다는 증거로, 말하자면 담보물을 교환하는 셈이다. 그것은 서로가 다른 한쪽에게 해를 가하지 않겠다는 보증인 것이다. 이미 배 속에 들어간 같은 음식물로 실질적인 결합을 했으므로, 서로가 상대에게 해를 가할 경우에는 자신도 상대에게 가한 것과 똑같은 해를 입을 수 있다고 여긴 것이다. 그러나 엄밀하게 말해서, 이 공감적 결합은 음식물이 서로의 배 속에 있는 동안에만 한정적으로 유효하다. 그러므로 이렇게 함께 식사를 함으로써 성립된 계약 관계는 서로가 상대의 피를 자신의 혈관 속에 주입하여 맺은 것보다 엄숙함이나 지속성이 떨어졌는데, 그것은 피를 나누는 계약 관계는 두 사람을 일생 동안 하나로 묶어 준다고 여겨졌기 때문이다.

제20장
터부가 된 인물들

1 추장과 왕의 터부

앞서 말했듯이, 일본 미카도의 음식물은 날마다 새로운 식기에 조리되고 새 그릇에 놓여졌다. 그리고 식기나 그릇은 일단 쓴 뒤에 깨거나 없앨 수 있도록 보통 점토로 만들었다. 왕의 식기들은 거의 사용된 뒤 파괴되었는데, 그 까닭은 누군가가 그 성스러운 식기로 왕의 음식을 먹기라도 한다면, 그 사람은 입과 목이 붓고 염증이 생길 것이라고 믿었기 때문이다. 허락 없이 미카도의 옷을 입는 자도 비슷한 피해를 입는다고 생각했다. 즉 온몸에 종기가 나고 고통을 받게 된다는 것이다.

피지 제도에는 추장의 식기로 음식을 먹거나 추장의 옷을 입었을 때 걸리는 질병을 지칭할 때 특별한 용어 '카나라마(kana lama)'를 쓴다. "이 병에 걸린 자는 목과 몸에 염증이 생기고, 불경한 자는 죽는다. 어떤 사람이 나에게 훌륭한 깔개를 선물하면서, 타콤바우(Thakombau)의 장남이 그 깔개를 썼기 때문에 자기는 두려워서 그것을 쓸 수가 없다고 했다. 그런데 그럴 때도 언제나 그런 주술적 위험을 면제받은 서민의 가족이나 씨족이 있었다. 어느 날 나는 타콤바우에게 이것에 대한 이야기를 하고 있었는데, 그는 '그렇고 말고'라고 말하고, 한 남자에게 '이봐, 여기 와서 내 등 좀 긁어 주게' 이렇게 명령했다. 명령을 받은 그 사나이는 그의 등을 긁어주었다. 그 사람은 그런 일을 아무런 벌도 받지 않고 할 수 있는 면제자 중 하나였던 것이다." 그리고 이렇게 큰 특권을 가진 사람들은 난두카니(Nan duka ni) 또는 '추장의 오물'이라고 불렸다.

미카도와 피지 섬 추장의 그릇이나 옷의 사용으로 일어나는 이 해로운 위험에서는, 앞서 설명했듯이 인간신이 지닌 성격의 다른 면이 보인다. 바로 신적 인간은 축복의 원천인 동시에 위험의 원천이기도 하다. 그는 스스로를 방위하지 않으면 안 되고, 다른 사람들도 그에게서 스스로를 보호하지 않으면 안 된다. 그의 신성한 육체는 손을 대기만 해도 혼란을 일으킬 만큼 미묘한 것이지만, 한편 강력한 주술적 힘이나 영적 힘으로 충전되어 있어 그와 접촉하는 모든 것에 힘을 내뻗쳐 치명적인 결과를 가져온다. 따라서 인간신을 격리하는 것은 자신의 안전을 위하는 동시에 타인의 안전을 위해서 절대로 필요하다. 그의 주술적인 능력은 엄밀한 의미에서 전염적이다. 그의 신성성은 불이고, 이 불은 적당히 억제되면 무한한 축복을 주지만, 만일 경솔하게 만지거나 제멋대로 내버려 두게 되면 그 불길에 닿는 모든 것을 태우거나 파괴한다. 그러므로 터부를 깨뜨리면 비참한 결과가 초래된다고 생각했다. 즉, 터부를 어기는 자는 그의 손을 신성한 불에 밀어 넣은 것이며, 그 불은 그 자리에서 그를 시들게 하고 태워버린다.

예를 들면, 동부 아프리카의 즈벨누바(Jebel Nuba)의 비옥한 삼림 지대에 사는 누바(Nuba)족은 본인을 빼놓고 사제왕의 집에 들어가는 자는 죽는다고 믿었다. 그러나 오른쪽 어깨를 드러내고 거기에 사제왕이 손을 얹으면 침입의 죄과를 씻을 수 있다고 한다. 또 사제왕이 쓰는 신성한 돌에 앉는 자도 그해 안에 죽는다고 믿었다. 앙골라의 카젬베(Cazembe)족은 그들의 왕이 매우 신성하기 때문에 그에게 접촉한 자는 그 신성한 몸에 충만해 있는 주술적 힘 때문에 반드시 생명을 잃는다고 믿었다. 그런데 왕과의 접촉을 때때로 피할 수 없기 때문에 그들은 생명을 잃지 않고 벗어나는 방법을 생각해 냈다. 즉, 왕 앞에 무릎 꿇고 왕의 손등에 자기 손등을 얹고 딱 소리가 나도록 손가락을 튕긴다. 그런 다음 왕의 손바닥에 자기 손바닥을 얹고 또 한 번 딱 소리가 나도록 손가락을 튕긴다. 이 의식을 네다섯 번 되풀이하면 절박한 죽음의 위험을 피할 수 있다고 믿었다.

통가(Tonga)족은 신성한 추장의 몸이나 그의 소유물을 만진 다음 식사를 한 사람은 온몸에 종기가 생겨 죽는다고 믿는다. 추장의 신성성이 마치 맹독같이 그 신하의 손을 해치고, 다시 그 손을 통해 음식물에 옮겨 그것을 먹은 사람에게 치명적인 결과를 끼치게 된다. 이 위험을 불러온 자는 어떤 특정한 의식을 거쳐 자신을 소독해야 한다. 이 의식은 두 손등과 손바닥으로 추장의 발꿈치를 만진 뒤에 손을 물로 깨끗이 씻는 것이다. 만일 가까이에 물이 없을 경우 질경이나 바나나의 물기가 있는 줄기에 손을 문질러 닦는다. 이런 다음에는 자

선조의 힘
▶ 아버지의 영혼에 닭을 바치는 아산티족 젊은이.
피트 리버스 박물관, 옥스퍼드 대학

▶ 이스터 섬에서 출토된 선조의 상.
대영박물관, 런던

기 손으로 먹어도 탈이 없고 터부가 된 손으로 먹는 데서 오는 질병에 걸릴 염
려도 없다. 그러나 이 세정 의식이나 소독 의식이 끝나기 전에 먹고 싶다면 다
른 사람이 먹여 주거나 땅에 엎드려 마치 짐승처럼 입으로 음식물을 핥아먹을
수밖에 없다. 이쑤시개도 스스로 사용할 수 없고 다른 사람의 손을 빌려야만
한다.

통가족 원주민들은 간경화나 연주창에 잘 걸렸는데, 그것은 추장이나 추장
의 물건을 만진 뒤에 꼭 필요한 세정 의식을 행하지 않았기 때문이라 생각했
다. 그래서 그들은 가끔 그 의식을 치러야 할 만한 일을 저질렀는가와 관계없
이 예방 조치로서 때때로 이 의식을 행했다. 통가 왕은 불편할 때에 자기 발을
만지기를 희망하는 사람들에게 발을 만지도록 허락해야 한다. 몸이 뚱뚱하여
자유롭지 못한 왕이 우연히 바깥에서 산책하다가 백성들이 자기 발을 만지려
는 목적으로 가까이 오는 것을 보고, 발을 재빨리 움직이며 도망치는 것을 때
로 발견할 수 있다. 왕은 끈질기고도 조금은 사욕이 섞인 존경의 표현, 즉 자기
발을 만지는 관습에서 도망치고 싶었던 모양이다.

무심코 터부가 된 손으로 먹은 것이 생각나면, 그는 추장 앞에 앉아서 추장

의 발을 들고, 그 발을 자기 배에 눌러 배 속에 있는 음식물이 해를 끼치거나 몸에 종기가 나서 죽지 않도록 조치해야 한다. 통가족은 연주창이 터부가 된 손으로 먹었던 결과라고 믿었기 때문에 그런 병에 걸린 사람은 그 치료법으로 때때로 왕의 발을 만지거나 왕의 발을 배에 문지르는 처방을 바란다.

이 통가족의 관습은 연주창 환자를 왕에게 데리고 가서 왕과 접촉해 치료하려고 했던 영국의 옛 습관과 비슷하다. 앞에서 지적했듯이, 우리의 먼 조상들은 연주창을 '왕의 병(The King's Evil)'이란 이름에서 따왔는데, 그 병이 왕의 신적 위력에 접촉해서 일어나기도 하고 치료도 된다는 통가족의 신앙에서 얻은 것이 틀림없다.

뉴질랜드에서도 추장의 신성성에 대한 공포는 통가에서처럼 컸다. 뉴질랜드인들의 영적인 힘은 조상의 정령에게서 나와 그들이 만진 모든 것에 전염되었다. 게다가 영적인 힘은 무분별하게 또는 우연히 그것에 닿은 사람들 모두를 죽일 수 있었다. 예를 들어 신성한 존재인 추장이 먹다 남긴 음식을 길가에 버렸다. 그런데 배가 고픈 노예 한 사람이 추장이 지나간 뒤에 지나가다가 그 음식 찌꺼기를 보고 물을 것도 없이 먹어 버렸다. 그가 먹고 나자 공포에 사로잡힌 목격자는, 그가 먹은 것이 추장이 먹고 남긴 음식이란 것을 가르쳐 주었다.

"나는 이 불행한 노예가 누구인지 알고 있다. 그의 배짱은 놀랄 만한 것이었고, 부족 간의 전투에서는 이름 있는 용사였다. 그러나 이 치명적인 사실을 듣자마자 그는 심한 위경련을 일으켜 끝내 그날 해질 무렵에 죽고 말았다. 그는 아직 젊고 건강한 사나이였다. 만일 어떤 파케하(Pakeha : 유럽인)의 자유 사상가가 그 남자의 죽음이 접촉으로 음식물에 옮긴 추장의 '타푸(tapu : 터부)' 때문이 아니라고 말한다면, 그는 이 명백하고도 직접적인 증거에 대한 무지와 그것을 이해하지 못했다는 모욕을 면치 못할 것이다."

이것은 그다지 드문 예가 아니다. 어떤 마오리족 여자가 과일을 먹었는데, 그것이 터부가 되어 있는 곳에서 가져온 것임을 나중에서야 들었다. 그러자 그녀는 추장의 정령이 신성을 더럽힌 자기를 죽일 것이라고 절규했다. 이것은 오후의 일이었으나, 이튿날 정오가 되자 그녀는 죽고 말았다.

마오리족 추장의 부싯깃(부싯돌을 칠 때 불똥을 받아 불을 붙이는 것 쑥 등) 상자가 한때 몇 사람을 죽인 적이 있었다. 추장이 그 상자를 잃어버렸는데 그것을 사람들이 주워서 부싯깃으로 담뱃대에 불을 붙였다. 그런데 그것이 추장의 것임을 알고 모두들 너무 놀란 나머지 죽고 말았다. 또 뉴질랜드 대추장의 의복도 그것을 입은 다른 사람을 모두 죽인다고 믿는다. 어떤 선교사는 한 추장이 가지고 다니기에 힘겨울 정도로 보이는 무거운 담요를 낭떠러지 아래로 던지는 것을 본 일이 있다. 그 선교사가 왜 앞으로의 여행자를 위해 나무에라도 걸어 두지 않느냐고 묻자 추장이 말했다.

"어쩌다 다른 사람이 담요를 줍는 것이 두려워서 그런 곳에 버렸소. 만일 다른 사람이 그것을 사용하면 대추장의 터부, 즉 담요를 통해 사람에게 옮겨갈 영적 위력이 그를 죽이기 때문이오."

같은 이유에서 마오리족 추장은 불에 입김을 불지 않는다. 왜냐하면 그의 입김은 그 신성성을 불에 전하고, 불은 식기에, 식기는 그 속에 있는 고기에 옮기고, 고기는 마침내 먹은 자에게 옮기기 때문이다. 그 결과로 이 중개물을 통해 옮겨간, 추장의 입김을 받은 자는 틀림없이 죽는다고 여겼다. 폴리네시아인은 앞의 마오리족을 포함하는데, 그들 사회에서는 미신적 습관이 신성한 추장의 주위에 장벽을 쌓고 있다. 이 장벽은 자신이 저지른 것을 알자마자 실제로 죽음을 가져다주는 실질적인 것인 동시에 상상의 것이었다. 미신적인 공포를 통해서 작동하는 이 치명적인 상상의 위력은 결코 한 부족에만 한정된 것이 아니며, 미개 민족에게서 공통적으로 찾아볼 수 있다.

예를 들면, 오스트레일리아 원주민들은 아무리 보잘것없는 상처를 입었다고 해도 자신을 다치게 한 무기에 주술이 걸려 있다는 것을 알고 나면 곧 죽게 된다. 그는 갑자기 드러눕게 되고, 식사를 거부하고 차츰 여위어 죽는 것이다. 이와 마찬가지로 브라질의 어떤 인디언 부족은 주술사가 자신을 노하게 한 자에게 죽음을 선고하면, 이 불행한 자는 곧 드러누워 먹지고 마시지도 않은 채 죽음만을 기다린다. 이 주술사의 선고는 사실상 피선고자의 신앙이 집행하는 판결인 셈이다.

2 상을 당한 자의 터부

원시인은 이렇게 신성한 추장과 왕을 접촉하면 신비하고 영적인 힘으로 충만한 자로 여긴다. 따라서 원시인들은 자연히 그들을 사회에 위협이 되는 계급으로 분류하여, 사람을 죽인 자나 월경 중인 여자 등에게 가하는 것과 같이 터부를 가한다. 예를 들면, 폴리네시아의 신성한 왕 또는 사제는 음식물을 만지는 것이 허용되지 않아 다른 사람들이 먹여 준다. 우리가 앞서 본 대로 그들의 식기나 의류, 그 밖의 소지품 등은 그 밖의 사람들이 사용해서는 안 되고, 이 터부를 범한 자들에게는 질병이나 죽음이 닥친다고 믿는다. 어떤 경우에는 초경의 처녀, 출산 직후의 여자, 살인자, 상중에 있는 사람 및 시체와 접촉한 사람에게도 같은 터부가 주어졌다.

예를 들어 마지막 경우에 속하는 사례에 대해서 말하자면, 마오리족은 시체를 만진 자, 시체를 묘지에 운반한 자, 혹은 죽은 사람의 유골을 접촉한 자에게는 모든 교제와 왕래가 차단된다. 그는 어떤 집에도 들어갈 수 없고, 어떤 인간이나 사물에도 접촉할 수 없으며, 이 규정을 어기면 결국 죽고 만다. 그들의 손은 아주 쓰지 못할 만큼 터부시되거나 오염되었다고 보기 때문에 음식물마저 만질 수 없다. 그래서 음식물이 땅 위에 놓이면 그는 앉거나 엎드려서 두 손을 조심스럽게 뒤로 한 채 고심해서 먹는다. 경우에 따라서는 다른 사람이 먹여 주기도 하는데, 먹여 주는 쪽은 될 수 있는 대로 팔을 길게 내밀어 터부가 된 사람에게 접촉하지 않도록 한다. 그런데 먹여 주는 쪽도 그들에게 부과한 것보다 결코 가볍지 않은 많은 제한을 받아야 한다.

사람들이 많은 마을에는 반드시 이렇게 오염된 자를 도우며 적은 수당으로 살아가는 천한 신분의 비참한 사람들이 있었다. 누더기 옷을 입고, 머리부터 발끝까지 진흙투성이에 고약한 상어 기름 냄새를 피우는 한 노인이 있는데, 그는 언제나 혼자 말없이 앉아 있었다. 말라빠져서 쭈글쭈글하며 때로는 반쯤 미친 사람으로 보이는 이 노인은, 아침부터 밤까지 거리의 외진 곳에서 꼼짝도 않고 앉아서, 자신이 끼어들지 못하는 다른 사람의 바쁜 생활을 생기 없는 눈초리로 바라보았다. 그의 앞에 하루 두 번씩 음식물이 던져졌다. 그는 손을 대지 않고 그것을 먹어치웠다.

밤이 되면 기름에 절은 넝마를 몸에 걸치고 나뭇잎과 쓰레기 등으로 만들어진 동굴에 살금살금 기어들어가서 쓰레기에 파묻힌다. 그는 추위와 굶주림에 떨면서 비참한 내일이 오기 전에 선잠 속으로 빠져들어간다. 죽은 자에 대한 존경과 우정을 표시하는 마지막 임무를 다한 사람과 팔 하나의 거리를 두고 사귀는 데 알맞다고 여겨지는 사람은 오직 이와 같은 이들뿐이었다.

어찌되었든 상을 당한 사람들을 격리하는 음습한 기한이 끝나고 다시 그가 친구와 교제할 수 있으려면, 격리 기간 중에 그가 사용한 식기 모두를 남김없이 깨뜨리고 그가 걸친 옷을 남김없이 불태워 그의 오염이 타인에게 전염되지 않게 해야 했다. 이것은 마치 신성한 왕과 추장의 기물과 의류가 파괴되고 버려지는 것과 같은 이유이다. 이 점에서 원시인에게는 신으로부터 비롯되는 영적인 영향과 죽은 자로부터 비롯되는 영적인 영향 사이에, 또는 신성한 향기와 오염된 고약한 악취 사이에 완벽한 대응 관계가 성립한다고 할 수 있다.

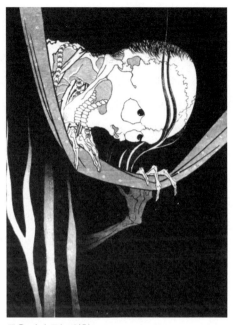

죽은 자가 주는 위험
남자 귀신이 그를 죽인 아내 앞에 나타난다. 북제(北齋, 550~577)의 판화. 대영박물관, 런던

죽은 자에게 접촉한 인물이 그 손으로 음식물 만지는 것을 금지하는 규율은 폴리네시아에도 널리 퍼져 있는 듯하다. 예를 들면, 사모아 섬에서는 죽은 자와 접촉한 자는 음식물에 손대지 않도록 매우 조심하고, 며칠 동안 마치 철모르는 아기와 같이 다른 사람이 먹여 주는 것을 먹어야 했다. 대머리가 되거나 이빨이 빠지는 것은 그 규율을 깨뜨린 탓이며, 집의 수호신이 내린 벌로 여겨졌다. 또 통가에서는 다음과 같은 말이 전해진다. "어떤 사람이건 죽은 추장과 접촉하면 그의 위력 때문에 열 달 동안 터부시된다. 단 추장인 경우에는 3, 4개월 또는 5개월 동안 터부시되는 데 지나지 않았다. 그러나 투이통가(Tooitonga : 위대하고 신성한 추장)의 경우는 예외로 열 달 동안 터부시되었다. 터부시된 자는 그 기간 동안 자기 손으로 음식물을 먹지 못하고 누군가가 먹여 주어야 했다. 그는 이쑤시개도 자기 손으로 만지지 못하고 다른 사람의 손으로 목적을 이루어야 했다. 배가 고픈데 가까이서 먹여 줄 사람이 없을 경우에는 손을 대고 무릎을 꿇고 몸을 굽혀 직접 입으로 음식물을 먹어야 했다. 만일 이런 규율을 어기면 몸이 붓고 죽게 마련이다."

브리티시컬럼비아의 슈스와프족에서는 상을 당한 과부나 홀아비는 격리되고 그들의 머리와 몸에 접촉하는 것이 금지된다. 그들이 쓴 식기류를 타인이 사용하는 것도 금지되고 있다. 그들은 작은 강변에 오두막을 짓고 밤을 새우며 고행을 계속하여 규칙적으로 목욕재계하고 몸을 가문비나무 가지로 문질러야 한다. 그 가지는 한 번 이상 써서는 안 되고 사용한 뒤에는 오두막 주위의 땅에 꽂아둔다. 이런 사람에게 접근하면 부정을 타기 때문에 사냥꾼은 결코 가까이 가지 않는다. 만일 그들의 그림자가 어떤 사람에게 드리우면 그는 곧 병에 걸린다. 그들은 죽은 사람의 영혼이 가까이 오지 못하게 하기 위해서 침상과 베개는 가시 돋친 관목으로 만든다. 침상 주변에도 가시 있는 관목을 뿌려 둔다. 이 최후 수단은 이런 사람들을 일반 사회에서 격리시키는 영적 위험이 어떤 것인가를 밝혀 준다. 그것은 그들의 신변에 떠돌고 있다고 상상되는 죽은 자의 영혼에 대한 공포에 지나지 않는다.

영국령 뉴기니의 메케오(Mekeo) 지방에서 홀아비는 모든 사회적 권리를 잃어 버리고 모든 사람에게 배척당하는 사회적 고립자, 즉 공포와 혐오의 대상이 되고 만다.

그는 밭을 가꿔서도 안 되고, 사람들 앞에 나타나지 못하고, 마을을 가로질러서도 안 되고, 한길이나 골목길을 걸어도 안 된다. 그는 들짐승처럼 키 큰 풀과 잡목 사이를 살금살금 다녀야 한다. 누군가, 특히 여자가 오는 것을 보거나 들으면 나무 뒤나 덤불 속에 숨어야 한다. 고기잡이나 사냥을 하고 싶으면 혼자서 남몰래 밤중에 해야 한다. 무언가 상의할 일이 있을 때, 그가 자문할 대상이 선교사라고 해도 극비리에 밤중에 해야 하며, 말도 마치 목소리를 잃은 듯이 작게 속삭여야 한다. 만일 그가 어부나 사냥꾼 무리에 끼이면 다른 사람에게 재앙을 가져온다고 여겨졌다. 죽은 아내의 영혼이 사냥감이나 물고기를 놀라게 해서 흩어지게 하기 때문이다. 그는 어디에 가더라도 언제나 호신용의 큰 도끼로 무장하는데, 그것은 멧돼지뿐만 아니라 기회만 있으면 자신에게 해를 입히려고 노리는 죽은 배우자의 악령을 물리치기 위해서이다. 왜냐하면 그들은 죽은 자의 영혼은 모두 악하며, 유일한 기쁨은 산 사람에게 해를 입히는 일이라고 믿기 때문이다.

3 월경 중인 여자와 산모의 터부

일반적으로 어떤 사람이 소유한 기구, 의류 따위의 사용을 금지하는 터부와 이것에 대한 위반으로 초래되는 결과는, 소유자가 신성한 인물이거나 부정한 인물이거나 모두 같다고 할 수 있다. 신성한 추장이 입었던 옷과 접촉한 사람이 죽는 것과 같이 월경 중인 여자가 사용한 것을 만진 사람도 죽는다. 오스트레일리아의 한 원주민은 월경 중인 아내가 자기의 모포 위에 누웠던 것을 알고 그녀를 죽였으나, 그 자신도 보름 안에 공포 때문에 죽고 말았다. 오스트레일리아에서 월경 중인 여자는 남자가 사용하는 것을 만지거나 남자가 오고 가는 도로를 걷는 것까지 엄격히 금지되며, 이 규율을 어기면 사형을 당한다. 또한 여자들은 아이를 낳을 때에도 격리되고, 그때 사용된 모든 기구는 소각된다. 우간다에서는 해산이나 월경 기간의 여자가 만진 식기는 깨뜨려 없애버린다. 그러나 그러한 여자의 접촉으로 더럽혀진 창이나 방패는 파괴하지 않고 정화하기만 한다.

"데네(Dene)족과 아메리카 대부분 부족들 사이에서 월경 중의 여자만큼 공포의 대상이 되는 것이 없었다. 월경의 징조를 보이는 아가씨는 여자 친구를 제외한 모든 남자들에게서 조심스럽게 차단되고 마을 사람들이나 떠돌아다니는 남자들의 눈에 띄지 않는 오두막 속에서 혼자 지내야 했다. 이 끔찍한 상태에 있는 동안 남자에 속하는 모든 것, 이를테면 사슴이나 그 밖의 포획물을 만지는 것을 삼가야 했다. 이것을 어기면 모욕당한 포획물이 분노하여 수렵에 실패하도록 사냥꾼에게 재앙을 내릴 염려가 있기 때문이다. 음식은 마른 물고기와 빨대를 통해 주어지는 냉수에 한정되었다. 그리고 그녀가 정상적인 상태로 돌아와도 얼마 동안은 위험할 수 있기 때문에, 얼굴을 가리고 가슴까지 내려온 술이 달린 특수한 가죽 모자를 쓰고 사람들 앞에 모습을 드러내서는 안 되었다."

코스타리카의 브리브리(Bribri)족 인디언 사이에는 월경 중의 여인은 부정하다고 간주된다. 식사를 위해 그녀가 쓸 수 있는 유일한 식기는 바나나 잎이고, 쓰고 나면 그 잎은 정해진 곳에 버렸다. 만일 소가 그 잎을 먹으면 쇠약해져서 죽기 때문이다. 같은 이유에서 그 여자는 특별한 그릇으로 물을 마신다. 왜냐하면 만일 누군가가 그녀 뒤에 같은 컵으로 마시면 틀림없이 죽을 것이기 때문이다.

많은 민족 사이에서 비슷한 터부가 유사한 이유로 해산한 여자에게 부과되고 있다. 즉, 해산 기간 중의 산모는 위험한 상태에 있으며, 따라서 접촉하는 사람이나 물건은 모두 해를 입는다고 여긴다. 그러므로 건강과 체력이 회복해 그런 위험성이 없어질 때까지 산모는 오두막에 수용된다. 예컨대 타히티에서 해산한 여인은 2주에서 3주 동안 신성한 곳에 세운 임시 오두막에 격리되었다. 이 격리 기간 중에 그 여자는 음식물에 손을 대는 것이 금지되고 다른 사람이 먹여주어야 했다. 또 이 기간 중에 다른 사람이 아기와 접촉하면 산모의 정화 의식이 집행될 때까지 그 사람에게도 산모와 같이 여러 터부에 따른 제한 조치가 주어졌다. 이와 마찬가지로 알래스카의 카디아크(Kadiak) 섬에서도 출산이 가까운 여자는 갈대로 엮은 허술한 오두막으로 물러가서 해산하고 20일 동안 머물러 있어야 한다. 그 이유는 누구도 그 여자와 접촉하려고 하지 않을 만큼 그 여자가 불결하다고 여겨지기 때문이다. 음식물은 막대기 끝에 묶어서 제공된다.

브리브리 인디언은 해산 때의 불결함을 월경보다 한결 위험한 것으로 보고 있다. 여자들은 해산이 가까운 것을 느끼면 남편에게 그것을 알린다. 남편은 여자를 위해서 서둘러서 외진 곳에 오두막을 세운다. 여자는 거기서 그녀의 어머니나 여자 친구 외에 누구와도 이야기하지 않고 혼자 살아야 한다. 해산이 끝나면 주술사가 그녀에게 입김을 불고 동물 한 마리를 그 여자 위에 놓고 정화 의식을 행한다. 이 의식은 월경 중에 있는 여자의 불결함과 같다고 생각되는 정도로까지 그 불결함을 덜어주는 데 불과하다. 그리하여 꼬박 한 달 동안 가족과 떨어져 지내면서 월경 때와 같은 음식에 대한 터부를 지켜야 한다. 만일 그 여자가 유산하거나 사산하면 상황은 더 나빠지고 불결함은 훨씬 무서운 것이 된다. 이 경우에 산모는 산 사람 곁에 가서는 안 되고 음식물은 긴 막대기 끝에 붙여서 넘겨진다. 이것은 보통 3주간 이어지나 그 뒤에는 일반적인 격리 때에 부과되는 제한을 지키기만 하면 가정으로 돌아갈 수 있다.

반투의 몇 부족은 유산하고 그것을 숨긴 여자가 퍼뜨린 해악에 대해 더 과장된 관념을 가지고 있다. 어떤 경험 많은 이 부족의 관찰자는 우리에게 다음과 같은 이야기를 했다.

"출산 때의 피는 남아프리카인의 눈에는 월경의 피보다 더 위험한 것으로 보

죽은 자가 주는 축복
인도에서 죽은 자는 곡식과 밀접한 연관을 갖는다. 잠부루라는 이름을 가진 남자 귀신이 아내의 꿈에 나타나 곡식을 지키기 위해서 죽은 자의 나라에 있는 자기 집과 소유물의 그림을 그리면 좋다고 가르쳐 준다. V. 엘윈의 「인도 중부 부족예술」, 1951, 옥스포드 대학, 인도분교

인다. 남편이 된 사람은 주로 그 출혈로 더럽혀지는 것을 극도로 두려워하여 출산 뒤 8일 동안은 바깥에 나와 있으며, 심지어 세 달 동안은 아기를 안으려고 하지도 않는다. 그리고 유산인 경우나, 특히 '낙태를 숨겼을 경우'에는 더욱 두려운 것이 된다. 이 경우에 위협받고 생명이 빼앗기는 것은 사람만이 아니라 온 나라와 하늘이 고통을 겪는다고 믿는다. 참으로 기묘한 관념 연합 때문에 생리적인 사실이 우주적인 재난을 일으킨다."

유산이 온 나라에 끼치는 놀라운 영향에 대해서 바페디(Ba-Pedi) 부족의 주술사와 비를 부르는 기우사의 말을 인용해 보자.

"여자가 유산했을 때, 여자가 그 피를 흘리는 대로 내버려 두었을 때, 그리고 유산한 아이를 감추었을 때는 열풍이 일어나 온 나라를 몽땅 불로 태워 버린다. 나라의 질서가 이미 흩어졌기 때문에 비는 더 이상 내리지 않는다. 그 피가 있는 곳에 비가 접근해도 절대로 비는 가까이 가려고 하지 않고 두려워서 먼 곳에 머물고 만다. 그 여자는 무서운 죄를 범하고 추장의 나라를 더럽힌 것이다. 유산한 핏덩이를 감추었기 때문이다. 그 피는 터부다. 길에 흘리면 안 된다. 추장은 부하들을 모아놓고 그들에게 "너희들 마을에는 이상이 없는가" 묻는다. 그러면 한 사람이 "한 여인이 임신했으나 우리는 그 여자가 낳은 아이를 보지 못했습니다" 대답한다. 모두가 그곳에 가서 여자를 붙들고 "아이를 어디에 감추었느냐, 자백하라" 따진다. 그들은 핏덩이를 묻은 곳을 파서 특별한 항아리에 미리 준비한, 두 종류의 나무뿌리를 달인 즙을 구멍에 붓는다. 그리고 그 무덤의 흙을 한 줌 집어 들고서 강물에 던지고, 그 강물을 퍼와서 그 여자가 피

를 흘린 곳에 뿌린다. 여자도 날마다 그 물로 몸을 깨끗이 해야 한다. 그러면 나라에 다시 비가 내린다.

또 주술사들은 온 나라의 여자들을 불러 모아서 피 묻은 흙으로 만든 공을 준비한다. 그리고 어느 날 아침에 그것들을 가지고 오도록 한다. 그러면 주술사는 그 둥글게 빚은 흙을 가루로 빻아 온 나라에 뿌릴 약을 만든다. 닷새 후에 소년과 소녀 몇 명을 구해야 하는데, 소녀는 아직 월경을 모르며 남자와 관계한 적이 없는 아이들이어야 한다. 주술사는 그 약을 수소 뿔에 넣고, 아이들을 곳곳의 나루터나 마을 어귀로 보낸다. 이제 소녀 하나가 가래로 그곳의 흙을 파내면, 다른 아이들은 나뭇가지로 소뿔 속의 흙을 뿌리면서 "비야! 비야!" 라고 말한다. 주술사들은 유산한 여자가 길에 뿌렸던 재앙을 이렇게 해서 제거한다. 곧 비는 다시 내릴 것이다. 나라가 정화되었기 때문이다."

4 터부가 된 전사들

원시인들은 전사들 또한 육신을 가진 현실의 적에 대한 마땅하고 합리적인 방위 수단과는 그 성격이 확연히 다른 주술적 신앙에 따라 움직인다고 믿는다. 즉 그들은 전사들이 여러 가지 미신적인 의식들을 행하지 않으면 안 되는 영적 위험의 분위기 속에서 활동하는 것으로 보는 것이다. 이러한 시각은 전쟁 전후에 전사들을 감금하는 결과를 가져왔는데, 이것은 원시인들이 자신의 안전을 위하여 인간신이나 그 밖의 위험한 사람들을 영적으로 격리하거나 감금하는 관습과 다르지 않다. 예를 들면, 마오리족이 전쟁에 나갈 때는 최고도로 신성시되거나 터부가 된다. 그래서 그들과 마을에 남는 친구들은 일상 생활의 번거로운 터부 외에 영적으로 많은 기묘한 규칙들을 엄격히 지켜야 했다. 옛날 그들과 전투를 치르던 시기에 그들을 알게 된 유럽인들의 부적절한 표현을 빌리자면, 그들은 "1인치의 두께로 터부가 되었다." 그래서 유럽 원정대 대장은 그들에게 전혀 접근할 수 없었다고 한다. 이와 마찬가지로 유대인들도 싸움에 나갈 때, 마오리족이나 오스트레일리아 원주민이 싸움에 임했을 때 지켰던 똑같은 어떤 의식적인 청결의 규칙을 지켜야 했다. 사용한 식기는 성화되었으며, 금욕과 개인 청결의 관습을 준수하는 생활을 해야 했던 것이다. 이와 같은 관습을 지키는 원시인이 시인한 동기를 근거로 판단하면, 이러한 율법 준수는 적이 그들이 버린 것들을 손에 넣어 그것에 주술을 걸어서 그들의 멸망을 계획할지도 모른다는 공포에서 비롯된 것이다.

북아메리카 어떤 인디언 부족의 젊은 전사는 첫 원정에서 여러 터부를 지켜야 했는데, 그 가운데 두 가지는 인디언이 첫 월경한 처녀들에게 요구했던 터부와 같은 것이었다. 하나는 그들이 먹고 마신 식기에 아무도 손을 대어서는 안 되는 터부이고, 다른 하나는 그의 손으로 머리나 그 밖의 부분을 긁어서는 안 되는 터부였다. 만일 긁지 않을 수 없을 때에는 나뭇가지로 긁어야 했다. 터부시된 사람이 자기 손으로 음식물을 먹어서는 안 된다는 규칙과 같이 이것은 터부시된 손의 신성성 또는 오염성에 기초를 두고 있다. 또 이 인디언 전사들은 싸움터에서 잠잘 때는 반드시 얼굴을 고국을 향해야 했다. 어떠한 괴로움이 있더라도 그 자세를 바꾸지 못했다. 그들은 맨땅에 앉거나, 발을 적시거나, 다니던 길을 걸어서도 안 된다. 그 길을 걸을 수밖에 없을 때는, 갖고 온 약이나 부적으로 발에 조처하여 거기에서 오는 악영향을 없애야 했다.

부대원은 맨 땅 위에 앉거나, 누워 있는 대원의 손이나 발, 몸 등을 절대로 타넘을 수 없었다. 또 동료의 모포, 총, 전투용 도끼, 그 외 그에게 속한 물건을 넘어가는 것도 똑같이 금지되었다. 만일 이 규칙을 부주의로 어겼을 때는 누워 있던 자가 자신의 육체나 소지품을 넘어간 사람을 때려눕혀야 하는 의무가 있었고, 건너간 사람은 아무런 저항도 못하고 매를 맞을 의무가 있다. 전사의 식기는 보통 관목이거나 자작나무 껍질로 만들었고, 다른 그릇과 구별하기 위해 양쪽에 표시를 했다. 그리고 싸우러 나갈 때는 그릇의 한 쪽으로 먹고, 돌아올 때에는 다른 쪽으로 먹는 것이 규칙이었다. 싸움터에서 돌아오는 길에 마을까지 얼마 남지 않게 되면, 전사들은 그 식기를 나무 위에 걸어 두거나 풀밭에 내던진다.

마치 출산이나 월경 때 여자의 용구나 의류, 죽은 사람과 접촉한 사람의 도구나 의류를 깨거나 버리는 것과 같은 이유로, 전사들도 그들의 신성성 또는 오염성이 그들의 친구에게 옮겨가서 무서운 결과를 가져오는 것을 방지하기 위한 것이다. 아파치족 인디언이 싸움터에 나갈 때, 첫 출전부터 네 번째까지는 손가락으로 머리를 긁어서는 안 되고, 입술에 물을 대어서도 안 된다. 그래서 머리는 나뭇가지로 긁고, 물은 갈대나 대롱을 사용한다. 그 나뭇가지와 대롱은 가죽끈으로 전사의 띠에 맨다. 머리를 손으로 긁지 못하고 나뭇가지로 긁어야 하는 규칙은 오지브와족도 싸움터에서 엄수하고 있다.

크리크(Creek)족 인디언과 그 혈연 관계에 있는 부족들에 대하여 다음과 같이 보고된 바 있다. "싸움터에서는 여자를 가까이 하지 않는다. 싸움에 나가기 앞서 사흘 밤낮, 집으로 돌아와서도 같은 기간 동안 자기 아내와의 어떤 종류의 교접도 종교적으로 삼간다. 그것은 전사들이 자신을 신성하게 하기 위한 터부이다"

남아프리카의 바페디(Ba-Pedi)족과 바통가(Ba-Thonga)족은 출정한 전사들만이 여자를 멀리하는 것이 아니라, 마을에 남아 있는 사람들도 모두 금욕을 지켜야 한다. 이를 어기면 전사들이 돌진하는 땅에 가시를 무성하게 하는 원인이 되고, 원정에 성공을 가져오지 않는 것으로 믿는다.

많은 원시인들이 전쟁 때에 반드시 여자를 삼가는 것을 하나의 규칙으로 삼는 이유에 대해서는 확실하게 말할 수 없다. 그러나 그 동기는 공감주술의 원리에 의해, 여자와의 친밀한 육체적 접촉이 전사자들에게 여성적인 허약성과 겁을 감염시킬지도 모른다는 미신적인 공포심이 배경에 깔려 있다고 추측할 수 있다. 비슷하게 어떤 원시인들은 해산 중의 여자와의 접촉이 전사를 무기력하게 만들고 그 무기의 날카로움을 약화시킨다고 생각한다.

보르네오 중부의 카얀족은 실제로 남자가 베틀이나 여자 옷에 접촉하면 약해져서 사냥, 고기잡이, 싸움에서 성공하지 못한다고까지 여긴다. 따라서 원시부족의 전사가 가끔 기피하는 것은 단지 여자와의 성교뿐만이 아니다. 그들은 때로 여자에 관련된 모든 것을 삼가도록 주의해야 하는 것이다. 예를 들면, 아삼 산간의 여러 부족들은 전쟁 전후로 아내와 함께 지내는 것이 금지되어 있을 뿐만 아니라, 여자가 요리한 것을 먹는 것 또한 허락되지 않는다. 뿐만 아니라, 심지어 자기 아내에게 말 한마디도 건네서는 안 된다. 한 번은 어떤 여자가 부주의로 전쟁의 터부 아래 있는 남편에게 말을 건네는 규칙을 어겼는데, 그녀는 자기가 범한 죄를 깨닫고 곧 병들어 죽었다.

5 터부가 된 살인자

어떤 독자들은 이제까지 우리가 검토해 온 행동 터부들이 미신적인 공포에 근거하는 것인가 또는 이성적 분별이 명령한 것인가에 대해 여전히 의구심을 가지고 있을 것이다. 하지만 이와 똑같은 종류의 규칙이 승리를 거두고 유형의 적에 대한 공포가 아주 없어진 뒤에도, 전사들에게 더 엄하게 터부로서 주어지는 것을 알게 된다면, 그러한 의혹들은 사라지게 될 것이다. 이런 경우, 싸움에서 이긴 승리자에게 불편한 터부가 부과되는 것은 아마 전쟁에서 살해된 사람의 성난 영혼에 대한 두려움 때문일 것이다. 사실 복수를 노리는 죽은 자의 영혼에 대한 공포가 살해자의 행동에 영향을 끼친다는 것은 이따금 명백히 인정되고 있다.

신성한 추장, 상중인 자, 출산 중인 여자, 싸움터의 전사 등에 가해지는 터부는 일반적으로 대상이 된 인물을 보통 사회로부터 차단하거나 고립시키는 결과로 나타났는데, 이것은 그 남자 또는 여자를 외딴 오두막이나 들판에서 살게 하거나, 이성과의 교제를 단절하게 하거나, 다른 사람이 쓴 기구의 사용을 피하게 하는 등의 온갖 규칙으로써 이루어졌다.

그런데 싸움에 이긴 전사의 경우, 특히 실제로 적의 목을 많이 벤 전사의 경우에도 비슷한 방법이 적용되어 이와 같은 효과를 가져오게 된다. 티모르 섬에서는 원정군이 전쟁에 이겨서 적의 머리를 베어 가지고 돌아올 때, 그 지휘관은 곧장 자기 집으로 들어가는 것이 종교적 관습으로 금지된다. 그는 자신을 위해 준비된 특별한 오두막에서 몸과 정신을 깨끗이 하면서 두 달 동안을 살아야 한다. 이 기간 중에 그는 자기 아내에게 가지 못하며 자기 손으로 음식을 먹어서도 안 된다. 음식은 모두 다른 사람이 먹여 주어야 한다. 이런 관습이 전쟁터에서 살해된 자의 영혼에 대한 공포 때문이라는 것은 확실해 보인다.

이 섬에서 적의 목을 들고 개선한 무리들을 맞이하는 의식에서는 목을 잃은 사람의 영혼을 달래기 위해 제물을 바쳤다. 만일 이 제물을 소홀히 하면 어떤 재앙이 승자에게 내려지는 것으로 사람들은 믿고 있다. 또 이 의식의 일부는 춤과 노래로 되어 있는데, 살해된 사람의 죽음을 애도하고 죽은 사람의 관용이 있기를 간청하기도 한다.

"노하지 마라. 그대의 목은 지금 우리와 함께 있으니, 만일 우리가 불운했다면 우리 목은 지금 그대의 마을에 있을 것이다. 우리는 그대를 달래고자 이제 제물을 바치노라. 그대의 영혼이여, 이제 쉬고 편안히 가라. 그대는 어쩌다 우리의 적이 되었는가? 우리와 친구가 되었더라면 좋았을 것. 그랬다면 그대의 피는 흐르지 않고 목도 잘리지 않았을 것을."

중부 셀레베스의 팔루(Paloo) 주민들은 싸움터에서 적의 목을 잘랐을 경우, 나중에 살해된 자의 영혼을 신전에서 매다는 관습이 있다.

뉴기니의 와니겔라(Wanigela) 하구의 여러 부족들에서는 다음과 같은 말이 전해진다.

"사람의 생명을 빼앗은 자는 어떤 의식을 마칠 때까지는 부정한 자로 간주한다. 의식 과정은 이러하다. 사람을 살해한 자는 될 수 있는 대로 빨리 자기 몸과 무기를 청결하게 하지 않으면 안 된다. 그런 다음 자기 마을로 돌아가 제단의 통나무 위에 앉는다. 누구도 그에게 접근해서는 안 되고 그의 소유물에 주의를 돌려도 안 된다. 그리고 그를 위해 한 채의 오두막이 세워지고, 두세 명의 소년이 뒤따른다. 그가 먹을 수 있는 것은 구운 바나나뿐이며, 가운데 부분만 먹고 양쪽 가장자리는 버린다. 오두막에 차단된 지 사흘 만에 친구들이 그를 위해 간소한 연회를 베풀거나 새 허리띠를 몇 개 만들어 준다. 이것을 '이비 포로(ivi poro)'라 부른다. 그 다음 날 그는 적의 목을 가져왔다는 표시로 훈장과 휘장을 달고 무장한 뒤에 마을로 뛰어나와 돌아다닌다. 다음 날에는 사냥이 벌어지고 잡은 포획물 중에 캥거루를 골라 배를 가르고 쓸개와 간을 도려내어 그의 등에 문지른다. 이것이 끝나면 엄숙한 얼굴로 가까운 강까지 걸어가서 강물 속에 두 발을 굳건히 세우고 몸을 깨끗이 씻는다. 그리고 싸워본 적이 없는 모든 소년 전사들은 그 두 발 사이를 헤엄쳐서 빠져 나간다. 이렇게 하면 그의 용맹과 힘이 그들 소년 전사들에게 옮겨지는 것으로 여긴다. 다음 날 이른 새벽 그가 완전무장하고 나와 희생자의 이름을 소리 높이 외치며 그의 영혼을 완전히 압도했다고 만족할 때 비로소 이를 멈추고 오두막으로 돌아온다. 한편으로 마룻장을 두드리고 불을 지르는 것 또한 영혼을 위협하는 방법이다. 이튿날 비로소 청결 의식은 끝난다. 그렇게 한 뒤에 그의 아내가 있는 집으로 돌아갈 수 있다."

네덜란드령 뉴기니의 윈데시(Windessi)에서는, 사람머리 사냥꾼 일행이 목적을 이루고 마을 근방까지 돌아오면 소라고둥으로 만든 나팔을 불어서 그들의 접근과 성공을 알린다. 카누도 나뭇가지로 장식한다. 적의 모가지를 든 사나이의 얼굴은 숯으로 검게 칠한다. 만일 한 사람의 희생자를 여러 사람이 죽였을 때는, 그 목은 그들 모두에게 분배된다. 그들은 반드시 새벽에 마을에 도착하도록 시간을 맞춘다. 그들이 노를 저으면서 큰소리로 마을입구에 들어오면 여

터부를 범한 결과 : 영양을 죽이면 그 남자는 영양이 된다
남아프리카의 부시먼 암각화. 1868, 보들리언 도서관, 옥스퍼드

자들은 집 베란다에서 춤출 준비를 하고 서서 기다린다. 카누가 '룸스람(room sram)' 곧 젊은이들이 살고 있는 집앞을 지날 때, 마치 죽인 적이 거기에 있는 것과 같이 살인자들은 벽이나 지붕을 겨냥해서 뾰족한 막대기나 대나무를 마구 던진다. 그날은 비교적 조용히 보낸다. 그러나 때때로 북을 치거나 소라고둥 나팔을 분다. 다음 날에는 큰소리를 지르고 집의 벽을 치면서 살해된 자의 영혼을 쫓아버린다.

이와 마찬가지로 뉴기니의 야빔(Yabim)족도 살해된 자의 영혼이 죽인 사람을 뒤쫓으면서 피해를 입히려고 한다고 믿는다. 그래서 고함을 지르거나 북을 쳐서 유령을 쫓아버린다. 피지 섬의 여러 부족은 때때로 산 채로 사람을 매장하는 관습이 있는데, 이때 죽은 자의 영혼이 집에 되돌아오면 좋지 않기 때문에 그것을 위협하여 쫓아버리고자 밤에 대통이나 소라고둥 나팔 등을 불어서 큰 소란을 피운다. 그리고 그 집을 혼령에게 불쾌한 것으로 만들기 위해서 모든 장식을 떼고 싫증나게 보이는 것들을 늘어놓는다. 아메리카 인디언은 고문하던 죄수가 죽은 날 밤에 무서운 고함소리를 내며 마을을 뛰어다니다가, 막대로 가구나 벽이나 지붕 등을 두드려서 살해된 자의 노한 혼령이 머물지 못하도록 하고, 몸에 받은 고문에 대해 복수하지 못하도록 막는다. 어떤 여행가는 이렇게 말했다.

"어느 날 밤 오타와(Ottawa)족 마을에 들어서니 주민들이 대소동을 일으키는 것이 보였다. 그들은 가장 높고 시끄러운 소리를 지르느라 바빴다. 물어보니 얼마 전 오타와족과 키카푸(Kickapoo)족 사이에 전쟁이 벌어졌는데, 이렇게 소란을 피우는 것은 죽은 전사들의 영혼이 마을에 들지 못하게 하는 것임을 알았다."

바수토(Basuto)족에 대해서는 다음과 같이 말했다.

"특히 전쟁에서 돌아왔을 때 목욕재계를 실행한다. 전사들은 자기들이 흘린 피는 될 수 있는 대로 빠르게 없앨 필요가 있다. 그렇지 않으면 그가 죽인 사람의 영혼이 늘 따라다니며 잠자리를 방해한다고 믿기 때문이다. 그들은 완전무장한 다음 열을 지어 가까운 강에 간다. 그들이 물에 들어서면 위쪽에 있던 주술사가 무엇인가 정화의 힘이 있는 어떤 주물(呪物)을 물 속에 던진다. 이것은 꼭 필요한 것은 아니지만, 어쨌든 창과 도끼도 이런 세정 과정을 거친다."

동부 아프리카의 바게슈(Bageshu)족은 사람을 죽인 자는 그날 자기 집으로 가서는 안 되지만, 마을에 돌아와서 친구집에서 지낼 수는 있다. 그는 양을 도살해 위장 속에 있는 것을 자기 가슴, 오른팔, 머리 등에 바른다. 자기 아이들도 그곳에 데리고 와서 똑같이 발라 준다. 대문간 양쪽에도 바르고 마지막으로 남은 것을 지붕 위에 던진다. 하룻동안 음식물을 만져서는 안 되고, 젓가락으로 집어 먹어야 한다. 그의 아내는 이런 제한을 받지 않는다. 아내는 하고 싶으면 남편이 죽인 사람을 애도하러 가도 괜찮다.

잠베지(Zambesi) 강 북쪽에 사는 앙고니(Angoni)족에게는, 출정하여 적을 죽인 전사가, 몸과 얼굴에 재를 바르고 살해된 자의 옷을 몸에 걸친 채 나무껍질로 만든 밧줄을 목에 감고 그 끝을 어깨에서 가슴까지 내려오도록 하는 의식이 있다. 전사는 사흘 동안은 이 복장을 지키고 날이 샐 때 일어나 마을을 뛰어다니며 고함을 지르면서 살해된 자의 영혼을 쫓는다. 이렇게 집에서 쫓아내지 않으면 영혼은 집 안 사람에게 질병과 재앙을 가져온다고 믿는다.

위의 예에서는 강제적인 격리, 적어도 의식적인 목욕재계를 마친 다음의 강제적 격리에 대해서는 언급된 것이 없다. 그러나 남부 아프리카의 몇몇 부족들은 전쟁에서 가장 용감한 적을 죽인 전사에게 흐르는 물로 그 몸을 깨끗하게 씻은 다음, 열흘 동안 아내나 가족과 별거하도록 요구한다. 그는 또 주술의 힘이 담긴 약을 부족의 주술의에게서 받아 음식물과 함께 씹는다.

동부 아프리카의 난디(Nandi)족은 다른 부족을 죽였을 경우에는 자기 몸과 창과 칼의 절반을 빨갛게 칠하고 나머지 반은 하얗게 칠한다. 살인한 뒤 나흘 동안은 부정하다 하여 가정에 돌아와서는 안 된다. 그는 강가에 오두막을 세우고 거기에서 지내야 한다. 아내나 연인과 접촉하지 못하며, 죽과 쇠고기와 염소고기 외에 다른 것은 먹지 못한다. 나흘이 지나면 세게텟(segetet) 나무껍질로 만든 강한 설사약을 먹고, 피를 섞은 염소젖을 마시고 몸을 청결하게 해야 한다.

카비론도(Kavirondo)의 반투(Bantu)족에서는 전쟁에서 적을 죽인 전사는 돌아오는 길에 머리를 깎고, 동료들은 일반적으로 염소 똥으로 만든 주술의 힘이 담긴 약을 그의 몸에 문질러서 살해된 자의 영혼이 그를 괴롭히지 못하게 한다. 이것과 똑같은 관습이 동부 아프리카의 와게이아(Wageia)족에서도 마찬가지 이유로 실행되고 있다. 그러나 카비론도의 자루오(Ja-Luo)족의 관습은 이것과 조금 다르다. 전사는 전쟁에서 돌아와 사흘 뒤에 그의 머리를 깎는다. 그러나 마을에 들어서기에 앞서 그는 살아 있는 닭의 머리를 위로 하여 그의 목에 매달아야 한다. 그런 다음 닭의 목을 자르고 이번에는 목을 위쪽으로 하여 그의 목에 매단다. 집에 돌아오면 먼저 살해된 적의 영혼이 그에게 달라붙지 않도록 영혼을 달래는 잔치를 베풀게 되어 있다.

팔라우 군도의 여러 섬에서는 출정에서 적을 죽인 전사들이 돌아오면, 처음으로 전쟁에 나간 풋내기 전사들을 비롯해 살해된 사람과 접촉한 모든 젊은 전사들은 큰 집회소에 갇혀 터부시된다. 그들은 그곳에서 나와서는 안 되고 목욕도, 여자와의 접촉도, 물고기를 먹는 것도 금지된다. 오로지 야자 열매와 당밀만 먹는다. 그들은 주술이 걸린 나뭇잎으로 눈을 비비고, 주술에 걸린 인도 후추를 씹는다. 사흘 뒤에 될 수 있는 대로 전장과 가까운 곳에서 함께 목욕재계한다.

북아메리카의 나체즈(Natchez)족 인디언은 처음으로 적의 목을 얻은 풋내기 전사들은 6개월 동안 금욕의 규정을 지켜야 한다. 그들은 아내와 함께 잠자지 못하고 고기를 먹지 못한다. 먹어도 좋은 것은 물고기와 옥수수죽뿐이다. 만일 이 터부를 어기면, 그들이 죽인 자의 영혼이 주술을 통해서 그들을 저주하여 두 번 다시 적에게 이길 수 없으며, 몸에 입은 작은 상처로도 목숨을 잃는다고 믿었다. 촉토(Choctaw)족 인디언은 적을 넘어뜨리고 그 목을 얻었을 때에는 한 달 동안 상복을 입는데, 그동안 머리를 빗어서는 안 되고 머리가 가려워도 손목에 맨 작은 막대기만으로 긁어야 한다. 자기가 죽인 적에 대한 이 의식적인 관습은 북아메리카 인디언 사이에서도 드문 일이 아니었다.

이와 같이 전쟁에서 적의 생명을 앗은 전사들은 자기 부족원들은 물론 자기 아내와의 자유로운 접촉이 일시 금지되고, 자기의 사회에 복귀하는 것이 허용되기 전에 어떤 정화 의식을 치러야 했다. 외부와의 차단과 청결 의식의 목적은 이미 말했듯이 살해된 자의 노한 영혼을 위협하고 또는 달래는 것이다. 그렇다면 적이 아닌 자기 부족원을 죽인 살인자에 대한 정화 또한 처음에는 그것과 같은 의미를 지녔을 것이다. 목욕재계와 단식, 그 밖의 의식이 상징한 도덕적 또는 영적 재생 관념은 후세의 해석에 불과한 것일 수도 있다. 즉, 관습이 생겨난 원시적 사고 방식에서 벗어난 후세 사람들이 오래된 관습을 해석한 것일 뿐이다. 만일 여기서 우리가 그 살인자가 희생자의 망령에 사로잡히는 공포 때문에, 원시인이 자기 부족원을 살해한 자에게 어떤 터부를 부과한 사실이 밝혀진다면 이 추론이 맞다고 확인되는 셈이다.

이를 확인하기 위해 북아메리카의 오마하(Omaha)족 인디언에 대해 살펴보자. 이 인디언 사회에서는 살해당한 자의 친족은 살해자를 죽일 권리를 가지고 있다. 때로는 그 친족들에게 선물로 보상함으로써 이 권리를 포기하게 하는 일도 있다. 이와 같이 살인자의 죄가 용서되었을 경우라 하더라도, 살인자는 2년에서 4년에 걸쳐 가장 준엄한 계율을 지켜야 한다. 그는 맨발로 걸어야 하며, 따뜻한 음식을 먹을 수 없고, 소리를 내거나 주위를 둘러보아서도 안 된다. 아무리 더운 날씨에도 두꺼운 옷을 입고 목부분까지 여며야 한다. 그 옷을 단정치 않게 걸치거나 열어놓지 못했다. 손도 흔들리거나 움직이지 않게 몸에 붙여야 했다. 머리를 빗어도 안 되고 바람에 날려도 안 된다. 부족이 함께 사냥에 나갈 때 그는 다른 사람에게서 400미터 정도 떨어진 곳에 텐트를 쳐야 한다. 희생자의 망령이 큰 바람을 보내서 일행을 날려 버려서는 안 되기 때문이다. 그의 혈족 가운데 한 사람만이 그의 천막에 함께 머물도록 허용된다. 그러나 아무도 그와 함께 음식을 먹으려고 하지 않는다. 그것은 "와칸다(Wakanda)가 싫어하는 그와 함께 먹으면 와칸다가 우리를 싫어한다" 전해지고 있기 때문이다. 때로 그는 밤중에 자기 죄를 탄식하고 슬피 울면서 돌아다닌다.

이 긴 기간 동안의 격리가 끝날 무렵, 살해당한 자의 친족들은 그의 울음소리를 듣고 이렇게 말한다.

"이만하면 되었네. 다른 사람들과 함께 걸어도 되네. 가죽신을 신고 좋은 옷을 입어도 되네."

이렇게 살인자를 다른 사람들과 격리하는 이유는, 그에게 부과된 다른 모든 터부의 의미를 푸는 실마리가 된다. 즉, 그것은 그는 살해당한 자의 망령이 붙어 있기 때문에 위험하다는 것이었다. 고대 그리스인은 살해당한 지 얼마 지나지 않은 자의 영혼은 살인자에게 원한을 품고 그를 괴롭힐 것이라고 생각했다. 그래서 만일 본의 아니게 사람을 죽였을 경우라도, 죽은 자의 분노가 가라앉을 때까지 1년 정도는 그 나라를 떠나 있어야 했다. 또 그는 희생 제물을 바치고 정화 의식이 거행될 때까지 집에 돌아와서는 안 된다. 그의 희생자가 외국인일 경우에는 자기 나라를 떠나는 동시에 망자의 나라도 피해야 한다.

어머니를 살해한 오레스테스(Orestes)의 전설을 보면, 그도 정화될 때까지 자신이 살해한 어머니의 원령인 푸리아이(Furiae : 그리스 신화에 나 오는 복수의 여신)에 쫓겨 이리저리 떠돌아다녀야 했다. 그동안 누구 하나 그와 함께 식사하려 하지 않았고, 그를 집에 들여 놓으려 하지도 않았다. 이러한 전설은 노한 망령이 내린 자에 대한 그리스인의 공포를 여실히 반영하고 있다고 하겠다.

6 터부가 된 사냥꾼과 어부들

미개 사회에서 사냥꾼과 어부는 때때로 금욕의 규칙을 지켜야 하고, 전사나 살인자에게 강요되는 터부와 같은 종류의 정화 의식을 받지 않으면 안 된다. 모든 경우에서 이들 규칙과 의식이 행해지는 그 각각의 정확한 목적을 알 수는 없다. 그러나 적의 생명을 빼앗으려 하거나 이미 빼앗은 전사의 격리나 정화의 주요한 동기가, 적들의 망령에 대한 공포 때문인 것으로 보아, 비슷한 관습을 지키는 사냥꾼이나 어부의 터부도 이미 죽였거나 혹은 죽이려 하는 짐승, 새, 물고기 등의 영혼에 대한 공포에서 비롯된다는 사실을 어느 정도 추정해 볼 수 있다.

원시인들은 일반적으로 동물들도 자신과 같은 영혼과 지능을 가지고 있다고 생각하며, 따라서 자연히 인간을 대할 때와 비슷한 존경심을 갖고 동물을 대한다. 원시인은 자기가 죽인 사람의 혼령을 위로하려 하는 것과 같이, 그가 죽인 동물의 영혼을 달래려고 한다. 이런 위로의 의식에 대해서는 나중에 언급할 것이다. 여기서는 첫째로 수렵과 어획기 전이나 그 기간 동안에 사냥꾼과 어부가 지킨 터부에 대해서, 둘째로 수렵이나 어로에 성공하여 노획물을 가지고 돌아올 때에 행하는 목욕재계 의식에 대해서 살펴보고자 한다.

일반적으로 원시인은 모든 동물의 영혼을 어느 정도 존경했지만, 인간에게 이롭거나 그 크기, 힘, 사나움 때문에 두려워하는 동물의 영혼에 대해서는 특별한 존경심을 품었다. 따라서 그렇게 유용성 또는 위험성을 가진 짐승의 수렵이나 도살은 비교적 유용하지 않거나 중요하지 않은 동물의 도살에 비해서 더 정교한 규칙과 의식을 통해 치러졌다.

예를 들면, 누트카사운드(Nootka Sound)의 인디언은 고래잡이를 위해서 일주일 동안 단식하고, 하루에 몇 차례 물로 목욕하고, 노래를 부르고, 몸과 팔다리와 얼굴을 마치 찔레에 심하게 찔린 것 같이 보일 때까지 조개 껍데기나 관목으로 문질렀다. 그들은 또 이 기간 동안 여자와의 접촉을 삼가는데, 이 조건은 성공적인 고래잡이에는 필수적인 것으로 여겨졌다. 고래잡이에 실패한 추장은 그 실패의 원인을 부족원 중에 정결을 지키지 않은 사람이 있기 때문이라고 단정한다고 한다. 고래잡이를 위한 준비로 규정하는 이러한 터부가, 전쟁에 나가려는 부족의 전사들이 출정시에 지켜야 하는 터부와 같다는 것을 주목할 필요가 있다. 이와 같은 터부는 말라가시의 고래잡이 어부들도 이전부터 지켰다. 바다에 나가기 전 8일 동안 고래잡이 어부들은 단식하고 여자와 술을 멀리하고 그들의 가장 비밀스러운 잘못들을 서로 고백했다. 그리고 중대한 죄를 저지른 사람이 있으면 그는 고래잡이에 참가하는 것이 금지되었다.

마부이악(Mabuiag) 섬에서는 그들이 듀공(dugong : 인도양에 서식하는 포유동물)을 잡으러 나가기 전과 바다거북의 교미 기간 중에는 금욕이 강요된다. 바다거북의 포획기는 10월과 11월에 걸쳐 계속된다. 만일 그 기간 중에 미혼의 남녀가 성적 관계를 맺으면, 떠 있는 바다거북에 카누가 접근했을 때 수컷은 암컷과 떨어져서 다른 방향으로 도망친다고 믿었다. 이와 똑같이 뉴기니의 모와트(Mowat)에서도, 다른 시기에는 도덕적으로 매우 방종한 편이지만 바다거북의 교미기에는 여자와 절대 성교하지 않는다.

캐롤라인 제도의 하나인 야프(Yap) 섬에서는 자기 직업에 열성을 가진 어부는 누구나 6주간에서 8주간 계속되는 포획기 동안 가장 엄한 터부에 복종한다. 육지에 있을 때에는 언제나 남자 집회소에서 지내야 하고, 어떤 구실로도 자기 집을 찾거나, 아내는 물론 다른 여자의 얼굴을 보아서는 안 된다. 그들은 여

수렵·어로 기간 동안의 터부
원시인들은 유용성을 가진 동물의 영혼에 대해 특별히 존경심을 가지고, 그 동물을 포획할 때 일정한 터부를 지켜야 했다.

자의 얼굴을 조금만 훔쳐보아도 날치가 밤중에 눈알을 반드시 파낼 거라고 생각한다. 만일 아내나 어머니나 딸이 그가 있는 곳에 무엇을 가져오거나 할 이야기가 있어서 오면, 그들은 남자들의 집회소에서 등을 돌려 바닷가를 향해서 서야 한다. 그러면 어부는 나가서 여자와 이야기하고, 등을 돌린 채 여자가 갖고 온 물건을 받아도 괜찮다. 일이 끝나면 곧 엄격한 격리 상태에 돌아가야 한다. 어부들은 밤중에 집회소에서 거행되는 다른 남자들의 춤이나 노래에 참가조차 못한다. 그들은 그들끼리 지내고 절대 침묵을 지켜야 한다.

미르자푸르(Mirzapur)에서는 누에 알을 집 안에 가지고 들어오는 무렵에는 '콜(Kol)'이나 '부이야르(Bhuiyar)'가 행운을 가져오기 때문에, 미리 신성한 쇠똥으로 조심스럽게 바른 곳에 그것을 넣어둔다. 그 뒤에 소유자는 의식적인 정결을 지켜야 한다. 아내와의 동침을 단념해야 하고, 침대에서 자지 않으며, 수염과 손톱을 깎지 않으며, 몸에 기름을 바르지 않고, 버터로 요리한 음식을 먹지 않고, 거짓말을 하지 않으며, 그 외 옳지 않다고 생각되는 일을 절대 하지 않는다. 만일 누에가 잘 부화하면 그것에 제물을 바칠 것을 싱가르마티 데비(Singarmati Devi) 신에게 맹세한다. 누에가 알에서 부화하면 그는 집안 여자들을 모아 놓고 아기의 탄생 때와 같이 함께 노래를 부르고 이웃의 모든 부인들의 가르마 사이에 붉은색을 칠한다. 누에가 한 쌍이 되면 결혼 때처럼 환성이 터진다. 이와 같이 누에를 사람인듯 다룬다. 누에가 부화하는 동안에 성교를 금하는 터부는 남편이 아내의 임신 중이나 수유 중에는 동침하지 않는다는 여러 민족이 행하는 규칙의 단순한 연장에 지나지 않는다.

니아스(Nias) 섬에서 사냥꾼들은 때때로 함정을 파고 나뭇가지, 풀, 나뭇잎 등으로 가볍게 덮고 그곳으로 포획물을 몰아간다. 이 함정을 파는 동안, 그들은 많은 터부를 지켜야 한다. 그들은 침을 뱉지 못한다. 만일 그러면 사냥감이 구역질이 나서 되돌아간다. 그들은 웃지 못한다. 웃으면 함정의 벽이 무너진다. 소금을 먹지 않으며 돼지에게 줄 먹이를 준비하지 않는다. 함정 속에 있을 때는 몸을 긁지 않는다. 만일 그렇게 하면 땅이 물러져서 무너지기 때문이다. 함정을 다 판 날의 밤에는 여자와 성교를 해서는 안 된다. 여자와 성교를 하면 모든 고생이 헛수고가 된다.

수렵과 어로의 성공 조건으로 엄격한 정결을 지키는 이 관습은 원시인들 사이에서는 매우 보편적이다. 그리고 이에 대해서 언급한 예들은 그 관습을 어기면 사냥꾼이나 어부가 체력이 일시적으로 허약할까 봐 그런 것이 아니라 그 규칙이 언제나 미신에 근거하고 있음을 알려준다. 일반적으로 성적 터부의 나쁜 영향은 그것이 자신을 약화하기보다는 어떤 이유로 그 나쁜 영향이 동물들의 감정을 상하게 하고, 그 때문에 사냥이나 고기잡이에 실패의 결과를 가져온다고 여겼다. 브리티시컬럼비아의 캐리어(Carrier)족 인디언은 곰 덫을 놓기 전 한 달 동안은 아내와 별거하고, 그 기간 동안은 아내와 같은 그릇으로 마시지도 못하고 자작나무 껍질로 만든 특별한 컵을 써야 했다. 이런 규칙을 소홀히 하면 덫에 걸린 포획물을 놓치게 된다고 믿었다. 그러나 담비를 덫으로 잡으려면 금욕 기간은 열흘로 줄어들었다.

원시인이 미신적인 동기에서 정욕을 억제해 순결을 지키는 많은 실례를 검토하는 것은 유익하지만, 여기서 하나하나 다 검토할 수는 없다. 그래서 수렵과 어로가 끝난 뒤 사냥꾼과 어부가 지키는 정화 의식으로 옮겨가기에 앞서 이 관습의 잡다한 사례 몇 가지만을 덧붙이기로 한다.

라오스의 시포움(Siphoum) 부근의 염전에서 일하는 자는 현재 일하는 곳에서 여자와 성적으로 관계하는 것을 금해야 한다. 또 타는 듯한 태양을 피하기 위해 머리를 가리거나 양산을 써서도 안 된다. 버마의 카친(Kachin)족 사이에서는, 술을 만드는 데에 쓰이는 누룩은 많은 사람들 중에서 선택된 두 여자가 준비한다. 그녀들은 사흘 동안 신맛의 음식을 먹어서는 안 되고 남편과 성교해서도 안 된다. 이 규칙을 지키지 않으면 술이 시어진다고 생각했다. 마사이(Masai)족에서는 벌꿀술은 한 쌍의 남녀에 의해서 양조되는데, 그들은 술이 익을 때까지 특별히 마련된 오두막 속에 격리된다. 그러나 그 기간 동안에 성교하는 것은 엄격히 금지되어 있다. 양조하기 전 이틀과 양조가 되는 6일 동안 절대로 정결을 지켜야 한다.

마사이족이 믿는 바에 따르면, 그 두 사람이 정절의 터부를 저지르면 술을 마시지 못하게 될 뿐만 아니라 꿀을 만드는 벌마저도 도망친다고 여긴다. 이밖에 독약을 만드는 자는 혼자 자야 하고, 추방된 자가 지키는 것과 같은 많은 터부를 따르도록 요구한다. 마사이족과 같은 지방에서 사는 완도로보(Wandorobbo)족은 독약을 만드는 남자 곁에 여자가 있기만 해도 그 독약의 효력이 없어진다고 믿는다. 심지어 남편이 독약을 만들고 있는 동안에 그 아내가 간통해도 같은 결과가 생긴다고 믿는다. 이런 경우는 터부의 합리적 설명이 불가능하다. 어떻게 독약 제조자의 아내가 정결치 못하다고 해서 독약의 효력이 물리적으로 사라지는 결과가 나오겠는가? 아내의 간통이 독약에 끼치는 영향은 분명히 공감주술의 예라 할 수 있다. 그녀의 비행이 멀리서 일하는 그녀의 남편에게 공감적으로 영향을 끼친다는 말이다. 따라서 우리는 어느 정도 자신을 갖고 이렇게 추론할 수 있을 것이다. 즉 독약을 만드는 사람에게 주어진 금욕의 규칙은 공감주술의 단순한 예일 뿐이지, 고도의 문명을 지닌 독자가 가정하려는 바와 같이 그가 우연히 아내를 독살하지 않기 위해 고안한 현명한 조처는 아니다.

남부 아프리카의 바페디(Ba-Padi) 부족과 바통가 부족에서는 새로운 마을의 장소를 선정하고 집을 세우면, 모든 기혼자가 부부 관계를 맺어서는 안 된다. 만일 어느 부부가 이 규칙을 어긴 것이 드러나면 집 짓는 공사를 바로 중지하고 다른 마을을 물색한다. 그것은 정결의 불이행이 발전 과정에 있는 마을을 더럽히고, 추장은 야위어지다가 죽고, 죄를 범한 여인은 결코 아이를 낳을 수 없다고 믿기 때문이다.

코친차이나(Cochin China : 지금의 남베트남)의 참(Cham)족은 관개를 위해서 강에 둑을 쌓거나 그것을 수리하고 있을 때, 추장은 그동안 허술한 오두막에서 지내며 일에 종사하지 않고 엄격한 금욕을 지키고 전통적인 제물을 드리면서 공사에 대해 신들의 보호를 기원한다. 그가 순결을 어기면 둑이 터지는 것으로 믿었기 때문이다. 이 경우에 공사의 완성을 위해 그가 손가락 하나 까딱하지 않는 것은 단지 추장의 육체적 강건함을 간직하려는 생각에서가 아닌 것이 틀림없다.

사냥꾼이나 어부가 사냥이나 고기잡이를 나가기 전이나 그동안에 지키는 터부나 금욕은, 이미 믿을 만한 이유를 발견한 바와 같이 미신적인 동기에서 비롯되었다. 특히 도살하려는 동물의 영혼을 노하게 하거나 위협할까 두려워서였다. 그렇다면 도살 뒤에 주어지는 제한은 도살 행위 이전에 못지않게 더욱 엄했을 것이라 예상된다. 음식물, 수면 등의 금지를 포함하는 금욕이 단지 그 일들을 하기 위해 건강과 힘을 간직하는 위생적인 조처에 불과하다고 가정한다면, 그 일을 끝낸 뒤, 즉 사냥한 동물을 도살하고 고기를 잡은 다음에 금욕이나 터부를 지키는 행위는 분명히 쓸데없고 도저히 이해가 가지 않는다. 그런데 이러한 터부는 도살 행위 뒤에도, 즉 사냥꾼이나 어부가 사냥물을 얻거나 고기를 육지에 올려서 목적을 이룬 뒤에도 터부를 강요하고 그 엄격성을 강화하는 일마저 있다. 그러므로 합리적인 설명은 완전히 불가능하다. 이제 미신에 근거한다는 가설만이 우리에게 남겨진 유일한 대안임이 분명하다.

베링 해협의 이누이트(Inuit)족이나 에스키모(Esquimaux)족은 여러 동물의 죽은 사체에서 영혼들이 노하여 사냥꾼과 그 부족들에게 악운이나 죽음을 가져올 수 있다고 믿고 사냥꾼이 조심스럽게 그 동물들을 다루도록 한다. 그래서 흰고래를 도살하거나 고래를 그물에서 *끄*집어 내는 일을 돕는 우나리트(Unalit) 족 어부는, 그로부터 나흘 동안 고래 그림자나 유령이 그 사체에 남아 있다는 생각 때문에 어떤 일도 하지 못한다. 동시에 마을 사람들은 모두 흰고래가 보이지 않는 모습으로 그 주변을 방황한다고 믿고, 혹시 흰고래의 그림자를 해칠까 봐 두려워 날카로운 기구나 뾰족한 도구를 전혀 쓰지 않는다. 또 유령을 놀라게 하거나 성나게 하지 않으려고 높은 소리를 내지 않는다. 또한 고래의 몸을 쇠도끼로 자르는 자는 누구나 죽는다. 그래서 나흘 동안에 철로 된 모든 도구의 사용이 마을에서 금지된다.

에스키모족은 해마다 12월에 성대한 축제를 올리는데, 이때 한 해 동안 도살된 모든 물개, 고래, 해마, 흰곰의 방광을 마을 집회소에 가져간다. 사냥꾼들은 거기에 며칠 동안 머물면서 그동안에 여자와의 성교를 피하는데, 이를 안 지키면 죽은 동물들의 그림자가 노한다고 한다.

비슷하게 주술이 걸린 창으로 고래를 찌른 알래스카의 알류트(Aleut)족의 어부는 다시 던지지 않고 바로 집에 돌아가서 특별히 마련된 오두막 속에서 가족들을 멀리하고 따로 지내면서 사흘 동안 먹고 마시지 않으며 여자를 멀리해야 한다. 이 격리 기간 중에 그는 자기가 찌른 고래가 해안에서 도망치는 것을 막기 위해 상처를 입고 죽어 가는 고래 흉내를 내면서 때때로 콧바람을 뿜는다. 나흘이 되는 날 격리된 곳에서 나와 바다 속에서 목욕재계를 하고 목쉰 소리로 소리치거나 두 손으로 물을 친다. 다음에 동료 한 사람을 데리고 고래가 있으리라고 생각되는 쪽의 해변에 간다. 만일 고래가 죽어 있으면 치명상을 입은 부분을 도려낸다. 죽지 않았으면 다시 집에 돌아와서 고래가 죽을 때까지 자기 몸을 계속 씻는다. 이 경우에도 어부가 상처를 입은 고래를 흉내내는 것은 다분히 동종주술로 고래를 죽이려고 열심히 바라는 것이다.

사나운 백곰의 영혼도 어부가 터부를 지키지 않을 경우에 노한다. 그 영혼은 사체가 남아 있는 근처에 사흘 동안 붙어 있다. 에스키모족은 이 사흘 동안 특히 조심해서 터부를 엄격히 지키려고 노력하는데, 이것은 다른 바다짐승의 영혼에게서 받는 벌보다 백곰의 영혼에게서 받는 벌이 더 무겁다고 믿기 때문이다.

카얀족은 무서운 보르네오 표범을 쏘았을 때, 여느 때 표범의 영혼이 자신의 영혼보다 더 강하다고 생각하기 때문에 자기들 영혼의 안전에 대해 무척 걱정한다. 그래서 표범의 사체 위를 여덟 번 건너뛰면서 다음과 같이 주문을 반복한다.

"표범아, 너의 영혼은 내 영혼에 굴복했다."

집에 돌아오면 닭의 피를 자기 몸이나 사냥개, 무기 등에 바르고 영혼을 진정시켜서 도망가지 못하도록 한다. 이것은 자신들이 닭고기를 좋아하는 것처럼, 그 영혼도 닭의 피를 좋아할 것이라 믿기 때문이다. 그로부터 8일 동안을 다음 사냥에 나가기 전에 밤낮없이 목욕재계한다.

호텐토트(Hottentot)족은 사자나 표범, 코끼리 또는 물소 등을 죽인 사람은 영웅으로 존경을 받으나 사흘 동안 집 안에서 아무일도 해서는 안 되며, 아내와 접촉해서도 안 된다. 또 아내는 기꺼이 조촐한 음식으로 죽지 않을 만큼의 분량만을 먹고 금식해야 한다.

마찬가지로 랩(Lapp)족도 짐승의 왕자로 여겨지는 곰을 잡는 것을 무한한 영광으로 생각한다. 그러나 사냥에 참가한 사람들은 더럽혀졌다고 생각되어, 그들끼리만 사흘 동안 특별히 설치된 오두막이나 천막 속에서 지내고, 그 속에서 잡은 곰의 고기를 잘라서 요리한다. 죽은 곰을 운반한 썰매는 꼭 1년 동안 여자가 몰아서는 안 된다.

어떤 보고에 따르면 1년 동안 아무도 사용하지 못한다고 한다. 사람들은 격리될 천막에 들어가기 전에 곰 사냥 때 입었던 옷을 모두 벗어버려야 하며, 아내들은 오리나무 껍질의 붉은 즙을 그들의 얼굴에 뿌려준다. 그들은 평상시 드나드는 문이 아닌 뒷문으로 천막에 들어간다. 그리고 부인들은 요리하는 동안에 그 남자들의 천막에 접근해서는 안 된다. 곰 요리가 되면 두 남자가 그 일부를 부인들에게 보낸다. 이때 두 사람은 외국에서 선물을 가져온 이방인인 척한다. 부인들도 그와 같이 가장하고 이방인들의 발에 붉은 실을 매어 줄 것을 약속한다. 곰고기는 천막 출입구를 통해서 부인들에게 넘겨서는 안 되고, 천막 커버의 가장자리를 올려 만든 특별한 창문으로 넘겨줘야 한다. 사흘 동안의 격리가 끝나면, 아내의 곁에 돌아가게 되는데, 도가니를 받치고 있는 쇠사슬을 들고 차례대로 불 주위를 뛰면서 돈다. 이것은 몸을 정화하는 의식으로 여겨진다. 이런 의식을 치르고 비로소 평상시 드나드는 문으로 나가 부인에게로 돌아갈 수 있다. 그러나 지휘자만은 이틀 더 아내와의 동침을 삼가야 한다.

또 카프레(Caffre)족은 큰 구렁이나 큰 뱀을 매우 무서워한다고 전해진다.

"어떤 미신적인 관념에 영향을 받아서 큰 뱀을 죽이는 것마저 무서워한다. 몸을 보호하기 위해서든지 또 다른 이유에서든지 우연히 큰 뱀을 죽인 사람은 몇 주일 간에 걸쳐 낮 동안 흐르는 물에 누워 있도록 요구받는다. 그리고 그 터부를 완전히 마칠 때까지 어떤 짐승도 그의 마을에서 도살하는 것이 허용되지 않았다. 죽은 뱀은 가축우리 근처에 판 구덩이에 운반되어 정중히 묻히고, 그 무덤은 추장의 무덤처럼 아무도 손을 대는 일이 없었다. 이 참회 기간은 죽은 사람에 대해 상복을 입듯이 뱀에 대해서도 상복을 입는데, 오늘날에는 다행히 며칠로 줄어들었다."

마드라스(Madras)에서는 코브라를 죽이는 것을 큰 죄로 생각한다. 우연히 그런 일이 일어나면 마치 사람을 화장하는 것처럼 코브라의 사체를 화장하는 것이 일반적이다. 코브라를 죽인 자는 부정탄 자라고 인정되어 사흘 동안 행동에 제약이 따른다. 죽은 지 이틀째에 코브라의 사체에 젖을 붓는다. 사흘이 지나야 코브라를 죽인 자는 부정에서 해방된다.

이상의 경우에서 도살된 짐승들은 신성한 것이기 때문에, 그것들을 죽인 자는 속죄를 행해야 한다. 즉 이런 동물들의 생명은 일반적으로 미신적인 동기에서 보호받으므로, 그런 동물을 죽인 자는 신성성을 더럽힌 것으로 취급되는 것이다. 그런데도 이런 불경스런 도살자들에 대한 처치는 보통 때에 음식을 마련하려 동물을 죽인 사냥꾼이나 어부에 대한 것과 비슷하다. 이들 두 경우의 터부들이 근거하는 관념은 본질적으로 동일할 수 있다. 내 생각이 옳다면, 이 관념은 원시인이 특별히 인간에게 이롭거나 두려운 짐승의 영혼에 대해서 느끼는 존경과 복수를 노리는 그들의 영혼에 대해 품고 있는 공포심일 것이다.

이와 같은 견해는 고래의 사체가 파도에 밀려 해안에 떠올랐을 때 안남(Annam)의 어부들이 행하는 의식에서도 얼마쯤 입증된다. 어부들은 그들이 얻는 이익 때문에 고래를 숭배한다. 그래서 그들이 사는 해안에는 마을마다 고래뼈를 모시는 오두막이 있어서, 죽은 고래가 파도에 밀려 해변에 떠밀려오면 사람들은 모두 모여 엄숙한 장례식을 치러 준다. 맨 처음에 고래를 본 사람이 상주 역할을 맡아 인간의 혈족에 대해서 하는 것과 같이 의식을 치르는 것이다. 상주는 밀짚모자를 쓰고 긴 소매의 흰 상복을 입고, 그 밖의 장례용 장신구를 몸에 지닌다. 그는 죽은 사람의 가장 가까운 혈족으로서 장례를 관장한다. 상주는 분향을 하고 금종이, 은종이를 뿌리고 폭죽을 터뜨린다. 그 뒤에 그들은 고래의 사체를 잘라 고기를 들어내고 기름을 짠 뒤 뼈는 모래 속에 파묻는다. 그러고는 그곳에 오두막을 세우고 그 속에 제물을 바친다. 보통 매장이 끝난 뒤 어느 정도 시간이 지나면, 죽은 고래의 영혼은 마을의 누군가에게 붙어서 그의 입을 통해 자신이 수컷인지 암컷인지를 알려 준다고 한다.

제21장
터부가 된 사물

1 터부의 의미

　미개 사회의 신적인 왕과 추장, 사제들이 지키는 정화 의례의 규칙들은 살인범, 복상자, 산욕기에 있는 여자, 사춘기에 이른 소녀, 사냥꾼, 어부들이 지키는 규칙과 여러 점에서 일치한다. 우리에게는 이 사람들의 가지각색의 계급이 그 성격과 양상에 있어 전혀 다르게 보인다. 그래서 우리는 그들 중 몇몇은 신성하다고 하는 데 반해 다른 일부에 대해서는 부정하거나 오염되었다고 한다. 그러나 원시인들은 그들을 두고 그러한 도덕적인 구별을 짓지 않는다. 원시인의 마음속에서 신성과 오염은 아직 분화되지 않은 관념인 것이다. 원시인에게 이러한 모든 사람의 공통된 특징은 그들이 위험하고, 또 위험한 상태에 있다는 것이다.

　그들이 스스로 처한 위험과 다른 사람들이 처하도록 하는 위험은 영적이고 상상적인 것이다. 그렇지만 그 위험이 상상적이라 해서 덜 현실적이라고 볼 수는 없다. 상상력이 사람에게 미치는 영향은 중력이 사람에게 미치는 영향만큼이나 현실적이며, 청산가리만큼 확실하게 사람을 죽일 수 있다. 이러한 사람들을 격리하여 무서운 영적인 위험이 공동체 사회에 미치는 것을 막아 퍼지지 않도록 차단하는 것이 바로 터부의 목적이다. 이러한 터부는 사람들에게 주어진 영적인 힘이 외부 세계와의 접촉에 의해 해를 입거나 끼치는 것을 막는 절연체와 같은 역할을 한다.

　이미 언급한 일반적 원리에 대한 사례에 덧붙여, 터부가 되는 사물과 터부가 된 말[언어]들의 몇 가지 사례를 더 살펴볼 것이다. 원시인의 견해에 따르면, 사물과 언어는 사람들과 마찬가지로 일시적으로나 영구적으로 터부의 신비스러운 위력으로 충전된다고 한다. 그것 때문에 그들은 장기적, 혹은 단기적으로

터부가 된 철
메네데무스가 트로이전
쟁 때 철제 무기로 살해
되었다는 전설로 그리스
성소에는 철제를 들여놓
을 수 없었다. 트로이 목
마, 터키

일상 생활에서 특정한 물건이나 말을 사용할 수 없었다. 이에 대한 예들은 다
른 누구보다 더 공고한 벽으로 둘러싸인 채, 또 그만큼이나 공고한 터부의 방
벽 안에서 생활하는 신성한 추장과 왕, 사제 등과 특히 관련된 것들이다. 이 장
에서는 터부가 된 사물을, 다음 장에서는 터부가 된 언어를 설명해 보기로 하
겠다.

2 터부가 된 철

먼저, 왕들의 엄숙한 신성성을 두려워 한 원시인들이 왕의 신성한 육체에 접
촉하는 것을 금했던 사실을 관찰하겠다. 예를 들면, 스파르타 왕의 몸에 손을
대는 것은 불법이었다. 타히티 섬의 왕이나 왕비의 신체는 어느 누구도 만지지
못했다. 시암 왕의 몸에 손을 대는 것도 금지되었고, 이를 위반하면 사형에 처

해졌다. 또한 캄보디아 왕의 경우, 왕 자신의 직접적인 명령 없이는 어느 누구도 그의 신체에 손을 댈 수가 없었다. 1874년 7월, 그가 마차에서 떨어져 정신을 잃고 땅 위에 쓰러진 적이 있었지만, 수행원 중 아무도 그를 만지려 하지 않았다. 그래서 때마침 지나가던 한 유럽인이 부상한 왕을 궁전에까지 모셨다.

옛날 한국에서도 왕에게는 아무도 손을 댈 수 없었다. 만일 왕이 신하에게 손을 대 주기라도 하면, 그 손이 닿은 곳은 신성시됐고, 이러한 명예를 얻은 사람은 남은 일생동안 눈에 띄는 어떤 표식(보통 붉은 명주실)을 지녀야 했다. 무엇보다도 철을 왕의 몸에 대는 것은 금물이었다. 1800년, 정조대왕은 등에 난 등창으로 죽었다. 그때 바소(침술에서 종기를 째는 데 사용하는 날이 있는 기구)를 썼다면 생명을 구할 수도 있었지만, 누구도 감히 그것을 쓰려 하지 않았다. 한번은 어떤 왕이 입술에 난 종기로 괴로워하고 있을 때, 그의 어의는 광대를 불러들여서 왕의 종기가 웃음으로 터지도록 했다고 한다.

로마 인과 사비니(Sabine) 인의 사제는 철 면도칼로 면도해서는 안 되고, 청동 면도칼이나 가위만 허용되었다. 로마에 있는 '아르발 사제단'의 신성한 묘소에, 비문을 새길 철제 조각 도구를 가지고 들어갈 때는 반드시 어린 양과 돼지로 속죄의 제물을 바쳐야 했는데, 이 제사는 도구가 묘소에서 옮겨질 때까지 계속되었다. 그리스의 성소에도 철을 들여놓을 수 없었다. 크레타 섬에서는 철을 사용하지 않고 메네데무스(Menedemus)에게 제물을 바쳤는데, 그것은 메네데무스가 트로이 전쟁 때 철제 무기로 살해되었다는 전설 때문이다. 플라타이아(Plataea)의 집정관은 철을 만져서는 안 되었다. 그러나 해마다 한 번 플라타이아의 싸움에서 죽은 사람들의 추도식에서는 제물인 수소를 도살하는 데 칼을 쓸 수 있었다. 호텐토트족 사제는 오늘날에도 동물을 제물로 바치거나 젊은이에게 할례를 베풀 때, 절대로 쇠칼을 쓰지 않고 언제나 석영의 예리한 파편을 사용한다.

서남 아프리카의 오밤보(Ovambo)족 젊은이는 관습에 따라 날카로운 부싯돌로 할례를 받는다. 부싯돌을 구하지 못할 때는 쇠칼로 시술이 허용되나, 그 경우에 사용한 쇠칼은 나중에 파묻어야 된다. 애리조나의 모퀴(Moqui)족은 돌로 만든 칼이나 도끼 등은 일반적으로 사용하지 않으나 종교적 의식에서는 사용한다. 포니(Pawnee)족은 돌화살촉을 일반 용도로 쓰지 않지만 포로, 들소, 사슴 등의 희생 제물을 도살하는 경우에 사용했다. 유대인은 예루살렘 신전을 건축하거나 제단을 쌓을 경우에 쇠로 된 도구는 절대 쓰지 않았다. 로마에 있는 오래된 나무다리인 '수블리키우스 다리(Pons Sublicius)'는 신성시되었는데, 철이나 구리를 쓰지 않고 만들고 수선해야 했다. 푸르포(Furfo)에 있는 '유피테르 리베르(Jupiter Liber)' 신전은 쇠로 된 도구로 수리해서는 안 된다고 법률에 규정되어 있다. 키지쿠스(Cyzicu)에 있던 회의실은 한 개의 못도 쓰지 않은 목조 건물로, 그 들보는 분해하여 도로 맞출 수 있도록 조립식으로 고안되었다.

철에 대한 미신적인 반발은 아마 철이 아직 진기하고, 많은 사람들이 의심과 증오의 눈으로 보던 사회 역사의 초기에 시작되었을 것이다. 새로운 것은 무엇이나 원시인의 공포와 두려움을 자극하기 쉽기 때문이다. 보르네오의 어떤 유럽인 개척자는 다음과 같이 말했다.

"두순(Dusun)족은 기묘한 미신에서 좋은 일이나 나쁜 일, 행운이나 불행 등 무엇이든지 그들에게 닥친 것을 때때로 그들의 나라에 도착한 신기한 물건 탓으로 돌린다. 예를 들면 킨드람(Kindram)에 있는 내 유럽식 주택이 최근 지독히 더운 날씨의 원인이 되었다."

1886년에서 이듬해 겨울, 영국인이 행한 니코바르(Nicobare) 제도의 현지 답사에 이어 내린 드문 집중 호우는 그들이 즐겨 출입하는 여러 곳에 설치한 경위기나 수평기 또는 그 밖의 이상한 기계들의 정령이 노한 탓이라고 토착민들은 생각했다. 그래서 어떤 사람은 돼지를 제물로 바쳐 그 정령의 노여움을 달래도록 제의했다. 17세기 무렵, 날씨가 계속 나빴기 때문에 에스토니아 농민들은 흥분되어 폭동을 일으켰다. 그들은 그 원인을 찾아냈는데, 물레방아가 물줄기를 부자유스럽게 가로막고 있어서라는 결론을 내렸다. 폴란드에 처음 철제 농기구가 들어왔을 때 흉작이 계속되었기 때문에, 농민들은 흉작을 철제 농기구 탓으로 여겨 이전의 목제 농기구와 바꿨다. 자바의 원시 바두위(Baduwi)족은 주로 농경에 의존하고 있지만, 오늘날에도 밭을 가는 데 철제 농기구는 전혀 쓰지 않는다.

종교 분야에서는 일반적으로 새로운 혁신에 대한 혐오가 강하다. 우리는 그런 혐오를 왕과 사제들, 신들이 간직해 온 철에 대한 미신적인 반발을 통해 충분히 설명할 수 있다. 이 반발은 아마 폴란드에서 철제 농기구를 불신한 사례에서 볼 수 있듯이 그 계속된 악천후로 곳곳에서 강화되었을 것이다. 그러나 왕이나 사제들이 지닌 철에 대한 혐오는 또 다른 측면에서 설명할 수 있다. 이 금속류에 대한 그들의 반발은 사람들이 금속 자체를 하나의 무기로 여기게 만들기도 했다. 그들의 철에 대한 증오가 뜻밖으로 강한 반면, 다른 한편으로는 증오하는 금속으로 보호된 사람이나 사물에는 결코 접근하려 하지 않기 때문에, 두려운 영혼이나 다른 위험한 정령을 막기 위한 주술적 사물로 분명히 철을 이용했을 것이다.

사실 이러한 목적으로 철이 자주 쓰였다. 스코틀랜드의 고지대에서는 작은 요정에 맞서는 위대한 보호책으로 철을 사용했고, 더 좋은 효과를 위해서는 강철을 허용했다. 이 금속이면 칼, 작은 칼, 총신 등 어떤 모양의 것이건 그 목적을 이룰 수 있다고 믿는다. 정령이 내린 집에 들어갈 때에는 칼, 바늘, 낚싯바늘과 같은 강철 조각을 그 문에 꽂아 놓았다는 것을 기억해야 한다. 왜냐하면 그렇게 하면 정령들이 다시 나올 때까지 문을 결코 닫을 수 없기 때문이다. 또 사슴을 사냥하여 밤중에 집까지 옮기는 경우, 칼을 사슴에 꽂아 두는 것을 잊지 말아야 한다. 이것은 정령들이 포획물에 지피지 못하게 하려는 것이다. 주머니 속에 넣어 둔 칼이나 못으로 정령들을 충분히 막을 수 있다고 믿는다. 침대 머리맡에 꽂은 못들은 집 안의 여인들과 아기들을 정령으로부터 보호한다. 보다 효과를 확실히 하자면, 침대 밑에 다리미를 넣고 낫을 창문에 두면 좋다. 만일 수소가 바위에서 넘어져 죽었을 때 그 사체에 못을 박아 두면 정령들이 접근하지 않는다.

유대인이 하프로 연주하는 음악은 사냥꾼을 정령들로부터 보호할 수 있는데, 그것은 그 악기의 현이 강철로 만들어졌기 때문이다. 모로코에서는 철이 귀신을 막는 큰 보호물로 여겨진다. 그래서 환자의 베개 밑에 흔히 주머니칼이나 단도를 넣는다. 싱할리(Singhalese)족은 그들을 해치려는 악령에 의해 계속 둘러싸여 있는 것으로 믿는다. 그래서 농민들은 과자나 구운 쇠고기와 같은 좋은 음식물 위에 철못을 꽂지 않고서는 음식물을 한 곳에서 다른 곳으로 감히 옮기려 하지 않았다. 이것은 악령이 식품에 깃들어서 그것을 먹는 자를 병에 걸리게 하는 것을 방지하기 위해서이다. 또 병자는 남녀를 떠나서 한손에 열쇠 묶음이나 주머니칼을 들지 않고서는 외출하려고 하지 않는데, 그런 부적을 갖지 않으면 악령이 쇠약한 몸을 틈타 그의 몸에 스며들어올 염려가 있기 때문이다. 몸에 큰 종기가 나면 악령으로부터 보호하기 위해 종기 위에 작은 쇠붙이를 얹어 놓는다.

노예 해안에서는 아기가 차츰 병들어 말라가면 어머니는 그 아기가 귀신이 들렸다고 생각하고 그에 필요한 조처를 취한다. 자기 아이의 몸에서 귀신을 끌어내기 위해 어머니는 음식을 제물로 바친다. 그리고 귀신이 그 음식에 달려들어 먹는 동안에, 어머니는 아이의 발목에 쇠고리와 작은 방울을 달고 목에는 쇠사슬을 걸어 준다. 쇠소리와 방울소리는 귀신이 식사를 끝내고 다시 아이의 몸에 들어가는 것을 막는다고 여겨진다. 이 지역에서 많은 아이들이 무거울 만큼 많은 쇠 장식물을 몸에 지니고 다니는 것은 바로 이 때문이다.

3 터부가 된 날카로운 무기

버마 젱위(Zengwih) 북쪽에도 사제왕이 있는데, 그는 그 지역의 부족인 소티 (Sotih)족으로부터 영적, 세속적 최고의 권위를 가진 존재로 추앙받는다. 이 사제왕의 집 안에는 무기나 날이 있는 도구를 가지고 들어갈 수 없는데, 이 규칙은 여러 원시 민족이 지킨 사망 관련 터부로 설명될 수 있을 것이다. 그들은 죽은 자의 영혼이 근처에 있다고 생각되는 동안 그 영혼을 다치게 해서는 안 되기에 예리한 무기의 사용을 삼간다. 베링 해협의 에스키모족은 마을에서 누가 죽은 날에는 아무도 일하지 않으며, 망자의 친족들은 사흘 동안 노동을 해서는 안 된다. 이 기간에는 특히 칼이나 도끼와 같이 날이 있는 도구로 물건을 자르는 일이 금지된다. 바늘이나 송곳과 같은 뾰족한 도구도 쓸 수 없다. 이러한 규칙은 그 기간 동안에는 언제든 나타날 수 있는 망령을 다치게 하는 일을 피하기 위해서였다. 그들은 혹시라도 그런 물건으로 망령을 해치게 되면 그것이 노해서 사람들에게 병이나 죽음을 가져온다고 믿는다. 또 친척들은 높은 소리나 소음을 내 유령이 놀라거나 노하기 때문에 그 기간 동안에는 세심한 주의를 기울인다. 이미 보았듯이, 이 에스키모족은 흰고래를 잡은 뒤 나흘 동안 고래의 영혼을 자르거나 찌르지 않기 위해서 날이 있는 도구나 뾰족한 도구의 사용을 자제한다. 이 터부는 때때로 마을에 환자가 생길 때에도 지켜지는데, 그런 도구가 환자의 몸을 떠나 헤매고 있을지도 모르는 그의 영혼을 다치게 할까 두려워서이다.

트란실바니아의 루마니아인은 초상이 났을 때, 유해가 그 집에 있는 동안 칼의 예리한 날을 위로 둔 채 놓지 않도록 조심한다. 그렇지 않으면 죽은 자의 영혼이 칼날 위에서 다칠 거라 믿는다. 중국에서는 7일장을 지내는 동안 칼이나 바늘, 심지어 젓가락까지 사용하지 않도록 조심하고 손가락으로 음식을 먹는다. 고대 프로이센인과 리투아니아인들은 장례를 치른 뒤 3일째, 6일째, 9일째, 40일째되는 날 음식을 장만하고, 집 입구에 서서 죽은 사람의 영혼을 초대했다. 이때 식사하는 사람들은 칼을 쓰지 않고 음식을 준비하는 여자들도 칼을 쓰지 않는다. 식탁에서 떨어진 음식물은 연고자가 없는 영혼들을 위해서 그대로 두었다. 식사가 끝나면 상주는 빗자루를 손에 들고 "친애하는 영혼들이여, 다 먹고 마셨으니 떠나시오" 말하면서 영혼들을 쓸어 집에서 쫓아낸다.

이상의 사례를 보면 버마족 사제의 집에 날이 있는 도구를 들일 수 없는 까닭을 이해할 수 있을 것이다. 다른 많은 사제왕들처럼 그 또한 신적인 존재로 생각되었을 것이고, 따라서 그의 신성한 영혼이 몸을 떠나 공중을 배회하거나 멀리 일을 보러 갈 때에 다치거나 해를 입는 위험에 노출되어서는 안 되었던 것이다.

4 터부가 된 피

우리는 앞에서 플라멘디알리스(Flamen Dialis)가 날고기를 만지거나 그 이름을 입에 올리는 것도 금지하고 있음을 보았다. 브라만의 사제들은 어느 특정한 시기에 생고기, 피 또는 손에 상처 있는 사람을 보아서는 안 된다. 우간다에서는, 쌍둥이의 아버지는 아내가 출산한 뒤 한동안 터부시된다. 또한 그는 어떤 것도 죽여서는 안 되고 피를 보아서도 안 된다.

팔라우 군도에서는 적의 습격에서 전리품으로서 머리를 빼앗긴 자가 있을 경우에, 그의 친척은 터부시되고, 죽은 영혼의 분노를 피하기 위해 어떤 일정한 규칙에 따라야 한다. 그들은 집 밖으로 나오거나, 날고기에 손을 대서는 안 되고, 주술사가 주문을 걸어 놓은 인도후추를 씹어야 한다. 이렇게 하고 나서야 죽은 자의 영혼이 살인자를 쫓아 적의 마을로 간다고 생각하는 것이다. 이 터부는 동물의 영혼이나 정령이 피 속에 깃들어 있다는 통속적인 신앙에 근거하는 것으로 보인다. 예를 들어 살해된 사람의 친척은 그 노한 망령에 습격당하기 쉽다고 믿는 것처럼, 그들은 터부시된 사람은 위험한 상태에 있다고 생각했으므로 그를 특히 영혼과의 접촉으로부터 격리했던 것이다. 그리고 바로 여기서 날고기를 만져서는 안 된다는 터부가 비롯된다.

그러나 보통 터부는 단지 일반적인 계율이 특수하게 강화된 것뿐이다. 다시 말해 터부를 지키는 것은 그것이 절실하게 필요한 상황에서 특히 강제적이지만, 그런 상황이 아닌 평상시에는 그렇게 엄격하진 않고 보통 생활의 규칙으로 지킨다. 예를 들면 에스토니아인들은 피가 동물 영혼의 거처이고 영혼은 피를 맛보는 사람의 체내에 들어간다고 믿기 때문에 그것을 맛보려고 하지 않는다. 북아메리카의 몇몇 인디언 부족들은 강한 종교적 신앙 때문에 어떤 동물의 피든 먹는 것을 엄격히 제한하는데, 그것은 피가 짐승의 생명과 영혼을 간직하고 있다고 믿기 때문이다. 유대 사냥꾼들은 잡은 짐승의 피를 뽑아내고 거기에 흙을 덮었다. 그들은 동물의 영혼 또는 생명이 피에 있거나 피 자체라는 믿음에서 피를 먹지 않았다.

왕의 피를 땅 위에 흘려서는 안 된다는 것이 일반적 규칙이다. 그래서 왕 또는 그 가족을 처형할 경우에 왕의 피가 땅 위에 흐르지 않도록 고안된 장치가 사용된다. 1688년 무렵에 반역자 육군대장이 시암 왕을 처형했는데, 처형 방법은 유죄의 왕을 사형하는 형식 또는 중대한 범죄를 저지른 그 혈통의 왕자들을 취급하는 형식으로 치렀다. 즉 그들을 큰 가마솥에 집어넣어서 절굿공이로 찧어서 가루를 만들었다. 왕의 피 한 방울도 땅 위에 흘리지 않도록 하기 위해서였다. 신적인 피가 흙과 혼합되면 신성한 피가 오염되는 것이므로, 종교상 대단히 불경한 것으로 믿었기 때문이다.

쿠빌라이 칸(Khubilai Khan)은 그에게 반역한 숙부 나얀(Nayan)을 쳐서 붙잡았을 때 그를 융단에 싸서 죽을 때까지 여기저기에 굴렸다. 그것은 왕족의 피를 땅 위에 흘리거나 하늘과 태양 앞에 드러내고 싶지 않았기 때문이다. 수도승 리콜드는 타타르족의 관습을 다음과 같이 언급하고 있다.

"한 칸(Khan)이 다른 칸의 자리를 빼앗기 위해서 그를 죽이지만 피를 흘리지 않도록 세심한 주의를 한다. 위대한 칸의 피를 땅에 흘리는 것은 크게 잘못된 것으로 믿기 때문이다. 그래서 그들은 복잡한 방식으로 희생자를 질식시킨다."

이런 관습이 버마 궁전에서도 행해졌는데, 거기에서는 왕의 혈통을 가진 자의 피를 흘리지 않는 특수한 처형 방법을 사용하고 있다.

왕의 피를 흘리는 것을 싫어하는 터부는 피를 흘리는 것에 대한, 적어도 피를 땅 위에 떨어뜨리는 것에 대한 일반적인 혐오 가운데 특수한 경우에 지나지 않는 것으로 보인다. 마르코 폴로(Marco Polo)는 그 무렵 중국 베이징에서는 정해진 때 이외에 거리를 걷는 자는 체포되었으며, 어떤 경범죄가 드러날 경우에는 몽둥이로 구타당했다고 말한다.

"이 형벌로 사람들은 때때로 죽기도 하는데, 유혈을 피하기 위해 그들은 이 방법을 사용한다. 왜냐하면 그들은 사람이 피를 흘리는 것을 금기시하기 때문이다."

웨스트 서식스(West Sussex) 사람들은 사람의 피가 흐른 땅은 저주를 받아 영원히 황무지로 남을 것이라고 믿고 있다. 어떤 몇몇 원시 민족 사이에서는 부족민이 피를 흘려야 할 때 피를 땅 위에 떨어뜨려서는 안 되고 동포의 몸으로 받아야 한다. 예를 들면 오스트레일리아의 몇 부족에서는 할례를 받는 소년들은 부족민들의 몸뚱이 위에 누인다. 또 입회식에서 소년의 이빨을 뽑는 의식에서는 한 남자의 가슴 위에 소년을 앉히고 피가 가슴 위에 떨어지게 하고 그 피를 씻어내지 않는다.

"갈리아(Gallia)인은 적의 피를 마시고 그것을 자기 몸에 칠하는 관습이 있었다. 또 고대 아일랜드인도 그런 관습이 있었다고 기록하고 있다. 나도 어떤 아일랜드인이 적의 피는 아니나, 친구의 피를 마시는 것을 보았다. 그것은 무로 오브리엔(Murrogh O'Brien)이란 리머릭(Limerick)의 유명한 반역자의 사형 때 일인데, 그의 유모인 한 노파가 막 잘린 그의 머리를 들고, 땅은 이것을 마실 가치가 없다면서 흘러내리는 피를 마시고, 피로 얼굴과 가슴을 물들이고, 머리카락을 흩뜨린 채 무서울 정도로 울부짖었다."

중부 아프리카의 라투카(Latuka)족은 출산 때 핏방울이 떨어진 부분의 땅을 쇠삽으로 조심스럽게 파서 산모를 씻은 물과 함께 단지에 넣어 집 왼편에 깊이 파묻는다. 서아프리카에서는 피가 땅 위에 떨어지면 조심스럽게 그것을 덮어 땅 속에 비벼서 넣고 밟아야 한다. 만일에 카누나 나무에 묻으면 그 부분을 자르고 잘린 토막을 으스러뜨려야 한다. 이 아프리카인들의 관습이 생겨난 동기는 피가 주술사의 손에 들어가 악용되지 못하게 하기 위해서이다. 서아프리카인들이 땅 위에 떨어진 약간의 피라도 밟아서 흔적을 없애거나 피가 묻은 나무를 몽땅 잘라버린 이유가 여기에 있다. 뉴기니의 원주민은 주술사에 대한 같은 두려움에서 자기들의 피가 묻은 막대나 잎사귀, 넝마조각 등을 모두 태워버린다. 만일 피가 땅 위에 떨어지면 그 흙을 밟아 비비거나 그 위에 불을 피운다.

마다가스카르의 베칠레오(Betsileo)족 가운데 '라망가(Ramanga)' 또는 '푸른 피'로 불리는 계급 사람들이 행하는 기묘한 관습도 이와 같은 공포로 설명할 수 있다. '라망가'의 임무는 귀족들이 깎은 손·발톱을 먹거나, 그들이 흘린 피를 핥는 일이다. 귀족들이 손톱이나 발톱을 깎으면, 그것은 한데 모아져 라망가에게 주어진다. 깎은 손·발톱이 너무 크면 잘게 썰어서 먹는다. 또 귀족의 손톱이나 발톱을 깎다가 상처가 나서 피가 흐르면 '라망가'는 될 수 있는 대로 빨리 그 피를 핥아먹는다. 귀족들은 그런 비천한 사람들을 동반하지 않고는 아무 데도 가지 않는다. 그러나 그들을 동반하지 못하는 경우가 생기면, 깎은 손톱, 발톱이나 흘린 피를 조심스럽게 모았다가 나중에 '라망가'에게 먹게 한다. 이 관습을 엄격히 지키지 않는 귀족이란 없다. 이는 그들이 자신의 신체의 일부분이 주술사의 손에 들어가면, 감염주술의 원리에 따라 자신이 해를 입을 수 있다고 여겼고, 따라서 이를 막기 위한 의도로 이 관습을 행했기 때문이다.

일반적으로 땅 위에 피를 흘리는 것에 대한 혐오는 피 속에는 영혼이 깃들어 있어서 피가 떨어진 땅은 반드시 터부가 되거나 신성하게 된다는 믿음에서 비롯되었다고 설명된다. 뉴질랜드에서는 대추장의 피가 한 방울이라도 묻은 것은 무엇이든 터부시되거나 신성한 것이 된다. 일단의 원주민들이 새로 만든 훌륭한 카누를 타고 추장을 방문했을 때, 그 배에 오르던 추장이 가시에 찔려 발에서 피가 나게 되었다. 그러자 추장의 피 몇 방울이 묻은 그 배는 곧바로 신성시되었고, 배 주인은 급히 뛰어내려 배를 추장의 집 반대쪽 둑으로 끌고 가서 두고 왔다. 또 한번은 어떤 추장이 선교사의 집에 들어가려다가 들보에 머리를 부딪혀 피를 흘렸다. 원주민은 옛날 같으면 그 집은 추장의 소유가 되었을 것이라고 말했다. 터부가 적용되었을 때 보편적으로 다 그렇듯이, 피를 땅에 흘려서는 안 된다는 규정도 추장과 왕에게는 특별히 엄격하게 적용되었다. 따라서 이러한 터부는 부족민들이 더는 지키지 않게 된 이후에도 오랫동안 추장이나 왕들에 의해서 준수되었다.

5 터부가 된 머리

많은 민족들이 머리를 각별히 신성한 것으로 생각한다. 머리에 대한 특별한 신성성은 때때로 머리가 상처나 무례함에 민감한 영혼을 담고 있다는 믿음으로 설명되었다. 예를 들면, 요루바(Yoruba)족은 모든 사람에게는 세 개의 영적 동거자가 있는데, 그 가운데 첫째는 그 사람의 보호자, 경호자 또는 안내자 역할을 하는 올로리(Olori)이며, 이것은 머릿속에 살고 있다고 생각한다. 이 영혼에게는 주로 닭을 제물로 바치고, 의식으로서 소량의 닭 피를 야자유에 섞어 이마에 문지른다.

카렌족에 따르면, '트소(tso)'로 불리는 것이 머리 윗부분에 살고, 그것이 제자리에 있는 동안에는 일곱 '켈란(Kelahn)' 또는 격렬한 감정이 일으키는 피해가 사람에 미치지 않는다. 그러나 만일 '트소'가 무분별해지거나 허약해지면 사람에게 안 좋은 일이 생긴다. 그래서 카렌족 사람들은 언제나 머리를 주의 깊게 간수하며 '트소'가 기뻐할 만한 꽃이나 장식을 마련하기 위해 갖가지 고생을 한다. 시암족은 '쿠안(kuhan)' 또는 '쿤(kwun)'이라는 영혼이 인간의 머리에 살고 있다고 믿는데, 그것은 수호신이다. 그 정령은 아무런 상해를 당하지 않도록 조심스럽게 보호되어야 한다. 그래서 머리를 깎거나 삭발할 때 여러 의식을 치른다. 이 영혼은 명예에 예민하고 그가 살고 있는 머리에 낯선 사람의 손이 닿기라도 하면 모욕감을 느낀다고 한다. 캄보디아인은 사람의 머리를 만지는 것을 중대한 죄악으로 여긴다. 그들 중의 어떤 사람은 머리 위에 어떤 것이 걸려 있거나 매달려 있으면 그곳에 들어가려고 하지 않는다. 그 때문에 아무리 가난한 자라도 다른 사람이 사는 방 밑에서는 결코 살려고 하지 않는다. 그래서 가옥은 단층으로만 건축된다. 관리들도 이 관습을 존중해서 집이 땅 위에 높이 건축되어 있어도 죄수를 절대로 마루 밑의 방에 넣지 않는다. 이와 같은 미신은 말레이인에게도 있다. 어떤 여행자의 보고에 따르면 다음과 같다.

"자바 사람은 머리 위에 아무것도 쓰지 않고 또 써도 안 된다고 말한다. 그리고 누군가 손을 머리 위에 얹으면 그들은 그를 죽이려고 할 것이다. 또 그들은 다른 사람의 머리 위를 걷지 않기 위해서 단층 이외의 집을 짓지 않는다."

머리에 대한 같은 미신이 폴리네시아에도 무수히 발견된다. 예를 들면 마르키즈(Marques) 제도의 한 추장인 가타네와(Gattanewa)에 대해서 다음과 같이 전한다.

"그의 머리 꼭대기나 머리에 얹힌 것에 손을 대는 것은 신성모독죄가 된다. 누가 그의 머리 위를 지나가는 것은 결코 있을 수 없는 모욕으로 간주된다."

마르키즈 제도의 대추장 아들이 분노와 절망에 고민하면서 죽여 달라고 땅 위를 굴러다닌 적이 있었다. 왜냐하면 누군가가 그의 머리에 물 몇 방울을 떨어뜨려 머리의 신성을 빼앗아 갔기 때문이었다. 머리를 신성시한 것은 다만 마르키즈 제도의 추장에 한정된 것이 아니다. 마르키즈 사람이면 누구의 머리일지라도 터부시되었고, 다른 사람은 머리를 만지거나 또 넘어서는 안 된다. 아버지라 하더라도 자고 있는 아들의 머리를 넘어서는 안 된다. 여자들은 남편이나 아버지의 머리에 닿거나 잠시 꽂았던 것까지도 운반하거나 만지는 것이 금지되었다. 또한 아무도 통가 왕의 머리 위로 지나가서는 안 되었다.

타히티 섬에서는 왕이나 왕비 위에 서거나 손을 머리 위에 내민 사람은 누구나 죽임을 당했다. 타히티 섬의 아이 머리는 그 머리 위에 어떤 의식이 집행될 때까지 특별히 터부시되었다. 이 기간에 아이 머리에 접촉한 것은 모두 신성시되어 그 아이의 집에 특별히 마련된 신성한 곳에 보관된다. 나뭇가지가 그 아이 머리에 닿으면 그 나무는 잘렸다. 그 나무가 잘려 넘어질 때 다른 나무 껍질이 벗겨져 상하게 되면 그 나무가 또 더러움을 타서 쓰지 못하므로 함께 베어졌다. 정해진 의식이 끝나면, 이 특별한 터부는 사라진다. 그러나 타히티 섬 사람의 머리는 일생 동안 신성시되고, 절대로 머리에 물건을 얹어 운반하지 않으며, 머리에 접촉하는 것은 죄악으로 여겼다.

마오리족 추장의 머리도 매우 신성시되어, "만일 자기 손가락으로 머리를 만지고 난 뒤에는 곧 손가락을 코에 가져가서, 머리와의 접촉으로 손가락에 붙은 신성성을 들이마셔 제자리에 되돌려 놓아야 할 정도였다." 마오리족 추장은 자기 머리의 신성성 때문에 "입김으로 불을 끌 수도 없었다. 왜냐하면 그런 행위는 추장의 숨 속에 있는 신성성이 타다 남은 나무로 옮아가게 하는데, 그 불씨가 노예나 다른 부족의 손에 들어가거나, 요리 등의 다른 목적으로 쓰이면 추장이 죽을 수 있기 때문이다."

6 터부가 된 머리카락

머리가 그것에 닿는 것마저 중죄로 여겨질 만큼 신성시되었으니, 이발하는 것 또한 세심하게 주의할 필요가 있는 매우 어려운 일로 생각되었다. 원시인들은 머리카락을 자르는 작업에는 두 가지의 곤란과 위험이 따른다고 생각했다.

첫째는 머리의 정령을 혼란스럽게 하는 위험이다. 다시 말해 머리카락을 자르다가 정령에게 해를 입히게 되면 노한 정령이 그 가해자에게 복수할지도 모른다는 것이다. 둘째는 깎은 머리카락을 처리하는 어려움이다. 원시인들은 자신과 몸의 모든 부분 사이에 존재하는 공감적 관계가 그 실제적인 결합이 끝난 뒤에도 계속 존재하며, 따라서 깎인 머리카락이나 손톱, 발톱은 일부에 가해진 위해가 그 당사자에게 나쁜 영향을 미칠 수 있다고 믿는다. 따라서 그런 것들이 우연히 위험한 장소에 놓이거나, 사악한 자들의 손에 들기 쉬운 곳에 방치되지 않도록 각별히 조심한다. 그것들에 주술이 걸리면 자기가 죽거나 다칠지도 모르기 때문이다.

이런 위험은 누구에게나 공통적이지만 신성한 인물은 보통 사람보다 더 깊이 경계해야 한다. 그 때문에 그들이 강구하는 조처는 더 엄격하다. 이 위험을 피하는 가장 간단한 방법은 아예 머리를 깎지 않는 일이다. 그리고 이 방법은 위험이 보통보다도 더 크게 예상되는 경우에만 활용된다. 프랑크(Frank)족 왕들은 결코 머리카락을 자르는 것이 허용되지 않았다. 아이 때부터 머리카락이 자라는 대로 두었다. 어깨까지 치렁치렁 늘어뜨린 장발을 자른다는 것은 왕좌에 앉는 권리를 포기하는 일이었다. 사악한 두 형제 클로테르(Clotaire)와 킬데베르트(Childebert)가 죽은 형 클로도미르(Clodomir)의 왕국을 노렸을 때, 그들은 어린 두 조카, 즉 클로도미르의 두 왕자를 자신들의 권력으로 농락했다. 그들은 가위와 칼을 든 사자를 파리에 있던 왕자들의 조모인 클로틸드(Clotilde) 여왕에게 보냈다. 사자는 가지고 있던 가위와 칼을 조모에게 보이면서 왕자들의 머리카락을 잘라 살릴 것인지, 자르지 않은 채 죽일 것인지, 어느 한쪽을 택하도록 했다. 자존심 강한 여왕은 그 손자들이 왕위에 오르지 못할 바에는 머리카락이 잘린 모습을 보기보다 차라리 죽는 것이 낫다고 대답했다. 불쌍하게도 두 왕자는 그 광포한 숙부의 손에 살해되었다.

캐롤라인 제도의 포나페(Ponape) 섬의 왕은 머리카락을 길게 길러야 하고 귀족들도 마찬가지였다. 서부 아프리카의 흑인 부족인 호(Ho)족에는 일생 동안 머리를 자르지 않은 사제가 있었다. 그는 머리 속에 깃들어 있는 신이 그에게 머리카락을 자르지 못하게 시켰다고 한다. 이것을 거역하면 생명을 앗아간다는 것이다. 만일 머리가 길어서 곤란하면, 그는 그 끝을 조금 자르도록 신에게 용서를 빌고 기도해야 했다. 사실 머리는 신이 사는 곳으로 생각되기 때문에,

머리카락이 잘릴 경우 신은 사제 속에 있는 거처를 잃게 된다. 비를 내리게 하는 힘이 있다고 알려진 마사이족은 수염을 잘라서는 안 된다. 수염을 잃게 되면 비를 만드는 힘을 상실하게 된다고 믿기 때문이다. 마사이족의 대추장과 주술사들도 같은 이유에서 같은 규칙을 지킨다. 그들은 만일 수염이 없으면 초자연적인 위력이 없어진다고 믿었다.

때로는 복수를 맹세한 사람도 그 서약을 실행할 때까지 머리카락을 자르지 않는다. 예를 들어 마르키즈 제도 원주민들에 대해서 다음과 같이 전해진다.

"그들은 가끔 머리를 삭발하는데, 머리 꼭대기에 한 가닥은 남겨둔다. 그리고 그것을 늘어뜨리거나 매듭으로 만드는데, 후자는 가까운 사람의 죽음에 대한 복수의 엄숙한 맹세를 한 때만 해당되는 관습이다. 이런 경우 그 머리카락은 맹세가 이루어질 때까지 결코 잘라서는 안 된다."

고대 게르만족들 사이에서도 때로 이와 같은 관습이 지켜졌다. 카티(Chatti)족 젊은 전사들은 적을 죽일 때까지 머리카락이나 수염을 자르지 않았다. 토라자족은 머릿니를 없애기 위해 아이의 머리를 깎을 때에도 영혼의 피난처로서 머리 꼭대기의 머리카락을 조금 남겨두었다. 그렇게 하지 않으면 그의 영혼이 쉴 곳이 사라져 아이가 병이 날 것이라고 믿는 것이다. 카로바타크(Karo-Batak)족은 아이의 영혼을 놀래켜 도망치게 하는 것을 매우 두려워한다. 그래서 아이의 머리카락을 자를 때는 가위에 쫓긴 영혼이 도망칠 피난처로 언제나 한 줌의 머리카락을 남겨둔다. 보통 그 머리카락은 평생 동안 또는 적어도 성인이 될 때까지 자르지 않고 남겨둔다.

7 이발할 때의 의식

그러나 반드시 머리카락을 잘라야 할 때에는 그에 따르는 위험을 줄이는 방법이 강구된다. 피지 섬의 나모시(Namosi)족 추장은 이발 뒤 그것이 가져올 화를 예방하기 위해서 반드시 한 사람을 잡아먹었다고 한다. "이때 희생 제물을 바치는 씨족은 정해져 있어서, 그들은 자기들 가운데 제물로 바쳐질 자를 선발하기 위해서 엄숙한 회의를 열었다. 그러한 의식은 추장에게 닥칠지 모르는 재앙의 기운을 다른 곳으로 돌리기 위한 것이었다."

마오리족은 머리를 자를 때 여러 주문을 외었다. 예를 들면 머리카락을 자르는 흑요석 칼을 신성하게 하기 위한 주문이 있었고, 또 이발이 일으킨다고 믿는 천둥과 번개를 피하기 위한 주문도 있었다.

"머리카락이 잘린 자는 곧바로 정령(Atua)이 들린다. 그는 그 가족과 부족들과 접촉해서도, 음식물을 만져서도 안 된다. 식사를 할 때에는 다른 사람이 음식물을 그의 입에 넣어 주어야 한다. 또 며칠 동안은 일상의 일을 하거나 친구들과 교제하는 것도 금지된다."

머리카락을 잘라 주는 사람 또한 터부시된다. 그의 손은 신성한 머리에 접촉했기 때문에, 그 손으로 음식물을 만져서는 안 되고 다른 일도 전혀 하지 못한다. 음식은 성스러운 불로 요리된 것을 다른 사람이 먹여 준다. 그는 다음 날성스러운 불로 삶은 감자나 양치류 뿌리로 두 손을 닦은 뒤에야 이 터부에서 벗어날 수 있다. 뉴질랜드의 몇몇 지방에서 가장 신성한 날은 이발을 하도록 정해진 날이었고, 그날 그 지역들은 인근에서 온 수많은 사람들이 모여들었다.

8 머리카락과 손·발톱의 처리

머리카락과 손톱, 발톱을 안전하게 깎은 다음에도, 그 처리는 곤란한 문제였다. 그것은 잘라 낸 신체 부분에 누군가가 위해를 가한다면, 그 소유자에게 악영향이 미친다는 믿음 때문이다. 사람이 자신이 잘라 버린 머리카락이나 손톱, 발톱 또는 몸에서 절단된 다른 부분을 통해서 주술에 걸릴 수 있다는 관념은 거의 세계적으로 공통적이며, 매우 광범위하고 친근한 예로써 증명되었다. 따라서 여기서 그것을 길게 설명하는 것은 지루한 일이 될 터이다. 이 미신은 사람과 그 사람의 몸 일부였거나 또는 어떤 방법에 의해서든지 그와 아주 밀접하게 관계했던 것에는 공감적인 연관성이 있다는 믿음에 근거한다. 이에 대해 몇가지 사례만을 살펴보기로 하겠는데, 이것들은 감염주술로 불릴 수 있는 공감주술의 계통에 속하는 것들이다.

옛날 마르키즈 섬 원주민들의 가장 두드러진 특징은 주술사에 대한 공포였다고 한다. 주술사는 자기가 해치고자 하는 사람의 머리카락, 침 또는 그 밖의 다른 신체적 노폐물들을 손에 넣어서, 나뭇잎으로 싼 뒤에 그것을 어떤 복잡한 방법의 매듭으로 만든 실로 짠 주머니 속에 넣는다. 그리고 특정한 의식을 행하며 그것을 파묻어 두면, 희생자는 20일 동안 몸이 갈수록 쇠약해지는 병을 앓는다. 그러나 머리카락이나 침 등의 저주의 물건을 찾아 파내면 생명을 건질 수 있는데, 이는 그 조처를 강구하자마자 주술의 힘이 사라지기 때문이었다. 마오리족의 주술사도 누군가에게 주술을 걸려고 할 때는 먼저 그 대상의 머리카락, 손톱이나 발톱, 침 또는 의복 조각 등을 찾았다. 그리고 그러한 목적물에 주문을 외거나 저주하면서 땅 속에 파묻고, 그것이 썩으면 그것을 소유한 사람도 쇠약해진다고 믿었다.

오스트레일리아 원주민은 그 아내를 쫓아버리려 할 때, 그 여자가 잠자는 동안에 머리카락을 조금 잘라서 창(槍)에 묶은 뒤, 이웃 부족에게 가지고 가 어떤 친구에게 준다. 그 친구는 그것을 매일 밤 야영의 모닥불 앞에 세워두는데, 그 창이 넘어지면 그의 아내가 죽는다고 여겼다. 이 주술의 영향력에 대해서 한 위라주리(Wirajuri)족이 다음과 같이 호위트 박사에게 설명했다.

"원주민의 주술사가 어떤 사람의 물건을 입수하여, 그것을 다른 것과 함께 섞어 불에 굽고 노래를 부르면, 연기가 그 사람의 냄새를 찾아서 불쌍한 자를 죽인다."

카르파티아(Carpathia) 산지의 후줄(Huzul)족은 생쥐가 사람 머리카락을 발견하고 그것으로 집을 지으면, 그 사람은 두통이 생기거나 백치가 된다고 믿는다. 똑같이 독일에서도 새들이 인간의 머리카락을 발견하여 그것으로 집을 짓는다면, 그 사람은 두통으로 괴로움을 당하고, 때로는 머리에 발진이 난다고도 생각한다. 이와 같은 미신은 웨스트서식스에서도 유행했다.

또 깎이거나 빗질하다가 빠진 머리카락은 비나 우박을 내리게 하거나 천둥과 번개를 유인해서 날씨를 흐리게 하는 일이 있다고 한다. 뉴질랜드에서는 천둥과 번개를 피하기 위해서 이발할 때 주문을 왼다. 티롤에서는 여자 주술사가 우박이나 천둥을 일으키기 위해 깎거나 빗질해서 빠진 머리카락을 이용한다. 틀링킷(Thlinkeet)족 인디언은 폭풍우가 몰아치면 문 밖에서 머리를 빗은 소녀의 경솔한 행위 탓으로 돌렸다. 로마인들도 같은 생각을 가졌던 것으로 보인다. 배 위에서는 폭풍우가 몰아칠 때, 즉 재앙이 이미 시작한 때 말고는 결코 머리카락이나 손발톱을 잘라서는 안 된다.

스코틀랜드의 하일랜드 지방에서는 바다에 나간 형제가 있는 자매는 밤에 머리를 풀어서는 안 된다고 한다. 서아프리카에서는 치톰베(Chitombe)의 마니(Mani) 또는 줌바(Jumba)가 죽었을 때, 사람들이 유해의 머리카락, 이빨, 손톱,

발톱 등을 뽑는 관습이 있었다. 그들은 이것들을 비를 내리게 하는 주물로 간직해 두는데, 만약 그런 주물이 없으면 비를 내리게 할 방법이 없다고 믿었기 때문이다. 안지코(Anziko)의 마코코(Makoko)족은 선교사들에게 그들의 수염 절반을 비를 내리게 하는 주물로 쓸 수 있게 달라고 정중하게 청했다.

만일 잘린 머리카락이나 손톱이 본래 소유자와 공감적 관계를 가진다면, 그것을 소유하는 사람이 그것을 볼모로 악용할 수도 있다. 왜냐하면 감염주술의 원리로 그 머리카락이나 손톱에 해를 가하면 동시에 그 소유주에게 나쁜 영향을 끼칠 수 있기 때문이다. 그래서 난디족은 포로를 잡으면 그에게 도망치지 않는다는 보증으로 머리카락을 깎아 보관한다. 그러나 포로를 석방할 때는 머리카락을 본인과 함께 그 부족에게 돌려 준다.

깎은 머리카락이나 손톱을 주술사가 행할지도 모르는 위험한 사용으로부터 보호하기 위해 가장 안전한 곳에 둘 필요가 있다. 마오리족 추장의 머리카락은 매우 조심스럽게 모아서 인접한 묘지에 보관되었다. 타히티 섬 사람들은 머리카락을 신전에 묻었다. 소쿠(Soku) 거리에서 근대의 여행자 한 사람이 벽처럼 쌓아올린 큰 돌무덤의 틈바구니 속에 사람 머리카락 뭉치가 여러 개 끼어 있는 것을 보았다. 그가 그 의미를 물었을 때, 그곳 토착민은 머리를 빗다가 빠진 머리카락을 조심스럽게 모아서 돌무덤에 버리는데, 돌무덤은 이 주물 때문에 신성 불가침하다고 말했다. 신성한 돌무덤이 주술을 피하기 위한 목적으로 이용되었던 것이다. 만일 머리카락을 버릴 때에 주의를 소홀히 하면 얼마 가량의 머리카락이 적의 손에 들어갈지도 모르고 적은 그것을 악용해서 주술을 걸고 파멸을 계획할 수 있다.

시암(Siam)에서는 아이의 상투를 튼 머리카락을 성대한 의식과 함께 자르는데, 짧은 머리카락을 바나나 잎으로 만든 작은 그릇 속에 넣어서 가까운 강이나 운하에 떠내려 보낸다. 그것이 흘러가면 그 아이의 나쁜 성격도 사라진다고 믿는다. 긴 머리카락은 프라바트(Prabat)의 신성한 동산 위에 있는 '붓다의 발자국(붓다가 입멸 전에 남겼다고 하는 발자국을 새긴 돌)' 성지에 그 아이가 순례할 때까지 간직한다. 그때 그것을 승려들에게 바치면 승려들은 그것으로 '붓다의 발자국' 성지를 청소하는 빗자루를 만들 것이다. 그러나 실제로 해마다 바치는 머리카락이 엄청나기 때문에 그것을 다 쓰지 못한다. 그래서 나머지는 순례자들이 떠나면 몰래 태워버린다. 플라멘디알리스(Flamen Dialis)의 잘린 머리카락과 손톱은 행운의 나무 밑에 파묻었다. 베스타 여사제의 머리카락은 월계수 고목에 걸어 두었다고 한다.

때때로 머리카락과 손톱을 신성한 장소에 보관했지만 반드시 신전이나 묘지, 나무에 한정하지는 않는다. 예를 들면 스와비아(Swabia)에서는 머리카락을 태양이나 달이 비치지 못하는 흙 속이나 돌 밑과 같은 곳에 묻었다. 단치히(Danzig)에서는 그것을 자루에 넣어서 문지방 아래 묻었다. 솔로몬 제도의 우기(Ugi) 섬에서는 머리카락이 적의 손에 들어가 주술에 걸려서 질병이나 재앙을 가져오지 않도록 그것을 땅 속에 파묻었다. 이런 경우는 멜라네시아에서도 보편적이다. 남아프리카의 많은 부족 사이에서도 주술사가 머리카락을 입수해서 그들에게 해를 끼칠까 두려워하여 이같은 관습을 널리 행했다. 카프레족은 육체의 일부가 적의 손에 들어가는 것을 더 두려워한다. 그들은 머리카락이나 손톱을 비밀 장소에 파묻었을 뿐만 아니라, 누군가 다른 사람의 머리를 감아 줄 경우에는 잡은 이를 간직했다가, 나중에 그 이를 조심스럽게 주인에게 돌려 주었는데, 그것은 그들의 생각에 따르면, 그 이는 주인의 피를 취했기에, 이를 잡은 사람이 그것을 죽이면 주인의 피가 묻어 그 손에 어떤 초인간적인 힘을 옮겨 주게 된다고 믿기 때문이다.

때로 머리카락이나 손톱은 주술사의 손에 들어가는 것을 예방하기 위해서가 아니라, 육체의 부활에 필요하다는 의미에서 보존된다. 예를 들면 페루의 잉카족은 깎은 손톱과 머리 빗을 때 빠지거나 자른 머리카락을 보존하는 데 각별히 조심한다. 그들은 그것들을 벽의 구멍이나 움푹한 곳에 넣어 둔다. 만일 바닥에 떨어진 것을 본 다른 사람은 그것을 주워 다시 그 장소에 넣어 준다. 그들에게 왜 그렇게 하느냐고 물으니 이렇게 대답했다.

"태어난 인간은 모두 생명으로 돌아가야 한다(그들은 부활을 표현하는 단어를 갖고 있지 않았다). 그리고 영혼은 그 육체에 속한 것을 모조리 갖고 무덤에서 일어나야 한다. 대단한 소란과 혼란이 예상되는 때, 머리카락이나 손톱, 발톱을 찾느라 고생하지 않기 위해서, 그리고 더 손쉽게 찾아쓰기 위해 인정한 곳에 넣어 둔다. 그리고 될 수 있는 대로 침도 한 곳에 뱉도록 주의한다."

이와 같이 터키인도 부활할 때 필요하다는 신앙에서 깎은 손톱을 버리지 않고 벽이나 판자 틈에 조심스럽게 끼워 둔다. 아르메니아인은 머리카락, 손톱, 이빨 등을 버리지 않고, 그것들을 교회당의 벽, 가옥의 기둥 등의 틈이나 나무의 움푹한 곳 등 신성시되는 곳에 감추어 둔다. 그들은 신체에서 떨어진 모든 부분이 부활 때에 필요하며, 그것들을 안전한 곳에 두지 않은 자는 최후의 날에 고생스럽게 찾아야 한다고 믿는다. 고대 아일랜드의 드룸콘라드(Drumconrath) 마을에는 전능하신 신이 머리카락의 수까지도 모두 기억하고 있으며, 심판의 날에는 그 하나도 빼지 않고 확인한다고 믿는 노파들도 있었다. 그래서 신이 편하게 셈할 수 있도록 그들은 자기 집 처마 밑에 머리카락을 넣어 두었다.

어떤 사람들은 떨어진 머리카락이 주술사의 손에 들어가지 않도록 그것을 태워 버린다. 이것은 파타고니아(Patagonia)족과 빅토리아 지방의 여러 부족들이 실행했다. 북부 보주(Vosge)에서는 머리카락이나 손톱을 그 주변에 절대로 버려 두지 않고, 주술사가 그것을 이용해 위해를 가하는 것을 방지하기 위해 태워 버린다. 이탈리아의 여자들이 빠진 머리카락을 태워 버리거나 사람의 눈에 띄지 않는 곳에 버리는 것도 다 같은 이유에서 비롯된 행동이다. 이러한 주술에 대한 공포 때문에 서아프리카의 흑인들, 남아프리카의 마콜롤로(Makololo)족과 타히티 섬의 토착민들은 머리카락을 태우거나 묻는다. 티롤(Tyrol)에서도 여자 주술사가 머리카락을 손에 넣으면 천둥을 일으킨다는 믿음 때문에 많은 사람들이 머리카락을 태운다. 어떤 사람들은 새가 둥지를 만드는 데 머리카락을 쓰면 그 머리카락이 났던 머리 부분이 아프다고 하여 잘라 낸 머리카락을 태우거나 파묻는다.

이렇게 머리카락과 손톱을 없애는 의식은 확실히 모순된 사고 방식과 관련이 있다. 그러한 의식의 목적은 신체에서 떨어진 부분이 주술사에 의해 악용되는 것을 막는 데 있는데, 그 악용의 가능성은 신체 부분과 그 주인과의 사이의 공감적 연관을 전제하는 것이다. 하지만 그것들이 실질적으로 분리된 이후에도 여전히 그러한 공감적 관련이 존재한다면, 사람들은 자신의 머리카락이나 손톱을 태워 없애는 과정에서 스스로에게 위해를 가하지 않을 수 없는 것이다.

9 터부가 된 침

많은 사람들이 주술에 대한 공포 때문에 잘라 낸 머리카락과 손톱을 숨기거나 파기했는데, 이러한 공포는 그들이 침을 신중하게 다루는 원인도 되었다. 공감주술의 원리에 따르면 침은 인간의 일부이며, 따라서 침에 어떤 일이 가해지든 그에 따르는 결과는 그 주인에게도 똑같이 적용되기 때문이다. 칠로테

(Chilote)족 인디언들은 적의 침을 모아 감자 속에 넣고 연기로 그을리며 일정한 주문을 왼다. 이렇게 하면 연기에 감자가 말라감에 따라 적도 약해진다고 믿는다. 또 적의 침을 개구리에게 먹이고 항해하기 힘든 격류 속에 던지면, 희생자는 학질에 걸려 오한에 떨게 된다고 믿었다.

뉴질랜드의 한 지방인 우레웨라(Urewera) 원주민들은 노련한 주술을 건다는 점에서 높은 평판을 얻고 있다. 그들은 사람에게 주술을 걸기 위해 그 사람의 침을 이용한다고 한다. 그래서 이곳 방문객들은 그 주술사에게 당하지 않도록 침을 뱉지 않는다. 이와 같이 남아프리카의 여러 부족도 적이 가까이 있을 때에는 절대로 침을 뱉지 않는다. 적이 그것을 발견하여 주술사에게 넘기고, 주술사는 그것에 여러 주술약을 섞어서 침 뱉은 사람을 해칠 수 있기 때문이다. 자기 집 안에서도 같은 이유로 침을 주의 깊게 청소하여 흔적을 없앤다.

만일 일반 사람들이 그와 같이 조심한다면 왕이나 추장은 더욱 조심했을 것이다. 샌드위치(Sandwich) 제도에서는 추장들에게 휴대용 침단지를 받들고 다니는 신임이 두터운 하인이 따라다녔다. 그는 뱉은 침이 주술사의 손에 묻지 않도록 매일 아침 주의 깊게 그것을 땅에 묻었다. 같은 이유에서 노예해안에서는 왕이나 추장이 침을 뱉으면 반드시 침을 모아서 파묻었다. 나이지리아의 남부 타발리(Tabali) 추장의 침도 같은 이유에서 똑같은 방식을 취했다.

혈액이나 손톱처럼, 침도 그 주술적 용도로서 계약에 알맞은 물질로 사용된다. 계약자들이 침을 교환하는 것은 상호간 신뢰의 담보를 맞바꾸는 것을 뜻한다. 만일 그들 중 어느 쪽이 맹세를 깨뜨리면, 다른 한쪽은 자기가 관리하고 있는 상대의 침을 주술적으로 처리해서 그의 배반을 벌할 수 있다. 예를 들면 아프리카 동부의 와작가(Wajagga)족은 계약을 맺을 때에 때때로 우유 그릇이나 술병을 놓고 앉아서, 그 음료에 어떤 주문을 외고 한 모금씩 머금은 뒤에, 그것을 다시 상대편의 입 속에 뱉는다. 시간적 여유가 없는 긴급한 경우에는 서로 상대편 입 속에 침을 뱉는 것으로 이러한 의식을 대신하는데, 이 또한 계약을 보증하는 효과를 발휘한다.

10 터부가 된 식품

예상한 대로, 음식에 대한 원시인의 미신은 매우 복잡하게 펼쳐진다. 원시인은 영양가가 높더라도 많은 동식물을 먹기를 삼갔는데, 이는 여러 이유로 그 음식들이 사람에게 위험하거나 치명적인 영향을 끼칠 것으로 믿었기 때문이다. 이런 실례는 충분히 잘 알려졌으며, 또 너무 많아서 인용할 수도 없다. 일반 사람들도 이렇게 미신적인 공포에서 여러 식품을 먹지 않았다면, 왕이나 사제와 같은 신성한 인물이나 터부가 된 인물에게 주어진 제한은 더 많고 엄격했을 것이다. 우리는 앞에서 플라멘디알리스가 몇몇 동식물을 먹을 수 없고, 그 이름을 입에 올리는 것조차 금지되어 있는 것에 대해 언급한 적이 있다. 또 이집트 왕이 먹을 수 있는 고기가 송아지나 거위고기에 제한되는 것도 보았다.

옛날 여러 미개 민족의 많은 사제나 왕은 육식을 완전히 삼갔다. '강가(Ganga)'로 알려진 로앙고 해안의 주물 사제는 여러 동물이나 물고기를 먹을 수 없었고, 심지어 그것들을 보는 것도 허락되지 않았다. 따라서 그들이 먹을 수 있는 고기는 극도로 제한되었다. 신선한 피를 마시는 것은 허용되었으나, 그들은 거의 채소로만 생명을 보존해야 했다. 로앙고 왕의 계승자는 어린 시절부터 돼지고기를 먹을 수 없다. 또 아주 어릴 때부터 사람들 앞에서 '콜라(cola)' 과일을 먹어서도 안 된다. 나이가 들면, 자기가 도살해 요리한 것이 아니면 가금류를 먹어서는 안 된다고 사제에게서 가르침을 받는다. 페르난도포(Fernando Po) 섬의 왕은 취임식을 마친 뒤부터 서민들이 평소에 먹는 '코코(cocco)고기', 사슴고기, 고슴도치고기를 먹는 것이 금지된다. 마사이족의 대추장은 젖, 꿀과 구운 염소의 간 이외에 아무것도 먹을 수 없다. 만일 그 밖의 것을 음식으로 취하면, 그의 예언이나 주술 능력이 사라질 것이라고 믿었다.

11 터부가 된 매듭과 반지

로마의 플라멘디알리스가 지켜야 했던 많은 터부 중에는 매듭이 있는 옷을 입지 말 것과, 깨진 것이 아닌 온전한 반지를 껴서는 안 된다는 것이 있었다. 마찬가지로, 메카로 가는 회교도 순례자들은 신성한 상태 또는 터부 상태에 놓여 매듭이나 반지를 몸에 지닐 수 없다. 이런 규칙들은 서로 비슷한 의미를 지니는 것이므로 편의상 함께 언급해도 좋을 것이다.

먼저 매듭에 대해서 알아보자. 세계 여러 곳에 있는 많은 부족은 어떤 중대한 시기, 특히 출산, 결혼, 임종 때 몸에 매듭을 지니는 것을 몹시 싫어한다. 예를 들면 트란실바니아의 색슨족들은 여자가 아이를 낳을 시기가 되면, 그 옷에 지은 매듭을 모두 풀어버린다. 이것이 출산을 쉽게 하는 것으로 믿어지기 때문이다. 또한 같은 생각에서 문을 잠그는 것이든 궤짝에 달린 것이든 집 안의 모든 자물쇠를 열어 놓는다. 랩(Lapp)족은 매듭이 출산을 어렵게 하고 고통을 준다 하여 산부의 옷에는 절대로 매듭을 짓지 않는다. 인도 동부 지역에서는 임신의 전기간에 걸쳐 이 미신이 지켜진다. 이 부족은 만일에 임산부가 매듭을 짓거나 끈을 매거나 그 외 어떤 것이라도 단단하게 조이면, 출산할 때 아이가 압박을 받고 임산부 자신도 '매인다'고 믿는다. 그뿐이 아니라 일부 사람들은 임산부뿐만 아니라 그 남편에게도 같은 터부를 강제한다. 시다약(Sea Dayak : 보르네오에 사는 한 종족)족은 임신 중일 때에는 부부의 어느 쪽도 끈을 매거나 어떤 것을 조여서는 안 된다. 북부 셀레베스의 툼블루(Toumbuluh)족은 임신 뒤 4, 5개월째에 어떤 의식을 행하는데, 그 뒤부터 그 남편은 다른 많은 일과 함께 매듭을 만들거나 두 다리를 꼬고 앉는 것을 금지당한다.

이런 모든 경우에서 매듭을 만드는 것을 동인도에서 말하듯이 임산부를 '잡아맨다'든지, 그 여인의 출산을 가로막거나 또는 방해하거나, 산후의 회복을 느리게 한다고 믿는 것으로 보인다. 동종주술, 또는 모방주술의 원리에 따라 끈으로 만드는 '매듭'이라는 물리적인 방해 또는 장해가 여자의 몸에 같은 방해 또는 장해를 가져온다는 것이다. 이러한 사실은 서부 아프리카의 호(Ho)족이 지키고 있는 관습에 나타나 있다. 난산으로 출산할 수 없을 때, 그들은 산모를 돕기 위해 주술사를 불러들인다. 그는 산모를 보고 다음과 같이 말한다.

"아이가 태내에서 묶여 있기 때문에 나오지 못한다."

산모의 친족 여인들이 간청하면, 주술사는 그 매듭을 풀고 순산할 수 있도록 도와주겠노라고 약속한다. 그렇게 하기 위해 주술사는 숲에서 튼튼한 덩굴식물을 가져오도록 명하고 그것으로 산모의 손과 발, 그리고 몸을 묶는다. 그리고 주술사는 칼을 들고 산모의 이름을 부르고, 산모가 답하면, 그는 "지금 너를 묶은 덩굴과 태아가 묶인 매듭을 자른다" 말하면서 손발을 묶은 덩굴을 잘라버린다. 그리고 자른 덩굴식물을 다시 잘게 잘라서 물그릇에 넣고 그 물로 여자를 씻는다. 이 경우에 산모의 손발에 맨 덩굴을 자르는 것은 단순히 동종주술 또는 모방주술에 해당된다. 주술사는 산모의 손발을 결박에서 풀어주면, 동시에 태아가 느리게 출생하는 속박에서 해방될 수 있다고 믿는다.

이와 같은 생각은 집에서 출산하는 동안에 자물쇠나 문을 열어놓는 어떤 부족의 관습 밑바탕에도 깔려 있다. 이런 경우에 트란실바니아의 게르만족이 집 안의 모든 자물쇠를 열어 놓는 것은 앞서 이야기한 바 있으며, 보이그틀랜드(Voigtland)와 메클렌부르크(Mecklenburg)에서도 같은 관습을 행한다. 아르길셔(Argyllshire) 북서부에서 미신을 믿는 사람들은 출산시에 집 안의 자물쇠를 열어 놓는다. 봄베이 근처의 살세테(Salsette) 섬에서는, 여자가 난산으로 고생할 때에는 모든 문과 서랍의 자물쇠를 열고 출산을 쉽게 한다. 수마트라의 만델링(Mandeling)족에서는 모든 궤, 상자, 냄비 등의 뚜껑을 열어 둔다. 이렇게 해도 효과가 없으면 초조해진 남편은 그것들을 누그러뜨리기 위해 서까래 끝을 몇 번 두드린다. 그것은 "출산을 촉진하기 위해서 모든 것을 열어 두거나 느슨하게 해야 한다"고 생각하기 때문이다.

치타공(Chittagong)에서는 산모가 난산으로 고통스러워하고 있으면, 조산부는 모든 문을 활짝 열고, 병과 통의 마개를 열어 두고, 마구간의 소, 말과 개집의 개를 풀고, 양, 닭, 오리 등을 자유롭게 하도록 명령을 내린다. 동물이나 무생물에까지 주는 이 전반적인 자유는 산모의 분만을 보증하고 아기의 출산을 허용하는 불가결한 방법이라는 것이다. 사할린 섬에서는 부인이 임신 중일 때 남편은 풀어 놓을 수 있는 것은 모두 풀어 둔다. 그는 머리댕기와 신발끈을 풀고, 다음에 집 안이나 그 근처에 매어 있는 것은 모조리 풀어 둔다. 정원에 있는 통나무에 꽂혀 있는 도끼를 빼내고, 배가 나무에 묶여 있으면 풀어놓고 총알을 총에서 빼고 화살을 석궁에서 풀어 둔다.

또 우리는 툼블루족이 아내의 임신 중에 매듭을 짓는 것뿐만 아니라, 다리를 꼬는 것을 삼가는 사실을 알아냈다. 이 두 경우에서 사고의 계통은 같다. 매듭을 짓는데 끈을 교차해도, 편안하고자 다리를 꼬아도 그것들은 동종주술의 원리에 따라서 똑같이 사물의 원활한 진행을 방해하거나 정지시킬 수밖에 없게 된다. 이 중요한 진리에 대해 로마인들은 충분히 알고 있었다. 근엄한 플리니우스의 말에 따르면, 임신 중의 여자나 치료 중의 환자 옆에 손을 마주 잡고 앉는 것은 그 사람에게 나쁜 주문을 하는 것이 되고, 마주 잡은 손으로 한쪽 발이나 두 발을 떠받치거나 발을 꼰다면 그런 행위는 더 좋지 않은 결과를 가져온다고 했다. 고대 로마인은 이런 자세를 모든 일의 장애이며 방해로 생각하고, 전쟁시의 회의, 장관의 집합, 기도와 공회에 즈음하면 누구도 다리를 꼬거나 손을 맞잡을 수 없었다.

이런 터부를 어겨 무서운 결과를 불러왔던 알크메네(Alcmene)의 예를 들어보겠다. 그녀는 헤라클레스(Heracules)를 낳을 때, 한 주간 동안 밤낮으로 진통을 겪었는데, 이것은 여신 루키나(Lucina)가 그녀의 집 앞에서 손을 마주 잡고 두 발을 꼬고 앉았기 때문이다. 알크메네는 이 여신을 속여 자세를 바꾸게 하고서야 아기를 낳았다. 다음은 불가리아의 미신인데, 임신한 부인이 두 발을 꼬고 앉는 습관이 있으면, 그 부인은 분만 때에 크게 괴로움을 당한다. 바바리아의 몇몇 지방에서는 대화가 끊겨서 침묵이 흐르면 다음과 같이 말한다.

"누가 발을 꼬고 있음에 틀림없어."

인간의 행동을 속박하고 방해하는 매듭의 주술적 효과는 출산시에 못지않게 결혼에도 나타난다고 믿어졌다. 중세기부터 18세기에 이르기까지 유럽에서는 일반적으로 결혼식이 진행되는 동안에 누구인가 자물쇠를 잠그거나 끈에 매듭을 지어서 그것을 물 속에 내던지면, 결혼에 방해를 받는다고 생각했던 것으로 보인다. 따라서 그것을 찾아서 자물쇠를 열거나 매듭을 풀 때까지 남녀의 참다운 결합은 불가능하다고 여겼다. 그래서 그런 주술을 걸거나 자물쇠이건 매듭을 지은 끈이건 주문의 물질적인 그릇을 훔치거나 감추는 것은 중대한 죄악이었다.

1718년에 보르도(Bordeaux) 의회는 매듭을 지은 끈을 사용해서 일가의 몰살을 시도한 어떤 남자를 산 채로 화형에 처할 것을 판결했다. 또 1705년 스코틀랜드에서는 어떤 여자가 만든 주술적인 매듭을 훔쳐서 아신틸리(Ashintilly)의 스팔딩(Spalding)이라는 사람의 행복한 결혼을 파괴하려고 했다 하여 두 남자가 사형 선고를 받았다. 이러한 주술의 효험에 대한 신앙은 18세기 끝 무렵에 이르기까지 퍼트셔의 고산 지대에 유행했다. 왜냐하면 그즈음에 툼멜(Tummel)과 타이(Tay) 두 강 사이의 로지에라이트(Logierait)의 교구에서는 신부와 신랑의 의상에 붙어 있는 모든 매듭을 결혼식의 축하 전에 조심스럽게 풀어 버리는 것이 여전히 관습으로 남아 있었기 때문이다.

오늘날 시리아에서도 그와 같은 미신과 관습이 엿보인다. 시리아에서는 신랑의 결혼 의상을 입는 것을 돕는 사람들은 결혼 예복에 매듭을 짓거나 단추를 채우지 않도록 주의한다. 그들은 신랑의 의상에 단추를 끼거나 매듭을 짓는 것은 신랑을 적의 세력 아래에 두는 것이며, 주술적 방법으로 그의 결혼할 권리를 빼앗는 것이 된다고 믿었기 때문이다. 이런 주술에 대한 공포는 오늘날까지도 북부 아프리카 전역에 퍼져 있다. 또한 주술사가 신랑을 성불능자로 만들 수 있다고 믿는데, 신랑이 신부를 맞이하러 말에 올라타기 전에 매듭지은 손수건을 신랑 몸의 어느 부분에 몰래 감추어 놓는 것으로 충분했다. 손수건의 매듭이 있는 한 신랑은 성생활을 할 수 없으며, 그 결혼 생활을 온전하게 유지할 수 없다.

매듭의 해로운 힘은 질병이나 그 밖의 여러 종류의 재앙을 가하는 데에 이용된다. 예를 들면 서부 아프리카 호족의 주술사는 때로 적을 저주하기 위해 풀 줄기로 매듭을 만들어서 다음과 같이 말한다.

"내가 누구누구를 이 매듭에 매었다. 모든 재앙은 그에게 내려라! 그가 들이나 산에 나갈 때 독사는 그를 물리라! 사냥 갔을 때 맹수들은 그를 습격하리라! 강에 들어갔을 때 그를 휩쓸어 가리라! 비가 내리면 그에게 벼락을 치리라! 사악한 밤이 그에게 계속되기를!"

주술사는 매듭 속에 적의 생명을 매어 두었다고 믿는 것이다.

「코란」에는 '매듭을 입으로 불어넣는 자'의 재앙에 대한 언급이 있다. 이 구절을 어떤 아랍인 주석자는, 그것은 끈으로 매듭을 만들어서 불거나 침을 뱉어 주술을 행하는 여인을 말한 것이라고 설명한다. 그는 계속해서 전에 사악한 유대인이 끈에 아홉 개의 매듭을 만들어서 그것을 우물 속에 감추고, 예언자 마호메트에게까지 마법을 걸었다고들 말하고 있다. 그래서 마호메트는 병에 걸렸는데, 다행히도 대천사 가브리엘이 매듭의 끈이 감추어진 곳을 성인에게 계시해 주어 구제받을 수 있었다. 즉 신임 받은 알리(Ali)가 우물에서 그 매듭을 찾아 마호메트에게 갖다 주었다. 그리하여 마호메트는 매듭을 향해 어떤 주문을 외었다. 그러자 주문의 한 마디마다 매듭이 저절로 풀리고 마호메트는 해방감과 함께 쾌유하는 것을 느꼈다고 한다.

이처럼 매듭은 사람을 죽이는 주술력을 지니고 있다고 믿는 반면, 또한 병을 치유하는 주술력을 지니고 있다고 여겼다. 이것은 질병을 일으키고 있는 매듭을 풀면, 병자가 치유된다는 신앙의 연장이다. 그러나 해로운 매듭의 이 소극적인 효력과는 달리 적극적인 치유의 힘이 인정되는 이로운 매듭도 존재한다. 플리니우스에 따르면, 어떤 사람들은 거미줄에서 실을 만들어서 일곱 개나 아홉 개의 매듭을 짓고, 그것을 환자의 사타구니에 붙여서 병을 고쳤다고 한다. 그러나 치료를 정확히 하기 위해서는 매듭 하나를 만들 때마다 과부 이름을 하나씩 불러야 했다.

오도노반(O' Donovan)은 투르코만(Turcoman)족에서 쓰이는 열병의 치료법에 대해 언급한다. 주술사는 낙타털에 주문을 외면서 그것을 튼튼한 끈으로 꼰다. 그리고 이 끈으로 매듭 일곱 개를 만들고, 꽉 조이기 전에 하나하나에 입김을 불어넣는다. 이렇게 매듭진 끈을 팔찌처럼 환자의 손목에 끼워 준다. 이 매듭을 날마다 하나씩 풀면서 주문을 왼다. 일곱째 매듭을 풀면 끈을 말아서 공으로 만들어 강물에 던진다. 그와 동시에 환자의 열이 내린다고 여긴다.

또 여자 주술사가 좋아하는 남자를 자기에게 단단히 붙들어 매기 위해서 매듭을 이용하기도 한다. 예를 들면 베르길리우스의 작품에 나오는 사랑에 병든 처녀는 주문을 외고 색깔이 다른 세 줄의 실 하나하나에 매듭을 지어서 다프니스(Daphni)를 마을로부터 자기 쪽으로 끌어당기려고 한다. 비슷한 이야기로, 어떤 남자에게 마음을 빼앗긴 아랍 처녀는 그의 채찍에 매듭을 만들어 그의 사랑을 얻고, 그를 자기에게 매어 두려고 했다. 그런데 그것을 질투한 연적이 그 매듭을 풀었다. 같은 원리에서 주술적 매듭은 도망자를 멈추게 하는 데에 이용될 수 있다.

스와질랜드(Swazieland)에서는 길가에 풀로 매듭을 지은 것이 가끔 발견된다. 그 매듭의 하나하나에는 가정적인 비극의 사연이 있다. 아내가 남편을 버리고 도망치면, 남편과 친구들은 도망자를 추적하면서 그녀를 붙잡았을 때 다시 도망치지 못하도록 '길(道)을 매면서' 추적한다.

그물도 무수한 매듭으로 만든 것이므로, 러시아에서 주술사들은 주술을 걸 때 그물이 매우 효과적이라고 생각한다. 그래서 어떤 지방에서는 단장한 신부가 결혼식 의상을 입고 있을 때 신부를 사악한 재앙으로부터 보호하기 위해서 그물을 머리에 씌운다. 같은 목적으로 신랑과 그 친구들은 때때로 그물을 뒤집어 쓰거나 허리에 두르거나 한다. 이것은 주술사가 그들에게 해를 끼치려고 하여도 먼저 그물의 매듭을 남기지 않고 풀거나 띠를 풀어야 하기 때문이다. 그런데 러시아인은 어망 대신 때때로 매듭진 실로 부적을 삼는다. 그 예로 팔이나 발목에 빨간 털실을 한 줄씩 감아 놓으면 오한과 열을 없앤다고 믿는다. 그리고 아이 목에 매어 둔 아홉 개의 실매듭은 성홍열을 예방하는 것으로 믿는다. 트베르(Tver) 주에서는 늑대를 피하기 위해 무리의 맨 앞에 가는 소의 목에 특수한 자루를 매어 둔다. 그 자루가 늑대의 내장을 졸라맬 것이라고 믿었기 때문이다. 같은 원리에서 봄이 되면 말을 들판에 몰고 가기 전에 맹꽁이자물쇠를 갖고, 그 무리의 주변을 세 번 걸어 돌면서 그 자물쇠를 잠갔다 열었다 한다. 이때 "이 자물쇠로 회색 늑대의 입을 잠가 버리겠다" 말하기도 한다.

매듭과 자물쇠는 주술사나 늑대를 피할 뿐만 아니라 죽음까지도 피하는 효력을 나타낸다. 1572년 세인트앤드루스(Saint Andrews)에서 한 여인을 마녀로 지목하여 산 채로 태워 죽이려고 할 때에, 그녀가 몸에 흰 천과 많은 매듭지은 끈을 감고 있는 것이 발견되었다. 사람들이 그것을 빼앗으려 하자, 그녀는 완강하게 반항했다. 그녀는 매듭이 있는 끈과 천 조각을 몸에 지니면 불에 타도 결코 죽지 않는다고 믿었기 때문이다. 결국 그것을 빼앗겼을 때 그녀는 "이제 희망은 사라졌다" 외쳤다.

영국의 많은 지방에서는 자물쇠가 잠기고 빗장이 걸려 있을 동안에는 사람이 죽는 일이 없다고 믿고 있다. 그러므로 병자가 뚜렷하게 죽을 기미를 보였을 때에 그 고통을 쓸데없이 연장시키지 않도록 모든 자물쇠와 빗장을 열어 놓는 것이 관습으로 되어 있다. 1863년, 타운톤(Taunton)에서 한 아이가 성홍열에 걸려 살 가망이 없어 보였다.

"말하자면 부인들의 배심(陪審)이 소집되고 그 아이가 '괴로워하다가 죽는' 것을 피하기 위해서 그 집 안의 모든 문이나 창, 서랍, 상자, 찬장을 열고 자물쇠를 풀고, 영원한 천국으로 확실하고 편안하게 가도록 하기 위해서 그 아이의 신체를 들보 밑에 옮겨 놓았다."

그런데 이 아이는 타운톤 부인들의 총명과 경험이 베풀어 준 친절하고 편리한 천국행을 싫어했다고 하니 묘한 일이다. 그 아이는 영혼을 버리는 것보다 살고 싶었던 것이다.

어떤 주술적·종교적 의식은 집행자가 머리칼을 풀어 늘어뜨리고, 맨발로 할 것을 규정한다. 이 규칙은 집행자의 머리나 발에 존재하는 어떤 매듭이나 압박이 진행 중인 행동을 방해할까 두려워하는 마음에서 비롯된다. 어떤 사람들은 반지에도 영적 활동과 마찬가지로 신체적 활동을 속박하고 방해하는 같은 힘이 있다고 믿는다. 예를 들면 카르파토스 섬에서는 수의에 단추를 달지 않고 또 끼고 있는 반지는 조심스럽게 뺀다. 그들의 말에 따르면, "정령은 작은 손가락에도 억지로 휴식을 취할 수 없기 때문이다" 그렇다고 영혼이 죽을 때 즈음하여 결정적으로 손가락 끝에서 빠져 나간다고 생각한 것은 아니다. 불멸의 정령이 육신의 거처에서 빠져 나오려고 노력하는데도 반지가 영혼을 억류하고 가두는 하나의 장해로 작용한다고 믿는 것이다. 간단하게 말해서 반지는 매듭과 같이 하나의 영적인 족쇄 역할을 한다.

피타고라스로부터 전해졌다는 고대 그리스의 잠언이 사람들에게 반지 끼는 것을 금한 이유도 이와 같은 것일지 모른다. 고대 아르카디아(Arcadia) 여왕의 리코수라(Lycosura) 성소에는 반지를 낀 자는 누구든 남녀를 가리지 않고 들어가지 못했다. 파우누스(Faunus)의 신탁을 받는 자는 정결하지 않으면 안 되었고, 육식과 반지 착용이 금지되었다.

그러나 영혼의 출구를 막는 이러한 속박이 다른 한편으로는 악령의 침입을 막기도 했다. 따라서 반지가 때로는 귀신, 여자 주술사, 망령으로부터 사람을 보호하는 부적으로 쓰였다. 티롤(Tyrol)에서는 아이를 낳는 중인 여인은 절대로 결혼반지를 빼어서는 안 되는데, 만일 이를 어기면 그녀에게 악령이나 마법의 힘이 뻗칠 것이라고 믿었다. 랩족에서는 시신을 관에 안치하는 자는 그 남편이나 아내, 아이 등의 유족들에게서 망자의 구리 팔찌를 받아, 유해를 매장할 때까지 오른손에 끼고 있어야 한다. 이 반지는 죽은 영혼이 가져올 모든 해악을 방지하는 부적 역할을 하는 것으로 믿어진다. 반지를 끼는 관습이 몸 안의 영혼을 지켜주고, 바깥의 귀신을 추방해 주는 부적으로서의 효험이 있다는 신앙에서 얼만큼 영향을 받았는지, 아니면 처음부터 그 신앙에서 유래한 것인지는 연구해 볼 가치가 있다.

여기서는 다만 플라멘디알리스가 깨진 것 말고는 반지를 사용하지 못했다는 터부를 해석하는 데 도움이 될 만한 신앙들만을 다루어 보았다. 그의 옷에 매듭을 짓는 것을 금지한 터부와 연관지어 보면, 이것은 로마인들이 플라멘디알리스 속에 있는 강력한 정령이 반지나 매듭과 같은 신체적·정령적인 속박으로 출입을 억압받고 저지당할지도 모른다는 두려움을 가졌었다는 것을 보여준다.

제22장
터부가 된 말(언어)

1 터부가 된 사람 이름

원시인은 말과 사물을 뚜렷하게 구별하지 못했고, 따라서 명칭과 그 명칭으로 불리는 사람, 또는 사물이 다만 피상적인 관념적 연합이 아니라 실제적이고 본질적인 결합 관계에 있다고 생각했다. 그리고 그들이 보기에 그러한 결합은 머리칼과 손톱, 또는 신체의 물질적 부분으로 주술을 걸었듯이 이름을 통해 사람에게 주술을 걸 수 있을 만큼 명칭과 그 대상을 밀접하게 결속시키는 것이었다.

실제로 원시인은 이름을 자기 생명의 일부로 여겨서 이름을 소중히 다루었다. 예를 들면, 북아메리카 인디언들은 이름을 단순한 호칭이 아닌, 눈이나 이와 같은 자기 신체의 특수한 부분으로 간주했다. 그래서 이름을 잘못 다루는 것은 자신의 신체 일부분을 손상하는 것과 같은 해를 가져온다고 믿었다. 이 믿음은 대서양에서 태평양에 이르는 지역의 수많은 부족 사이에서 발견되며, 이름을 감추거나 바꾸는 수많은 기이한 터부를 만들었다. 어떤 에스키모족은 나이가 들면 수명이 늘기를 바라며 새로운 이름을 짓는다. 셀레베스의 툴람푸(Tolampoo)족은 누군가의 이름을 쓰는 것으로 그 사람의 영혼을 뺏을 수 있다고 믿고 있다. 오늘날에도 많은 원시인들이 이름을 생명의 일부으로 여겨, 그것이 악한 자에 의해 악용되지 않도록 자신의 진짜 이름을 감추려 한다.

예를 들어, 사회의 최하층에 위치하는 원주민들부터 시작하면, 오스트레일리아 원주민에서는 일반적으로 자기 이름을 알려주지 않고 비밀로 하는 관습이 있다. 이는 적이 그를 해치기 위해서 자기 이름을 주술적으로 사용하여 위해를 가할 수 있다고 믿기 때문이다. 어떤 저술가는 다음과 같이 말한다.

"오스트레일리아 원주민들은 언제나 실명을 대는 것을 꺼리는데, 그것은 확실히 그 이름을 통해서 주술사가 해를 가할지도 모른다는 공포에 따른 것이다."

중부 오스트레일리아 여러 부족들은 남녀노소를 가리지 않고 모두 일상 생활에서 쓰이는 이름 말고, 그 부족의 몇몇 구성원 이외에는 누구도 알 수 없는 비밀스런 이름을 출생 직후 장로들이 붙여 주었다. 그 비밀스런 이름은 가장 엄숙한 기회 그 밖에는 절대로 입에 담지 않으며, 그 이름을 다른 부족 여자나 남자가 듣는 곳에서 말하는 것은 신성을 모독한 가장 중대한 경우와 다름없이 부족의 관습을 깨뜨리는 중대한 범죄에 속한다. 어쩔 수 없이 이름을 말할 때는 귓속말로 한다. 그리고 매우 치밀한 조처가 강구될 때까지 이름은 부족 성원 누구에게도 알려져서는 안 된다.

"원주민들은 그의 비밀스런 이름을 이방인이 알면, 이방인이 주술로 그에게 병을 일으키는 특별한 힘을 가지게 되는 것으로 믿는다."

이러한 공포가 비교적 높은 문명과 가장 야만적인 시대의 잔재가 묘하게 혼합된 고대 이집트인 사이에서도 같은 종류의 관습을 낳았다. 이집트 인은 누구나 두 가지 이름을 가지는데, 저마다 참다운 이름과 좋은 이름, 또는 큰 이름과 작은 이름으로 알려졌다. 좋고 작은 이름은 공개하는 데 비해서 참다운 이름과 큰 이름은 조심스럽게 감추어진 것으로 보인다. 브라만의 아이는 보통의 이름과 비밀스러운 이름을 가지는데, 비밀스러운 이름은 부모 말고는 아무도 몰랐다. 이 이름은 결혼과 같은 의식에서만 쓰인다. 이 관습은 사람을 주술로부터 보호하기 위한 것이다. 주술이 참다운 이름과 결합할 때만 효과가 있기 때문이다. 똑같이 니아스 섬의 토착민은 악령이 사람 이름을 들으면 그 사람에게 해를 끼칠 수 있다고 믿는다. 그래서 악령의 습격에 특히 취약한 아이들의 이름은 절대로 부르지 않는다. 또 같은 이유에서 울창한 숲 속이나 강둑이나 거품이 솟는 샘 옆에서는 서로 이름을 부르는 것을 삼간다.

칠로에(Chiloe)족 인디언은 그들의 이름을 감추고 이름이 크게 불리는 것을 좋아하지 않는다. 그것은 본토나 인접한 섬에 있는 요정이나 꼬마 도깨비가 사람의 이름을 듣게 되면 해를 끼친다고 믿기 때문이다. 그러나 사람들의 이름을 모르고 있는 한, 그 사악한 요정들은 무력하다. 아라우칸(Araucan)족은 자기 이름을 외부인들에게 결코 알리지 않는데, 그것은 외부인이 그 이름으로 그들에게 어떤 초자연적인 힘을 가해 올 것을 두려워하기 때문이다. 이 미신을 모르는 외부인이 이름을 물으면 아라우칸족은 "이름이 없다"고 말할 것이다. 오지브와족 인디언에게 이름을 물으면 옆에 있는 사람더러 대신 대답하도록 부탁할 것이다.

"자기 이름을 스스로 말하기를 꺼리는 것은 자기 이름을 자기가 되풀이 말하면 발육이 저해되고 어른이 되어도 키가 크지 않는다고 어렸을 때부터 교육받았기 때문이다. 자기 이름이 불리는 것을 싫어하는 그 관습으로 말미암아 많은 외부인들은 그들이 이름을 갖고 있지 않거나, 이름을 잊었다고 오해했다."

방금 언급한 사례에서는 이름을 외부인에게 전하는 것은 주저하지 않는 듯하고, 그것을 누설한 결과에서 오는 악영향도 그다지 두려워하지 않는 것 같다. 자기 입으로 자기 이름을 소리낼 때만 해가 있다. 그 까닭은 무엇일까? 자기 이름을 소리내면 성장이 방해된다고 생각한 이유는 무엇일까? 이에 대해서 우리는 그렇게 행동하거나 생각하는 원시인에게 이름은, 자신의 입으로 부를 때에만 자신의 일부로 느껴진다고 추측할 수 있다. 다른 사람의 입으로 불릴 때에는 그와 생명적인 연관성도 없고 그것을 통해서 아무런 해도 그에게 닥치지 않는다. 그래서 이 원시인 철학자들은 자신의 이름을 자기 입으로 부를 때 자기의 살아 있는 부분을 방출하는 것이고, 만일 그가 그렇게 무모한 행위를 계속한다면 그 정력이 소모되고 나아가서는 건강을 해치고 말 것임이 틀림없다고 믿었을 것이다.

소박한 도덕가들은 건강을 해친 많은 방탕자나 질병으로 망친 허약한 자들을 지목하며, 절제 없이 자기 이름을 부르는 유혹에 빠지면 조만간에 틀림없이 저런 운명이 닥칠 것이니 좋은 본보기로 삼으라고 훈계했을 것이다.

우리가 그것을 어떻게 설명할지라도 많은 원시인이 자기 이름을 말하는 것을 몹시 꺼리고, 동시에 한편으로 타인이 불러주는 것에 아무런 반대를 하지 않고, 이름을 알고 싶어하는 외부인의 호기심을 채워주기 위해 타인이 그것을 발음해 주도록 한다. 예를 들면, 마다가스카르의 어떤 지역에서는 자기 이름을 말하는 것은 터부가 되고 노예나 동반자가 대신 대답한다. 이처럼 우리에게 모순으로 보이는 현상이 아메리카 인디언의 어떤 부족들에게도 있다고 기록되고 있다. 예를 들어, 우리가 들은 바에 따르면 다음과 같다.

"아메리카 인디언의 이름은 특별한 경우가 아니면 절대로 자기 이름을 말해서는 안 되는 신성한 것이다. 어떤 부족의 전사의 이름을 알려달라고 청하면 정면으로 거절당하거나, 그가 알고 싶어하는 것이 무엇인지 도무지 알 수 없다는 식의 외교적인 회피를 경험하기 쉽다. 한 친구가 접근하는 순간에 처음 모르겠다고 하던 전사가 용건을 친구에게 귀띔하면, 그 친구가 질문자의 예의에 답해서 이름을 가르쳐 준다."

이 관습은 브리티시컬럼비아 인디언의 여러 부족에게도 있다. 그 부족들에 대해서는 이렇게 전해진다.

"여러 부족에 보급되어 있는 듯이 보이는 가장 기이한 선입관은 그들의 이름을 말하는 데 대한 혐오이다. 그리하여 여러분들은 그들의 진짜 이름을 당사자에게서 결코 들을 수 없다. 그러나 그들 사이에서는 서로의 이름을 망설이지 않고 말할 것이다."

동인도 제도에서도 비슷하다. 거의가 아무도 자기 이름을 말하지 않는다. "이름이 무엇입니까?"란 물음은 원주민 사회에서는 매우 실례이다. 행정 관계나 법률 관계의 용건으로 이름을 물어도 토착민은 자신이 대답하는 대신에 옆 친구에게 대답하도록 하거나 "저 사람에게 물어 보시오"라고 답한다. 이 관습은 모든 동인도 제도의 모투(Motu)족, 모투모투 부족, 북부 뉴기니 핀슈헤이번(Finsch Haven)의 파푸아족, 네덜란드령 뉴기니의 누푸르(Nufoor)족, 비스마르크 제도의 멜라네시아인 등에서도 보인다. 남아프리카의 여러 부족에서도 남녀가 모두 자기 이름을 누군가 대신 말해 줄 사람이 있으면 자기가 절대로 말하지 않지만, 어쩔 수 없는 때에는 완전히 거절하지는 않는다.

때때로 이름에 대한 터부는 영구적이 아니다. 사정에 따라 변할 수 있다. 다시 말해 사정이 달라지면 터부 자체의 효력이 정지된다. 예를 들면, 난디족 남자들이 원정 중에 있을 때 남아 있는 사람들은 절대로 전사들의 이름을 말하지 않는다. 그들은 전사들을 새(鳥) 같은 것으로 언급해야 한다. 아이가 무심히 먼 곳에 있는 사람의 이름을 부르면 그 어머니는 "하늘에 있는 새에 대해서 말하지 말라" 말하면서 아이를 꾸짖는다. 콩고 강 상류의 방갈라(Bangala)족에서는 고기잡이를 나갔을 동안에 그의 본명을 누구도 부르지 못한다. 어로 중인 사람은 본 이름과 상관없이 누구든지 '음웰레(mwele)'로 통칭된다. 그 이유는 강에 많은 정령이 살고 있어서 어부의 본명을 들으면, 고기가 전혀 잡히지 못하게 하거나 고기잡이가 잘 되지 않게 한다고 믿기 때문이다. 이미 고기잡이를 끝내고 육지에 올라와도, 고기를 사는 사람은 여전히 그의 본명을 부르지 못하고 '음웰레'로 그를 불러야 한다.

만일 정령이 그의 본명을 듣고 기억해 뒷날 그를 방해하거나 그가 잡은 고기를 몹시 상하게 해서 값을 적게 받게 할 수도 있기 때문이다. 그래서 어부들은 자기 이름을 부른 자에게 무거운 손해 배상을 청할 수 있고, 경솔히 말한 사람에게 좋은 값으로 고기를 인수케 하여 자기 행운을 되찾을 수 있다.

뉴브리튼의 술카(Sulka)족은 적인 각테이(Gaktei)족 영토에 가까이 있을 때 그들의 본명을 부르면 습격을 받고 살해된다고 믿기 때문에 본명을 부르지 않도록 조심한다. 그러므로 이런 분위기 속에서 그들은 각테이족을 '오랍시엑(O lapsiek), 즉 '썩은 나무줄기'라고 부른다. 이 이름으로 부르면 적의 사지가 썩은 나무줄기와 같이 무거워져서 그들을 부자유스럽게 할 수 있다고 생각한다. 이 예는 원시인들이 언어의 성질에 대해서 품는 극단적인 유물론적 견해를 설명한다. 그들은 부자유를 상징하는 말을 하기만 해도 공감주술적 원리에 따라 먼 거리에 있는 적의 팔다리를 부자유스럽게 할 수 있다고 생각한다. 이 기이한 오류의 다른 실례를 보자.

이런 예는 카프레족의 다음과 같은 미신에서도 보인다. 도둑질한 젊은이의 이름을 부르면 도벽이 고쳐진다고 믿는다. 즉 끓는 약탕관을 향해서 그의 이름을 부른 다음 약탕관 뚜껑을 닫고 그 이름을 며칠 동안 넣어두면 도벽이 고쳐진다. 그 도둑이 이 행위를 알아차릴 필요도 없다. 도덕적 개선은 그가 알지 못하는 사이에 이루어질 것이다.

사람의 본명이 비밀에 붙여질 필요가 있을 때, 이미 보았던 바와 같이 다른 이름이나 별명으로 불리는 것이 관례로 되어 있다. 이 제2의 이름은 본명이나 제1의 이름과 구별되어 분명히 인간 본질의 일부로 생각되지 않는다. 그 때문에 자신의 안전을 위태롭게 한다는 걱정 없이 자유롭게 쓰고, 또 공개해도 무관하다. 때로는 자기 이름을 사용하지 못하게 하기 위하여 아이들의 이름을 쓰는 경우도 있다. 다음과 같은 보고가 있다.

"깁슬랜드(Gippsland)의 토착민들은 적들이 자기의 이름을 알고 익혀서 주술로 자기 생명을 빼앗아갈지도 모른다고 하여 그 부족 밖의 사람에게 이름이 알려지는 것을 강력하게 반대한다. 그러나 아이들에게는 적이 없다고 생각했기 때문에 아이의 이름을 붙여서 '누구누구의 아버지, 숙부, 아무개의 조카' 하는 식으로 아이의 이름을 빌려 부르곤 했다. 어떤 경우에도 성인의 이름을 말하는 것을 삼갔다."

셀레베스 포소의 알푸르족도 자신의 이름을 말하지 않는다. 따라서 그들 사이에서는 어떤 사람의 이름을 알고자 하면, 본인에게 물어 보지 않고 다른 사람에게 물어 보아야 한다. 그러나 이것이 불가능하면, 가까이에 아무도 없을 때는 그의 아이 이름을 묻고는 '아무개의 아버지'라는 식으로 말을 걸어야 한다. 그런데 이 알푸르인들은 그 아이의 이름조차도 조심하여 말하지 않는다. 그래서 남자나 여자에게 조카가 있으면, 그나 그녀는 '아무개의 숙부' 또는 '아무개의 숙모'로 부른다. 우리는 전통적인 말레이 사회에서는 양친의 이름 사용을 피하는 수단으로 그 자식의 이름으로 부모를 부르는 습성이 있다고 들었다.

이것을 보고한 저술가는 덧붙여서 아이가 없는 사람은 그들의 동생 이름을 빌려 불렀다고도 한다. 랜드다약(Land Dayak)족은 성인이 된 아이들을 그 성별에 따라 양친의 남동생이나 여동생, 즉 삼촌이나 고모, 또는 외삼촌이나 이모로 불려진다. 또는 그들은 양친의 첫째 조카의 아버지 또는 어머니로 불리기도 한다.

카프레족은 신부를 본명으로 부르는 것을 무례로 생각하여, 아직 엄마가 되지 않은 여자도 '아무개의 엄마'라고 부른다. 아삼(Assam)의 쿠키(Kuki)족과 제미(Zemi)족, 또는 카차나가족도 아이가 생긴 부부는 이름이 없어지고 아무개의 아버지와 어머니로 불린다. 아이가 없는 부부는 '아이 없는 아버지', '아이 없는 어머니', '무자식 아버지', '무자식 어머니' 등의 이름으로 통한다. 아이의 이름으로 아버지를 부르는 이 보편적인 관습은 때때로 이전에 모계 제도에서 어머니가 가졌던 아이에 대한 권리를 얻는 수단으로서, 부권을 주장하려는 부친 쪽의 열망에서 출발한 것이라고 설명되었다. 하지만 이러한 설명은 이 관습과 공존했던 자식의 이름으로 어머니를 호칭하는 풍습에 대해서는 어떤 해명도 할 수 없다.

그리고 이것은 아이 없는 부부를 아이가 없는 아버지와 어머니로 부르는 관습이나, 아이를 가리켜서 누구의 숙부나 숙모로 부르고, 또 그 양친의 첫째 조카의 아버지나 어머니로 부르는 관습에는 더더욱 적용되지 않는다. 이런 모든 관습은 사람을 지칭하거나 그에 대해 물을 때 직접 본명을 말하는 것을 꺼려하는 데서 비롯된다고 생각할 때에 비로소 순조롭고 자연스럽게 설명된다. 이러한 거리낌은 아마 한편으로는 악령의 주의를 끄는 것에 대한 공포에서, 또 다른 한편으로는 이름이 알려져 주술사들에게 그 이름의 주인을 해치는 구실을 줄까 하는 두려움에서 기인할 것이다.

2 터부가 된 친족들의 이름

이처럼 일반적이었던 이름에 대한 터부가 친족이나 친구 사이에서 없어지거나 적어도 누그러질 것이라 생각하는 것은 마땅할 것이다. 그러나 실상은 그렇지 않아서, 그 규칙이 가장 엄격하게 적용되는 사람은 혈연, 특히 결혼으로 결합된 가장 친밀한 사람들이다. 이런 사람들은 이따금 서로의 이름뿐만이 아니라, 그 이름과 비슷한 일반적인 말이나 공통된 음절이 들어간 말도 입에 올릴 수 없게 되어 있다. 이런 식으로 서로 이름을 부르는 것이 금지된 사람은 특히 남편과 아내, 남자와 그의 장인, 장모, 여자와 그 시아버지 등이다. 예를 들면, 카프레족에서 여자는 남편 또는 남편의 형제 이름을 공개적으로 말하지 못하며, 그 이름이 일상적인 용어와 비슷한 경우에는 그 일반어도 써서는 안 된다.

만일 남편이 작은 고양이과 동물인 '임파카(impaka)'와 비슷한 '움파카(u-Mpaka)'라는 이름을 가지고 있다면, 그 여자는 그 동물을 다른 이름으로 불러야 한다. 또 카프레족의 여자들은 시아버지의 이름, 남편의 남성 친족 연장자의 이름을 마음 속으로 부르는 것조차 허락되지 않는다. 그리고 그런 이름들 속에 있는 강조 음절이 다른 말 중에 나타날 때에는 전혀 새로운 어휘를 사용하든지, 적어도 그것을 다른 음절과 바꾸어야 한다. 그리하여 이 관습은 카프레족이 '부인들의 어휘'라고 부르는 거의 별종의 언어를 만들어 냈다. 당연히 이 '부인들의 어휘'를 해석하는 것은 매우 힘든 일이다. "왜냐하면 대용되는 말을 만드는 데 어떤 일정한 규칙이 있는 것도 아니고, 그 말의 수효도 굉장히 많아서 사전을 만들 수도 없기 때문이다. 같은 부족 안에서도 다른 부인들이 사용하는 대용어를 자유롭게 쓸 수 없는 경우가 많았던 것이다."

따라서 카프레족의 남자는 장모의 이름을 부르지 못하고, 장모는 사위의 이름을 부르지 못한다. 그러나 장모의 이름 가운데 강조 음절이 나타나는 어휘는 자유롭게 말할 수 있다. 키르기스(Kirghiz)족의 부인들은 남편보다 나이 많은 친족의 이름을 입에 담지 못하며, 발음상 그것과 비슷한 어휘조차 말할 수 없다. 예를 들면 친족 가운데 한 사람이 '양치기'로 불린다면, 그 여자는 양에 대해서 말할 수 없고, 양을 '매애하고 우는 것'이라고 불러야 한다. 만일 그의 이름이 '어린 양'이라면 그 여자는 어린 양을 '매애하고 우는 어린 것'이라고 말해야 한다. 인도 남부에서 아내들은 남편의 이름을 알리거나 꿈 속에서라도 그것을 발음하면 남편을 최후의 운명에 몰아넣는 것이라고 믿는다.

시다약족 남자는 장인 또는 장모의 이름을 부르지 못하고, 만일 이름을 부르면 정령의 분노를 가져온다. 장인과 장모란 부인의 아버지와 어머니만이 아니라 그의 형제의 부인과 누이의 남편의 아버지와 어머니, 그리고 또 모든 조카들의 아버지와 어머니가 되기 때문에, 터부가 되는 이름의 수는 매우 많다. 따라서 잘못을 저지를 기회가 극히 많아진다. 이 혼란을 더욱 악화하는 것은 사람의 이름이 가끔 달, 다리[橋], 보리, 코브라, 표범 등과 같이 일반적인 사물의 이름이라는 점이다. 그러므로 수많은 장모와 장인 중의 한 사람이 그 이름을 가지고 있을 경우에는 그런 사물의 이름을 말해서는 안 된다.

셀레베스 섬의 미나하사의 알푸르족은 단지 발음상에 있어 사람 이름과 비슷한 어휘조차도 사용을 금하리만큼 그 관습이 엄격하다. 이렇게 금지되는 것 중에서 특히 장인의 이름에 엄격하다. 예를 들면, 그가 '칼랄라(Kala-la)'면, 사위는 그것의 보통명사 '카왈로(kawalo)'로 말[馬]에 대해서 말할 수 없다. '타는 짐승(sasakajan)'이라고 불러야 한다. 이와 같이 부루 섬의 알푸르족에게는 부모와 장인, 장모의 이름에 대해서 말하는 것은 터부고, 그 이름과 음이 비슷한 어휘인 보통 사물을 말하는 것도 터부이다. 예를 들면, 장모의 이름이 참마를 뜻하는 '달루(Dalu)'라면 참마를 달라고 할 때 '달루'라고 하지 말고 '빨간 입'을 달라고 해야 한다. 참마 잎을 원하면 '달루문(dalu mun)'이라 말하지 못하고 '카론펜나(karon fenna)'라고 말해야 한다. 또한 이 섬에서는 형 앞에서 그의 이름을 부르는 것도 금지된다. 이런 규칙을 어기면 벌금으로 처벌된다. 순다(Sunda) 지방에서는 아버지와 어머니의 이름을 부르면 어떤 특정한 농작물이 해를 입는다고 생각한다.

네덜란드령 뉴기니의 누푸르(Nufoor)족에서는 결혼으로 친척이 된 사람들은 서로 이름을 부르지 못한다. 그렇게 이름이 터부가 되는 친족들은 아내, 장모와 장인, 아내의 숙부와 숙모, 아내의 증숙모와 증숙조부, 아내와 남편의 가족 가운데 모든 동세대 식구들이다. 예외적으로 남편은 처남의 이름을 불러도 좋으나, 아내는 시동생들의 이름을 입에 담지 못한다. 이 터부는 약혼한 사이가 되면 결혼식을 올리지 않았더라도 효력을 갖는다. 가족의 결혼으로 결합되는 두 가족은 서로 호명이 금지될 뿐만 아니라 서로 엿보아서도 안 된다. 우연히 마주쳤을 때는 가장 우스운 장면이 벌어진다. 단지 이름만이 아니라 이름과 비슷한 음의 어휘도 신중하게 회피되고 다른 어휘가 그 대신 쓰인다. 이를테면 누군가 실수로 금지된 이름을 부르면 바로 마루에 엎드려서 다음과 같이 사죄해야 한다.

"이름을 잘못 말했습니다. 마루 틈으로 그것을 버릴 테니 먹고 살 수만 있도록 선처해 주십시오."

토러스(Torres) 해협의 서쪽 여러 섬에서 남자는 장인, 장모, 처남, 처제의 이름을 절대로 말하지 않았다. 여자도 같은 제한을 따랐다. 처남은 그 이름을 부르는 것이 합법적으로 허용된 '아무개 남편이나 형제'로서 말할 수 있었다. 이와 마찬가지로 시누이들은 '아무개의 아내'로 불릴 수 있었다. 만일 어떤 남자가 무심코 처남의 이름을 불렀을 때, 그는 부끄러워서 고개를 숙였다. 이 수치는 그가 자신의 이름을 부른 사람에게 선물을 바치면 구제되었다. 처제, 장모, 장인의 이름을 우연히 말했을 때도 같은 배상을 해야 했다. 뉴브리튼의 가젤 반도 해안에 거주하는 토착민들에게는 처남의 이름을 말하는 것은 그에게 줄 수 있는 가장 나쁜 모욕이다. 그것은 죽음으로 벌할 죄악이다.

뱅크스 제도의 멜라네시아에서도 결혼으로 맺어진 사람들의 이름에 대한 터부는 매우 엄격하다. 남자는 장인의 이름은 물론 장모의 이름과 아내의 형제 이름을 말하는 것이 금지된다. 그러나 그는 아내의 여동생 이름은 부를 수 있다. 아내의 여동생은 그에게 아무 상관 없는 보통 여자와 다를 것이 없다고 여겼기 때문이다. 여자는 어떤 일이 있어도 시아버지뿐만 아니라 사위의 이름을 부를 수 없다. 아들과 딸을 결혼시킨 두 사람도 서로의 이름을 부르는 것이 금지된다. 모든 사람은 서로의 호명이 금지되어 있을 뿐만 아니라 우연히 그 이름들과 같거나 그것들과 어떤 음절을 공통으로 가진 어휘를 발음하는 것마저 금지되어 있다.

일례로, 이 섬의 어떤 원주민은 '돼지'와 '죽는다'라는 단어가 사위 이름의 음절 속에 포함되기 때문에 그것들을 사용하지 않는다고 한다. 또 처남의 이름 때문에 '손'과 '뜨거운'이란 일상 용어를 쓰지 못하고, 아내의 사촌 이름에 들어간 '하나'라는 단어 때문에 '하나'라는 숫자를 말할 수 없는 남자도 있었다.

결혼에 따라서 자기와 관계된 사람들의 이름이나 그 음절들을 입에 담기 꺼려 하는 풍습은 민족에게서 보이는 그 본인이나 망자 또는 추장과 왕의 이름에 대한 터부와 다르지 않다. 후자의 경우, 그 기피의 이유는 미신적인 것이었으며, 전자의 경우에도 그 이상의 근거가 있다고 말할 수 없을 것이다. 우리는 이미 미개인이 자기 이름을 말하는 것을 혐오한 이유는 적어도 얼마간은 미신적 공포 때문이며, 그러한 공포는 인간이건 정령이건 그의 적이 자기 이름을 악용해 자신에게 위해를 가할지도 모른다는 생각에 근거하고 있다는 것을 살펴보았다. 앞으로는 죽은 자와 왕의 이름에 관한 똑같은 관습을 검토해 보기로 하자.

3 터부가 된 죽은 자들의 이름

죽은 사람의 이름을 부르지 않는 관습은 고대 코카서스의 알바니아(Albania)족들 사이에서 발견되는데, 오늘날까지도 많은 미개 부족들 사이에서 엄격하게 지켜지고 있다. 예를 들어, 우리가 들은 바에 따르면, 오스트레일리아의 원주민들이 가장 엄격히 지키고 강제하는 관습 중의 하나는 망자의 성별에 대한 구분 없이 그 이름을 결코 말하지 않는 것이라고 한다. 원주민들은 생을 마친 사람의 이름을 큰 소리로 부른다는 것을 가장 신성한 금기에 대한 큰 위반으로 여겨서, 늘 조심스럽게 그것을 피했다. 이 터부는 죽은 자를 부름으로써 망령을 불러내지나 않을까 하는 공포에 기인한 것으로 보인다. 물론 과거의 슬픔을 되살리는 것에 대한 자연스런 기피가 죽은 자의 이름에 망각의 막을 씌우도록 하기도 하지만 말이다.

한번은 올드필드 씨가 죽은 사람의 이름을 불러 한 원주민을 놀라게 했는데, 그 원주민은 그 자리에서 달아나 모습을 감추고 며칠 동안 아예 나타나지 않았다. 다음에 만났을 때 그는 백인의 경망스러움을 몹시 비난했다. 이에 대해 올드필드 씨는 다음과 같이 기록하고 있다.

"그에게 죽은 자의 두렵기 짝이 없는 이름을 말하게 할 수는 없었다. 그렇게 하면 그는 자신이 사악한 정령들의 힘 아래 놓이게 된다고 생각했기 때문이다."

빅토리아의 원주민은 죽은 사람에 대한 이야기는 거의 하지 않으며, 한다 해도 절대로 그 이름을 부르지는 않는다. 그들은 죽은 사람을 지칭할 때는 목소리를 낮추어 '잃어버린 자', 또는 '이미 사라진 가엾은 자'라고 말한다. 죽은 자의 이름을 부르는 것은 석양을 향해 영원한 길을 떠나기 전 잠시 지상에 떠돈다는 죽은 자의 영혼, 즉 '쿠이트길(Couit-gil)'의 노여움을 불러일으킨다고 생각되었다. 머리(Murray) 강 하류의 여러 부족도 사람이 죽으면 "그의 이름을 부르는 것을 조심스럽게 피한다. 그러나 부득이한 경우에는 망령이 들을 수 없도록 매우 낮은 소리로 속삭인다" 한다.

중부 오스트레일리아의 여러 부족은, 반드시 필요한 경우 말고는 초상 중에 아무도 죽은 자의 이름을 말하지 않는다. 어쩔 수 없을 때는 주변에 돌아다니는 망령을 방해하거나 놀라게 하는 것이 두려워서 다만 귓속말로 할 뿐이다. 망령이 자기 이름을 부르는 것을 들으면, 유족들이 그를 위해 근신하고 슬퍼하지 않는다고 생각한다는 것이다. 만일 그들의 슬픔이 진실이라면 그들은 그 죽은 자의 이름을 차마 퍼뜨리지 못하리라는 것이다. 격분한 망령은 그들의 무정한 무관심에 예민하여 꿈 속에 나타나서 그들을 괴롭힌다고 한다.

죽은 자들의 이름을 말하지 않으려는 똑같은 관습이 허드슨 만 지역부터 파타고니아에 이르는 모든 아메리카 인디언 부족들 사이에 퍼져 있는 것으로 보인다. 콜롬비아의 고아히로(Goajiro)족에게는 유족 앞에서 죽은 자에 대해 말하는 것은 무서운 죄악이고, 때때로 사형으로 처해지기도 한다. 만일 죽은 자(rancho)'의 질녀나 숙부가 있는 곳에서 이름을 부르는 일이 생기거나 하면 망령은 틀림없이 그 죄인을 그 자리에서 죽일 것이라고 믿었다. 그러나 죄인이 죽음을 피해 가면 많은 벌금을 내야 하는데, 보통 두 마리 이상의 수소로 끝난다.

죽은 자들의 이름을 말하는 것을 꺼리는 비슷한 터부가 시베리아의 사모예드(Samoyed)족과 남부 인도의 토다(Toda)족과 같이 서로 멀리 떨어져 있는 민족에게서도 보고되고 있다. 또한 그것은 타타르 지방의 몽골족과 사하라의 투아레그(Tuareg)족, 일본의 아이누(Ainu)족과 동아프리카의 아캄바족과 난디족, 필리핀의 팅귀안(Tinguian)족과 니코바르 제도, 보르네오, 마다가스카르, 태즈메이니아의 원주민과 같이 멀리 떨어져 있는 여러 민족에게서도 보고되고 있다. 이 모든 경우에 명확하게 진술되지 않는 곳일지라도 이 회피하는 근본적인 이유는 아마 망령에 대한 공포 때문일 것이다.

이것이 투아레그족의 경우에는 실제 동기라고 보고되고 있다. 그들은 죽은 자의 영혼이 되돌아오는 것을 두려워해, 사람이 죽게 되면 그들의 집을 옮기고,

영원히 죽은 자의 이름을 말하지 않는 등 영혼을 불러들일 만한 행위를 절대로 하지 않는다. 그럼으로써 망령을 피할 수 있다고 믿었다. 그 때문에 그들은 아랍인들과 같이 선조의 이름을 붙여서 자기 이름을 부르지 않는다. 그들은 아무개의 자식 누구라고 말하지 않는다. 이름은 각 사람이 죽을 때 함께 사라지는 것이기 때문이다.

오스트레일리아 빅토리아의 여러 부족들에게도 사람 이름이 대대로 이어지는 일이 드물다. 죽은 사람의 이름을 택하면 그 사람은 오래 살지 못하는 것으로 원주민들은 믿고 있기 때문이다. 아마 같은 이름의 망령이 와서 그를 저승으로 데리고 간다고 생각했을 것이다.

생전의 자기 이름이 다른 사람에게 쓰이는 것을 싫어하는 망령에 대한 공포는, 망령의 이름과 같은 이름을 가진 모든 사람에게 다른 이름으로 바꾸도록 자연스레 이끈다. 그것이 망령의 이름이 아니라 다른 사람의 이름이라는 걸 알아달라고 망령에게 상식적인 분별력을 요구할 수 없기 때문이다. 예를 들면, 남부 오스트레일리아의 애들레이드(Adelaide) 부족과 엔카운터(Encounter) 만의 여러 부족들은, 최근에 죽은 자의 이름을 말하는 기피 현상이 널리 퍼져 있어, 죽은 사람과 같은 이름을 갖고 있는 사람들은 자기 이름을 버리고 가명을 쓰거나 그때그때 붙여진 다른 이름을 쓴다. 같은 관습이 퀸즐랜드(Queensland) 부족들 사이에도 퍼져 있다. 그러나 죽은 자의 이름을 사용해서는 안 된다는 터부는 수년간 이어졌지만 영구적인 것은 아니었다.

오스트레일리아의 어떤 부족들 경우에는, 죽은 자의 이름과 비슷한 사람이, 한 번 이름을 바꾸면 죽을 때까지 그 이름을 쓴다. 다시 말해 옛 이름은 완전히 버리고, 나머지 생애 동안 또는 적어도 같은 이유로 다시 이름을 바꿔야 할 때까지 새로운 이름으로 불린다. 북아메리카 인디언들은 최근에 죽은 사람과 같은 이름을 가진 사람은, 남자건 여자건 간에 새로운 이름으로 바꾸어야 한다. 이름의 변경은, 죽은 자를 위한 장례 의식 때 정식으로 집행된다. 로키 산맥의 동쪽에 있는 몇몇 부족에서는 이름을 상중에만 바꾸지만, 북아메리카의 태평양 연안의 다른 부족들은 때를 가리지 않고 바꾼 것으로 보인다.

때로는 같은 이유에서, 죽은 자의 친족들은 그 이름들이 어떤 것이든 간에 그들의 이름을 바꾸는데, 이것은 친족들의 정다운 이름을 부름으로써 방랑하는 망령을 옛 집으로 다시 불러들이지나 않을까 두려워했기 때문이다. 그래서 빅토리아의 몇 부족들은 죽은 자의 친족들의 이름을 상중에 쓰지 않고, 관습으로 결정된 일반적 용어를 대신 쓴다. 상을 당한 사람을 그 이름으로 부르는 것은 죽은 자에 대한 모욕으로 여겨져 이따금씩 싸움과 유혈의 원인이 되기도 했다. 북서부 아메리카 인디언의 여러 부족에서는, 죽은 자의 친족들은 이름을 바꾸는데, 그것은 "친한 사람의 이름을 반복해서 듣게 되면, 망령이 그것에 유혹되어 지상으로 되돌아온다는 관념에 근거한다."

카이오와(Kiowa)족 인디언은 죽은 사람의 이름을 친족 앞에서 절대로 말하지 않고, 가족 중의 누군가가 죽으면 유족은 모두 이름을 바꾼다. 이 관습은 3세기 전에 로어노크(Roanoke) 섬에 갔던 라레이(Raleigh) 식민지 개척자들에 의해서 보고되었다. 또한 렝구아족 인디언들 사이에서도 죽은 자의 이름을 절대로 말하지 않을 뿐만 아니라, 남은 사람들 모두 이름을 바꾼다. 그렇지 않으면 죽은 자의 망령이 그들 속에 있어서 살아 있는 자들의 명부를 가지고 갔다가 친족들을 저승으로 이끌기 위해 되돌아온다고 믿었다. 그래서 망령의 사악한 목적을 좌절시키기 위해서 이름을 바꾸는데, 그렇게 하면 저승사자가 되어 되돌아왔을 때 명부에 기록되었어도, 바뀌었기 때문에 구별하지 못하고 결국 다른 곳으로 찾아갈 것이라는 것이다. 니코바르(Nicobare)족에서도 상을 당한 자는 망령의 반갑지 않은 방문을 피하기 위해서 이름을 바꾼다. 또 같은 목적으로 삭발하여 모습을 바꾼다. 그렇게 하면 망령이 자기를 알아보지 못할 것이라 여겼기 때문이다.

또 죽은 사람의 이름이 동물이나 식물, 불과 물 같이 어떤 일상적인 사물의 이름과 우연히 일치한 경우에는, 그 말을 일상 용어에서 없애고 다른 용어로 대체하기도 한다. 이런 종류의 관습이 쉽게 언어를 변화하는 강력한 요인이 된다. 이런 관습이 매우 강력하게 행해지는 곳에서는, 많은 어휘가 차츰 쓰이지 않게 되고 새로운 어휘가 생기기 때문이다. 오스트레일리아, 아메리카 등의 관습을 기록한 관찰자들이 이런 경향을 주목했다. 예를 들어, 오스트레일리아 원주민에 관한 보고에 따르면 다음과 같다.

"방언은 거의 부족마다 다르다. 몇 부족은 자연물의 명칭에 따라 그 아이에게 이름을 붙이고, 아이가 죽으면 그 어휘를 두 번 다시 입에 담지 않는다. 그러므로 죽은 아이 이름과 바뀌는 새로운 다른 어휘가 창조되어야 한다."

이 보고서의 필자는 '불'을 의미하는 '칼라(Karla)'라는 이름을 가진 사람의 예를 들고 있다. '칼라'가 죽으면 불을 대신하는 새로운 단어가 도입되어야 했다. "이렇게 해서 언어는 언제나 변화한다"고 그는 덧붙였다. 또 남부 오스트레일리아의 엔카운터 만의 부족은 만약 '물'이란 의미를 가진 '웅케(Ngnke)'라는 이름을 가진 사나이가 죽었다면 그가 죽은 이후 오랫동안 물을 나타내는 어떤 다른 말을 만들어야 했다.

이 관습의 기록자는 그 부족의 언어 중에 수많은 동의어가 있는 것이 이 사실에 따라서 설명될 것이라고 추리한다. 이 추리는 우리가 몇몇 빅토리아의 부족에 대해서 알고 있는 것으로 확인되는데, 그들의 언어 중에는 특히 복상 중 한 부족의 전원이 쓰는 일상용어와 대치되는 일정한 동의어가 포함되어 있다. 예를 들면, 까마귀를 뜻하는 '와아(Waa)'라는 사나이가 죽었다면, 상중에는 누구도 까마귀를 '와아'라고 불러서는 안 된다. 모두가 그것을 '나라파르트(narrapart)'라고 불러야 한다. 주머니쥐를 뜻하는 '위아른(weearn)'이란 자가 죽었을 때 슬픔에 잠긴 유족과 부족 전체는 얼마 동안 주머니쥐를 '마눙쿠르트(manuungkuurt)'라는 더 시끄러운 이름으로 불러야 했다. 칠면조라는 명예로운 이름을 가진 존경하는 부인의 죽음 때문에 부족 전체가 슬픔에 빠지면, 칠면조를 나타내는 '바림바림(barrim barrim)'이란 이름은 폐지되고, 대신에 '틸리트 틸리취(tillit tilliitsh)'가 쓰였다. 따라서 검은 앵무새, 회색오리, 학, 캥거루, 독수리, 들개 등의 이름 대신에 '무타티스무탄디스(mutatis mutandis)'란 이름이 대신 사용된다.

같은 관습이 파라과이의 아비폰(Abipone)족의 언어를 계속 변화시켰다. 그러나 그들 사이에서는 한번 폐지된 어휘는 다시 쓰이지 않았다. 선교사 도브리조퍼(Dobrizhoffer)가 말한 바에 따르면, 죽은 자의 이름과 비슷한 언어는 모두 포고로 폐지되고, 그 대신에 새로운 언어가 만들어졌기 때문에 해마다 다른 언어가 우후죽순처럼 생겼다고 한다.

어휘를 만드는 일은 부족 노파들이 담당했다. 그들이 생각해 유통하는 어휘는 무조건 상하 구별 없이 그 자리에서 받아들여졌고, 부족 내의 모든 천막과 거처를 통해서 산불과 같이 빠르게 퍼졌다. 또 이 선교사는 부족원 모두 노파의 결정에 온순하게 복종하고, 써 오던 친숙한 말은 완전히 순식간에 쓰지 않고, 습관이나 망각에 따라서 절대로 반복하지 않는 것을 보면 놀랄 것이라고 말한다. 그가 그 원주민들과 7년간 함께 지내는 동안 표범이라는 어휘가 세 번이나 바뀌었고, 악어와 가시덤불, 가축을 도살하는 토속어도 여러 차례 바뀌었다. 이 관습 때문에 선교사들이 쓰는 일상적인 어휘도 끊임없이 변화되어 새 어휘를 익히느라 고생하지 않을 수 없었다.

영국령 뉴기니의 많은 부족에서는 사람의 이름이 동시에 다른 사물의 이름인 경우가 수두룩하다. 이들은 죽은 자의 이름이 발음되면 망령이 되돌아온다고 믿는다. 그들은 망령이 돌아오는 것을 싫어하기 때문에 죽은 사람의 호명은 터부시되고, 그 이름이 다른 동식물과 같을 때에는 새로운 단어를 반드시 대신 만들어야 했다. 그 결과로 많은 단어가 계속 사라지고 다시 수정되거나 새로운 의미를 지니고 부활되었다. 니코바르 제도에서도 같은 관습이 원주민들의 언어에 똑같은 영향을 끼쳤다.

드 뢰프스토르프(De Roepstorff)는 다음과 같이 서술하고 있다.

"역사의 형성, 또는 적어도 역사적 이야기의 전달을 가장 효과적으로 방해하리라고 생각되는 가장 기이한 관습이 그들 사이에 행해지고 있다. 니코바르 제도 사람들의 미신을 통제하는 엄격한 규범 때문에 죽은 자의 이름은 절대로 말해서는 안 된다. 이 규칙은 다음과 같이 철저히 실천된다. 흔한 일이지만, 어떤 사람 이름이 니코바르의 용어로 '닭', '모자', '불', '길' 등과 같다면, 그 단어들의 사용은 죽은 사람의 개인적 호칭로서만이 아니라, 심지어 그것들이 나타내는 사물의 명칭으로서도 쓰지 못하도록 금지되었다. 그리하여 많은 단어들이 소멸되고, 새로운 단어들이 사물을 나타내기 위해 만들어졌고, 사용되지 않는 단어의 대용어가 다른 니코바르 방언이나, 또는 외국어 중에서 선택되어 쓰여졌다. 이 이상한 관습은 언어 생활을 불안정하게 만들었을 뿐만 아니라 정치적 생명의 연속성을 파괴하고 과거의 사건 기록을 아주 불가능하게 만들지는 않는다 하더라도 불확실하고 불투명하게 만들었다."

이 분야의 다른 연구자들도 죽은 자의 이름을 쓰는 것을 금지하는 미신이, 역사적 전통을 뿌리부터 잘라 버렸다는 사실에 주목했다. 가체트(A.S. Gatschet)는 다음과 같이 기록했다.

"클래머스(Klamath)족 인디언은 1세기 이상 거슬러 올라갈 역사적 전통을 갖고 있지 않다. 이유는 간단하다. 죽은 자의 이름을 사용해 그의 생애를 언급하는 것을 금지하는 엄격한 규제가 있기 때문이다. 이 법칙은 오리건 인디언 못지않게 캘리포니아 인디언들도 엄격히 지켰다. 그리고 그것을 어기면 사형을 받을 수 있다. 이러한 터부가 한 민족 내 모든 역사적인 지식을 부정하도록 만들었음에 틀림없다. 사람들의 이름을 쓰지 않고 어떻게 역사를 기술할 수 있겠는가?”

그러나 과거의 기억을 말살하려는 이 미신의 힘은, 많은 부족에서 어느 정도까지 인간 정신의 자연적인 경향 때문에 약화되고 저해되기 마련이다. 가장 깊은 인상도 시간이 지나면 희미해진다. 시간은 미개인의 마음 속에 죽음의 신비와 공포가 남긴 흔적을 완전히 지우지는 않더라도 필연적으로 둔화시킨다. 사랑하는 자들에 대한 기억이 조금씩 사라지면서, 조만간 그는 죽은 자에 대해서 말하고 싶어진다. 그리하여 그들의 오래된 이름은 가을의 나뭇잎이나 겨울의 눈과 같이 과거의 끝없는 망각 속에 사라져가기 전에 때로는 철학자들에 의해 구제될 수 있다.

위에서 보았듯이, 빅토리아의 여러 부족들 가운데 어떤 부족들은 죽은 자의 이름을 부르는 것에 대한 금지를 상중에만 한정했다. 남부 오스트레일리아의 포트링컨(Port Lincoln) 부족에서는 이름을 부르는 것이 수년 동안 금지되었다. 북아메리카의 치누크족 인디언들은 죽은 자의 이름을 적어도 죽은 뒤 여러 해가 지날 때까지 말해서는 안되는 관습이 있다. 푸얄룹(Puyallup)족 인디언에게 그 터부의 준수는 수년 뒤 복상자들이 슬픔을 잊었을 때 누그러진다. 만일 죽은 자가 유명한 전사인 경우에는 그 자손 한 사람, 예를 들면 증손이 그 이름을 계승할 수 있다. 이 부족에서는 죽은 자의 친족들이 그러한 터부를 준수할 뿐 다른 사람들은 그리 문제되지 않았다.

이와 같이 예수회 선교사 라피토(Lafitau)가 전하는 바에 따르면, 죽은 자의 이름과 그와 닮은 생존자의 이름은 유족들의 심한 슬픔이 가라앉고 그들이 ‘관 뚜껑을 열고 죽은 자를 일으킬 수 있는’ 감정에 이를 때까지 시체와 함께 매장된다고 한다. ‘죽은 자를 일으킨다’는 것은 죽은 자의 이름을 다른 사람에게 준다는 의미이며, 이때 이름을 받은 자는 사실상 죽은 자의 재생자가 된다. 그것은 원시인이 그들의 철학 원리상 이름이 인간의 영혼은 아니더라도 그의 한 부분이라고 믿었기 때문이다.

랩족들은 여자가 임신하여 출산이 가까워지면, 죽은 선조나 친족이 그녀의 꿈 속에 나타나서 죽은 자가 아기로 다시 태어나려고 하니 아기에게 그의 이름을 지어주라고 알려 준다고 생각한다. 부인이 그런 꿈을 꾸지 않았을 때에는,

아버지나 친족들이 점쟁이나 주술사와 상담해서 이름을 짓는다. 콘드(Khond)족은 출산 뒤 7일째에 사제와 마을 사람들을 초대한 잔치를 벌여 출산을 축하한다. 이때 사제는 선조의 이름을 붙인 곡식알을 물컵 속에 떨어뜨려서 아이의 이름을 짓는다. 사제는 물 속의 낟알 움직임과 아기의 용모를 관찰해서 어느 선조가 아기로 환생했는지를 판단한다. 적어도 북부지역에서는, 아기가 이렇게 선조의 이름을 받게 되는 것이 일반적인 일이다.

요루바(Yoruba)족은 신생아의 출산 직후 예언의 신 '이파(Ifa)'의 사제가 찾아가 어느 선조의 영혼이 아기의 몸으로 재생했는지를 확인한다. 그리고 사제는 부모에게 아기가 그 선조의 생활 양식과 모든 점에서 일치하는 삶을 살아야 한다고 일러 준다. 흔히 부모들은 그 선조에 대해서 잘 알지 못한다고 하고 그러면 사제는 필요한 정보를 제공한다. 그리고 그 아기는 일반적으로 그 몸 속에 재생했다고 믿어지는 선조의 이름으로 불리게 된다.

4 터부가 된 왕과 신성한 자들의 이름

원시 사회에서는 일반적으로 그 생사에 관계없이 사람들의 이름을 다루는 것이 그토록 주의를 요하는 일이었으니, 위험으로부터 신성한 왕이나 사제의 이름을 보호하기 위해서 매우 엄격한 예방 조처가 취해진 것은 마땅한 일이다. 예를 들면, 다호메이 왕의 이름은 그것을 알게 된 사악한 자가 왕에게 불행을 가할지도 모르기 때문에 언제나 비밀에 붙여졌다. 유럽인에게 알려진 다호메이 왕들의 이름은 그들의 본명이 아니라 별칭 또는 원주민들이 '강한 이름들(strong names)'이라고 부르는 것들이다. 원주민들은 이런 칭호는 본명과 달리 그 당사자와 생명적 연관성이 없기 때문에 혹 알려져도 아무런 해가 없다고 믿는다.

게라(Ghera) 지방의 갈라(Galla) 왕국에서는 왕의 본명을 부르면 사형되고, 이름과 비슷한 음의 일상어는 다른 말과 교체된다. 중앙아프리카의 바히마(Bahima)족은 왕이 죽으면 그의 이름을 사용 어휘에서 영원히 배제하며, 만일 그것이 어떤 동물의 이름과 같으면 그 동물에게 새로운 이름을 붙여준다. 예를 들자면, 왕들은 흔히 '사자'라는 이름으로 불렸는데, 그런 왕이 죽으면, 사자를 부를 새로운 명칭을 만들어야 하는 것이다.

시암(Siam)에서는 주술에 대한 공포 때문에 왕의 이름이 조심스럽게 비밀에 붙여졌기 때문에 그 본명을 확인하는 것이 매우 어려웠다. 그것을 말하는 자는 누구든 곧바로 투옥되었다. 왕은 다만 '존엄자', '완전한 자', '지고한 자', '위대한 제왕', '천사의 후예' 따위의 당당한 칭호로 불렸을 뿐이다. 버마에서 왕의 이름을 말하는 것은 매우 불경한 죄로 간주되었다. 그 민족은 본국에서 멀리 떠나 있을 때도 결코 그 이름을 말하지 않았다. 즉위한 순간부터 왕은 그 칭호로 불렸다.

줄루족은 아무도 그 부족의 추장 이름이나 기억되는 그 추장의 선조 이름을 부르지 않는다. 또 터부가 된 이름과 일치하거나 단지 발음이 비슷한 일상어조차 말하려 하지 않는다. 드완드웨(Dwandwe)족의 태양을 의미하는 '란가(Langa)'라는 이름의 추장이 있었다. 그래서 태양의 명칭은 란가에서 '갈라(gala)'로 바뀌고, 란가가 죽은 뒤 이미 백 년이 흘렀지만 아직도 그렇게 쓰고 있다. 또 크스누마요(Xnumayo) 부족에서는 '가축을 기른다'는 의미를 가진 말이 '우마유시(u–Mayusi)'라는 추장의 이름이었기 때문에 공통 음절이 들어 있는 말인 '알루사(alusa)' 또는 '아유사(ayusa)'가 '카게사(kagesa)'로 바뀌었다.

각 부족이 저마다 지키는 이런 터부 이외에, 모든 줄루족은 민족 전체를 통치한 왕의 이름을 터부시했다. 예를 들면, 판다(Panda)가 줄룰란드 왕의 이름이었을 때, '나무뿌리'란 의미의 '임판도(impando)'가 '응크사보(nxabo)'로 변경되었다. 또 '거짓' 또는 '모함'이란 단어는 '아마케보(amacebo)'에서 '아마크와타(amakwata)'로 바뀌었다. 이것은 유명한 케치와요(Cetchwayo) 왕의 이름 가운데 한 음절이 '아마케보'에 포함되어 있었기 때문이다.

그러나 남자들은 이런 관습을 여자들만큼 철저히 지키지 않았다. 여자들은 터부가 된 이름과 음이 조금이라도 비슷한 것은 모두 생략했다. 실제로 왕 주변의 왕비들에게는 왕과 그 선조의 이름만이 아니라 몇 대를 거슬러 올라가는 그와 형제들의 이름마저도 터부시되었다. 그 때문에 왕궁에서 그 여자들의 이야기는 때때로 이해하기 곤란해진다. 이런 부족적, 민족적 터부에 이미 기술한 대로 혼인에 의한 친족 이름에 대한 터부를 합치면, 줄룰란드의 각 부족들이 독특한 언어를 얼마나 많이 가지고 있는지, 또 여자들은 여자들대로 독특한 언어를 얼마나 많이 갖고 있는지 쉽게 알 수 있다.

한 가족 성원이 다른 가족이 쓰고 있는 용어를 쓰지 못하는 경우도 있다. 예를 들면, 어떤 집의 여자들은 '하이에나(hyaena)'를 일상의 명칭으로 불러도 좋다. 그런데 다른 집에서는 그 대용어를 사용해야 한다. 또 다른 집에서는 그 대용어가 불법이고, 그 대신에 다른 어휘를 만들어 써야 한다. 그러므로 오늘날 줄루 어는 거의 이중어의 양상을 띠고 있다. 실제로 많은 사물이 서너 개의 동의어로 나타나고, 그것들은 부족의 혼인 교환을 통해 전 줄룰란드에 알려진다.

마다가스카르에서도 각 지방에 비슷한 관습이 널리 행해지고 있고, 줄루족처럼 여러 부족의 언어에 방언적인 차이를 가져오는 결과가 되었다. 마다가스카르 섬 원주민들에게는 가족명이 없고, 또 거의 모든 사람의 이름을 일상 생활의 언어에서 채택한다. 예를 들면 새, 짐승, 나무, 물, 색깔 등과 같은 일상의 사물이나 행동을 가리키는 말들이 대부분이다. 이 일상어의 어떤 것이 추장의 이름이 되거나 그 이름의 한 부분이 되었을 때, 그것은 곧 신성한 것이 되어 나무나 곤충 등의 명칭으로서의 일상적 의미로 쓰이지 못한다. 그래서 폐지된 것 대신에 새로운 이름이 고안되어야 한다. 따라서 저마다 독자적인 신성한 이름을 가진 군소 추장이 통치하는 지방의 수많은 소부족들은 어떤 언어를 쓸 때 얼마나 큰 혼란과 불안이 일어날지 쉽게 수긍할 것이다.

그러나 선조들이 태고부터 그랬듯이 아직도 그 언어의 횡포 앞에 묵묵히 복종하는 부족이나 민족이 적지 않다. 이 관습의 부당한 결과는 마다가스카르 섬의 서해안에서 특히 두드러진다. 거기에는 독립적인 추장이 수없이 많이 있기 때문에 사물이나 장소나 하천 등의 이름은 때때로 혼란스러울 만큼 변화했다. 일단 추장이 일상어를 금지하면, 원주민은 벌써 오래된 의미의 어휘로 그것을 인정하지 않았다.

그러나 마다가스카르에서 터부시되어 있는 것은 단지 살아 있는 왕들과 추장들의 이름만이 아니다. 죽은 군주들의 이름조차도 이 섬의 몇몇 지방에서는 똑같이 금지되어 있다. 예를 들면, 사칼라바(Sakalava)족 사이에서 한 왕이 죽었을 때 귀족들과 백성들은 유해 주변에 모여서 회의를 열고, 이후에 그 죽은 왕의 새로이 알려져야 할 이름을 엄숙하게 선택한다. 새로운 이름이 일단 채택된 뒤에는 그 왕의 생전에 알려진 옛 이름은 신성시되고, 이것을 입에 담으면 사형을 받게 된다. 더욱이 금지된 이름과 비슷한 일상 언어도 신성시되어 다른 말로 대체되어야 한다. 그 금지된 말을 하는 사람은 매우 난폭한 사람일 뿐 아니라 중죄인으로 여겨졌다. 그들은 가장 나쁜 죄악을 저지른 것이다. 그렇다고 하나 이런 어휘 변화는 죽은 왕이 다스린 지방에 한정된 현상이다. 인접 지방에서는 종래의 말들이 본래의 의미를 갖고 그대로 계속 쓰인다.

폴리네시아의 추장에 대한 신성성은 자연히 그들의 이름에까지 확대된다. 원시인의 관점에서 보면 이름과 그 당사자가 분리될 수 없는 관념이다. 그래서 폴리네시아에서도 우리가 이미 줄룰란드와 마다가스카르에서 보던 추장들의 이름이나 그것들과 닮은 일상 용어를 발음하는 것이 똑같이 터부시되었음을 발견하게 된다. 뉴질랜드에서 추장의 이름은 매우 신성시되기 때문에, 혹시 그것이 일상 용어와 비슷할 때에는 그 어휘를 사용할 수 없고 그것과 대치할 다른 어휘를 만들어야 한다. 예를 들면, 이스트케이프(East Cape) 남쪽의 어떤 추장은 '손칼'을 의미하는 '마리피(Maripi)'란 이름을 가졌기 때문에, 손칼에 '네크라(Nekra)'라는 새로운 단어가 도입되었다. 다른 지방에서는 물을 의미하는 단어 '웨이(Wai)'가 바뀌었다. 이것은 그 언어가 우연히도 추장의 이름과 같고, 신성한 인물에 적용한 이름을 세속적인 액체에 적용하면, 자연히 왕의 신성을 모독하게 되기 때문이다.

이 터부는 자연히 마오리족 언어에 수많은 동의어를 만들어 내게 했다. 이곳에 처음 도착한 여행자들은 똑같은 사물들이 이웃 부족들에서는 전혀 다른 명칭으로 불리는 것을 알고 당황한 적이 한두 차례가 아니다. 타히티에서는 어떤 왕이 왕위에 오르면 발음상 왕의 이름과 비슷한 어휘의 말들은 모조리 다른 말로 바꾸어야 한다. 이런 관습을 깨뜨리고 금지된 언어를 사용하는 무례한 자가 생기면, 그뿐만 아니라 친척들까지도 곧 사형에 처했다. 그러나 그와 같이 도입된 변화는 단지 일시적인 것에 지나지 않았다. 왕의 죽음에 즈음하여 새로운 단어들은 사용되지 않고 본래의 단어들이 부활되었다.

고대 그리스에서는 엘레우시스(Eleusis) 신비 의식을 집행하는 데 관계하는 사제들과 고관들의 이름은 그들이 살아 있는 동안에는 입에 담아서는 안 되었다. 그 이름을 말하는 것은 법적으로 범죄였다. 루키안의 한 학자는 그 사제들이 불경을 행한 한 남자를 즉결 심판소로 끌고 가는 것을 보았다고 한다.

옛 이름을 버리고 새롭고 성스러운 칭호를 얻음으로써 익명이 되었으므로, 그러한 신성화 이후로는 사제들의 이름을 부르는 것이 불법임을 잘 알면서도 그가 감히 그 금기를 깼다는 이유였다.

엘레우시스에서 발견된 두 개의 비문에 따르면, 사제들의 낡은 이름은 깊은 바다에 맡겨졌다고 한다. 이것은 아마도 그들의 이름을 청동이나 아연판 위에 새기고, 그 판을 살라미스 해협의 깊은 바닷물 속에 던졌다는 것을 뜻할 것이다. 그 목적은 말할 필요도 없이 이름을 극비에 붙이기 위해서다. 바다 깊이 가라앉히는 것 이상으로 확실한 방법은 없을 터였다. 누구도 푸른 바다의 저 희미한 깊은 곳을 들여다보고 그것을 찾아낼 수 없을 것이었다. 이 문명국 그리스에서 행해진 이러한 관습보다 더 확실하게 유형과 무형, 즉 이름과 그 구체적 물질 사이의 혼란을 설명해 주는 예도 없을 것이다.

5 터부가 된 신들의 이름

원시 민족은 자신들의 모습에 따라 신을 창조했다. 크세노파네스(Xenophanes)는 이미 먼 옛날에, 흑인들의 신은 얼굴이 검고 코가 납작하며, 트라키아족의 신들은 불그스름한 얼굴과 푸른 눈을 가지고 있다는 것을 지적하면서 만일 말, 소, 사자 등도 신들을 믿고 그 형상을 묘사하는 손을 갖고 있었다면 틀림없이 신들을 말, 소, 사자 등의 모양으로 만들어 냈을 것이라고 말했다. 따라서 미개인들은 자신들의 이름이 주술사들에 의해서 악용될 것을 두려워하여 조심스레 본명을 감추는 것처럼, 신들도 다른 신들이나 인간들이 자기 이름의 신비스러운 소리로 요술을 부리지 못하도록 본명을 감출 것이라고 생각한다.

고대 이집트만큼 신의 이름에 대한 비밀과 주술에 관한 초기적 관념을 굳게 믿고 충분히 발전시킨 곳은 없을 것이다. 이집트에서는 태곳적부터의 미신이 피라미드 속의, 방부 처리된 고양이나 악어 등의 신성한 동물들 못지않게 효과적으로 방부 보존되었다. 이런 생각은 교활한 이시스(Isis) 신이 이집트 최고의 태양신 라(Ra)의 비밀스러운 이름을 몰래 훔쳐 내는 설화에서도 잘 드러난다.

그 이야기는 다음과 같다. 이시스는 주문에 강한 여자였으나, 인간 세계에 싫증나서 신들의 세계를 동경했다. 그녀는 '라의 위대한 이름의 힘으로 나도 여신이 되고 그와 같이 하늘과 땅을 다스릴 수 없을까?' 마음속 깊이 생각했다. 라 신은 많은 이름을 가지고 있었는데, 그에게 신들과 사람을 다스리는 전능의 권력을 준 위대한 이름은 그 자신 말고는 아무도 몰랐다. 그러나 그는 이제 늙었다. 입에서 군침이 흘러 땅에 떨어졌다. 이것을 본 이시스는 그 침과 흙을 모아 빚어서 뱀을 만들고, 이 태양신이 날마다 지나다니는 제2의 왕국으로 가는 길목에 놓았다. 그래서 그가 평소대로 신들을 거느리고 그곳에 이르렀을 때, 뱀이 그를 물어 태양신은 크게 입을 벌리고 소리를 질렀다. 그 소리가 하늘에까지 이르렀다.

따라가던 신들도 "왜 그러십니까?" 소리쳤다. "이게 어찌된 영문입니까?" 물었으나 그는 대답할 수 없었다. 턱이 덜덜 소리를 내고, 손발이 떨리고, 나일 강물이 땅 위에 넘쳐흐르듯 독이 전신에 퍼졌다. 겨우 가슴을 진정시킨 태양신은 추종자들에게 고함을 질렀다.

"오너라, 나의 자식들이여, 내 육신의 자손들이여, 나는 왕이고 왕의 아들로서 신의 거룩한 자식이니라. 내 어버이께서 내게 이름을 지어 주셨도다. 그리하여 어떤 주술사도 내게 해를 끼치지 못하도록 했다. 내가 태어날 때부터 그 이름을 몸 속에 감추었도다. 내가 창조한 세계를 보려고 외출했고, 내가 만든 두 나라를 다녔는데 어떤 것이 나를 물었는가. 그것이 어떤 것인지 내가 알 수가 없도다. 불인가, 물인가? 나의 심장은 타고, 나의 육신은 오한이 들어 손발은 덜덜 떨리는구나. 치료의 힘과 이해의 입술을 가지고 그 힘이 하늘까지 이르는 신들의 아이들을 내게 보내다오."

그때 신들의 아이들이 그에게 왔으며 매우 슬퍼했다. 그때 이시스도 나타났다. 그녀의 입은 생명의 숨소리로 가득차고, 그녀의 주문은 고통을 없애고, 그녀의 말은 죽은 자를 살리는 힘을 가지고 있다. 그녀는 말했다.

"성스러운 아버지, 어떻게 되셨나이까, 어떻게 되셨나이까?"

성스러운 신은 그의 입을 열고 말했다.

"나의 길을 걷고 있었노라. 소원에 따라 내가 창조한 것을 보기 위해 내가 만든 두 나라를 걸었노라. 그런데 이것이 웬일이냐! 내가 보지 못한 뱀 한 마리가 나를

터부가 된 신의 이름
이시스 신은 테베의 최고의 태양신 라의 비밀스런 이름을 알아내기 위해 독사를 이용하였다. 아멘·라 신상, 룩소스 신전 출토, 대영박물관, 런던

물었도다. 불이었나, 물이었나? 나는 물보다 차고 불보다 뜨겁도다. 나의 손발은 땀이 흐르고, 나의 몸은 떨리고, 나의 눈은 뒤집혀 하늘을 볼 수 없고, 나의 얼굴은 여름과 같이 이슬에 젖었노라."

이때 이시스가 말했다.

"성스러운 이름을 말해 주소서, 성스러운 아버지여. 그 이름을 말씀하시면 죽지 않으실 것입니다."

태양신이 대답했다.

"나는 하늘과 땅을 창조했고, 산들에게 명령했으며, 크고 넓은 바다를 만들어 두 개의 지평선을 휘장처럼 쳤다. 그 눈을 뜨게 한 자는 나요, 그것이 빛이며, 그 눈을 감게 한 자도 나요, 그것이 어둠이니라. 나의 말로 나일 강이 탄생되었느니라. 그러나 신들은 그 이름을 모르는도다. 나는 아침에 케페라(Khepera), 정오에 라, 저녁에 툼(Tum)이니라."

그러나 독은 아직 사라지지 않고 차츰 몸 속 깊이 뚫고 들어갔다. 위대한 신도 별 수 없이 걷지 못했다. 이것을 보고 이시스가 말했다.

"아버지께서 말씀하신 것은 아버지의 이름이 아니에요. 진실을 제게 말씀해 주세요. 독을 제거하기 위해서. 그 이름이 불린 자는 죽는 일이 없어요."

독은 불과 같이 몸을 태우고 불꽃보다 더 뜨거웠다. 태양신은 말했다.

"이시스여, 내 몸을 탐색하고, 내 이름을 내게서 그대의 가슴 속으로 가지고 갈 것을 동의한다."

그리하여 태양신은 모든 신들 앞에서 자취를 감추었고, 영원한 배(船) 속에 타고 있던 그의 자리는 텅 비게 되었다. 위대한 태양신의 이름이 그를 떠났기 때문이다. 여자 주술사 이시스가 말했다.

"독이여, 물러가라. 라 신에게서 떠나라. 독을 다스리는 자도 나이고, 지상에 독을 던진 자도 나였노라. 위대한 신의 이름은 그에게서 제거되었도다. 라 신을 살리고 독을 죽여라."

라 신과 그 비밀의 이름을 탐지한 신들의 여왕, 위대한 여신 이시스는 그렇게 말했다.

이 이야기에서 위대한 신의 참다운 이름은 신의 힘을 풀리지 않게 묶어 생리적인 의미로서 신의 가슴 어느 곳에 자리 잡고 있다고 생각된 것이 분명하다. 이시스는 거기서 하나의 외과 수술로 비밀스러운 이름을 뽑아내고, 그 초자연력을 모두 자신에게 옮긴 것이다. 이집트에서는 그 이름을 자신의 것으로 만들어 위대한 신의 힘을 차지한 이시스의 시도와 같은 것은 태고의 신비적 존재에 대한 설화에 한정되지 않는다. 이집트의 주술사들도 같은 방법으로 같은 힘을 얻으려고 열망한다. 참 이름을 가진 자는 바로 신이나 인간의 존재를 소유하고, 노예가 주인에게 복종하듯이 신마저도 그에게 복종시킬 수 있다고 믿고 있는 것이다. 그리하여 주술사가 부리는 술책은 신들에게서 그 비밀스런 이름의 계시를 얻기 위한 것이었다.

주술사들은 그 목적을 위해서 모든 수단을 다했다. 일단 약해지고 방심한 순간에 그 신비스런 계시를 주술사에게 주면, 그 신은 얌전하게 인간에게 복종하거나 고집스러운 반항에 대해 벌을 받을 수밖에 없었다.

신의 이름이 주술적인 효험을 드러낸다는 믿음은 로마인들에게서도 찾아볼 수 있다. 그들은 어떤 도시를 포위하면, 사제들의 기도나 주문으로 그곳 수호신의 이름을 부르면서 그 도시 사람들에게서 받던 것 이상의 대우를 해 주겠으니 포위된 도시를 버리고 로마로 건너오라고 설득했다. 그래서 로마인들은 적들이 자신들의 수호신을 꾀어내지 못하게 하려고 로마의 수호신은 극비에 붙였다. 물론 그들 자신들은 한 때 좋았던 시절에 자기를 비호해 주던 도시의 몰락을 뒤로 한 채 생쥐처럼 그곳을 빠져 나오도록 많은 이방신들을 유혹했음에도 말이다. 로마인들은 수호신의 진짜 이름뿐만 아니라 도시의 실제 이름마저도 비밀로 하고, 신성한 의식 때도 결코 입 밖에 내지 않았다. 이런 가치를 매길 수 없는 비밀을 감히 누설한 발레리우스 소라누스(Valerius Soranus)란 사람은 사형을 당하는 비참한 최후를 맞기도 했다. 또한 고대 아시리아인도 여러 도시의 비밀스런 이름을 말하는 것이 금지되었던 것으로 보인다. 코카서스의 체레미스(Cheremiss)족은 근래에 이르기까지 미신적인 동기에서 여러 마을의 이름을 비밀로 하고 있다.

이제까지 우리는 이름과 관련된 터부를 살펴보았다. 그렇다면 이제는 왕의 이름을 가리는 신비가 결코 고립된 현상, 또는 비굴함과 아첨의 표현이 아니라, 원시적 사유의 일반 법칙이 특수하게 적용된 사례일 뿐이라는 의견에 동의할 수 있을 것이다.

제23장

우리가 원시인에게 빚진 것

왕과 사제에 대한 터부를 설명하기 위해 그 사례를 더 드는 것은 어렵지 않으나, 지금까지 제시된 것들로도 이미 충분할 것이다. 이제 주제를 결론짓기 위해서 우리가 해야 할 일은 여태까지 연구한 총 결론을 개괄적으로 진술하는 것뿐이다. 미개 또는 원시 사회에서는 미신을 따르는 사람들이 자연의 일반 운행에 대한 지배력을 갖고 있다고 생각하는 특별한 사람들이 있었다. 따라서 그런 사람들은 숭배의 대상이 되어 신으로 여겨진다. 이 인간신들은 그 숭배자들의 생명과 재산에 대해서 세속적 권위를 가졌는지, 또는 그의 직능이 순수하게 영적이고 초자연적인 것이었는지, 다시 말해서 그들이 신인 동시에 왕이었는가 또는 단지 영적인 존재였는가는 여기서 크게 문제되지 않는다. 우리가 다루고자 하는 것은 그들이 가지고 있다고 여겨지던 신성성이기 때문이다.

이러한 신성성 때문에 인간신들은 그 숭배자들로부터 인류가 생존을 위해 의존하지 않을 수 없었던 자연 현상의 존속과 질서 유지를 보증하는 담보로 여겨졌다. 따라서 자연히 인간신의 생명과 건강은 그에 자신들의 안녕과 생존을 의존하는 일반 사람들에게 관심사가 된다. 그러므로 사람들은 인간신에게, 마지막 재앙인 죽음까지 포함해 인간의 육체가 겪을 수밖에 없는 갖가지 위험을 피하기 위해 원시인의 지혜로 고안된 그러한 규칙을 지키도록 강요한다. 이제까지 검토한 바와 같이, 원시인들은 그것들이 지상에서 천수를 다하기 위해서 누구든지 지켜야 할 규범이라고 생각한다. 그러나 일반 사람의 경우에는 그 규칙의 준수가 개인의 선택에 맡겨지고 있는 데 비해, 인간신이 그것을 지키지 않을 경우에는 높은 위치에서 쫓겨나거나 사형의 형벌까지도 받게 된다. 이것은 인간신이 규칙을 소홀히 할 경우, 그 숭배자들이 생존에 위험을 받게 된다고 생각했기 때문이다.

그러므로 먼 옛날 천재적인 원시 철학자들이 생각해낸 이 기묘한 미신은 오늘날까지도 노파들이 겨울밤에 화롯가에 모인 손자들에게 비싼 보물인 양 이야기하고 있다. 미신, 태고의 규범, 귀중한 속담 등 이 모든 옛 환상이 태고의 왕, 즉 인간신의 길 주위에 두뇌의 거미줄을 친 셈이다. 왕은 거미줄에 걸린 파리처럼 관습의 실 때문에 팔다리 하나 제대로 움직일 수 없었다. '공기보다 가볍고 쇠붙이처럼 강한' 그 관습의 끈은 끝없는 미궁 속에서 서로 얽히고설켜 죽음이나 추방으로만 왕을 구제할 수 있는, 관습의 그물 속에 그를 꽁꽁 묶어 두었다.

옛 왕과 사제들의 생활은 과거를 연구하는 연구자들에게 매우 흥미 있는 것이다. 그들의 생활 속에는 아주 먼 옛날에 지나온 모든 지혜가 집약되어 있기 때문이다. 왕과 사제들의 삶은 모든 사람이 삶을 형성하는 데 필요한 완벽한 모범이 되어준다. 이 모범은 원시 철학으로써 마련된 규격으로 가혹하리만큼 정확하게 만들어졌다. 그 철학이 우리에게 미개하고 거짓으로 보일지라도 그것의 논리적인 일관성을 부정하는 것은 옳지 못하다. 원시 철학은 살아 있는 인간 속에 있으나, 인간과 구별되는 조그마한 존재 또는 영혼을 긍정하는 생명 원리의 관념에서 출발한다. 그런 뒤에 철학은 일상 생활의 실제적인 안내를 위해서 일반적으로 완전에 가까운 조화 있는 전체를 이루어 규칙의 규범 체계를 마련해 준다.

이 치명적인 규범 체계의 약점은 이론에 있는 것이 아니라 그 전제에 있다. 즉, 그 생명의 본질에 대한 관념에 있는 것이지, 그 관념에서 끄집어 낸 어긋남에 있지 않다. 그들의 오류를 쉽게 발견할 수 있다고 해서 그 전제를 우스꽝스럽다고 비난하는 것은 비철학적이고 교만한 태도가 될 것이다. 우리는 과거 몇 세대 전의 사람들이 세운 기초 위에 서 있기 때문이다.

그런대도 우리가 다다른 그다지 높지도 않은 지점까지 기어오르기 위해 인류가 겪어온 고통스러운 노력에 대해서는 그리 깊은 성찰을 하지 않는다. 우리는 이름이 없고 잊혀진 원시인들의 노고에 감사해야 한다. 그들의 인내성 있는 사고와 활동적인 노력이 오늘날의 우리를 있게 했다. 한 시대와 한 개인이 인류 공동의 창고에 첨가할 수 있는 새로운 지식의 양은 확실히 미미하다. 그리고 그 창고에 얼마쯤 이바지했다고 해서 우리의 특권으로 자랑하고, 원시 시대부터 쌓아놓은 것을 무시하려 한다는 것은 교만한 일임은 물론이고 어리석고 불성실한 일이다. 물론 현대와 고대가 우리 인류의 일반적 발달에 이룩한 공헌을 과소평가하는 것은 오늘날에는 그리 위험한 일이 아니다. 그러나 좀더 깊이 생각해 보면 문제는 다르다.

우리가 원시인들과 그들의 생활방식에 대해 내린 평가는 거의 경멸과 조소, 혐오와 비난으로 이어진 것이었다. 그러나 우리가 감사하는 마음으로 기억해야 할 많은, 어쩌면 대부분의 사람들은 원시인일 것이다. 왜냐하면 결국 우리는 원시인과 닮은 점이 다른 점보다 훨씬 많으며, 그 유사점과 함께 우리가 진실하고 이로운 것으로서 소중하게 간직하는 것도 모두 우리의 미개한 선조들의 덕분으로 얻게 된 것이기 때문이다. 우리가 근본적이고 직감적인 것으로 생각하는 기초적인 관념도 그들이 경험으로써 점차적으로 우리에게 계승해 준 것이다.

따라서 우리는 오랜 세월에 걸쳐 내려오는 동안에 최초의 재산 형성인이 누구인지 잊혀져버린 막대한 유산의 상속인과 같다. 그래서 사람들은 그 재산이 원시시대 이래로 고유하고 독창적인 자신의 소유물이었다고 생각한다. 그러나 그것에 대한 숙고와 연구는 우리가 거의 우리의 것으로 생각하던 많은 것을 원시인들이 이룩했으며, 그들의 오류가 터무니없는 방종이나 착란이 아니라 단순히 가설이었음을 가르쳐 줄 것이다.

그런 오류와 가설은 그 무렵에는 정당화되었으나 경험이 쌓여가면서 부적절한 것으로 밝혀진 것들이었다. 가설을 계속해서 시험하고 오류를 없앨 때 비로소 진리가 나온다. 결국 우리가 진리라고 부르는 것은 그 결과가 가장 효과적이라고 밝혀진 가설에 지나지 않는다. 그러므로 우리는 원시 시대와 미개 민족의 사유와 관습을 검토함에서 그들의 오류가 진리를 탐구하는 과정에서 어쩔 수 없이 저지른 실수라고 너그러이 바라보아야 할 것이다. 이러한 관대함은 언젠가 우리들 자신도 필요로 하게 될 것이니 말이다.

"옛 사람들이 들어 마땅한 변호의 입장에서(Cum excusatione itaque veteres au-diendi sunt)"

제24장
신성한 왕의 살해

1 신들의 죽음

인간은 자신의 모습을 본따 신들을 창조했다. 그러므로 자신들이 죽을 운명을 지녔듯이 신들도 그와 똑같은 비운의 처지에 놓여 있을 것이라고 생각한다. 그린란드인은 가장 강한 신이라도 바람 때문에 죽을 수 있고, 만약 그가 개를 만지면 반드시 죽는다고 믿었다. 그래서 그들은 처음 그리스도교의 신에 대해서 들었을 때, 그 신이 죽은 적이 없느냐고 거듭 물었다. 그리고 그런 적이 없다는 대답을 듣고는, 매우 놀라면서 그렇다면 그 신은 정말로 위대한 신임에 틀림없다고 말했다고 한다. 북아메리카의 어떤 인디언은 도지(Dodge) 대령과의 대화 중 대령의 질문에, '위대한 정령'이 세계를 창조했다고 대답했다. 다시 그가 말한 위대한 정령이 선한 신과 악한 신 가운데 누구를 지칭하는 것인지에 대한 질문을 받자, 그의 이야기는 이랬다.

"아, 어느 쪽도 아니오. 세계를 만든 위대한 정령은 먼 옛날에 벌써 죽었소. 그가 여태까지 살아 있을 리가 없소."

필리핀 제도의 한 부족은 에스파냐 정복자들에게 창조주의 무덤이 카부니안 산꼭대기에 있다고 말했다. 호텐토트족의 신 또는 신적 영웅인 '헤이치에이빕(Heitsi-eibib)'은 몇 번이나 죽었다가 다시 살아났고, 따라서 그의 무덤은 산골짜기의 좁은 길 여기저기에서 볼 수 있다. 그 부족은 그 무덤들 옆을 지나갈 때 행운을 바라는 의미에서 무덤 위에 돌을 던지고, 때로는 "우리에게 많은 가축을 주시옵소서" 중얼거리기도 한다. 크레타(Crete)인들은 20세기 초기까지 방문객들에게 한 무덤을 그리스의 위대한 신, 제우스의 것으로 소개했다. 델포이 신전의 아폴론 황금신상 곁에는 디오니소스의 유해가 매장되었다고 전해지며, 그 묘비에는 "세멜레의 아들, 죽은 디오니소스 여기에 잠들다" 이런 비문이 새겨져 있다. 어떤 이야기에 따르면, 델포이에 묻힌 것은 아폴론이라고 한다. 피타고라스가 이 무덤의 묘비명에 아폴론 신이 파이톤에게 살해된 뒤, 델피의 청동 제단 아래 매장된 과정을 설명해 놓았다고 전해진다는 것이다.

이집트의 위대한 신들 또한 일반적인 운명에서 벗어날 수 없었다. 그들도 나이가 들면 죽었다. 그런데 후대에 이르러 방부 처리 기술이 발명되어 시신을 영원히 썩지 않게 보존함으로써 그 영혼에 새로운 수명이 주어지자, 사람뿐만이 아니라 신들도 합리적인 불사의 희망을 품게 된 것이다. 그 무렵 이집트에는 모든 지방에 그 땅에서 죽은 신의 묘지와 미라가 있었다. 멘데스(Mendes)에서는 오시리스의 미라를 볼 수 있었고, 티니스 사람들은 안후리(Anhouri)의 미라를 자랑했고, 헬리오폴리스에는 투무(Toumou)의 미라가 있었다. 바빌로니아의 위대한 신들도 그들이 꿈과 환상을 통해서만 그 숭배자들에게 나타난다고는 해도, 역시 그 몸뚱이는 인간과 같았고, 희로애락의 정념과 죽을 수밖에 없는 그 운명을 가진 것도 인간과 같았다. 즉, 그들은 인간과 마찬가지로 세상에 태어났으며 인간과 마찬가지로 사랑하고 싸우다 죽어 간 것이다.

2 쇠약해진 왕의 살해

이 세상 생활에서의 번뇌와 소란으로부터 멀리 떨어져 사는 위대한 신들이 끝내 죽을 운명이라면, 약한 인간의 육신 속에 거처한 신이 같은 운명에서 벗어날 것을 기대할 수는 없는 일이다. 비록 자신들의 주술 덕분에 스스로 불사의 생명을 얻었다고 믿는 아프리카의 왕들도 있기는 하지만 말이다. 우리가 본 바와 같이, 원시인은 때때로 자신의 안전과 세계의 안전까지도 인간신 또는 신의 화신으로 생각되는 인간의 생명과 밀접하게 관련되어 있다고 믿는다. 그러므로 자연히 그들은 자기 생명을 지키기 위해 그런 인물의 안전에 최대한 주의를 기울인다. 그러나 아무리 주의하더라도 인간신이 늙어서 쇠약해지면 죽음을 막을 도리는 없다. 숭배자들은 이 슬픈 필연을 미리 헤아리고 그들이 할 수 있는 최선을 다해 대처해야 한다. 인신의 노화와 죽음이 가져올 위험은 참으로 두려운 것이었다. 자연의 운행이 이 인간신의 생명에 의존하고 있으므로, 그의 생명력이 쇠약해지고 죽어서 마침내 소멸된다면 세상에 큰 재앙이 닥칠 것이 분명했다.

이런 위험을 피하기 위한 방법은 오직 하나밖에 없다. 인간신이 그 생명력이 쇠약해지는 기미를 보이는 즉시 그를 살해해, 그 영혼이 회복이 불가능할 만큼 심하게 손상되기 전에 활동적인 후계자에게 옮겨 놓는 것이다. 원시인은 인간신이 쇠약함과 질병으로 죽게 하느니 그를 살해하는 편이 훨씬 낫다고 확신했을 것이다. 왜냐하면 원시인의 입장에서 인간신이 수명을 다해 자연사하는 것은 그의 영혼이 자발적으로 육체에서 떠나 다시 돌아오지 않으려 하는 것을 의미하거나, 더 통상적으로는 악마나 주술사가 그 영혼을 끌어내는 것, 아니면 최소한 떠도는 가운데 억지로 머무는 것을 의미하기 때문이다.

이런 경우 인간신의 영혼은 그의 숭배자에게 잊혀지고, 번영도 사라지고, 그들의 존재마저 위험에 빠진다. 만일 죽어 가는 신의 영혼이 입술과 콧구멍에서 떠나려고 할 때 그것을 붙잡아서 후계자에게 옮기려고 해도 효과를 얻을 수 없을 것이다. 왜냐하면 그는 병으로 죽었으며, 그의 영혼은 필연적으로 쇠약해 기력이 모두 소모된 최후 단계에서 육체를 떠났기 때문에, 다른 사람 몸 속에 들어가더라도 계속해서 생기 없고 스스로 움직일 수 없는 상태에 있기 때문이다.

이에 반해서 숭배자들은 그를 살해하여, 먼저 그 영혼이 떠날 때 그것을 붙잡아서 적당한 후계자에게 옮기고, 둘째 그의 자

영원한 세계로의 여행
고대 이집트인들은 사후의 부활·재생 그리고 영원한 생명을 믿었다.
테베의 여성 신관 헤누트메트 미라의 목관. 룩소르 출토, 대영박물관, 런던

연적인 힘이 쇠퇴하기 전에 살해해 세계가 인간신의 쇠약과 함께 쇠약하지 않도록 했다. 그러므로 인간신이 아직 건강할 때 살해하여 그 영혼을 젊은 후계자에게 옮기면 목적은 이루어지고, 모든 위험에서 피할 수 있게 된다.

캄보디아의 불과 물의 신비스러운 왕은 자연사하도록 그대로 두지 않는다. 그래서 병이 심해져 도저히 회복 가능성이 없다고 생각될 때, 장로들은 그를 찔러 죽인다. 이미 본 바와 같이 콩고의 주민들은 만일 그들의 사제왕, 즉 치토메(Chitome)가 자연사하면 세계는 멸망하고, 그의 힘과 덕망으로 지탱한 땅은 곧바로 붕괴되고 말 것이라고 믿었다. 그래서 그가 병에 걸려 회복의 가망이 보이지 않으면, 그 후계자로 운명 지워진 자가 밧줄이나 몽둥이를 들고 사제 집에 가서 그를 목을 조르거나 때려 죽인다. 에티오피아 메로에(Meroe) 왕들은 신으로 숭배되었다. 그러나 사제들은 자기들이 원할 때 왕에게 사자를 보내 신의 명령이라며 그에게 죽음을 명했다. 이집트 왕 프톨레마이오스(Ptolemaeos) 2세와 같은 시대의 에르가메네스(Ergamenes) 왕 이전까지 모든 왕들이 이 명령에 따랐다. 그런데 백성의 미신에서 벗어나 스스로를 해방시킨 그리스 교육을 받은 에르가메네스는 사제들의 명령을 무시하고, 오히려 군대를 이끌고 황금 신전에 쳐들어가 사제들을 살해했다.

아프리카의 이 지방(에티오피아)은 이와 같은 종류의 관습을 근대에 이르기까지 널리 행하는 것으로 보인다. 파조클(Fazoql)족의 몇몇 부족은 왕을 날마다 어떤 나무 아래서 재판해야 했다. 만일 병이나 다른 이유에서 꼬박 사흘 동안 그 의무를 수행하지 못했을 경우, 왕은 올가미에 씌워져 나무에 달렸다. 그 올가미에는 두 개의 칼날이 붙어 있는데, 왕의 체중으로 올가미를 죄면 칼날이 그의 목을 베도록 되어 있다.

쇠약하거나 노쇠의 첫 징조가 나타남과 동시에 신적인 왕을 죽이는 관습은 오늘날 사라졌지만, 백나일(White Nile) 강변의 실루크(Shilluk)족에서는 최근까지 행해졌다. C.G. 셀리그먼 박사가 이를 상세히 연구했다. 실루크족의 왕에 대한 숭배는 그가 냐캉(Nyakang)의 화신이란 신앙에서 비롯된 것으로 보인다. 냐캉이란 그 왕조를 창건하고 실루크족을 현재의 영토에 정착시킨 반신적인 영웅이다. 실루크족 신조의 근본적인 핵심 조항은 신적 또는 반신적인 냐캉의 영혼이 왕에게 화신한다는 것이다. 따라서 왕은 어느 정도 신적인 존재로 생각되었다. 그런데 그들은 그 왕을 높이 추대하고 있는 동안에는 사실상 종교적으로 숭배

왕은 쇠약해지면 살해된다
그리스 왕 오이노마오스는 그의 딸에게 구혼한 펠롭스와의 전차 경주를 벌였다. 이 로마 시대의
대리석 석관에는 오이노마오스가 전차에서 떨어져 죽은 것과 펠롭스가 전차를 계속 달리고 있
는 모습이 새겨져 있다. 바티칸 박물관, 로마

하며, 돌발적인 죽음을 당하지 않도록 모든 예비 수단을 취한다.

그러나 쇠약해 가는 생명력 때문에 가축이 병들어 번식하지 못하거나, 농작물이 밭에서 말라가고, 사람이 병으로 쓰러지지 않도록 왕이 병에 걸리거나 노쇠하는 것을 허용하지 않는다는 확신을 갖고 있다. 이러한 재앙을 막기 위해서 왕이 건강하지 못하거나 노쇠하다는 징조가 나타나기 시작할 때, 재빨리 왕을 죽이는 것이 실루크족의 관습이었다. 노쇠함의 가장 두드러진 징조는 아내의 성욕을 만족시키는 힘이 없어지는 것이다. 아내는 하나가 아니라 매우 많고, 아내들은 파쇼다(Fashoda)에 있는 수많은 처소에 살고 있었다.

이 불길한 징조가 나타나면 아내들은 이 사실을 장로들에게 알린다. 장로들은 그 운명을 왕에게 알리기 위해서 무더운 오후 낮잠을 자는 왕의 얼굴에 흰 보자기를 씌우고 그 옆에 무릎을 꿇고 앉는다. 형 집행은 죽음을 선고한 뒤에 이루어진다. 이를 위해 특별히 오두막 한 채가 세워졌다. 왕이 그곳에 안내되어 나이가 찬 처녀의 무릎을 베고 누우면 오두막 입구가 닫힌다. 이 두 사람에게는 음식물이나 물, 불도 주어지지 않고 굶주림과 질식으로 죽을 때까지 방치된다. 이것은 오래된 관습이지만, 이렇게 살해된 왕의 고통이 너무나 격심했기 때문에 약 5세대 전에 폐지되었다. 그 뒤에도 장로들은 왕에게 그 운명을 알리고 마찬가지로 오두막에서 왕을 살해했다. 그러나 살해 방법은 이전과는 다른 교살이었다고 한다.

셀리그먼 박사의 조사에 따르면, 실루크족의 왕은 쇠약함의 징조가 처음으로 나타나면 적당한 의식에 의해서 살해되었을 뿐만 아니라 건강하고 강력할 때도 적의 습격을 받을 수 있었다고 한다. 그래서 왕은 왕관을 지키기 위해 목숨을 걸고 싸워야 했다. 실루크족의 일반적인 전통에 따르면, 왕의 자식은 누구나 현재의 왕과 싸울 권리를 가지며, 그를 살해하는 데 성공하면 왕위에 오르는 것이 허용되었다. 모든 왕에게는 거대한 하렘(harem : 궁궐 내의 후)과 많은 자식들이 있기 때문에 왕위를 이을 후보자의 수는 결코 적지 않았고, 그 때문에 현재의 왕은 생명을 더욱 굳게 지켜야 했다. 그러나 습격은 밤을 이용해야 성공할 수 있다. 왜냐하면 낮에는 친구들이나 경호원들에 둘러싸여 있기 때문에, 왕위 찬탈자들이 경비망을 뚫고 습격한다는 것은 거의 불가능했기 때문이다. 그러나 밤에는 그렇지 않다. 경호가 해제되고 왕은 사랑하는 부인들과 함께 있다. 근처에는 그를 경호하는 사람도 없이 다만 몇 사람의 시종들이 조금 떨어진 오두막에 있다. 그러므로 왕에게는 밤이 위험한 시간이다. 왕은 완전무장하고 집 주변을 돌고, 불침번처럼 서서 주의를 게을리하지 않고 계속 경계한다. 드디어 적이 나타났을 때, 말없이 격투는 시작된다. 고요를 깨뜨리는 것은 창과 방패가 부딪치는 소리뿐이다. 시종들을 불러서 도움을 받지 않는 것이 왕으로서의 명예였기 때문이다.

실루크족의 왕들은 누구나 그 왕조의 창건자인 냐캉과 같이 사후에 신전에 모셔진다. 신전은 그의 묘 위에 세워지는데, 왕의 묘는 반드시 그가 탄생한 마을에 세워진다. 왕의 신전은 냐캉의 신전을 본뜬 것이고 울타리를 둘러싼 몇 채의 오두막으로 되어 있다. 그 가운데 한 채는 왕의 묘 위에서 세워지고 다른 오두막들은 신전의 경호자들이 차지한다. 사실상 냐캉의 신전과 왕들의 신전은 거의 구별하기 어렵고, 그 신전들에서 집행된 종교적 의식은 형식상 같다. 다만 세부적으로 변화가 있는데, 그 변화는 확실히 냐캉 신전에 더 큰 신성성을 돌린다는 것이다. 왕들의 무덤 위에 세워진 신전은 냐캉 신전의 관리인에 속하는 늙은 남녀가 지킨다. 이들은 보통 죽은 왕의 부인이거나 죽은 왕의 늙은 하인들이다. 이들이 죽으면 그 자손들이 뒤를 잇게 되어 있다. 또 왕들의 신전에는 가축을 바쳤으며 냐캉 신전에서와 같이 희생 제물을 바쳤다.

실루크족 종교의 근본 요소는 살아 있건 죽어 있건 간에 신성한 왕들에게 행하는 숭배에 있는 것으로 보인다. 이 왕들 안에 신적인 영혼이 살아 있다고 믿는데, 그 신앙은 절반은 신화적이지만 실질적으로 왕조의 역사적인 창시자인 냐캉으로부터 그들의 후계자들을 통해 오늘날까지 전승된 것이다. 그리하여 실루크족은 그 왕들을 인간, 가축, 그리고 농작물의 안녕과 긴밀하게 의존하는 냐캉의 화신이 된 신으로 생각한다. 따라서 자연히 그들을 절대적으로 숭배하고 또 모든 배려를 아끼지 않는다. 그리고 우리에게 기이하게 보일지라도 건강하지 못하거나 허약의 징조가 나타나자마자 신성한 왕을 죽이는 관습은, 왕에 대한 그들의 깊은 존경과 그를 보호하려는, 또는 오히려 그를 존재하게 하는 신성한 영혼을 지키려는 생각에서 나온 것이다. 아니, 한 걸음 더 나아가서 왕을 살해하는 관습은 그들이 왕에게 깊은 존경을 나타낼 수 있는 최고의 증거라고 이야기할 수 있다.

왜냐하면 이미 알고 있는 바와 같이, 그들은 왕의 생명이나 영혼이 전체 왕국의 번영과 공감적으로 결합되어 있다고 생각하기 때문이다. 만일 왕이 병으로 눕게 되거나 허약해지면 가축도 병에 걸려 번식을 멈추며, 곡물이 들에서 썩고, 사람이 유행병으로 사멸된다고 그들은 믿었다. 그들의 의견에 따르면, 그러한 재앙을 피하는 유일한 방법은 왕이 그 선임자에게서 계승한 신성한 영혼을, 아직도 활발하고 질병이나 노년의 허약함에 침해받지 않는 동안 후계자에게 옮겨질 수 있도록 왕이 건강하고 원기왕성할 때 죽이는 일이다.

이러한 왕위 계승 방식에서 '왕의 사형 집행 영장을 봉인한다' 일컬어지는 특수한 현상은 그 의미가 깊다. 그가 많은 아내들의 정욕에 이미 만족을 줄 수 없게 되었을 때, 다시 말해서 부분적이건 전체적이건 그 종족을 번식할 수 없을 때는 그가 죽어서 더 원기왕성한 후계자에게 지위를 양보해야 한다. 왕을 죽이기 위한 다른 여러 이유를 생각해 볼 때, 그것은 인간, 가축, 곡물의 번식이 왕의 생식력에 공감적으로 의존한다는 사실을 알 수 있다. 따라서 그가 그 힘을 잃어버린다는 것은 인간이나 가축, 곡물의 똑같은 번식력 상실을 뜻하는 것이며, 머지않아 인간, 가축, 식물 등 모든 생명의 완전한 절멸을 불러온다는 것을 시사한다.

실루크족이 그런 위험을 눈앞에 두고 왕이 질병이나 노쇠로 자연사하지 않도록 깊이 배려하는 것은 조금도 이상한 일이 아니다. 왕의 죽음에 대한 그들 태도의 특징은, 그것을 죽음이라 보지 않는 것에 있다. 그들은 왕이 죽었다고 말하지 않고, 그 왕의 신적 조상인 냐캉과 다그(Dag)와 마찬가지로 '떠나셨다'고 말한다. 이 두 사람은 이 왕조 최초의 왕들로서 죽은 것이 아니라 어디론가 떠났다고 한다. 로마와 우간다에도 초기 왕들의 신비적인 실종에 대한 전설이 있는데, 그곳에서도 마찬가지로 백성들의 생명을 보존할 목적으로 그들을 살해하는 똑같은 관습이 있었을 것이다.

전반적으로 실루크족의 신성한 왕에 대한 관념과 관습은 네미 사제, 즉 '숲의 왕'에 대한 관념과 관습에 매우 비슷하다. 두 경우에서 우리는 인간이나 가축, 식물의 번성이 생명에 의존하는 신성한 왕의 계통을 보게 된다. 그 숭배자들의 의견에 따르면, 왕의 쇠퇴가 인간, 가축, 농작물에게도 똑같은 쇠퇴를 불러오기 때문에, 신성한 영혼이 활발한 모습 그대로 후계자에게 옮겨지도록 질병이나 노쇠에 기인한 허약함과 쇠퇴에 영향을 받지 않을 때 격투나 그 밖의 방법으로 살해되었다고 한다. 신성한 왕을 살해하는 관습에 대한 이런 설명의 몇 가지 점, 특히 신성한 영혼을 후계자들에게 옮기는 방법에 대해서는 나중에 충분히 다루게 될 것이다. 여기서 잠시 일반적 관습의 다른 예를 들고자 한다.

딩카(Dinka)족은 백나일 강 계곡에 사는 독립된 부족 집단이다. 그들은 순수한 유목민이고 양이나 염소를 기르기도 하지만 수많은 수소의 사육에 정열을 기울인다. 여자들은 소량의 수수와 참깨를 경작한다. 이 농작물과 특히 목축을 위해서 규칙적인 강우가 필요한데, 가뭄이 계속되면 그들은 매우 곤란을 겪게 된다. 그리하여 그들 사이에서는 오늘날까지도 기우사가 매우 중요한 인물이다. 여행자가 추장이나 족장이라고 부르는 권위자들은, 실제로 그 부족이나 공동 사회의 실제적 또는 잠재적 기우사들이다. 그들은 기우사들에게 '대기우사'의 영혼이 전승된다고 믿는다. 그리고 이 영혼의 힘에 따라서 성공한 기우사는 매우 큰 권세를 누리게 되며, 갖가지 중요한 사건에 고문 역할을 한다. 그런데 그가 받는 이 최상의 명예에도 불구하고, 또는 오히려 그 명예 때문에 딩카족의 기우사는 모두 질병이나 노쇠에 기인한 자연사가 허용되지 않는다. 만일 기우사가 자연사와 같은 불운한 일이 일어나면, 부족 전체가 질병이나 기근으로 고통받게 되고 가축이 번식하지 못한다고 믿기 때문이다. 그래서 기우사가 늙어서 쇠약해지면 자식들에게 죽고 싶다고 이야기한다.

아가르딩카(Agar Dinka)족은 이럴 때 큰 구덩이를 파고, 기우사는 친구나 친척들에 둘러싸여 구덩이 속에 들어가 눕는다. 기우사는 때때로 사람들에게 입을 열고 부족의 역사를 이야기하며, 자기가 어떻게 부족을 다스렸고 그들에게 충고했는가를 말하거나, 또 앞으로 그들이 행할 바를 가르치거나 한다. 훈계가 끝나면 그는 흙을 덮도록 명령한다. 구덩이 속에 누운 그에게 흙이 덮이고 곧 질식하여 죽게 된다. 부족마다 차이는 조금 있으나, 보통 이것이 딩카 부족 기우사들의 명예로운 삶의 종말인 듯하다.

코르아다르딩카(Khor-Adar Dinka)족은 기우사를 위해 구덩이를 판 다음 그의 집에서 목을 졸라 죽인 다음 유해를 묻는다고 셀리그먼 박사는 보고했다. 박사의 보고에 따르면, 어떤 사람의 부친과 숙부는 모두 기우사였는데, 둘 다 가장 규칙적이고 전통적인 방법으로 살해되었다고 한다. 기우사가 젊은 경우에도 병으로 죽을 것처럼 보이면 살해되었다. 더욱이 기우사가 돌발 사고로 죽지 않도록 온갖 수단이 강구된다. 그와 같은 죽음은 질병이

동족을 위해 인간을 태워 죽이다
세 명의 젊은이를 태워 죽였다는 구약성서의 이야기. 그리스도 교도의 석관. 바티칸, 로마

나 노쇠로 인한 죽음보다 심각한 것은 아니지만, 부족에게 질병을 가져온다고 믿었기 때문이다. 기우사의 고귀한 영혼은 그가 살해되자마자 아들이건 근친이건 알맞은 후계자에게 옮겨진다고 믿었다.

중앙아프리카의 부뇨로 왕국에서는 일단 왕이 중병에 걸리거나 노령으로 쇠약해지기 시작하면 스스로 목숨을 끊는 관습이 최근까지 이어졌다. 이는 만일 왕이 자연사하면 왕권이 그 왕조에서 없어진다는 오래된 예언이 전해지기 때문이다. 그래서 쇠약해진 왕은 독약을 마시고 자살했다. 그가 망설이거나 병이 심해져서 잔을 들지 못할 때는 독약을 마시게 하는 일이 그 아내의 임무다. 상부 콩고의 키방가(Kibanga) 왕국에서는 왕이 죽을 것이라는 생각이 들 때, 주술사들이 왕의 목을 끈으로 교살한다. 진지로(Gingiro)의 왕이 전쟁에서 부상당하면 살려 달라고 애원하더라도 전사들이 그를 살해한다. 그들이 살해에 실패하면 왕의 친척들이 죽인다. 그것은 왕이 적의 손에 죽는 것을 피하기 위해서라고 한다.

주코(Juko)족은 니제르(Niger) 강의 지류 베누에(Benue) 강변의 이교 부족이다. 이 나라에서는 다음과 같이 관습이 전해져 온다.

"가트리(Gatri) 마을은 그 마을의 장로들이 뽑은 왕이 통치한다. 장로들은 왕이 이미 오랫동안 통치했다고 생각할 때 '왕이 편찮으시다'고 소문을 퍼뜨린다. 의도는 결코 그 이상으로 밝혀지지 않으나, 모든 사람들은 그것이 왕을 죽이려고 하는 관용어라는 것을 알아차린다. 그런 뒤 그들은 다음의 왕을 결정한다. 그의 통치 기간도 회의에서 유력자들에 의해서 결정된다. 이는 저마다가 생각하는 새 왕의 통치 기간을 적은 나뭇조각을 땅 위에 던져 토론을 주고받는 방식으로 정해진다. 그리고 현재의 왕에게 죽음을 선고하고, 성대한 향연이 준비되면 왕을 옥수수 술에 취하게 한 뒤 창으로 찔러 죽이고, 미리 정해 놓은 왕을 왕위에 오르게 한다. 이리하여 주코족의 왕은 자신이 오랫동안 살지 못한다는 사실을 알며, 그 선임자의 운명이 자신의 운명임을 확신한다. 그러나 이 사실이 후보자들을 두렵게 하지는 않는 것 같다. 이처럼 왕을 살해하는 관습은 가트리에서와 똑같이 퀀데(Quonde)와 우카리(Wukari)에서도 행해지고 있다고 한다."

북부 나이지리아의 고브리(Gobri), 카치나(Katsina), 다우라(Daura)의 세 하우사(Hausa)족 왕국에서는, 왕이 건강하지 못하거나 쇠약의 징조를 보이면 '코끼리를 죽이는 자'로 불리는 관리가 나타나서 그를 교살했다.

마티암보(Matiamvo)는 앙골라 내륙의 제왕이다. 그 나라의 군소 왕 가운데 한 사람인 찰라(Challa) 왕이 마티암보가 최후를 마치는 모습을 다음과 같이 포루투갈 탐험대에게 말했다.

"우리 마티암보는 전쟁에서 죽거나 정상적이지 못한 방법으로 죽임을 당하는 것이 전통적 관습이다. 현재의 마티암보는 백성들의 고혈을 착취하면서 오랫동안 살아 왔기 때문에 이제 최후의 운명을 맞이해야 한다. 그가 살해되어야 한다고 결정되면 우리는 그를 적들과 싸우게 하는데, 그의 가족도 싸움터에 데리고 간다. 이때 우리의 부족들도 조금은 목숨을 잃는다. 만일 그가 부상당하지 않고 도망치면, 다시 3, 4일 동안 더 싸우게 한 다음 우리는 갑자기 빠져나와 그와 그의 가족을 적의 손에 넘겨 운명에 맡겨 버린다. 왕은 자신이 버림받은 것을 깨닫고, 왕위를 선출된 자에게 양보하고 자리에 앉아서 자기 주변에 가족들을 불러모은다. 먼저 어머니에게 가까이 올 것을 명한다. 그녀가 무릎을 꿇는다. 그러면 그녀의 목을 벤다. 그리고 아들들의 목을 순서대로 베고, 아내들과 친족들을, 마지막으로 아나쿨로(Anacullo)라고 부르는 가장 사랑하는 아내의 목을 벤다. 이 일을 마친 뒤, 마티암보는 화려하게 정장을 하고 자신의 죽음을 기다린다.

이 왕의 죽음은 강력한 적인 이웃 대추장들, 카니퀸하(Caniquinha)와 카니카(Canica)가 보낸 관리가 곧 집행한다. 그는 왕의 두 팔과 두 다리를 자르고 마지막으로 목을 자른다. 이것이 끝나면 그 관리의 목이 잘린다. 모든 유력자들은 그의 죽음을 보지 않기 위해서 진영에서 물러난다. 마티암보의 살해 현장에 남아서 그의 죽음을 확인하는 것과, 마티암보의 적들인 두 대추장이 머리와 팔다리를 매장한 장소를 표시하는 것이 나의 의무이다. 그들은 죽은 마티암보와 그의 가족에게 속하는 전재산을 몰수하고 그것을 자기들의 거처로 운반한다. 나는 죽은 마티암보의 토막 난 유해를 모아 장례를 치른 뒤에, 수도에 돌아와서 새로운 왕국의 시작을 선언한다. 그리고 유해가 매장된 장소에 다시 가서, 노예 40명을 그 대가로 치르고 유해들과 고인의 물품과 재산을 되찾아 새 마티암보에게 넘겨준다. 이것은 이미 여러 마티암보의 신상에 일어났던 일이며, 또 현재의 왕도, 앞으로도 겪어야 할 일이기도 하다."

왕에게 주름살이 생기고 흰 머리카락이 보이기 시작하면 왕을 처형하는 것이 줄루족의 관습이었던 것으로 보인다. 이것에 대해서 적어도 19세기 초 유명한 줄루족의 폭군 차카(Chaka) 왕의 궁정에 얼마동안 머물렀던 어떤 유럽인이 기록한 내용이 있다.

"나에 대한 왕의 굉장한 분노는 페어웰(Farewell)이 불로장생의 선약이라고 속인 터무니없는 만병통치약, 즉 머릿기름 때문에 일어났다. 그는 그러한 만병통치약이 있다고 들은 순간부터 그것을 얻으려고 열망했으며, 기회가 있을 때마다 그 선약을 얻는 것이 소망이라고 우리에게 말했다. 또 우리가 다른 용무로 궁정을 떠날 즈음에도 그는 그 선약을 구해 오라고 말하는 것을 잊지 않았다. 줄루족은 왕을 선택하거나 선출할 때 왕에게 주름살이나 흰머리칼이 있으면 안 된다. 이는 모두 호전적인 부족의 군주가 될 자격이 없다는 것을 나타내는 줄루족의 야만적 관습 가운데 하나이다. 그들의 왕으로써 통치하는 데 부적당하거나 무능력한 증거를 결코 나타내지 않는다는 것도 중요한 일이다. 그러므로 가능한 한 그런 징후들을 숨기는 것이 필요했다. 흰머리칼이 나타나기 시작한 차카 왕은 몹시 걱정할 수밖에 없다. 그것은 곧 이 세상을 떠날 준비를 요구하는 신호이고, 반드시 죽음이 따랐기 때문이다."

이 시사적인 머릿기름 이야기를 우리에게 제공해 준 필자는 흰머리칼에 주름살이 잡힌 줄루족 추장이 '이 세상에서 떠나는' 방식에 대해 기록하는 것을 생략했다. 그러나 비슷한 예에 따라 그가 살해되었을 것으로 추측할 뿐이다.

2세기 전 소팔라(Sofala)의 카프레족 왕국에서도 왕에게 육체적 쇠퇴의 징조가 나타나기 시작하면 그를 살해하는 관습이 있었다. 소팔라의 왕들은 그 백성들에게 신으로 숭배되고, 백성들이 요구하는 대로 비나 햇빛을 만들어 낼 수 있다고 믿은 점에 대해선 이미 살펴본 바 있다. 그러나 이빨이 빠지는 것과 같은 작은 육체의 결함이라 할지라도 그 인간신을 죽이는 충분한 이유가 된다고 생각했다. 이는 다음에 기술되는 고대 포르투갈 역사가의 기록에서 볼 수 있다.

"자연적 재앙이나 자연적인 육체적 결함, 예컨대 노쇠나 전염병, 앞니가 빠져 얼굴 모양을 손상시키거나 그 밖의 기형, 질환 등이 생겼을 때, 그 국왕들이 음독 자살하는 것이 예부터 이 지방의 관습이었다. 그러한 결함을 종식시키기 위해서 왕에게 어떤 흠이라도 있어서는 안 되며, 흠이 있다면 명예를 위해 죽어서 다른 생애를 찾아야 하고, 거기에서는 모든 것이 완전할 것이라고 말하면서 자살했다. 그런데 내가 어떤 지방에 머물렀을 때 통치하던 퀴테브 왕은 신중하고 겁이 많았기 때문에 이런 식으로 선임자들의 뒤를 따르려 하지 않았다. 그는 앞니 하나를 잃었을 때, 자기가 이빨 하나를 잃었으니 이후 자신을 보았을 때 오인하지 않도록 주의하라는 포고를 전국에 공포하고, 그 선임 왕들이 이런 일로 자살한 것은 참으로 어리석은 일이고, 자기는 그런 일을 하지 않겠다고 선언했다. 이 왕은 늙어 죽을 시기가 닥쳐왔을 때 자신의 생명이 왕국을 유지하고 또 적들로부터 보호하는 데 매우 필요하다는 이유로 매우 슬퍼했다. 그리고 후계자에게 자기의 예를 따르도록 권고했다."

앞니를 잃은 뒤에도 감히 살아남은 소팔라 왕은 에티오피아 왕 에르가메네스와 같이 대담한 개혁자였다. 에티오피아 왕들이 살해당한 근거는 줄루 왕이나 소팔라 왕의 경우와 같이 어떤 육체적인 결함이나 쇠약의 증세가 그 육체에 나타나는 데 있었다고 짐작할 수 있다. 또 사제들이 왕의 처형에 대한 권위로서 주장하는 신탁은, 육체에 어떤 흠이 있는 왕이 통치하면 무서운 재앙이 생긴다는 의미라고 해석할 수 있을 것이다. 그것은 마치 스파르타인에게 '절름발이의 통치', 즉 절름발이 왕의 통치를 물리칠 것을 경고한 신탁과 같은 것이었다. 에티오피아 왕들이 그들을 살해하는 관습을 폐지하기 훨씬 이전에 육체의 크기나 힘, 또는 아름다움 때문에 선출되었다는 것은 앞에서의 추측을 어느쯤 확증해 준다. 오늘날까지 와다이(Wadai)의 술탄은 뚜렷한 육체적 결함을 가져서는 안 되고, 또 안고이(Angoy) 왕은 예컨대 부러진 이빨이나, 고친 이빨이나 또는 예전에 다친 상처의 흠을 하나만 가지고 있어도 왕관을 쓸 자격이 없다. 「아카일의 서 *Book of Acaill*」나 그 밖의 믿을 만한 책에 따르면, 신체상의 흠을 가진 왕은 아일랜드의 타라(Tara)를 다스릴 수 없었다. 이런 이유에서 코르막맥아르트(Cormac Mac Art) 대왕이 사고로 한쪽 눈을 잃었을 때 그는 즉시 왕의 자리에서 물러나야만 했다.

백성들을 위해 불타 죽은 리디아 왕 크로이소스. 그리스 시대의 항아리. 루브르 박물관, 파리

　다호메이의 옛 수도 아보메이(Abomey)의 동북쪽 먼 곳에 에이에오(Eyeo) 왕국이 있다.

　"에이에오족 왕에게는 다호메이 왕에 못지않는 권세가 있으나, 굴욕적이면서 지나친 국가의 규제에 얽매인 왕이 통치한다. 때로 이것은 불평을 가진 대신들이 선동하는데, 백성들이 왕의 나쁜 정치를 염려했을 때 왕에게 대표를 보내 앵무새 알을 선물한다. 이는 정치의 무거운 책임이 그를 피로케 했으니 이제 괴로움을 떠나서 마음대로 주무시고 쉴 때라고 생각된다는 취지를 왕에게 전하려는 것이다. 왕은 그 육체의 안락을 염려해 주는 백성들에게 감사하고, 마치 잠자러 가는 것과 같이 거처로 물러가서 부인과 애첩들에게 자신을 교살하도록 명령한다. 이것은 바로 집행되고 대신에 아들이 조용히 왕위에 오르고 백성들이 인정하는 기간 동안만 정권을 장악한다."

1774년 무렵, 이 관습적인 방법으로 대신들이 왕을 쫓으려고 시도했을 때, 왕은 보내온 앵무새 알을 단호히 거절하고, 자기는 낮잠을 잘 생각은 조금도 없고, 반대로 백성들의 복지를 꾀할 결심이라고 알렸다. 대신들은 왕의 반항에 놀라고 분격하여 반란을 일으켰으나 많은 사람이 죽고 실패하고 말았다. 왕은 그 과감한 행동으로 원로들의 횡포로부터 자신을 해방하는 동시에 후계자를 위해 새로운 전례를 열어 놓았다. 그러나 이 옛 관습은 그 뒤에 부활해 19세기 말까지 계속되었던 모양이다. 한 가톨릭 선교사가 1884년에 기록한 것 가운데 그 관습이 여전히 집행되는 것으로 알려졌다.

1881년에 작성된 다른 선교사의 기록 중에는 서아프리카의 에그바(Egba)족과 요루바(Yoruba)족의 관습에 대한 다음과 같은 내용이 있다.

"이 나라의 관습 가운데서 가장 기이한 것 중 하나는 말할 것도 없이 왕을 심판해 살해하는 것이다. 왕이 그 권위를 함부로 휘둘러서 백성들의 미움을 샀을 때에는 그 중신들 중 한 사람이 '잠자리에 들 것'을 요구한다. 이것은 '음독하여 죽으라'는 의미다. 만약 왕이 이 마지막 순간에 용기를 잃어 실패하면, 친구 한 사람이 그를 위해 이것을 도와 준다. 그들은 이 비밀을 누설하지 않고, 조용히 왕이 죽었다는 소식을 백성들에게 알릴 준비를 한다. 요루바족의 경우는 이와 조금 다르다. 오요(Oyo)의 왕에게 아들이 생기면 사람들은 진흙으로 그 갓난아기의 오른발을 본떠서 그것을 '오그보니(ogboni)'라고 하는 장로들의 집에 보존해 둔다. 그리고 그 뒤 왕이 그 나라의 관습을 지키지 않을 때, 한 신하가 조용히 그에게 그 발 모형을 보여 준다. 그러면 그 의미를 알고 있는 왕은 스스로 음독하여 잠든다."

고대 프로이센인은 '신의 입'이라고 부르는 지배자를 신의 대리로서 자신들을 다스리는 최고의 통치자로 인정했다. 그가 스스로 몸이 허약해지고 병든 것을 느끼게 되면, 죽은 뒤에 명예로운 이름을 남기고자 장작과 짚으로 높이 쌓아올린 더미 위로 올라간다. 그리고 거기서 백성들에게 긴 설교를 하여 신에게 봉사할 것을 권하고, 자신은 신에게 가서 백성을 변호해 줄 것을 약속한 뒤, 스스로 신성한 떡갈나무 앞에서 꺼지지 않고 타오르는 장작더미 위에 누워 불타 죽는다.

3 일정 기간 뒤에 살해되는 왕

앞에서 기술한 여러 실례에서 보았듯이, 신성한 왕이나 사제는 어떤 육체적인 결함, 즉 노쇠 또는 노령의 뚜렷한 증세가 나타나, 이미 그가 신적인 의무를 수행하는 데 알맞지 않다고 생각되기 전까지는 그 백성들의 지지를 받았다. 하지만 그런 기미가 보이면 그는 곧 살해되었다. 그러나 어떤 민족은 극히 최소한의 것이라 하더라도 그런 쇠약의 징조가 나타날 때까지 기다려야 한다는 것을 불안히 여겨, 왕이 원기왕성한 동안에 살해한 예도 있었다. 그리하여 그들은 왕이 통치할 수 있는 기한을 정했으며, 그 기간 뒤에는 그를 살해했다. 그 기간은 왕이 육체적으로 쇠약해지는 가능성을 배제하기 위해 될 수 있는 한 짧게 정해졌다. 남부 인도의 퀼라케어(Quliacare) 주의 경우는 그 기간은 12년이었다. 그곳을 방문한 적이 있는 한 여행가는 다음처럼 전한다.

"그곳에는 이교도들 신전이 있는데, 그 안에 그들이 숭배하는 우상이 모셔져 있다. 그들은 12년마다 대축제를 열었으며, 그날은 모든 이교도들이 신전에 참배를 했다. 이 신전은 넓은 토지를 소유하고 막대한 수입을 올리고 있다. 이 축제는 매우 중대한 행사였다. 이 지방 왕의 통치 기간이 이 축제일을 기준으로 하여 12년으로 정해져 있었기 때문이다. 그의 생활 양식은 다음과 같다. 즉, 즉위 후 12년이 지나 다시 그 축제일이 되면, 수많은 사람들이 모여 브라만(Brahman : 인도의 신분제도에서 가장 높은 계급인 승려 또는 제사장)에게 음식을 바치기 위해 아낌없이 돈을 쓴다. 왕은 나무 제단을 만들게 하여 그것을 비단으로 씌우게 한다. 드디어 축제 당일이 되면 그는 장엄한 의식을 치르고 음악이 흐르는 가운데 목욕재계한 다음 우상에 기도를 올리고, 제단 위에 올라간다. 그리고 모든 백성들 앞에서 날카로운 칼로 먼저 자신의 코, 귀, 입술, 사지를 순서대로, 할 수 있는 한 큰 살점으로 잘라낸다. 그렇게 너무 많은 피를 흘려 실신하게 될 때까지 자기 살을 도려내다가, 그는 마지막에 스스로 자기 목을 벤다. 이렇게 그는 우상에게 자기 육신을 제물로 바치는데, 다음 12년간을 왕으로서 통치하다가 우상을 위해서 이 순교를 행하고자 하는 후보자는 여기에 참석하여 이를 지켜보아야 한다. 그러면 의식이 끝나고 백성들은 그 자리에서 그를 왕으로 세우는 것이다."

인도 말라바르(Malabar) 해안에 있는 캘리컷(Calicut)의 왕은 '사모린(Samorin)' 또는 '사모리(Samory)'의 칭호를 갖고 있다. 그의 지위에 대해서는 다음과 같이 전한다.

"자기 스스로 브라만 계급보다 높고 다만 눈에 보이지 않는 신들보다는 낮다고 주장한다. 이 주장은 백성들에게는 승인되었으나, 브라만은 그를 어리석고 밉살스럽게 여기고 수드라(Sudra : 인도의 신분 제도에서 가장 낮은 계급인 노예)로 취급할 뿐이다."

그 옛날 '사모린'은 12년 동안의 통치가 끝나면 백성들이 보는 앞에서 스스로 목을 베어야 했다. 그러나 17세기 말엽에 이르러 이 규정은 다음과 같이 수정되었다.

"옛날 이 나라에 기이한 많은 관습이 행해졌는데, 매우 신기한 몇 가지는 오늘날까지도 계속되고 있다. 사모린은 12년간 통치할 뿐이고, 그 이상 계속할 수 없다는 것이 옛 관습이었다. 이 기한이 되기 전에 죽으면, 그 목적을 위해서 만들어진 제단 위에서 스스로 목을 자르는 고통스러운 의식은 면제된다. 그는 먼저 수많은 귀족들을 위해 향연을 베푼다. 그것이 끝나면 손님들에게 인사하고, 그 제단으로 올라가 백성들이 보는 앞에서 매우 점잖게 자신의 목을 벤다. 그 유해는 성대한 의식을 거쳐 화장되며 장로들은 새로운 사모린을 추대한다. 이러한 관습이 종교적 의식이었는지 또는 세속적 의식이었는지 알 수 없으나, 오늘날은 폐지되었다. 그리고 근대의 사모린들에 의해서 새로운 관습이 시작되었다. 먼저 12년간의 통치 기간이 끝나면, 전국에 대축제가 공포되고 넓은 들판에 천막이 쳐지고 10일에서 12일 동안 성대히 향연이 베풀어지며, 환희와 희열의 극치 속에서 밤낮을 가리지 않고 축포가 터진다. 이 향연이 끝날 무렵, 손님들 가운데서 격투하여 왕관을 차지하려는 자가 네 명 정도 나온다. 이들 가운데 누군가가 3, 4만 명에 이르는 호위병들의 방벽을 뚫고 천막 속에 있는 사모린을 죽이면, 그 자가 왕위를 계승하게 된다.

1695년에 이와 같은 대축제가 있었는데, 캘리컷 남쪽 약 72킬로미터 정도 떨어진 항구 페나니(Pennany) 부근에 천막이 쳐졌다. 격투를 감행하려는 자는 세 사람밖에 없었고, 그들은 검과 방패를 들고 호위병 속에 뛰어들어, 많은 사람들을 살상했지만 그들도 모두 죽고 말았다. 죽은 투사 중 한 사람에게 열대여섯 살쯤 되는 조카가 있었는데, 이 격투시에 근처에 있다가 숙부가 쓰러지는 것을 보자, 호위병들을 제치고 용감하게 천막에 돌진하여 왕의 머리에 일격을 가했다. 그러나 그의 칼은 왕의 머리 위에 걸려 있던 큰 놋쇠 램프에 맞았을 뿐이었다. 다시 일격을 가하기 전에 그는 호위병에게 살해되었다. 그리하여 그

때 피살을 모면한 사모린이 아직도 그곳을 다스리는 것으로 나는 믿는다. 나는 우연히 그 해안에 있었기 때문에 2, 3일 동안 축포 소리를 밤낮없이 들었다."

내가 이야기를 인용한 영국인 여행가는 축포 소리를 먼 곳에서 듣기는 했지만, 그가 기록한 축제를 직접 본 것은 아니었다. 그러나 다행히 이들 축제에서 살해된 사람의 수효에 대한 정확한 기록이 캘리컷에 있는 왕족의 기록 보관소에 보존되어 있다. 19세기 후반, 이 기록들은 그 무렵 왕의 개인적인 원조를 얻어서 로건(W. Logan)이 조사했다. 이 조사를 통해 방금 인용한 이 비극의 장면은 물론,

왕위 계승
베냉족의 주술사가 왕의 아들을 지목하고 있다. 16세기 베냉 청동 장식판. 대영박물관, 런던

1743년까지 이 의식이 주기적으로 계속 집행된 비극적인 장면과 관계되는 정확한 개념을 얻을 수 있게 되었다.

캘리컷의 왕이 왕관과 생명을 건 격투의 축제는 '위대한 희생'의 명칭으로 알려졌다. 그리고 목성이 12년마다 게좌(Sign of the Crab) 자리에서 28일 동안 축제가 이어졌고, 마카람(Makaram) 달의 제8 대음성군(大陰星群, lunar asterism) 때에 절정에 이르렀다. 즉 축제 시기가 목성의 위치에 따라 결정된 것이다. 두 축제 간의 사이는 목성이 태양의 주위를 공전하는 데 필요한 12년이었기 때문에, 그 위대한 목성이야말로 어떤 의미에서 왕의 별이며 그의 운명을 다스리는 것이고, 하늘에서의 그 공전 시기가 지상에서의 그의 통치 시기에 해당된다고 생각되었던 것으로 추리된다.

어쨌든 이 의식은 포나니(Ponnani) 강 북쪽에 위치한 티루나바이(Tiruna-vayi) 사원에서 대단한 환희와 함께 거행되었다. 이 장소는 현재 철로변에 있다. 기차가 그곳을 달릴 때 강둑의 무성한 나무에 거의 가려진 이 사원의 모습

을 힐끗 볼 수 있다. 사원의 서쪽 문에서 일직선으로 뻗은 길이 주변의 논과 거의 같은 평면에 있으며, 아름다운 가로수에 덮인 길을 800미터쯤 달리면 낭떠러지를 이룬 높은 산등성이에 이른다. 이 산 위에서 아직도 서너 개의 계단 모양의 언덕을 볼 수 있다. 왕은 저 극적인 날에 이 언덕의 꼭대기에 서 있었을 것이다. 거기에서 바라보이는 경치는 훌륭하다. 넓고 잔잔한 강이 광활하게 펼쳐진 평야지대를 가로질러 흐르고, 산 밑의 경사지를 덮은 숲의 고원 지대가 동쪽으로 보이고, 그 건너 멀리 서쪽으로는 산맥이 희미하게 보이며, 훨씬 먼 곳에 '푸른 산들(Blue Mountains)' 또는 '네이게리 산맥(Neigherries)'이 하늘빛과 거의 구별하지 못할 만큼 푸르게 보인다.

그러나 운명의 위기에 놓인 왕의 눈에 끌린 것은 그러한 먼 거리의 광경이 아니었다. 그의 관심은 더 가까운 광경에 끌렸을 것이다. 왜냐하면 눈 아래 평원은 군대로 메워지고, 군기는 태양 아래 휘날리고, 그 진영의 흰 천막은 논밭의 초록색과 황금색과는 뚜렷한 대조를 보였기 때문이다. 4만 명 또는 그 이상의 전사들이 왕을 호위하기 위해 거기에 모였다. 그런데 평원은 병사들로 가득 찼으나 그 평야를 가로질러 사원에서 왕이 있는 곳까지 길에는 철저히 차단되어 적막감이 감돌았다. 이 길 양쪽에는 누구도 접근하지 못하게 말뚝으로 둘러치고, 그 말뚝을 따라 전사들이 창을 들고 울타리처럼 즐비하게 서 있었을 것이다. 이제 모든 것은 준비되었다.

왕이 검을 휘둘렀다. 그러자 화려하게 장식된 육중한 황금 사슬이 왕의 옆에 있는 코끼리 위에 놓여졌다. 그것이 신호였다. 이윽고 800미터 떨어져 있는 사원의 문 주변에서 소란스런 움직임이 보였다. 꽃으로 장식되고 재(灰)를 바른 검객들이 군중을 헤치고 거기에 나타났다. 그들은 방금 이 지상에서 마지막 식사를 끝내고, 이제 그들의 친구에게서 축복과 작별 인사를 받는다. 그것도 잠시, 바로 그들은 빈틈없이 늘어선 채 길을 막는 창기병들에게 검을 종횡무진으로 휘두르며 찔러 죽이면서 이쪽으로 오고 있다. 그러나 모두 소용없는 일이다. 어떤 자는 왕의 가까이에서, 또 어떤 자는 먼 곳에서 차례차례 쓰러져 간다.

왕관의 그림자는 어리석은 것, 다만 그 불굴의 용기와 검객의 용기를 세상에 증명하기 위해 만족스럽게 죽어 가는 것이다. 이 축제의 나머지 며칠 동안 똑같이 용감하고 장렬한 무용과 무익한 생명의 희생은 몇 번이고 되풀이되었다.

그러나 생명을 버리고 명예를 선택하는 사람들이 있다는 것을 증명하는 희생이 아주 무익하다고는 말하지 못할 것이다.

옛날 인도의 어떤 역사가는 이렇게 말한다.

"군주의 자리를 세습적으로 계승하는 자가 거의 없는 것은 벵골의 기이한 관습 때문이다. ……왕을 죽이고 그 자리에 오르는 자는 누구나 곧 왕으로 인정된다. 귀족, 고관, 군인, 백성들은 모두 그에게 복종하고, 그를 선왕과 다름없이 존중하며 묵묵히 그의 명령에 따른다. '우리는 왕에게 충성을 다한다. 누가 왕좌에 오르든 우리는 복종하고 충성을 다한다' 이렇게 벵골인은 말한다."

아프리카의 아샨티족 왕이 착용하던 황금 가슴 장식물. 19세기, 대영박물관, 런던

이와 같은 관습은 옛날 수마트라 북쪽의 파시에르(Passier) 소왕국에서도 있었다. 그것에 대해서 우리에게 전하는 옛 포르투갈의 역사가 드 바로스(De Barros)는, 이 나라의 군주가 오래 사는 것을 백성이 허용하지 않기 때문에 현명한 사람은 누구도 왕이 되려고 하지 않는다고 서술하고 있다. 그에 따르면, 때로 백성들은 포학성을

찰스 2세 시대에 복제되어 그후 대대로 국왕 대관식에서 사용된 영국 왕관. 존 토판 그림도서관

띠고 "왕을 죽여라"는 무서운 말을 외치면서 길거리를 누볐다.

왕은 이 죽음의 노래를 듣고 자기의 최후가 왔음을 깨닫는다. 그럴 때 왕족

중 한 사람이 치명적인 일격을 가하여 왕을 살해하면, 왕좌에 오른다. 그리고 하루 동안 평화스럽게 그 자리를 지키는 데 성공하면, 합법적인 왕으로 여겨진다. 그런데 살해자는 언제나 그렇게 성공하지는 못했다.

페르낭 페레스 드 안드라데가 중국에 항해하는 도중 향료를 싣기 위해 파시에르에 기항했을 때, 그곳에서 두 왕이 살해되었다. 그것은 아주 평화스럽고 질서 있는 방식으로 이루어졌고, 도시에는 동요나 폭동의 징조가 조금도 보이지 않았다. 왕의 살해나 처형은 일상적인 일인 것처럼 모든 일이 여느 때와 같이 조용하게 진행되었다. 실제로 어떤 때는 세 사람의 왕이 위험스러운 자리에 오르려다 하루 동안에 차례대로 저승으로 떠난 일도 있었다고 한다. 그 나라의 백성들은 신이 지상에 자신의 대리자로서 통치하도록 왕을 보내줬으므로, 그런 위대한 존재가 죄를 범하지 않는 한 평화스러운 방식으로 해결해야 하지 않느냐고 말하면서 신성한 제도라고 생각되는 이 관습을 옹호했다.

이와 같은 관습이 열대의 수마트라 섬에서 훨씬 멀리 떨어진 고대 슬라브족 사이에도 있었다. 포로였던 군(Gunn)과 자르메릭(Jamerik)이 슬라브족의 왕과 왕비를 죽이고 도망쳤을 때, 그들을 추적하던 원주민들은 돌아오면 살해된 왕의 자리를 이을 수 있다고 고함을 질렀다. 그것은 고대인의 공공연한 규정에 따라 왕을 살해한 자가 왕위를 계승하도록 되어 있기 때문이다. 그러나 도망 중인 포로는 그런 약속은 유인해서 죽이려는 수단에 지나지 않다고 생각하고 들으려 하지 않았다. 그리고 계속 도망쳐 원주민들의 고함소리는 점차 들리지 않았다.

왕들이 일정한 기한이 끝나 스스로 또는 타인의 손에 의해 살해당하지 않을 수 없게 되었을 때, 그 고통스런 의무를 군주의 몇 가지 특권과 함께 그들을 대신해서 고통을 받을 대리자에게 위탁하려는 것은 자연스러운 일이다. 이 편법은 말라바르의 왕들이 이용했다. 그 나라의 어떤 권위자는 다음과 같이 말한다.

"어떤 지방에서는 군주가 행정적·입법적인 권위를 일정한 기간 동안 백성에게 위탁했다. 이 제도는 '참수에 의해 얻어지는 권위'라고 일컬었다……이것은 5년 동안 누릴 수 있는 권한이고, 그 역할을 맡는 자는 그 권한 내에서 절대적인 권력을 가진다. 그러나 5년의 기한이 끝나면, 그 자는 목이 베어지고, 와자지껄한 군중들 앞에서 공중에 던져진다. 군중들은 떨어지는 목을 붙잡으려고 서로 경쟁한다. 먼저 차지한 자는 다음 5년간 그 자리에 임명되기 때문이다."

일정한 기간 뒤에 비명의 죽임을 당할 수밖에 없었던 왕들이 다른 사람을 대리로 죽게 하는 그럴듯한 생각을 했을 때, 그들은 매우 자연스럽게 그것을 실천에 옮겼다. 따라서 여러 나라에서 이 편법이나 흔적이 매우 일반적이었다고 해서 그다지 놀랄 것은 못 된다. 스칸디나비아의 전설은 그 옛날에 스웨덴 왕들이 9년 동안만 통치하고 그 뒤에는 살해되거나 자기들 대신 죽을 대리자를 찾아야 했다는 한 암시를 보여 준다. 예를 들면, 스웨덴 왕 아운(Aun) 또는 온(On)은 며칠 동안 오딘(Odin)에게 제물을 바치고, 9년마다 자기 아들을 하나씩 희생 제물로 바치면, 자신을 살려 준다는 답을 신에게서 들었다고 한다. 그리하여 왕은 9년마다 아들을 차례로 제물로 바치다가 드디어 열 번째의 마지막 아들을 제물로 바치려 했는데, 민중들은 그것을 허락하지 않았다. 그래서 그는 백성들에 의해 살해되어 웁살라에 있는 묘지에 매장되었다.

오딘의 파면과 추방에 대한 기이한 전설에서도 왕이 자신의 자리를 지키려 한 비슷한 예를 찾아볼 수 있다. 다른 신들이 그의 악행에 분격하여 추방하고 그 자리에 올레르(Oller)라는 주술사를 대리자로 세우고 그에게 왕과 신의 상징을 주었다. 오딘의 이름을 분에 넘치게 스스로 이른 이 대리자는 약 10년 동안 통치하다가 왕위에서 쫓겨나고, 진짜 오딘이 그의 자리에 복위했다. 실의에 빠진 올레르는 도망갔다가 빼앗긴 행운을 되찾으려 했으나 살해되었다.

신들은 때때로 전설의 안개를 통해서 매우 희미하게 보이는 인간에 지나지 않았다. 이 스칸디나비아의 전설도, 9년에서 10년 동안 다스린 다음에 나라를 위해 죽는 특권을 대리인에게 위탁한 뒤 왕위에서 물러났던 고대 스웨덴의 왕들에 대한 혼란된 기억을 보존하고 있는 것으로 추리할 수 있다. 웁살라에서 9년마다 집행되는 큰 제사는 왕이나 대리자가 살해되는 자리였을 것이다. 이는 인간 제물을 바치는 것이 그 의식의 일부가 되었다는 것을 시사한다.

고대 그리스의 많은 왕들의 통치가 8년에 한정되었다는 것, 또는 적어도 8년이 지날 때마다 새로운 성화(聖化) 의례, 즉 신의 은혜를 입은 새로운 왕의 선출이 그들에게 공적 또는 종교적 임무 수행을 가능하게 하기 위해서 필요했다고 생각할 만한 몇 가지 근거가 있다. 바로 스파르타의 규칙에 8년마다 민선 장관들이 달 없는 밤을 택해서 조용히 앉아 하늘을 보아야 한다는 조항이 있었다. 밤을 새우며 지키는 동안 그들이 유성을 보았다면, 그들은 왕이 신에게 죄를 저지른 것으로 단정하고, 델피의 신탁이나 올림피아의 신탁이 왕의 복위를 허용할 때까지 그 기능을 정지시켰다. 이 관습은 스파르타 군주정의 마지막 시기에서도 유지되었다. 예를 들면, 기원전 3세기에 개혁파에게 미움을 받던 한 왕은 온갖 허위 고소로 실제 폐위되었는데, 하늘에 불길한 징조가 보였다는 것이 그 고소의 중요한 이유였다고 한다.

만일 스파르타에서 왕위의 자리가 정식으로 8년으로 한정되었다면, 왜 정확하게 그 기간이 왕의 통치 기간 단위로 선택되었느냐는 의문이 자연히 생긴다. 이에 대한 대답은 아마 초기 그리스력(曆)을 결정한 천문학적 계산에서 발견될 것이다. 태음력을 태양력과 조화시키는 일은 원시 상태에서 벗어나려는 고대인들의 머리를 괴롭히는 큰 수수께끼 가운데 하나였다. 8년이란 주기는 태양과 달이 겹쳐지는 주기 가운데 가장 짧은 기간이다. 예를 들면, 보름달이 해가 가장 긴 날 또는 가장 짧은 날과 합치되는 것은 8년마다 한 번밖에 없다. 그리고 그 합치되는 현상은 간단한 눈금 도판으로 관찰될 수 있기 때문에, 이 관측은 마땅히 태음력과와 태양력을 정확하지 않으나 적절하게 조화시키는 역법의 기초를 마련하는 첫 번째 토대이다.

그러나 초기에 본래 달력 계산은 종교상의 일과 관련되었다. 공동체의 안녕을 위해서는 신의 은혜가 꼭 필요한데, 달력을 계산하여 신을 달래주기 위한 정확한 시기를 알 수 있었기 때문이다. 그러므로 국가의 대사제나 그 자신이 신인 왕이 천문학상 일정한 기간이 끝남에 따라 살해되거나 축출된 것은 이상하지 않다. 그 위대한 광체가 하늘에서 자기들의 도정을 모두 달리고 운행을 막 새롭게 하려고 할 때, 왕은 마땅히 그보다 강건한 후계자에 자리를 양보하는 고통 속에서, 자신의 신적 정력을 새롭게 하거나 쇠퇴되지 않았음을 밝혀야 한다.

이미 우리가 본 바와 같이 인도의 남쪽에서는 태양의 주위를 목성이 공전을 끝마치는 것과 동시에 왕의 통치와 생명이 끝난다. 한편 그리스에서 왕의 운명은 8년이 끝날 때마다 저울에 달아지는데, 반대편 저울의 접시에 유성의 무게가 가해져 그 저울이 오르면 왕의 생명은 끝났다.

그 기원이 무엇이든 간에 스파르타 이외의 그리스 여러 도시에서도 8년의 주기는 왕의 정상적인 통치 기간과 일치된다. 예를 들면, 근래에 웅장한 궁전이 발굴된 크레타 섬의 크노소스 왕 미노스(Minos)는 8년간 그 자리에 있었다고 한다. 그는 각 기간이 끝날 때 잠시 동안 이다(Ida) 산의 신탁 동굴에 들어가 아버지인 제우스와 교제해, 과거 그의 통치에 대해서 이야기하고, 또 앞으로 통치를 어떻게 해야 할지 지도를 받았다. 이 전설은 8년이 끝나면 왕은 신과 교제하여 신성한 힘을 갱신해야 하고, 또 그런 갱신 없이는 왕좌의 권력을 잃었다는 것을 뚜렷이 보여 준다.

아테네인이 8년마다 미노스에 보내야 했던 일곱 명의 젊은이와 일곱 명의 처녀 제물이 다음 8년 주기에서 왕권의 갱신과 관련되었다고 추측해도 속단이라고 말할 수 없을 것이다. 이 젊은이와 처녀들이 크레타에 도착했을 때 그들을 기다리던 운명에 대해서는 여러 전설이 있다. 그러나 그들이 미궁에 갇혀 인신우두(人身牛頭)의 괴물 미노타우로스에게 먹혔다든가 일생 동안 포로로 살았다는 것이 통설이다. 아마도 그들은 왕과 그 왕이 인격화한 태양의 힘을 갱신하기 위해 황소나 그 머리를 한 사람을 나타낸 청동상 속에 넣어 산 채로 불태워졌을 것이다. 이러한 추정은 사람을 가슴에 품고 불 속에 뛰어들어 모두 산 채로

숭배된 동물
▲ 독일 황제 하인리히 6세의 초상. 독수리 문장이 있다.

▼ 영국 버킹엄 궁전 문에 있는 사자와 일각수(一角獸) 문장.

태워진 탈로스(Talos) 전설에서 볼 수 있다.

크레타 섬을 경호하기 위해서 제우스가 에우로파(Europa)에게 또는 헤파이스토스(Hepaistos)가 미노스에게 탈로스를 보내 하루 세 차례 날마다 순찰하도록 했다고 한다. 어떤 설명은 그가 황소였다고 하며 또 어떤 설명은 그가 태양이었다고 한다. 아마 그는 미노타우로스와 같을 것이고, 그 신화적 특징을 벗기면, 황소 머리를 한 인간으로서 표현된 태양의 청동상일 수도 있다. 태양의 힘을 갱신하기 위해서, 인간 제물이 그 상에게 바쳐지거나 속이 빈 그 상 안에서 불태워지거나 그 두 청동손 위에 놓여 불 속에 굴렸을 것이다.

카르타고인이 자식을 몰록(Moloch)에게 바친 것은 후자의 방식에 따른 것이다. 아이를 청동의 소머리상의 손바닥 위에 올려놓고 타오르는 화덕 속으로 떨어뜨렸는데, 이때 비명소리가 들리지 않도록 사람들에게 피리와 탬버린에 맞추어 춤을 추게 했다. 크레타 섬의 전설이 카르타고의 관습과 갖는 유사성은, 미노스와 미노타우로스의 이름과 관련된 숭배가 셈(Sem)족의 바알(Baal) 신 숭배에서 크게 영향을 받았으리라는 것을 보여준다. 아그리젠토(Agrigentum)의 폭군 팔라리스(Phalaris)와 그의 청동 황소에 대한 전설 속에서도 카르타고의 세력이 깊이 뿌리를 박고 있던 시실리에서도 같은 의식이 드러나 있음을 볼 수 있다.

라고스 지방에서 요루바(Yoruba)족의 이제부(Ijebu) 부족은, 이제부 오데(Ijebu Ode)와 이제부 레몬(Ijebu Remon)으로 알려진 두 부족으로 나뉘어져 있다. 오데(Ode)족은 아우잘레(Awujale)란 칭호를 가지고 있으며 많은 신비에 둘러싸인 추장이 통치한다. 최근까지 그의 얼굴은 측근자에게도 보여서는 안 되었으나, 사정이 있어 그들과 이야기를 나눠야 할 경우에는 그 모습을 감추는 칸막이를 사이에 두고 이야기했다. 레몬족은 아우잘레보다 지위가 낮은 추장이 다스린다.

존 파킨슨(John Perkinson)은 이제부 레몬 추장이 옛날에 3년 동안 통치한 뒤에 의식에 따라 살해된 것을 보고했다. 이 나라는 영국의 보호 아래 있었기 때문에, 2년 동안의 통치 뒤에 추장을 살해하는 관습은 이미 오랜 옛날에 폐지되었고, 파킨슨은 그 문제에 대해서 자세히 확인할 수 없었다고 한다.

역사 시대의 바빌론에서 왕의 임기는 실제로 일생 동안 계속되었으나, 이론상으로 단 1년이었던 것으로 보인다. 왜냐하면 왕은 해마다 자그무크(Zagmuk) 축제 때 바빌로니아에 있는 에사길(Esagil) 신전의 마르두크 신상의 손과 악수해 자기의 힘을 새롭게 했기 때문이다. 바빌로니아가 아시리아의 힘에 의해서 멸망했을 때도 그 나라의 군주들은 바빌로니아에 가서, 신년 제사에 참가하여 옛 의식을 집행함으로써 왕권을 해마다 새로이 해야 했다. 그들 가운데 어떤 왕은 이 의무를 매우 무거운 짐으로 느끼고 차라리 왕의 칭호를 포기하는 편이 낫다고 생각해 총독이라는 보다 낮은 칭호로 만족했다. 또 역사 시대는 아니나 훨씬 먼 시대에 바빌로니아의 왕들 또는 그 미개한 선임자들은 1년 동안의 왕의 임기를 끝마칠 때 왕관뿐만 아니라 생명까지 잃었다고 한다.

적어도 이런 결론을 뒷받침할 만한 증거가 있다. 바빌로니아의 사제로서 풍부한 지식을 가지고 있던 역사가 베로수스(Berosus)에 따르면, 바빌로니아에는 사카이아(Sacaea)라는 축제가 있었다. 그것은 로우스(Lous)의 달 16일로부터 시작하여 5일간 이어졌고, 그동안 주인과 종의 위치가 바뀌어져 종이 명령하면 주인이 그들에게 복종했다. 또 사형이 언도된 죄인에게 왕의 옷을 입혀 왕좌에 앉히고, 마음대로 명령을 내리고 먹고 마시고 즐기고 왕의 후궁들과의 동침이 허용되었다. 그러나 5일째 되는 날 왕의 옷이 벗겨지고 매를 맞고, 교살되거나 찔려 죽었다. 이 짧은 재위 동안에 그는 '조가네스(Zoganes)'란 칭호를 가졌다.

아마도 이 관습은 향연의 계절에 즈음하여 불행한 죄수를 희생하는 장난놀음에 지나지 않는다고 설명될 수 있다. 그러나 가짜 왕에게 왕의 후궁들을 즐기도록 허용했다는 것은 그 해석을 모두 반박한다. 동양의 전제 군주가 질투심을 갖고 후궁을 격리한 것을 생각해 볼 때, 매우 중대한 이유가 없는 한 그들을 범하는 것을 하필 사형수에게 허가한다는 것은 결코 있을 수 없기 때문이다.

그것은 사형수가 왕을 대신해 살해당할 때, 그 대리자를 완전한 왕으로 만들기 위해서 그가 짧은 임기 동안에 왕의 권리를 마음껏 누릴 필요가 있었다는 사실 말고는 다른 이유는 없다. 이 대리자를 두는 것은 놀랄 것이 못 된다. 왕은 자기 몸에 어떤 쇠약의 증세가 나타났을 때, 또는 일정한 기간이 지난 뒤에 살해되어야 한다는 규정은 조만간에 확실히 폐지되거나 수정이 요구되는 것이었다. 에티오피아, 소팔라(Sofala), 에이에오(Eyeo)에서 교양 있는 군주들이 그 규정을 대담하게 폐지한 예를 우리는 이미 알고 있고, 또 캘리컷에서는 12년의 임기를 마친 왕을 살해하는 구습이 바뀌어 12년이 되어 누구든지 그를 살해하는 데 성공하면 그 대신에 왕이 되는 것을 인정했다. 그렇다 하더라도 왕은 이 시기에 많은 호위에 둘러싸였기 때문에 그것은 형식에 지나지 않았다.

이 엄한 구습이 수정된 다른 예는 바빌로니아에도 보인다. 왕이 살해될 때가 가까이 오면(바빌로니아에서는 다만 1년의 통치가 끝났을 때로 보인다) 그는 며칠 동안 그 자리에서 물러나고 그동안 임시왕이 왕을 대신해 왕권을 행사한 다음 살해되었다. 처음부터 이 임시왕은 죄가 없는 인물로 아마도 왕족의 한 사람이었을 것이다. 그러나 문명의 진보에 따라 죄 없는 사람을 희생하는 것은 일반인의 감정에 맞지 않으므로 사형수에게 일시적이고 치명적인 왕위가 주어지게 된 것이다. 우리는 뒤에서 신의 대리자로서 죽어 가는 죄수의 다른 예를 보게 될 것이다. 실루크 왕들의 예가 뚜렷이 가리키듯이 왕은 신이나 반신의 자격으로 살해되고, 그의 죽음과 부활은 신적 생명을 손상하지 않고 영속시키는 유일한 방법으로서 백성들과 세계의 구원을 위해 필요하다고 생각되었음을 잊어서는 안 된다.

1년의 통치 기간 뒤에 왕을 살해하는 관습은, 해마다 마지막 달에 하와이에서 거행되던 마카히티(Macahity) 축제에도 그 흔적이 남아 있는 것으로 보인다. 약 1백 년 전 한 러시아인 항해가는 그 관습에 대해 다음과 같이 기록하고 있다.

"터부시되는 마카히티는 우리의 성탄절과 다르지 않다. 그것은 꼬박 한 달 동안 계속되고, 그동안 사람들은 춤과 놀이와 각종 모의 싸움을 즐긴다. 왕은 어디에 있든지 이 축제의 시작을 열어야 한다. 그 행사에서 왕은, 때로는 수많은 수행원들을 거느린 채 가장 좋은 의관을 갖추고, 카누를 타고 해안을 돌아다닌다. 그는 새벽에 배를 타고 나가서 해지기 전에 이 유람을 끝내야 하는데, 그가 상륙할 때에 맞추어 가장 강하고 싸움에 숙달된 자로 선발된 전사가 그를 기다린다. 이 전사는 해변에서 카누를 지켜보고 있다가 왕이 상륙하여 의상을 벗어버리자마자 약 30보의 거리에서 왕을 겨냥하여 창을 던진다. 왕은 그것을 맨손으로 받아 내지 못하면 그것에 찔려야 하는 것이다. 이것은 절대로 장난이 아니다. 운 좋게도 창을 맨손으로 받게 되면, 왕은 창끝을 아래로 하여 옆구리에 끼고 '헤아부(heavoo)' 신전으로 가지고 간다. 왕이 들어서는 것과 동시에 모여든 군중들은 모의 싸움을 시작한다. 그러면 그 날을 위해 특별히 무디게 만든 창끝이 맞부딪쳐 허공을 구름처럼 뒤덮는다.

'하마메아(Hamamea)'라고 불리던 왕은 해마다 생명을 걸어야 하는 이 어리석은 의식을 없애라는 잦은 충고를 받았으나, 이를 무시했다. 오히려 왕은 어떤 전사가 창을 던져도 자기는 그것을 받아 낼 수 있다고 장담했다. 마카히티 축제 동안에는 전국에서 모든 형벌이 면제되었다. 그리고 아무도 왕이 이 축제를 시작한 곳을 떠나지 못했다. 그만큼 이 행사의 서막은 중요했다."

1년의 통치가 끝난 뒤 왕이 살해되는 관습은, 오늘날에도 단 하루의 통치 뒤에 목숨을 내놓아야 하는 왕국이 존재하는 것을 보면, 결코 있을 수 없는 일이라고 생각되지는 않는다. 콩고의 고대 왕국이 자리했던 응고이오 지방에서는, 군주의 모자를 쓴 추장은 언제나 그 즉위식 날 밤에 살해된다. 그러면 왕위 계승권은 무수롱고(Musurongo) 추장에게 돌아간다. 하지만 이때 그가 그 권리를 행사하지 않고 왕좌를 빈 자리로 둔다고 해도 이상할 것은 없다.

"몇 시간 동안 응고이오 왕좌에 앉는 영광을 맛보기 위해 생명을 걸고자 하는 사람은 아무도 없기 때문이다."

제25장
임시왕

바빌로니아에서 성행하던 왕을 살해하는 옛 관습이 몇몇 곳에서는 변화되어 좀더 누그러진 형태를 띠기도 한다. 이에 따라 왕은 여전히 해마다 잠시 동안 퇴위하고 그 자리를 명목상 군주가 대신했지만, 그 대리왕은 그의 짧은 통치기간이 종결될 때에도 더는 죽임을 당하지 않아도 되었다. 비록 그가 실제로 살해당한 시대의 유물로서 모의 사형 형태가 존재하는 경우도 있지만 말이다.

예를 들어 보자. 캄보디아 왕은 해마다 메아크(Méac)의 달(2월)에 사흘 동안 퇴위했다. 그는 그동안 왕권을 행사하지 않았고, 옥새에도 손대지 않았으며, 더욱이 기한이 된 어떤 세입도 취하지 않았다. 그 대신에 이 사흘 간은 왕 대신 스다크메아크(Sdach Méac), 즉 '2월의 왕'이라 일컫는 임시왕이 나라를 다스렸다.

이 임시왕직은 왕가의 먼 친족에 속하는 한 집안에서 세습되었다. 마치 진짜 왕의 계승과 같이 아들이 아버지에게서, 동생이 형에게서 이 자리에 대한 권한이 이어졌다. 점성술사가 고른 길일에 이 임시왕은 관리들의 수행을 받으며 개선장군처럼 행진했다. 그는 왕이 타는 코끼리를 타고, 왕의 가마에 앉아서 시암, 안남, 라오스 등의 인접한 여러 나라를 대표하는 의장대의 호위를 받았다. 그는 황금 왕관 대신에 끝이 뾰족한 흰 모자와 예복을 착용했으며, 다이아몬드를 박은 황금 왕홀 대신 목제 막대기를 들었다. 그는 사흘 동안의 왕권과 이에 따른 소득을 하사해 준(이것은 나중에 한동안 생략되긴 했지만) 진짜 왕에게 경의를 표한 다음, 행렬을 지으며 궁전과 수도의 거리를 돌아본다. 사흘째에 행진을 마친 뒤 임시왕은 코끼리들에게 볏단으로 둘러싼 대나무 비계인 '벼의 산(mountain of rice)'을 발로 밟도록 한다. 사람들은 풍작을 기원하면서 볏단을 모아 조금씩 집으로 가지고 갔다. 그 일부를 왕에게도 가져갔는데, 왕은 그것으로 밥을 지어 승려들을 대접했다.

시암에서는 여섯 번째 달(4월 말)의 여섯 번째 날에 임시왕이 정해진다. 왕으로 정해진 자는 사흘 동안 왕의 주권을 누리고, 진짜 왕은 그의 궁전에 틀어박혀 꼼짝 않는다. 임시왕은 시종자들을 곳곳에 보내서 시장이나 점포에서 쓸 만한 것은 무엇이든지 빼앗는다. 이 사흘 동안에 항구에 기항한 배들도 크건 작건 간에 모조리 몰수하지만, 그것은 되돌려 주어야 한다. 임시왕이 마을 가운데 있는 밭에 나가면, 농민들이 아름답게 단장한 소에 황금 쟁기를 매어 끌고 온다. 그러면 임시왕은 황금 쟁기에 기름을 바르고 소에 향료를 뿌린 다음, 그 쟁기로 아홉 고랑을 갈면 궁전의 늙은 시종들이 그 뒤를 따라 계절의 첫 씨앗을 뿌린다. 이렇게 아홉 고랑에 씨뿌리기가 끝나면 구경하던 군중들은 앞을 다투면서 달려들어서 방금 뿌린 씨앗을 가지려고 야단법석이다. 그 씨앗을 볍씨와 뒤섞으면 풍작이 보장된다고 믿었기 때문이다. 다음에 소의 멍에를 풀어 주고 쌀, 옥수수, 깨, 야자 열매, 바나나, 사탕수수, 멜론 등을 소 앞에 차려 놓는다. 사람들은 소가 맨 처음으로 먹는 것이 다음 해에 값이 비싸진다고 여기는데, 사람들에 따라 이 징조는 반대의 의미로 해석하기도 한다.

임시왕은 그동안 계속 왼쪽 무릎 위에 오른쪽 발을 얹고 나무에 기대어 서 있어야 한다. 이렇게 외발로 서 있는 모습에서 그는 보통 '뛰는 왕'으로 알려진다. 그러나 그의 공식 칭호는 '천군의 왕(Phaya Phollathep)'이다. 그는 하나의 '농림 장관'이다. 논밭이나 농사에 대한 분쟁은 모두 그가 해결하기 때문이다.

그가 왕의 역할을 하는 의식이 또 하나 있다. 그것은 두 번째 달(추운 계절)에 집행되고 사흘 동안 이어진다. 그는 브라만 사원의 반대쪽에 있는 광장으로 행렬지어 간다. 거기에는 '5월의 기둥'처럼 치장된 많은 기둥이 있는데, 그 기둥 위에 브라만들이 그네타기를 하며 매달려 있다. 그들이 흔들리며 춤추는 동안에 '천군의 왕'은 쌓은 벽돌 위에 하얀 천을 덮고 색색실로 꾸민 자리 위에 외발로 서 있어야 한다. 그는 금박의 차양이 달린 나무 틀에 의해서 지탱되고, 두 브라만이 그의 양쪽에 서 있다. 춤추던 브라만들은 물소 뿔을 갖고 와서 큰 솥에서 물을 퍼서 구경하는 군중들에게 뿌린다. 이렇게 하면 사람들은 평화스럽고 걱정이 없어지며, 건강하고, 집안은 번창하며, 행운을 가져온다고 생각한다.

'천군의 왕'이 외발로 서 있어야 하는 시간은 세 시간쯤인데, 이것으로 '데바타(Devatta) 신들과 정령들의 뜻을 이룬다'고 믿는다. 만일 그가 올려놓은 발을 내리면, 재산은 모조리 빼앗기고 그의 가족은 진짜 왕의 노예가 되는 것을 면치 못한다. 그것은 국가의 멸망과 왕권의 흔들림을 예측하는 불길한 징조라고 생각하기 때문이다. 반대로 줄곧 확고하게 서 있으면 그가 악령들에게 승리를 거둔 것으로 믿고, 명분상 그 사흘 동안 항구에 들어오는 어떤 배라도 붙잡아 짐을 몰수하거나, 문을 열어 놓은 마을의 상점에 들어가서 그가 선택한 것을 가지고 갈 특권을 갖는다.

이것이 19세기 중엽이나 그 이후에 이르기까지 시암의 '뛰는 왕'이 지녔던 의무이며 특권이었다. 그러나 이 기묘한 인물은 후대의 개화된 왕의 통치 아래에서 얼마쯤 영광을 빼앗김과 동시에 그 임무의 무거운 짐도 감소되었다. 그는 지금도 옛날과 같이 브라만들이 약 27미터나 되는 두 개의 긴 기둥 사이에 걸린 그네를 타고 하늘로 나는 것을 지켜본다. 그러나 이제는 서 있는 대신 앉을 수 있게 되었으며, 사람들은 아직도 의식 중에 왼쪽 무릎 위에 오른쪽 발을 올려 놓도록 요구하지만, 그가 피로해서 땅에 발을 내려놓아 군중의 분노를 사도 형벌을 받지 않는다.

다른 광경 또한 서양의 관념과 문명에 따른 동양의 침식을 보여준다. 의식이 치러지는 장소에 이르는 큰 길은 수레로 메워진다. 열광적인 구경꾼들은 마치 원숭이처럼 가로등과 전신주를 기어올라가 있는데, 그 전신주와 가로등은 운집한 군중들 위에 솟아 있다. 그리고 주홍색과 노랑색의 화려하기만 한 구식의 촌스런 옷을 입은 악대가 구식 악기로 북을 치고 나팔과 피리를 분다. 이때 다른 쪽에서는 찬란한 제복을 입은 맨발의 병사들이 '조지아 행진곡'을 연주하는 근대적인 군악대의 우렁찬 음악에 맞춰 기운차게 행진한다.

1년의 시작인 여섯 번째 달의 첫 날에 사마르칸드(Samarcand)의 왕과 백성들은 새 옷으로 갈아입고 머리카락이나 수염을 깎는 관습이 있었다. 그런 뒤에 마을의 가까운 숲에 가서 7일 동안 말을 타고 활을 쏘았다. 마지막 날의 과녁은 금화인데, 그것을 맞힌 사람은 하루 동안만 왕이 되는 권리를 갖는다. 북부 이집트에서는 콥트(Coptic) 계산법에 따른 태양력의 첫째 날인 9월 10일, 대체로 나일 강이 최고 수위에 달할 때 정부는 3일 동안 모든 일을 멈추고, 모든 마을은 저마다 통치자를 뽑는다. 이 임시왕은 광대의 높은 모자같은 것을 쓰고 아마로 만든 긴 수염을 달고 기묘한 외투를 걸친다. 그리고 지팡이를 들고 학자나 사형집행인 등으로 분장한 사람들을 거느리고 총독의 집으로 떠난다. 이때 총독은 한동안 자진하여 퇴위한다. 그러면 임시왕은 왕위에 오르고 심문을 시작한다. 총독이나 관리들은 그 심문의 결정에 대해서 복종해야 한다. 사흘 뒤에 이 임시왕은 모의 사형에 처해진다. 그가 입었던 외투며 모자가 불에 던져지면, 이것이 바로 죽음을 상징한다. 그러면 그것이 탄 재에서 '펠라(Fellah : 농부)'가 기어나온다고 한다. 이 관습은 진지하게 진짜 왕을 태워 죽였던 냉혹한 옛 관습의 흔적일 것이다. 실제로 우간다에서는 왕이 피를 흘리는 것은 합법적이지 않기 때문에, 왕의 형제들을 불에 태워 죽였다고 한다.

모로코에 있는 페스(Fez)의 이슬람교 학자들은 왕을 지명한다. 왕은 수주일 동안만 다스리는데 '학자들의 술탄(Sultan)'으로 알려져 있다. 이 한때의 권위는 경매로 결정되고, 가장 값을 많이 부른 자에게 낙찰된다. 그것은 얼마 정도의 실질적인 특전을 수반하는데, 그 뒤 세금이 면제되고, 또 진짜 술탄에게 은혜를 청구할 권리를 갖는다. 그 은혜가 거절되는 일은 드물다. 그리고 보통 죄수한 사람을 석방시킬 수 있다. 또 '학자들의 술탄' 대리인들이 상점이나 집주인에게 벌금을 징수하고, 그들에게 온갖 괴상하게 부과한 비용을 청구하기도 한다.

이 임시 술탄은 진짜로 궁정 행렬에 둘러싸여, 그 머리 위는 왕의 양산으로 보호되고, 음악이나 환호성을 받으며 위풍당당하게 거리를 행진한다. 벌금과 자발적인 선물과 진짜 술탄이 기꺼이 보내온 음식 등으로 학자들은 임시 술탄을 위해 성대한 연회를 열 수 있다. 그래서 이런저런 놀이에 취하여 마음껏 즐긴다. 이 임시 술탄은 첫 7일 동안 학원에 머무른다. 그리고 학자들과 수많은 시민들에게 안내되어 마을에서 6킬로미터쯤 떨어진 강변에서 노숙한다. 마을 바깥에서 머문 마지막 7일째에 진짜 술탄의 방문을 받는데, 이때 진짜 술탄은 그의 청원을 받아들이고 다시 7일을 연장하여 통치하게 한다. 그리하여 '학자들의 술탄'의 통치는 3주일 동안 이어진다. 그러나 마지막 주간의 6일이 지나면 임시 술탄은 한밤중에 마을로 되돌아간다.

이 임시 술탄은 언제나 4월 초의 봄에 나타난다. 그 기원은 다음과 같다고 한다. 술탄 물라이 라쉬드 2세(Mulai Rasheed Ⅱ)가 1664년인가 65년에 왕위를 위해 싸우고 있었을 때, 한 유대인이 타자(Taza) 지방에서 왕권을 빼앗았다. 그러나 이 반역은 학자들의 충성과 열성으로 곧 진압되었다. 그 목적을 이루기 위해서 학자들은 교묘한 술책을 썼다. 바로 그들 가운데 40명을 몇 개의 궤짝 속에 숨겨 그것을 찬탈자에게 보냈다. 한밤중에 그것을 전혀 몰랐던 반역자가 궤짝에 둘러싸여 편안하게 잠이 들었을 때, 학자들은 가만히 궤짝 뚜껑을 열고 기어나와 반역자를 죽이고 진짜 술탄의 이름으로 마을을 되찾았다. 술탄은 위급한 때 도와 준 그들에게 해마다 '학자들의 술탄'을 지명하는 권리를 주었다고 한다. 그러나 이 이야기는 참된 의미와 기원을 잃은 오래된 관습을 설명하기 위해 조작된 것으로 보인다.

해마다 하루만의 임시왕을 세우는 관습은 16세기 무렵까지 콘월(Cornwall)의 로스트위티엘(Lostwithiel)에서도 지켜졌다. '작은 부활절 일요일'에 마을이나 장원의 자유부동산 소유자들은 몸소 또는 대리자를 세워서 모여든다. 이 인물은 순번으로 결정되었는데, 모여든 사람들 가운데 한 사람이 왕관을 쓰고, 손에 왕홀을 들고, 화려한 옷차림으로 말 위에 오른다. 그리고 칼을 든 자를 앞세운 일행과 함께 교회로 행진한다. 예복을 입은 사제가 교회 문 앞에서 환영하며, 그를 교회 안으로 안내하여 신성한 의식에 참석시킨다. 그리고 나서 교회에서 나와 다시 성대한 행렬을 이루고 환영장으로 간다. 이곳에는 향연이 그와 수행원들을 기다린다. 그는 식탁의 상석에 앉게 되고, 왕이 받는 대우와 같은 대우를 받는다. 이 의식은 만찬으로 끝나며 모두가 집으로 돌아간다.

때때로 임시왕은 해마다 왕위를 차지하지 않고, 치세의 맨 처음 부여되는 한 번만의 왕위 수임으로 끝나기도 한다. 예를 들면, 수마트라의 잠비(Jambi) 왕국에서는 새로운 통치가 시작될 때 백성 중 한 사람이 오직 하루만 왕권을 행사하는 것이 관습으로 되어 있었다. 다음의 전설이 이 관습의 기원을 설명한다. 옛날에 다섯 왕자가 있었는데, 위로 네 사람은 모두 여러 육체적 결함 때문에 왕위를 잇지 못하고 가장 막내가 계승해야 했다. 이때 장남이 하루 동안 왕위를 차지하고, 새로운 왕이 설 때마다 같은 권리를 행사할 수 있도록 그 자손에게 남겨 주었다. 이리하여 임시왕 직책은 왕가의 친척에 해당하는 어떤 가족에게 세습적으로 전달되게 되었다. 빌라스푸르(Bilaspore)에서는 라자(Rajah : 왕)의 죽음 뒤에 한 브라만이 죽은 라자의 손으로 밥을 먹고 1년 동안 그 왕좌를 차지하는 것이 관습이 된 듯하다. 그 1년을 마치면 브라만은 선물을 받고 국외로 추방되어 귀국이 금지된다.

"브라만은 1년간 세밀하게 감시를 받고, 다른 곳으로 갈 수 없게 금지되었다. 이는 라자의 영혼이 그의 사후에 그 손으로 밥과 우유를 먹고 마신 브라만 가운데 들어갔음을 의미한다."

캉그라 근처의 산간 지방에도 이와 같거나 비슷한 관습이 있었다. 왕을 대표한 브라만을 추방하는 관습은 왕을 죽이는 관습의 대체일 것이다. 카린티아

(Carinthia)에서는 군주가 즉위할 때, 그 임무를 세습한 가문의 농부가 특정한 골짜기 안의 목장으로 둘러싸인 대리석 위에 올라간다. 그 왼쪽에 검은 암소가 있고, 오른쪽에 여위고 추악한 암말이 있다.

군중들이 농부의 주변에 모여들면, 농부 차림을 한 채 목동의 지팡이를 손에 든 미래의 군주가 중신들을 거느리고 나타난다. 그를 보면 대리석 위의 농부는 "그렇게 자랑스럽게 오는 자는 누구시오?" 소리를 지른다. 군중들은 "이나라의 왕이십니다" 대답한다. 여기서 농부는 6페니와 암소와 암말을 받고, 또세금 면제를 조건으로 그 대리석 자리를 군주에게 양보한다. 그러나 그 자리를 떠나기 전에 농부는 군주의 뺨을 가볍게 친다.

이런 임시왕들에 대한 몇 가지 문제는 다음 문제에 넘어가기 전에 특별히 주의해 둘 만한 가치가 있다. 먼저 캄보디아와 시암의 예들은, 임시 대리자에게 옮겨지는 것이 특히 왕의 신적이거나 주술적인 기능이라는 것을 명시하고 있다. 이는 시암의 임시왕이 그의 발을 들어 악령에 대한 승리를 획득하고, 그 발을 내리면 국가의 존립을 위태롭게 한다는 신앙에서 알 수 있다.

또 '벼의 산'을 밟는 캄보디아의 의식과 쟁기로 고랑을 만들고 씨를 뿌리는 시암의 의식은, 뿌려진 씨앗을 가지고 가는 사람이 그것으로 풍작을 확인하려는 신앙에서 알 수 있듯이, 풍부한 수확을 얻으려는 주술에 해당된다. 또 시암의 임시왕이 쟁기질할 때 사람들은 걱정스럽게 그를 지켜본다. 그것은 그가 고랑을 똑바로 파는가를 보려는 것이 아니고 그의 비단옷 자락이 다리의 정확한 자리에 와 있는가를 보려는 것이다. 왜냐하면 다음 계절의 날씨와 농작물의 상태가 그것에 달려 있다고 생각되었기 때문이다. 만일 '천군의 왕'이 그 옷을 무릎 위까지 잡아당기면 호우가 농작물을 해칠 것이다. 또 옷자락이 발목까지 처지면 그 결과는 가뭄이 될 것이다. 그러나 옷자락이 장딴지까지 닿으면 순조로운 날씨로 풍작은 보장될 것이다.

이렇게 왕의 대리자의 가장 작은 동작이나 몸짓에 자연의 운행이 밀접하게 관계되고, 또 인간의 복지와 재앙이 그 자연의 운행에 달려 있다고 믿었기 때문이다. 그러나 이렇게 임시왕에게 맡겨진 농작물을 자라게 하는 과업은, 미개 사회에서 왕들이 이행한다고 보는 주술적 직능 가운데 하나이다. 가짜 왕이 논 속에 외발로 서 있어야 하는 규정은 아마 본래 벼를 높이 자라게 하는 주술을 의미했을 것이다.

적어도 고대 프로이센인들이 행한 똑같은 의식의 목적은 그것이었다. 즉, 가장 키가 큰 소녀가 외발로 자리에 서서, 앞치마에 과자를 잔뜩 넣고 오른손에 브랜디 잔, 왼손에 느릅나무나 보리수 껍질을 들고 소녀의 키만큼 아마가 높이 자라도록 와이스간토스(Waizganthos) 신에게 기도했다. 그리고 술을 마시고 다시 잔에 술을 부어서 그 신에게 바친다는 의미로 땅에 쏟았고, 또 그 신을 시중드는 정령들을 위해 과자를 던졌다. 만일 의식이 진행되는 동안에 그 소녀가 외발로 꿋꿋이 서 있으면 아마가 잘 자랄 징조로 보며, 만일 그 발을 내리면 농작물이 실패할까 봐 걱정했다.

앞서 나왔던 시암의 임시왕의 사례, 즉 '천군의 왕'이 한쪽 발로 서서 바라보아야 했던 브라만들의 그네뛰기도 아마 이와 같은 의미를 지녔을 것이다. 동종주술 또는 모방주술의 원리에 따라서 그들은 사제들의 그네가 높이 오르면 오를수록 벼의 키도 그만큼 높이 자랄 것이라고 생각했을 것이다. 이것은 이 의식이 하나의 추수제로 기록되고 있다는 것과 또 러시아의 레트(Lett)족이 농작물의 성장을 돕고자 할 때 그네뛰기를 행했다는 것을 보아도 알 수 있다. 레트족 농부들은 봄과 이른 여름, 부활절과 성 요한의 날(하지) 사이, 즉 초여름경에 모두 틈만 있으면 열심히 그네를 뛴다고 한다. 하늘 높이 오르면 오를수록 그해의 아마가 잘 자랄 것이라고 믿기 때문이다.

이제까지의 예에서 임시왕은 일정한 관습에 따라서 해마다 임명되었다. 그런데 그 밖의 여러 예를 보면, 그 임명은 어떤 특수한 위급에 대처하기 위해서 행해졌음을 알 수 있다. 왕 대신에 짧은 기간 동안 대리자를 그 자리에 앉혀 왕을 현실적으로 임박한 위기에서 구하고자 하는 경우가 그 예이다.

페르시아의 역사 속에서 우리는 샤(왕)를 대신한 그런 임시왕 대리자의 예를 찾을 수 있다. 1591년 아바스(Abbas) 대왕은 점성가에게서 위험이 닥쳐왔다는 경고를 받았다. 이에 그는 아마도 그리스도 교도였을 유수피(Yusoofee)라는 자에게 왕위를 임시로 물려주고, 자기 대신 나라를 다스리도록 하여 그 징조를 피하려고 했다. 그래서 대리자는 왕관을 물려받았고, 사흘 동안 왕의 호칭뿐만 아니라 실권까지 누린 끝에 살해되었다. 이 희생으로 별자리의 예언이 실현되자 아바스 왕은 가장 상서로운 시기를 골라 다시 왕위에 올랐고, 그 점성가들로부터 오래도록 영광스러운 통치를 약속받았다.

제26장
왕자의 희생

앞 장에서 설명한 임시왕에 대해 주목할 점은, 두 지역(캄보디아와 잠비)에서 임시왕이 모두 왕족과 친족으로 보이는 집안에서 뽑혔다는 사실이다. 만약 임시왕의 기원에 대해 여기서 취한 견해가 옳다면, 왕의 대리자가 흔히 왕의 친족이어야 했던 까닭이 쉽게 이해된다. 왕이 처음 자기 대신 제물로서 바칠 다른 사람의 생명을 얻었을 때, 그는 그 대리자의 죽음이 자신의 죽음과 같은 효과를 가져온다는 것을 보여주지 않으면 안 되었을 것이다. 그런데 이때 왕은 신이나 반신의 자격으로 죽는 것이었다. 그러므로 그를 대신할 자도 최소한 그때만은 왕의 신적 속성을 지니고 있어야 했다.

이미 보았듯이, 시암과 캄보디아 임시왕이 바로 이러한 경우였다. 즉 사회의 초기 단계에서 사람들이 왕에게 부여하던 특수한 속성인 초자연적 기능이 그들에게도 주어진 것이었다. 그러나 왕을 대신하는 인물로서 그 아들만큼 왕의 신적 영감을 나누어 가진 적격자도 없었을 것이다. 그러므로 왕자야말로 왕과 백성 전체의 대리자가 되어 죽어 줄 가장 알맞은 인물이었을 것이다.

우리가 이미 본 바와 같이, 전설에 따르면 스웨덴 왕 아운(Aun) 또는 온(On)은 자신의 생명을 연장하기 위해서 웁살라에서 아홉 명의 아들을 오딘 신에게 바쳤다. 두 번째 아들을 바친 뒤에 그는 신에게서 9년마다 아들을 하나씩 바치면, 그만큼 더 오래 살게 해 주겠다는 답을 얻었다. 일곱 번째 아들을 바쳤을 때, 왕은 아직 살아 있었으나 이미 의자에 앉은 채 운신해야 할 만큼 쇠약해져 있었다. 그는 여덟 번째 아들을 바치고, 자리에 누운 채 9년을 더 살았다. 그 다음 아홉 번째 자식을 바치자 그에게는 다시 9년의 수명이 더 주어졌으나, 그는 마치 갓 젖을 뗀 아기처럼 죽을 떠마셔야 했다. 그런데도 왕은 오직 하나 남은 막내아들을 바치려고 결심했다. 그러나 스웨덴 백성들은 그것을 허락하지 않았고 마침내 그는 살해되어 웁살라의 묘지에 매장되었다.

고대 그리스에는 맏아들이 반드시 그 아버지인 왕을 대신해서 제물이 되던 아주 유서 깊은 왕족이 적어도 하나는 있었던 것으로 보인다. 크세르크세스 대왕이 테르모필라이(Thermopylae)의 스파르타를 공격하기 위해 대군을 이끌어 테살리아를 지나가던 중 알루스 마을에 도착했다. 여기서 그가 라피스티아의 제우스(Laphystian Zeus) 성소로 안내되었을 때, 그에게 안내자는 기묘한 이야기를 들려 주었다. 이야기는 주로 다음과 같다.

옛날 이 나라의 아타마스(Athamas)라는 왕이 네펠레라는 여자와 결혼해서 아들 프릭소스(Phrixos)와 딸 헬레(Helle)를 낳았다. 나중에 그는 다시 이노 (Ino)라는 두 번째 아내를 맞아 두 아들, 레아르쿠스(Learchus)와 멜리케르테스 (Melicertes)를 얻었다. 그런데 질투심이 강했던 두 번째 부인은 의붓자식인 프릭소스와 헬레를 없애 버리려고 아주 교활한 모략을 꾸민다. 그녀는 그 사악한 목적을 이루려고 먼저 나라 안의 여자들을 꾀어 보리 파종 전에 그 씨를 불에 볶도록 했다. 당연히 다음 해에 흉년이 들었고 사람들은 기근으로 죽었다. 왕은 신탁을 받기 위해 사자들을 델피 신전에 보내 기근의 원인을 묻게 했다. 그런데 악랄한 계모는 다시 농간을 부려 사제들이 아타마스 왕이 본처에게서 얻은 아이들을 제우스에게 제물로 바칠 때까지 기근이 결코 그치지 않으리라는 거짓 신탁을 내리게 했다. 아타마스 왕은 그 말을 듣고 양을 치고 있던 본처의 아이들을 부르러 사람을 보냈다. 그런데 양의 무리 중에 있던 금빛 털의 숫양 한 마리가 사람 목소리로 아이들에게 그 위험을 알렸다. 그리하여 남매는 그 숫양을 타고 산을 넘고 바다를 건너 멀리 도망쳤다.

그들이 바다 위를 날아갈 때 불행하게도 여동생 헬레가 양의 등에서 떨어져 바다에 빠져 죽었다. 그러나 오빠 프릭소스는 태양의 아들이 다스리는 콜치스 (Colchis)의 나라에 무사히 도착했다. 그는 공주와 결혼해 키티소루스(Cytisorus) 란 아들을 낳았다. 그리고 그는 금빛 털의 숫양을 비상의 신 제우스에게 제물로 바쳤다. 그 동물을 라피스티아의 제우스에게 바쳤다고 보는 사람도 있다. 프릭소스는 이때 금빛 털만은 그의 장인에게 드렸다. 장인은 그것을 떡갈나무에 걸어 두고 아레스(Ares)의 성스러운 숲 속에서 잠자지 않는 용에게 지키도록 했다.

한편 고국에서는 나라를 구제하기 위해서 속죄의 제물로 아타마스 왕 자신을 제물로 바쳐야 한다는 신탁이 내려졌다. 그래서 백성들이 그를 제물로 바칠 동물처럼 화환으로 꾸며 제단으로 데리고 가서 막 죽이려는 몹시 다급한 순간, 그는 구제되었다. 그를 구제한 자는 때마침 콜키스에서 도착한 그의 손자 키티소루스였다. 어떤 이는 왕의 아들인 프릭소스가 살아 있다는 소식을 가져온 헤라클레스였다고 한다. 이렇게 아타마스는 구제되지만 나중에 미쳐서 자기의 자식 레아르쿠스를 들짐승으로 잘못 알고 쏘아 죽였다.

다음에 남은 아들 멜리케르테스의 생명을 노렸으나, 이 아들은 어머니 이노에게 구조되어 모자는 바다로 도망쳐 절벽에서 함께 몸을 던졌다. 어머니와 아들은 바다의 신으로 변신했으며, 아들은 테네도스(Tenedos) 섬에서 사람들

장남을 제물로 바치다
아브라함이 장남 이삭을 제물로 바치려고 하는 것을 천사가 막고 있다. 구약성서 이야기. 「누에바 코로니카」, 민족학회, 파리

에게 특별한 존경을 받았다. 이 섬에서는 갓난아기들을 그에게 제물로 바쳤다.

이렇게 아내와 자식들을 잃은 불행한 아타마스는 나라를 떠나서 머무를 곳을 신에게 문의한 결과, 들짐승들한테서 대접받을 곳에 거처를 정하도록 신탁이 내려졌다. 그는 가는 길에 양을 잡아먹는 이리 떼를 만났다. 이리들은 피가 흐르는 양고기를 남겨둔 채 도망쳐 버렸다. 이렇게 하여 신탁은 이루어졌다. 그러나 아타마스 왕은 나라를 위한 속죄의 제물이 되지 않았기 때문에, 앞으로 아타마스 집안의 맏아들이 라피스티아의 제우스에게 제물을 바치는 신전에 들어가면 반드시 희생되어야 한다는 신탁을 받았다.

크세르크세스 대왕이 들은 바에 따르면, 아타마스 집안의 많은 사람들이 외국으로 도망쳐 이 운명을 피했다고 한다. 그러나 그들 가운데 몇 사람은 오랜 세월이 지난 뒤 돌아와 신전으로 들어가는 현장에서 붙잡혔고, 화환으로 장식

되고 행렬에 의해서 인도되어 끝내 산 제물로 바쳐졌다. 이 예들은 자주 일어나지는 않았지만 널리 알려진 것으로 보인다. 플라톤(Platon)의 「대화편」에서도 서술자는 카르타고인들에 따른 인간 제물의 봉헌에 대해서 이야기한 뒤에, 그런 예가 그리스에도 있었다고 덧붙인다. 또 리카이우스(Lycaeus) 산에서 아타마스의 후예들이 집행한 의식에 관해 두려워하며 기술하고 있다.

플루타르코스 시대에 이 역사가의 출생지에서 평야를 가로질러 몇 킬로미터 떨어진 보이오티아의 아주 옛 도시 오르코메노스(Orchomenos)에서 행한 인간 제물의 사례는, 이 야만적인 관습이 후대에서도 결코 뿌리째 없어지지 않았다는 추측에 힘을 준다. 그곳에 한 가문의 남자는 프솔로에이스(Psoloeis), 즉 '거무튀튀한 자', 여자는 올레아이(Oleae), 즉 '파괴하는 자'로 불렸다. 해마다 아그리오니아(Agrionia) 축제에서 디오니소스의 사제들에게 이 가문의 여자들을 추적해 그 가운데 한 사람을 잡으면 그 여자를 죽일 권리를 주었다.

플루타르코스가 살아 있던 시대에는 사제 조일루스가 그 권리를 실제로 행사했다. 이렇게 해마다 적어도 한 사람의 인간 제물을 바쳐야 했던 가문은 왕의 혈통이었다. 그 혈통은 오르코메노스의 유명한 고대의 왕, 긴 바위 산이 광대한 코파익 평야와 만나는 지점의 폐허 속에 이제까지도 그의 보물 창고가 있다는 부강한 왕 미니아스(Minyas)까지 거슬러 올라간다.

전해진 바에 따르면, 이 왕의 딸 셋은 바쿠스 신 축제의 광란에 몸을 맡기는 것을 멸시했다. 다른 여자들이 머리칼을 풀어 바람에 날리면서 오르코메노스 위에 솟은 헐벗은 산을 황홀한 기분으로 떠돌고, 심벌즈와 탬버린의 방종한 음악으로 고요한 산들을 메아리치게 하는 동안에도, 궁전의 고요한 곳에 앉아서 냉소적인 태도로 열심히 물레질하거나 베를 짰다.

그러나 그 신적 광란은 왕궁의 여자들에게 영향을 끼쳤다. 그 여자들은 인육을 먹고 싶은 격렬한 욕망에 사로잡혀 인육의 향연에 바치는 아이를 자기들 아이 중에서 정하도록 제비를 뽑았다. 레우키페(Leucippe)가 제비에 뽑혔다. 그 여자는 아들 히파수스(Hippasus)를 내놓았고, 이 아이는 세 사람에 의해서 수족이 찢겨졌다. 이 사악한 여자들에게서 '파괴하는 자'와 '거무튀튀한 자'가 태어났다고 하는데, 이때 남자들이 애도의 표시로 슬픈 색깔의 거무튀튀한 옷을 입은 데에서 그렇게 불렸다고 한다.

오르코메노스 왕의 혈통이 이어지는 집안에서 인간 제물을 제공받는 이 관습은 더욱 의미가 있다. 왜냐하면 아타마스 자신이 미니아스 시대보다 앞서서 오르코메노스 지방을 다스렸는데, 이 도시의 배후에 라피스티아우스의 산이 솟고, 그 위에서 테살리아의 알루스 마을에서와 같이 라피스티아의 제우스의 성소가 있었기 때문이다. 그 성지에서 아타마스가 두 자식 프릭소스와 헬레를 제물로 바치려 했다는 데에도 중요한 의미가 있다.

전체적으로 보아, 아타마스에 대한 전설과 역사 시대에서 그의 후예와 관련하여 행한 관습을 비교하면, 테살리아나 보이오티아에서도 옛날에 왕들이 나라의 복지를 위해서 라피스티아의 제우스라 불리는 신에게 제물로 바쳐져야 했던 왕조가 통치하고 있었다는 것과, 왕들이 그 치명적인 책임을 아들에게 떠넘기려고 장남을 규칙적으로 제단에 바쳤으리라고 추측할 수 있다.

시대가 지나면서 이 잔인한 관습은 왕이 제물이 되는 대신 숫양이 희생 제물로 바쳐질 만큼 바뀌었다. 다만 왕자는 언제나 그의 친족 가운데 한 사람이 라피스티아의 제우스에게 제물을 드리게 되어 있는 신전에 들어가는 것을 삼가야 했다. 그러나 누군가 경솔하게 이 운명의 신전에 들어가면, 숫양을 대리 희생 제물로 바쳐지는 것을 묵인하던 신의 비위를 거슬리는 결과를 가져와 중지 상태에 있던 옛 의무가 되살아났고, 그 결과 왕자가 죽을 수밖에 다른 도리가 없었다. 왕이나 왕자를 제물로 바치는 일을 기근과 연관짓는 전설은 미개 사회에서 매우 보편적으로 퍼져 있는 신앙, 즉 왕이 날씨와 농작물에 대해서 책임을 져야 한다는 신앙과, 불순한 날씨나 농작물의 흉작에 대해서 자기 생명을 제물로 바쳐야 한다는 신앙을 뚜렷이 보여 준다.

간단히 말해서 아타마스와 그의 혈족들은 신적 또는 주술적 기능과 왕의 기능이 결합된 역할을 했던 것으로 보인다. 아타마스의 형제 살모네우스 (Salmoneus)가 스스로 신성을 지녔다고 주장한 것도 이런 견해를 강력하게 지지해 주는 사례이다. 우리는 앞에서 이 살모네우스가 건방지게도 바로 자신이 제우스이며 천둥과 번개를 다스린다고 공언하고, 솥뚜껑을 두들기고 횃불을 피우는 쓸데없는 모방을 행했다는 것을 이미 보았다. 만일 다른 비슷한 예에서 유추해 본다면, 이 가짜 천둥과 번개는 단순히 관중을 기만하기 위해서 연출한 구경거리가 아니었다. 그것은 그들이 미약하게나마 본뜬 자연 현상을 초래하게 할 목적으로서 주술사인 왕이 집행한 하나의 주술이었다.

서아시아의 셈족은 국가적인 위기에 처했을 때, 왕이 백성을 구하기 위해서 아들을 희생 제물로 바쳤다. 예를 들면, 비블로스의 필론(Philon)은 유대인에 대한 책에서 다음과 같이 말하고 있다.

"큰 위기에 빠진 도시나 국가의 통치자가 백성들을 구하기 위해서 성난 악령에게 사랑하는 아들을 제물로 바치는 것은 고대의 관습이었다. 이렇게 바친 아이들은 비밀 의식으로 살해되었다. 페니키아인들이 이스라엘인이라고 하는 크로노스 왕에게 제우드(Jeoud : 페키니아 어로 독자를 의미한다)란 외아들이 있었다. 그런데 왕은 나라가 적들로부터 크게 위협을 받자, 전쟁 중에 그 아들에게 자신의 옷을 입혀 제단 위에 희생 제물로 바쳤다."

모압(Moab)족 왕도 왕국이 이스라엘 군대에 포위되는 위기에 빠지자, 자신을 대신해야 하는 장남을 번제의 제물로 바쳐 성벽 위에서 불태워 죽였다.

제27장
영혼의 계승

　어떤 이들은 원시 시대 미개 민족들의 왕들은 흔히 짧은 통치 기간 뒤에 죽음에 처해졌다는 견해에 대해, 그런 관습을 행했다면 왕족의 절멸을 면치 못했으리라며 이의를 제기할 수도 있을 것이다. 그러나 그런 경우에는 다음과 같은 점들을 생각해 볼 필요가 있다.

　첫째, 왕권은 한 가문에 한정되지 않고 여러 왕족에 의해 계승되었다. 둘째, 왕권은 반드시 세습적인 것이 아니었으며, 공주와 결혼하거나 전쟁에서 적의 왕을 죽이면 외국인들조차 왕이 될 수 있었다. 셋째, 비록 이 관습이 실제로 왕조의 멸절을 불러오는 경향이 있었다 하더라도, 그런 일은 미래에 대해서 예비하는 일이 적고 인명에 그다지 주의를 기울이지 않았던 원시 민족에게 큰 문제가 되지 않았을 것이다.

　많은 개인들이 그렇게 하듯이 여러 민족들도 결국 자신을 파멸케 하는 관습에 젖어 왔다. 폴리네시아인은 자녀의 3분의 2를 정기적으로 죽였던 것으로 보인다. 아프리카 동부의 몇몇 지방에서도 출생과 동시에 살해되는 갓난아이의 비율이 앞의 경우와 같다고 한다. 특정한 기준에 맞게 태어난 어린애만이 살아남은 것이다. 앙골라(Angola)를 정복한 민족인 자가(Jaga)족은 행진할 때 여자들에게 방해가 된다며 예외 없이 모든 아이들을 죽여 버렸다고 한다. 그리고 그들은 자신들이 잡아먹는 사람들의 자식들 중 13, 14세쯤 되는 아이들을 양자로 맞이하여 부족한 수를 보충했다.

　남미의 음바야(Mbaya)족 인디언들은 어머니가 막내를 제외한 모든 아이를 죽여 버리는 관습이 있었다. 만일 막내로 여긴 아이를 출산한 이후에 또 아이를 낳았을 때에는 그 아이도 죽였다. 이 관습 때문에 그 옛날 오랫동안 에스파냐인들의 가장 무서운 적이었던 음바야족의 한 부족이 완전히 멸망했다는 사실은 의심할 필요도 없다. 그란차코의 렝구아족 인디언 사이에서, "낙태 및 그 밖의 방법으로 영아를 살해하기 위해 주의 깊게 계획된 인종적 집단의 자살 조직"이 존재했다는 사실을 선교사들이 발견했다.

그러나 미개 민족이 자살을 자행하는 방법은 영아 살해에만 한정되지 않는다. 독약 재판(poison ordeal)의 남용도 같은 효과가 있었다. 옛날 우웨트(Uwet)라는 작은 부족이 산에서 내려와 아프리카 서부에 있는 칼라바르 강 왼쪽 지류에 정착했다. 선교사들이 처음 그곳을 방문했을 때는 많은 수의 주민이 세 마을로 분산되어 있었다. 그러나 독약 재판의 계속적인 남용으로 말미암아 부족을 거의 멸망케 하고 말았다. 어떤 때는 모든 주민이 무죄를 밝히기 위해 독약을 마신 적도 있었다. 이때 약 반수가 그 자리에서 죽었으나, 나머지 주민도 여전히 그 미신적 관습을 버리지 못했기 때문에 곧 멸망했다고 한다.

위의 예로 보아서 많은 민족들이 한 족속을 전멸시키는 경향이 있는 관습을 망설임이나 걱정 없이 행했다는 사실을 분명히 알 수 있다. 미개인들이 그런 관습에 대해 주저했으리라고 본다면, 유럽 문화의 상식으로 원시인을 판단하는 오류를 저지르는 것이다. 독자 중에는 모든 민족이 교양 있는 유럽인과 같은 사고 방식을 가졌을 것이라 믿는 사람도 있을 것이다. 그렇다면 이 책 중에 수집된 미신적 신앙과 관습의 실례가 이런 잘못된 선입견을 수정하는 데 충분히 도움이 될 것이다.

신적 인물을 살해하는 관습에 대한 이상의 설명은, 살해당한 인간신의 영혼이 계승자에게 옮겨진다는 관념을 포함하거나 또는 쉽게 그 관념과 결합한다. 이 전이에 대해서 실루크족을 제외하고는 직접적인 증거를 제시하지 못했다. 실루크족에서는 신성한 왕을 죽이는 관습이 전형적인 양식으로 실천된다. 왕조의 신성한 창설자의 영혼이 그 살해된 계승자인 왕들 안에 있다는 것이 그들의 믿음이다. 그러나 이것이 영혼의 전이 관념을 보여주는 오직 한 사례이다. 만일 직접적인 증거가 없다 해도, 살해된 신성한 왕의 영혼이 계승자에게 옮겨진다는 비슷한 관념을 유추적으로 찾아볼 수 있다. 화신한 신성한 왕이 죽은 다음에 그 영혼이 다른 몸으로 옮겨져 되살아난다고 믿는 것은 이미 제시되었던 바와 같기 때문이다. 그리고 죽음이 자연적인 경우에 영혼이 이동할 수 있다면, 죽음이 폭력으로써 초래될 때도 이런 일이 발생하지 말라는 법도 없는 듯하다.

죽은 자의 영혼이 그 계승자에 옮겨진다는 관념은 확실히 미개 민족에게 아주 친근한 신앙이다. 니아스 섬에서는 일반적으로 맏아들이 추장인 부친을 계승한다. 그러나 육체적, 정신적 결함 때문에 장남이 통치자로서 자격을 얻지 못하면, 부친이 어느 아들을 계승자로 삼을 것인가를 생전에 결정한다. 그러나 계승권을 확립하기 위해서, 부친의 선택을 받은 아들이 죽어가는 추장의 마지막 숨과 그 영혼을 자기 입이나 자루 속에 붙잡아 두어야 한다. 왜냐하면 최후의 숨을 붙잡을 수 있는 사람은 누구나 정해진 후계자와 함께 추장의 자격을 얻을 수 있기 때문이다. 그래서 다른 형제들, 때로는 외부 사람들까지도 죽어가는 사람 주변에 모여들어 빠져 나가는 영혼을 붙잡으려고 한다.

니아스 섬에서는 가옥을 지면에서 높은 말뚝 위에 세운다. 그래서 죽어 가는 추장이 그의 얼굴을 마루 위에 대고 누워 있을 때, 후보자 한 사람이 마루에 구멍을 뚫고, 대통을 밀어 넣고서 추장의 마지막 숨을 빨아들인 사건도 일어났다. 추장에게 아들이 없을 경우에는 그의 영혼을 자루 속에 넣어서 고인을 본뜬 상에 묶어둔다. 이렇게 묶어두면 영혼이 그 상에 옮겨진다고 믿었다.

때로는 왕과 그 전임자들 영혼 사이의 정신적 결합이 전임자들의 육체의 한 부분을 소유하여 이룩되는 것으로 보인다. 남부 셀레베스에서는 때때로 왕위를 표시하는 휘장이 선왕의 신체 부위로 만들어진다. 그것은 신성한 유물로서 보물이 되고 왕위에 오르는 권리를 부여한다. 남부 마다가스카르의 사칼라바(Sakalava)족도 죽은 왕의 목뼈, 손톱이나 발톱, 머리칼 등을 보관한다. 이것은 악어의 이빨 속에 선왕의 동일한 유물과 함께, 특별히 그것을 위해 선택된 집안에 조심스럽게 보존한다. 이런 유물을 소유한 사람이 왕위 계승권을 물려받는다. 그래서 정당한 후계자라 해도 유물을 빼앗길 때에는 백성을 다스릴 권위를 완전히 잃어버리며, 반대로 찬탈자일지라도 그것을 소유하면 그는 아무런 반대 없이 왕으로 승인된다.

서부 아프리카의 아베오쿠타(Abeokuta)의 왕, 즉 알라케(Alake)가 죽으면 장로들이 그의 시체에서 머리를 잘라서 큰 진흙 그릇에 넣어 새로운 왕에게 넘겨준다. 그러면 그것은 새 왕의 신성한 주물이 되어 경외의 대상이 된다. 때로 새로운 왕은 왕실의 주술력이나 그 밖의 덕을 더 확실하게 계승하기 위해서 죽은 전임자 유해의 일부를 먹어야 한다. 그 예로 아베오쿠타에서는 새 왕에게 선왕의 머리만 보낸 것이 아니라, 그 혀를 잘라서 먹도록 했다. 그래서 원주민들은 새로운 왕의 집권이 시작했음을 표명하려 할 때, "그는 왕을 잡수셨다"

말한다. 서부 아프리카의 라고스 오지에 있는 이바단(Ibadan)이라는 큰 마을에서는 아직도 이런 종류의 관습이 행해진다. 왕이 죽으면 머리 부분이 절단되어서 종주국인 요루바(Yoruba) 지방의 대왕인 알라핀(Alafin)에게 보내진다. 그러나 그 심장은 왕의 후계자가 먹는다. 이 의식은 그리 길지 않은 시간 전에 이바단의 새로운 왕이 즉위할 때에도 치러졌다.

이상의 모든 사례에서 우리는 신적인 왕이나 사제가 죽으면 그 영혼이 후계자에게 옮겨진다고 믿는 원시인의 신앙을 뚜렷이 확인할 수 있다. 실제로 정기적으로 신적인 왕을 살해하는 백나일 강 유역의 실루크족에서도, 새로운 왕은 즉위식에서 반드시 선왕의 영혼을 넘겨받는 의식을 거행해야 하는 것을 볼 수 있다. 모든 그의 선왕들도 그 의식을 통해 전임왕들에게서 똑같이 신성하고 경건한 영혼을 차례로 물려받고 왕좌에 앉았던 것이다.

제28장
나무 정령의 살해

1 성령강림절의 배우들

이제 남은 문제는 신적인 왕이나 사제를 살해하는 관습이 우리 연구의 주제의 해명에 어떤 도움을 주는가 하는 점이다. 이 책의 첫 부분에서 네미 '숲의 왕'이 나무 정령이나 식물 정령의 화신이었다고 여겨졌던 이유와, 그 숭배자들이 그가 나무에 열매를 맺게 하거나 농작물을 성장케 하는 주술적인 힘을 갖고 있다고 믿은 근거에 대해서도 살펴보았다. 그러므로 그 숭배자들은 왕의 생명을 틀림없이 매우 귀중하게 여겼을 것이다. 그리고 이에 따라 많은 지방에서 인간신들은 아마도 그 생명을 악마나 주술사의 나쁜 힘으로부터 지키기 위해 고안된 정교한 예방 수단이나 터부에 따른 속박을 받았을 것이다.

그러나 인간신의 생명과 결부된 이러한 의미는 불가피한 노쇠로부터 그의 생명을 안전하게 보존하기 위한 오직 하나의 수단으로서 그의 강제적인 죽음이 시행되도록 했다. 이런 추론은 '숲의 왕'에게도 적용되었을 것이다. 바로 '숲의 왕'도 그의 몸 속에 있는 신적 영혼이 원형 그대로 계승자에게 전이될 수 있도록 살해되어야만 했다. 그는 자기보다 더 강한 자에게 살해당하기 전까지는 직책을 보유할 수 있었다.

이것은 신적 생명을 가장 활발한 상태에 보존할 것과, 그 활력이 약화되면 곧바로 적당한 후계자에게 자리를 물려 주어야 한다는 것을 지키기 위한 규정이었다. 그가 자신의 힘으로 왕의 자리를 방어해 낼 수 있는 동안에는 그의 선천적인 힘이 쇠약해지지 않았다고 추론할 수 있으며, 반대로 다른 사람의 손에 의해서 그가 패배해 죽으면 그의 힘이 쇠약해지기 시작하여 그의 신적 생명이 보다 강한 육체 속에서 화신해야 할 때가 왔음을 알 수 있는 것이다. 이와 같은 해석은 '숲의 왕'이 그 후계자에 의해 살해당해야 한다는 규정을 정확히 이해할 수 있게 한다.

이것은 실루크족의 관습과 이론에 의해서 뒷받침된다. 실루크족은 신성한 왕의 건강이 쇠약해지는 징조가 보이면, 왕의 건강 쇠약이 농작물과 가축, 그리고 인간의 생명력을 약화한다고 생각하기 때문에 곧바로 그를 살해한다. 그것은 콩고 왕국의 치토메족의 경우도 마찬가지이다. 치토메족은 왕의 생명에 세계의 존재가 달렸다고 생각한다. 그러므로 왕이 쇠약해졌다는 징조가 나타나자마자 후계자는 왕을 살해했다. 또 후대에 이르러 캘리컷(Calicut) 왕이 권력을 유지한 조건은 '숲의 왕'이라는 직책에 결부된 조건과 같다. 다만 '숲의 왕'이 언제 어떤 후보자의 습격을 받을지 몰랐던 것에 비해서 캘리컷 왕은 12년마다 한 번씩 공격을 받게 되었다는 점이 다르다. 그러나 캘리컷 또한 모든 공격자들을 방어할 수 있는 동안만 통치권을 허락받았다. 이는 그의 생애에 통치권을 일정 기간으로 제한한 옛 규정이 누그러진 것이다.

그러므로 우리는 '숲의 왕'에게 주어진 이와 비슷한 조건은 일정한 기한이 지나면 그를 죽이는 낡은 관습의 완화라고 추측할 수 있다. 그리고 이 두 가지 경우에 있어 새로운 규정은 낡은 규정이 부정하던 그의 생명을 지킬 수 있는 기회를 인간 신에게 부여했다. 그리고 아마도 사람들은 인간신이 모든 공격자의 공격을 칼로 물리쳐 자신을 방어하는 동안에는 그가 치명적으로 쇠약해졌다고 걱정할 까닭이 없기 때문에 규정의 변화에 적응시켰을 것이다.

이전의 '숲의 왕'은 일정한 기한이 끝나면 자신의 목숨을 구할 기회도 없이 살해당했을 것이라 추측해 볼 수 있는데, 이 추측은 다음과 같은 증거가 제시되면 확인이 가능할 것이다. 즉, 북유럽에서 왕의 대리인으로서 나무 정령을 나타내는 인간을 정기적으로 살해하는 관습이 있었다는 것이 그것이다. 그런데 실제로 그런 관습이 있었다는 뚜렷한 흔적이 농촌 축제에 남아 있다. 그 몇 가지 예를 들어 보기로 한다.

바이에른 남쪽의 니데르푀링(Nideerpöring)에서는 성령강림절 때 나무 정령을 나타내는 소년인 '핑스틀(pfingstl)'이 머리부터 발끝까지 잎과 꽃으로 단장했다. 그는 머리에서 양어깨까지 덮는 끝이 뾰족한 모자를 썼으며, 그 모자에는 단지 두 눈구멍만 뚫려 있었다. 이 모자는 수초꽃으로 장식되고 꼭대기에는 모란꽃이 올려져 있다. 외투의 옷소매도 수초로 덮여 있고 몸의 나머지 부분은 오리나무와 개암나무 잎으로 싸여 있다. 그의 양쪽에는 두 소년이 핑스틀의

팔 하나씩을 들고 행진했다. 두 소년은 그 행렬을 뒤따르는 다른 사람들과 마찬가지로 긴 칼을 찼다. 그들은 선물을 받을 만한 집마다 멈추었다. 그러면 숨어 있던 사람들은 잎으로 장식된 소년에게 물을 끼얹었다. 그 소년이 물에 빠진 생쥐처럼 되면 사람들은 모두들 기뻐했다. 끝으로 그가 작은 개울로 들어가 허리께까지 차는 곳에 이르면, 다리 위에 서 있던 소년 가운데 한 사람이 그의 목을 베는 시늉을 한다.

스와비아의 부름링겐(Wurmlingen)에서는 성령강림절의 첫 번째 월요일에 20명쯤 되는 젊은이들이 흰 셔츠에 흰 바지를 입고, 허리에는 빨간 띠를 두르고 그 띠에 칼을 찬다. 그들은 말을 타고 두 나팔수의 나팔소리에 따라 숲 속으로 들어간다. 그리고 숲 속에서 잎이 무성한 떡갈나무 가지를 자른다. 이 가지를 숲에 가장 늦게 도착한 사람에게 머리부터 발끝까지 덮어씌운다. 그러나 다리는 따로 싸서 말을 탈 수 있게 한다. 그리고 그에게 인공으로 만든 긴 목과 머리 위에 붙인 가면을 준다. 그리고 '5월의 나무' 한 그루를 자른다. 그 나무는 보통 3m쯤 되는 사시나무이거나 너도밤나무이다. 그것을 여러 색깔의 헝겊과 색실로 장식해 특별한 '5월의 사자'에게 맡긴다. 그리고 젊은이들의 기마 행렬이 악기를 연주하고 노래를 부르면서 마을로 되돌아온다. 이 행렬에 참가하는 인물 중에는 얼굴에 검정 칠을 하고 머리에는 왕관을 쓴 무어인 왕과 철제 수염 의사(Dr. Iron Beard), 그리고 하사관과 사형 집행자가 있다. 그들은 마을 광장에서 멈춰 저마다 장단을 맞춰 연설한다. 사형 집행인은 잎으로 싸인 사나이가 사형이 결정되어 가짜 목이 잘리게 되었음을 선언한다. 그리고 기수들은 조금 떨어진 곳에 세워 둔 '5월의 나무'까지 경주한다. 말을 달리면서 '5월의 나무'를 뽑는 데 성공한 최초의 사람이 나무와 장식한 것까지 받는다. 이 의식은 2년 또는 3년마다 치러진다.

색소니와 튀링겐에서는 '숲에서 야생 사나이 쫓아내기' 또는 '숲에서 야생 사나이 끌어오기'라고 불리는 성령강림절의 의식이 있다. 한 젊은이가 나뭇잎이나 이끼로 온통 몸을 싸는데, 그는 '야생 사나이'라고 불린다. 그가 수풀 속에 숨으면 마을의 다른 젊은이들이 그를 찾으러 나선다. 잡으면 숲에서 끌고 나와 공포를 쏜다. 그는 죽은 사람과 같이 땅 위에 쓰러지나, 의사로 분장한 젊은이가 썩은 피를 뽑자 다시 살아난다. 여기서 모두들 즐거워하여 그를 수레에 단단히 묶어서 마을로 끌고 다니며 마을 사람들에게 이 '야생 사나이'를 붙잡은 경위를 설명한다. 그러면 집집마다 그들에게 선물을 준다.

에르츠게비르게(Erzgebirge) 지방에서는 17세기 초에 해마다 참회절 축제에 다음과 같은 관습이 있었다. 두 사나이가 '야생 사나이'로 분장하는데, 한 사람은 나뭇가지와 이끼로 싸이고, 다른 한 사람은 짚으로 싸인다. '야생 사나이'는 거리로 끌려 다니다가 마지막으로 시장까지 끌려온다. 여기서도 이리저리 쫓기면서 총에 맞고 칼에 찔리고 얻어맞는 시늉을 한다. 그들은 쓰러지기 전에 묘한 몸짓으로 비틀거리다가 미리 준비한 주머니를 터뜨려 피를 사람들에게 뿌린다. 드디어 두 사람이 쓰러지면 사냥꾼들은 그들을 널빤지 위에 앉혀서 술집으로 옮긴다. 그러면 광부들이 귀한 사냥감의 목이라도 얻은 듯이 광산용 도구를 두드리면서 그들 옆을 따랐다.

보헤미아의 슐루케나우(Schlukenau) 인근에서도 이와 매우 비슷한 관습을 오늘날까지 행하고 있다. '야생 사나이'로 분장한 한 사람의 남자가 거리마다 쫓겨다니다가 줄이 걸려 있는 좁은 골목길까지 쫓긴다. 여기서 그가 줄에 걸려 넘어지는 사이에 그를 쫓는 사람들이 그를 붙잡는다. 사형 집행자가 쫓아와서 그 사나이의 몸에 지니고 있던, 피가 가득 찬 주머니를 칼로 찌른다. 이렇게 그 사나이는 죽은 시늉을 하고 땅은 피로 붉게 물든다. 다음 날 '야생 사나이'를 닮은 꼭두각시를 만들어 들것에 앉혀서 연못까지 끌고 간다. 그 뒤를 군중이 따른다. 사형 집행인은 그것을 연못 속으로 던져버린다. 이 의식을 '사육제의 인형 매장'이라고 부른다.

보헤미아 세믹에서는 왕의 목을 자르는 관습이 성령강림절의 월요일에 거행된다. 여기서도 젊은이들이 분장을 하고 나타난다. 저마다 나무껍질로 만든 띠를 두르고, 나무칼을 차고 버들피리를 든다. 왕은 여러 꽃으로 꾸민 나무껍질의 옷을 입고, 머리에는 꽃과 나뭇가지로 장식한 관을 쓰고, 두 발에는 양치식물을 감고, 얼굴은 가면으로 감추고 손에는 왕홀 대신에 산사나무 막대를 들고 있다. 젊은이 한 사람이 왕의 한쪽 발에 밧줄을 묶어서 그를 온 마을로 두루 끌고 다니면, 다른 사람들은 그 주변을 춤추고 다니면서 피리나 휘파람을 분다. 왕이 농가 안으로 들어가면 사람들이 쫓아다닌다. 시끌벅적한 사람들 가운데 한 젊은이가 나와 칼로 왕의 나무껍질 옷을 찌른다. 그리고 사례금을 요구한다.

조금 엉성한 참수 의식이 보헤미아의 다른 여러 지방에서 사실적으로 거행된다. 예를 들면, 쾨니히그레츠(Königgrätz) 지방의 몇몇 마을에서는 성령강림절의 첫 번째 월요일에 처녀와 총각들이 분장을 하고 리본을 단다. 처녀들이 한 그루의 라임나무 아래에 모이면 총각들은 다른 라임나무 밑에 모여든다. 그리고 총각들은 왕비의 화관을, 처녀들은 왕의 화관을 만든다. 왕과 왕비의 선출이 끝나면, 그들은 둘씩 짝을 지어 행렬을 이루어서 선술집으로 간다. 선술집의 발코니에서 전령이 왕과 왕비의 이름을 선포한다. 다음에 왕과 왕비에게 음악이 연주되는 가운데 그 직분을 나타내는 휘장이 주어지고 화관이 씌워진다. 그것이 끝나면 누군가가 일어서서 여러 죄목을 들추어서 왕을 비난한다. 예를 들면, 소를 가혹하게 다루었다는 식이다.

왕은 증인을 요청하고 재판은 이어진다. 재판이 거의 끝날 때쯤 그 직무를 나타내는 흰 지팡이를 든 재판관이 '유죄' 또는 '무죄'의 판결을 선고한다. 만일에 '유죄'로 선고되면 그 재판관은 자기 지팡이를 부러뜨린다. 그리고 왕은 흰 천 위에 무릎을 꿇는다. 참석자들은 모두 모자를 벗는다. 그리고 한 병사가 서너 개의 모자를 모아와 왕의 머리 위에 차례차례 포개 얹는다. 그러면 재판관은 "유죄!"라는 말을 세 번 큰 소리로 선고하고, 전령에게 왕의 목을 베도록 명령한다. 전령은 나무칼로 왕의 모자를 쳐서 떨어뜨린다.

그러나 우리의 연구 목적상 이 모의 사형 중에서 가장 시사적인 것은 이제부터 설명할 보헤미아의 예일 것이다. 보헤미아 필젠 지방의 몇몇 곳에서는 성령강림절 월요일에 왕은 각양각색의 꽃과 리본으로 장식된 나무껍질로 꾸민다. 그는 금박지로 만든 왕관을 쓰고, 온갖 꽃으로 장식된 말을 탄다. 그리고 재판관과 사형 집행인, 그리고 그 밖의 배우들과 기마병들의 호위를 받으면서 마을 광장으로 간다. 이 광장에는 푸른 나뭇가지로 만든 오두막 정자가 '5월의 나무' 아래 세워져 있다. 이 '5월의 나무'는 꼭대기까지 껍질이 벗겨지고 꽃과 리본으로 장식된 전나무이다. 마을의 부인들과 처녀들의 비난이 있고 개구리 목이 잘려진 다음, 기마 행렬이 길게 뻗은 도로를 통해 미리 정해진 어떤 곳으로 간다. 그리고 여기에서 그들은 두 줄로 열을 짓는데, 왕 노릇을 하는 이는 도망치기 시작한다. 그는 조금 빨리 출발하여 전속력으로 달리고 기마병들은 그 뒤를 쫓는다.

만일 기병들이 왕을 붙잡지 못하면 그는 1년 더 왕 노릇을 할 수 있으며, 동료들은 그날 저녁 왕이 먹은 술값을 내야 한다. 그러나 왕이 붙잡히면 개암나무 회초리로 매를 맞거나 나무칼로 얻어맞고 말에서 끌어내려진다. 그리고 사형 집행인이 "이 왕의 목을 칠까?" 묻는다. 그러면 "쳐라" 사람들은 대답한다. 사형 집행인은 도끼를 휘두르면서 "하나, 둘, 셋, 왕의 목이여, 없어져라" 외치고 왕관을 쳐서 떨어뜨린다. 군중들의 함성이 터지는 가운데 왕은 땅 위에 쓰러진다. 그는 관속에 넣어지고 가장 가까운 농가로 운반된다.

이와 같이 모의 사형을 당하는 많은 사람들을 관찰해 보면, 이들이 봄철에 자기 자신을 나타내는 나무 정령이나 식물 정령의 대리자라고 인정하게 된다. 연출자들이 몸에 두르는 나무껍질과 잎과 꽃, 그리고 그들이 나타나는 계절 등을 살펴볼 때, 그들은 '풀의 왕', '5월의 왕', '푸른 잎사귀 옷의 잭', 그리고 우리가 이 책의 앞 부분에서 검토한 식물의 생육을 관장하는 봄의 정령의 대표자들과 같은 종류에 속한다는 사실을 알 수 있다. 우리는 이 두 가지 예에서 살해된 인물이 '5월의 왕'이나 '풀의 왕'들이 나무 정령의 인격적인 대표자였던 것처럼 비인격적인 '5월의 나무'와 직접 연결되어 있음을 알게 된다. 마치 이 문제에 대해 어떤 의문이 해결된 듯하다. 그러므로 펑스틀에 물을 끼얹는다든지 그가 연못 속으로 들어가는 것은, 이미 기술한 바와 같이 비를 내리게 해달라는 주술과 마찬가지로 볼 수 있다.

그러나 이 인물들이 확실히 그들이 행하는 것처럼 봄의 식물 정령을 나타낸다면, 왜 그것들을 살해하며, 특히 그 의식이 가장 요구되는 봄에 식물 정령을 죽이는 이유가 무엇인지 의문이 생긴다. 이 의문에 대한 오직 하나의 가능한 해답은 신성한 왕이나 사제를 죽이는 관습에 대해, 이미 서술한 내용 속에 이런 의문에 대해 가능한 답이 함축되어 있을 것이다. 인간의 몸은 물질적이며 죽을 수밖에 없다. 축제로 화신된 신적 생명은 한동안 머무는 허약한 육체의 쇠퇴에 따라 전염되기 쉽고 오염되기 쉽다. 다시 말해 신적 생명은 육체에 머무는 동안 인간이 나이가 듦에 따라서 나날이 쇠약해진다. 이런 위험으로부터 탈피하기 위해서는 인간이 쇠약 증세를 보이기에 앞서 또는 적어도 그와 동시에 신적 생명이 그 인간에게서 떠나 생기 넘치는 후계자에게 옮겨져야 한다. 원시인은 이런 관념에서 노쇠한 신의 대표자를 살해하고 신적인 영혼을 그에게서 분리해 새로운 대표자에게 옮겼던 것이다. 그러므로 신을 살해하는 것, 즉 인간 화신을 죽이는 것은 보다 훌륭한 형태로 그를 소생시키거나 부활시키는 데 필요한 수단에 지나지 않는다. 그것은 신적인 영혼의 소멸이 아니라 새로운 대표자에게서 더 순수하고, 더 강력하게 드러내기 위한 시작일 뿐이다.

만일 신성한 왕이나 사제를 죽이는 관습에 대해 이 설명이 일반적으로 타당하다면, 그 해석은 나무 정령이나 식물 정령의 대표자를 해마다 봄에 죽이는 관습에 대해서도 적용될 수 있을 것이다. 왜냐하면 겨울철 식물이 시드는 것을 원시인들은 쉽게 식물 정령의 쇠퇴로 해석하기 때문이다. 원시인은 늙어서 쇠퇴한 정령을 죽여서 젊고 신선한 모습으로 소생시켜 활기를 찾게 해야 한다고 생각하는 것이다. 이렇게 봄에 나무 정령의 대리자를 죽이는 것은 식물의 성장을 촉진하고 또 활기를 불어넣는 방법으로 여겨진다. 왜냐하면 나무 정령을 죽이는 것은 언제나 암암리에, 또 어떤 때에는 뚜렷이 그것이 한결 더 젊고 활발한 모습으로 소생하거나 부활하는 것과 관련되어 있기 때문이다. 그래서 색슨과 튀링겐의 관습에서도 '야생 사나이'는 모의 살해된 뒤에 의사에 의해서 소생된다.

또 부름링겐의 의식에서는 한때 같은 역할을 한 적이 있는 '철제 수염 의사'가 나타난다. 뒤에서 언급하려고 하는 봄의 의식에서는 확실히 '철제 수염 의사'가 죽은 사람을 다시 살리는 역할을 한다. 그러나 이 신의 소생이나 부활에 대해서 곧 더 자세히 설명할 기회가 있을 것이다.

이 북유럽의 인물들과 우리의 연구 주제 '숲의 왕' 또는 네미의 사제 사이의 비슷한 점은 놀라울 만하다. 이 북방의 등장 인물 중에서 나무껍질과 나뭇잎으로 만든 옷을 입은 왕들이 있다. 이들 주변에는 나뭇가지로 만든 오두막과 전나무가 있는데, 그 아래에서 재판이 열린다. 거기서 왕들은 북유럽판 '숲의 왕'으로 선포된다. 즉 그들도 '숲의 왕'과 마찬가지로 비운의 최후를 마치게 된다. 그러나 이들 또한 '숲의 왕'처럼 그 체력과 민첩성을 이용해 잠시 동안 죽음을 면할 수 있다. 이 북방의 몇몇 관습에서는 '왕의 도주'와 그 추격이 그러한 의식의 중요한 부분을 차지하기 때문이다. 어떤 지방에서는 왕이 그 추적자의 손에서 도망치는 데 성공하면, 그는 1년간 자신의 생명과 지위를 연장받을 수 있었다. 이 경우에는 사실상 왕은 1년에 한 번씩 생명을 위한 도주에 성공해야 한다는 것을 조건으로 집권하는 것이다. 이것은 후대에 캘리컷 왕의 왕권이 12년마다 한 번씩 모든 공격자들을 물리쳐 그 생명을 방어한다는 조건 아래 주어진 것과 같으며, 또 네미의 사제가 언제든 있을 수 있는 습격으로부터 자신을 보호한다는 조건으로 왕권을 유지한 것과 마찬가지이다. 이 모든 예에서 신적 인간의 생명은 싸움이나 도망과 같은 격렬한 육체적인 투쟁으로 그의 체력이 쇠약하지 않았다는 것, 따라서 조만간에 밀어닥칠 죽음이 한동안은 연기되어도 좋다는 것을 보여줌으로써 연장되는 것이다.

여기서 우리는 '왕의 도주'에 주목해야 하는데, 그것은 '숲의 왕'의 전설이나 관습에서도 왕의 도주에 대한 이야기가 뚜렷이 나타나고 있기 때문이다. '숲의 왕'은 그 숭배 관습의 전설적 창시자 오레스테스의 도망을 기념하기 위해 마치 탈출한 노예처럼 달아나야 했다. 그러므로 어떤 고대 사람은 '숲의 왕'을 '강인한 손과 빠른 발을 가진 자'라 기록하고 있다. 만일 우리가 아리키아 숲의 의식을 충분히 잘 알고 있다면, 그곳의 '숲의 왕'도 보헤미아 왕들과 같이 도주해서 생명을 지킬 기회를 가졌다는 사실을 알아낼 수 있을지도 모른다. 이미 앞에서 우리는 로마의 사제왕 레기푸기움(Regifugium)이 해마다 도망치는 의식도 처음에는 이것과 같은 종류의 도주에서 비롯되었을 것이라고 추측해본 적이 있다. 다시 말해, 그도 처음에는 일정한 기간이 지난 뒤에 살해되거나, 그렇지 않으면 강력한 손과 빠른 발로 그의 신성이 여전히 활발하고 손상되지 않았다는 것을 증명해야 했던 신적인 왕들 중의 한 사람이었을 것으로 추정된다는 의미이다.

이탈리아의 '숲의 왕'과 그에 대응하는 북유럽의 대리자들 사이에는 또 하나의 비슷한 점이 있다. 색슨과 튀링겐에서는 나무 정령의 대표자가 살해된 뒤에 의사에 의해서 부활하게 되는데, 전설에 따르면 이와 똑같은 일은 네미 최초의 '숲의 왕', 즉 히폴리투스나 비르비우스에게도 일어났다. 히폴리투스나 비르비우스는 그의 말에 치여 살해된 뒤에 의사 아스클레피오스(Asklepios)에 의해서 다시 살아났다는 것이다. 이 전설은 '숲의 왕'의 살해가 그 후계자 계승을 통한 재생이나 부활을 위한 수단에 불과하다는 이론과 잘 들어맞는다.

2 사육제 인형 매장하기

이제까지 네미 사제직 계승이 후임자의 전임자 살해로써 이루어지도록 하는 규정에 대해서 설명했다. 이것은 오직 하나의 가능성에 지나지 않는다. 이 관습과 그 역사에 대한 우리의 지식은 너무 미미하기 때문에 이러한 설명이 사실이라 주장할 수는 없다. 그러나 여기에서 가정한 동기나 사고 방식이 원시

사육제 인형 매장
초자연의 존재를 죽이는 흉내를 내는 것은 사육제에서 인형으로 신의 죽음을 꾸미는 의식이다. 이 의식은 사육제의 마지막 날에 거행된다.

사회에서 행해졌다는 것이 증명된다면, 이 가설도 더욱 설득력을 얻게 될 것이다. 이제까지 우리는 주로 나무 신의 죽음과 부활에 대해서 알아보았다.

그러나 만일 내가 신을 살해하는 관습과 그 신의 부활에 대한 신앙이 동물을 신으로서 희생시키던 수렵·목축 사회 단계에서 시작되었거나, 적어도 그 단계에 존재하고 있었다는 것과, 그 관습과 신앙이 곡물이나 곡물을 대표하는 인간을 신으로 여겨 살해하던 농경 단계의 사회에 이르기까지 남아 있었다는 것을 제시하는 데 성공한다면, 나의 해석의 개연성은 확실하게 늘어날 것이다. 나는 이것을 아래에서 설명하고자 하며, 또 이 논의 중에 아직도 남아 있는 조금은 불명료한 점을 밝히고, 독자가 갖고 있을지도 모르는 의문점이나 이론에 답할 수 있기를 바란다.

이제 논의의 출발점이었던 유럽 농민의 봄의 관습부터 시작하려 한다. 이미 기술한 의식 외에 신적인 또는 초자연적인 존재를 모의 죽음으로 특징되는 두 개의 서로 닮은 관습이 있다. 하나는 죽음이 극적으로 표현되는 사육제의 화신이며, 다른 하나는 죽음 자체이다. 전자의 의식은 반드시 사육제가 끝날 때쯤 거행된다. 축제의 마지막 날인 '참회의 화요일'이나 사순절 첫날인 '재(灰)의 수요일'에 행해진다.

보통 '죽음의 운반'이나 '죽음의 축출'로 부르는 후자의 의식이 치러진 날은 일률적으로 정해져 있지 않다. 일반적으로 그것은 사순절의 네 번째 일요일에 행해졌기 때문에 '죽음의 일요일'이란 이름으로 부른다. 그러나 어떤 지방에서는 이 의식을 1주일 앞서 행하고, 보헤미아의 체크(Czech)인 같은 경우는 일주일 늦게 거행한다. 모라비아의 어떤 독일인 마을에서는 부활절 이후 첫 일요일에 거행한다. 이미 설명한 바와 같이, 그 의식을 거행하는 때는 본디 첫 제비가 돌아온 날 또는 봄 기운이 나타날 때가 된다. 이렇게 날짜는 지방마다 다르다. 어떤 사람들은 그 의식의 기원을 슬라브족에 있다고 말한다. 그림(J. Grimm) 형제는 그 의식이 3월을 1년의 시작으로 삼은 고대 슬라브족 사이에서 치러진 신년제였다고 생각했다. 먼저 달력상으로 언제나 다른 것보다 앞서 거행되는 사육제 때의 모의 죽음에 관한 사례를 들고자 한다.

로마와 나폴리 중간에 위치한 라티움의 프로시노네에서는 이탈리아 마을의 매우 단조로운 생활을 사육제 마지막 날 라디카(Radica)로 알려진 고대 축제로 통쾌하게 깨뜨린다. 오후 4시쯤에 마을 악대들은 활기에 찬 곡을 연주하면서 많은 군중을 동반하고 관청이나 다른 사무실들의 건물이 나란히 서 있는 피아차 델 플레비시토(Piazza del Plebiscito) 거리로 행진한다. 이곳 광장의 한가운데에서 그 행렬의 모습을 고대하는 수많은 사람들은 색색의 꽃으로 장식된 거대한 사두마차를 보자 좋아 어쩔 줄 모른다. 마차 위에는 거대한 의자가 하나 있고, 거기에는 붉은 얼굴에 미소를 띤 2.7미터쯤의 장엄한 사육제 인형이 앉아 있다. 거대한 장화, 이탈리아 해군 사관이 쓴 것과 비슷한 양철 투구, 여러 장식이 달린 다채로운 의상이 이 당당한 인물의 외모를 화려하게 한다. 그의 왼쪽 손은 의자의 문장을 가리키며 오른손으로는 부드럽게 군중에게 인사한다. 의자 밑에서 군중들의 눈에 띄지 않게 숨은 한 남자가 그런 동작을 하도록 끈을 잡아당겨 조종하는 것이다. 이제 군중들은 수레 주변에 몰려들어 환희의 소리를 질러 감정을 폭발한다. 그리고 온순한 자나 순박한 자나 너나없이 서로 섞여서 미친 듯이 살타렐로(Saltarello : 4분의 3박자의 경쾌한 로마 민속춤)를 춘다. 이 축제의 독특한 점은 사람들이 모두 손에 알로에나 용설란의 커다란 잎을 뜻하는 '라디카'(뿌리)로 불리는 것을 들고 있다는 것이다. 이런 것이 없으면 대신 큰 양배추 잎을 긴 막대 끝에 끼워서 들거나 기묘하게 엮은 풀 한 줌을 갖고 있어야 한다. 만약 이것도 없으면 그는 군중으로부터 사정없이 쫓겨난다.

군중들은 마차 주위를 돈 뒤에 서서히 움직이는 차를 호위하여 관청 앞까지 간다. 차는 울퉁불퉁한 땅 위를 덜거덕거리면서 관청 마당 안으로 들어간다. 이제 군중들은 조용해진다. 이를 지켜본 목격자들은 그들의 웅얼웅얼하는 소리가 실제로 흔들리는 파도소리와 같다고 묘사한다. 모든 사람이 관청장이나 그 밖의 관청 고위 관리들이 이 영웅에 대해 얼마만큼의 경의를 표할 것인지 지켜본다. 마음을 졸이다가 고관들이 나타나면 군중들은 박수갈채로 환영한다. 그 환영의 물결은 그들이 줄줄이 계단을 내려와 행렬 속에 자리 잡을 때까지 이어진다. 곧 사육제의 찬가가 울려 퍼진다. 그것이 끝나면, 귀가 따가울 만큼 함성을 지르면서 알로에 잎이나 양배추 잎을 하늘 높이 던진다. 그것은 잘난 사람이나 못난 사람을 가리지 않고 모두의 머리 위에 떨어진다. 그들이 난폭하게 밀고 밀치면서 그것을 잡으려고 엎치락뒤치락하는 사이 축제의 분위기가 한결 고조된다.

참석한 모든 사람들이 만족해하는 가운데 이런 예비 행사가 끝나면 행렬은 또다시 움직인다. 행렬 끝에 술통과 경찰을 실은 차 한 대가 뒤따르는데, 경찰들은 술을 청하는 모든 사람에게 술을 내주는 역할을 담당한다. 차를 뒤따르는 군중들은 공공 예산으로 마음껏 취할 수 있는 이 절호의 기회를 놓치지 않으려고 고함을 지르고 서로 때리고 욕설을 퍼붓는 등 소동이 벌어진다. 이렇게 행렬이 위풍당당하게 주요 거리를 행진한 다음, 사육제 인형은 광장 한 가운데로 옮겨져 몸에 두른 아름다운 옷이 벗겨지고 군중들이 환호성을 치는 가운데 높이 쌓아올린 장작 위에 올려져 불태워진다. 군중들은 다시 사육제 찬가를 우렁차게 합창하고, 장작불 위에 '라디카'를 던지고 마음껏 춤의 환락에 빠진다.

아브루치(Abruzzi)에서는 사육제 종이 인형을 입에 담뱃대를 물고 술병을 허리에 찬 4명의 묘지를 파는 일꾼들이 운반한다. 그들 앞에는 상복을 입고 눈물을 흘리는 모습의 사육제 아내가 걸어간다. 때때로 일행은 멈춘다. 그 아내는 동정을 보내는 군중들에게 자비를 호소한다. 묘지 파는 일꾼들은 술통에서 술을 꺼내 마시며 원기를 돋운다. 광장에 도착하면, 종이 인형은 화형대 위에 올려지고, 북소리와 여자들의 애처로운 비명 소리, 그리고 남자들의 거친 고함소리가 들리는 가운데 인형에 불이 붙여진다. 인형이 타기 시작하면 군중들 속에 밤을 던진다. 때때로 이 사육제 인형은 막대기 위에 붙인 허수아비로 재현되는데, 오후에 무언극 배우들이 그것을 마을로 옮긴다. 저녁이 되면 그 배우들 가운데 네 사람이 요나 이불의 네 귀퉁이를 잡고 사육제 허수아비를 그 속에 던진다. 행렬은 다시 시작되고 배우들은 거짓 울음을 터뜨리면서 손잡이가 있는 냄비를 두들기거나 종을 치면서 그들의 슬픔을 더 한층 강조한다. 또 아브루치에서는 사육제의 시체 역할을 관 속에 누워 있는 한 사나이가 연출하는데, 그럴 때는 사제로 분장한 사람이 목욕통에 가득 담긴 성수를 마구 뿌린다.

1877년 영국의 한 여행자가 카탈루냐의 레리다에서 사육제 장례식을 목격했다. 사육제 마지막 일요일에 보병과 기병, 그리고 말을 타거나 마차를 타고 여러 가면을 쓴 배우들이 '파우피(Pau Pi) 전하'로 불리는 인형을 태운 큰 마차를 호위하면서 주요 거리를 의기양양하게 행진했다. 그리고 흥청망청한 주연이 사흘 동안 이어졌다. 그것이 끝나면 사육제의 마지막 날 밤중에 앞에서 말한 행렬이 다시 마을의 대로를 행진한다. 그러나 이번에는 그 모습도, 그 목적도 달랐다. 개선마차는 영구차로 바뀌었는데, 그 속에는 죽은 전하의 인형이 실려 있다. 처음 행렬에서는 유쾌한 재담을 하는 '어리석은 학생들' 역을 맡은 가면 배우들이, 이번에는 사제나 주교 예복을 입고 커다란 촛불을 높이 들고 장송가를 부르면서 천천히 걸었다. 나머지 배우들은 모두 상복을 입고, 말 탄 사람들은 모두 타오르는 횃불을 들고 있다. 행렬은 발코니가 있는 몇 층씩 되는 높은 집들 사이의 거리를 따라 우울하게 행진했다.

거리는 물론 집의 창문과 발코니와 옥상 등은 모두 환상적이고 아름다운 복장과 가면을 쓴 구경꾼들로 가득 메워졌다. 움직여 가는 많은 횃불들로 그 광경이 비쳐지고, 또 서로 빛이 교차하고 그림자가 지기도 했다. 빨간 불꽃과 푸른 불꽃이 하늘에 피어올랐다가는 곧 사라졌다. 말굽 소리와 행진하는 군중의 규칙적인 발걸음 소리를 누르고 진혼곡을 부르는 사제들의 소리가 들렸다. 이어서 그 소리는 군악대의 장엄한 북소리에 묻혀버렸다. 행렬이 대광장에 와서 멈추면 죽은 '파우피 전하'에 대해 장난스러운 추도사가 낭독되고 불이 꺼졌다. 곧 군중 속에서 악마와 그 부하들이 뛰쳐나와서 가짜로 만든 시체를 훔쳐서 도망친다. 그러면 군중들은 모두 고함을 치면서 맹렬하게 그 뒤를 쫓는다. 마땅히 악마들은 쫓겨서 흩어진다. 그리고 강탈을 면하게 된 가짜 시체는 미리 마련된 묘지에 안장된다. 1877년 레리다에서의 사육제 인형은 이렇게 죽어 매장되었다.

프로방스에서도 이러한 의식이 '재의 수요일'에 거행된다. 이곳에서는 '카라만 트란(Caramantran)'으로 불리는 인형을 기묘하게 꾸며서는 꽃마차에 끌거나 가 마로 운반한다. 그리고 이상한 복장을 한 군중들이 뒤따르는데, 그들은 포도주 를 가득 담은 호리병을 들고 만취가 되도록 마신다. 취하지 않은 사람은 취한 척 흉내를 낸다. 이 행렬의 선두에는 재판관과 변호사로 분장한 몇 사람의 남 자와 사순절 복장을 한 키가 크고 마른 한 사람이 앞장 서 간다. 그리고 그들 뒤에는 카라만트란에게 당장이라도 닥쳐올 것 같은 비극적 운명을 슬퍼하는 척하는 상주들처럼 상복을 입고 초라한 말을 탄 젊은이들이 따른다. 이윽고 큰 광장에서 행렬은 멈추고, 법정이 열리고, 카라만트란을 피고석에 앉힌다. 형 식적인 재판을 거친 뒤에 그는 군중들의 아우성 속에 사형 선고를 받는다. 카 라만트란을 변호한 변호사는 최후로 의뢰인을 위해 변론한다. 재판관들은 그 들의 의무를 다할 뿐이다. 그 사형수는 벽을 등지고 세워져서 돌 세례를 받는 다. 갈기갈기 찢긴 그 유해는 강이나 바다에 던져진다.

거의 모든 아르덴(Ardenne)족들은 '재의 수요일'에 사육제를 표명하는 것으 로 생각되는 인형을 태우고, 불타오르는 인형의 둘레에서 사육제 노래를 부르 는 관습이 오늘날에도 남아 있다. 인형은 때때로 그 마을 사람 가운데 아내에 게 가장 충실하지 않다는 평판을 받은 남편의 모습을 따서 만든다. 예상할 수 있는 바와 같이, 그러한 고통스러운 상황 아래에서 초상화로 선출된 인물은 조 금씩 가정 불화를 일으키는 성향을 가지는 것이 특징이다. 사람들은 그와 닮 은 인형을 그의 집 앞에서 태우는데, 그때 서로 아웅거리고 으르렁거리는 소리 로 친구들과 이웃들이 그의 사생활에 대해 공공연히 비난한다. 아르덴의 어떤 마을에서는 한 젊은이가 마른 풀과 짚으로 분장하여 '참회의 화요일'의 역할을 맡는 관습이 있었다.

프랑스에서도 사육제를 의인화한 인물에 대해 가끔 축제 기간의 마지막 날 을 '참회의 화요일'이라 부른다. 그는 모의 법정에 끌려가서 사형 선고를 받는 다. 그리고 군대에서 사형시키는 것과 같이 벽에 세우고 공포탄으로 한꺼번에 사격을 받는다. 그런데 브리노부아(Vrigneaux-Bois)에서는 티에리라고 불리는 광대 중 한 사람이 실수로 총 속에 남아 있던 한 발의 총탄에 맞아 실제로 죽 은 적이 있다. 불쌍한 '참회의 화요일'이 총에 맞아 쓰러지자, 사람들은 늘 그랬던 것처럼 오랫동안 박수갈채를 쳤고, 그 또한 아주 자연스럽게 그 역할을 다했다. 그런데 그가 일어나지 않아서 사람들이 달려갔을 때, 그는 이미 이 세상 사람이 아니었다. 그 이후에 아르덴에서는 그러한 모의 사형이 없어졌다.

노르망디에서는 '재의 수요일' 전야에 '참회의 화요일 장례'라 불리는 축제를 행하는 관습이 있다. 여기서 등장하는 인형은 누더기 옷을 겨우 걸치고, 낡고 찌그러진 모자를 더러운 얼굴에 눌러 쓰고, 둥근 배 속에는 짚이 가득 들어 있다. 이 인형은 오랜 향락 끝에 이제 자기의 죄를 뉘우치고 용서를 구하는 늙은 방탕자의 모습이었다. 이 사육제에 통속적으로 의인화된 인형은 그 무거운 짐 때문에 다리가 휘청거리는 시늉을 하는 강건한 남자의 두 어깨에 얹혀져서 마치 전쟁에 패배한 사람처럼 거리를 돌아다닌다. 이때 북치는 사람을 선두에 세우고, 뒤에는 마을의 어중이떠중이와 장난꾸러기, 그리고 와글와글 떠드는 패들이 따라간다. 그들은 햇불의 빛을 받으며 숟가락과 젓가락, 솥과 냄비, 나팔과 주전자를 두들겨 대는 소음과 성난 외침과 욕지거리와 야단소리가 섞인 가운데로 인형과 함께 움직인다.

중간중간 행렬은 멈춰 서는데, 그때 한 훌륭한 도덕가가 이 비참한 늙은 죄인이 여태까지 저지른 죄와, 이제야 그 대가로 산 채로 화장되는 경위를 설명했다. 자신을 변호하기에는 너무나 죄가 많은 이 죄인은 짚더미 위에 던져진다. 그리고 햇불로 그 더미에 불을 붙이고 불꽃이 솟아오르면, 아이들은 사육제의 죽음을 노래한 옛 노래를 소리 높여 부르면서 그 주위를 즐겁게 뛰어다닌다. 때로 이 인형은 화장되기 전에 산비탈에 굴려지기도 했다.

생로(Saint-Lô)에서는 넝마조각을 걸친 '참회의 화요일' 인형의 뒤를 그의 미망인이 뒤따랐다. 그녀는 검은 망사 차일로 부인답게 꾸민 키가 큰 촌뜨기인데, 그녀는 슬픔과 애도를 큰 소리로 외쳤다. 가면을 쓴 군중들이 이 인형을 들것에 태워서 거리를 쏘다니다가 비르(Vire) 강에 던졌다. 약 60년 전에 옥타브 퓌예 부인(Madame Octave Feuillet)이 어렸을 때 이 마지막 광경을 실제로 보았다. 그녀는 그것을 다음과 같이 생생하게 묘사한다.

"내 부모님은 그 친구들에게 장례식 행렬을 구경시키기 위해 잔 쿠일라르(Jeanne Couillard) 탑 꼭대기로 초대했다. 그 탑에서 나는 오늘까지도 생생하게 기억하는 그 광경을 밤에 목격했다. 그 무렵 기근으로 물이 부족했기 때문에 나는 레몬 쥬스만 먹을 수 있었다. 탑 아래 낡은 돌다리 밑으로 비르 강이 흘렀다. 다리의 중간쯤에 나뭇잎으로 만든 들것 위에 '참회의 화요일'이 놓이고 그 주변에 가면을 쓴 수십 명의 사람들이 횃불을 들고 춤추고 노래 불렀다. 어떤 사람들은 색색이 섞인 옷을 입고 귀신처럼 다리 난간을 따라 뛰어다녔다. 나머지 사람들은 잔치놀이에 지쳐서 기둥 위에 앉아서 졸고 있었다. 곧 춤이 멈추고 사람들 가운데 어떤 사람이 횃불을 들어 인형에 불을 붙인다. 그리고 사람들은 환성과 시끄러운 소리를 내며 그 인형을 강물 속에 던졌다. 송진이 묻은 짚으로 만든 그 인형은 건너편 강둑의 숲이나 루이 11세와 프랑수아 1세가 잠든 옛 성벽을 훤히 비추고 타면서 비르 강으로 떠내려갔다. 유령 같은 마지막 불빛이 유성과 같이 사라지면 군중도 가면을 쓴 사람도 모두 사라졌다. 우리도 손님들과 함께 그 탑을 떠났다."

튀빙겐 근처에서는 '참회의 화요일'에 '참회절의 곰'으로 불리는 짚 인형을 만든다. 그 인형은 낡은 바지를 입고, 신선한 검은 소시지나 피로 가득 찬 두 개의 물총을 목에 끼고 있다. 틀에 박힌 사형 선고를 받은 뒤에 그는 참수되어 관에 넣어졌다가 '재의 수요일'에 교회 마당에 매장된다. 이것을 '사육제 인형 매장하기'라고 부른다. 트란실바니아의 일부 색슨족들은 사육제 인형을 교살한다. 예를 들어, 브랄러(Braller)에서는 '재의 수요일'이나 '참회의 화요일'에 두 필의 백마와 두 필의 밤색 말이 흰 옷에 싸인 짚 인형을 태운 썰매를 끈다. 그 인형 옆의 수레바퀴는 쉬지 않고 돈다. 노인으로 분장한 두 젊은이가 애도하면서 썰매 뒤를 따른다. 나머지 마을의 젊은이들은 리본으로 꾸민 말을 타고 행렬 뒤를 따른다. 그런데 그 행렬의 선두에는 상록수 화관을 쓰고 사두마차나 썰매를 탄 두 소녀가 앞서 간다.

재판은 어떤 나무 밑에서 진행되는데, 병정으로 분장한 젊은이들이 인형에게 사형 선고를 한다. 이때 두 노인이 짚 인형을 구조해 그와 함께 도주를 시도한다. 그러나 실패하고 만다. 인형은 두 소녀에게 붙잡혀 사형 집행인에게 인도된다. 사형 집행인은 인형을 나무에 매단다. 노인들은 나무에 기어올라가서 인형을 끌어 내리려고 하다 실패로 끝난다. 그들은 그때마다 떨어지다가 드디어 단념하고 땅에 주저앉아 사형수를 위해 통곡하면서 눈물을 흘린다. 여기서 한 관리가 일어서서 한바탕 연설을 한다. 사육제 인형이 노인들의 신발을 닳게 하고, 그들을 피곤케 하고 잠들게 하여 해를 끼쳤기 때문에 그에게 사형이 선고된 것이라고 말한다.

레크라인(Lechrain)에서는 '사육제 인형의 매장' 때 검은 옷을 입은 여자로 분장한 한 남자가 들것이나 가마에 실려서 남자 넷에 의해서 운반된다. 이때 마찬가지로 검은 옷의 여자로 분장한 남자들이 나타나 그를 위해 애도한다. 이어 사람들은 그를 마을의 퇴비 더미 앞에 던지고 물을 끼얹은 다음, 퇴비더미 속에 묻고 짚으로 덮어 버린다. 또 에스토니아인은 사육제의 마지막 날인 '참회의 화요일' 밤에 '메치크(Metsik)', 즉 '나무 정령'이라고 불리는 짚 인형을 만든다. 그리고 그 해에 그것을 남자의 옷과 모자로 장식했다면, 다음 해에는 여자의 머릿수건과 치마를 입힌다. 그러고는 이 인형을 긴 장대 끝에 매고, 환호성을 지르면서 마을 어귀를 가로질러 숲 속으로 가지고 가서 큰 나무 꼭대기에 묶어 둔다. 그들은 이러한 의식으로 모든 재앙이 사라진다고 믿었다.

때때로 이러한 참회절이나 사순절의 의식에서는 죽은 자가 부활하는 것이 연출된다. 예를 들면, 스와비아의 몇몇 지방에서는 '참회의 화요일'에 '철제 수염 의사'가 병자의 피를 뽑는 척하고, 그러면 그 병자는 마치 죽은 것처럼 땅 위에 쓰러진다. 이제 마침내 의사는 관을 통해서 공기를 불어 넣어 그를 다시 살린다. 하르츠 산간 지역에서는 사육제가 끝나면 한 남자를 빵 반죽그릇 속에 눕혀 장송가를 부르며 묘지로 옮긴다. 그러나 묘 구덩이에는 그 사람 대신에 브랜디 한 병이 매장된다. 사람들은 거기서 장례의 고별사를 행한 다음 마을 광장이나 집회소로 돌아와서, 장례식 때 배부된 진흙으로 만든 긴 진흙 파이프로 담배를 피운다. 그리고 다음 해 '참회의 화요일' 아침이 되면 묻었던 브랜디를 파내어 부활한 영혼이라고 하며 모두가 그 술을 맛보면서 축제를 시작한다.

3 죽음 추방하기

'죽음의 추방' 의식은 '사육제 인형의 매장' 의식과 거의 같은 양상을 띤다. 다만 차이점이 있다면, '죽음의 추방'은 주로 여름과 봄, 그리고 생명 등을 불러오기 위한 의식이나 선언문이 뒤따른다는 것이다. 예를 들면, 중부 프랑켄(Franken)이라는 바바리아의 한 지방에서는 사순절의 네 번째 일요일에 마을의 개구쟁이들이 죽음을 나타내는 짚 인형을 만들어서 광대 소동을 일으키며 거리를 누비고 다닌다. 다음에 그들은 인형을 소란스레 외쳐대며 마을 저 너머로 가지고 가 불태워버린다. 16세기의 한 저술가는 이 프랑켄의 관습을 다음과 같이 기록하고 있다.

"교회가 정한 축제의 계절인 사순절의 넷째 일요일, 내 고향 마을의 아이들은 죽음을 나타내는 짚 인형을 만든다. 그리고 그것을 막대기에 매고 고함을 지르면서 이웃 마을까지 가지고 간다. 몇몇 마을에서는 그들을 친절히 맞이하여 계절식인 우유와 콩, 그리고 말린 배 등을 대접하고 배불리 먹게 한 뒤에 돌려보낸다. 그러나 그것을 환대하지 않는 마을도 있다. 그런 마을 사람들은 그것을 재앙의 징조, 즉 죽음의 전조로 여기기 때문에 욕을 하고 위협하여 마을 밖으로 추방한다."

에를랑겐(Erlangen) 근처 마을에서는 사순절의 네 번째 일요일이 오면, 농가 소녀들은 모두 곱게 단장을 하고 머리에 꽃을 꽂았다. 그리고 나뭇잎으로 장식한 인형 몇 개를 저마다 흰 보자기로 싸가지고 이웃 마을로 간다. 소녀들은 둘씩 짝지어 이집 저집으로 인형을 들고 다니다가, 선물받을 만한 집에 멈추어 '사순절을 맞아 이제 죽음의 인형을 물 속에 던지려고 한다'는 짧은 노래를 부른다. 그리고 약간의 선물을 받으면, 그녀들은 레그니츠 강으로 가서 '죽음'을 상징하는 인형을 물 속에 던졌다. 이렇게 하면 그 해에 풍요와 번영이 깃들고, 질병과 갑작스러운 죽음도 방지된다고 믿는다.

누렘베르크(Nuremberg)에서는 7, 8세쯤의 소녀들이 수의를 입힌 인형을 뚜껑 없는 작은 상자에 넣은 채 들고 마을을 돌아다닌다. 다른 소녀들은 사과를 떡갈나무 가지 위에 매달고 뚜껑 없는 상자에 넣어 이고 다닌다. 그들은 "우리는 '죽음'을 물 속에 던져요. 그러면 잘될 거예요" 노래하거나 "우리는 '죽음'을 물 속에 던져요. 우리는 '죽음'을 다시 꺼내어 가지고 가요" 이렇게 노래한다. 바바리아의 몇몇 지방에서는 1780년경까지도 '죽음의 추방'이라는 의식을 거행하지 않으면 틀림없이 치명적인 전염병이 퍼질 것이라고 믿었다.

튀링겐의 몇몇 마을에서는 사순절 넷째 일요일에 아이들이 자작나무 가지로 만든 인형을 메고 마을을 돌아다니다가 그것을 연못 속에 던지고 다음과 같이 노래한다.

"우리는 목동이 사는 오두막집 뒤편에서 '죽음'을 추방한다네. 우리는 여름을 얻었노라. 크로덴(Kroden)의 힘은 파괴되었도다."

게라(Gera) 근처의 데브슈비츠(Debshwitz) 또는 도브슈비츠(Dobschwitz)에서는 '죽음의 추방' 의식을 해마다 3월 1일에 거행하는데, 오늘날까지도 이어지고 있다. 젊은이들은 짚으로 인형을 만들어, 마을의 집집에서 얻은 낡은 옷을 인형에 입혀 강물에 던진다. 마을로 돌아와서 그들은 좋은 소식을 사람들에게 전하고, 그 보상으로 달걀이나 그 밖의 먹을 것을 받는다. 이 의식을 행하면, 마을이 정화되고 마을 사람들이 질병이나 전염병에 걸리지 않는다고 믿었다.

주민이 본디 슬라브족이던 튀링겐의 다른 마을에서는 이 인형을 추방할 때 "이제 마을에서 '죽음'을 추방하고 봄을 맞이하리라"로 시작하는 노래를 부른다. 17세기 끝무렵과 18세기 초엽에 튀링겐에서는 이 관습을 다음과 같이 행했다. 소년과 소녀들이 짚이나 그것과 비슷한 재료로 인형을 만들었는데 그 모양은 해마다 달랐다. 어느 해에는 할아버지 모습이며, 이듬해에는 할머니 모습이고, 그 다음 해에는 젊은이, 또 다음 해에는 처녀 모습 등 이런 식이었다. 또 인형 옷도 그것이 나타내는 인물에 따라 달랐다. 이 인형을 누구 집에서 만들 것인가에 대해서는 서로 논쟁을 벌였다. 왜냐하면 인형을 만든 집은 그해 동안 죽음이 없다고 믿었기 때문이다.

인형을 만들면 장대에 묶어 어깨에 메고 나가는데, 만일에 그것이 할아버지 모습이면 소녀가 들고 나가고, 할머니 모습이면 소년이 운반한다. 그런 다음 행렬을 지어 젊은 사람들은 모두 손에 막대기를 들고 "우리는 죽음을 추방해요" 노래하면서 행진한다. 강가에 다다르면 그들은 인형을 강물에 집어던지고 황급히 도망쳐 나온다. 천천히 물러나면 죽음이 그들의 어깨에 날아와서 목을 조를지도 모른다고 믿기 때문이다. 또 인형이 자기들을 앓게 해서 죽일 우려가 있기 때문에, 이렇게 버린 인형에 손을 대지 않도록 주의했다. 그리고 저마다 집에 돌아오면 그 막대기로 소를 때리는데, 그렇게 하면 소가 살찌거나 새끼를 많이 낳는다는 믿음 때문이다. 그 뒤에 그들은 '죽음의 인형'을 운반해 나온 집들을 방문했다. 거기서 그들은 반쯤 삶은 콩을 대접받았다.

'죽음의 추방' 관습은 색소니 지방에서도 있었다. 라이프식에서는 사생아와 매춘부는 해마다 사순절 때 '죽음'을 나타내는 짚 인형을 만드는 관습이 있었다. 그들은 노래를 부르면서 인형을 메고 온 거리를 돌아다니면서 결혼한 젊은 부인들에게 그것을 보였다. 그리고 끝으로 그것을 파르테(Parthe) 강물에 던졌다. 그들은 이 의식을 치르면 젊은 아내들은 자식을 많이 낳고, 마을은 정화되고, 마을 사람들은 그해 동안 질병이나 전염병에 걸리지 않는다고 공언했다.

이러한 의식은 사순절 중간쯤에 폴란드 슐레지엔에서도 치러졌다. 예를 들면, 곳곳에서 처녀들은 젊은 남자들의 도움을 얻어 짚 인형에 여자 옷을 입히고 그것을 마을에서 해가 지는 쪽으로 갖고 나갔다. 마을의 경계선에서 처녀들은 인형의 옷을 벗겨 갈기갈기 찢고, 그 조각들을 밭에 뿌렸다. 그리고 이것을 '죽음의 추방'이라고 불렀다. 그들은 그 인형을 추방할 때 이렇게 노래한다.

"우리는 이제 떡갈나무 밑에 '죽음'을 묻으려고 해요, 그러면 '죽음'은 사람들에게서 떠날 거예요."

때때로 그 노래에는 그들이 죽음을 고개 너머로 보내고 다시는 되돌아오지 못하게 한다는 구절도 있다.

그로스 슈트렐리츠(Gross-Strehlitz) 근처의 폴란드인들은 이 인형을 '고이크(Goik)'라고 부른다. 그들은 인형을 말에 태워서 가까운 강에 던진다. 사람들은 이 의식이 다음 해 동안 마을 사람들을 모든 질병에서 보호해 준다고 믿었다. 볼라우(Wohlau)와 구라우(Guhrau) 지방에서는 '죽음'을 나타내는 인형을 이웃 마을과의 경계선 저편에 던지는 관습이 있었다. 그러나 그 이웃 마을은 그런 불길한 인형이 던져지는 것을 두려워하여 그들이 얼씬도 못하게 하기 위해서 경계를 철저히 했다. 그래서 두 마을 간에는 이따금씩 격심한 격투가 벌어졌다. 북부 슐레지엔의 몇몇 폴란드인들은 할머니 모습을 한 인형을 '죽음의 여신(Marzana)'이라고 부른다. 이 인형은 가장 최근에 죽은 사람 집에서 만들어 장대 끝에 매단 채 마을 경계선 밖으로 옮겨져 연못에 던지거나 불태운다. 폴크비츠(Polkwitz)에서는 한 때 이 '죽음의 추방' 관습을 지키지 않기도 했다. 그러나 이 의식의 중지 기간 중에 무서운 역병이 발생했다 하여 다시 그것을 계속하게 되었다.

보헤미아에서는 아이들이 '죽음'을 나타내는 짚 인형을 들고 마을의 경계선으로 가서 불태우면서 노래를 부른다.

이제 죽음을 마을에서 추방하고,
새 여름을 마을에 맞이하리.
반가워요, 여름이시여.
반가워요, 초록의 어린 곡식이여!

보헤미아의 타보르(Tabor)에서는 '죽음의 인형'을 마을에서 운반하여, 높은 바위에서 강물에 던지면서 다음처럼 노래한다.

죽음이 강물에서 헤엄치니,
머지않아 여름이 오리라.
우리는 그대를 위해 죽음을 추방하고,
우리는 여름을 맞이하네.
오, 거룩한 마르케타여,
우리에게 풍년을 가져다주어,
보리와 호밀을 풍작케 하소서!

보헤미아의 다른 지방에서는 '죽음'을 마을의 경계선 밖으로 옮기는데, 그때의 노래는 다음과 같다.

우리는 죽음을 마을에서 추방하고,
새해를 마을에 맞이하네.
그리운 봄이시여, 빨리 오소서.
푸른 들판이여, 어서 오소서.

그리고 마을 뒤에 장작더미를 쌓고 그 위에서 짚 인형을 불사르면서 욕설을 퍼붓는다. 그러고 나서 이런 노래를 부르면서 돌아온다.

우리는 '죽음'을 추방하고,
생명을 돌아오게 했다네.
생명은 우리 마을에 거처를 정했다네.
그러니 즐거운 노래를 부르세.

모라비아의 독일인 마을, 예를 들면 야스니츠(Jassnitz)와 자이텐도르프 (Seitendorf)에서는 사순절 세 번째 일요일에 젊은 사람들이 모여서 짚 인형을 하나 만든다. 인형은 그 재료를 구할 수 있으면 주로 가죽 모자와 가죽 바지를 입힌다. 다음에 장대 끝에 매달아서 젊은 남자와 처녀들이 바깥으로 옮긴다.

가는 길에 그들은 '죽음'을 추방하고 그리운 여름을 맞아서 여름과 함께 5월과 꽃을 맞이한다는 노래를 부른다. 그리고 지정된 장소에 이르면, 인형을 둥글게 둘러싸고 큰 소리를 지르면서 춤을 추다가 갑자기 인형에 달려들어서 그것을 갈기갈기 찢는다. 끝으로 그 조각들을 모아 쌓고 장대를 부러뜨리고 불을 질러 버린다. 사람들은 그것이 타는 동안에 그것을 둘러싸고 즐겁게 춤을 추고 봄의 승리를 즐긴다. 불이 거의 꺼지면 그들은 모든 집을 돌면서 달걀을 얻어 잔치를 베푸는데, 그들이 죽음을 멀리 추방했다는 이유로 그것을 요구한다.

이상의 사실은 '죽음의 인형'이 때때로 공포의 대상이고 혐오의 표시로 취급된다는 것을 잘 보여 준다. 예를 들면, 사람들이 그 인형을 자기네 마을에서 이웃 마을로 옮기려는 것과, 이웃 마을에서는 그 불길한 손님을 꺼리는 것은 그것이 공포의 대상이라는 것을 뚜렷이 증명하는 것이다. 또 루사티아와 슐레지엔에서는 인형이 때때로 어떤 집의 창문을 들여다볼 수 있게 만든다. 그래서 인형이 엿본 집은 돈을 내고 목숨을 구하지 않으면 그 집의 누군가가 1년 내에 죽는다고 믿었다. 그리고 인형을 내던진 뒤에 '죽음'이 그들을 쫓아오지 못하도록 도망치는데, 그때 넘어지는 사람은 1년 안에 죽는다고 믿는다.

이러한 '죽음의 인형'이 보헤미아의 크루딤(Chrudim)에서는 십자가 모양의 나무 막대기로 만들어졌다. 사람들은 십자가의 꼭대기에 머리와 가면을 붙인 다음 그 밑으로 셔츠를 걸쳐 준다. 사순절의 다섯 번째 일요일에 소년들은 그 인형을 가까운 강이나 연못으로 옮기고, 열을 지어 서서 그것을 강물에 던진다. 그리고 모두들 그 인형을 좇아 강물에 뛰어든다. 그중 누군가 인형을 잡은 다음에는 아무도 물에 들어와서는 안 된다. 이때 물 속에 뛰어들지 않은 소년이나 가장 나중에 물에서 나온 소년은 그해 안에 죽는다고 믿었다. 그런 소년은 혼자 그 '죽음의 인형'을 마을로 다시 운반해 와야 한다. 그런 다음 인형은 불태워진다. 또 한편 사람들은 죽음의 인형을 만들어서 내온 집에서는 그해 아무도 죽지 않을 것이며, '죽음'을 추방한 마을은 질병과 전염병으로부터 보호된다고 믿는다.

오스트리아 슐레지엔의 일부 마을에서는 '죽음의 일요일'의 전날에 '죽음'을 추방할 목적으로 낡은 헝겊 조각과 마른 풀, 그리고 짚 등으로 인형을 만든다. 일요일이 되면 마을 사람들은 몽둥이와 채찍으로 무장하고, 인형이 있는 집 앞에 모인다. 그 다음 네 사람의 젊은이가 인형에 가는 밧줄을 묶어 그것을 잡고 환성을 지르면서 온 마을로 끌고 다닌다. 이때 다른 사람들은 몽둥이와 채찍으로 그 인형을 마구 때린다. 그리고 이웃 마을 들판에 이르면 그들은 인형을 그곳에 눕히고, 몽둥이로 부서질 때까지 매질을 하여 그 잔해를 들에 뿌린다. 사람들은 이렇게 '죽음'이 추방된 마을은 그 1년 동안 전염병에 걸리지 않는다고 믿는다.

4 여름맞이

이제까지 설명한 여러 의식에서 죽음의 추방 뒤에 찾아오는 봄과 여름, 그리고 생명의 회복은 다만 암시되었을 뿐이거나 기껏해야 예고된 정도다. 그런데 다음의 경우들에서는 그것을 명확하게 연출한다. 예를 들어, 보헤미아의 몇몇 지방 사람들은 '죽음의 인형'을 해가 질 쯤에 물 속에 던져 익사시킨다. 그리고 소녀들은 숲 속으로 가 푸른 나뭇잎이 있는 어린 나무를 베어다가, 거기에 부인처럼 꾸민 인형을 매단다. 그리고 그 전체를 푸른색, 빨간색, 흰색의 끈으로 장식하고, 여름, 즉 '리토(여름)'를 끌고 행렬을 지어서 마을로 행진한다. 그리고 이들은 선물을 받으며 다음과 같은 노래를 부른다.

> 죽음은 물에 빠지고,
> 봄이 우리를 찾아오네.
> 빨강 달걀과
> 노랑 팬케이크를 한아름 안고서.
> 우리는 죽음을 마을에서 추방하고,
> 여름을 마을로 맞아들이네.

슐레지엔의 여러 마을에서는 '죽음의 인형'에게 먼저 존경을 표시한 뒤에, 그 옷을 벗기고 저주를 하면서 물 속에 던지거나 갈기갈기 찢어서 들판에 버린다. 그리고 젊은이들은 숲 속에 들어가서 작은 전나무를 베어 줄기의 껍질을 벗기고, 그것을 상록수 잎들을 길게 만든 잎줄과 종이로 만든 장미, 그리고 색칠한 달걀 껍데기와 여러 색깔의 헝겊 등으로 장식한다. 이렇게 장식된 나무는 '여름' 또는 '5월'이라고 불린다. 소년들은 그것을 이집 저집으로 갖고 다니면서 그 의식에 맞는 노래를 부르고 선물을 청한다. 노래 중에는 다음과 같은 것이 있다.

> 우리는 죽음을 추방하고,
> 그리운 여름을 다시 맞아들이네.
> 여름과 5월을,
> 그리고 온갖 아름다운 꽃들을.

때때로 '여름'이나 '5월' 또는 '신부'로 통하는 이쁘게 단장한 인형을 숲에서 가지고 오는 일도 있다. 이 인형을 폴란드인 마을에서는 '봄의 여신', 즉 '지반나(Dziewanna)'라고 부른다.

아이제나흐에서는 사순절의 네 번째 일요일에 젊은이들이 '죽음'을 나타내는 짚 인형을 수레바퀴에 붙들어 매고, 그것을 언덕 꼭대기까지 운반한다. 그리고 인형에 불을 붙이고 인형과 수레바퀴를 비탈에서 굴린다. 다음 날 그들은 큰 전나무를 베어서 리본으로 장식하고 광장에 세운다. 사람들은 그 나무에 기어 올라가서 리본을 떼어 가지고 내려온다.

북부 루사티아(Lusatia)에서는 짚으로 만든 '죽음의 인형'을 가장 최근에 결혼한 신부가 쓰던 면사포와 상갓집에서 마련한 셔츠로 장식한다. 이렇게 꾸민 인형을 장대 끝에 매어서 그 마을에서 가장 키가 크고 힘이 센 소녀가 전속력으로 운반하는데, 나머지 사람들은 인형을 몽둥이로 치거나 돌을 던지거나 한다. 그것을 맞힌 사람은 누구든지 그해에 죽지 않는다고 믿었다. 이렇게 해서 마을 사람들은 '죽음'을 마을에서 추방하여 물 속에 던지거나, 이웃 마을과의 경계선 저편으로 던진다. 그들은 돌아오는 길에 잎이 달린 나뭇가지 하나를 꺾어서 자기 마을에 도착하면 그것을 던진다. 때때로 그 경계선 밖에 던져진 인형은 싸움의 원인이 되기도 한다. 이웃 마을의 젊은이들은 자기 마을에 '죽음'이 들어오는 것을 바라지 않기 때문에, 쫓아와서 인형을 도로 집어 던진다. 그래서 그 두 마을 간에 때때로 격투가 벌어진다.

이런 경우 내버려진 인형은 '죽음'을 뜻하고, 돌아오는 길에 가지고 오는 나뭇가지나 나무는 '여름'이나 '생명'을 상징한다. 그런데 '죽음의 인형'이 그 자체 안에 새로운 생명력을 포함하고 있다고 생각하는 경우도 때때로 있다. 그리고 그럴 때에 그 인형은 하나의 부활 의식을 통해 일반적인 소생의 도구가 된다. 예를 들면, 루사티아의 여러 지방에서는 여자들만이 '죽음의 인형'을 옮길 수가 있고, 남자들은 그것을 만질 수도 없다. 여자들은 온종일 상복을 입고서 짚 인형을 만들고, 그것에 흰 옷을 입힌다. 그리고 그 인형의 한 손에 비를, 그리고 다른 손에는 낫을 쥐어준다. 여자들은, 동네 장난꾸러기들이 돌을 던지며 쫓아오는 가운데, 노래를 부르면서 인형을 마을 경계선까지 갖고 간다. 그리고 거기에서 그것을 갈기갈기 찢는다. 다음에 그들은 좋은 나무 한 그루를 잘라서 옷을 입히고 그것을 가지고 노래를 부르면서 마을로 돌아온다.

헤르만슈타트에서 그다지 멀지 않은 트란실바니아의 한 마을 브랄러(Braller)의 색슨(Saxon)족들은 승천제 때에 '죽음의 추방' 의식을 다음과 같은 방법으로 거행한다. 아침 예배가 끝난 다음, 여학생들은 자기네들 중의 한 학생의 집으로 가서 '죽음의 인형'에 옷을 입힌다. 그들은 보통 타작한 옥수숫대로 머리와 몸의 형상을 만들며, 빗자루를 옆으로 꽂아 양팔을 만든다. 그러고 나서 그 인형에 젊은 농가 여자들의 나들이옷을 입힌다. 또 빨간 머릿수건에 은브로치로 장식하고, 두 팔과 가슴에는 많은 리본을 단다. 소녀들은 매우 바삐 그 인형을 만드는데, 그것은 저녁 기도 시간을 알리는 종이 울리면 그 동시에 '죽음의 인형'을 열려 있는 창문가에 놓아 교회에 가는 모든 사람들이 볼 수 있도록 해야하기 때문이다.

저녁 기도가 끝나면, '죽음의 인형'을 데리고 고대하던 행진을 시작할 시각이 된다. 이 행진은 오직 여학생들에게만 허용되는 특권이다. 상급생 둘이 인형의 팔을 붙잡고 선두에 서고, 나머지 학생들은 모두 두 사람씩 짝지어 뒤따른다. 남학생들은 행렬에 참가할 자격은 없지만, 그 '아름다운 죽음'의 광경에 넋을 잃어 그 행렬의 뒤를 따른다. 이렇게 행렬이 온 마을을 누빈 뒤에, 소녀들은 다음 구절로 시작되는 옛 찬가를 보통 때와는 다른 곡조로 노래한다.

아버지이신 신이여, 당신의 사랑은
하늘처럼 넓고 넓어서 가이 없어라.

행렬이 온 동네를 누비고 나면, 소녀들은 그 인형을 만들었던 집이 아니라 다른 집으로 가서는 뒤따라 온, 구경하기 좋아하는 소년들을 피해 대문을 닫는다. 그리고 '죽음의 인형'의 옷을 벗긴 다음 이제 짚덩이로 변한 짚 인형을 창문 너머에 있는 소년들에게 건네준다. 그러면 소년들은 그것을 갖고 노래도 부르지 않고 마을 바깥으로 뛰어가서 엉망이 된 인형을 근처 연못에 던져 버린다.

이것이 끝나면 그 귀여운 극의 제2막이 시작된다. 소년들이 '죽음의 인형'을 마을 밖으로 추방하는 동안에 소녀들은 그 집에 머물러 있는데, 그 가운데 한 소녀가 인형에게서 벗긴 옷과 장식을 모두 몸에 걸친다. 이렇게 치장한 다음 그 소녀는 앞의 찬가에 맞추어 행렬을 이끌고 온 마을을 누빈다. 행진이 끝나면, 그들은 모두 주역을 맡았던 소녀의 집으로 향한다. 여기서 연회가 벌어지는데, 소년들은 이번에도 제외된다. '죽음'이 추방된 그날부터 아이들은 안심하고 구즈베리 열매나 그 밖의 과일을 먹을 수 있다는 것이 일반적인 신앙이다. 왜냐하면 그때까지 구즈베리 열매에 몸을 감추었던 '죽음'은 이제 파괴되었기 때문이다. 또 그들은 이제 안심하고 바깥에서 목욕할 수 있다.

이와 매우 비슷한 의식이 모라비아의 독일인 마을에서 최근까지 거행되었다. 소년과 소녀들이 부활절 이후의 첫 일요일 오후에 모여서 함께 '죽음'을 의미하는 짚 인형을 만든다. 이 인형을 화려한 색깔의 색실과 헝겊으로 장식하고, 장대 꼭대기에 매어 노래부르고 고함치면서 가장 가까운 언덕으로 옮긴다. 그리고 거기서 인형의 아름다운 옷을 벗기고, 비탈로 던지거나 굴렸다. 다음에 한 소녀가 그 '죽음의 인형'에서 벗긴 옷을 입는다. 그리고 그 소녀를 선두로 한 행렬이 마을로 다시 돌아온다. 다른 마을에서는 그 마을에서 가장 평판이 나쁜 곳에 인형을 파묻는 관습이 있다. 또 다른 마을에서는 그것을 강물에 던진다.

앞서 설명한 루사티아의 의식에서, 죽음의 인형을 파괴한 뒤에 집으로 가져오는 나무는 확실히 먼저 열거한 여러 관습 중에서 죽음의 인형을 던지거나 파괴한 뒤에 '여름'이나 '생명'의 대체물로서 운반한 나무나 나뭇가지와 같은 것이다. 그러나 '죽음의 인형'이 입었던 옷을 나무에 옮기는 것은 파괴된 인형을 새로운 형식으로 부활시키는 것임을 뚜렷이 보여 준다. 이것은 트란실바니아와 모라비아의 관습에서도 찾아볼 수 있다. 즉, 소녀가 '죽음의 인형'에게서 벗긴 옷을 입는 것과, 그 소녀가 앞장 서서 '죽음'을 운반할 때 부른 것과 같은 노래를 부르면서 마을을 행진했는데, 그 소녀야말로 그 파괴된 인형의 부활임을 표현하는 것이다.

그러므로 이런 사례들에서 우리는 그 의식 속에서 파괴된 죽음의 인형이 죽음에 대해서 우리가 흔히 이해하는 파괴적인 존재를 의미하지 않는다는 것을 알 수 있다. 비록 봄에 부활하는 식물을 표현하기 위해서 가져온 나무가 이제 막 파괴된 '죽음의 인형'에게서 벗겼던 옷을 입더라도 그 목적은 식물의 부활을 막거나 방해하는 것은 아니다. 오히려 그 식물을 소생시키는 데 목적이 있다. 그러므로 이제 막 파괴된 존재인 죽음은 식물계나 동물계에 미치는 힘을 소생시키고 촉진시킨다고 생각해야 한다.

'죽음의 인형'이 생명을 부여하는 힘을 지닌다는 것은 몇 지방에서 실시하는 관습, 즉 '죽음의 짚 인형'의 잔해를 밭에 뿌려서 농작물을 풍작케 하거나 여물통에 뿌려서 소를 살찌게 하는 관습을 보면 의심할 여지가 없다. 예를 들면, 오스트리아 슐레지엔의 한 마을인 슈파헨도르프(Spachendorf)에서는 짚과 덤불과 넝마 등으로 만든 '죽음의 인형'을 메고, 악을 쓰며 노래부르면서 마을 바깥의 광장으로 옮겨서 불태운다. 이때 군중들은 인형이 타고 있는 동안에 그 조각들을 얻으려고 큰 소동을 벌인다. 그들은 그 조각들을 맨손으로 불 속에서 끄집어 내기도 한다. 이렇게 인형 조각을 얻은 자는 누구나 그것이 농작물을 잘 성장케 한다는 신앙에서 자기 정원의 가장 큰 나뭇가지에 매달거나 밭 속에 파묻는다. 그러면 풍작이 될 것이라고 믿는다.

오스트리아 슐레지엔의 트로파우(Troppau)에서는 사순절 네 번째 일요일에 소년들이 만든 짚 인형에 소녀들이 여자 옷을 입히고 리본과 목걸이, 그리고 화관으로 단장한다. 이 인형은 장대 끝에 매달려 마을에서 운반되는데, 이를 따르는 젊은 남녀들은 장난을 치고 노래를 부르거나 서로 번갈아 슬퍼한다. 지정된 장소인 마을 바깥의 들판에 도착하면, 인형의 옷과 장식물을 몽땅 벗겨낸다. 그러면 군중들은 인형에 덤벼들어 그것을 갈기갈기 찢는다. 그러고는 그 조각을 얻으려고 난투를 벌인다. 사람들이 그 인형의 지푸라기 하나라도 얻으려는 이유는, 그것을 여물통 속에 넣어 가축에게 먹이면 새끼를 많이 낳을 거라고 믿기 때문이다. 또 그 짚을 닭 둥지에 넣는데, 그렇게 하면 닭이 달걀을 많이 낳고 더 잘 부화할 수 있다는 것이다. 이처럼 '죽음의 인형'에 다산의 힘이 깃들어 있다고 보는 것은, 인형을 운반한 자가 그것을 던진 다음에, 갖고 있던 막대기로 소를 치면 동물이 살찌고 다산한다는 신앙에도 나타난다. 이전에 그 막대기나 장대는 '죽음의 인형'을 때리는 데 사용했을 것이다. 그럼으로써 인형이 지닌 다산력을 얻고자 한 것이다. 또 라이프치히에서는 '죽음의 짚 인형'을 아이를 많이 낳게 하기 위해 젊은 여자들에게 보였다.

'죽음의 인형'을 파괴한 뒤에 마을로 가지고 들어오는 나무나 나뭇가지는 '5월의 나무'와 다르지 않다. 그 나무를 메고 돌아오는 사람들을 '여름'을 맞이하고 있다고 노래하는 것으로 보아서 이 나무는 확실히 여름을 상징한다. 사실 슐레지엔에서는 일반적으로 '여름의 나무'에 붙들어 맨 인형을 이따금 '5월'이나 '5월의 나무'로 표현한다. 이는 '5월의 귀부인'으로 표현하는 것처럼 '여름'의 같은 표현이다. 또 '여름의 나무'도 '5월의 나무'처럼 리본 같은 것으로 장식한다. '여름의 나무'가 큰 것일 때에는 땅 속에 깊이 박아 사람들이 올라가는데, '5월의 나무'도 그렇다. 그리고 '여름의 나무'가 작은 나무일 때는 소년과 소녀들이 그것을 들고 다니면서 노래를 부르고 집집마다 돈을 모으는데, '5월의 나무'도 그렇다. 또 이 두 계통의 관습이 같다는 것을 보여주듯, '여름의 나무'를 옮기는 사람은 때때로 '여름'과 '5월'을 맞이하고 있다고 선언한다.

그러므로 '5월'을 맞이하는 관습과 '여름'을 맞이하는 관습은 본질적으로 같다. '여름의 나무'는 다만 '5월의 나무'의 또 하나의 모습일 뿐이다. 다른 점이라곤 명칭과 맞아들이는 시기이다. '5월의 나무'는 5월 1일이나 성령강림절 즈음에 맞이하는 데 비해 '여름의 나무'는 사순절의 네 번째 일요일에 맞이한다. 그러므로 만일 '5월의 나무'가 나무 정령이나 식물 정령의 재현이라면, '여름의 나무' 또한 나무 정령이나 식물 정령의 재현임에 틀림없다. 그런데 우리는 앞에서 '여름의 나무'가 어떤 경우에는 '죽음의 인형'의 부활이라는 것을 보았다. 그러므로 이런 경우에도 '죽음'으로 불리는 인형은 나무 정령이나 식물 정령의 재현이라는 결론이 나온다.

이 가정은 첫째로, '죽음의 인형' 잔해가 식물과 동물에 영향을 미쳐 생명을 주고 다산하게 한다고 믿는 데서 확인된다. 우리가 이 책의 첫 부분에서 살펴본 바와 같이 이 힘이야말로 나무 정령의 특별한 속성으로 생각되기 때문이다. 둘째로, 이런 가정은 '죽음의 인형'이 때때로 나뭇잎으로 장식되거나 잔가지와 큰 나뭇가지 또는 짚과 옥수숫대 등으로 만들어진다는 것, '5월의 나무'와 '5월의 귀부인', 그리고 '여름의 나무'와 그것에 붙들어 매단 인형의 경우와 같이 소녀들이 '죽음의 인형'을 때때로 자른 나무 위에 매달아서 운반하고 돈을 모으는 데서 확인된다. 말하자면 '죽음의 인형' 추방과 '여름' 맞이는 적어도 어떤 예에서 이미 '야생 사나이'의 살해와 부활시키는 것, 즉 봄의 식물 정령을 죽여서 소생시키는 다른 형태일 뿐이라고 보지 않을 수 없다. 사육제 인형의 매장과 부활은 아마도 이와 같은 관념을 다른 방법으로 표현한 것이었을 터이다. 사육제 인형이 '죽음의 인형'이 갖고 있는 지닌 생육력과 다산력을 가진 것으로 생각된다면, 사육제를 표현한 물체를 퇴비더미 밑에 묻는 일은 매우 마땅하다.

실제로 '참회의 화요일'에 짚 인형을 마을에서 추방하는 에스토니아인은 그것을 '사육제'라 부르지 않고 '숲의 정령(Metsik)'이라 부른다. 그들은 숲 속의 한 그루 나무 꼭대기에 그 인형을 묶어 두는데, 이것은 인형과 '숲의 정령'이 명백히 동일시되는 것이다. 그런데 그들은 그 인형을 1년 동안 숲 속의 나무에 묶어둔 채, 가축을 지켜 주도록 거의 날마다 기도하고 제물을 바친다. 왜냐하면 '메치크'는 참다운 나무 정령과 마찬가지로 가축의 수호신이기 때문이다. '메치크'는 때때로 옥수숫대로 만들어진다.

그리하여 우리는 '사육제', '죽음', '여름' 등의 명칭이 꽤 후대에 생겼으며, 우리가 다루는 관습 안에서 인격화하거나 재현된 존재를 표현하기에는 부적당하다고 추측할 수 있다. 그 명칭들의 추상적 성질 자체가 근대적인 기원을 말해준다. 왜냐하면 '사육제'나 '여름'과 같은 시기나 계절의 의인화나 '죽음'과 같은 추상 개념의 의인화는 원시적인 것이 아니기 때문이다. 그러나 그 의식 자체는 오랜 고대의 특징을 지닌다. 그러므로 우리는 의식이 나타내는 관념은 그 기원을 볼 때 한결 단순하고 구체적인 것이었다고 상상할 수밖에 없다. 어떤 원시인은 보통 나무를 가리키는 어휘를 갖고 있지 않기에 어떤 특수한 나무의 개념 또는 한 그루의 나무의 개념마저도 구체적으로 나타난다. 그것이 차츰 보편화되면서 식물 정령이라는 보다 광범위한 관념이 생기게 되었다.

그러나 식물 혹은 식물 생장에 대한 개념은 그것이 나타나는 계절과 쉽게 혼동되었을 것이다. 그러므로 이에 따라 '봄'이나 '여름' 또는 '5월'이 나무 정령 또는 식물 정령을 자연스레 대체하게 되었던 것 같다. 또 죽어 가는 나무나 식물에 대한 구체적인 관념도 이와 유사한 보편화 과정을 거쳐 서서히 일반적인 죽음의 관념으로 변했을 것이다. 그러므로 봄이 될 때 죽어 가는 식물이나 죽은 식물을 그 부활을 위한 준비로서 마을 밖으로 끌어내는 관습은 곧 일반적인 '죽음'을 그 지역에서 추방하려는 계획으로 확대되었을 것이다.

만하르트는 그런 봄의 의식에서 '죽음의 인형'이 죽어 가는 겨울 식물이나 죽은 식물을 의미했다는 견해를 강력하게 지지한다. 그는 '죽음'이라는 명칭을

봄의 의식에서 '죽음의 인형'이 죽어 가고 있는 겨울의 식물이나 죽은 식물을 의미했다.

수확기의 곡식 정령에 적용된 것으로 유추하여 이 점을 확증하고 있다. 그에 따르면 일반적으로 익은 곡식 정령은 죽은 것이 아니라 늙은 것이라고 생각되었고, 따라서 그것을 '노인' 또는 '노파'라는 이름으로 불렀다는 것이다. 그러나 일부 지방에서는 보통 곡물 정령이 자리하고 있다고 믿어지던 수확기에 벤 마지막의 곡식 묶음을 '죽은 자'로 부른다. 그리고 이때는 곡식에 '죽음'이 들러붙어 있다고 생각하여 아이들을 밭에 들어가지 못하도록 한다. 트란실바니아의 색슨족의 아이들이 옥수수 수확기에 행하는 놀이에서는 죽음이 옥수수 잎으로 온몸을 싼 한 아이로 표현된다.

5 여름과 겨울의 싸움

농촌 민간 풍속에서는 동면 상태에 있는 식물의 힘과 봄에 깨어나는 생명력 사이의 대조가 저마다 겨울과 여름의 역할을 맡은 배우들 사이의 격렬한 경쟁의 형식으로 표현되기도 한다. 예를 들면, 스웨덴의 여러 지방에서는 5월제가 되면 말을 탄 두 무리의 젊은이들이 마치 죽음의 대결을 벌이는 것처럼 맞서곤 했다. 한 편은 모피를 두른 '겨울'의 대표자가 이끄는데, 이들은 추운 겨울을 연장하기 위해서 눈덩이와 얼음을 던진다. 다른 편은 나무의 새 잎과 꽃으로 장식한 '여름'의 대표자가 지휘한다. 이 의식은 그 뒤에 펼쳐지는 모의 전투에서 여름 편이 승리를 거두고 잔치를 벌인 뒤 끝난다. 또 중부 라인 지방에서는 온몸에 담쟁이덩굴을 두른 '여름'의 대표자가 짚이나 이끼옷을 입은 '겨울'의 대표자와 싸워서 승리를 거둔다. '여름'은 패배한 적을 땅 위에 팽개쳐 짚으로 만든 옷을 벗긴 뒤, 그 옷을 갈기갈기 찢어서 뿌린다. 승리자의 친구들은 '겨울'을 이긴 '여름'의 승리를 축하하는 노래를 불러준다. 이것이 끝나면, 그들은 여름의 화관이나 나뭇가지를 들고 마을 집집마다 돌아다니며 달걀이나 베이컨 등의 선물을 받는다. 때때로 여름 역할을 맡은 승리자는 나뭇잎과 꽃을 몸에 걸치고, 머리에 화관을 쓰기도 한다.

신성 로마 제국의 라인 강 서부 선제후 영토에서는 이 모의 싸움을 사순절의 네 번째 일요일에 치르는 것이 관습이었다. 이와 비슷한 의식이 바바리아 전 지역에도 있었다. 몇몇 지방에서는 19세기 중엽이나 그 뒤에까지 그 의식을 거행했다. '여름'은 온몸을 나뭇잎으로 장식하고 화려한 리본으로 단장하며, 꽃이 핀 나뭇가지나 사과와 배 등이 달린 작은 나뭇가지를 들고 나타났다. 이에 비하여 '겨울'은 털모자를 쓰고 털외투를 입고, 손에는 눈을 치우는 가래나 도리깨를 들고 나타났다. 이들은 그럴싸한 복장을 한 시종들을 이끌고 집집마다 찾아다니면서 옛 노래 몇 구절을 불렀다. 그러면 그들은 빵과 달걀과 과일 등의 선물을 받게 된다. 이렇게 그들은 온 마을을 누비고 다녔다. 끝으로 잠깐 동안 '여름'과 '겨울'이 싸움을 벌여 '겨울'은 '여름'에게 패배해 조롱을 받으며 마을 우물 속에 처박히거나 숲 속으로 추방당한다.

남부 오스트리아의 괴프리츠(Geopfritz)에서는 '참회의 화요일'에 여름과 겨울을 상징하는 두 사나이가 마을 이 집 저 집을 찾아다니는 관습이 있었으며, 그들은 어디서나 아이들의 대환영을 받았다. '여름'의 대표자는 흰 옷을 입고 손에 작은 낫을 들었다. '겨울' 역할을 맡은 자는 머리에 털모자를 쓰고 팔다리에는 짚을 두른 채 도리깨를 가지고 다녔다. 그들은 함께 집집마다 돌면서 번갈아 노래를 부른다. 부룬스윅(Brunswick)의 드룀링(Dromling)에서는 오늘날까지도 해마다 성령강림절이 되면 소년들과 소녀들이 '여름'과 '겨울' 간의 싸움을 재연한다. 먼저 소년들이 겨울을 추방하기 위해 노래하고 고함을 지르고 종을 치면서 집집마다 뛰어다닌다. 그러고 나면 '5월의 신부'를 앞세운 소녀들이 부드럽게 노래를 부르면서 나타나는데, 그들은 온화한 봄의 방문을 나타내기 위해서 아름다운 옷을 입고 꽃과 화관으로 치장한다. 이 의식에서 겨울이 소년들이 메고 다니던 짚 인형으로 표현되었으나, 오늘날에는 '겨울'로 분장한 진짜 사람이 그것을 상징한다.

북아메리카의 중앙 에스키모족 사이에서는, 유럽에서는 이미 단순한 연극이 된 이 '여름'과 '겨울' 대표자들의 싸움이 아직도 날씨에 영향을 끼칠 수 있다고 생각하는 주술적 의식으로 거행된다. 가을에 폭풍우가 음침한 북극의 겨울이 다가오고 있음을 예고하면, 그들은 각각 뇌조(雷鳥)와 오리 패거리로 사람들을 나눈다. 뇌조 패거리는 '겨울'에 태어난 사람이 맡고, 오리 패거리는 '여름'에 태어난 사람이 속하게 된다. 그리고 나서 그 두 편이 바다표범의 가죽으로 만든 긴 줄의 양 끝을 잡아당겨 줄다리기 시합을 한다. 여기서 뇌조 패거리가 지면 '여름'이 승리한 것이며 이에 따라 그 겨울은 날씨가 좋으리라고 생각한다.

6 코스트루본코의 죽음과 부활

러시아에도 '사육제의 매장'과 '죽음의 추방'과 비슷한 장례 의식이 있는데, 그것은 '죽음'이나 '사육제'와 같은 명칭이 아니라 '코스트루본코(Kostrubonko)', '코스트로마(Kostroma)', '쿠팔로(Kupalo)', '라다(Lada)', '야릴로(Yarilo)' 등의 신화적인 존재의 이름으로 지칭된다. 러시아 사람들은 이런 의식을 봄과 하지에 지낸다. 예를 들면, 소러시아에는 부활절 때, 봄의 신인 '코스트루본코'를 매장하는 관습이 있다. 이 의식에서 사람들은 마치 죽은 사람처럼 땅 위에 누운 소녀 주변을 조용히 돌면서 다음과 같은 노래를 부른다.

죽었다네, 우리의 코스트루본코가 죽었다네!
죽었다네, 우리의 그리운 님이 죽었다네!

그러다가 소녀는 다음 합창 소리에 벌떡 일어난다.

살아났네, 우리의 코스트루본코가 살아났다네!
살아났네, 우리의 그리운 님이 살아났다네!

또 성 요한제 전날 밤(하지날 전야)에는 쿠팔로 인형을 짚으로 만들어 여자 옷을 입히고 목걸이나 화관 등으로 꾸민다. 다음에 나무 한 그루를 베어서 리본으로 장식하고 지정된 곳에 세운다. '마레나'(겨울 또는 죽음)라는 이름이 붙은 이 나무 근처에 그 짚 인형을 놓는다. 그리고 그 옆에 탁자를 놓고, 술과 음식을 차려 놓는다. 좀 지나서 모닥불을 피워놓고 젊은 남녀가 각기 짝지어 그 인형을 안고 불을 뛰어 넘는다. 다음 날 그들은 나무와 인형에서 옷과 장식을 벗기고 나무와 인형은 강물에 던진다.

러시아에서는 성 베드로의 날, 즉 6월 29일 또는 그 다음 일요일에 '코스트로마' 또는 '라다'나 '야릴로'의 장례 의식을 거행한다. 펜자와 심비르스크에서는 장례 의식을 다음과 같이 치른다. 6월 28일에 모닥불을 피워 놓고 그 다음 날 처녀들이 그들 가운데 코스트로마의 역할을 맡을 친구 한 사람을 뽑는다. 뽑힌 처녀의 친구들은 그 여자에게 공손하게 인사를 하고, 그 여자를 판자 위에 태워서 강둑으로 옮긴다. 거기서 그들은 그 여자를 목욕시킨다. 그리고 가장 나이 많은 처녀가 라임나무 껍질로 바구니를 만들어서 그것을 북처럼 두드린다. 이렇게 한 뒤에 그들은 마을로 돌아와서 하루를 행진과 놀이와 춤으로 보낸다.

무롬 지방에서는 코스트로마를 상징하는 짚 인형을 만들어 여자 옷을 입히고 꽃으로 장식한다. 그 인형을 통 속에 넣고 노래를 부르며 호수나 강으로 옮긴다. 군중은 두 편으로 나뉘어 한쪽이 인형을 공격하면 다른 쪽은 인형을 방어한다. 드디어 공격자들이 승리하여 인형 옷이나 장식물을 모조리 벗겨 내고, 짚 인형을 갈기갈기 찢고 짚을 발로 밟아서는 강물에 던진다. 한편 방어한 쪽은 두 손으로 얼굴을 가리고 코스트로마의 죽음을 애도하는 시늉을 한다.

코스트로마 지방에서는 6월 29일이나 30일에 야릴로를 매장한다. 사람들은 마을에서 뽑은 한 노인에게 야릴로를 나타내는 남근 모양의 인형이 들어 있는 작은 관을 준다. 그러면 그 노인은 마을 밖으로 관을 옮겨 나가는데, 그때 그 뒤를 슬픔과 실망의 몸짓으로 장송가를 부르는 여인들이 뒤따른다. 그렇게 넓은 들에 이르면 그곳에 묘지를 파고 통곡과 슬픔 속에서 인형을 묻는다. "그러고 나면 고대 슬라브 이교도들이 거행하던 장례 의식과 비슷한 놀이와 춤이 시작된다."

소러시아 지방의 사람들은 해가 지고 나면 야릴로의 인형을 관 속에 넣어

온 거리를 헤매고 다닌다. 그 뒤에는 술취한 여자들이 따라다니며 "그가 죽었다, 그가 죽었어" 이런 말을 슬프게 되풀이한다. 그러면 남자들은 인형을 마치 죽은 자를 부활시키려는 듯이 흔들어 대고는, 여자들에게 "여자들이여, 울지 말라. 나는 꿀보다 달콤한 것이 무언지 알고 있소" 말한다. 그러나 여자들은 계속 초상 때와 같이 애도하며 노래한다.

"그가 무슨 죄가 있단 말인가요? 그는 참으로 훌륭한 사람이었는데 이제 영영 다시는 일어나지 못할 거예요. 우리가 어떻게 당신과 이별할 수 있을까요? 당신 없이 어떻게 살란 말인가요. 일어나 봐요, 제발 단 한 시간만이라도. 아, 그는 일어나지 못해. 일어나지 못해" 이제 마침내 야릴로 인형은 묘지 속에 묻힌다.

7 식물의 죽음과 부활

이러한 러시아의 관습은 '죽음의 추방'으로 알려진 오스트리아와 독일 지역의 관습과 그 성격이 똑같다. 그러므로 우리가 그 '죽음의 추방'에 대해 내린 해석이 타당하다면, 러시아의 코스트루본코와 야릴로, 그리고 그 밖의 것들도 식물 정령을 구체화하여 표현하는 데서 기원한 것으로 생각해야 하며, 또 그 죽음은 부활을 위한 필수적인 예비 조건으로 여겨져야 한다. 이미 설명한 코스트루본코의 죽음과 부활 의식에서도 죽음에 연속한 부활이 연출되었다. 러시아의 몇몇 의식에서 식물 정령의 죽음 의식을 하지에 거행한 이유는 여름의 쇠퇴가 '하지' 때부터 시작되기 때문이다. 낮의 길이는 그날부터 짧아지기 시작하고, 태양은 "겨울의 서릿발이 내리는 음산한 골짜기로" 가는 여행길에 오르는 것이다.

그 시기는, 아직 여름의 쇠퇴가 거의 보이지 않더라도 식물이 그 징조를 공유한다고 여겨지던 때였다. 원시인들에게는 한 해의 전환점인 그때가 그러한 식물의 쇠퇴를 막거나 적어도 그 부활을 보증할 주술적 의식을 치르는 데 가장 적당한 순간으로 생각되었을 것이다.

이러한 봄과 하지에 즈음한 의식의 모든 경우에 식물의 죽음이 나타나며, 그 부활은 일부의 경우에서만 볼 수 있다. 그런데 이 가설만으로는 설명될 수 없는 몇 가지 특징이 있다. 흔히 그 의식의 특징이 되는 엄숙한 장례 의식과 슬픔의 표시, 그리고 상복 등은 사실 은혜로운 식물 정령의 죽음에 알맞다. 그러나 인형을 운반할 때 가끔 볼 수 있는 환희 혹은 인형을 습격할 때 쓰이는 몽둥이와 돌멩이, 그리고 인형에 퍼붓는 욕설과 저주는 어떻게 설명해야 할 것인가? 또한 인형을 운반한 자가 그것을 던지자마자 바로 그곳에서 도망치는 것, 그리고 그 인형이 들여다본 집에서는 반드시 누군가 곧 죽는다고 믿는 것에서 표현된 인형에 대한 공포는 어떻게 설명해야 옳은가? 아마 이 공포는 그들이 식물의 죽은 정령에는 전염성이 있어서 그것에 접근하는 것은 위험하다고 믿었던 데서 비롯된 것으로 설명될 수 있을 것이다. 그러나 이 설명에는 조금은 억지스러운 점이 있기 때문에 죽음의 추방에 따르는 환희를 명백히 설명할 수 없다.

그러므로 우리는 이 의식에서 두 가지 다른 점과 표면상으로는 상반되는 측면이 있음을 인정할 수밖에 없다. 즉, 한편으로 사람들은 죽음에 대한 슬픔, 동시에 애정과 존경을 표시하지만, 다른 한 편으로는 죽음을 공포와 증오로 바라보면서 환희를 나타내는 것이다. 전자의 측면에 대해서는 이미 설명한 바 있다. 따라서 이제부터는 후자의 측면이 전자의 측면과 얼마나 긴밀한 관계에 있는지에 대해서는 설명하려고 한다.

8 인도에서의 유사한 의식

인도의 카나그라(Kanagra) 지방에서도 봄이 되면 소녀들이 이제까지 기술한 유럽의 봄 축제와 매우 비슷한 의식을 행한다. 이 의식은 '랄리카멜라'(Rali Ka Melâ', 즉 '랄리의 축제'라고 불리는데, 랄리란 채색한 흙으로 만든 시바(Siva)나 파르바티(Pârvati)의 작은 신상이다. 이 관습은 카나그라 지방 전역에 퍼져 있으며 모두 소녀들만 참가하는데, 체트의 달(Chait : 3월~4월)에서 바이사크(Baisâkh)의 산크란트(Sankrânt : 4월)에 걸쳐 계속된다.

3월의 어느 날 아침 마을의 모든 소녀들은 듀브(dub)풀과 꽃이 담긴 바구니를 지정된 장소로 갖고 가서 쌓아올린다. 그리고 그 둘레에 빙 둘러서서 노래를 부른다. 이것이 열흘 동안 이어지면서 풀과 꽃은 산처럼 쌓인다. 다음에 밀림에 들어가서 한 끝이 세 가닥인 가지 두 개를 잘라다가, 두 개의 삼각대나 피라미드 모양이 되도록 끝을 아래로 향하게 하고 꽃동산 위에 세운다. 그리고 장인을 불러 시바와 파르바티 신상을 만들게 하여 신상을 저마다 나뭇가지 끝에 올려놓는다. 그리고 소녀들은 시바, 파르바티 편으로 나뉘어 전통 결혼식에 따라서 의식의 일부를 생략하는 일 없이 두 신상을 결혼시킨다. 결혼식이 끝나면 잔치를 벌이는데, 그 비용은 소녀들이 부모들에게 얻은 기부금으로 충당한다. 그리고 다음 산크란트 바이사크 달에 그 소녀들은 모두 함께 강가로 가서 신상을 강물에 던지고, 마치 장례식을 치르는 것처럼 슬피 운다. 그 근방의 개구쟁이 소년들은 소녀들이 슬피 울고 있는 동안에 때때로 물에 뛰어들어 신상을 꺼내와 흔들면서 소녀들을 놀려댄다. 이 의식의 목적은 소녀들이 장래에 좋은 남편을 얻고자 하는 데 있다고 한다.

이 인도의 의식에서 시바 신과 파르바티 신이 식물 정령으로 생각되는 사실은 풀과 꽃더미에 꽂은 나뭇가지 위에 그 신상이 놓이는 것으로도 알 수 있다. 유럽의 민속에서 때때로 그렇듯이 여기에서도 식물의 신들은 식물이나 인형의 이중 형태로 표현된다. 봄에 신들을 결혼시키는 이 인도의 관습은 봄의 식물 정령이 '5월의 왕', '5월의 여왕', '5월의 신부', '5월의 신랑' 등으로 표현되는 유럽의 의식과 같은 것이다. 또 신상을 물 속에 던지고 그를 위해 애도하는 것은, 유럽의 관습에서 '죽음의 신', '야릴로', '코스트로마' 등의 이름으로 불리는 식물 정령을 물 속에 던지고 슬퍼하는 것과 일치한다. 또 이 인도의 의식 또한 많은 유럽 의식의 경우처럼 모두 여성이 거행한다. 한편, 이 의식이 소녀들이 신랑을 찾는 데 도움이 된다는 생각은 식물 정령이 식물뿐만 아니라 인간의 생명에게도 풍요와 다산의 힘을 발휘한다고 믿는 데 비롯하는 것으로 설명될 수 있다.

9 주술의 봄

이제까지 언급한 여러 비슷한 의식들에 대한 우리의 일반적인 설명은 그것들이 봄에 자연의 부활을 확인하고자 행한 주술적 의식이었다는 것이다. 이러한 목적 달성을 위한 방법으로 사용된 것은 모방과 공감의 원리였다. 원시인은 사물의 참된 원인에 무지하여, 자신들이 생명을 의존하고 있는 자연의 위대한 현상들을 단지 그것을 본뜨는 것으로 충분히 일으킬 수 있다고 믿었다. 다시 말해, 그들은 숲 속 공터나 산간 계곡에서, 또는 사막의 평원이나 폭풍이 불어 닥치는 해안에서 자신들이 행한 짤막한 연극이 즉각적으로 비밀스런 공감력이나 신비한 힘에 의해 더 드넓은 무대 위에서 더 위대한 배우들의 재연으로 반복된다고 믿었던 것이다. 그들은 자신들이 잎과 꽃으로 분장함으로써 헐벗은 대지가 푸른 옷을 입도록 도왔으며, 겨울을 죽이고 매장하는 것을 연출하여 그 음산한 계절을 추방하고, 돌아오는 봄의 걸음을 평탄케 했다고 생각했다.

우리가 그러한 일들이 가능하다고 상상하기는 어렵다. 하지만 원시인들이 그들의 단순한 동물적인 욕구를 만족시키는 것을 넘어서 무언가 생각하기 시작하고 사물들의 여러 원인에 대해 사색하기 시작했을 때, 우리가 지금 자연의 법칙이라고 부르는 연속적인 작용에 대해서 그들이 느꼈을지도 모르는 불안은 쉽게 상상할 수 있다. 우리는 위대한 우주의 현상에서 줄곧 이어지는 통일성과 규칙성을 잘 알고 있으므로, 어떤 현상을 가져오는 여러 원인이 적어도 가까운 미래에도 작용할 수 있으리라 생각한다. 그러나 자연의 안정성에 대한 확신은 폭넓은 관찰과 오랜 전통에서 생긴 경험으로써만 이루어진다.

관찰 범위가 좁고 전통이 짧은 원시인은 변화무쌍하고 때로는 위협적이기까지 한 자연 현상에 대하여 마음을 안정시킬 수 있는 바로 그 경험적 요소가 부족하다. 그러므로 일식이나 월식 때 공포에 떨고, 만일 그가 큰 소리를 외치고 작은 화살을 공중에 쏘아서 태양과 달을 탐식하려는 괴물을 물리치지 않는다면, 태양도 달도 분명히 멸망했을 것이라고 생각하는 것은 그리 놀랄 것이 못 된다. 어두운 밤에 유성이 떨어지면서 하늘의 한 줄기 섬광이 빛났을 때나 북극광의 돌발적인 빛에 의해서 창공 전체가 하얗게 타오를 때, 원시인은 공포에 사로잡히지 않을 수 없다. 일정한 간격을 두고 일어나는 현상은 원시인들이 그런 현상의 질서정연함을 인식하기 전까지는 걱정스러웠을 것이다.

그러한 주기적이고 순환적인 자연의 변화를 원시인이 인식하는 것은 주로 특정한 순환 주기에 따라 달랐을 것이다. 예를 들면, 낮과 밤의 순환 주기는 극지방을 제외하곤 어디서나 짧고 자주 낮과 밤이 교체하기 때문에 사람들은 태양이 다시 뜬다는 사실에 대해서 거의 걱정을 하지 않았을 것이다. 그러나 이미 살펴본 바와 같이, 고대 이집트인들은 저녁에 서쪽으로 지는 진홍색의 불타는 해를 다시 아침에 동쪽으로 뜨게 하기 위해서 날마다 주술을 행했다.

그런데 이것이 1년에 한 번만 계절이 바뀌면 문제는 전혀 다르다. 우리의 수명이 얼마 안 되는 것을 감안하면 1년은 누구에게나 매우 긴 기간이다. 기억을 오래 할 수 없으며 시간의 흐름을 불완전하게 기록할 수밖에 없는 원시인에게

1년이라는 시간은, 그것을 하나의 주기라고 인식할 수 없을 만큼 대단히 긴 시간이었으리라. 그래서 그들은 땅과 하늘에서 끊임없이 변화하는 여러 현상을 경이롭게 바라볼 수밖에 없었을 것이다. 뿐만 아니라 빛과 열의 변화, 그리고 동식물이 태어나고 죽는 생명의 경이로움 앞에 기뻐하기도 하고, 무서워하기도 하고, 의기충천하기도 하고, 실망하기도 하고, 또한 불안에 떨며 생명을 위협받으며 살지 않을 수 없었을 것이다. 강풍으로 낙엽이 흩날리는 늦가을에 원시인이 헐벗은 나뭇가지를 쳐다볼 때, 그는 과연 그것이 다시 초록이 되리라고 확신할 수 있었을까? 태양이 하루하루 하늘에서 낮게 떨어질 때, 이 발광체가 다시 떠오를 것이라고 확신할 수 있었을까? 밤마다 동쪽 지평선 가장자리 위에 더 희미해지는 달이 아주 사라질 때, 두 번 다시 떠오르지 않으면 어쩌나 하고 원시인은 두려워했을지도 모른다.

이러한 무수한 오류는 망상이 되고, 자기가 사는 세계의 신비에 대해서 처음으로 생각하고, 내일보다도 먼 미래를 걱정하기 시작한 사람의 평화를 무너뜨릴지도 모른다. 그러므로 그는 이런 공포와 생각 때문에 나뭇가지에 시든 꽃을 소생시키고, 낮아지기만 하는 겨울의 태양을 여름 하늘의 본래 자리에 흔들어서 올리고, 기울어가는 창백한 달을 본대로 둥글게 하기 위해서 마음 속에 있는 모든 수단을 다했던 것은 더없이 마땅하다. 우리는 원시인의 이 헛된 노력을 비웃으려면 비웃을 수도 있을 것이다. 그러나 사람들이 자신들의 경험을 통해 그동안 시도한 방법들이 무익하다고 깨닫기까지는 긴 실험 과정을 밟으면서 가능했던 것이다.

그 가운데 어떤 것은 불가피하게 실패한 것들도 있다. 끝내 주술적 의식은 실패한 것이며, 이미 언급된 이유에 근거해서 다만 주술자가 그 실패를 의식하지 못하고 계속 되풀이한 실험에 지나지 않다. 지식이 진보하면서 그 의식은 아주 거행하지 않았거나, 또는 본래 목적이 망각된 훨씬 후대에까지 습관적으로 지속되었을 것이다.

이렇게 주술적 의식은 높은 위치에서 전락해서 이미 공동 사회의 안녕이나 생명을 유지하기 위해 엄격한 실행을 필요로 하는 장엄한 의식으로 생각되지 않게 되었다. 이 때문에 그 의식들은 차츰 단순한 가장 행렬, 무언극, 오락의 수준으로 떨어져서, 드디어 어른들은 전혀 관심도 갖지 않는 퇴화의 마지막 단계에까지 이르렀다. 이렇게 한때는 성자의 가장 엄숙한 직책이었던 것이 아이들의 무의미한 유희로 변해 버렸다. 유럽인 선조들의 낡은 주술적 의식 가운데 오늘날까지 남아 있는 것이 있다면, 바로 그런 마지막 퇴화의 단계에 속한 의식이라고 할 수 있겠다. 거기다가 이 최후의 후퇴점에서도 인류를 새롭고 미지의 세계로 나아가게 하는 도덕적·지적·사회적 세력의 소용돌이치는 거센 파도에 따라서 형태조차 남기지 않고 재빠르게 사라져 가고 있다.

때때로 단조롭고 평범하다고 불리는 이 시대에 옛날의 향기와 신선함과 봄의 숨소리를 간직하고 있는 이상한 관습, 그리고 그림과 같은 의식이 사라진다는 것은 유감스러운 일이다. 그러나 이런 유감스러움은 그 아름다운 가장 행렬의 기원이 무지와 잘못된 생각에 있었음을 알 때, 그 의식이 인간이 기울인 노력의 한 기록이라 할지라도 그것은 결실 없는 창조요, 낭비된 노력이요, 위축된 희망의 기념탑이라는 것을 돌이켜볼 때, 그리고 그 의식이 꽃이나 리본 또는 음악 따위의 화려한 장식에도 불구하고 주술적 의식이 희극보다도 비극에 훨씬 더 가깝다는 것을 생각할 때 조금은 줄어들 것이다.

나는 앞에서 만하르트의 견해에 따라서 그 의식들에 대해 해석을 시도한 바 있다. 그런데 중부 오스트레일리아의 원주민이 거행한 주술 의식을 발견하면서 이 해석이 확인되었다. 그들은 '오스트레일리아의 봄'이라고 할 만한 계절이 가까웠을 때에, 잠자고 있는 자연의 힘을 깨우기 위해서 규칙적으로 이 주술 의식을 치렀다. 이 발견은 이 책이 나간 이후 이루어진 것이므로 덧붙인다. 분명히 중부 오스트레일리아의 사막처럼 계절이 갑작스럽게 변하거나 계절의 차이가 심한 곳은 아무 데도 없다. 중부 오스트레일리아에서는 긴 건조기가 끝나면, 죽음과 같은 적막과 황량함만으로 내리덮인 모래와 돌 투성이의 황야가 고작 며칠간의 호우로 갑자기 초록색으로 미소를 짓고, 곤충과 도마뱀, 개구리와 새 떼로 꽉 들어찬 풍경으로 빠르게 변한다.

이 놀라운 자연의 변화는 유럽인 관찰자조차도 주술의 효과로 비유하곤 한다. 이를 보면 원시인이 그것을 진짜 주술의 효과로 여겼던 것은 마땅한 일이었다. 한편 중부 오스트레일리아의 원주민들이 먹거리로 쓰던 식물과 동물을 늘이기 위해 주술 의식을 치렀던 때도 바로 이 축복된 계절이 닥쳐온다는 징조가 나타날 무렵이다.

이 의식들은 그 거행 시기뿐만 아니라 목적에서도 유럽 농민의 봄의 관습과 매우 비슷하다. 따라서 우리 원시 선조들이 식물의 재생을 돕기 위한 이러한 의식을 이른 봄 오랑캐꽃 향기를 맡고, 이른 달맞이꽃을 꺾거나, 산들바람에 춤추는 노란 수선화를 바라보고자 하는 등의 감상적 욕구 때문에 치른 것이 아님은 틀림없다. 오히려 그들은 인간의 생명이 식물의 생명과 아주 가깝게 결합되어 있으며, 만일 식물이 죽으면 인간도 생존할 수 없다는, 말하자면 추상적인 관념과는 거리가 먼 매우 실제적인 생각에 따라서 움직였던 것이다. 그리고 오스트레일리아 원주민들은 그 주술 의식의 효과를 믿었다. 왜냐하면 그들은 의식을 올리면 곧 자신들이 바라는 대로 식물과 동물이 늘어나는 것을 확인할 수 있었기 때문이다.

고대 유럽 원시인들도 사정은 이와 같았다고 생각할 수 있다. 초록색으로 변하는 덤불과 잡목숲, 이끼가 낀 둑에 핀 봄꽃의 모습, 그리고 남쪽 나라에서 돌아오는 제비와 날마다 하늘 높이 떠오르는 태양을 보면서 원시인들은 그것들을 주술의 실제적인 효과로 받아들이고 기뻐했을 것이다. 그들은 자신들이 소망하는 세상을 만들 수 있을 것이라는 즐거운 확신에 가득 차 있었으리라. 그러나 이제 여름이 서서히 가고 가을이 오면, 그들의 확신은 회의와 의구심으로 다시 꺾일 수밖에 없었을 것이다. 가을이 보여주는 쇠퇴의 징후들은 다가옴을 영원히 막으려는 그들의 모든 노력이 얼마나 허망한 것이었는지를 보여주었을 테니 말이다.

제29장
아도니스의 신화

해마다 지상에서 일어나는 뚜렷한 변화는 모든 시대 사람들의 마음에 깊은 인상을 주었고, 그들로 하여금 그 드넓고 불가사의한 변화의 원인에 대해서 사색하게 했다. 그들의 호기심은 완전히 순수한 것이라고는 할 수 없었다. 왜냐하면 원시인일지라도 자신의 생명이 자연의 생명과 긴밀하게 결합했음을 알지 못했을 리가 없고, 강물을 얼게 하고 대지에서 식물을 시들게 하는 자연의 과정이 바로 자신을 죽일 수 있는 위협이 될 수 있음을 모를 리가 없었기 때문이다. 문명 발달의 어떤 단계에 이르러 인간은 자신을 위협하는 재앙을 없애는 방법이 자기 손에 있으며, 또 주술을 부려 계절의 흐름을 빠르게 하거나 늦출 수도 있다고 믿은 것으로 보인다. 이러한 생각에 따라 그들은 비를 내리고, 해를 비치게 하고, 가축을 늘이고, 대지의 과일을 풍요롭게 하기 위해서 의식을 치르고 주문을 외웠다.

시간이 지남에 따라 지식이 차츰 나아지면서 그들이 귀중하게 여기던 많은 환상이 사라졌다. 그리고 이에 따라 적어도 생각이 깊은 사람들은 여름과 겨울의 교체, 그리고 봄과 가을의 교체는 단지 그들의 주술적인 의식의 결과가 아니며, 자연의 변화 뒤에는 더 깊은 원인, 즉 어떤 더 위대한 힘이 있음을 확신하게 되었다. 이제 그들은 식물의 성장과 죽음, 동물의 출생과 죽음을 인간처럼 태어나서 죽고, 결혼해서 아이를 갖는 남신들과 여신들이 성쇠에 따른 결과라고 생각했다.

이렇게 계절에 대한 낡은 주술적 이론은 종교적 이론과 바뀌었다. 아니 오히려 보충되었다. 이제 사람들은 해마다 변화 주기를 먼저 신들의 변화에서 비롯한다고 보았지만, 그들은 여전히 주술적 의식을 거행하여 적대되는 죽음의 원리와 투쟁하는 것을 생명 원리인 신이 도울 수 있다고 믿었기 때문이다. 그들은 그 신의 쇠약해 가는 생명력을 보강하면 죽음에서 되살릴 수 있다고 믿었다. 이를 이루기 위해 그들이 치른 의식은 본질적으로 그들이 조작하고 조절하기를 바라던 그 자연 현상의 극적 재현이었다. 그들이 인간이 단지 그것을 본떠 소망하는 결과를 가져올 수 있다고 믿은 것은 주술의 교의이기 때문이다.

그리고 이제 그들은 성장과 쇠퇴, 생육과 사멸의 변화를 신들의 결혼과 죽음과 재생 또는 부활에 따라서 설명했기 때문에, 그들의 종교적인 연극, 아니 오히려 주술적인 연극은 거의 그러한 주제를 다루게 되었다. 그들은 풍요와 다산의 힘의 생산적 결합과 신적 배우자 중 적어도 한 사람의 슬픈 죽음과 즐거운 부활 등을 연출했다. 이렇게 종교적 이론과 주술적인 관습이 섞이게 되었다. 이 결합은 역사상 그 유래가 깊다. 실제로 낡은 주술의 속박에서 완전히 벗어나는 데 성공한 종교는 예부터 거의 없다.

두 개의 상반되는 원리에 따라서 행동한다는 모순은 철학자의 마음을 혼란스럽게 했다. 하지만 일반인들의 마음을 괴롭히는 일은 거의 없다. 사실 일반인들은 그것을 느끼지도 않는다. 그들의 관심사는 행동이지, 그 행동의 동기를 분석하는 것이 아니다. 만일 인류가 언제나 논리적이고 현명했다면 역사는 어리석음과 범죄의 반복이 아니었을 것이다.

계절이 가져오는 변화 중에서, 온대 지방에서 볼 수 있는 가장 두드러진 변화는 식물에 영향을 끼치는 것이다. 동물에게 끼치는 계절의 영향도 매우 크지만 그리 뚜렷하게 나타나지는 않는다. 그러므로 겨울을 물리치고 봄을 맞기 위해 연출하는 주술극에서는 중점을 식물에 두고, 동물과 새보다 초목을 더 뚜렷이 묘사하는 것이 마땅하다. 그러나 생명의 두 측면, 즉 식물과 동물은 그러한 의식을 거행하는 사람의 마음 속에서는 분리되지 않는다. 사실상 그들은 동물계와 식물계 사이의 유대가 실제보다도 더욱 가깝다고 믿었다. 그러므로 그들은 때때로 식물을 소생시키는 주술적 표현과 같은 행위로 과일과 동물과 인간의 증식을 촉진할 목적으로 두 성의 실제적 또는 연극적 합체를 결합했다. 그들에게 생명과 다산의 원리는 동물에 적용되건 식물에 적용되건 하나며 서로 떼려야 뗄 수 없는 관계였다.

사는 것과 살리는 것, 그리고 먹는 것과 아이를 낳는 것은 원시인들에게는 기본적인 욕구였다. 그리고 이것은 세계가 존속하는 한 미래에도 매한가지일 것이다. 그 밖의 것은 인간 생활을 풍족하게 하고 미화하기 위해 첨가해도 좋으나, 먼저 기본적인 욕구가 채워지지 않는 한 인간 그 자신은 존재할 수 없기 때문이다. 그러므로 이 두 가지, 즉 음식과 자식이 인간이 계절을 조정하기 위해 주술 의식을 행할 때 주로 구한 것이었다.

동부 지중해와 서로 맞닿은 여러 지방보다 이 의식이 광범위하고 장엄하게 거행된 곳은 없다. 이집트와 서아시아의 여러 민족은 오시리스(Osiris), 탐무즈(Tammuz), 아도니스(Adonis), 아티스(Attis) 등의 이름으로, 해마다 죽어 다시 소생하는 신으로서 그들이 인격화한 생명, 특히 식물의 생명을 죽이고 부활시키는 의식을 거행했다. 지방마다 그 의식의 명칭과 세부적인 사항이 달랐다. 그러나 그 본질은 같다. 이 동양의 신, 이름은 여러 가지이나 본질은 똑같은 이 신의 죽음과 부활에 대해서 이제 살펴보겠다. 먼저 탐무즈 혹은 아도니스부터 시작하기로 한다.

아도니스 숭배는 바빌로니아와 시리아의 셈족들이 행했으며, 그리스인이 이미 기원전 7세기 때 그들에게서 그것을 수용했다. 아도니스 신의 진짜 이름은 탐무즈였다. 아도니스란 칭호는 셈 어의 '아돈(Adon)', 즉 '주님'에서 온 것일 뿐이다. 그것은 숭배자들이 탐무즈 신을 부를 때 쓰는 존칭이다. 그런데 그리스인은 이것을 오해하여 이 존칭을 고유의 이름으로 바꿔 버렸다. 바빌로니아의 종교 문헌에서 이 탐무즈는 자연 생식력의 화신인 대모신 이슈타르(Ishtar)의 젊은 배우자나 연인으로 나타난다. 신화와 의식에서 그들의 결합에 대한 언급은 모두 단편적이고 뚜렷하지 않으나, 그 언급에서 다음의 몇 가지 점을 얻을 수 있다.

바로 탐무즈는 매년 죽어서 이 즐거운 현세를 떠나 음산한 저승으로 내려간다는 것과, 그의 신적 연인 이슈타르가 해마다 그를 찾아서 '돌아올 수 없는 나라로, 즉 문과 빗장에 먼지가 잔뜩 쌓인 암흑의 집으로' 여행한다는 이야기이다. 그 이슈타르 여신이 부재 중인 지상에는 사랑의 열정도 그 작용을 멈춘다. 그래서 사람도 짐승도 모두 출산을 멈춘다. 살아 있는 것은 모두 사멸의 위협을 받는다. 전체 동물계의 성적 기능은 이 여신과 긴밀하게 결합되어 있기 때문에 여신이 자리를 비웠을 때에는 그 성적 기능이 발동되지 않는다. 그래서 위대한 신 에아(Ea)의 전령이 명을 받고 세상사의 대부분을 좌지우지하는 이 여신을 구조하기 위해 저승으로 보내졌다. 그리고 이름이 알라투(Allatu) 또는 에레슈키갈(Eresh-Kigal)이라 불리는 저승의 엄격한 여왕이 이슈타르의 몸에 생명수를 뿌려 주어 그 연인 탐무즈와 함께 이승으로 떠나도록 마지못해 허락

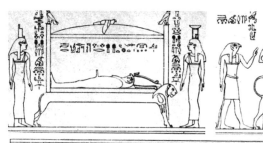

오시리스
▲ 이집트 덴데라 사원 벽에 새겨져 있는 오시리스의 죽음과 부활. 「덴데라」 1873.
아티스
▶ 사계절의 하나를 나타내는 아티스. 3세기 로마 시대의 석관. 덤바턴 옥스 컬렉션, 워싱턴
▼ 왕의 표상을 지니고 있는 아티스. 로마 시대의 조각. 라테라노 박물관, 로마

했다. 그래서 둘이 함께 지상으로 돌아오자 온 자연 세계가 다시 살아났다는 이야기이다.

죽은 탐무즈를 위한 애도는 바빌로니아의 수많은 찬가 속에 들어 있는데, 그는 거기에서 빨리 시들어 버리는 식물로 그려지곤 한다.

'탐무즈'는 동산에 있으면서 물을 빨아들이지 못하는 버드나무,
그 화관은 들판에 있으면서 꽃을 피우지 못하네.
뿌리가 잘려 개울가에서도
물을 즐기지 못하는 버드나무여,
동산에 있으면서 물도 마시지 못하는 식물이라네.

그의 죽음은 그의 이름을 딴 '탐무즈의 달'의 하지 무렵에 우는 듯한 피리소리에 맞추어 해마다 수많은 남녀들이 애도한 것으로 보인다. 이 죽은 신의 인형을 향해 장송가를 부르고, 그 인형을 깨끗한 물로 씻어 기름을 바르고 빨간 옷을 입힌다. 그리고 강렬한 향으로 그의 잠든 감각을 깨우고, 그를 죽음의 잠에서 깨우려는 듯이 향을 끊임없이 하늘에 피워댔다.

〈탐무즈에 보내는 피리의 애가〉라는 장송가 가운데 하나에서 지금도 우리는 슬픈 가락을 읊는 가수들의 노랫소리와 피리의 통곡하는 곡조를 먼 곳의 음악소리와 같이 들을 수 있다.

그가 사라져 버리자 그녀는 슬피 울부짖네.
"오, 나의 아들이여" 하면서 그의 죽음을 슬퍼하네.
"나의 연인이여" 하면서 그의 죽음을 슬퍼하네.
"나의 주술사여, 나의 사제여" 하면서 그의 죽음을 슬퍼하네.
넓은 곳에 뿌리 내린 빛나는 향나무 아래에서,
에안나(Eanna) 안과 위아래에서 그녀는 슬피 울부짖네.
어떤 집이 그 주인을 위해 애도하듯이 그녀는 슬피 울부짖네.
어떤 성읍이 그 성주를 위해 애도하듯이 그녀는 슬피 울부짖네.
그녀의 슬픔은 꽃밭에서 자라지 못하는 풀꽃들을 위한 슬픔이요,
그녀의 슬픔은 열매 맺지 못하는 보리들을 위한 슬픔이라네.
그녀의 잠자리는 아이를 낳지 못하네.
지쳐버린 여인, 씨가 말라버린 여인.
그녀의 슬픔은 버드나무가 자라지 않는 강을 위한 것이요,
그녀의 슬픔은 보리와 풀이 자라지 않는 들판을 위한 것이라네.
그녀의 슬픔은 물고기가 노닐지 않는 연못을 위한 것이요,

그녀의 슬픔은 갈대가 자라지 못하는 갈대밭을 위한 것이라네.

그녀의 슬픔은 버드나무가 자라지 못하는 숲을 위한 것이요,

그녀의 슬픔은 삼나무가 자라지 못하는 황야를 위한 것이라네.

그녀의 슬픔은 꿀과 포도주를 만들지 못하는 과수원을 위한 것이요,

그녀의 슬픔은 목초가 자라지 못하는 목장을 위한 것이라네.

그녀의 슬픔은 사람이 오래 살지 못하는 궁전을 위한 것이라네.

우리는 단편적인 바빌로니아 문헌, 또는 신전의 북문에서 탐무즈를 위해 탄식하는 예루살렘의 여인들을 본 예언자 에제키엘(Ezekiel)의 간단한 언급으로써 이 아도니스의 비극적 이야기와 슬픈 의식을 알 수 있다. 그러나 그보다는 그리스 저술가들의 설명이 이에 대해 우리에게 더 많은 것을 알려줄 수 있을 것이다. 그리스 신화의 거울에 투영된 이 동양적인 신은 아프로디테의 사랑을 받은 아름다운 젊은이로 나타난다. 그것을 보면, 아프로디테 여신은 아도니스가 아주 어릴 때 그를 상자 속에 감추어 저승의 여왕 페르세포네에게 맡긴다. 그런데 페르세포네는 상자를 열어 보고 그의 아름다움에 사로잡혀, 나중에 아프로디테가 저승으로 내려와 아도니스를 돌려줄 것을 청했을 때 이를 거절한다.

사랑과 죽음의 두 여신 사이에 벌어진 이 싸움은 마침내 제우스에 의해 해결된다. 그는 아도니스가 1년의 절반은 지하계에서 페르세포네와 함께 살고, 나머지 절반은 지상에서 아프로디테와 함께 살도록 판결한 것이다. 뒷날 이 아름다운 청년은 사냥 도중에 산돼지에게 살해당하는데, 혹자는 그것이 질투심 많은 아레스(Ares)가 변신한 모습이었다고 한다. 이에 아프로디테는 그녀가 그토록 사랑하던 아도니스의 죽음에 매우 슬퍼했다.

이 신화에서 아도니스를 둘러싼 아프로디테와 페르세포네의 분란은 확실히 죽음의 나라에서 일어난 이슈타르와 알라투 사이의 싸움을 반영한다. 아도니스가 1년의 절반을 지하 세계에서, 그리고 나머지 절반을 지상에서 살도록 한 제우스의 판결은, 탐무즈를 해마다 사라지게 했다가 다시 나타나게 하는 결말의 그리스판인 것이다.

제30장
시리아의 아도니스

아도니스의 신화는 여러 지방으로 퍼져 각 지역에 따라 특색 있게 발전했는데, 서아시아의 두 곳에는 그를 기념하는 의식이 매우 장엄하게 치러지기도 했다. 그 지역들은 시리아 해안의 비블로스(Byblos)와 키프로스의 파포스(Paphos) 지방으로, 이곳들은 모두 아프로디테, 또는 셈족 신화에서 그 대응격의 위치를 차지하는 아스타르테(Astarte) 여신을 섬긴 곳이다. 전설에 따르면, 아도니스의 아버지인 키니라스(Cinyras)가 이 두 곳의 왕이었다고 한다.

이 두 도시 중에서 더 오래된 도시는 비블로스였다. 사실 비블로스인들은 그들의 도시가 페니키아에서 가장 오랜 도시이며, 이 세상의 초기에 위대한 신인 엘(El)이 건설했다고 믿었다. 엘은 그리스인과 로마인들이 저마다 크로노스(Kronos)와 사투르누스(Saturnus)라고 부르는 신과 같은 대상이었다. 역사 시대에 들어와서 비블로스는 페니키아의 메카 또는 예루살렘이라 할 만한 종교적 수도인 성지가 되어 있었다. 해변의 높은 곳에 위치한 이 도시에는 아스타르테 여신의 성소가 있었다. 그 대성소의 넓은 광장 한복판에는 성스러운 여신상이 방첨탑 모양으로 솟아 있었는데, 그것은 수도원 회랑으로 둘러싸여 계단을 통해 밑에서부터 올라갈 수 있게 되어 있었다. 이곳이 바로 아도니스 의식이 거행되던 곳이었다. 사실 비블로스는 도시 전체가 아도니스를 모시는 곳인 셈이어서, 그곳에서 조금 남쪽으로 떨어진 바다로 흐르는 나흐르 이브라힘(Nahr Ibrahim) 강은 옛날에 아도니스 강으로 불리기도 했다. 이곳이 키니라스 왕국이었다. 이 도시는 초기부터 최근에 이르기까지 아마도 원로원이나 장로회의의 보좌를 받는 왕들이 다스렸던 것으로 보인다.

비블로스 최후의 왕은 키니라스라는 이름을 가지고 있었는데, 지나친 폭정 때문에 폼페이우스 대왕이 그의 목을 벴다. 그 이름은 키니라스라는 전설상의 수도 이름에서 비롯된 것인데, 이 수도에서 거리가 하루쯤 떨어진 레바논 산상

신들의 죽음
이집트의 왕은 신의 아들이지만 죽음을 비껴갈 수는 없었다. '죽은 후 신들의 뼈는 은으로, 육체는 황금으로, 머리카락은 유리로 변했다(프레이저). 이집트 왕 투탄카멘은 죽은 후의 모습을 암시하고 있다.

에는 아프로디테, 즉 아스타르테 여신의 성소가 있다. 이곳은 아마 비블로스와 바알베크(Baalbec)의 중간에 위치한 아도니스 강 수원지에 있는 아파카(Aphaca)였을 것이다. 아파카에는 유명한 아스타르테의 무덤과 성소가 있었기 때문이다. 그러나 아스타르테 숭배의 잔혹성 때문에 콘스탄티누스가 이 성소를 파괴했다. 근대의 여행가들이 그 신전의 터를 발견했는데, 그곳은 아도니스의 낭만적인 원시림으로 우거진 골짜기의 윗부분에 위치하며, 아직도 아프카(Afka)라 불리는 가난한 마을 근처에 있다.

이 마을은 골짜기의 절벽 위에 있는 아름다운 호두나무 숲 사이에 자리한다. 여기서 조금 떨어진 곳에 우뚝 솟은 기암절벽으로 둘러싸인 장대한 원형극장이 있는데, 그 밑에 있는 동굴에서 냇물이 흘러서 마침내 깊은 계곡 속의폭포를 이루어 떨어진다. 그 냇물이 물줄기를 따라 내려갈수록 식물은 더욱 잘 자란다. 바위 틈으로 비죽이 튀어나온 나무들이 절벽에서 포효하기도 하고 살랑거리기도 하며, 흐르는 냇물 위에 푸른 베일을 펼친다. 이렇게 굴러 떨어지는 맑은 물과 달콤하고 깨끗한 산 속의 공기, 그리고 식물들의 싱싱한 초록색 속에는 거의 사람을 취하게 하는 무엇인가가 있다.

신전의 터에는 다듬어진 몇 개의 거대한 바위와 검은 화강암의 훌륭한 기둥들이 아직도 남아 있다. 그리고 신전에는 그 강의 수원지 맞은 편으로 웅대한 경치가 보이는 언덕이 이어졌다. 우렁찬 소리를 내며 쏟아지는 폭포의 소용돌이 저편에 동굴이 보이고, 그 위를 쳐다보면 웅장한 절벽 정상이 보인다. 이 절벽이 매우 높기 때문에 관목 숲의 연한 잎을 찾아 절벽의 가장자리를 기어가는 산양은 수백 미터 아래 구경꾼에게는 마치 개미처럼 보인다. 태양이 황금빛으로 깊은 골짜기를 채우고, 산의 환상적인 성벽과 둥근 탑을 모두 드러내면서 그 깊은 오지를 덮은 나무숲의 다채로운 초록색 가운데 조용히 저물 때면 바다 모습은 특히 인상적이다.

전설에 따르면 아도니스가 최초 또는 최후에 아프로디테를 만난 곳도 여기이며, 갈기갈기 찢긴 그 시체가 매장된 곳도 바로 이곳이라 한다. 비극적인 사랑과 죽음의 이야기를 하기 위해서는 이 이상 더 아름다운 곳을 상상할 수는 없을 것이다. 이 계곡은 오래전부터 사람들과 격리되었지만 버려진 곳은 절대로 아니다. 수도원이나 촌락이 여기저기 튀어나온 암석 위에 하늘을 마주보고 서서, 흰 거품과 포효 소리를 내는 강물 위에 있는 거의 수직적인 절벽과 달라붙듯이 세워져 있었을 것이다. 또 밤이 되면 어둠 사이로 반짝이는 불빛이 거의 사람의 접근을 허락하지 않는 듯 보이는 비탈에도 인가가 있음을 알려 주었으리라.

옛날에 이 아름다운 계곡은 모두 아도니스에게 바쳐졌던 것으로 보이며, 그 기억은 그 계곡 여기저기에 오늘날까지도 남아 있다. 그래서 계곡을 둘러싼 높은 산봉우리들에서는 아직도 아도니스를 섬기던 유적지들의 폐허를 볼 수 있다. 이 가운데 어떤 기념물들은 무시무시한 심연 위로 아찔하게 솟아올라 있어서, 그 아래로 둥지를 돌고 있는 독수리를 내려다보면 현기증이 날 정도이다.

이런 유적 가운데 하나가 기네(Ghineh)에 있는데, 거기에는 거칠게 깎아지른 거대한 암석 표면에 아도니스와 아프로디테의 형상이 조각되어 있다. 아도니스는 곰의 공격을 기다리던 중에 창을 들고 쉬고 있으며, 아프로디테는 슬픈 표정으로 앉아 있는 모습으로 그려졌다. 그녀의 슬퍼하는 모습은, 마크로비우스 (Macrobius)가 묘사한 레바논의 슬퍼하는 아프로디테일 것이고, 그녀가 앉은 바위 속 후미진 곳은 아마 그 연인 아도니스의 무덤에 속할 것이다.

아도니스를 섬기는 자들은, 아도니스가 그 산에서 상처를 입어 죽었고 그 때문에 그곳의 자연은 해마다 그의 신성한 피로 물든다고 믿었다. 이곳에 심홍색 물결의 바람이 불 때면, 아도니스의 꽃인 붉은 아네모네가 레바논 삼나무들 사이로 흐드러지고, 강물도 붉게 물든 채 푸른 지중해의 구불구불한 해안선을 에워싼다. 그리고 해마다 그때가 되면, 시리아의 처녀들은 아도니스의 때 이른 죽음을 애도했던 것이다.

제31장
키프로스의 아도니스

키프로스 섬은 시리아 해안에서 뱃길로 단 하루의 거리에 위치한다. 실제로 맑은 여름날 저녁에는 붉은 석양에 물든 그곳의 산들이 낮고 거무스름하게 어렴풋이 보인다고 할 정도이다. 이 섬은 풍부한 구리 광산과 전나무와 삼나무 숲이 있기 때문에 자연히 페니키아인처럼 상업과 항해에 능한 민족의 마음을 매혹했다. 페키니아가 처한 산과 바다 사이에 끼인 울퉁불퉁한 해안의 빈약한 자연 환경과 비교해, 그들의 눈에 곡식과 포도주와 기름이 풍부한 키프로스 섬은 '약속의 땅'으로 보였으리라. 따라서 페니키아인들은 매우 일찍이 키프로스에 정착했고, 그리스인들이 섬 연안에 정착한 훨씬 뒤까지도 거주했다.

우리는 비문과 화폐를 통해 알렉산더 대왕 시대까지도 페니키아인 왕들이 키티움(Citium), 즉 히브리 어로 키팀(Chittim)이라 불리던 도시를 통치했음을 알 수 있다. 마땅히 셈족의 이주민들은 그러한 이주와 통치의 과정에서 그들 모국의 신을 키프로스 섬으로 모셔왔다. 그런데 그들이 섬긴 신은 분명히 아도니스였을 레바논의 바알(Baal)이었다. 이것은 키프로스 섬 남쪽 해안의 아마투스(Amathus)에서 아도니스와 아프로디테, 또는 아스타르테 의식이 치러졌던 것을 보아도 알 수 있다. 비블로스에서와 같이, 이곳의 아도니스와 아스타르테 의식도 이집트의 오시리스 숭배와 매우 비슷했기 때문에, 어떤 사람들은 아마투스의 아도니스를 오시리스와 동일시하기도 했다.

그러나 키프로스에서 아프로디테와 아도니스 숭배의 중심지는 이 섬 서남부에 위치한 파포스(Paphos)였다. 기원전 4세기 끝 무렵까지 키프로스는 여러 소왕국들로 분열되었는데, 파포스가 가장 부강한 국가였다. 파포스는 작은 산과 굽이치는 산으로 이어진 지방으로 밭과 포도밭 등 다양한 지형적 특징을 지니고 있으며, 강들이 국토를 구분했다. 그 강들은 시간이 지남에 따라 강바닥이 무서울 만큼 깊이 파여 내륙 지방으로 여행하는 것이 곤란할 정도였다. 거의 1년 동안 눈에 덮인 올림포스(오늘날 트루도스) 산맥은 파포스를 북풍과 동풍으로부터 막아주며, 또 섬의 다른 지방과 차단시켜준다. 이 산맥의 경사면에는 키프로스의 마지막 소나무 숲 속에 여기저기 수도원들이 눈에 띄어 아펜니노 산맥 못지않은 경관을 이룬다. 파포스의 고대 도시는 바다에서 1.6킬로미터쯤 떨어진 작은 산의 정상에 위치했다. 신시가지는 약 16킬로미터 떨어진 항구에서 발전했다. 고대 파포스, 즉 오늘날 쿠클리아에 있는 아프로디테 성소는 고대 세계에서 가장 유명한 신전 가운데 하나였다.

헤로도토스에 따르면, 그것은 아스칼론에서 이주한 페니키아 정착민이 세웠다고 한다. 그러나 페니키아인들이 이주하기 전부터 그 땅의 풍요와 다산의 여신이 그곳에서 숭배되었고, 이주민들이 이 여신과 아프로디테와 매우 닮은 그들의 바알라트(Baalath) 또는 아스타르테를 동일시했다는 것은 있음직한 일이다. 그래서 이 두 신들이 하나가 되었다면 우리는 그것들이 모두 아주 일찍부터 서아시아 전역에 퍼져 숭배되었던 풍요와 다산의 위대한 대모신이었다고 짐작할 수 있다.

이 추측은 고대 파포스 여신상의 형태와 그 여신을 숭배하는 의식의 거리낌없는 성격에서 확인된다. 왜냐하면 그 형태와 의식들은 아시아의 다른 신들과 비슷하기 때문이다. 그 여신상은 단순하게 흰 원추형 또는 피라미드형이었다. 원추형은 비블로스의 아스타르테를 상징하며, 또 그리스인들이 팜필리아의 페르가에서 아르테미스라고 부르던 토착 여신을 나타내는 표시며, 시리아의 에메사에선 태양신인 헬리오가발루스(Heligoabalus)의 표시이기도 했다. 신상 역할을 한 원추석들이 키프로스의 골짜기와 몰타 섬의 여러 페니키아 신전에서 발견되었다. 그리고 사암 원추석들이 시나이의 황량한 언덕과 험한 절벽 사이에 있는 '토르코이즈(Torquoise) 여왕'의 신전에서 발견되기도 했다.

고대 키프로스에서는 여자들이 결혼하기 전에 아프로디테나 아스타르테나 또는 다른 이름의 이 여신의 성소에서 이방인과 성관계를 해야 했던 것으로 보인다. 이와 같은 관습은 서아시아의 여러 지역에도 널리 퍼져 있었다. 이 관습의 동기가 어떻든 간에 그 실천 자체는 결코 방탕한 유흥으로 생각되지 않고, 서아시아의 위대한 대모신을 위한 엄숙한 종교적 의무로 여겨졌다. 그런데 이 여신은 이름이 지방마다 다르지만 성격만은 같다. 예를 들면 바빌로니아에서 여자들은 부자건 가난하건 간에 모두 일생에 한 번 밀리타 신전에서, 즉 이슈타르나 아스타르테 신전에서 이방인의 품에 안겨야 하고, 이 신성한 매춘으로 번 보수를 그 여신에게 바쳐야 했다. 그 신성한 구역에는 이 관습을 지키려는 여자들로 붐비었다. 어떤 여자는 몇 해 동안이나 기다려야만 했다. 폐허가 된 신전의 웅장한 모습으로 유명한 시리아의 헬리오폴리스 또는 바알베크에서는 아스타르테 신전에서 모든 처녀들이 이방인과 성관계하는 관습이 있었다. 처녀뿐만 아니라 기혼 부인들도 같은 방법으로 이 여신에 대한 신앙심을 증명했다. 콘스탄티누스 황제는 이 관습을 없애고 신전을 파괴한 뒤에 교회를 세웠다.

페니키아의 신전에서도 여자들이 종교적 예배에서 돈을 받고 몸을 팔았는데, 그들은 이렇게 하면 그 여신을 달래어 은혜를 입을 수 있다고 믿었다. "결혼하려는 여자가 신전 옆에서 7일 동안 간음해야 한다는 것은 아모리인들의 율법이었다." 비블로스의 백성들은 해마다 아도니스를 애도하기 위해서 삭발했다. 머리카락을 봉헌하기를 거절한 여자들은 제사 기간 중 어느 날에 몸을 이방인에게 팔아야 하고, 거기에서 얻은 돈을 여신에게 바쳐야 했다. 리디아의 트랄레스(Tralles)에서 발견된 그리스 어 비문은 종교 매춘의 관습이 서기 2세기 무렵까지도 비블로스에 남아 있었음을 증명한다. 그 비문은 아우렐리아 아이밀리아란 한 여인이 신의 특별 명령에 따라 매춘으로 신에게 봉사했을 뿐만 아니라, 그녀의 모친과 조상도 같은 일을 했다는 기록을 하고 있다. 이와 같은 사실을 새긴 대리석 기둥의 기록은 그런 생애나 품행이 결코 더러운 것으로 여겨지지 않았음을 보여 준다.

아르메니아의 귀족들은 아킬리세나(Acilisena)에 있는 신전에서 아나이티스(Anaitis) 여신에게 봉사하기 위해서 딸들을 바쳤다. 신전에서 처녀들은 결혼하기까지 오랫동안 매춘으로 헌신했으며, 봉사 기간이 끝난 뒤에 그 여자들과 결혼하는 것을 망설이지 않았다. 또 여신 마(Ma)는 폰투스의 코마나에서 신성한 매춘부들의 봉헌을 받았다. 이때 2년마다 벌어지는 이 축제에 참석해 여신에게 기원하고 서약을 하기 위해 남녀들이 떼지어 가까운 여러 도시와 마을에 모여들었다.

이 주제에 대하여 명확하게 언급하기 위해서는 독자에게 몇 가지 실례를 더 제시해야 하지만, 다음과 같이 결론지을 수 있을 것이다. 바로 자연의 모든 생식력을 의인화한 위대한 대모신은 비록 지방마다 그 이름이 다르지만 서아시아의 여러 민족들이 그 신화와 의식면에서 근본적으로 동일하게 숭배했다는 것이다. 그리고 그 여신에게는 신적이면서도 죽어야 하는 운명의 한 연인 또는 여러 연인들이 있어서 그들과 해마다 짝지어졌다. 이 결합이 동물과 식물의 늘어남에 꼭 필요한 것으로 생각되었다. 따라서 이 신성한 한 쌍의 전설적 결합은 토지의 풍요와 인간과 동물의 증식을 확실하게 할 목적으로 여신의 성소에서 한때이긴 하지만 진짜 남녀 간에 성관계로 재현되고, 더욱 확대되었다고 볼 수 있다.

파포스에서의 종교적 매춘 관습은 키니라스 왕에 의해 제도화되었으며, 아도니스의 누이이기도 한 그 왕의 딸들에 의해 실행되었다고 한다. 이 여자들은 아프로디테의 분노를 촉발했기 때문에 이방인과 성관계를 하고 이집트에서 그 생애를 마쳤다. 이 전설의 양식을 살펴볼 때, 아프로디테가 분노했다는 이야기는 아마 후세의 기록자가 덧붙인 내용이었을 것이다. 이 후세의 기록자는 그의 도덕 감각에 충격을 준 이 매춘 행위를 신도들의 여신에 대한 자발적인 봉헌으로 보지 않고 여신이 준 형벌로 여겼다. 어쨌든 파포스의 공주들도 미천한 혈통의 여자들과 같이 이 관습을 지키지 않으면 안 되었다는 것을 이 전설은 보여준다.

파포스 사제왕의 선조이며 아도니스의 아버지인 키니라스에 대한 여러 이야기 가운데에는 우리가 주의해야 할 몇 가지가 있다. 키니라스가 곡물 여신에게 제사를 지낼 때 그의 딸 미르하(Myrrha)와 근친상간을 하여 아들 아도니스를 낳았다는 것이다. 먼저 이때 흰 옷을 입은 여자들이 첫 번째 수확한 곡식으로 만든 화환을 바치고 9일 동안 엄격하게 정절을 지켜야 했다. 이처럼 딸과 근친상간하는 비슷한 경우가 고대 왕들에게는 흔히 있는 것으로 기록되었다. 이런 보고는 근거 없는 것으로 보이지 않으며, 또 그런 것들이 단지 비인간적인 정욕의 우연한 분출이었다는 것도 수긍하기 어렵다. 그것들이 어떤 결정적인 이유로 특수한 상황 아래서 치러진 관습으로 생각할 수 있다.

왕의 혈통이 여자들을 통해서 이어졌을 때 공주는 참된 통치자였으며, 왕은 왕권을 유지하기 위해 세습적인 공주와 결혼해야 했다. 그러므로 그 왕위를 유지하는 여러 나라에서는 근친상간을 하지 않으면 다른 남자, 어쩌면 이방인에게 빼앗겼을 왕관을 차지하기 위해서 왕자가 공주인 누이와 결혼하는 일도 때때로 일어난 것으로 보인다. 이와 같은 왕위 계승에 대한 규정이 딸의 근친상간의 동기가 된 것이 아닐까? 말하자면 왕은 왕비와 결혼 생활을 이어야만 왕권을 유지할 수 있었고, 왕비인 아내가 죽으면 왕위에서 물러나야 했기 때문에 그러한 규정이 자연스럽게 생긴 것으로 보인다. 결혼이 끝나면 왕위에 대한 그의 권리도 소멸되고, 왕위는 바로 딸의 남편에게 넘겨주었다. 그러므로 만일 왕이 아내가 죽은 뒤에도 통치하기 위해 합법적으로 할 수 있는 오직 하나의 방법은 아내가 죽기 전에는 그녀를 통해서 유지되었던 왕권을 이번에는 자신의 딸과 결혼해 연장하는 것이었다.

키니라스는 아프로디테에게서 구혼을 받을 만큼 잘생긴 외모로 유명했다고 전해 내려온다. 이미 학자들이 지적했듯이 어떤 의미에서 키니라스는 이 여신의 마음을 빼앗은 잘생긴 그의 아들 아도니스의 복사판이었을 것이다. 또 파포스 왕가의 두 사람인 키니라스와 아도니스에 대한 아프로디테의 사랑 이야기는 키프로스의 페니키아 왕인 피그말리온(Pygmalion)에 대한 신화와 따로 떼어놓을 수는 없다. 이 왕은 아프로디테 여신상과 사랑에 빠져, 그 여신상을 침실에 끌어들였다. 피그말리온이 키니라스의 장인이고, 키니라스의 아들이 아도니스라는 것, 그리고 이 세 사람이 아프로디테와 정사를 가진 것을 생각하면, 우리는 파포스의 초기 페니키아 왕들이나 아들들은 규칙적으로 그 여신의 사제인 동시에 연인이 됐다는 것, 즉 그들은 공적 자격으로 아도니스 역할을 했다고 결론지을 수밖에 없다.

여하튼 아도니스가 키프로스를 다스렸다고 전해지며, 또 아도니스라는 호칭을 이 섬의 모든 페니키아 왕의 아들이 규칙적으로 사용한 것이 확실하다. 이 칭호는 '군주(主)'를 뜻하는 존칭에 불과하다. 그러나 여러 신화가 이 키프로스의 왕들이 사랑의 여신과 결합하게 된 이유가 인간 아도니스의 위엄과 함께 신성을 주장하기 위해서였다. 피그말리온 신화는 그가 아프로디테, 아니 오히려 아스타르테의 조상과 결혼한 신성한 의식을 가리킨다. 만일 그렇다면 어떤 의미에서는 단 한 남자의 이야기만이 아니라, 남자들 전체의 이야기라고 할 수 있다. 또 피그말리온이 일반적인, 다시 말해 셈 왕과 구체적인 키프로스 왕들의 보통 명칭이라면, 피그말리온에 대한 이야기는 더욱 그럴듯하다.

한편 피그말리온은 티레(Tyre)의 유명한 왕의 이름으로 알려져 있는데, 이 왕에게서 그의 누이동생인 디도(Dido)가 도망쳤다는 이야기가 있다. 그리고 알렉산더 대왕 시대에 통치한 키프로스의 키티움과 이달리움 왕도 피그말리온 또

하프 음악은 종교상의
예배 일부이며, 그 음조
의 감동적인 힘은 포도
주의 효험과 같이 신의
직접적인 영감에서 생긴
다고 본다. 하프를 연주
하는 다윗 왕. 마크 샤
갈, 「예루살렘」

는 푸미야톤(Pumiyathon)으로 불렸다. 푸미야톤은 그리스인들이 피그말리온이
라고 잘못 부른 페니키아의 이름이다. 또 카르타고의 한 묘지에서 황금 메달이
발견되었는데, 여기에 조각된 고대 카르타고 명문에는 피그말리온과 아스타르
테의 이름이 함께 나타난다. 바로 이 점에 주목할 필요가 있다. 이 명문의 문자
는 초기 형식에 속한다.

파포스에서의 종교적 매춘 관습을 키니라스 왕이 창제하고 그의 딸들이 실
행했다고 하는데, 우리는 파포스의 여러 왕들은 여신상과의 결혼이란 형식보
다는 비도덕적인 의식으로써 신적인 신랑 역할을 한 것으로 추측할 수 있다.

실제로 어떤 의례에서 왕은 아도니스에 대한 아스타르테의 역할을 하는 신전의 성스러운 매춘부 한 사람이나 그 이상과 잠자리를 함께 해야만 했다.

만약 그렇다면, 키니라스가 숭배한 아프로디테는 매춘부였다는 그리스도교 교부들의 비난에는 일반적으로 상상한 것 이상의 진리가 있다. 그들이 결합한 결과는 신의 아들과 딸이 되었으며, 그 전에 그들의 부모가 그랬듯이 시일이 지나면 남신이나 여신들의 부모가 될 것이다. 이렇게 해서 파포스와 신성한 매춘을 행한 모든 아시아 여신의 성소에는 인간신들로 넘쳐났을 것이다. 이들은 아내와 첩, 신전의 매춘부들이 낳은 신적인 왕의 후손이었을 것이다. 이들 가운데 어떤 사람은 아버지의 왕위를 계승하거나 때때로 전쟁이나 그 밖의 중대 사건으로 왕을 대신해 희생되었을 것이다. 나라의 복지를 위해 때로 왕의 자식들이 그런 희생을 치른다고 해서 왕의 자손이 멸절된 적도 없었고, 그의 사랑을 여러 자식들에게 나누어 주던 부왕의 마음이 상한 적도 없었다.

셈족의 여러 왕들은 때때로 세습적인 신들이라고 생각되었다고 할 만한 근거가 있는 셈이다. 따라서 그 이름을 갖고 있는 사람은 어떤 신의 아들이나 딸, 그리고 형제나 자매, 아버지나 어머니를 뜻한다 해서 이상할 것도 없다. 그 말의 뚜렷한 의미를 회피하기 위해서 어떤 학자들이 쓴 궤변에 의존할 필요가 없다. 이것은 그럴 만한 이유가 있다. 이러한 해석은 이집트의 비슷한 관용어에서도 확인할 수 있다. 왜냐하면 왕들이 신으로서 숭배되는 이집트에서는 왕비를 '신의 아내' 또는 '신의 어머니'로 부르고, '신의 아버지'란 칭호는 실제 왕의 아버지뿐만 아니라 장인에게도 사용되었다. 셈족도 마찬가지로 왕의 규방에 자기 딸을 보낸 사람은 누구나 '신의 아버지'로 자칭해도 괜찮았을 것이다.

이름으로 판단하자면, 키니라스란 이름을 가진 셈족 왕은 다윗 왕처럼 하프 연주자였다. 왜냐하면 키니라스라는 이름은 그리스 어의 '키니라(cinyra)', 즉 '하프'와 명백히 관련되어 있으며, 또 셈 어의 '킨노르(Kinnor)'는 사울(Saul) 왕 앞에서 다윗이 연주한 악기인 '하프'에서 유래되었기 때문이다. 예루살렘에서와 같이 파포스에서도 하프 음악은 지루한 시간을 보내기 위한 단순한 오락이 아니고 종교상의 예배 일부를 이루며, 그 음조의 감동적인 힘은 아마 포도주의 효험과 같이 신의 직접적인 영감에서 생긴다고 생각해도 틀린 것이 아닐 것이다.

예루살렘 신전의 정규 성직자들은 하프나 설터리(psaltery)와 같은 현악기와 심벌즈와 같은 타악기의 연주에 맞추어서 예언했다. 또 예언자로 불리는 비정

규 성직자들도 그들이 신과의 직접적인 대화라고 생각한 황홀한 상태에 들어가기 위해서 그런 종류의 악기를 쓴 것으로 보인다. 우리는 한 무리의 예언자들이 북과 피리, 하프 등을 연주하면서 높은 곳에서 내려오며 예언하는 장면을 구약성서를 통해 잘 알고 있다.

또 유다(Judah)와 에브라임(Ephraim) 지파가 적을 쫓아서 모압 광야를 횡단할 때, 사흘이나 물을 찾지 못해 사람과 짐을 옮기는 동물이 모두 목이 말라 죽을 지경에 이르렀다. 이 위급한 때에 종군하던 예언자 엘리사(Elisha)가 음유 시인을 불러 음악을 연주하도록 명령했다. 그리고 그는 그 음악이 일으킨 영감에 따라 행진로로 되어 있는 물 없는 골짜기의 모래바닥에 도랑을 파도록 병사들에게 명령했다. 그들은 명령대로 했다. 그랬더니 다음 날 아침에 사막의 황량하고 험악한 산골짜기의 땅 밑에서 솟아 흐르는 물로 도랑은 가득 차 있었다.

광야에서 물을 찾아낸 이 예언자의 성공은, 비록 그 방법은 다르나 오늘날 점술가들이 수맥을 찾는 방법과 비슷하다. 또 그 예언자는 우연히 그의 동포들에게 또 다른 도움을 주게 되었다. 바위틈 사이의 동굴에서 살금살금 기어나온 모압인들이 그 물에 반사된 사막의 붉은 해를 보고 그것이 적들의 피이고, 이는 승리의 징조라고 착각해 용기를 내어 연합군 진영을 습격했다가 도리어 큰 패배를 당해 떼죽음을 당했기 때문이다.

또한 사울(Saul) 왕의 우울한 마음을 심화시키는 우수의 기운이 왕을 괴롭히기 위해 신이 보낸 악령으로 생각되었으니, 이와 반대로 그의 괴로운 마음을 위로해 주고 침착하게 하는 하프의 장엄한 소리는 근심하는 왕에게 신의 음성 또는 평화를 속삭이는 천사의 목소리로 들렸을 것이다. 우리가 살고 있는 오늘날에도 음악의 매력에 깊이 감명 받은 한 위대한 종교 저술가는 피를 끓게 하고 마음을 녹이는 음악의 선율이 단순히 무의미한 소리일 수는 없다고 말한다. 그렇다. 그것은 천국에서 들려오는 소리로, 영원한 조화의 발로이고 천사의 소리이며 성자의 찬가이다. 그리하여 뉴먼(J.H. Newman)의 음악적인 산문시에서도 원시인의 소박한 상상들이 미화되어 원시인의 가냘프고 어눌한 언어가 굽이치는 반향으로 울려퍼지는 것이다.

사실상 종교의 발전에 끼친 음악의 영향력은 공감을 불러일으킬 만한 연구 주제가 된다. 왜냐하면 모든 예술 속에서 가장 친근하고 사람을 무엇보다 감동시키는 음악은 얼핏 생각하면 단순한 도움을 주는 것에 지나지 않으나, 실제로는 종교적 정서를 표현하고 창조하여 깊이 있는 신앙적 변화를 가져오는 데 두드러진 공헌을 했기 때문이다. 이로써 음악가는 종교의 발전 과정에서 예언자와 사상가와 같은 역할을 해왔다고 할 수 있다.

그러므로 모든 종교는 저마다 독특한 종교 음악을 가지며, 종교 간 교의의 차이가 그 악보 속에 표현되는 것과 같다고 해도 좋을 것이다. 예를 들면, 키벨레(Cybele)의 소란스러운 축연과 가톨릭 교회의 장엄한 의례 사이에는 심벌즈나 탬버린의 불협화음적 소리와 팔레스트리나(Palestrina), 또는 헨델(Handel)의 장중하면서도 조화로운 선율을 구분짓는 것만큼이나 큰 틈이 있다. 이와 같이 서로 다른 음악 속에는 서로 다른 영혼이 숨쉬고 있는 것이다.

제32장
아도니스 의식

서아시아와 그리스 여러 지역에서는 아도니스의 의례가 거행되었는데, 그때는 거의 여자들이 통곡하면서 그의 죽음을 애도했다. 그 의례에서는 수의를 입은 아도니스 상을 장례의 매장식 때와 같이 바다나 강물로 옮겨 그 속으로 던졌다. 또 어떤 지방에서는 그다음 날 아도니스의 부활을 축하하기도 했는데, 이 의식은 지방마다 어느 정도 그 방식과 거행 시기가 달랐다.

알렉산드리아에서는 아프로디테와 아도니스 신상이 두 개의 침대에 안치되었다. 또 그 옆에는 여러 종류의 익은 과일과 과자, 그리고 화초가 자라는 화분들이 놓이고, 아니스(anis : 지중해
식물) 덩굴이 감긴 푸른 정자 등도 설치되었다. 그리고 연인들 간의 결혼식이 치러진 다음 날 여자들은 상복의 앞가슴을 풀어 헤치고 머리를 늘어뜨린 채 죽은 아도니스 신상을 해안에까지 갖고 가서 바다에 던졌다. 그러나 그녀들이 아무런 희망도 없이 슬퍼만 한 것은 아니었다. 그것은 그녀들이 죽은 자가 다시 되돌아온다고 노래했던 것을 보아도 알 수 있다. 이러한 알렉산드리아 의식이 치러졌던 시기는 뚜렷하게 기록되어 있지 않다. 그러나 신상 옆에 익은 과일이 놓였다는 기록을 볼 때, 그 시기는 늦여름이 아니었을까 하고 추측해 볼 수 있다.

비블로스에 위치한 페니키아의 아스타르테 대성소에서는 해마다 찢어질 듯 구슬픈 피리 소리에 맞추어 통곡하고 가슴을 치면서 아도니스의 죽음을 애도했다. 그러나 다음날 그가 다시 살아나서 숭배자들이 지켜보는 가운데 하늘로 오른다고 사람들은 믿었다. 그러면 지상에 남아 있는 비통에 가득 찬 숭배자들은 이집트인들이 신성한 황소 아피스(Apis)가 죽을 때 했던 것처럼 삭발했다. 앞에서 언급했듯이, 아름다운 머리카락을 바칠 의사가 없는 여자들은 의례 기간 중 정해진 날에 이방인에게 몸을 팔아 그 보수를 아스타르테 여신에게 바쳐야 했다.

이 페니키아의 의례는 봄이었던 것으로 보인다. 축제일은 아도니스 강물의 색깔이 변하는 시기에 맞추어 결정되었는데, 그런 현상이 봄에 나타난다는 사실을 근대 여행가들의 관찰로 드러났기 때문이다. 이 계절이 되면 비 때문에 산에서 씻겨 내려온 붉은 흙탕물이 강물을 붉게 물들이고, 또 먼 바닷물까지 핏빛으로 물들인다. 그런데 사람들은 이 붉은색을 레바논 산에서 해마다 산돼지에게 부상을 입고 죽은 아도니스의 피라고 믿었다. 또 진홍색의 아네모네 꽃은 아도니스의 피에서 싹이 텄거나 그것으로 물들었다고도 한다. 시리아에서는 아네모네가 부활절 무렵에 피기 때문에 아도니스의 모든 축제나 적어도 그 중 하나가 봄에 거행되었으리라 추측할 수 있다. 아마 이 꽃의 이름은 아도니스의 별명이 된 나아만(Naaman : 옛날)에서 유래된 것으로 생각된다. 아랍인들은 요즘도 아네모네를 '나아만의 상처'라고 부른다.

붉은 장미의 유래에도 이와 같은 슬픈 사연이 있다고 한다. 아프로디테가 상처를 입은 연인에게 서둘러 달려가다가 흰 장미를 밟았는데, 이 무정한 가시에 그녀의 연한 살이 찢겨서 그 신성한 피가 흰 장미를 영원히 붉게 물들였다. 꽃말 달력에서 인용한 말들에 귀기울일 필요는 없다. 특히 장미꽃처럼 금방 시들해지는 문제를 논한다는 것은 무익한 일일 것이다. 그러나 군이 가치를 따진다면 진홍색 장미꽃을 아도니스의 죽음과 연결지은 이 이야기는 수난의 시기가 봄이 아니라 여름에 행해졌음을 가리킨다는 것이다.

확실히 아티카에서는 이 의례를 한여름에 거행했다. 왜냐하면 아테네(아티카의 수도)가 시라쿠사(Siracusa)를 공격하려고 함대를 하지 때 출항시켰는데, 불길하게도 아도니스의 의식이 바로 한여름에 치러졌기 때문이다. 이 함대들은 전멸했고, 아테네의 세력도 급격히 기울어졌다. 그렇게 된 것은 출항했던 아테네 함대들이 시라쿠사의 항구에 진입하고, 거리를 행진할 때 그들이 지나간 거리마다 관이나 죽음을 분장한 인형들이 줄지었으며, 아도니스의 죽음을 슬퍼하는 여인들의 울음소리로 가득 찼기 때문이다. 이런 분위기는 아테네인들이 이제까지 바다에 보냈던 가장 뛰어난 군대의 항해에 어두운 그림자를 던졌다는 점을 상상할 수가 있다.

훨씬 후대에 율리아누스 황제가 안티오크에 처음으로 입성했을 때, 그는 이 동방의 번화하고 사치스러운 도시가 해마다 아도니스의 연례적 죽음을 모의 애도로 분위기를 가라앉히고 있는 것을 보았다. 만일 황제가 어떤 불길한 예감

진홍색의 아네모네 꽃은
아도니스의 피로 물들었
다고 한다.

을 가졌더라면, 그에게 들려오는 비탄의 북소리는 그의 장례식을 알리는 종소
리로 들렸을 것이다.

이 의식은 이미 앞에서 언급한 인도와 유럽의 의식과 매우 비슷하다. 특히
조금 의심스러운 그 의식의 거행 시기를 제외한다면, 알렉산드리아의 의식은
인도의 그것과 거의 같다. 양쪽 다 신들을 둘러싸고 있는 싱싱한 초목들로 식
물을 나타낸다는 점에서 닮았다. 신적인 두 존재의 결혼 의식은 인형 형태로
행하며 그 뒤에 인형들에게 애도했다가 물 속에 던진다. 이 관습들의 유사성과,
이 관습과 근대 유럽의 봄과 한여름에 행하는 관습의 유사성에서 공통된 설명
을 마땅히 기대할 수 있다. 내가 후자에 대해서 내린 해석이 옳다면, 아도니스
의 죽음과 부활의 의식은 식물 생명의 쇠퇴와 부활의 극적 표현임에 틀림없다.

이렇게 관습 간의 유사성에 기초를 둔 가설은 아도니스 신화와 의식의 다음
과 같은 여러 특징에 의해서 확인된다. 아도니스의 식물과의 친화성은 아도니
스의 탄생에 대한 일반적인 이야기에 그대로 나타난다. 그는 10개월의 임신 뒤
에 수목에서 껍질이 터져서 탄생했다고 전해진다. 또 어떤 이야기에 따르면, 멧
돼지가 이빨로 나무껍질을 찢어서 아기를 위해 길을 열어 주었다고도 한다. 이
신화에는 어머니가 '미르(Myrrh)'이며 그녀가 임신한 직후에 몰약(沒藥, myrrh)
나무로 변했다는 설로 약간 합리적인 성격을 띠고 있다. 아도니스 의례에서 몰

약을 향으로 사용한 것이 이 신화의 동기가 되었는지 모른다. 우리는 우상 숭배에 열중한 히브리인들이 아스타르테를 가리키는 '하늘의 여왕'을 위해 몰약을 태웠던 것과 똑같이 바빌로니아의 의식에서도 몰약을 태웠다는 것을 살펴보았다.

또 아도니스가 1년의 절반, 또는 다른 신화에 따르면 1년의 3분의 1을 저승에서 살고 나머지 세월을 이승에서 살았다는 이야기는, 그가 1년의 절반을 땅속에 숨어서 지내고 나머지 절반을 땅 위에서 지내는 식물, 특히 농작물을 나타냈다고 상상하면 가장 쉽고 자연스럽게 설명할 수 있다. 확실히 1년을 주기로 하는 자연 현상 중에서 가을에 사라졌다가 봄에 다시 나타나는 식물처럼 죽음과 부활의 관념을 뚜렷하게 나타내는 것은 없다.

아도니스는 태양으로 여겨지기도 했지만, 그것은 수긍하기 어렵다. 왜냐하면 온대나 열대지방에서 태양이 한 해의 절반이나 3분의 1 동안만 죽고, 나머지 절반이나 3분의 2 동안은 살았다는 것을 보여주는 증거란 어디에도 없기 때문이다. 실제로 태양은 겨울이 되면 약해진다고 생각하지만 죽는다고는 생각하지 않았다. 태양은 날마다 떠오르기 때문이다. 따라서 아도니스가 매년 정기적으로 죽는다는 점과 같다.

물론 위도에 따라서 24시간에서 6개월까지 계속하여 태양이 해마다 자취를 감추는 북극권 내에서는 매년 태양이 죽고 부활한다는 관념은 확실히 뚜렷했을 것이다. 그러나 불행한 천문학자 프랜시스 베일리(Francis Bailly) 말고는 어느 누구도 아도니스 숭배의 기원이 북극권에 있다고는 생각하지 않는다. 이에 반해서 연례적인 식물의 연례적인 죽음과 부활은 원시 사회와 문명 사회에 있는 모든 사람들이 갖고 있는 관념이다.

그리고 언제나 반복하는 쇠퇴와 부활이 이루어지는 이 지구의 광활함과 생존을 위한 인간의 긴밀한 의존은 서로 결합해, 쇠퇴와 부활이 적어도 온대 지역에서는 가장 인상적인 자연의 연례적인 행사가 된 것이다. 이처럼 매우 중요하고 인상적이고 보편적인 현상이 이런 관념을 제시하여 여러 나라에 비슷한 의식을 부른 것은 그렇게 놀라운 일이 아니다. 그러므로 우리는 아도니스 숭배가 자연의 사실과 썩 잘 일치한다는 점과 또 다른 여러 나라의 비슷한 의식과 비슷하다는 점을 타당한 것으로 받아들여도 좋을 것이다. 또한 죽어서 갱생하는 신을 수확 뒤에 다시 새싹을 내는 곡물로 되풀이 해석하는 고대인들의 견해도 이 설명을 뒷받침해 준다.

곡물 정령으로서의 탐무즈 혹은 아도니스의 성격은 10세기의 어느 아랍 저술가가 제시한 아도니스 제례에 대한 이야기 속에 뚜렷이 나타난다. 이 저술가는 하란(Harran)의 이교도 시리아 사람들이 계절마다 거행한 여러 의식과 희생제물을 다음과 같이 기술한다.

"탐무즈(7월). 이 달 중순경에 엘부가트(El-Bugat) 제례, 즉 슬퍼 우는 부인들의 제례가 거행되는데, 이것은 타우즈(Ta-uz) 신을 위해 치르는 타우즈 제례이다. 신이 무참하게 엘부가트를 죽여 그 뼈를 절구에 찧어 바람에 날려 버렸기 때문에 여자들은 그의 죽음에 대해 슬퍼 운다. 이 제례 중에 여자들은 절구질한 음식을 먹지 않고, 물에 불린 보리와 맛좋은 강낭콩, 그리고 대추야자와 건포도 등만 먹는다."

탐무즈 자신인 타우즈는 여기에서는 로버트 번즈의 시 〈존 발리콘(John Barleycorn)〉에 나오는 존 발리콘과 유사하다.

> 그들은 타오르는 불꽃 위에
> 그의 뼈를 태웠네.
> 그러나 절구질하는 사람은 그를 더욱 가혹하게 다루었지.
> 왜냐하면 절구 속에 그를 넣고 찧었으니까.

아도니스는 곡물의 성격을 띤다. 곡물에 집중하는 것은 그 숭배자들이 역사시대에 다다른 문화 단계의 특성이다. 아도니스 숭배자들은 떠돌아다니는 사냥꾼과 목동들의 유목 생활보다 훨씬 발전했다. 그들은 벌써 수세기 동안 일정한 토지에 정착해 주로 농산물에 의존해 살았다. 광야의 열매와 뿌리, 그리고 목초지의 풀 등은 미개한 먼 선조들에게는 목숨처럼 중요한 것이었지만, 이제 그들에게는 그다지 중요한 것이 아니었다.

그들의 사고와 에너지는 갈수록 생명에 필수적인 농작물에 집중되었다. 따라서 일반적인 풍요의 신들, 특히 곡물 정령과 화해하는 것이 차츰 그들 종교의 중심적인 특성이 되었다. 그들이 의식을 거행하는 목적은 완전히 현실적이었다. 그들이 식물의 부활을 기뻐하고 식물의 쇠퇴를 슬퍼하게 하는 것은 막연한 시적 감정이 아니었다. 눈앞에 닥친 기아야말로 아도니스 숭배의 근본 동기이기 때문이었다.

라그랑주(M.J. Lagrange) 신부는 아도니스에 대한 애도가 본질적으로 수확자들의 낫에 의해 죽거나 방앗간에서 황소 발굽에 짓밟혀 죽은 곡물신을 달래기 위해서 생각해 낸 수확 의식에 불과하다고 주장한다. 남자들이 곡물신을 살해할 때 부인들은 그 신의 마땅한 분노를 달래기 위해서 그의 죽음에 대한 애도의 표시로 거짓 눈물을 흘렸다.

이 이론은 봄이나 여름에 치르는 제례 시기와 잘 들어맞는다. 왜냐하면 아도니스를 숭배하는 지역에서는 보리와 밀이 수확되는 시기가 가을이 아니라 봄과 여름이기 때문이다. 또 이 가설은 햇곡식을 추수할 때 이시스 신의 이름을 부르면서 슬퍼하는 이집트 농부들의 관습에서도 확인된다. 그리고 여러 수렵 부족들이 잡아먹는 동물들을 숭배하는 관습도 라그랑주 신부의 해석을 뒷받침한다.

그렇게 해석하면 아도니스의 죽음은 여름의 더위나 겨울의 추위에 따른 식물의 일반적인 자연적 쇠퇴가 아니다. 그것은 밭에서 곡식을 베고, 탈곡장에서 그것을 낱낱이 털고, 돌절구로 가루를 내는 인간에 의한 포악한 파괴이다. 사실상 이것이 후대에 이르러 레반트(Levant) 지역 농민들에게 아도니스가 자신을 드러내는 주요한 모습이었다. 그러나 처음부터 그가 곡물이었다는 것은 분명치 않다.

아주 초기에 그는 목동들에게 무엇보다도 비가 내린 뒤에 자라는 연한 목초였으며, 창백하고 굶주린 가축들에게는 풍부한 목초지를 주는 자였을 것이다. 더 거슬러 올라가면 가을의 숲이 미개한 수렵인과 그의 아내에게 주는 열매의 정령이었을 것이다. 농민이 그가 먹는 곡물의 정령을 구슬려야 하는 것과 똑같이 목동들은 그의 가축이 먹는 풀이나 나뭇잎의 정령을 달래야 했으며, 수렵인들은 파낸 뿌리의 정령과 나뭇가지에서 그가 채집하는 과일의 정령을 달래야 했다.

우연이든 필연이든 그 정령들이 인간에 의해 강탈당하거나 살해당했을 때는 노한 정령을 구슬리기 위하여 그 죽음에 대해서 소리 높이 애도를 표시하면서 으레 그럴듯한 변명을 했을 것이다. 다만 우리가 유념할 것은 그 초기의 미개한 수렵인들과 목동들은 아마도 일반적인 식물이란 추상적인 개념을 가지지 못했으리라는 것이다. 따라서 예를 들어 그 원시인을 위해서 아도니스가 존재하고 있다고 할 때, 아도니스는 식물 전체의 화신이라기보다는 개개의 초목의 '주님(Adon)'이었을 것이다. 그러므로 나무들과 관목 수만큼 아도니스가 있었을 터이며, 그 각각에 그의 몸이나 소유물에 가해진 파괴에 대한 배상을 해야 한다고 여겼을 것이다. 그리고 그 나무들이 낙엽을 떨어뜨릴 때 모든 아도니스들은 가을이 되어 단풍이 들면 피를 흘리며 죽는다. 그리고 봄이 되어 잎이 푸릇푸릇 나오면 다시 살아난다고 믿었다.

초기에 아도니스는 때때로 신으로 분장했으며, 그런 아도니스가 폭력적으로 살해당했다고 했을지도 모른다. 이 추측에는 근거가 있다. 또 지중해 동부의 농경민들에게 어떤 이름으로 그가 알려졌든 간에 곡물 정령이 해마다 추수밭에서 살해된 인간 제물로 표현된 것을 보여주는 증거가 있다. 그러나 곡물 정령의 이름은 민족마다 다르다. 그렇다면 곡물 정령을 달래는 것은 죽은 사람을 숭배하는 것과 어느 정도 뒤섞인 경향이 있었을 것이다. 왜냐하면 희생당한 인신 제물들은 그들이 흘린 피로 가졌던 싹으로 피어 소생하고, 그 곡물의 수확기에 두 번째 죽임을 당한다고 생각되었기 때문이다. 폭력에 의해서 살해된 자의 영혼은 기회만 있으면 언제나 그 가해자에게 복수하려 한다.

그러므로 살해된 희생 제물의 영혼을 위로하려는 노력은, 적어도 일반적인 관점에서는 살해된 곡물 정령을 달래려는 기도와 자연히 뒤섞였을 것이다. 수확 때 베어 죽은 식물이 싹이 튼 곡물로 소생하는 것과 같이, 희생 제물의 영혼도 부드러운 봄바람에 긴 잠을 깨고 봄꽃으로 되돌아오는 것으로 생각했으리라. 그들은 쉬기 위해서 땅 속에 누웠던 것이다. 오랑캐꽃과 히아신스와 장미와 아네모네 등이 그 땅을 뚫고 그들의 피로 붉게 또는 주홍색으로 물들이고, 그들 정령의 일부를 포함했다고 상상하는 것보다 더 자연스러운 것이 있을까?

이따금 생각하게 되네.
카이사르가 피흘린 땅에서 피어난 장미만큼
그렇게 붉은 것은 다시 없으리라고.
들판에 가득 핀 히아신스는
지난날 아름다운 대지의 머리카락에서 흘러내려
그 들판의 무릎 위에 피어난다네.

이렇게 되살아나는 목초들의 부드러운 새싹이

강가에 파릇파릇 돋아나면은,

우린 그 위에 살짝 눕노라.

아, 그 위에 누워 있으면 누가 알리오.

보이지 않는 사이에

강의 사랑스러운 입술에서 푸른 새싹이 돋아난다네.

17세기 유럽에서 가장 피비린내나는 싸움으로 알려진 란덴(Landen) 전투가 끝난 뒤 여름에, 2만 명의 전사자들이 피로 적신 대지에 무수한 양귀비꽃이 피었다. 그 넓은 진홍빛 들을 지나가는 여행자가 대지가 실제로 죽은 자들을 소생시켰다고 상상한 것도 마땅했다. 아테네에서는 죽은 자를 추모하는 대규모의 기념제가 꽃이 활짝 피는 3월 중순경의 이른 봄에 있었다. 그때 죽은 자들은 그 무덤을 뚫고 나와 거리를 걸어다니고, 로프나 갈매나무나 송진으로 이 미친 정령들의 침입을 막는 신전이나 민가에 들어가려고 헛된 노력을 기울인다는 것이다. 가장 명백하고 자연스러운 해석에 따르면 이 축제의 명칭은 '꽃의 제례'를 뜻한다고 한다. 만일 그 가련한 망령들이 꽃이 피는 그때 좁은 집을 탈출하여 꽃이 피는 들로 기어나온다고 실제로 믿었다면, 이 명칭은 그 의식의 본질과 썩 잘 들어맞는다.

르낭(E. Renan)은 아도니스에 대한 숭배는 환상적이고 관능적인 죽음의 의례를 포함한다고 보았으며, 이때 죽음은 '공포의 왕'이 아니라 산 제물을 유혹하여 영원한 수면으로 끌어들이는 교활한 주술사라고 생각했다. 따라서 이러한 그의 이론에는 어느 정도 진리가 포함되어 있다고 할 수 있겠다. 르낭은 레바논의 자연이 지닌 한없는 매력은 막연히 고통과 즐거움, 그리고 수면(睡眠)과 눈물 사이를 어렴풋이 헤매는 이 감각적이고 공상적인 종교적 감정을 일으키기에 알맞다고 생각했다. 그러나 시리아 농민들이 이 일반적인 죽음의 관념과 같은 매우 추상적인 개념을 숭배했다는 것은 틀림없는 오해이다. 그럼에도 그들의 순진한 마음 속에서 식물 정령의 소생에 대한 생각과 봄에 일찍 피는 꽃, 곡식의 어린 싹, 여러 색깔의 꽃들과 함께 되살아난다고 여긴 죽은 자들의 영혼에 대한 매우 구체적인 관념이 뒤섞여 있었음은 사실일 것이다.

이렇게 자연의 죽음과 부활에 대한 그들의 견해는 자신들이 가진 인간의 죽음과 부활에 대한 관점, 또 인간적인 슬픔과 희망과 공포로 윤색되었다. 이와 마찬가지로, 르낭의 아도니스에 대한 이론 또한 갈망의 추억들, 즉 레바논 산비탈에서 그의 눈을 감겨 주었던 죽음에 가까운 수면과 아도니스 나라에서 잠든 채 아네모네와 장미가 피어도 다시 깨어나지 않는 누이동생에 대한 기억에 의해서 깊이 영향을 받았다는 것은 의심할 여지가 없다.

제33장
아도니스의 정원

아도니스가 식물의 신이었으며 그중에서도 특히 곡물을 관장하던 신이었음은 '아도니스의 정원(Gardens of Adonis)'이 가장 잘 밝혀 줄 수 있을 것이다. '아도니스의 정원'이란 흙으로 채워진 바구니나 항아리를 말하는데, 때때로 남자들을 빼놓고 주로 여자들이 그 바구니에 밀과 보리, 상추와 회양풀, 또 그 밖의 여러 꽃을 파종하고 8일 동안 재배한다. 이때 이 식물들은 빛을 받아 빨리 자라지만 뿌리가 없기 때문에 빨리 시들게 된다. 그러면 여자들은 8일 뒤에 이것들을 죽은 아도니스의 신상과 함께 바다나 연못으로 던지는 것이다.

이 '아도니스의 정원'은 자연스럽게 아도니스의 상징물 또는 그 힘의 표현으로 해석된다. 이 상징물은 식물의 형태로서 아도니스의 고유한 본질을 충실하게 표현한다. 한편 물 속에 던져지는 아도니스의 신상은 그러한 본질을 인간의 모습으로 형상화한 것이다. 만일 내 생각이 옳다면, 모든 아도니스의 의식은 본디 식물의 생장이나 부활을 촉진하기 위한 주술로 치러진 것이다. 그리고 그 의식은 동종주술이나 모방주술 원리에 따라 효과가 있을 것으로 여겨졌다. 무지한 사람들은 그들이 희망하는 결과를 본떠 실제로 바라는 현상이 일어날 수 있다고 믿었다. 예를 들면 물을 뿌려 비를 부르고, 불을 질러 해가 빛나도록 할 수 있다는 생각이었다. 마찬가지로 그들은 농작물의 생육을 모방하는 것으로 풍작을 확신했다. '아도니스의 정원'에 밀과 보리를 심어 빠르게 성장시키는 것은 곡물을 빨리 자라게 하려는 데에 그 목적이 있었다. 또한 '아도니스의 정원'과 아도니스 신상을 물 속에 던지는 것은 알맞은 양의 비를 때맞춰 내려주기를 바라는 주술이었다.

앞에 설명한 근대 유럽에서의 '죽음'과 '사육제'의 인형을 물에 던지는 목적과 같다. 식물을 의인화해 나뭇잎을 입은 사람을 물에 적시는 관습도 분명히 비를 부를 목적으로 이제까지도 유럽에서 행한다. 이와 마찬가지로 추수 때 마지

음악과 종교
음악과 춤은 인간이 신에게 다가가기 위한 보조수단으로 쓰였다. 인도의 라지푸트족 이슬람 승려들이 미친듯 춤추고 있다. 파하리, 1740, 카운티 박물관, 로스앤젤레스

막에 벤 곡식이나 그것을 자기 집에 갖고 돌아온 사람에게 물을 끼얹는 관습 (이것은 독일과 프랑스에서 행해졌으며 최근까지도 영국과 스코틀랜드에서도 행해졌다)은 다음 해의 농작물에 필요한 비를 구하려는 뚜렷한 의도로 아직도 거행되고 있다.

예를 들면 왈라키아(Wallachia)와 트란실바니아의 루마니아인들 사이에서는 추수시에 마지막으로 벤 옥수수 이삭으로 만든 관을 소녀가 쓰고 돌아올 때에 그 여자를 만난 사람들은 서둘러서 소녀에게 물을 끼얹는다. 그리고 그렇게 하기 위해 하인 둘을 문간에 배치해 둔다. 이렇게 하지 않으면 이듬해의 농작물은 가뭄 때문에 흉년이 든다는 것이다. 프로이센에서는 봄에 밭 가는 자와 씨를 뿌리는 자가 일을 마치고 돌아오면 가족들이 그들에게 물을 끼얹는다. 그들은 반대로 가족들이 연못 속에 던져졌다. 농부의 아내만은 돈을 내고 그것을 피할 수 있었으나, 그 밖의 사람들은 물 속에 던져졌다. 그들은 이렇게 하면 파종한 씨앗의 생장에 필요한 알맞은 비가 내릴 것으로 기대했다.

'아도니스의 정원'은 본래 식물의 성장, 특히 농작물의 생육을 촉진하기 위한 주술이라는 견해, 그리고 앞에서 언급한 근대 유럽의 봄과 하지 때의 축제와

같은 종류의 관습이라는 견해가 있다. 이런 견해를 입증할 만한 사례는 많다. 다행히 우리는 '아도니스의 정원'을(일반적인 의미에서 그 표현을 쓸 수 있다면) 아직도 파종기에 어떤 원시부족들에 의해, 그리고 유럽 농민들도 한여름에 옮겨 심는다는 사실을 지적할 수 있다.

벵골의 오라온(Oraon)족과 문다(Munda)족은 묘판에서 자란 볍씨를 옮겨 심을 때가 되면, 젊은 남녀들이 떼지어 숲 속으로 들어가 어린 카르마(Karma)나무나 그 나뭇가지를 베거나 꺾는다. 그리고 춤을 추고 노래를 부르고 북을 치면서, 마치 개선장군처럼 돌아와 마을의 광장의 중앙에 그 나무를 세운 다음 제물을 바친다. 그 다음날 아침에 젊은 남녀들은 손을 마주잡고 그 카르마나무를 중심으로 원을 그리면서 춤을 춘다. 이 카르마나무는 여러 색깔의 헝겊과 염색한 짚으로 만든 팔찌와 목걸이와 같은 것으로 장식된다. 이 제례를 준비하기 위해 장로의 딸들은 보리를 독특한 방법으로 기른다. 씨앗을 심황을 섞은 축축한 모래땅에 뿌리면 연노랑이나 앵초색 새싹이 돋는데, 제례날 중의 어느 날에 소녀들은 그 보리싹을 바구니에 담아 광장으로 가지고 간다. 거기서 그녀들은 제단 앞에 공손하게 절한 다음 카르마나무에 보리싹을 바친다. 그런 다음 카르마나무는 강물이나 연못에 던져진다.

이처럼 보리싹을 가꾼 다음 카르마나무에 바치는 의미는 의심할 여지가 없다. 문다족은 숲의 신이 농작물의 생장에 관여한다고 생각했다. 그래서 그들은 모내기 때가 되면 어떤 나무를 베어 와서 그 나무에 제물을 바치고 매우 경건하게 다루었는데, 그 목적은 곧 심으려는 벼의 성장을 촉진하는 데 있다. 보리를 빨리 싹트게 하여 그것을 나무에 바치는 관습은 앞에서 말한 것과 같은 목적임에 틀림없다. 다시 말해 나무 정령에게 농작물에 대한 그의 의무를 상기시키고 이 보리가 빠르게 자라는 모습을 보여주어 나무 정령의 활동을 촉구하는 데 목적이 있다. 또 카르마나무를 물에 던지는 것은 하나의 비를 기원하는 주술로 해석된다. 보리싹을 함께 물에 던지는지에 대해서는 알려진 것이 없다. 그러나 그 관습에 대한 나의 해석이 옳다면, 아마 보리싹도 함께 물에 던졌을 것이다.

그런데 이 벵골의 관습과 그리스에서의 아도니스 의식에는 다음과 같은 차이가 있다. 벵골의 관습은 나무 정령이 나무의 본래 모습으로 나타나는 데 반하여 아도니스에 대한 숭배에서는 그렇지 않다. 그리스의 경우 나무 정령의 식물적인 성질이 '아도니스의 정원'으로 표시되기는 하지만 나무 정령은 죽은 사람으로 표현된 인간의 형태로 나타난다. 즉 '아도니스의 정원'은 나무 정령이 지닌 본래적 힘이 부차적으로 표현된 것이다.

힌두족도 '아도니스의 정원'을 경작했다. 그 의도도 토지와 인간의 풍요와 다산을 확보하기 위한 것이었다. 예를 들면, 라즈푸타나(Rajputana)의 오디푸르(Oodeypoor)지방에서는 풍요의 여신인 고우리(Gouri) 또는 이사니(Isani)를 위해서 제례를 거행한다. 이 의식은 태양이 힌두력년의 시작인 람(Ram)궁에 들어갈 때 시작된다. 이때 흙으로 빚은 고우리 여신상과 더 작은 그 여신의 남편 이스와라(Iswara) 신상이 나란히 제단 앞에 놓인다. 그런 다음 작은 이랑을 파고 보리 씨앗을 뿌린다. 그리고 그 싹이 돋을 때까지 물을 주고 온도를 높인다. 싹이 나오면 부인들은 손에 손을 잡고 그 주위를 춤추면서 그들의 남편들을 위해 고우리의 축복을 내려달라고 빈다. 그리고 부인들은 그 보리싹을 뽑아, 남편들에게 나누어 준다. 그러면 남자들은 그것을 두건 속에 지닌다. 이 의식에서 보리싹을 남자들에 분배하는 것과 아내들이 그들의 남편들을 위해 고우리의 축복이 내리기를 비는 것은, 임신하기 위해 그 의식을 치르는 것임을 명시해 준다.

마드라스 주에서 브라만들이 결혼할 때 '아도니스의 정원'을 사용한 것도 아마 이와 같은 동기에서였을 것이다. 다섯에서 아홉 종류의 씨앗을 섞어서 그것을 위해 만든 토기에 파종한다. 신부와 신랑은 나흘 동안 아침 저녁으로 그것에 물을 준다. 그리고 닷새째 되는 날에 그 파종한 토기를 연못이나 강물에 던진다.

사르데냐(Sardinia)에서는 아직도 '아도니스의 정원'을 '성 요한'이란 이름을 딴 한여름의 하지절 축제와 관련하여 재배한다. 3월 말이나 4월 초에 그 마을의 한 젊은 남자가 한 소녀에게 가서, 그녀의 '콩파레(compare : 남자친구 또는 애인)'가 되어 줄 테니 '코마레(comare : 여자친구 또는 애인)'가 되어 달라고 청한다. 소녀의 가족들은 이 청을 명예로 생각하고 기꺼이 받아들인다. 5월 말에 이 소녀는 코르크나무 껍질로 항아리를 만들어, 그 속에 흙을 넣고 한 줌의 밀과 보리를 파종한다. 이 항아리를 햇빛이 쬐는 길에 두고 가끔 물을 준다. 그러면 하지절 전날 저녁(성 요한제 전야, 즉 6월 23일)까지는 새싹이 튼다.

이 항아리는 '에르메(Erme)' 또는 '넨네리(Nenneri)'라 부른다. 성 요한제 당일이 되면, 젊은 남녀들은 예복을 갖추고 껑충껑충 뛰는 아이들을 앞세우며 많은 시종들과 함께 마을 외곽에 자리잡은 교회까지 줄지어 간다. 거기에서 그들은 그 항아리를 교회 출입문을 향해 던져 깨뜨린다. 그리고 풀 위에 둥글게 앉아서 피리 연주를 들으며 달걀과 약초를 먹는다. 그들은 잔에 부은 포도주를 한 모금씩 마시면서 돌린다. 다음에 손을 맞잡고 '성 요한의 연인들'을 되풀이하여 노래하는데, 그동안 피리 연주는 이어진다. 노래 부르기에 싫증이 나면 일어서서 원을 그리고 저녁때까지 즐겁게 춤을 춘다. 이것이 사르데냐의 일반적인 관습이다.

그것은 오지에리(Ozieri)에서 거행되는 관습과 같이 어떤 특징을 갖고 있다. 5월에 코르크나무 껍질로 항아리를 만들어서 거기에 곡식을 뿌리는 것은 이미 설명한 바와 같다. 그리고 성 요한제 전날 저녁에 창문을 화려한 천으로 덮고. 그 앞에 여러 색깔의 리본과 진홍색과 푸른 색깔의 비단으로 꾸민 항아리를 놓는다. 전에는 각 항아리 위에 여자 옷을 입힌 작은 헝겊 인형 또는 반죽으로 만든 프리아푸스(Priapus)를 닮은 인형을 놓았다. 그러나 이 관습은 교회가 엄격히 금지해 폐지되었다. 마을의 젊은이들은 그 항아리와 장식을 보기 위해서 떼지어 가는데, 사실은 제례를 치르려고 광장에 모이는 소녀들을 기다리기 위한 것이다. 이제 큰 햇불이 오르고, 그들은 이 주위를 돌면서 춤을 추며 즐긴다.

'성 요한제의 연인'이 되고 싶은 사람들은 이렇게 행동해야 한다. 젊은 남자가 햇불의 한 쪽에 서면 처녀는 다른 쪽에 선다. 그들은 장대의 끝을 맞잡은 다음 이 장대를 불 속에 넣는다. 그리고 손을 세 번 재빨리 불 속에 넣는다. 이 행위가 그들의 관계를 확고하게 다져준다. 춤과 음악이 밤중까지 계속된다. 이 사르데냐의 곡식 항아리와 '아도니스의 정원'은 완벽하게 들어맞는다. 또한 오지에리 지방에서 이전에 내걸었던 여자 옷을 입힌 인형은 아도니스의 정원에 놓인 아도니스 신상에 속하는 것이다.

이와 같은 관습이 시칠리아에서도 같은 계절에 거행된다. 소년과 소녀들은 짝을 지어 성 요한제에 그들의 머리카락을 하나씩 뽑고 여러 의식을 치르면서 성 요한의 친구가 된다. 그들은 그 머리칼을 함께 묶어서 공중에 던지거나 그릇에 얹어서 교환한다. 그리고 나중에 그 그릇을 두 개로 깨어서 소중하게 보관한다. 이렇게 맺어진 인연은 평생 지속되는 것으로 여긴다. 시칠리아의 몇몇

안티오크 교회
안티오크(성서에서는 안디옥)에서는 아도니스의 죽음을 기리는 의식을 해마다 엄숙하게 거행했다.

지방에서는 성 요한의 친구들은 서로 축제일 40일 전에 파종한 보리와 렌즈
콩, 그리고 카나리아 풀이 담긴 접시를 선사한다. 접시를 받은 사람은 그 어린
줄기 하나를 뽑아서 리본을 단다. 그들은 이것을 최고의 보물로 간직하고 나머
지 큰 접시는 되돌려 준다. 카타니아에서는 성 요한의 친구들이 박하풀이 심어
진 항아리와 오이를 서로 교환한다. 소녀들은 박하풀을 가꾸고, 그것이 잘 자
랄수록 칭찬을 받는다.

　사르데냐와 시칠리아의 하지의 관습에서 우리는 분쉬(R. Wünsch)가 생각한
것과 같이 성 요한이 아도니스로 대체된 것임을 짐작할 수 있다. 탐무즈나 아
도니스의 의식이 보통 하지 무렵에 거행되는 것을 우리는 앞에서 보았다. 또
제롬(Jerome)에 따르면 그 시기는 6월이었다고 한다.

　시칠리아에서는 오늘날에도 '아도니스의 정원'에 여름과 함께 봄에 씨앗을
뿌린다. 우리는 시리아에서처럼 시칠리아에서도 오랫동안 죽어 있다 살아나
는 신의 봄 축제를 거행했다고 생각할 수 있다. 부활절이 가까워지면 시칠리아
의 여인들은 접시에 밀과 렌즈 콩, 그리고 카나리아 풀을 파종하고, 그것을 어

두운 곳에 두고 하루 걸러 물을 준다. 그러면 식물은 곧 돋아난다. 사람들은 줄기를 빨간 끈으로 매고 '수난의 금요일'에, 죽은 그리스도 상이 있는 가톨릭 교회나 그리스 정교회에 있는 무덤 위에 놓는다. 이것은 마치 '아도니스의 정원'이 죽은 아도니스의 무덤에 안치되는 것과 같다. 이 관습은 시칠리아에만 한정되어 있지는 않다. 칼라브리아(Calabria)의 코센차(Cosenza)와 그 밖의 여러 곳에서도 거행되기 때문이다. 싹트는 곡식의 접시와 무덤 등의 요소를 포함하는 관습들은 비록 명칭이 다르기는 하지만 아도니스에 대한 숭배의 연장선 위에 있다고 말할 수 있다.

이 시칠리아와 칼라브리아의 관습만을 아도니스 의식을 닮은 부활절 의식이라고 볼 수는 없다.

"수난의 금요일에는 종일 죽은 그리스도의 양초 인형이 그리스 정교회의 중앙에 안치되어 있는 것이 보인다. 몰려오는 군중들은 경건하게 입을 맞춘다. 그때 교회당에는 감상적이고 단조로운 장송가가 울려 퍼진다. 저녁이 되어 어두워지면, 그 양초 인형은 레몬과 장미, 그리고 재스민과 그 밖의 꽃으로 꾸며진 관에 실려 사제들에 의해서 거리로 운반된다. 여기서 느리고 엄숙한 발걸음으로 온 마을을 돌아다니는 군중들의 행렬이 시작된다. 저마다 작은 촛불을 들고 통곡한다. 행렬이 지나가는 길가의 집들 앞에는 향로를 든 부인들이 앉아서 향을 피운다. 이렇게 이 마을은 그리스도가 방금 죽은 것처럼 엄숙하게 장례를 치른다. 다시 그 양초 인형은 교회 안에 안치되고, 먼저와 같은 애도의 노래가 들린다.

이 슬픔의 표시는 철저한 금식으로 표현되는데, 이것은 토요일의 한밤중까지 계속된다. 드디어 시계가 열두 시를 울리면, 주교가 나타나서 '그리스도는 부활하셨다'는 복음을 고한다. 이에 군중은 '참으로 그리스도는 부활하셨다'고 답한다. 이어 전 시가는 환희에 젖어서 함성을 지르고 축포나 폭죽을 끊임없이 쏘아대고 온갖 불꽃을 터뜨린다. 같은 시각에 사람들은 금식에서 벗어나 부활절의 어린 양과 순수한 포도주의 향연을 벌인다."

이와 같이 가톨릭 교회는 신도들 앞에서 구세주의 죽음과 부활을 눈으로 볼 수 있게 나타내곤 했다. 이와 같은 신성한 연극은 감수성이 예민한 남부 유럽 사람들의 생생한 상상력을 자극하고, 또 격렬한 감정을 환기하는 데에 알맞았다. 이 가톨릭의 화려한 행렬은 냉정한 기질의 튜튼족보다는 격정적인 이 남부 유럽 사람들에게 어울렸다.

교회는 이교도의 낡은 줄기에 새로운 신앙의 종자를 접붙이기 위해서 참으로 교묘한 방법을 고안해 냈다. 우리는 죽어서 다시 살아나는 그리스도의 부활절 의식이 같은 계절에 시리아에서 똑같이 죽었다가 다시 살아나는 아도니스 의식에 접목되었음을 추측할 수 있다. 그런데 이 아도니스 의식은 이미 우리가 살펴본 바와 같이 믿을 만한 근거가 있다. 그리스 저술가들이 창작한, 죽어 가는 연인을 팔에 안고 슬퍼하는 여신의 형상은 그리스도교 예술의 '피에타(Pieta)', 즉 그리스도의 시체를 무릎에 안고 있는 성모 마리아 상과 흡사하고, 또 그 모델이었을 것으로 생각된다.

이 성모 마리아 상 중에서 가장 유명한 것이 성 베드로 성당 안에 있는 미켈란젤로의 〈피에타〉이다. 어머니의 깊은 슬픔과 아들의 죽음에서 전해지는 음산함이 놀라울 만큼 대조를 이루는 그 고귀한 조각은, 대리석으로 나타낸 가장 뛰어난 작품 가운데 하나이다. 고대 그리스의 예술은 그와 같이 아름다운 작품을 그다지 남기지 못했으며, 또 그처럼 애절한 작품은 그다지 없다.

이와 관련해서 제롬의 유명한 서술은 상당한 의미가 있다. 그의 말에 따르면, 주님의 전설적인 출생지인 베들레헴은 예수보다 훨씬 오래 전에 시리아의 주님 아도니스의 숲으로 우거졌던 곳이며, 아기 예수가 첫 울음을 터뜨렸다는 곳은 바로 비너스(Venus)의 애인 아도니스를 애도하던 곳이었다고 한다. 제롬은 그렇게 명백하게 언급하지는 않았지만, 아도니스의 숲은 그리스도의 출생 뒤에 베들레헴 성지를 모독할 목적으로 이교도들이 날조한 것이라고 생각한 듯이 보인다.

이 점에 대해 제롬은 오류를 범했다. 이미 설명한 바와 같이 만일 아도니스가 곡물 정령이었다면, 그가 거처한 곳의 명칭으로 베들레헴, 즉 '빵의 집'보다 더 적절한 것은 없을 것이다. 그리고 아도니스는 그 '빵의 집', 즉 베들레헴에서 "나는 생명의 빵이니라" 말한 그리스도의 출생보다 훨씬 전부터 숭배받고 있었던 것이다.

베들레헴에 아도니스가 그리스도보다 먼저 왔다기보다 오히려 뒤에 왔다는 가설을 따르더라도, 이 둘의 죽음과 부활을 기념한 의식에서 보이는 유사성을 고려하면, 주님에 대한 그리스도교 신자들의 충성을 전환시키기 위해 아도니스의 비애에 찬 모습을 선택한 것은 매우 알맞은 것이었다고 하지 않을 수 없다. 이 예수라는 새로운 신을 가장 최초로 숭배했던 오래된 도시 중의 하나가 안티오크인데, 이미 살펴본 바와 같이 안티오크에서는 이 옛 신 아도니스의 죽음을 기리는 의식을 해마다 매우 엄숙하게 치르고 있었다.

그 도시에서 아도니스 축제가 거행되던 시기에 그곳으로의 율리아누스 황제 입성이 이루어졌는데 그때의 상황은 축제의 시기가 언제인지 알아 내는데 어느 정도 도움이 될지도 모른다. 그 황제는 도시에 접근하면서 마치 자신이 신이라도 되는 것처럼 기도하는 사람들을 만나고 동쪽 하늘의 '구원의 별'이 자기들 머리 위에 떴다고 외치는 군중의 소리를 듣고 놀랐다. 이것은 틀림없이 순종적인 동양 군중들의 로마 황제에게 바친 지나친 찬사에 지나지 않았을 것이다. 그러나 빛나는 별의 출현이 규칙적으로 아도니스 제례의 신호가 되었을 수도 있고, 공교롭게도 황제가 도착한 바로 그때 그 별이 동쪽 지평선 위로 나타났을 가능성도 있다.

만약 이러한 우연의 일치가 실제로 일어났다면, 미신을 잘 믿는 흥분한 군중의 상상력이 자극되지 않았을 리가 없다. 이렇게 그들은 로마 황제의 도착을 하늘의 징조로 믿고 그 위인을 신으로 환영했을 것이다. 아니, 어쩌면 황제가 군중들이 그 별에게 외친 환호성을 자기에 대한 환영으로 오해한 것인지도 모른다.

어쨌든, 바빌로니아 점성가들은 아도니스의 신성한 연인인 아스타르테를 금성 비너스와 똑같이 여겼으며, 그 별의 새벽에서 저녁까지의 교호적인 변화를 주의 깊게 관찰함으로써 그 출현과 소멸에서 어떤 징조를 찾고자 했다.

그러므로 우리는 아도니스의 축제가 새벽별이나 저녁별로서의 금성이 나타나는 시기에 따라 정기적으로 행해졌다고 추측할 수 있다. 그런데 축제 때에 안티오크 사람들이 환영한 별은 동쪽 하늘에 떠 있었다. 그러므로 그것이 금성이었다면, 그것은 새벽별(샛별)일 수밖에 없다. 아스타르테의 유명한 신전이 있는 시리아의 아파카에서는 유성의 섬광을 의식을 치르는 신호로 보았는데, 이것은 일정한 날 레바논 산 정상에서 아도니스 강 속으로 떨어지던 유성이었다. 사람들은 그 유성을 아스타르테라고 여겨서, 자연스럽게 밤하늘을 가르고 내려오는 유성을 애인의 품에 안기기 위해 달려오는 사랑의 여신이라고 생각했던 것이다.

안티오크나 그 밖의 지방에서도 제렛날에 샛별이 출현했다면, 사랑의 여신이 지하에서 죽어 누운 애인을 깨우기 위해 왔다면서 환호성이 터졌을 것이다. 이것이 사실이라면 동방박사들을, 제롬의 표현을 빌려 말하자면 아기 예수의 첫울음소리와 아도니스에 대한 애가가 울리던, 축복의 땅, 즉 베들레헴까지 이끈 것은 바로 이 샛별이었다고 추리할 수 있다.

제34장
아티스의 신화와 의식

서아시아의 신앙과 의식 속에서 죽었다가 부활한다고 깊게 확신하는 또 다른 신이 있는데, 그것은 바로 아티스(Attis)이다. 아티스는 프리지아의 아도니스와 같은 존재로, 그 또한 식물신이었던 것으로 보인다. 프리지아 사람들은 해마다 봄의 제례를 지내며 그의 죽음과 부활을 애도하고 기뻐했다. 이 두 신들의 전설과 의식은 매우 비슷하여 고대인들도 때때로 그 둘을 동일시할 정도였다. 아티스는 주로 프리지아에 머물러 살던 '신들의 어머니'인 키벨레(Cybele), 즉 아시아의 위대한 풍요의 여신에게 사랑받는 젊고 아름다운 목동이었다고 한다.

어떤 사람들은 아티스가 키벨레 여신의 아들이라고 생각하기도 했다. 그의 출생은 다른 많은 영웅들의 출생담과 같이 기적적이었다고 전해진다. 그의 어머니 나나(Nana)는 처녀의 몸으로 잘 익은 편도(扁挑 : 복숭아 비슷한 열매) 혹은 석류를 자기 가슴에 품어 그를 임신하게 되었다고 한다. 사실상 프리지아의 천지창조론에는 편도가 만물의 아버지로 나오는데, 이는 아마도 그 연약한 엷은 자색의 꽃이 잎도 나지 않은 앙상한 가지에 나타나서 가장 먼저 봄소식을 전하기 때문일 것이다. 이런 동정녀의 출산 이야기는, 사람들이 아직 남녀의 성교를 임신의 원인으로 파악하지 못했던 무지한 시대의 유물이다.

아티스의 죽음에 대해서는 통상 두 개의 다른 설명이 존재한다. 하나는 그가 아도니스처럼 멧돼지에 의해 죽었다는 것이고, 다른 하나는 어떤 소나무 밑에서 스스로 거세한 그가 출혈로 인해 그 자리에서 죽었다는 것이다. 후자는 키벨레 숭배의 중심지인 페시누스(Pessinus) 지역에서 전해지는 이야기라고 하는데, 이 이야기를 일부로 하는 전설 전체는 그것이 매우 오래 전에 이루어졌음을 짐작케 하는 고대의 조악성과 야만성을 특징으로 한다.

이 두 이야기는 모두 관습이 뒷받침해 주었으며, 숭배자들이 거행한 관습을 설명하기 위해 만들어졌을 것이다. 아티스가 스스로 상처를 냈다는 이야기는 분명히 아티스 사제들의 자해를 설명하려는 시도이다. 사제들은 여신의 제례를 거행할 때 규칙적으로 거세했다. 멧돼지에게 그가 죽었다는 이야기는 그의 숭배자, 특히 페시누스 사람들이 왜 돼지고기를 먹지 않았는가를 설명하기 위해서 만들어진 것으로 보인다. 이와 똑같이 아도니스 숭배자

아티스의 꽃
오랑캐꽃(제비꽃)은 아티스의 피에서 피었다고 전해진다.

들도 멧돼지가 그들의 신을 죽였기 때문에 돼지고기를 먹지 않는다. 전설에 따르면 아티스는 죽고 나서 소나무로 변신했다고 한다.

프리지아의 '신들의 어머니'에 대한 숭배는 한니발(Hannibal)과의 긴 전쟁의 말기인 기원전 204년에 로마인들에 의해 시작되었다. 쇠퇴하던 로마인들의 기세가 때마침 어떤 예언에 의해 되살아났다. 이 예언은 편의대로 말도 안되는 이야기들을 긁어모은 옛 로마 「시빌의 예언서 *The Sibylline Books*」에 나오는 것으로, 위대한 동양의 여신을 로마에 맞아들이면 외국의 침입자들을 모두 쫓아낼 수 있으리라는 내용이었다.

이리하여 프리지아에 소재한 그 여신의 성스러운 도시인 페시누스로 사신들이 보내졌다. 사자들은 위대한 신을 표현한 조그만 검은 돌을 로마로 가져왔는데, 이곳에서 그것은 대단히 숭배되었고, 팔라티누스 언덕 위에 있는 '승리'의 신전에 안치되었다. 그 여신이 도착한 것은 4월 중순이었는데, 여신은 바로 활동을 시작했다. 그해의 수확은 여태까지 보지 못했을 정도로 풍작이었으며, 다음 해에 한니발과 그 맹장들은 아프리카로 퇴각했다. 한니발은 멀리 희미하게 사라지는 이탈리아의 해안선을 바라보면서, 대군을 물리친 유럽이 동양 신들에게 무릎꿇었던 것을 전혀 알지 못했을 것이다. 패배한 한니발 군대가 해안에서 떠나기 전에 정복자들의 선봉대는 이미 이탈리아의 중심부에 포진하고 있

었다.

우리는 '신들의 어머니' 키벨레 의례와 그녀의 젊은 애인이거나 또는 아들인 아티스에 대한 의례가 함께 로마로 들어갔으리라는 것을 짐작할 수 있다. 확실히 로마인들은 공화제가 끝나기 전에 갈리(Galli), 즉 아티스의 거세된 사제들을 잘 알았다. 동양의 옷을 입고 작은 인형을 가슴에 안은 이 중성적 존재는 로마 거리에서 어렵지 않게 볼 수 있었다. 이 중성적 존재들이 행렬을 지어 여신상을 운반하면서 심벌즈와 탬버린, 그리고 플루트와 피리의 반주에 맞추어 찬가를 부르면서 거리를 지난다. 이 때 군중들은 환상적인 이 행렬에 감동되고 격렬한 노래에 들떠서 그 중성적 존재들에게 돈을 듬뿍 주고, 장미꽃으로 신상과 숭배자들을 덮어 주었다.

클라우디우스 황제는 더 적극적인 조처를 취했다. 그는 로마의 기성 종교에, 프리지아의 신성한 나무에 대한 숭배와 떠들며 흥청거리는 아티스 의식을 합쳤다. 키벨레와 아티스에 대한 봄의 대제례는 로마에서 치러진 형식이 가장 많이 알려져 있다. 그러니까 로마의 의식이 곧 프리지아의 의식이라고 알려진 것처럼, 그것은 아시아적 원형과 그다지 다를 것이 없다고 말할 수 있다. 이 제례의 순서는 다음과 같지 않았나 생각한다.

3월 22일, 숲에서 소나무를 베어 키벨레 성소를 운반한 뒤 그것을 위대한 신으로 모신다. 이 성스러운 나무를 옮기는 의무는 수목 운송조합에 맡겼다. 나무줄기는 시체처럼 양털로 만든 끈으로 감기고 오랑캐꽃(제비꽃)으로 만든 화환으로 장식되었는데, 오랑캐꽃이 사용되는 것은 장미와 아네모네가 아도니스의 피에서 피어났듯이, 오랑캐꽃이 아티스의 피에서 피었다고 전해지기 때문이다. 또 젊은이 모습의 인형, 즉 의심할 바 없이 아티스 인형이 나무줄기의 중간에 묶인다. 제례의 둘째 날, 즉 3월 23일의 주된 의식은 나팔을 부는 일이었다. 셋째 날, 즉 3월 24일은 '피의 날'로 알려진다.

아르키갈루스(Archigallus), 즉 대사제가 자신의 팔에서 피를 뽑아서 제물로 바친다. 그만 피를 바치는 것이 아니다. 그 밑의 사제들도 마찬가지이다. 하급 사제들은 심벌즈를 부딪치는 소리, 두드리는 북소리, 째지는 듯한 피리 소리의 거친 음악에 흥분되어서, 머리칼을 휘날리면서 춤을 추다가 드디어 광란 상태에 빠졌을 때 깨진 토기그릇 조각칼로 자기 몸을 마구 찔러 흐르는 피를 신상과 신성한 나무에 붓는다.

이 무시무시한 의식은 아마 아티스에 대한 애도의 표시이며, 그에게 힘을 주어 부활케 하려는 것이었으리라. 오스트레일리아 원주민들도 죽은 친구들을 다시 살리기 위해서 친구의 무덤 위에서 자신의 몸을 베었다. 명백한 기록은 없지만, 이와 같은 '피의 날'에 아티스를 부활시키려는 목적으로 젊은이들이 자신의 생식기를 잘라 제물로 바쳤을 것이라 추리할 수 있다. 그들은 종교적 흥분이 최고조에 달하자 그들의 몸에서 자른 부분을 그 잔인한 여신상에 던졌다. 이 절단된 생식기는 나중에 소중하게 싸서 흙 속이나 키벨레에 바친 지하실에 보관되었다. 이것은 피의 제물과 같이 아티스를 소생시키고, 또 봄의 햇빛을 받아서 잎과 꽃이 피어나는 자연의 일반적 부활을 촉진하는 것으로 생각했다. 이 가설은 다음과 같은 이야기에서 어느 정도 확인된다. 아티스의 분신이라고 할 수 있는 아그데스티스(Agdestis)로 불리는 인간 괴물의 절단된 생식기에서 석류가 생겨났다고 한다. 그래서 아티스의 어머니가 석류를 자신의 가슴에 갖다 대자 아티스를 임신했다는 것이다.

이 관습에 대한 이러한 가설적인 해석에 어느 정도라도 진리가 있다면, 우리는 거세된 사제들이 왜 아시아의 다른 풍요의 여신을 모셨는지 그 이유를 쉽게 알 수 있게 된다. 이 여신들은 신의 애인 역할을 맡은 남성 사제들에게 그들의 자애로운 기능을 수행하는 수단인 생식기를 요구했다.

여신들은 생명을 부여하는 에너지를 세상에 내보내기 전에 스스로 그것으로 수태해야 했다. 이렇게 거세된 사제들이 섬긴 여신은 에페소스의 위대한 아르테미스 여신과 히에라폴리스의 위대한 시리아 신 아스타르테였다. 이들의 성소에는 순례자들이 늘 빽빽하게 모여들었으며 아시리아와 바빌로니아, 그리고 아라비아와 페니키아 등지에서 보내진 제물이 가득 쌓였는데, 그 전성기 때에는 동방에서 가장 유명했다. 이 시리아 여신의 거세된 사제는 키벨레 여신의 사제와 매우 흡사해 그 둘을 같은 인물로 생각할 정도였다. 또 그들이 종교 생활에 바친 양식도 비슷했다.

히에라폴리스에서 1년 중 가장 큰 제례는 봄에 열리는데, 그때 사람들은 시리아와 근방 지역에서 그 성소로 모여들었다. 피리 소리와 북소리가 울리고, 거세된 사제들이 칼로 자기 몸을 마구 찌르는 동안에 종교적 흥분은 차츰 파도와 같이 군중들 사이로 전달되었다. 그리하여 단순히 구경만 하러 온 사람들도 꿈에도 생각하지 못할 행동을 하게 된다. 그들은 차례로 음악에 흥분하고 철철 흐르는 유혈에 눈이 뒤집혀 옷을 벗어던지고 소리를 지르면서 앞으로 뛰어나갔다. 그리고 미리 준비된 칼로 그 자리에서 스스로 거세했다. 게다가 피묻은 생식기를 손에 들고 도시를 뛰어다니다가 드디어 광란 상태에 빠져 아무 집에나 집어던졌다.

그 명예를 받은 집의 가장은 그것을 여자의 옷과 장식물로 단장하여 주어야 했는데, 그는 그것을 일생동안 몸에 지녀야 했다. 이 고조된 감정이 진정되고 다시 제정신으로 돌아오면, 그들은 돌이킬 수 없는 비탄에 젖어 일생 동안 후회했을 것이다. 광신적 종교의 광란 뒤, 이 자연스런 인간 감정의 격변은 카툴루스(Catullus)의 유명한 시에 잘 묘사되어 있다.

이 시리아 광신자들의 사례는 이와 비슷한 키벨레의 숭배 의식에서도 생식기를 여신의 봄 의식 중의 '피의 날'에 제물로 바쳤다는 견해를 확인시켜 준다. 그때에는 여신의 상처 입은 애인이 흘리는 붉은 피에서 자라났다고 하는 오랑캐꽃이 소나무 사이에 만발했다. 사실 아티스가 소나무 아래서 스스로 거세했다는 전설은 분명히 사제들이 그 제례에서 성스러운 오랑캐꽃 화환이 달린 나무 옆에서 거세를 한 이유를 설명하기 위해서 만들어 낸 것이리라. 어쨌든 '피의 날'에 사람들이 아티스를 상징하는 인형에 애도를 표한 뒤에 이 인형을 땅에 묻었다는 사실은 의심의 여지가 없다. 이렇게 묘지에 파묻힌 인형은 아마도 앞에서 설명한 나무에 내걸린 인형과 같은 것일 것이다.

숭배자들은 애도 기간 동안 빵을 먹지 않았는데, 그 형식적인 이유는 키벨레가 아티스의 죽음을 슬퍼하여 빵을 먹지 않았다는 것이지만, 아마 사실은 하란의 부인들이 탐무즈에 대한 애도 기간 동안에 절구에 찧은 것은 전혀 먹지 않은 것과 같은 이유일 것이다. 이때 빵이나 밀가루 음식을 먹는 것은 탐무즈 신을 절구에 빻아서 가루를 내는, 신에 대한 방종한 모독으로 생각되었음이 틀림없다. 그렇지 않으면 이 단식은 아마 성찬용 식사에 대한 준비였는지도 모른다.

그러나 밤이 되자 숭배자들의 슬픔은 환희로 바뀌었다. 갑자기 어둠 속에 빛이 비추고 무덤이 열렸다. 신이 죽음에서 소생했다. 사제가 슬피 우는 애도자들의 입술에 향유를 바르면서 그 귀에 구원의 복음을 부드럽게 속삭인다. 숭배자들은 이 신의 부활로써 그들도 무덤 속에서 썩지 않고 승리를 거둘 수 있으리라는 확신을 갖게 됐다. 다음 날, 즉 춘분인 3월 25일에 사람들은 환희로 신의 부활을 축하한다. 로마나 그 밖의 지방에서도 이 축제는 난장판이 되었다. 이 축제는 '환희의 축제(Hilaria)'로 불렸다. 가는 곳마다 방종과 환각 투성이였다. 누구나 하고 싶은 말을 제멋대로 할 수 있고, 하고 싶은 것은 무엇이든지 할 수 있었다. 사람들은 변장을 하고 거리를 누볐다. 가장 비천한 계급의 시민들이 고귀한 사람을 함부로 대해도 처벌받지 않았다.

콤모두스 황제가 통치할 때는 반역자들이 친위병 제복을 입고 환락을 즐기는 군중 속에 섞여서 황제를 칼로 찔러 죽일 수 있는 거리까지 접근한 일이 있었다고 한다. 그러나 음모는 실패했다. 엄격한 세베루스 알렉산데르(Severus Alexander)조차도 이 즐거운 날에는 늘 검소하게 차리던 그의 식탁에 꿩을 올려놓을 만큼 기분을 냈다.

그 다음 날인 3월 26일은 휴일이다. 지난 며칠 동안의 흥분과 피로를 풀 필요가 있었을 것이다. 끝으로 이 로마의 제례는 3월 27일 알모 강으로 행진한 뒤 끝났다. 이때 뾰족한 검은 돌로 만든 얼굴을 한 은제 여신상을 황소가 끄는 수레에 실었다. 수레 앞에는 귀족들이 맨발로 걸어간다. 그 수레는 고음의 피리 소리와 탬버린 소리에 맞춰, 서서히 포르타카페나를 지나서 로마 성벽 바로 아래 있는 티베르 강과 합류하는 알모 강가까지 이르렀다. 여기서 자주색의 예복을 입은 대사제가 강물에 수레와 그 신상과 그 밖의 신성한 물건들을 씻었다. 돌아오는 길에 수레와 황소는 새로운 봄꽃으로 장식되었다. 모든 것이 즐겁기만 했다. 전날 피를 흘린 것을 생각하는 사람은 아무도 없었다. 거세한 사제들조차도 그 상처의 아픔을 잊을 정도였다.

이와 같은 것이 봄에 치러지는 아티스의 죽음과 부활의 연례 의식이었던 모양이다. 그러나 이런 공개적인 의식 말고도 아티스에 대한 숭배에는 아마 숭배자, 특히 입문자를 아티스 신과 더 긴밀하게 의사 소통을 하게 하려는 비밀스럽고 신비스러운 의식이 있었던 것으로 알려진다. 그런 비밀의례의 성격과 그 집행 시기에 대한 자료는 불행하게도 매우 빈약하다. 그러나 그 의식도 성찬과 피의 세례를 포함했던 것으로 보인다.

입문자는 이 성찬 때 아티스의 감동적인 오케스트라에서 특징적인 두 악기인 북과 심벌즈를 두드리면서, 먹고 마심으로써 그 신비스러운 의식의 참여자가 되었다. 죽은 신을 애도할 때 지켜야 하는 단식은 신성한 성찬 요소를 더럽힐 수 있는 모든 것을 참가자들의 신체에서 없앨 목적으로 고안된 것 같다. 세례를 받을 때 그들은 황금관을 쓰고 목제 창살로 덮인 웅덩이 속으로 내려간다. 다음에 꽃다발로 장식되어 이마는 황금의 나뭇잎으로 빛나는 황소를 그 창살 위로 내몰아 성화된 창에 찔려 죽게 한다. 그러면 따뜻한 피가 폭포와 같이 창 아래 웅덩이로 흘러내리고, 그 아래에 있던 세례자들은 열렬한 신앙으로 머리끝에서 발끝까지 그 피를 뒤집어쓴 채로 웅덩이 밖으로 나온다. 그들은 황소의 피 속에서 영원한 생명으로 다시 태어나고, 그 죄를 씻은 사람이라고 하여, 다른 신자들에게서 존경, 아니 숭배를 받게 된다. 그 뒤 한동안 그들은 새로 태어난 갓난아기처럼 우유를 마심으로써 재생 의식을 연출한다. 이러한 세례자의 재생은 아티스 신의 재생과 마찬가지로 춘분에 거행되었다.

로마에서도 황소의 피를 흘림으로써 새로 태어나고 죄를 씻는 의식이 행해졌는데, 그것은 특히 바티칸 언덕 위에 있는 프리지아 여신의 성소에서 치러지곤 했던 것으로 보인다. 그 성소는 현재 성 베드로 대성당이 서 있는 장소, 또는 그 근처에 해당된다. 이것은 1608년 혹은 1609년에 이루어진 이 성당의 확장 공사 때에 이 아티스 의식에 관련된 많은 비문이 발견되었다는 사실이 뒷받침해 준다. 이 야만적인 미신은 로마의 중심지인 바티칸에서 제국의 다른 여러 지방으로 퍼졌을 것이다. 갈리아와 게르마니아에서 출토된 비문들은 여러 지방의 성소 의식이 바티칸의 것을 본떴다는 것을 증명한다. 우리는 거기서 황소의 피와 고환이 의례의 중요한 역할을 담당한 것을 알 수 있는데, 아마 그것들은 풍요와 다산과 재생을 촉진하기 위한 강력한 주물로 여겨졌을 것이다.

제35장
식물신으로서의 아티스

나무 정령으로서 아티스의 고유한 성격은 그의 신화와 의식, 또 비문에 나오는 소나무의 역할을 보면 확실하게 알 수 있다. 그가 소나무로 변신한 인간이었다는 이야기가 신화 속에서 높은 빈도로 나타나는 낡은 신앙을 합리화하기 위한 노력 중 하나임은 분명한 사실이다. 아티스를 위한 의식에서 소나무를 오랑캐꽃이나 양털 리본으로 장식하여 숲에서 운반해 오는 것은 근대의 민속에서 '5월의 나무'나 '여름의 나무'를 갖고 오는 것과 비슷하다. 또 그 소나무에 매단 인형은 그 나무 자체와 함께 나무 정령인 아티스를 이중으로 상징한다. 그 인형은 그렇게 나무에 묶인 채 1년 동안 보존됐다가 불태워졌는데, 이와 같은 관습이 '5월의 나무' 경우에도 있었던 것으로 보인다. 마찬가지로 추수 때 만들어진 곡물 정령의 인형도 이듬해 추수 무렵 새로운 인형과 바뀔 때까지 보존된다.

이 관습의 본래 의도는 분명히 1년 동안 식물 정령의 생명을 보존하려는 데 있었다. 하지만 프리지아인들이 수많은 나무 가운데 특별히 소나무를 숭배한 까닭에 대해서는 다만 추측만 해 볼 수 있을 뿐이다. 어쩌면 계곡 속에서 가을 나무들이 빛바래 가는 중에도 높은 구릉의 봉우리에서 변함없이 진녹색으로 군생하는 소박한 소나무가 프리지아인들에게 깊은 인상을 남겼는지도 모른다. 그래서 그들이 소나무에는 계절의 슬픈 변화에도 아랑곳없는 하늘처럼 영원불멸한 신성한 생명이 서려 있다고 생각했을 수도 있는 것이다. 담쟁이덩굴 또한 이와 같은 이유로 아티스에게 바쳐졌을 것이다. 여하튼 아티스의 거세된 사제들은 담쟁이 모양의 문신을 했다고 기록되어 있다.

소나무를 신성시한 또 다른 이유는 그 실용성에 있었던 것으로 보인다. 남유럽 돌소나무(ston-pine)의 솔방울은 먹을 수 있는 견과와 같은 씨앗을 품고 있다. 이것은 예부터 식용으로 쓰였고, 오늘날에도 로마의 빈민들은 그것을 먹는다. 또 이 씨앗으로 술을 빚기도 했다. 이것은 키벨레 의식에서 흥청거리고 노는 것을 부분적으로 설명하는데, 고대인은 이 의식을 디오니소스 의식에 비유하기도 했다. 또 돌소나무의 솔방울은 풍요와 다산의 상징 또는 도구로 여겨졌다. 그래서 테스모포리아(Thesmophoria) 의식에서는 땅을 기름지게 하고 아이를 잘 낳게 하기 위해서 솔방울을 돼지나 그 밖의 생산력을 나타내는 상징물과 함께 데메테르의 신성한 지하실에 던졌다.

일반적인 나무 정령과 같이 아티스는 토지의 생산물에 대해서 영향력을 끼칠 수 있다고 여겨졌고 심지어 곡물과 동일시되기도 하였다. 그래서 아티스를 나타내는 형용사 가운데 하나가 '열매를 잘 맺는'이었고, 사람들은 그를 '추수된 푸른(누런) 곡식 이삭'이라고 부르기도 했다. 농민들은 아티스의 수난과 죽음과 부활의 이야기를 무르익은 낟알이 추수하는 사람 손에 의해 상처 입고 창고에 저장되었다가, 다시 땅에 뿌려질 때 되살아나는 과정으로 해석했다.

로마의 라테란(Lateran) 박물관에 있는 아티스 신상은 그와 땅의 생산물, 특히 곡식과의 관계를 뚜렷이 보여 준다. 즉 그곳의 아티스 신상은 손에 한 묶음의 곡식 이삭과 과일을 들고, 솔방울과 석류, 그리고 그 밖의 과일로 만든 화환을 걸친 채 곡물 싹이 돋아나는 프리지아풍 모자를 쓴 모습을 하고 있는 것이다. 아르키갈루스, 즉 아티스를 섬기는 한 대사제의 유골을 담은 돌항아리에는, 그 방법은 조금 다르지만 같은 관념이 표현되어 있다. 이 항아리의 윗부분은 양각으로 새긴 곡물 이삭으로 꾸며져 있는데, 그 위에는 곡물 이삭의 꼬리를 가진 수탉 형상이 앉아 있다.

이와 마찬가지로 키벨레는 땅의 생산물이 결실을 보게 하기도 하고 망치기도 하는 풍요의 여신으로 생각되었다. 갈리아 지방의 아우구스토두눔의 주민들은 밭과 포도밭을 비옥하게 할 목적으로 키벨레 여신상을 마차에 실어서 끌고 다니며, 그 앞에서 춤을 추고 노래를 부르곤 했다. 또 우리가 이미 살펴본 바와 같이 이탈리아에서는 풍작을 그 무렵 그곳에 도착한 대모신의 덕으로 돌렸다. 이 여신상을 강에서 목욕시키는 관습은 분명히 풍작을 위한 충분한 양의 비를 얻으려는 기우주술이었을 것이다.

제36장
아티스를 표상하는 인간

페시누스와 로마에서도 키벨레의 대사제가 보통 아티스의 칭호를 사용했다는 것이 여러 비문에 나타난다. 그러므로 이 대사제가 연례적인 제례에서 전설적인 아티스의 역할을 했으리라고 짐작할 수 있다. 우리는 앞에서 '피의 날'에 사제가 팔에서 피를 뽑는 것을 보았는데, 이것은 소나무 밑에서 자해로 죽은 아티스의 죽음을 본뜬 것이다. 또 그런 의식에서 아티스가 그를 상징하는 인형으로 표현되었다는 것은 위의 가설과 모순되지 않는다. 왜냐하면 처음에는 살아 있는 인물로 나타내던 신적 존재가 나중에는 화장하거나 파손할 수 있는 인형으로 표현되는 사례를 적잖이 볼 수 있기 때문이다. 여기서 한 걸음 더 나아가서, 프리지아에서 행해진 실제 출혈이 수반되는 이 모의의 사제 살해가 고대 인신공회의 대체물이었을 것이라고 짐작할 수 있다. 다른 지역들의 경우에서도 그렇듯이 말이다.

신의 대리인이 살해되는 방법은, 유명한 마르시아스(Marsyas)의 전설 속에 남아 있다. 마르시아스는 실레노스(Silenos) 또는 프리지아의 사티로스(Satyros)로 알려져 있는데, 어떤 사람들은 그가 피리를 잘 부는 양치기 혹은 목동이었다고 한다. 키벨레의 친구였던 마르시아스는 아티스의 죽음을 슬퍼하는 그 여신을 위로하기 위해서 그녀와 함께 들판을 거닐곤 했다. 프리지아의 켈라이나이(Celaenae) 사람들은 대모신 키벨레를 기리는 피리 연주곡 〈어머니의 노래〉가 마르시아스의 노래라고 생각하기도 했다. 자기 실력을 자만했던 그는 아폴론에게 음악시합을 제의하여, 자신은 피리, 아폴론은 하프를 연주하는 대결을 벌였다. 그리고 이 시합에서 마르시아스는 결국 패배했고 소나무에 묶여 승리한 아폴론 또는 스키타이인 노예에 의해 가죽이 벗겨졌다고 전해지는데, 어떤 이는 손발이 잘렸다고도 한다.

그의 가죽은 역사 시대에 들어와 켈라이나이에서 발견됐다. 그것은 마르시아스 강이 세차게 소리를 내며 마이안더 강과 합류하는 동굴 속의 성채에 대롱대롱 매달려 있었다. 이 강은 아도니스 강이 레바논의 절벽에서 콸콸 터져나오듯, 또 이브리즈의 푸른 강물이 타우루스의 붉은 바위에서 낙하한듯 엄청난 소리와 장관을 이루었다. 장엄한 마르시아스 강의 물줄기는 요즘도 깊은 지하에서 요란한 소리를 내며 쏟아져 나오고 있으나, 그 옛날에는 암흑에서 암흑으로 이르는 통로를 이루어 코리키아 동굴의 희미한 빛을 받아서 한순간 물빛만 반짝이곤 했다. 토지의 비옥함과 수명의 연장을 약속하는 이러한 풍부한 샘 속에서 고대인들은 신의 은총을 보았다. 그리고 그들은 그 요란한 물소리를 음악 소리로 들으면서 굽이굽이 흐르는 강가에서 그 신을 숭배했다.

전설적인 이야기를 믿는다면, 동굴 속에 매달려 있는 피리의 명인 마르시아스는 죽은 뒤에도 음악을 느끼는 영혼을 잃지 않은 것 같다. 왜냐하면 악사가 그의 고향인 프리지아 곡을 연주하면 그의 가죽이 감동해서 떨렸으나, 아폴론을 찬양하는 곡을 연주하면 침묵하여 움직이지 않았다고 전해지기 때문이다.

프리지아의 사티로스이자 목동인 마르시아스는 키벨레와 우정을 나누었으며, 여신의 의례를 특징짓는 음악을 연주하고, 여신의 성스러운 나무인 소나무 위에서 비명횡사했다. 이런 마르시아스의 모습은 아티스와 너무나 비슷하다. 아티스 또한 피리 부는 사람으로 자처하고 소나무 아래서 죽었으며, 마르시아스처럼 해마다 소나무 위에 매달리는 인형으로 표현되었기 때문이다. 우리는 다음과 같은 것을 추측할 수 있다. 즉 고대에는 키벨레의 봄 제례에서 아티스의 역을 맡고, 그 이름을 딴 사제는 으레 신성한 나무 위에 매달리거나 살해되었을 것이라고. 이 야만적인 관습은 후대에 단지 사제가 나무 아래서 피를 뽑고 자신을 대신해 인형을 나무줄기에 묶는 형식, 즉 오늘날 우리가 아는 형식으로 누그러졌다고 추측할 수 있다.

웁살라의 성스러운 숲에서도 사람이나 동물이 성스러운 나무 위에 매달려 제물이 되었다. 오딘(Odin)에게 바친 인간 제물 또한 정기적으로 목을 매달거나 교수대에 목을 매달아 칼로 찔러 살해했다. 이 때문에 오딘은 '교수대의 왕' 또는 '목을 매다는 신'으로 불리며, 교수대의 나무 밑에 앉아 있는 것으로 표현된다. 실로 오딘은 우리가 하바말(Havamal)의 기묘한 시에서 보는 것 같이, 자기 자신을 희생 제물로 바쳤다. 그 시 속에서는 오딘이 주술적인 룬(Runes) 문자를 배워 신적인 힘을 얻었다고 기록하고 있다.

거센 바람 부는 나무 위에
아흐레 밤 동안 매달려
오딘에게 바친 창에 찔려
나는 스스로 상처 입는다.

필리핀 제도 가운데 하나인 민다나오 섬의 바고보족은 이와 같은 방법으로 해마다 풍작을 기원하기 위해서 인간 제물을 바쳤다. 12월 초순 어느 날 오리온 별자리가 저녁 7시에 나타나면, 사람들은 씨를 뿌리기 위해 논밭을 갈고, 노예 한 사람을 제물로 바칠 준비를 한다. 이 제물은 지난해의 풍작에 대한 대가로, 그리고 다가오는 계절 동안에도 태평하게 지내기를 희망하기 위해서 유력한 정령들에게 바쳐진다. 인신 제물은 숲 속의 어떤 큰 나무 아래로 끌려간다. 그리고 그는 고대 화가가 그린 운명의 나무에 매달린 마르시아스의 모습 그대로, 그 나무에 등을 대고 두 손은 머리 위에 높이 올린 채 묶인다. 이렇게 양손을 나무에 묶어 놓고 그의 겨드랑이 높이에 서 창으로 몸뚱아리를 꿰뚫어 찔러 죽였다.

나중에 이 시체는 허리를 잘라 상체는 얼마 동안 나무에 매달려 있게 하고, 하체는 피투성이가 되어서 땅에 떨어지게 한다. 끝으로 이 두 부분은 옆에 파둔 얕은 구덩이 속에 던져진다. 이렇게 하기 전에 원하는 사람은 시체에서 살덩이나 한 줌의 머리칼을 잘라서 시체를 먹어 없애는 송장 귀신에게 먹혀 죽은 자의 무덤에 가져갈 수 있었다. 송장귀신은 이 새 고기에 매혹되어서 썩은 시체에서 떠난다고 생각되었다. 민다나오 섬에서는 인신 제물을 바치는 관습이 오늘날까지 남아 있다.

그리스에서는 위대한 여신 아르테미스가 아르카디아 구릉 사이에 있는 그녀의 성스러운 콘딜리아(Condylea) 숲 속에서 해마다 인형 형태로 매달린 것으로 보인다. 따라서 그 여신은 거기에서 '목매달린 자'란 이름으로 통했다. 사실 이와 비슷한 의식의 흔적은 아르테미스 성소 중에서 가장 유명한 에페소스에서도 한 여인의 전설로써 찾아볼 수 있다. 그 전설에 따르면 그녀는 스스로 목을 매어 죽었는데, 이를 불쌍히 여긴 여신이 신성한 옷을 그녀에게 입혀 헤카테라고 불렀다고 전해진다.

이와 비슷하게 프티아(Phthia)의 멜리트에서도 아스팔리스(Aspalis)라는 이름의 한 소녀가 스스로 목매달아 죽었다는 이야기가 전해지는데, 그녀 또한 아르테미스의 한 형태였던 것으로 보인다. 이 소녀의 시체는 찾을 길이 없었으나, 아르테미스 신상 옆에 서 있는 그녀의 조각상이 발견되어서, 사람들은 그것에 아르테미스의 별명 가운데 하나인 헤카이르게(Hecaerge), 즉 '멀리 쏘는 자'란 칭호를 주었다. 그리하여 해마다 처녀들은 목매달아 죽인 어린 염소를 아스팔리스 조각상 앞에 제물로 바쳤는데, 그 이유는 아스팔리스가 스스로 목을 매어 죽었다고 전해졌기 때문이다. 이때 어린 염소를 제물로 바치는 것은 아르테미스 여신을 상징하던 인형 또는 인간을 목매달던 관습이 바뀐 것이다.

또 로도스 섬에서는 아름다운 헬렌을 '성스런 나무 헬렌'이란 칭호로 섬기면서 의례를 행했다. 이것은 로도스 섬의 여왕이 자신의 시녀들을 복수의 여신인 푸리에스(Furies)로 변장시켜서 헬렌을 나무에 목매달아 죽이도록 했다는 이야기에서 비롯된 관습이었다. 동양적인 그리스인들이 그런 방법으로 동물을 제물로 바친 사실은 일리움(Ilium)의 동전으로 확인된다. 그 화폐에는 나무에 매달린 황소나 암소를 나뭇가지 사이나 동물의 등에 앉은 사람이 칼로 찔러 죽이는 것이 조각되어 있다. 히에라폴리스에서도 제물을 불태우기 전에 그것을 나무에 매달았다.

이렇게 그리스와 스칸디나비아에서 발견되는 비슷한 사례들을 볼 때, 우리는 프리지아에서 인간신이 해마다 그 신성하지만 치명적인 나무에 목매달려 죽었을 것이라는 가설을 완전히 물리칠 수는 없다.

제37장
서양 속의 동양 종교

　대모신 키벨레와 그 애인, 또는 아들로 여겨지는 아티스에 대한 숭배는 로마 제국에서는 매우 흔한 일이었다. 여러 비문들의 기록에 따르면 이 둘은 별개로 또는 공통으로 이탈리아, 특히 로마 그 밖의 여러 지방 특히 아프리카, 에스파냐, 포르투갈, 프랑스, 독일과 불가리아 등에서 경외의 대상이 되었다. 그리고 그 숭배는 콘스탄티누스가 그리스도교를 공인한 뒤까지도 남아 있었다.

　심마쿠스(Symmachus)의 기록에 따르면, '대모신'의 축제는 정기적으로 행해진 것으로 보인다. 아우구스티누스 시대에도 여성스러운 외모를 한 대모신의 사제들이 얼굴을 하얗게 칠하고, 머리에는 향료를 바르고, 행렬을 지어서 점잖은 걸음으로 카르타고의 거리나 광장을 돌아다니면서, 중세 탁발승과 같이 길을 가는 사람들에게 동냥을 하곤 했다. 한편 그리스에서는 아시아의 여신과 그 배우자를 위한 이 피비린내 나는 축제가 그다지 환영받지 못했던 것으로 보인다. 이러한 광란적인 숭배가 지녔던 야만적이고 잔인한 성격은 그리스인의 고상한 취향과 인성과는 확실히 어울리지 않았다. 그들은 오히려 그것과 같은 종류이긴 하나 더 온화한 아도니스 의식을 좋아한 모양이다.

　이와 달리 그리스인에게 충격적이고 거부감을 일으키던 바로 그 점이 상대적으로 덜 세련된 로마인과 서양의 야만인들로 하여금 키벨레 의례에 강한 매혹을 느끼도록 한 듯하다. 신의 영감으로 오인된 황홀경의 광란과 신체 절단, 그리고 출혈을 통한 새로운 탄생과 면죄의 교의 등은 모두 그 기원을 원시시대에 두는 것들이다. 야만적인 본능이 여전히 충만했던 여러 민족들이 키벨레 의례에 끌렸던 것은 자연스러운 일이었다. 물론 원시적 의례의 본질적 성격은 때때로 비유적 해석이나 철학적 해석이라는 고상한 베일로 가장되었다. 그 해석들은 아마 넋을 잃은 열광적인 숭배자들을 속이는 데에 충분했을 터이고, 꽤 교양 있는 사람들마저도 다른 때 같으면 공포스럽고 혐오스러운 행위에 대해

너그럽게 받아들이도록 했을 것이다.

잔인한 야만성과 정신적인 영감을 기묘하게 혼합한 대모신의 종교는 후대의 이교도 시대에 전 로마 제국에 퍼졌고, 유럽 민족들에게 침투시킴으로써 고대 문명의 전체 틀을 차츰 붕괴시켰던 비슷한 동양 종교 중 하나에 지나지 않은 것이었다. 그리스와 로마 사회는 공동 사회에 대한 개인의 복종, 그리고 국가에 대한 시민의 복종이란 관념 위에 세워졌다. 그 사회는 공동 사회의 안녕을 행동의 궁극적 목적으로 보고, 현세에서나 내세에서 개인의 안녕보다 상위에 두었다. 시민들은 어렸을 때부터 이 이타적 이상을 훈련받기 때문에 공공의 봉사에 생명을 바치고 공공의 이익을 위해 생명을 바칠 각오가 되어 있었다. 그들이 절대적 희생을 회피했다면 그것은 공공의 복지를 망각하고, 자신의 개인적 안녕을 바라는 비열한 행동으로밖에 생각되지 않았다.

그런데 이 모든 것은 동양의 종교가 전파되면서 완전히 변했다. 이 종교는 영적 교제, 그리고 영혼의 영원한 구원을 삶의 하나뿐인 목적이라고 가르쳤다. 이 목적에 비하면, 나라의 번영과 그 존재는 무의미하다고 설파했다. 이 이기적이면서 부도덕한 교리의 결과는 자연스럽게 신봉자들을 갈수록 공공적 봉사에서 멀어지게 했다. 그 결과 그들의 생각을 자신의 영적 감동에만 집중시키며 현세의 삶을 경멸했다. 왜냐하면 현세의 삶이란 단지 더 나은 영원한 생명으로 나아가는 유예 기간에 불과한 것이라고 여겼기 때문이다. 또한 민중들에게는 세상을 경멸하고 천상의 황홀한 명상에 잠기는 성자와 은둔자가 되는 것이 인류 최고의 이상이 되었다.

따라서 자신의 생명을 가볍게 여기고 나라를 위해서는 언제나 죽을 용의가 있는 애국자나 영웅을 존경하던 옛 이상을 물리치는 것을 마땅하게 받아들였다. 하느님의 나라가 구름을 뚫고 나타나는 것을 바라본 사람들에게는 지상의 나라는 빈약하고 하찮은 것으로 보일 뿐이다. 말하자면 무게 중심은 현세에서 내세로 옮겨갔다. 이 변화에 따라서 내세에 많은 것을 얻은 반면에 현세에 많은 것을 잃은 것에 대해서는 조금도 아랑곳하지 않았다. 여기서 국가의 전반적인 해체가 시작되었다. 국가와 가족의 결속력은 흔들렸다. 다시 말해 사회 구조는 개인적인 여러 요소로 분해된 결과 야만 상태로 역행하는 경향을 낳았다. 왜냐하면 문명은 시민의 능동적인 협력과 그들의 사적 이익을 공공의 복지에 종속시키는 의지를 통해서만 가능하기 때문이다.

소를 잡는 미트라 신
황소의 의인신인 황소를 죽
이는 것은 스스로 목숨을 끊
는 것이고, 이로 인해 미트라
자신이 부활한다는 것.
오른쪽 위는 달의 여신, 왼쪽
위는 태양신, 그 밑의 까마귀
는 태양신의 말을 전한다. 오
른쪽 아래 개는 미트라의 친
구, 아래 뱀은 흐르는 피로
대지가 풍요해짐을 뜻한다.
루브르 미술관, 파리

　사람들은 조국을 지키는 것을 거부했고, 종족을 존속하기를 거부했다. 자신
과 타인의 영혼을 구하기 위해서 그들은 악의 원리로 생각한 물질 세계를 기꺼
이 벗어났고, 그 물질 세계가 멸망하는 것을 방관했다. 이 강박 관념은 1천 년
동안이나 계속됐다. 중세 끝 무렵의 로마법의 부흥과 아리스토텔레스 철학의
부흥, 고대 예술과 문학의 부흥 등은 유럽이 생활과 행동의 자연적인 이상과
보다 건전하고 남성적인 세계관으로 복귀하는 것을 의미했다. 문명의 발전에서
긴 휴식은 이제 끝났다. 유럽을 침략하는 동양의 물결은 마침내 멈췄다. 그 물
결은 지금도 빠져 나가는 중이다.

　고대 세계의 쇠퇴기에 서양의 충성을 요구하고 서로 경합했던, 동양에 기원
을 둔 신들 가운데 오래된 페르시아의 신 미트라(Mithra)가 있다. 엄청난 인기를
누린 미트라는 로마 제국 전체에서 숭배받았으며, 이를 입증하는 기념비들이
곳곳에서 발견되었다. 미트라에 대한 숭배는 그 교리와 의식면에서 '신들의 어
머니'의 종교뿐만 아니라 그리스도교와도 많은 유사점이 있다. 이 유사성은 그
리스도교 교사들을 놀라게 했으며, 그들은 이것을 허위적이며 교활한 모방에
의해서 사람들의 영혼을 참다운 신앙에서 떨쳐내려고 유혹하는 악마의 소행
이라고 설명했다.

　이와 마찬가지로 멕시코와 페루를 점령한 에스파냐 사람들은 토착민의 여러
이교도 의식을 그리스도교 의식의 악마적인 날조로 보았다. 근대의 비교종교

학 연구자들은 이보다 훨씬 더 많은 개연성 있는 설명을 제시했다. 예컨대 우주의 신비를 추측하고 그 놀라운 신비에 자기의 유한한 생명을 적응하려는, 미숙하지만 진실한 시도를 행하는 인간 심리의 공통적이고 독립적인 작용과의 유사성을 추적한다. 어쨌든 미트라 종교는 도덕적 순결에 대한 갈망과 불사에 대한 희망을 결합해 장엄한 의식을 행한다는 점에서 분명히 그리스도교의 무서운 적이라 할 수 있다.

사실 이 두 종교 간의 충돌은 얼마 동안 균형을 유지했다. 장기간에 걸친 투쟁의 흔적을 성탄절에서 찾을 수 있다. 성탄절은 그리스도교 교회가 경쟁적인 이교도에서 직접 차용해 온 것으로 보인다. 율리우스력으로는 12월 25일이 동지에 해당한다. 그리고 이날은 한 해의 전환점으로 해가 점점 길어지고 태양의 힘이 강력해지기 때문에 '태양의 탄생일'로 여겨진다. 시리아와 이집트에서 거행된 탄생 의식은 장관을 이루었는데, 그 의식을 치르는 사람들은 어떤 영적 신전에 들어가서는 한밤중에 큰 소리로 "동정녀가 아이를 낳았다. 빛은 확대되고 있다" 외친다. 이집트인들은 어린아이의 모습으로 새로 탄생한 태양을 표현하는데, 그들은 그 인형을 만들어 놓았다가 아기의 탄생일인 동짓날에 숭배자들에게 보여준다. 요컨대 아기를 임신하여 12월 25일에 아들을 낳은 이 동정녀는 물론 셈족이 '하늘의 처녀' 또는 단순히 '하늘의 여신'이라고 부른 '동양의 위대한 여신'이었음이 틀림없다.

셈족의 여러 지역에서 그 여인은 아스타르테의 한 형태였다. 그리고 미트라는 그 예배자들에 의해 태양과 동일시되어 '정복되지 않는 태양'으로 부르게 되었다. 그리하여 그의 탄생일도 12월 25일이었다. 신약성서의 복음서에는 그리스도의 탄생일에 대해 아무런 언급도 없었기 때문에, 초기의 교회는 그리스도의 탄생을 축하하지 않았다. 그러나 이집트의 그리스도 교도가 1월 6일을 성탄일로 생각했으며, 그리고 그날 구세주의 탄생을 축하하는 관습이 차츰 보급되어, 드디어 4세기 무렵에는 동방에서도 널리 자리잡게 되었다. 그런데 3세기 끝 무렵이나 4세기 초에 서방 교회는 그리스도 탄생일을 1월 6일로 인정하지 않고 12월 25일을 진정한 날로 채택했다. 그리고 얼마 뒤에 동방 교회에서도 이 결정을 받아들였다. 안티오크에서는 서기 375년이 되어서야 변경된 결정에 따랐다.

그렇다면 어떤 생각으로 교회의 권위자들이 12월 25일을 성탄절로 제정했을까? 이 새로운 제도에 대한 동기를 그리스도 교인인 어떤 시리아의 저술가가 매우 솔직하게 기록하고 있다.

"교부들이 축제일을 1월 6일에서 12월 25일로 새롭게 고친 이유는 다음과 같이 설명할 수 있다. 12월 25일에는 '태양'의 탄생을 축하하여 축제 표시로 등불을 켜는 것이 이교도의 관습이었다. 그리스도 교도들도 이 제례와 축제에 참여했다. 따라서 그리스도 교도가 이 축제를 좋아한다는 것을 교회의 박사들이 인정하여 회의를 열고 12월 25일을 진정한 성탄일로 기념하고, 1월 6일을 공현제(公顯祭, Feast of the Epiphany)로 삼자고 결정했다. 따라서 1월 6일까지 등불을 켜는 관습이 보급되었다."

이처럼 성탄절이 이교에 그 기원이 있다는 견해는 아우구스티누스가 그리스도교 신자들에게 그 엄숙한 날을 이교도들처럼 태양을 위해서가 아니라 태양을 창조한 그를 위하여 축하해야 한다고 설득한 대목에서 뚜렷이 드러난다. 그것이 명백하게 승인된 것은 아니라 할지라도 말이다. 마찬가지로 교황 레오 1세는 성탄절의 의미가 그리스도의 탄생을 축하하기 위한 것이 아니라 새로운 태양의 탄생을 축하하기 위해서 치러졌다고 믿는 해로운 신앙을 비난했다.

이리하여 그리스도교 교회는 이교도의 신앙을 '태양'에서 '정의의 태양'이라고 불리는 예수에게 옮기기 위해서 그리스도교 창시자의 탄생을 12월 25일로 정한 것으로 생각된다. 만일 사실이 그렇다면, 그리스도교 교회의 권위자들이 이와 똑같은 동기로 주님의 죽음과 부활을 기념하는 부활절을 같은 때 행하는 다른 동방신의 죽음과 부활의 제례에 동화시켰으리라는 추측을 해 볼 만하다. 그런데 오늘날 그리스와 시칠리아, 그리고 남부 이탈리아에서 거행되는 부활절 의식은 어떤 점에서 아도니스 의식과 놀라울 만큼 유사하다. 그리고 나는 그리스도교 교회가 이교도들의 영혼을 그리스도에 인도하기 위해 의도적으로 이교도의 축제에 맞추어 새 축제를 채용했음을 시사한 바 있다.

그러나 이 축제는 아마 고대 세계의 라틴어를 사용하는 지역보다도 오히려 그리스어로 말하는 지역에서 행했을 것이다. 왜냐하면 그리스인 사이에서 성행했던 아도니스에 대한 숭배가 로마와 서방에 그렇게 큰 감명을 주었다고는 생각되지 않기 때문이다. 확실히 아도니스의 숭배는 로마의 공식적인 종교와는 아무런 관련이 없었다. 로마 사람들 사이에서는 아도니스 숭배와 비슷하면서도 야만적인 아티스와 대모신 의례가 일찍부터 퍼져 있었다.

그리하여 로마에서는 아티스의 죽음과 부활 의식이 3월 24일과 25일에 공식적으로 치러졌다. 또한 3월 25일은 춘분이므로 그날은 겨우 내내 죽은듯이 잠들었던 식물신을 소생시키기 위한 가장 알맞은 날로 간주되었을 것이다. 그러나 고대에 널리 퍼진 전설에 따르면, 어떤 그리스도 교인들은 그리스도가 3월 25일에 수난을 당했다 하여 달의 상태는 고려하지 않고 언제나 그날 그리스도의 죽음을 기렸다. 이 관습은 분명히 프리지아와 카파도키아(Cappadocia), 갈리아에서도 지켜졌으며 로마에서도 거행된 적이 있다고 생각할 만한 근거가 있다. 이렇게 그리스도의 죽음을 3월 25일로 정한 전통은 매우 뿌리가 깊다. 천문학적으로 관찰할 때, 그 전승은 아무런 역사적 근거가 없기 때문에 한결 더 주목할 만하다. 따라서 그리스도의 수난일은 역사가 더 오래된 춘분을 기념하는 축제일과 맞추기 위해 임의로 그 날짜에 정했음이 틀림없다. 이것이 바로 박식한 교회 역사사가 뒤셴(Mgr. Duchesne)의 의견인데, 그는 광범위하게 보급된 어떤 신앙 때문에 그리스도 구세주의 죽음이 세계가 창조된 날에 맞추어졌다고 지적했다. 그런데 바로 같은 날인 3월 25에 신성한 '아버지'의 성격과 신성한 '아들'의 성격을 결합한 아티스의 부활 의식이 공식적으로 치러졌다.

우리가 4월에 거행하는 '성 조지 축일'의 제례가 고대 이교의 '파릴리아(Parilia) 축제'를 대체한 것이라는 것, 또 6월에 거행하는 세례자 '성 요한의 축제'가 이교도들이 하지에 거행한 물의 축제를 계승했다는 것, 또 8월에 올리는 '성모승천제'는 '디아나 제례'를 대신한 것, 그리고 11월에 치르는 '만령절(萬靈節, Feast of All Souls)'이 죽은 자에 대한 고대 이교도의 제례가 연장된 것, 그리고 동짓날이 태양의 탄생일로 여겨져 그리스도의 탄생일이 12월의 동지로 결정되었다는 것을 기억한다면, 그리스도교 교회의 그 밖의 중요한 축제, 즉 부활절 또한 이와 똑같은 방법으로 같은 교화의 동기에서 춘분에 거행하는 프리지아의 신인 아티스 의식을 채용한 것이라 추측해도 지나치거나 불합리하지 않을 것이다.

신의 죽음과 부활에 대한 그리스도교와 이교도의 제례가 같은 계절에 같은 장소에서 거행되었다는 것은 그 이상의 의미를 갖고 있지는 않을지라도 적어도 놀랄 만한 일치라 할 수 있다. 왜냐하면 춘분에 그리스도의 죽음을 기념한 곳들은 프리지아와 갈리아, 그리고 로마였는데, 특히 로마는 아티스에 대한 숭배 의식이 발생했고 가장 뿌리를 깊이 내린 곳이었기 때문이다. 이 일치를 아주 우연한 것으로 보기에는 석연치 않은 점이 너무나 많다. 온대 지방에서 자연계가 전면적으로 생명력을 폭발하는 계절에 해당하는 춘분이 예부터 신의 부활로 세계가 해마다 새롭게 창조되는 때라고 생각되었다면, 새로운 신의 부활 시기를 1년 중 그와 같이 중요한 시기로 정하는 것처럼 자연스러운 것은 없을 것이다.

다만 주의할 것은 그리스도의 죽음이 3월 25일이었다면 그의 부활은 그리스도교의 전통에 따라 3월 27일이 되어야 할 것이다. 이것은 율리우스력의 춘분과 아티스의 부활보다 이틀이 늦다. 그리스도교의 제례를 이교도의 제례에 맞출 때 일어나는 이와 같은 이틀 간의 차이는 성 조지의 축일과 성모승천제에서도 발생된다. 그러나 락탄티우스(Lactantius)와 아마 교회의 관습에 의거했을 다른 그리스도교 전승은 그리스도의 죽음을 3월 23일로, 그리고 그의 부활을 3월 25일로 하고 있다. 이 경우 그리스도의 부활은 완전히 아티스의 부활과 일치하게 된다.

사실상 4세기에 쓴 익명의 그리스도 교인의 증언에 따르면, 그리스도 교인들과 이교도들은 저마다 그들 신의 죽음과 부활 간의 놀라운 일치에 놀랐으며, 또 이 일치가 두 종교의 신도들 간의 심각한 논쟁의 주제가 되었다. 이교도들은 그리스도의 부활이 아티스의 부활을 그럴듯하게 본뜬 것이라고 주장하고, 그리스도 교인들은 아티스의 부활이 그리스도 부활의 악마적인 날조라고 주장했다는 것이다. 이런 부당한 논쟁에서 이교도가 표면적인 관찰자라면 그대로 믿을 만한 주장을 내세웠다. 그것은 자신들이 믿는 아티스 신이 그리스도보다 오래되었으므로 원형이고, 따라서 가짜가 아니라는 주장이다. 그러나 그리스도 교도들은 이 박약한 논거를 쉽게 반박했다. 실제로 그리스도 교인은 시간상으로 그리스도가 아티스보다 후대에 나타난 어린 신이라고는 인정했으나, 그들은 그것이 악마의 교활한 계략이라면서 그리스도가 참된 어른임을 의기양양하게 선언했다. 그 악마는 매우 결정적인 순간에 정상적인 자연의 질서를 거슬러서 그리스도를 앞질러 등장했다는 것이다.

전체적으로 보아서 그리스도교와 이교도 축일의 일치는 우연으로 보기에는 매우 밀접하고 또 일치하는 점이 무척 많다. 그 일치는 승리를 쟁취한 그리스도교 교회가 비록 패배는 했으나 여전히 위험한 이교도의 경쟁자들과 타협할 수밖에 없었다는 것을 보여준다. 이교도들을 맹렬하게 탄핵했던 원시 그리스도교 선교사들의 단호한 이단 배척주의가 약삭빠른 성직자들의 유연한 정책과 느긋한 관용, 그리고 포용력 있는 사랑 등으로 변모된 것이다. 이 성직자들은 그리스도교가 세계를 정복하려면, 그 창시자의 지나치게 엄격한 교리를 누그러뜨려야만, 다시 말해서 구원에 이르는 좁은 문을 조금씩이라도 넓혀야만 성공할 수 있다고 인식했다.

이 점에 대해서 그리스도교의 역사와 불교의 역사 간에 교훈적인 유사성을 찾아볼 수 있다. 이 두 종교는 본디 그 고귀한 창시자들의 고매한 열정과 고결한 정신, 그리고 친절하고 동정적인 연민에서 비롯된 윤리적인 개혁 운동이었다. 이따금 지상에 출현하는 이 아름다운 두 정신의 소유자는 연약하고 잘못을 저지르기 쉬운 우리의 본성을 격려하고 이끌기 위해서 더 나은 세계에서 나타난다. 붓다와 예수는 모두 삶의 궁극적 목적, 즉 개인 영혼의 영원한 구원의 수단으로써 도덕적 미덕을 설교했다. 그러나 그리스도교는 구원을 축복된 영원 속에서 구한 데에 반해서, 불교는 고뇌로부터의 궁극적인 해탈, 즉 무(無)에서 찾았다.

그러나 두 종교가 설파하는 신성하고 엄격한 이상은 인간의 자연적인 본능과 유약함과는 너무나 어긋나는 것이었기 때문에, 그것을 실행할 수 있는 사람은 아주 소수에 불과했다. 즉 그것은 자신의 구원을 이루기 위하여 영원히 가족과 국가와의 인연을 끊고 조용한 수도원 안에서 생활하는 사람들만이 지킬 수 있는 교리였던 것이다. 만일 이러한 종교가 민족 전체 또는 세상 사람들에게 일반적으로 수용되고자 한다면, 먼저 어느 정도 서민의 선입 관념과 감정, 미신 등에 따라 수정되거나 변형되어야 했다. 이 적응 과정은 스승들보다도 자질이 부족하지만 바로 그 이유로 스승들과 일반 사람들 사이를 조정하는 데 더 알맞았던 후세의 추종자들에 의해 실현되었다. 이렇게 시간이 지나감에 따라 이 두 종교는 차츰 더 널리 퍼져 나갔으며, 그에 비례해 자신들이 부정했던 속된 요소들을 점점 더 많이 흡수하기에 이르렀다. 세계가 성자들의 수준에 맞춰 살 수는 없으므로, 이러한 정신적 퇴행은 불가피한 것이었다.

그러나 불교와 그리스도교가 초기 형태에서 점차적으로 이탈해 간 원인을 모두 사람들의 지식이나 도덕이 취약한 탓으로 돌린다면, 그것은 인류의 대다수에게는 타당치 못한 처사일 것이다. 왜냐하면 이 두 종교는 모두 빈곤과 금욕을 찬미함으로써 세속 사회뿐만 아니라 인간 존재의 근본을 뿌리째 흔들어놓았기 때문이다. 그러나 절대 다수의 인류는 두 종교가 제시한 인류의 멸절이

겸비된 영혼의 구원을 추구할 것을 거절했다. 그것이 지혜로운 행위였는지 어리석은 행위였는지는 모르지만, 이같은 거절은 결과적으로 두 종교로부터 일어날 수 있는 충격을 누그러뜨려 주었다.

제38장
오시리스의 신화

고대 이집트에서는 슬픔과 기쁨이 교차하는 가운데 해마다 한 신의 죽음과 부활을 기념했다. 모든 이집트 신들 중에서 가장 인기가 있던 이 신은 바로 오시리스(Osiris)였다. 오시리스를 아도니스나 아티스와 같이 자연의 변화, 특히 곡물의 연례적인 대순환을 인격화한 신으로 분류할 근거는 충분하다. 그러나 그가 여러 시대에 걸쳐서 누린 이상할 정도의 높은 인기로 그의 열렬한 숭배자들은 다른 신들의 속성과 힘을 그에게 덧붙였다. 그래서 그가 빌려 입은 옷들을 벗겨서 본래의 주인들에게 돌려주는 것은 그렇게 쉬운 일이 아니다.

플루타르코스만이 오시리스의 설화를 하나의 연결된 형태로 서술했는데, 그가 전하는 신화는 근대에 이르러 비문에 의해서 확인되었고, 또 어느 정도 상세히 설명되었다.

오시리스는 대지의 신 셉(Seb, 때로는 Keb 또는 Geb)과 하늘의 여신 누트(Nut)의 간통으로 난 아들이다. 그리스에서는 오시리스의 양친은 자신들의 신인 크로노스(Kronos)와 레아(Rhea)라고 하기도 한다. 태양신 라(Ra)가 자신의 아내 누트가 부정을 저질렀음을 알았을 때, 그는 그녀가 어느 해 어느 달에도 아이를 낳을 수 없을 것이라는 저주를 선고했다. 한편 이 여신에게는 토트(Thoth) 신, 즉 그리스인들이 헤르메스(Hermes) 신이라고 부르는 또 다른 애인이 있었다. 그는 달과 장기를 두어 날마다 하루의 72분의 1을 따고는, 1년 동안 얻은 시간을 합해 5일을 만들어서 이집트력으로 1년인 360일에 덧붙였다. 이것이 이집트인들이 태음력과 태양력 사이에 조화를 이루기 위해서 해마다 연말에 5일을 추가하게 된 신화적인 기원이다. 12개월로 된 1년과는 별도로 간주된 이 5일 동안은 태양신의 저주가 효력을 발휘하지 못하기 때문에, 오시리스는 5일 중 첫날에 태어날 수 있었다.

오시리스가 태어났을 때에 '만물의 주님'이 이 세상에 나타나셨다는 선언

오시리스 신화의 3주신상
가운데 방주 위에 앉은 오시
리스 신, 우측에 이시스 여
신, 좌측에 매의 머리를 한
아들인 호루스 신. 말기왕국
시대, 루브르 미술관, 파리

의 소리가 울려 퍼졌다. 파밀레스(Pamyles)라는 사람이, 인자한 대왕 오시리스
가 탄생했다고 큰 소리로 선언하라고 그에게 명령하는 소리를 테베 신전에서
들었다고 말했다. 그런데 오시리스는 누트의 외아들이 아니었다. 그 덧붙여진
5일의 둘째 날에 그 여신은 큰 호루스(Horus), 셋째 날에는 그리스인들이 티폰
(Typhon)이라고 부르는 세트(Set) 신을, 넷째 날에는 이시스(Isis)를, 그리고 마지
막 다섯째 날에는 네프티스(Nephthys)를 낳았다. 나중에 세트는 그의 누이동생
네프디스와, 오시리스는 그 누이동생 이시스와 결혼했다.

오시리스는 대지의 왕으로서 이집트를 통치할 때 이집트인을 야만 상태에서
교화하여 율법을 가르쳤고 신들을 숭배하게 했다. 그가 통치하기 전까지 이집
트인들은 식인족이었다. 그런데 오시리스의 누이동생이며 아내인 이시스는 밀
과 보리가 야생하는 것을 발견하고, 오시리스가 그 곡식의 재배법을 백성들에
게 널리 알렸다.

그 뒤에 백성들은 식인 풍습을 버리고 기꺼이 곡식으로 만든 음식을 먹었

다. 또 오시리스는 나무에서 과일을 따서 모으고 포도를 재배하고 포도로 술을 빚은 최초의 인물이라고 전해진다. 그는 이런 자애스러운 발견을 온 인류에게 전하기 위해서 이집트의 통치를 아내인 이시스에게 맡기고, 전세계를 돌면서 가는 곳마다 문명과 농경법을 전했다. 날씨가 혹독하고 토지가 척박하기 때문에 포도 재배가 불가능한 나라에서는 포도주를 대신하여 보리로 맥주를 양조하는 법을 주민들에게 가르쳤다. 그는 감사의 표시로 여러 민족들이 준 재물을 갖고 이집트로 돌아왔다. 그리고 그가 인류에게 베푼 은총에 감동한 나머지 사람들은 입을 모아 그를 칭송하고 또 신으로서 섬겼다.

그런데 그의 동생 세트(그리스 이름은 티폰이라 부른다)는 72명의 반역자들처럼 음모를 꾸몄다. 이 사악한 동생은 몰래 착한 형의 키를 재서 같은 크기의 상자를 만들어 아름답게 치장했다. 그런 다음 사람들이 술을 마시고 즐기고 있을 때 그 상자를 운반해서 그것에 꼭 들어맞는 사람에게 선사하겠다고 농담조로 약속했다. 그래서 모두들 시험해 봤으나 아무에게도 맞지 않았다. 끝으로 오시리스가 그 속에 들어가서 누웠다. 바로 그때 음모자들이 달려들어 상자의 뚜껑을 덮고 단단히 못을 치고 납으로 봉한 다음에 그 상자를 나일 강 속으로 던져 버렸다. 이 사건은 오시리스의 통치 또는 생애 28년째 되는 해인 아티르(Athyr) 달 17일, 즉 태양이 전갈자리에 들었을 때 일어났다. 이 소식을 들은 이시스는 슬픔에 잠겨 머리를 자르고 상복을 입고 남편의 유해를 찾기 위해서 여기저기를 헤매고 다녔다.

그녀는 지혜 신의 충고로 나일 강 삼각주의 파피루스가 무성한 습지에 몸을 감추었다. 그때 전갈 일곱 마리가 그 뒤를 따랐다. 어느 날 저녁에 이시스가 지쳐서 어떤 부인의 집을 찾아갔는데, 그 부인은 전갈을 보자 놀라서 문을 닫아버렸다. 그러자 전갈 한 마리가 문 밑으로 기어들어가서 그 부인의 아이를 물어 죽였다. 그러나 이시스는 그 어머니의 비탄 소리를 듣고 가슴이 아파서 손을 아이에게 얹고 강력한 주문을 외었다. 그러자 독이 빠지고 그 아이는 살아났다. 그 뒤에 이시스 자신이 이 습지에서 아들 하나를 낳았다. 죽은 남편의 시체 위를 독수리로 변신하여 날개 치며 날아다니다가 임신한 것이다. 이 때 태어난 아기가 호루스(Horus) 2세였다. 그는 어렸을 때 하르포크라테스(Harpocrates), 즉 어린 호루스란 이름으로 불리었다. 북녘의 여신 부토(Buto)는 호루스를 사악한 숙부 세트의 분노로부터 보호해 주었다. 그러나 그 여신은 모든 재앙으로부터 그를 지켜 주지는 못했다.

어느 날 이시스가 아들이 숨어 있는 집에 갔을 때, 아들은 불쌍하게도 이미 죽어 있었다. 전갈이 물었던 것이다. 그래서 이시스는 태양신 라에게 구원을 요청했다. 이 호소를 들은 라 신은 태양의 범선을 멈추고 토트를 지상에 보내 이시스에게 아들을 되살릴 수 있는 주문을 가르쳐 주도록 했다. 그녀가 주문을 외자, 곧 독이 죽은 호루스의 몸에서 빠져 나가고 숨결이 흘러들어가 다시 살아났다. 다시 하늘로 올라간 토트가 태양의 범선에 오르자, 태양신은 찬란한 빛을 발하며 주행을 계속했다.

한편 오시리스의 시체를 담은 상자는 강물에 떠내려가서 바다에까지 이르렀다. 그리고 드디어 시리아 해안의 비블로스에 도달했다. 여기서 거대한 에리카나무가 갑자기 솟아나 줄기 속에 그 상자에 가두어 버렸다. 비블로스의 왕은 그 나무에 감탄하여 그것을 베어 왕궁의 기둥으로 만들었다. 그러나 그 왕은 죽은 오시리스를 담은 상자가 그 속에 있으리라고는 꿈에도 생각하지 못했다. 이 소식을 들은 이시스는 비블로스로 가서 허름한 옷차림으로 눈물을 흘리면서 우물가에 앉아 있었다. 이시스는 아무에게도 말을 건네지 않다가 왕의 시녀들이 왔을 때에 매우 정중하게 인사를 하고, 그 시녀들의 머리를 손질해 주고 그녀의 신성한 몸에서 신비스러운 향기를 그들에게 품어 냈다. 왕비는 시녀들에게서 나는 말할 수 없는 그윽한 향기를 맡고는 이를 기이하게 여겨 사람을 보내 그 낯선 여인을 궁전으로 불러들였고, 자기 아기의 유모로 삼았다. 그러나 이시스는 아기에게 젖 대신에 손가락을 빨리고, 밤이 되면 그 아기에게서 모든 것을 태워 없애기 시작했다. 그리고 자신은 제비 모양을 하고 슬프게 지저귀면서 죽은 오빠이자 남편이 들어 있는 기둥 주변을 날아다녔다.

이시스가 하는 행동을 몰래 지켜보던 왕비가 자신의 아기가 불꽃 속에 파묻힌 것을 보고 놀란 나머지 비명을 질러, 아기를 죽음으로부터 구했다. 그러자 여신은 자기 정체를 밝히고 그 기둥을 달라고 요청했다. 그들이 이를 허락하자, 이시스는 기둥을 잘라 내어 상자를 꺼내 그 위에 엎드려 슬프게 울었다. 그런데 그 통곡 소리가 너무 컸기 때문에 왕의 막내아이가 놀라서 그 자리에서 죽었다. 그러나 이시스는 이에 아랑곳하지 않고 그 나무 줄기를 훌륭한 아마포로 싸고 기름을 부어서 그것을 왕과 왕비에게 올렸다.

이 나무는 오늘날까지도 이시스 신전 속에 있으며, 비블로스 사람들에게 숭배되고 있다. 그리고 이시스는 그 상자를 배에 싣고 왕의 장남을 데리고 떠났다. 그들만이 남았을 때, 이시스는 그 상자를 열고는 오빠의 얼굴에 그녀의 얼굴을 비비면서 입을 맞추며 울었다. 그런데 왕의 장남이 이시스 뒤로 가만히 다가와 그녀의 행동을 지켜보았다. 그때 이시스가 뒤돌아보고 그를 노려 보자, 아이가 그 성난 눈초리에 견디지 못하여 죽고 말았다. 그러나 그 아이는 바다 속에 떨어져서 물에 빠져 죽었다고 하는 사람도 있다. 이집트인들이 축제 때에 마네로스(Maneros)란 이름으로 노래부르는 사람이 바로 그 소년이다.

그러나 이시스는 이 상자를 남겨둔 채 그녀의 아들인 호루스를 만나기 위해 부토의 성으로 갔다. 그 뒤 어느날 밤 티폰(세트)이 멧돼지 사냥을 나갔다가 보름달에 비치는 그 상자를 발견했다. 그는 그 시체가 오시리스인 줄을 알고 있었기 때문에 그것을 열네 토막으로 잘라 곳곳에 버렸다. 이시스는 파피루스로 만든 가벼운 배를 타고 그 토막을 찾기 위해서 온 습지를 헤매고 다녔다. 사람들은 파피루스로 만든 쪽배를 타고 가면 악어가 그들을 해치지 않는다고 믿었는데, 그 이유는 악어들이 그 여신을 두려워하고 존경하기 때문이라는 것이다.

그리고 이집트에는 오시리스의 무덤이 수도 없이 많은데, 이시스가 그 토막을 발견할 때마다 그 자리에서 그것을 매장했기 때문이라고 한다. 그러나 어떤 사람들은 오시리스가 가는 곳마다 숭배받도록 하기 위해, 그리고 티폰이 진짜 오시리스의 무덤을 찾지 못하게 하기 위해서 이시스가 오시리스의 인형을 그의 시체인 것처럼 파묻었다고 말한다. 그러나 오시리스의 생식기는 물고기가 먹어버렸기 때문에 찾을 수가 없었다. 그래서 이시스는 그 모양대로 대용품을 만들었다. 그런데 이 대용품은 오늘날까지도 이집트인들에 의해 제례 때에 사용된다. 역사가인 디오도루스 시켈로스(Diodorus Sikelos)는 다음과 같이 기록한다.

"이시스는 생식기를 제외한 시체의 모든 부분을 찾아냈다. 또 이시스는 남편의 진짜 무덤을 알지 못하도록 하기 위해, 그리고 이집트의 모든 사람의 존경을 받게 하기 위해서 다음과 같은 방법을 썼다. 즉, 오시리스의 신체 각 부분을 하나하나 밀랍과 향료로 그 형상을 만들었다. 다음에 이시스는 각 지역의 사제들을 불러서 그녀가 그들에게 준 물건을 아무에게도 발설하지 말도록 맹세하게 했다. 그리고 비밀리에 그들 저마다에게 그들에게만 시체의 매장을 부탁한다고 말하고, 그들이 입은 혜택을 상기시키면서 그들 지역의 땅에 시체를 묻고 오리시스를 신으로 모실 것을 부탁했다.

또한 이시스는 그들 지역의 짐승들 가운데 한 마리를 선택하여 산 채로 오시리스에게 바치고, 그것이 살아 있는 동안에는 이전에 오시리스를 존경한 것과 같이 존경하고, 그것이 죽었을 때에는 오시리스를 장례 치른 듯이 장례식을 치르도록 그들에게 간곡히 부탁했다. 그리고 이시스는 사제들에게 이러한 의식이 여러 모로 유익함을 환기시키고, 왕국의 3분의 1을 그들에게 주어서 신들에게 봉사하고 예배하는 데 쓰도록 했다. 따라서 사제들은 오시리스의 은혜를 늘 염두에 두고 이시스 왕비를 만족시키려고 애썼으며, 그들이 받을 이익을 예상하여 이시스의 명령을 빠짐없이 실행했다.

이런 까닭으로 이집트 사제들은 오늘날까지도 오시리스가 자기네 땅에 매장되었다고 믿으며 의례 때 처음 바쳐 성화된 짐승을 섬긴다. 그리고 그 짐승이 죽어서 매장할 때에는 장례를 치르고 오시리스를 위해 애도한다. 한편 아피스 (Apis)로 불리기도 하고 므네비스(Mnevis)라고 불리기도 하는 신성한 황소가 오시리스에게 봉헌되는데, 이 황소는 다른 짐승들보다도 씨뿌릴 때에나 전반적인 농업상의 이익을 얻을 때에 경작자를 도와 주기 때문에 온 이집트 인들에게 공통의 신으로서 숭배하도록 규정되어 있다."

이상이 오시리스의 신화 또는 전설인데, 이것은 그리스의 저술가들이 이야기한 것을 이집트 토착 문헌의 조금은 단편적인 기록과 암시로 보충한 것이다. 덴데라(Denderah)에 있는 신전의 긴 비문에는 오시리스의 무덤들이 목록에 기록되어 있으며, 또 다른 비문은 각 성소마다 신성한 유물로 소장된 그 신의 신체 부위를 언급한다. 예를 들면 오시리스의 심장은 아트리비스(Athribis)에, 등뼈는 부시리스(Busiris)에, 목은 레토폴리스(Letopolis)에, 그리고 머리는 멤피스 (Memphis)에 있는 내용이다. 흔히 그렇듯이 그 신성한 어떤 부위는 기이하게도 그 수가 늘어났다. 예컨대 그의 머리는 멤피스뿐만 아니라 아비도스(Abydos)에도 있었고, 그의 다리는 놀라울 만큼 많았는데 보통 사람 몇 사람에 해당할 정도였다. 그러나 적어도 일곱 개 이상의 머리가 존재하며 그것들이 모두 진짜라고 하는 성 데니스(St. Denys)에 비하면 오시리스는 아무것도 아니다.

플루타르코스의 이 신화를 보충하는 이집트의 토착설화에 따르면, 이시스가 남편 오시리스의 시체를 발견했을 때 그녀와 그녀의 여동생인 네프티스가 그 옆에 앉아서 애도했는데, 이것이 후세에 이르러 이집트인들의 죽은 자에 대한 애도의 모형이 되었다. 이집트인들은 다음과 같이 말하면서 통곡했다.

"당신의 집으로 돌아오세요. 돌아오세요. 아! 신이여, 집으로 돌아오세요. 적들이 없으니 그대여, 아! 아름다운 젊은이여, 당신의 집으로 돌아오세요. 나를 보기 위해서. 나는 당신이 사랑했던 당신의 누이동생이에요. 내 곁을 떠나지 마세요. 아! 아름다운 젊은이여, 집으로 돌아오세요.…… 나는 당신을 볼 수 없으나, 나의 마음은 당신을 그리워하며 나의 눈은 당신을 원합니다. 운네페르(Unnefer)여, 당신을 사랑하고 또 사랑하는 여인에게로 돌아오세요. 축복된 당신이여! 당신의 누이동생에게 오세요. 당신의 아내에게 돌아오세요. 마음이 평화로운 당신이여, 당신의 아내에게 돌아오세요. 나는 같은 어머니를 가진 당신의 누이동생입니다. 당신은 내게서 멀리 떨어질 수 없습니다. 신들도 사람들도 당신의 얼굴을 바라보며 당신을 위해 함께 울고 있습니다. ……나는 당신을 부르며 웁니다. 나의 울음소리가 하늘까지 들리는데도 당신은 내 소리가 들리지 않나요. 그러나 나는 당신이 이 세상에서 사랑하던 당신의 누이동생입니다. 당신이 사랑한 사람은 오직 나뿐입니다. 나의 오빠여! 나의 오빠여!"

한창 때에 죽은 이 아름다운 청년에 대한 애도는 아도니스에 대한 애도를 떠올리게 한다. 오시리스에게 주어진 운네페르, 즉 '선한 자'란 칭호는 일반적으로 전설상 오시리스가 갖고 있었다는 인자함을 뜻한다. 이 칭호는 그의 가장 평범한 칭호인 동시에 왕으로서의 여러 명칭 가운데 하나였다.

슬픔에 잠긴 두 자매의 애도는 헛되지 않았다. 태양신 라는 그녀의 슬픔에 연민을 느껴 재칼의 머리를 한 아누비스(Anubis) 신을 하늘에서 내려보냈다. 이 신은 이시스와 네프티스, 그리고 토트와 호루스의 도움을 받으면서 살해된 신 오시리스의 갈기갈기 찢긴 시체를 붙여서 잇고, 헝겊으로 싸서 이집트인들이 죽은 사람의 시체에 행하는 모든 의식을 거행했다.

다음에 이시스는 자신의 날개로 차가운 진흙을 부채질했다. 오시리스는 다시 살아났고 그 뒤에 저승의 왕이 되어 죽은 사람들을 다스렸다. 그는 거기서 '저승의 주인', '영원한 주인', '죽은 자들의 왕'이라고 불렸다. 그리고 그는 이집트의 중요한 지방의 곳곳에서 모인 42명의 보조 재판관들의 보좌를 받으면서 '두 진리의 전당'에서 죽은 자들의 영혼을 심판하는 심판자의 역할을 했다. 죽은 자들은 그 앞에서 엄숙히 참회하고 그의 마음을 정의의 저울에 달아서 영원한 생명의 세계에서 선행에 대한 보수를 받거나 그 죄에 해당하는 벌을 받왔다.

이집트인들은 오시리스의 부활로써 묘지 저편의 그들 자신을 위한 영원한 생명의 보장을 알아차렸다. 그들은 신들이 오시리스의 시체에 행한 일을 살아 있는 친구들이 죽은 자의 시체에 베풀어 주기만 하면 모든 사람들이 저승에서 영원히 살 수 있으리라고 믿었다. 그러므로 이집트인들의 죽은 자에 대한 의식은 아누비스와 호루스, 그리고 그 밖의 신들이 죽은 오시리스에게 치르던 의식의 완전한 복사판이었다.

"매장할 때는 그 옛날 오시리스에 대해 거행하던 신성한 의식이 재차 재현되었다. 즉 죽은 사람의 아들과 누이동생들과 친구들이 그의 절단된 시체 주변에 모여서 주문과 교묘한 솜씨로 절단된 시체를 미라로 만드는 데에 처음으로 성공했다. 그리고 그들은 미라가 다시 살아날 것이라고 믿어 저승에서의 새로운 생활에 필요한 것들을 바쳤다. 물론 여기에서 죽은 자의 미라는 오시리스였다. 직업적인 여자 애도자는 그의 두 자매인 이시스와 네프티스였다. 아누비스와 호루스와 그 외의 모든 오시리스 전설의 신들은 그 시체의 주변에 모였다."

이렇게 이집트인들은 죽은 자들을 모두 오시리스와 동일시하고 그의 이름을 붙였다. 중기 왕국(Middle Kingdom) 이후부터 죽은 자를 마치 신을 부르듯 '오시리스 아무개'로 부르고, 또 '진실하게 말하는'이란 정해진 형용사를 덧붙이는 것이 일반적인 관습이었는데, 이것은 참된 말을 하는 것이 오시리스의 특성이기 때문이다. 나일 강 계곡에서 발굴된 비문과 벽화 등이 있는 무수한 무덤은 이집트인들이 죽은 자들을 위해 신비한 부활 의식을 거행했다는 것을 증명한다. 오시리스가 죽었다가 부활했던 것처럼 모든 사람들도 죽음에서 다시 살아나 영원한 삶을 누리기를 바랐던 것이다.

이집트의 보편적인 토착 전설에 따르면, 오시리스는 백성에게 사랑받는 인자한 왕이었으며, 비명횡사했으나 곧 부활하여 신으로서 숭배되었다. 이런 전설에 맞게 조각가나 화가들은 통상 그를 인간과 왕의 모습을 한 '죽은 왕'으로 표현했다. 이때 오시리스는 미라의 아마포에 싸여서, 머리에는 왕관을 쓰고 그 천을 감지 않은 한 손으로 왕홀을 든 모습을 하고 있다. 이집트의 여러 도시들 가운데 특히 두 도시가 다른 도시보다 그의 신화나 기억과 깊이 관련되어 있다. 그 하나는 하(下)이집트에 있는 부시리스(Busiris)인데, 그 도시는 오시리스의 등뼈를 갖고 있다고 주장한다. 또 다른 하나는 상(上)이집트의 아비도스

(Abydos)로, 이 도시는 오시리스의 머리가 있다고 자랑스럽게 여긴다.

아비도스는 본래 이름도 없는 곳에 지나지 않았으나, 죽었다가 부활한 오시리스의 후광에 힘입어 고대 왕국(Old Kingdom)의 끝 무렵부터 이집트의 가장 신성한 도시가 되었다. 이집트인들과 오시리스 무덤의 관계는, 그리스도 교인과 예루살렘 성묘(聖墓) 교회의 관계와 같다. 그래서 죽은 뒤에 그 영광의 오시리스 묘지 근처 성스러운 땅에 묻히는 것은 모든 신앙심 깊은 이집트인들이 갖는 소망이었다.

그러나 실제로 이런 더할 나위 없는 특권을 누리기에 충분한 재력을 갖고 있는 사람은 그다지 없었다. 왜냐하면 그 신성한 도시에 자리한 묏자리의 가격은 별도로 하더라도, 먼 거리에서 미라를 옮기는 데에는 막대한 비용이 들었기 때문이다. 그러나 많은 사람들이 자신의 유해가 이 거룩한 묘지가 발산하는 축복의 힘을 입기를 열망했기 때문에, 죽은 자의 친구들은 그 유해를 아비도스까지 운반하지 않을 수 없었다. 그들은 거기서 잠시 동안 머물러 있다가 강을 끼고 다시 집으로 돌아가 미리 마련된 고향의 무덤 속에 시신을 매장했다. 또 이런 경우 말고 죽었다가 부활한 오시리스 무덤 근처에 기념비나 위패를 세워 그 부활의 축복을 나누어 받으려고 하는 사람들도 있었다.

신상웅(辛相雄)

일본 교토에서 태어나 경북 의성에서 성장했으며, 중앙대 영문과를 졸업하고 대학원에
서 문학박사 학위를 받았다. 1968년 〈세대〉 지 신인문학상에 중편 「히포크라테스 흉상」
이 당선되어 작품활동을 시작한 뒤, 진중한 역사의식과 날카로운 현실인식이 돋보이는
중량감 있는 작품들을 발표하여 한국현대문학을 대표하는 작가의 한 사람으로 자리잡
았다. 시대의 모순과 개인적 갈등을 밀도 있게 조명한 그의 소설들은 시대를 뛰어넘어
강한 흡인력을 행사하고 있다. 장편 「심야의 정담(鼎談)」으로 제6회 한국일보문학상을
수상하였다. 한국펜클럽 사무국장과 중앙대 예술대학원장을 역임, 현재 명예교수로 재
직중이다. 주요 작품집으로 「히포크라테스 흉상」, 「분노의 일기」, 「쓰지 않은 이야기」, 「돌
아온 우리의 친구」, 장편으로 「배회」, 「일어서는 빛」 「바람난 도시」 등이 있다.

세계사상전집079
James George Frazer
THE GOLDEN BOUGH
황금가지 I
J.G. 프레이저/신상웅 옮김
동서문화사창업60주년특별출판
1판 1쇄 발행/2017. 2. 20
발행인 고정일
발행처 동서문화사
창업 1956. 12. 12. 등록 16-3799
서울 중구 다산로 12길 6(신당동 4층)
☎ 546-0331~6 Fax. 545-0331
www.dongsuhbook.com

＊

사업자등록번호 211-87-75330
ISBN 978-89-497-1594-0 04080
ISBN 978-89-497-1514-8 (세트)